重庆会计论坛

——重庆市首届会计领军班优秀论文集

Chongqing Kuaiji Luntan
Chongqingshi Shoujie Kuaiji Lingjunban
Youxiu Lunwenji

重庆市会计学会 编

西南师范大学出版社
国家一级出版社 全国百佳图书出版单位

图书在版编目(CIP)数据

重庆会计论坛：重庆市首届会计领军班优秀论文集 /
重庆市会计学会编.—— 重庆：西南师范大学出版社，
2016.11

ISBN 978-7-5621-8353-2

Ⅰ.①重… Ⅱ.①重… Ⅲ.①会计学—文集 Ⅳ.
①F230-53

中国版本图书馆 CIP 数据核字(2016)第 271216 号

重庆会计论坛——重庆市首届会计领军班优秀论文集

重庆市会计学会　编

责任编辑:刘　彦　李　炎

封面设计:李　懋

排　　版:重庆大雅数码印刷有限公司·张祥

出版发行:西南师范大学出版社

网址:http://www.xscbs.com

地址:重庆市北碚区天生路 2 号

市场营销部电话:023-68868624

邮编:400715

印　　刷:重庆美惠彩色印刷有限公司

开　　本:787mm×1092mm　1/16

印　　张:27.5

字　　数:612 千字

版　　次:2016 年 11 月　第 1 版

印　　次:2016 年 11 月　第 1 次印刷

书　　号:ISBN 978-7-5621-8353-2

定　　价:68.00 元

前言 | Preface

"人才是经济社会发展的第一资源"。推进会计事业的改革与发展，建设会计强国，关键靠人才，尤其是高端的会计领军人才。习近平总书记指出，"创新的事业呼唤创新的人才。实现中华民族伟大复兴，人才越多越好，本事越大越好。知识就是力量，人才就是未来。"作为我国专业人才队伍的重要组成部分，会计人才在维护市场经济秩序、推动经济转型发展、促进社会和谐进步等方面发挥着不可或缺的重要作用。在主动应对新常态，探寻发展新动能的时代背景下，加强会计人才队伍建设，尤其是进一步加大对会计领军人才的培养力度，通过培养数量更多、素质更高、能力更强的会计领军人才，以高端带整体，充分发挥其在业内的引领辐射作用，对于最大限度地激发会计人才创新活力，提升会计行业的核心竞争力，推进会计强国战略实施步伐具有十分重要的战略意义和现实意义。

2005年，财政部从贯彻落实国家人才强国战略和推动会计改革发展的长远大计出发，正式启动了"全国会计领军（后备）人才培养工程"，并在实践中取得了显著成效。为了主动适应国家对会计领军人才选拔、培养的人才战略要求，以培养会计领军"头雁"带动全市会计人才队伍建设，进而促进多层次的会计人才培养体系构建完善，为推动重庆五大功能区域建设、促进地方经济转型发展提供坚实有力的会计人才特别是高端会计人才支撑，重庆市财政局制定了《重庆市会计行业人才队伍建设中长期规划（2010—2020年）》，明确提出力争到2020年，选送、培养全国和重庆会计领军人才300名。2012年，重庆市财政局在市委组织部、市人力资源和社会保障局的支持下，正式启动了"重庆市会计领军（后备）人才培训项目"，将会计领军人才的培养纳入全市人才发展规划，作为人才强市战略的重要支撑。2013年10月，根据重庆市财政局、重庆市委组织部、重庆市人力资源和社会保障局《关于印发〈重庆市高端会计人才培养计划实施方案〉的通知》（渝财会〔2013〕20号）和重庆市财政局《关于实施重庆市会计领军人才培养计划的通知》（渝财会〔2013〕34号）的精神，经过个人申报、资格审核、笔试、材料评审、面试、征求用人单位意见等环节的严格选拔，全市最终共有41名候选者入围重庆市首届会计领军（后备）人才培养人选名单。

为了保障会计领军人才培养质量，在历时3年的培养期内，重庆市财政局按照"高起点、高标准、高质量"的要求，坚持将在职学习、实践考核与跟踪培养相结合，创新培训内容和方式，择优选择培养机构及师资，严格加强培训质量管理，注重加强个性化调研指导。课堂内，实施"拓展、提高、强化"三段式集中培训，依据各段培训的侧重点，为学员量身订制教学方案；课堂外，学员按统一的书目、课题项目自学，定期报送论文、案例研究报告，同时与学员所在单位建立联合培养机制，发动单位"加任务、压担子、搭舞台"，引导学员将所学与实践结合。将"修、学、研、用"贯穿于会计领军人才培养过程的始终，探索形成了以"局校合作、工学结合、以用为本、提升学习"为主要特色的会计领军人才培养模式。

通过3年来的辛勤攻读、刻苦求索、交流碰撞、砥砺磨练，入围重庆市首届会计领军（后备）人才培养人选的41名学员收获了知识，增长了才干，提升了素质，陶冶了情操，职务、职称普遍晋升，取得各类资格资质和荣誉的数量明显增加，学术成果和业绩成效更加丰硕。学员的责任感和使命感普遍增强，积极参与行业发展各类活动、承担各类课题项目、投身社会公益活动，在重庆乃至于全国的会计行业改革与发展过程中发挥着越来越突显的引领辐射作用。

在3年的系统培训和学习实践期间，学员们坚持问题导向和结果导向相统一，紧扣国家和重庆市经济社会发展所反映的会计重大问题、关键问题，着眼于新常态下保持经济社会平稳较快发展、提高发展质量和效益的发展目标，深入调研思考，认真研究分析。学以致用，用有所成，形成了一批具有较强实践应用价值和学术理论价值的研究成果，为有效破解新常态下经济社会和行政企事业单位发展过程中的会计难题提供了参考借鉴，为进一步繁荣会计专业研究和推进具有中国特色的会计理论发展贡献了学术智慧。本次结集收录的40篇论文，均来源于其团队或个人的研究成果，集中地反映了首届领军班学员坚持探求理论本源引领会计改革发展实践的科学态度和创新精神。其特点主要体现在以下四个方面：

1.积极探索了管理会计应用创新的实践性问题。包括了国有控股集团公司资金管理模式的优化、公司管理会计工作的推进、作业成本法在公立医院绩效考核中的应用、医院网络化费用管理控制平台的开发与应用、集团公司财务共享服务的变革实践、基于企业转型的财务转型策略、EVA 在国有企业绩效评价中的运用效果、重庆国有文化资产绩效管理体系的构建及成效、国有企业推行经济增加值考核的策略等论题，从不同侧面反映了首届领军班学员在积极推动管理会计应用创新实践方面所做的积极探索思考及其所取得的实践应用成果。

2.案例研究法的有效运用增强了成果的实用性。诸如中国汽车企业海外投资风险管理、境外项目成功投资七要素分析、国有控股集团公司资金管理模式优化、作业成本法在公立医院绩效考核中的应用、集团财务共享服务的变革实践、基于企业转型的财务转型、企业社会责任内部控制的理论框架和实施路径、EVA 在国有企业绩效评价中的运用效果、重庆国有文化资产绩效管理体系构建、重庆中小型会计师事务所发展战略、基于资产负债表观的投资并购分析等论题的研究均不同程度地采用了案例研究方法，这种方法的运用有助于学以致用、用以促学，在很大程度上增强了研究成果的实用性。

3.紧扣当前理论创新与会计实务的热点难点问题。论文成果既涉及了企业社会责任内部控制、企业战略性社会责任预算内部控制、政府审计参与国家治理、会计政策偏好与腐败治理、国有企业混合所有制改革、流动性管理工具等学术理论研究前沿问题；又包括了推进公司管理会计工作、财政专项财务主管制度实践、医院网络化费用管理控制平台开发与应用、集团财务共享服务变革实践、基于企业转型的财务转型、EVA 在国有企业绩效评价中的运用、中小企业新三板挂牌过程中财务问题等当前实务工作的热点难点问题。反映了领军班学员在把握会计理论学术前沿以及实务工作热点难点方面具有敏锐的专业洞察力和判断力。

4.充分反映了领军人才素质能力结构的优化提升。具有国际视野、知识结构优化、实践经验丰富、创新能力突出、职业道德高尚是对会计领军人才素质能力结构提出的内在要求，而首届领军班学员的论文成果则从不同侧面反映了这一内在要求。对中国汽车企业海外投资风险管理、境外项目成功投资七要素的研究关注，体现了领军班学员的国际视野；论文选题涉猎广泛，涵盖财务会计、管理会计、财务管理、国有资产经营管理、内部控制、审计、会计服务以及金融市场等领域的知识及其具体应用，反映了领军班学员的知识结构更加完善,实践经验更为丰富;对国有资产保值增值计算中需关注的新问题、集团财务共享服务变革、基于企业转型的财务转型的探索研究,反映了领军班学员的创新思维与能力;而领军班学员通过培训学习和研究提高技能以及立足单位经营管理实际需要撰写论文参与管理和强化服务,则充分体现了其职业道德素养的进一步提升。

为了更好地促进上述研究成果的推广交流和应用转化,现将其分为财务管理与会计实务、财务与会计改革实践、内部控制与审计监督、国有资产经营与管理、会计服务与金融市场五个专题模块结集成册,由西南师范大学出版社编辑并公开出版。

由于时间紧迫,加之统稿和编辑工作量大,书中可能还存在着个别疏漏之处,敬请广大读者批评指正。

重庆市会计学会

《重庆会计论坛》编委会

二〇一六年十一月八日

目 录 | contents

内部控制与审计监督

国有资产经营与管理

会计服务与金融市场

财务管理与会计实务

caiwuguanli yu kuaijishiwu

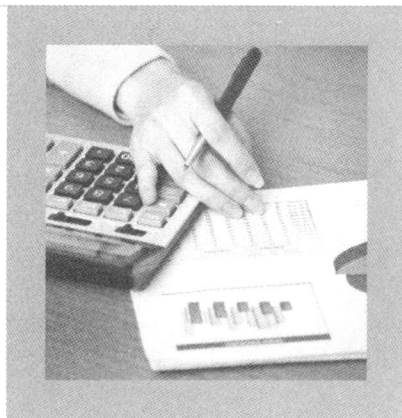

中国汽车企业海外投资风险管理研究

——以 LF 俄罗斯汽车项目为例

冯兴琨　冉春芳　兰福生　陈中密　黄　涛　文海军

重庆力帆控股有限公司　重庆科技学院　重庆宏声实业(集团)有限责任公司

重庆对外经贸(集团)有限公司　重庆旅游投资集团有限公司　重庆钢铁股份有限公司

一、绪论

(一)研究背景与意义

20 世纪 60 年代,海外投资逐渐兴起,以跨国企业为主体的海外投资成为国际资本流动的主要形式。而我国企业走出去,在海外进行投资,起步比较晚。易纲(2012)将中国企业走出去分为"引进来"、加入世界贸易组织(WTO)走出去加速期与金融危机后的大规模海外投资三个阶段;许慧等(2009)将我国企业的海外投资分为投资起步、稳定发展、加速发展和加速扩展四个阶段。我国企业的海外投资存在投资区域较为集中、投资行业狭窄、投资动机规划不够合理和面临多重投资风险等特征。在改革开放初期,我国通过招商引资等方式引起固定资产投资规模增长,优化了区域经济的资源配置,促进了我国市场经济的发展。随着改革开放的不断推进,国家经济实力不断增强,出现一大批实力强、资金相对充裕、技术较为雄厚的企业尝试走出国门,参与国际市场竞争。特别是加入 WTO 之后,我国政府提倡"走出去"战略,鼓励企业参与国际竞争,鼓励一些实力雄厚的集团企业进行海外投资,以期在全球一体化市场上获取竞争优势。根据商务部的统计数据,2014 年我国境内投资者共对全球 156 个国家和地区的 6 128 家境外企业进行了直接投资,累计实现非金融类对外直接投资 6 320.5亿元人民币。以美元计,全年累计实现非金融类对外直接投资 1 028.9 亿美元,同比增长 14.1％[①]。由于存在技术和管理上的优势,我国企业的海外投资主要集中于亚洲、拉丁美洲、非洲等经济不发达国家或地区。我国政府与这些经济欠发达国家或地区具有良好的合作关系和资源互补关系,能够规避部分海外投资风险;投资行业集中于技术水平附加值较低的一般商务服务和批发零售行业,采掘、制造和物流运输等领域。

尽管在海外投资上,我国取得了一定的成绩,但是,我国企业参与国际市场和国际竞争能力不强,海外投资风险的防范和控制经验不足,海外投资失败和海外投资亏损事件不断出现。如何防范、控制和监管海外投资风险,是实施"一带一路"国家战略和企业实施"走出去"战略必须面对和思考的问题。在此背景下,研究中国企业海外投资项目的风险控制问题显

[①] 数据来源:中国商品网 http://ccn.mofcom.gov.cn/spbg/show.php? id＝15904。

得尤为必要,中资企业加强海外投资风险的辨别能力,采取合理方式规避海外投资风险,不仅有利于提高企业海外投资效率和提高企业的国际竞争力,也有利于增强我国的综合国力。

(二)研究问题

党中央、国务院在2000年时提出"走出去"发展战略,中国企业的海外投资步伐明显加快。中国企业海外投资规模不断增长,然而,海外投资失败和海外投资亏损事件不断出现,海外投资风险成为政府、投资企业和公众关注的焦点。如何防范和监管海外投资风险,是实施"一带一路"国家战略和企业实施"走出去"战略必须面对和思考的问题。由于中资企业海外投资发展时间不长,参与国际竞争的经验不丰富,对海外市场的不了解和对海外投资规律把握不准等原因,中资企业海外投资存在诸如投资目标不明确、投资结构不合理、投资效益不高、投资风险控制不力等诸多问题。基于此,本文以中国企业海外投资风险管理为研究对象,在系统梳理国内外相关研究文献的基础上,分析海外投资风险表现形式与发生原因,对中国企业海外投资风险管理提出应对措施,以期对实施全球化战略的中国企业在海外投资项目的风险管控上起到一定的借鉴作用。

(三)研究方法

本文采用理论研究和案例分析相结合的研究方法,从海外投资和风险管理的理论基础出发,首先分析我国企业海外投资的发展动因、发展现状以及海外投资风险因素,通过中国汽车企业在海外投资汽车项目的现状,分析中国汽车企业海外投资存在的风险类型,结合LF集团俄罗斯汽车投资项目的案例,剖析项目投资过程中的存在的主要风险以及风险应对策略。在此基础上,为中国企业到海外投资的风险管理提供相应的建议和策略。

(四)研究创新

LF集团在2000年初将业务范围从摩托车行业延伸到汽车产业,在原有的海外销售渠道基础上打开了一片市场,经过十余年的发展,基本形成汽车产业占公司规模50%以上、海外收入占总体收入50%以上的产业发展格局。近几年,公司海外投资模式也从最初的代理模式到直营,再转变为直接国外投资建厂多种混合模式,力求另辟蹊径走出去寻求更大的发展机遇。因此,本文在理论分析的基础上,对LF集团在海外投资过程中如何辨析风险,如何有效控制防范风险,为中国企业海外投资提供相应的借鉴方法和策略。这种理论研究和案例分析相结合的研究范式,以项目实际运用为目的,总结海外投资项目风险管理经验,达到以点带面,以一个汽车企业带动汽车行业、汽车行业带动制造业等实施跨国投资的借鉴作用。本文主要的应用创新在于通过汽车项目投资风险管控分析,总结海外项目投资风险管理的经验或应对措施,有助于其他企业在实施走出去战略中减少损失、减少失败,具有一定的借鉴作用和应用价值。

(五)研究框架

本文主要对中国汽车企业实施"走出去"战略面临的风险及其应对措施进行研究,其海外投资形式主要是"绿地投资"中的海外项目投资,剖析海外项目投资风险,提出海外投资风险管控措施和途径。研究中选题的背景、意义、研究的问题和研究的方法等内容构成本文的第一部分;海外投资形式、海外投资风险、影响因素、风险管理策略等理论知识和文献综述部分内容构成本文的第二部分;我国企业特别是汽车企业海外投资的动机、现状、特征、存在的主要风险以及风险管控中存在的问题剖析构成本文的第三部分;本文的第四部分结合 LF 集团在实施跨国投资战略,特别是正在进行的俄罗斯汽车投资项目遇到的主要风险、困惑以及集团风险管控中遇到的问题等进行分析;在案例分析的基础上,对我国企业海外投资风险管控措施的合理化建议构成本文的第五部分;最后一部分是本文的研究结论和研究的不足之处。

二、研究文献综述

伴随资本国际流动和海外投资的兴起,投资安全、投资效率、海外投资的影响等问题引起理论界的关注。如海默(Hymer)、金德尔伯格(Kindlege)、弗农等关注海外投资区位的选择、海外投资对投资国经济发展的影响。随着地区性经济组织如欧盟、北美自由贸易区、亚太经合组织等在 20 世纪 80 年代后纷纷建立,全球经济一体化发展,海外投资进入新的发展高潮,这一时期出现巴克莱、卡森、邓宁和波特等理论研究者从不同的角度对海外投资进行研究。然而,伴随着海外投资失败和海外投资亏损事件的不断出现,海外投资风险成为政府、投资企业和理论研究者关注的焦点。学术界对海外投资、海外投资的影响因素、投资风险及其防范、海外投资策略等进行了一系列文献上的研究并提出了建议。

(一)企业海外投资与海外投资目的

1.企业海外投资

国际投资法将海外投资分为"资产基础模式""交易基础模式"和"企业基础模式"。我国企业的海外投资一般采用资产基础模式和企业基础模式(袁海勇,2012)。海外直接投资又称对外直接投资(Foreign Direct Investment,FDI),是指企业以跨国经营的方式所形成的国际资本转移。一般来说企业可以利用两种方式在东道国进行对外直接投资,即"绿地投资"(Greenfield Investment)和跨国并购(Cross-border Mergers and Acquisitions)。"绿地投资"又称新建投资,是指跨国公司等投资主体在东道国境内依照东道国的法律创建的部分或全部资产所有权归其所有的企业。跨国并购是指跨国兼并和跨国收购的总称,指一国企业为了某种目的,通过一定的渠道和支付手段,将另一国企业的整个资产或足以行使经营控制权的股份收买下来,从而对另一国企业的经营管理实施实际的或完全的控制行为,跨国并购中存在经营和文化方面的风险(许慧等,2009)。

2.企业海外投资目的

海外投资的目的一般存在资源驱动型、市场驱动型、贸易驱动型和产业驱动型。美国学者海默(Hymer)、金德尔伯格(Kindlege)等认为,当一个企业拥有高水平的知识资产和内部规模经济上的垄断优势时,通过海外投资可以获得高于当地同类企业的利润,这种类型的海外投资其目的是市场驱动型,由于不完全竞争性市场的存在导致通过海外投资可以获得垄断利润。英国学者巴格利(Buckley)与卡森(Casson)(1976)提出,公司为了保护自身利益,克服外部市场的某些失效或者某些产品的特殊性和外部交易成本过高,将市场上的买卖关系变为企业内部关系。这种类型的海外投资带有贸易驱动型和产业驱动型投资目的。Vemon(1966)根据美国生产经营情况将产品周期划分为产品创新阶段、产品成熟阶段和产品标准化阶段,认为企业处于不同的产品阶段应该采用不同的获利模式。当产品处于成熟阶段时,新技术趋于成熟,国际市场需求日益扩大,为了降低生产成本,企业有必要将生产基点转移到国外;在产品标准化阶段,由于国内市场垄断优势丧失,将市场转移到技术水平、生产成本低的国家生产,才能保持或延长竞争优势。

陈煜(2014)将我国企业海外投资的原因总结为资源导向型、成本导向型、市场导向型、技术导向型和全球战略导向型。为了利用和开发海外自然资源,降低人力成本、土地资本以节约生产成本,拓展海外市场,学习先进技术与管理经验或者实施全球化战略等都可能进行海外投资。在我国,进行海外投资的跨国公司一般实力雄厚,具有资金、技术等优势,由于国内市场成本的增长,导致国内市场获利方式发生转变,为了降低成本,通过海外投资获取竞争优势是我国当前企业实施走出去战略的一个主要原因(易纲,2012)。

(二)海外投资风险

海外投资面临不确定,不确定性即为风险。根据风险作用的对象范围,海外投资风险可以分为宏观风险和微观风险(Robock,1971;Alon and Herbert,2007),宏观风险影响所有的外国企业,微观风险仅仅影响特定的商业活动或影响具有特定特征的外国企业。对海外投资宏观风险的研究,一些国际研究机构如 PRS、MICA 和世界银行等组织,从国家层面利用政治稳定、政治治理、腐败、政治制度等综合指标,从中立的视角对海外投资东道国的风险进行评估。与此同时,大量的文献也发现海外投资风险主要受到东道国的政府治理水平(Ngobo and Fouda,2012)、政治稳定性(Henisz and Delios,2001)、民主水平(Aii and Isse,2004)、腐败(Zhao,Kim and Du,2003)和区域冲突及合作(Nigh,1985)等因素的影响。按照风险要素的来源,及风险来源涉及的社会活动,可以将风险分为经济风险、政治风险、金融风险等(Click,2005;Nath,2008)。在经济全球化背景下,识别和防范海外投资风险成为跨国公司特别是准备进行跨国投资公司关注的重点。相比于国内投资而言,海外投资存在政治风险、经济风险、法制风险和文化风险等(许慧等,2009),对海外投资影响最主要的风险是政治风险和经济风险。

1.政治风险

政治风险最早源于 Root(1968)在美国银行对发展中国家发放贷款引发的征收风险的研究,分析政治风险对海外投资的影响起源于 Kobrin(1979)的研究,发现政治不稳定影响海外投资,政治风险负向影响海外投资(Busse and Hefeker,2007)。政治风险是决定海外投资区域选择的重要因素(Nigh,1985),东道国政治稳定显著地增加投资于东道国企业的盈利能力(Woodward and Rolfe,1993)。政治风险一般表现为被投资国家政局不稳定、政权更替、政策变动等给跨国投资企业带来的、可能让其蒙受经济利益损失的不确定性风险。政治风险是跨国投资中最大的、最不可预期的,也是投资企业最不可控制的风险。政治风险是与被投资国家的政治、经济、文化、社会、法律等有关的风险(秦小红,2000)。中国企业的海外投资受到东道国针对特定投资项目的政治或政策风险的影响(王旋子,2013)。在2008年金融危机之后,欧美国家的贸易保护主义加大了中国企业海外投资的障碍,导致中国企业海外投资失败或发生损失的案例不断增加。聂名华(2009)通过对中国企业海外投资案例追踪研究,发现大量企业投资失败的一个重要原因是来自于东道国政治力量的干预。张建红(2010)认为,相比于其他行业,资源驱动型的海外投资更可能成为敏感行业面临更大的东道国政治风险,如中铝注资力拓最终遭受近750亿元的损失就是资源型海外投资受到东道国政治干预的典型案例。

2.经济风险

经济风险一般是指国际市场的变化引起的供需形势、汇率变动等因素导致交易、合作对象的信用状况具有较大的不确定性所导致的风险,如外汇风险、经营风险、管理风险以及财务风险等(刘红霞,2006;Dunning,2001)。政府引入新政策影响该国或地区的汇率稳定性,汇率稳定性影响外国投资者的利益,如外汇的迅速贬值、外汇管制,为了防止外汇贬值采取外汇管制等均影响外商投资者的经济利益(Eiteman et al.,2004)。通常不稳定的汇率导致较多的经济问题,会增加跨国公司实施海外投资的经济风险。东道国政府质量是衡量一个国家内部经济环境的重要指标。采用政府腐败程度衡量政府质量得到国际社会的认可,每一个国家对于政府腐败均有一定程度的容忍度,当超过了一定的范围,腐败对该国或地区的商业环境会产生严重的经济风险(Agarwal and Feils,2007)。

3.法制风险

海外投资的法制风险按照投资企业是否可以控制分为外部法制风险和内部制度风险,前者是系统风险,后者是非系统风险。系统风险是指海外投资所在地区或东道国的法律制度风险,非系统风险是指实施海外投资的主体企业自身制度设计、制度执行效率等与海外投资的适应性风险。前者是东道国法律制度风险,对拟在该国或地区投资的所有海外企业均带来法制方面的风险;后者针对特定的投资企业自身制度设计和执行效果上的风险,仅限于特定的海外投资企业。外部法制风险涉及外国贸易和贸易壁垒、外部债务、收支平衡、资本流动等方面制度安排和监管法律的要求。在文献研究中,对于海外投资外部法制风险的衡量指标,一般有保护主义水平、外债水平、资本流出限制和汇率稳定性,东道国的保护措施以及进口配额等方面的限制以及关税等法律要求(Rice and Mahmoud,1990),买方规则和本地比例限制等,东道国现行保护主义水平和其他要素有助于分析未来该国政府监管方面的政策走势,政策的调整或转变导致海外投资受到监管制度方面的风险(Miller,1992)。资本流动限制是当经济困难和被政治游说时政府想干预市场的象征,目前资本流动限制水平预示着未来水平的高低(Hashmi and Guvenii,1992)。海外投资所在地区或东道国的法律、制度的透明度对跨国企业来说是一种重要的法律制度风险,衡量东道国的法制风险采用东道国的政府质量和腐败来衡量。政府质量和腐败是衡量一个国家或地区内部商业环境的重要指标,对于腐败每一个国家均有一定程度的容忍度,当超过了一定的范围,腐败会对该国或地区的商业环境产生法律制度上的风险(Agarwal and Feils,2007)。腐败影响商业环境和经济运行效率和运行的透明度,腐败增加商业运行成本——贿赂。尽管跨国企业有能力参与到东道国的腐败活动中以改善经营环境(Wu,2006),但 Zhao,Kim and Du(2003)发现,东道国较少的腐败和更多的透明化、健全的法律、制度环境对海外投资有更大的吸引力,较少的腐败和透明化的商业环境有助于降低跨国企业的法律制度风险。内部制度风险一般是指海外投资企业在国内的经济体制等制度不能适应跨国经营需要,带来的海外投资灵活性、决策效益、反应速度等方面的不确定性风险。内部制度风险在海外并购投资中普遍存在,主并购方需要对被并购企业进行整合,主并双方企业的制度兼容、制度调试等是海外并购中常见的制度风险。

4.文化风险

英国经济学家约翰·邓宁(John Dunning,2001)认为,文化风险一般有投资企业所在国与被投资国之间存在的文化信仰等方面的差异,这种文化信仰差异可能会给海外投资带来损失。Miller(1992)对文化风险因素的内容进行阐述,如东道国的社会结构、人民的不同信仰和期望等属于文化风险的范畴,这些文化风险未必在政府政策和商业惯例中体现出来,但往往是引起社会动荡的文化诱因。社会动荡、文化冲突等增加跨国企业的经营成本,增加海外投资者的文化风险。在海外投资中,无论采用何种投资方式,均受到投资所在地区文化环境、人文价值观、宗教信仰等的影响,在海外投资决策时需要估计文化风险的影响,在实施海外投资过程中尊重当地文化,对企业经营决策进行制度调适才能体现海外投资的经济价值。

(三)海外投资风险的影响因素

东道国的资源禀赋、技术水平、劳动力成本、制度环境、税收优惠政策等既是吸引外资的因素,也是给海外投资者带来风险的影响因素。张晓涛等(2014)运用 Logit 模型分析东道国政府行为对我国企业对外投资决策的影响,发现东道国的知识产权保护程度、外商直接投资(FDI)限制政策、东道国法律政策的效率及透明度、当地政府廉洁程度对不同规模企业的影响呈现异质性。建议我国政府应该关注企业海外投资风险,在财政、金融政策等方面给予支持。

1.知识产权保护与海外投资风险

Ferrantino(1993)指出,知识产权会影响跨国公司行为,东道国较低的知识产权保护政策会减少跨国公司在该国的投资。Lee and Mansfield(1996)研究美国企业对东道国知识产权保护程度的关注程度以及对投资决策的影响,得出东道国知识产权保护程度影响美国投资者的投资行为,即投资者的投资额与东道国知识产权保护程度正相关。Dinopoulos and Segerstrom(2010)、Seyoum(1996)等的研究也发现,一个国家知识产权保护程度越高,知识产权保护制度风险越低,投资者在当地的投资额就越高。Lin and Saggi(1999)通过建立 FDI 决策的混合策略均衡动态模型研究知识产权保护程度对吸引外商直接投资的影响,发现东道国较低的知识产权保护政策使得外商投资相关的技术转移被模仿的风险增大,降低了外商投资者在该国的投资意愿。Fink and Braga(2001)发现,外商直接投资的流入量与当地知识产权保护程度不存在显著性关系。胡祖六(2000)的研究认为,知识产权保护影响外商直接投资;然而,丁辉侠和冯宗宪(2005)研究发现,中国的知识产权保护程度对外国投资起阻碍作用。可见,知识产权保护程度与投资所在国或地区的法制健全程度有关,法制越健全则海外投资者的法制风险相应就越低,更有助于吸引海外投资者。

2.税收政策与海外投资风险

Hines(1996)、Devereux and Griffith(1998)指出税收是影响企业直接投资的重要因素，也是经济风险的重要影响因素之一。Shang Jin(2000)研究指出，东道国的企业所得税率影响外商投资者在该国的投资意愿，东道国的企业所得税高税率会显著地降低外商在该国的投资意愿，增加了投资的纳税负担。Gropp and Kostial(2000)在控制其他因素的基础上，研究税率对外国直接投资的影响，发现税率上升导致外国直接投资显著下降。此外，税后收益率的高低对FDI有显著的影响，税后收益率正向影响FDI(Hartman,1981;Feldstein and Jun,1992)。李宗卉和鲁明泓(2004)运用面板数据，实证发现我国对外商直接投资给予的税收优惠政策有助于吸引更多的外商投资。东道国对外资给予的税收优惠政策对吸引FDI具有正向促进作用(王佳、詹正华,2006)。税收政策直接影响海外投资企业的经济利益，税收政策的稳定性或不确定性等给企业带来经济风险。

3.东道国法律制度与海外投资风险

政府的管理行为影响外商直接投资和投资风险，政府的管理行为主要体现为出台相关的法律或管理制度。中国企业的海外投资受到东道国政治风险的影响，有研究发现，中国企业海外投资区域一般选择在法律制度不发达的地区，属于"制度接近论"投资(Kolstad and Wiig,2012)。法律制度对海外投资具有重要的影响，研究法律制度是认识企业海外投资行为的重要基础(Scott,1995;North,1990)，新兴经济体海外投资与发达国家海外投资不同(Filatotchev *et al.*, 2007)。近期，大量的研究证实东道国法律制度和吸引直接投资存在正向关系(Asiedu,2006;Gani,2007;等等)。但中国的海外投资一般以国有企业作为投资主体，且以实施国家战略为目的，倾向于内含政治权宜的投资，引起资本大量流向于法律制度相近或法律制度建设不完善的国家，由于东道国经济和法制环境不完善导致海外投资主体承担过多的制度风险(Buckley et al.,2007;Morck *et al.*,2008)。

在法制风险研究中，制度不透明引起的东道国腐败也是影响海外投资的重要因素。Lui(1985)从时间价值的角度研究腐败问题，提出企业的决策时间带来效率，企业行贿有助于加快决策速度，此时腐败并不必然阻碍企业在腐败国家的投资。Beck and Maher(1986)的研究结论支持Lui的观点，认为在投标竞争中越有效率的企业会付出较多的贿赂，获取决策效率。然而，Wei and Shleifer(2000)、Smarzynska and Wei(2000)、Straub(2008)等均持相反的观点，认为一个国家或地区的腐败程度影响外商直接投资，腐败负向影响外国直接投资。腐败对外商投资的影响上，我国学者杨胜刚和何静(2004)、韩冰洁和薛求知(2008)等实证发现，政府的管理行为尤其是政府腐败对外商直接投资产生负向影响。

（四）海外投资风险防范策略

在防范海外投资风险的策略方面，许慧等(2009)提出，国家应该加强海外投资的宏观调控与指导，企业应积极防范海外投资的政治风险、法律制度风险和文化风险，主动防范经济风险，充分利用海外投资保险公司分散风险，并建立安全监控的海外投资监控体系。易纲(2012)针对我国企业实施"走出去"战略，对政府和企业需要采取的策略均提出了自己的看法。针对政府部门,提出应该提供与"走出去"战略相关的条件支持,如提供对外直接投资汇兑管理、对外直接投资汇兑限制、实行登记管理、可兑换程度与吸引外商直接投资相当,国企、民企公平待遇等。针对实施走出去战略的企业,建议企业坚持市场化原则、尊重市场规律、将本逐利、产权明晰、权责分明、建立有效的激励约束机制,"走出去"项目应能承担合理的融资成本、确保现金流覆盖资本成本,保障资金安全和合理收益,注重社会责任、环境保护、社会公益、企业形象等问题,特别注意对外投资的安全性问题等。中国企业海外投资多由国有企业作为投资主体,受到国家战略的影响。有研究者发现,中国企业在资源丰富国家进行的投资目的是未来获取资源和其他资源的安全保证(Cheng and Ma,2008;Morck *et al.*,2008),是由政府推动的带有"国家战略意图"的投资(经合组织 OECD,2008)。因此,中国政府应该加强与东道国的战略合作,国家应该从政府层面为海外投资企业提供战略支持和政策指导。政府作为海外投资活动的推手,成为众多特殊利益群体的政策制定者和社会管理代理(王旋子,2013)。

从国家或政府层面考虑海外投资风险防范策略,仅仅体现于国家或政府为实施海外投资的企业做好服务,当好推手的作用。然而,企业作为投资主体,海外投资还需要考虑企业利益,作为实施"走出去"战略的企业主体一般是跨国企业。跨国企业实施"走出去"战略,在监管海外投资风险时,可以从海外投资的影响因素分析,海外投资所在地区的法制环境、知识产权保护程度、税收政策、政治稳定、汇率等多个角度进行分析,保证海外投资的安全和效率,采取合理措施积极应对海外投资中可能遇到的政治风险、经济风险、法制风险和文化风险等。企业在加强海外投资风险管控中,可以考虑建立海外投资风险管控体系,针对具体的海外投资项目从企业战略的角度考虑是否选择该投资项目,是否符合股东利益,投资的目的是什么等,建立海外投资风险评估制度,分析关键的控制环境严格执行风险控制制度等措施均有助于降低或规避部分投资风险。

三、中国汽车企业海外投资现状与风险

(一)中国汽车企业海外投资动因

在我国国民经济快速发展的同时,我国汽车行业也取得较快的发展。根据汽车行业协会统计,我国汽车销量 2001 年为 236 万辆,2014 年汽车产销量达到 2 372 万辆和 2 349 万辆,创产销量新高,连续六年蝉联全球第一,13 年间汽车产销量增长近 10 倍,发展速度惊人。由此,汽车行业逐渐成为国民经济的支柱产业,在拉动国民经济增长、带动相关产业发展、解决就业等方面发挥着越来越重要的作用。但是近年来,汽车产销量逐年递增出现产能过剩,市场竞争加剧,中国汽车企业受欧美汽车品牌拓展海外市场的启发,也纷纷把目光转向海外市场,通过拓展海外市场争取更大的发展空间。我国汽车企业拓展海外市场主要基于以下四个原因:一是国内市场趋于饱和,海外市场或许会成为中国汽车企业新的增长点;二是汽车产业属于高投资、规模效应行业,争取更广阔的市场也是中国车企寻求海外经营的内在要求;三是人民币升值(贬值是近年才开始的)加大出口压力,海外建厂已经无法回避;四是在

欧美日的海外战略的启示和合资品牌挤压下,中国自主品牌企业只有将目光投向新兴和第三世界国家,通过海外投资才能得以继续经营和赢取投资回报。

(二)中国汽车企业海外投资现状

中国最早的汽车是1956年从中国第一汽车制造厂生产下线,1992年,整个中国汽车行业达到100万辆产销规模,2004年达到500万辆产销规模,基本上处于国内需求的状态,发展较为缓慢。1992年2月,一汽集团与坦桑尼亚合资组建CA141解放卡车组装厂,开创了中国汽车海外投资的先河。在随后的十年间,先后在南非,乌干达、巴基斯坦等国家建立CKD(全散件)组装厂。但是,整体投资进度和效率发展较为缓慢,同时渠道方式也较为单一,投资规模较小,总体上还处于海外直接投资的探索性阶段。当然这一试探性举措也给国内汽车企业海外投资起到了投石问路的作用,一方面开拓巩固了海外市场,另一方面培养了一批国际化的经营人才,积累了国际化经营经验。

随着21世纪中国加入世界贸易组织,市场竞争逐步全球化,在面临严峻挑战的同时,也给中国汽车工业带来良好的发展机遇,不仅国有车企继续加大海外投资,民营自主品牌也加入走出去的阵营,其发展过程经历了从贸易出口、合资建厂、全资建厂、跨国并购等发展模式。从表1中,我们看到比较有影响力的两大汽车厂的海外并购投资。其一是2004年10月上汽集团以约5亿美元的价格,收购了经营状况不佳的韩国双龙汽车公司49%的股权,但2009年由于文化、工会、管理等多方面的原因退出,国内整车企业首次境外并购以失败告终;其二是吉利汽车以100%股权收购瑞典沃尔沃汽车公司。相对于上汽集团的并购而言,吉利对沃尔沃的收购则算得上成功。由于收购的投入资金较大和风险溢价问题,近几年的收购则由整车厂的并购,转变为投资建立整车装配厂。其中有代表性的是奇瑞、长城、吉利、LF等自主品牌汽车。

表1　中国汽车企业海外重大并购

公布日期	买方公司	并购目标	目标公司所在地	交易额
2004年10月	上汽集团	韩国双龙汽车有限公司49%的股权	韩国	5亿美元
2004年12月	上汽集团	英国罗孚公司25.75两款轿车车型和全系列发动机的知识产权	英国	6 700万英镑
2005年7月	南京汽车	英国罗孚公司资产及发动机供应商Powertrain	英国	5 300万英镑
2006年10月	吉利汽车	英国锰铜汽车公司23%的股权	英国	股权置换
2009年12月	北京汽车	萨博汽车三个整车平台等知识产权	瑞典	2亿美元
2009年12月	上汽集团	通用汽车印度有限公司50%的股权	印度	5亿美元
2010年3月	吉利汽车	沃尔沃轿车公司	瑞典	18亿美元
2010年11月	上汽集团	通用汽车公司0.97%的股份	美国	5亿美元

表2   中国汽车企业海外主要投资一览表

时间	企业性质	投资方	东道国(地区)/公司	投资内容
1992 年	国企	一汽集团	坦桑尼亚/雷赫罗吉有限公司	合资建立 CA141 解放卡车组装厂
1992 年	国企	一汽集团	南非	建立中卡、1吨轻卡组装基地
1995 年	国企	一汽集团	乌干达	合资建立乌干达—解放汽车公司
2000 年	国企	一汽集团	巴基斯坦	轻卡 CKD 项目
2003 年	国企	奇瑞汽车	伊朗	建立 CKD 整车厂
2004 年	国企	一汽集团	叙利亚、哈萨克斯坦、俄罗斯	建设海外基地
2004 年	国企	福田汽车	日本	建立技术研发中心
2001 年	国企	奇瑞汽车	马来西亚/ALADO 公司	建立 CKD 工厂
2006 年	国企	一汽集团	乌克兰	建设组装基地
2006 年	国企	南汽集团	英国/罗孚伯明翰	租赁罗孚伯明翰长桥工厂
2006 年	国企	南汽集团	乌克兰/BOGDAN 集团	合资建设 CKD 工厂
2006 年	国企	奇瑞汽车	伊朗	合资建厂
2007 年	民企	长城汽车	乌克兰/亚特兰特	合作生产销售长城系列车型
2007 年	民企	长城汽车	俄罗斯	独资设立年产 5 万辆车的基地
2007 年	国企	奇瑞汽车	阿根廷/SOCMA(索克马)	成立合资公司/乌拉圭生产基地
2007 年	民企	吉利集团	印度尼西亚	CKD 合作协议
2007 年	国企	华晨集团	俄罗斯/依利托集团	建 10 万辆年产能基地
2007 年	民企	LF 汽车	俄罗斯/DERWAYS 汽车厂	签订合作协议在俄罗斯建立工厂
2007 年	国企	一汽集团	墨西哥/萨利纳斯集团	合资建厂,年产能 10 万辆
2009 年	国企	奇瑞汽车	阿根廷、乌拉圭	合资建阿根廷生产基地,年产能 10 万辆
2009 年	国企	长安汽车	墨西哥/AUTOPARK 公司	签署合资合作框架协议
2009 年	民企	LF 汽车	埃塞俄比亚	成立全资子公司,第二年取得了埃塞俄比亚国内销售第二名的成绩
2010 年	国企	福田汽车	俄罗斯	成立福田汽车欧洲事业部暨俄罗斯福田汽车公司
2013 年	民企	长城汽车	厄瓜多尔	KD 工厂实现投产,累计海外 KD 工厂已有 10 余家
2011 年	民企	LF 汽车	巴西/EFFAMOTORS 公司	联合投资 1 亿美元组建合资公司以及汽车组装工厂
2013 年	民企	吉利汽车	白俄罗斯/BELAZ 公司	组建生产基地,年产能 12 万辆
2013 年	国企	华晨集团	伊朗/塞帕集团	签署协议,预计年产能 12.5 万辆

续表

时间	企业性质	投资方	东道国(地区)/公司	投资内容
2014 年	民企	长城汽车	俄罗斯图拉州乌兹洛瓦亚工业园	整车生产基地,年产能 15 万辆
2014 年	民企	LF 汽车	俄罗斯利佩茨克州	签署投资意向协议,LF 投资近 20 亿元建整车工厂,LF 汽车在海外最大的投资项目
2014 年	国企	奇瑞汽车	巴西	海外独资兴建的最大整车工厂建成生产,二期后 3 年年产能 15 万辆

注:表 1 和表 2 中的数据主要根据网络公开资料,经过数据加工整理而成。

(三)中国汽车企业对外投资特征

中国汽车企业经过了 10 多年的海外投资发展,详细信息见表 1 和表 2。从表中可见,我国汽车企业直接投资呈现出以下特点:

1.整车并购淡出,投资建厂呈增长趋势

根据以上汽车企业海外投资的历程看出,自 20 世纪 90 年代开始,海外投资的模式由简单组装车间逐渐向生产制造基地转变,主要表现为合资建 CKD 工厂,到独资建 SKD(半散件)/CKD 工厂,跨国并购汽车厂、零部件厂,到独资建立整车生产厂的发展历程。整车企业的海外投资战略以奇瑞汽车最具有代表性,2014 年,奇瑞汽车在巴西投资建设年产 5 万辆整车项目。由于整车领域并购所需资金规模较大,风险较高,特别是一汽集团并购韩国双龙失败后,新的整车并购颇为谨慎,虽然吉利并购沃尔沃取得成功,但所需资金庞大,文化整合问题较为突出,短期还难以取得较大的并购效益,因此在近几年,整车投资并购逐步淡出。相对而言,因为 CKD 工厂带动了东道国的经济,可以避免缴纳高额的进口税。当地又纷纷制定了巨大的税收优惠政策、便宜的土地资源等来吸引中国汽车企业在当地建造整车制造厂,通过加长整个产业链的辐射作用,新增零部件厂,增加就业税收来带动本国的经济长期发展,同时也扩大中国车企在国际市场的影响力和竞争力,建厂本地化将是后期海外投资的主要模式。

2.投资地域集中度较高

尽管中国汽车以惊人的速度发展,但总体和欧美国家制造相比还有较大的差距。曾经在以市场换技术的招商策略指引下,中国车企并没有掌握欧美日汽车制造领域核心技术,却让欧美日合资产品占据了中国绝大部分市场。因此,以生产中低端产品为主的中国车企只能把目光投向拉丁美洲、非洲、东南亚国家,以及俄罗斯等新兴和发展中国家,这些区域对于产品的档次、技术要求和进入门槛都是中国车企海外投资的一个最合适的选择。这种区域选择既是竞争导致产品和市场细分的结果,也是广大发展中国家需求潜力的一种必然。海外扩张力度最大的奇瑞公司已先后在伊朗、印度尼西亚、埃及、俄罗斯、巴西、阿根廷等国家建立生产基地;国内较为突出的自主品牌长城汽车近几年也纷纷加大在海外的投资,在俄罗斯、伊朗、埃及、塞内加尔、菲律宾、埃塞俄比亚、斯里兰卡、苏丹、厄瓜多尔等国家建立了组装厂。

3.投资主体呈现多元化趋势

从投资主体角度分析,中国汽车行业对外直接投资主体呈现多元化格局,如一汽集团、上海汽车、奇瑞汽车等大型国有企业成为中国汽车企业海外投资的主力军。随着民营企业的发展壮大,在国家产业政策及政府引导下,也纷纷开创国际化战略,成为海外投资的重要力量,如吉利、长城、比亚迪、LF 等汽车企业。目前,奇瑞正全面推进全球化布局,产品面向全球 80 余个国家和地区出口,海外 15 个 CKD 工厂已建或在建,通过这些生产基地的市场辐射能力,实现了全面覆盖亚、欧、非、南美和北美五大洲的汽车市场。至 2014 年,奇瑞汽车累计出口量已超过 110 万辆,出口量连续 12 年位居全国第一。与此同时长城汽车海外 KD 组装厂将达到 24 家,设计年产能将达 50 万辆。通过海外组装厂生产销售占长城汽车整体出口的比例将大幅提升。

(四)中国汽车企业海外投资风险

1.政治风险

大多数中国车企海外投资区域属于欧美日跨国汽车公司瓜分殆尽的不发达地区,因此,中国车企海外投资的区域选择多聚焦于欠发达的发展中国家和新兴经济体。相对于经济发达国家来说,这些国家或地区的政治风险高、社会制度体系不完善、整体经济发展水平低、投资环境也较差,主要表现为法治观念淡泊,更重要的是社会和政局动荡不安,政府更替频繁,通常有撕毁或不履行前任政府签订的合约现象存在。特别是在东南亚、南亚和拉丁美洲等新兴经济体,中国企业遭遇的政治风险主要体现在官员腐败、政党轮替引发的政策不稳定等问题。马来西亚、菲律宾与越南等一些东南亚国家有严重的排华情绪,在当地的华人遭受武装分子的袭击,这也给在当地投资的中国企业带来很大的损失,人身和财产安全都得不到保证。可见中国汽车在海外投资经营中的政治风险是一个较为严重且常态化的问题。

2.汇率变动及结算风险

经济风险对于海外投资者来说,它直接影响投资的未来效益与经营结果。在中国车企所投资的国家当中,总体经济欠发达,本国货币很容易受到本国的经济发展水平和国际经济的影响,货币不坚挺,常常受政治、经济等因素的影响导致不同程度的贬值,体现为汇率的波动。货币贬值是造成企业在未来的某一期间现金流量变化或者所获收益变化的一种潜在的风险,其主要由汇率变化对产品的成本、价格及生产数量影响的程度决定。经济风险是一种长期风险,由此带来的风险在很大程度上将影响企业在有关销售、生产及融资方面的战略决策。

中国车企的海外投资相对集中于俄罗斯、巴西等市场。近几年来,俄罗斯受到以美国为首的西方国家严厉的经济制裁,特别是 2014 年第四季度,原油大宗商品价格的持续下跌,卢布深度贬值,导致全年累计跌幅超过 50%。当地投资较大的中国车企均遭受不同程度的损失。就在原油价格暴跌的第二天,即 2014 年 12 月 18 日,吉利香港股市暴跌 16.99%,比亚迪 10%跌停。长城汽车 2014 年年报披露显示,当年俄罗斯市场受到强烈的冲击,销售收入由 2013 年的 16.5 亿元下降到 2014 年的 9.5 亿元,降幅达到 42%。一方面因本国货币贬值使得实现的销售收入折算大幅缩水,另一方面因通货膨胀购买力下降,企业不得不减产销售,从而引起整体规模大幅下降,这一结果直接导致汇兑损益,净利润巨额减少。2014 年吉利汽车年报摘要显示,本集团净利润总额由 2013 年的 26.8 亿元下降 46%至 2014 年的 14.5 亿元,均由于整体销售下降以及俄罗斯附属公司的未变现外汇汇兑亏损所致。2014 年 LF 汽车也同样因遭受到卢布贬值造成较大的汇兑损失。在卢布暴跌的影响下,新兴市场货币也面临不同程度的贬值压力,如 2015 年巴西经济下行趋势明显,通货膨胀恶化,货币急剧贬值,贸易出现萎缩,也给中国车企带来较大的影响,其中影响最大的是奇瑞,因为 2014 年 9 月落成的巴西工厂是奇瑞公司在海外投资兴建的首个全产业链整车工厂,总投资额达 4 亿美元,2015 年也因巴西经济的影响使得战略规模没有完成预期。

由于该类国家和地区经济不发达,国家为平衡外汇收支,往往有较为严格的外汇管制。比如伊朗一直受到联合国和美国的经济制裁,美元外汇管制非常严格,目前伊朗信用证只有昆仑银行可以接受。由此可见,汇率波动仍是中国汽车企业海外投资项目存在的主要经济风险因素之一。

3.法律、文化风险

目前,同样因为中国车企海外投资主要集中在发展中国家,其外商投资法制的建设不太健全完善,在招商引资过程中使用的法律和招商成功后履行不一致情况时有发生。如非洲个别国家和地区的局势不太稳定,其立法、执法和司法的水平和规范化程度也相对较低,因此法律制度问题又成为中国车企海外投资面临的一大风险,一旦出现问题或东道国基于自身的利益,可能使投资者得不到法律保护造成经济损失。

除此之外,海外投资企业与投资所在地区的文化差异也是影响海外投资完全的重要因素。企业文化是企业成员关于企业经营的思想观念、思维方式、行为方式以及企业规范、企业环境在思想和意识上的一种表现形式。不同文化背景、长期形成的价值观、价值取向在中国投资者和当地员工之间的差异很容易发生直接冲突。近年来,中外文化差异带来的非经济因素摩擦已严重影响到投资者的经济利益,因此这种文化冲突,文化差异也同样是中国海外投资者的又一项重要风险。上汽集团在 2004 年 10 月收购韩国双龙汽车,之后又在二级市场增持双龙股份,取得绝对控股权。但因双方管理理念不同及对韩方的工会文化认识不足,导致员工罢工,合资企业又不能及时解决出现的问题,两个企业的文化难以融合,导致合作无法正常开展,2009 年 1 月进入回生程序,这也预示着上汽集团收购韩国双龙汽并购案以失败告终。因此,文化差异给海外投资者带来的风险也是不可估量的。

四、LF 集团俄罗斯汽车投资项目风险与管理策略

(一)LF 集团简介

LF 集团是重庆最大的民营企业之一,成立于 1992 年,现已迅速发展成为融科研开发、

发动机、摩托车和汽车的生产、销售(包括出口)为主业,聚产业投资、金融于一体的大型民营企业。目前,LF 集团海内外员工上万人,已十余度入选中国企业 500 强,连续多年成为重庆市 50 强企业。2010 年 11 月 LF 股份在上海证券交易所成功上市,是中国首家上市 A 股的民营乘用车企业。2014 年,LF 集团实现销售收入突破百亿元,出口创汇 10.33 亿美元,位列重庆民营企业出口第一位,也是重庆民营企业纳税大户。

1.LF 集团的发展历程

LF 集团成立之初主要从事摩托车发动机生产研发,1994 年率先开发出四冲程 100 型发动机,该机成为中国摩托车行业的第一里程碑,随后又相继开发出 90、100 型电启发动机,成为摩托车发动机研究开发龙头企业。在成熟的发动研发制造后,公司又延伸至摩托车整车生产装配制造。自 2001 年底中国加入 WTO,国家也相应进行产业结构调整,鼓励汽车制造产业发展。在这样的历史大背景下,2003 年 LF 集团决定由摩托车向汽车产业转型延伸,投资 20 亿元筹建汽车项目,于 2006 年 1 月 19 日 LF520 全球同步上市发布会上,LF 推出了第一款自主品牌轿车——LF520,并坚持走向自主品牌创新之路。2010 年 11 月 25 日 LF 股份在上海证券交易所成功上市,成为中国首家整体上市 A 股的民营乘用车企业。

2.LF 集团的国际化战略

LF 集团的高速发展,主要得益于创新、出口和良好的信誉。1998 年 LF 集团取得自营进出口权,目前产品出口居国内同行之首,LF 的产品远销东南亚、西亚、欧洲、非洲、南美洲等地区的 100 多个国家,并拥有 7 家海外工厂。

(1)从"走出去"到"国际化"的必由之路

出口是 LF 集团企业战略中最主要的战略之一。LF 集团选择发展出口主要出于四方面考虑。第一,之前 LF 集团的摩托车出口,已经打造出一个遍布全球的营销网络,培养了一大批海外人才,进入汽车领域后,LF 集团可以依托摩托车海外销售的渠道优势,能够迅速拓展乘用车出口业务,布局抢占海外市场;第二,我国的自主品牌汽车生存受到合资品牌严重挤压,自主品牌在国内"遇冷"有目共睹,而 LF 汽车进入较晚,没有足够的准备与一些主流车企争夺国内市场,走出去是必然;第三,中国汽车出口量还占不到汽车产量的 1/3,可见中国的汽车出口程度不深,海外市场开发的程度不高,这就给 LF 集团提供了较大的发展空间;第四,国外市场的竞争并不充分,经过考察发现国外消费者对价格的敏感度远远没有国内消费者高,质量的认同和品牌的要求也不如国内消费者的要求严苛。基于以上原因 LF 集团进入国外市场是很有优势的,并将市场定位于发展中国家。

经过十年的发展,形成汽车产业占公司规模 50%以上,海外收入占总体收入 50%以上的产业发展格局。

(2)国际化策略

LF 集团的利润中心——海外营销就是实行过硬品质加上差异化需求定位全球化策略。为有效地降低成本,实现资源利用最大化,LF 集团一直在成本领先基础上推行 LF 集团的全球化发展,即市场全球化、人才全球化、资金全球化、技术全球化。

LF集团国际化运作的模式和所选择的价值链模式,主要有以下特点:一是价值链和国际分工。二是企业要控制价值链上的关键环节,并保持在该环节的竞争优势。三是一个国际企业必须决定哪些可能安排在国内,哪些应该安排在国外,哪些应该集中,哪些应该分散,在全球范围内如何布点。

在经营模式上从最初的一般贸易、代理模式到直营模式,还通过本土化的战略,积极推进与当地市场的深度融合,再直接国外投资建厂多种混合模式。这是日本、韩国企业的前车之鉴,也是中国企业的必由之路。截至目前,除直销公司及合资公司外,LF集团已在乌拉圭、埃塞俄比亚设有工厂,在伊朗、伊拉克、俄罗斯设有代工的KD组装厂,以上初步搭建了国内领先的海外网络布局。

而俄罗斯直接投资的工厂也加紧筹建中,2014年10月13日,在中俄两国总理的见证下,LF集团与俄罗斯利佩茨克州州长在莫斯科签署协议,拟投资3亿美元在利佩茨克州建设汽车整车工厂,这是LF集团继埃塞俄比亚和乌拉圭之后的第三大国际工厂。

(3)LF集团海外汽车投资项目

一是LF集团埃塞俄比亚汽车项目。LF集团于2007年底开始进军埃塞俄比亚市场,与埃塞俄比亚Holland汽车公司合作,在埃塞俄比亚建立了汽车组装厂,通过从LF集团进口整车配件在当地组装的形式生产LF520汽车。2009年,LF集团埃塞俄比亚独资工厂投产,但产能已难以满足市场需求。2010年2月,LF集团埃塞俄比亚独资工厂首款520轿车下线。2012年LF集团选址埃塞俄比亚东方工业园,签订合作协议开始建新的汽车组装厂,年产能设计10 000台。埃塞俄比亚当地时间2015年5月7日上午,LF集团埃塞俄比亚公司在埃塞俄比亚东方工业园举行了新工厂530下线仪式,标志着LF集团在埃塞俄比亚的新建、扩建正式完成,如今LF集团已进入埃塞俄比亚首都出租车市场。

二是LF集团南美汽车投资项目。在非洲市场成功布局之后,LF集团又瞄准世界第四大汽车市场——南美,即LF集团海外扩张又一重点市场。该项目将目标市场定位在:乌拉圭以及巴西、阿根廷、巴拉圭等与乌拉圭签署双边汽车贸易协定的南美国家共同体市场。南美项目预计总投资1.55亿美元,后续将随着新车型的投放和产能的扩大陆续投入。预期在未来3~5年内通过在南美的品牌推广,LF集团又向品牌国际化的道路迈进了一大步。

(二)LF集团俄罗斯汽车投资项目

1.项目背景

俄罗斯作为曾经的第二大经济体解体后的主要国家,其历史发展的基础仍是欧洲第二大汽车消费市场,其中西欧每千人拥有560台汽车,美国为800台,而俄罗斯仅为285台,并且车龄较高,俄罗斯车市潜力较大,其历年保有量见图1:

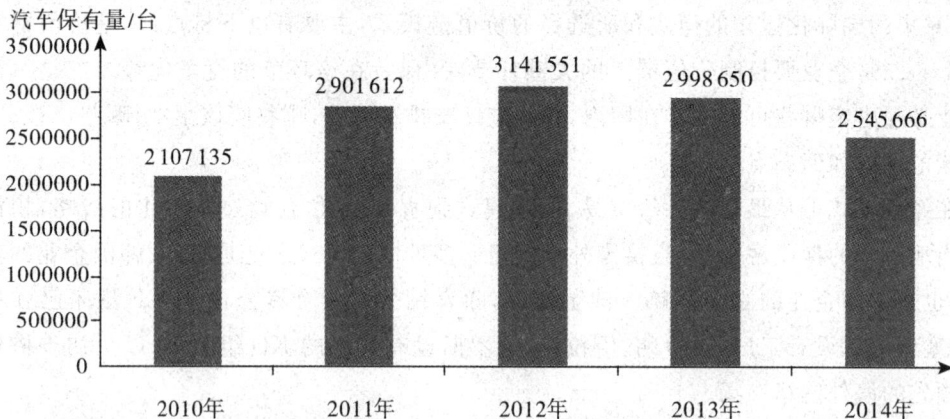

图 1 俄罗斯 2010—2014 历年汽车保有量

2007 年 LF 集团也同步进入俄罗斯市场,与俄罗斯 DWS 汽车厂签订合作协议在俄罗斯建立 KD 工厂,也是国内自主品牌车企中第一家在俄开设的品牌直营店,足见俄罗斯市场的重要性。2010 年又在俄投资设立直销公司,经过几年的发展俄罗斯成为 LF 集团较大的轿车出口市场之一,占公司总出口量的 30.87%,也是 LF 集团在国外的最大市场。LF 集团成为我国轿车对俄出口最大的公司,占 32.82%。截至 2014 年底,LF 集团在俄罗斯的销售网点共计 175 个,售后服务网点共计 110 个,一步一个脚印地发展,LF 集团在当地终端上牌量位居中国车企第一,在俄保有量达 15 万台。

LF 集团在俄罗斯已连续五年位居中国品牌汽车销量第一名。基于 LF 集团已连续五年蝉联俄罗斯市场销量最高的中国车企,及对俄罗斯未来的需求空间,2014 年 10 月,LF 集团与利佩茨克州签署投资意向协议,在该州利佩茨克联邦经济特区建设现代化的焊接、涂装和总装车间,生产 LF650、LFX60 等 9 款车型产品。其中,X60 是 LF 集团自主研发、在俄最畅销的中国品牌 SUV 车型。LF 集团俄罗斯工厂初期将采取全套散件组装,之后将逐步当地化,最终形成年产 20 万台汽车的能力。在俄投资建厂,对 LF 集团以俄罗斯为桥头堡,将产品挺进俄周边国家有积极意义。同时 LF 集团得到当地政府在税收方面的优惠政策,此次 LF 集团在俄建设的新厂是继在埃塞俄比亚和乌拉圭之后投资建设的第三个全资整车工厂。

2.项目发展历程

在 2014 年下半年尽管受到欧美国家的制裁,俄罗斯货币卢布一度受到大幅贬值,但俄罗斯经济体量庞大,人均收入较高,2014 年人均 GDP 接近 13 000 美元,政府财政实力很强,赤字水平较低,债务负担很轻,政府债务占 GDP 的比重较小。行业机构中诚信国际预测,俄罗斯经济将在 2015 年底或 2016 年恢复增长,所以,目前是对俄罗斯最佳的投资时机,LF 集团将继续加大对俄罗斯市场的投资。

LF 新建工厂位于利佩茨克联邦经济特区,占地 60 万平方米,将建设现代化的焊接、涂装和总装车间。新工厂计划于 2017 年竣工,初期将采取全套散件组装,投产后计划年产能达 6 万台,之后将逐步实现本地化,最终形成年产 20 万台汽车的能力。同时,备受关注的 LF 集团新能源汽车也有望在未来几年内导入。

LF 集团新工厂项目正按照计划顺利推进。此外,LF 集团计划还将在俄设立研发中心,开发面向俄罗斯客户需求的新产品。LF 集团于不久前公布了未来发展的 i.Blue1.0 新能源战略,LF 要实现传统动力与新能源齐头并进。在不远的将来,LF 集团将为俄罗斯消费者带来最新的电动汽车、混合动力汽车。LF 集团坚定地在俄罗斯加大投入、实现更大发展,利佩茨克工厂项目的开工建设也充分表明了 LF 集团对于俄罗斯市场的巨大信心和承诺。

(三)俄罗斯项目风险管理策略

LF 集团在海外投资虽然取得一定的成功,但也遇到很多挫折,走过许多弯路。埃塞俄比亚汽车工厂因当地经济发展水平制约了产能的释放;政府执法环境较差,法律体系混乱,执法随意;无完善的产业体系、无标准、无法律规范;金融及外汇环境不稳定,短期内难以实现预期规模效应;当地员工法制观念淡薄,工作效率不高。同样巴西项目也因经济下行,通货膨胀,造成购买力下降,因市场及非市场因素影响使得 2015 年产销同比出现下滑现象。因为整个世界经济及各种政治动荡,海外投资的不确定风险正在加局,并结合中国其他汽车企业所遭受的风险,对于正在实施俄罗斯投资项目过程中的风险控制就显得尤其重要。主要重点关注以下几方面的风险及应对策略:

1.俄罗斯汽车项目的政治风险与对应措施

(1)政治风险的表现形式

LF 集团俄罗斯汽车投资项目面临的政治风险主要有以下几方面:

第一,俄罗斯激进的外交政策。俄罗斯对乌克兰以及西方国家的敌意态度,使以美国为首的西方势力对俄罗斯的经济制裁一直没有停息,这些都可能在未来多年对其经济发展造成持续阻碍和灾难。第二,俄罗斯社会治安环境问题突出。俄罗斯各种黑社会组织规模和数量都较大,已经逐渐向政治、经济等领域渗透蔓延,并有扩大的趋势。这些黑势力给社会治安环境造成极大的影响和困扰,来自海外的投资公司和人员容易受到治安问题干扰,并有可能影响人身和财产安全。第三,俄罗斯严重的政治腐败问题。这对投资者来说增加了很多不确定性因素和投资者的运行成本,致使该国在世界资本竞争中处于不利地位,俄罗斯也因上述问题被大多评级机构列为政治高风险国家。此外,俄罗斯表现出对国际反恐行动的极大支持,以扩大俄罗斯在中东地区的影响力,但这不排除极端组织对其实施报复使俄罗斯处于尴尬境地的可能性。

(2)政治风险的应对措施

LF 集团俄罗斯汽车投资项目,应对政治风险的主要策略有:

虽然俄罗斯存在一定投资风险,但在俄罗斯投资机遇与挑战并存,特别是工业及交通运输制造业。近年来,俄罗斯政府也在积极的改善本国投资环境,特别是加入 WTO 后,设立相关机构为外国投资提供了组织保障,积极制定并实施吸引投资的对外政策,在腐败问题上也加大了惩治力度。政治风险仍旧无法回避,为规避和降低政治风险,一方面建议公司与当地政府签订投资保护协议,以获得东道国或地区政府的保护或支持,包括税收政策、价格政策、用工赦免等;另一方面与当地政府和社区保持良好的关系,以确保项目顺利运作,尽量预先取得各项审批;注意政府部门可能进行的干预,预见可能产生的影响,并通过与主管机关充分沟通来消除影响;企业还应与政府就税收优惠、社会责任等进行谈判,抓住每个机遇,尽可能地维护自身利益。再次如因政治原因有可能造成巨大损失的,则可考虑项目的暂缓、停止或撤资。总之关注俄罗斯复杂多变的政治局势也是对项目一个长期的考验,风险的不确定性对项目顺利进展起到不可估量的作用。

2.俄罗斯汽车项目的经济风险与对应措施

(1)经济风险的主要形式

LF集团俄罗斯汽车投资项目的经济风险主要表现为:

第一,西方对俄罗斯持续的经济制裁。以美国为首的军事、经济制裁对俄罗斯经济是个沉重的打击,特别是以资源为主的原油价格下跌以及限制开发银行向俄提供金融资助。尽管2015年下半年俄罗斯的经济环境较上半年有一定的改善,但受整个经济环境不景气的影响,恢复尚有一段时间。第二,货币卢布持续贬值。2014年卢布开始单边的下行,特别是2014年第四季度,原油大宗商品价格的持续下跌,卢布深度贬值,全年累计跌幅超过50%,导致俄罗斯出现严重的资本外逃、通货膨胀攀升,国内购买力下降。最后,是该项目资金需求大,项目新建周期较长,所有的风险均由投资者承担,因筹资方式和来源不同,都会造成项目的顺利与否及投资损失。

(2)经济风险的应对措施

LF集团俄罗斯汽车投资项目的经济风险应对策略主要有:

①国家和企业组织层面

在较大的经济风险面前,为了使俄经济不崩溃,俄罗斯政府加强了对经济的干预,包括稳定外汇市场以抑制卢布贬值的速度,采用货币政策手段,通过加息应对大规模资本外流。到2014年底,俄央行基准利率一度达到17%,减少了资金的外流。为应对经济风险的影响,公司成立了金融风险管理委员会,并下设金融市场部。风险管理委员会负责金融管理战略方向制定、监督并指导金融市场部的工作,金融市场部则是在金融风险管理委员会的指导下开展金融分析及交易工作,并密切配合投资执行部门采取相应的举措。

②货币贬值方面

为了过渡及减小卢布贬值带来的影响,公司也采取了相应的措施:一是商务模式。通过汇率与市场终端售价的联动,从商务角度提高销售价格,以对冲卢布贬值的影响。二是卢布现金收入保值方面,在金融市场上从即期和远期两个市场进行管理。即期上,根据卢布汇率走势,升值阶段则正常回款、甚至预收货款提前结汇,贬值阶段则将卢布存放在当地,待波动回升时再择机汇回结汇;而远期上,利用银行间市场及期货市场进行远期锁定管理。三是卢布现金收入资本化。现有卢布在俄罗斯直接投资、资本化,以此对冲部分损失。四是进口贸易。积极开展在俄罗斯的进口贸易,以寻求公司对俄罗斯市场的进出口贸易平衡,以形成自然的汇率对冲。以上在现有进出口贸易、金融衍生工具、外汇市场基础上进一步建立好跨市场行情情报系统,并保持国内外高效互动和沟通,及时反馈现状,来规避和降低因汇率波动造成的巨大风险。

③项目融资方面

俄罗斯项目投资属于实体投资,项目资金需求大,且建设周期较长,所有的风险均由投资者承担,因此需在资金来源方式上进行合理的规划,除利用自有资金外,争取与项目回收匹配的长期项目贷款,将降低融资成本和风险。我国国家开发银行外币借款额度大、利率低、期限长,同时国开行鼓励用于支持能带动国内技术、产品、设备等出口和劳务输出的境外生产型和基础设施项目,其贷款额度大,期限长(最长可达 30 年),美元贷款目前利率为3.5%左右;另外还可以通过与东道国有实力的金融机构合作,以转贷款、银团贷款等方式进行项目融资,因此争取多渠道的国家金融政策支持,是保证和规避筹资风险最有利的举措。

④信用保险方面

另外,LF 集团因多年大规模的出口业务,与中国出口信用保险公司建立了多年良好的合作关系,从未出现一笔大的应收账款坏账损失,为承保出口业务的资金安全取到了巨大的作用。随着中国企业对外投资的快速发展,中信保也推出了为"国内企业海外投资项目"提供保险的新险种,故俄罗斯项目可以和中信保签订资本项下的保险业务,最大限度地保证投资的安全,从而降低投资的资金风险。在项目实施过程中关注各项经济风险也将是一项长期而艰巨的任务。

3.俄罗斯汽车项目的法律风险与应对策略

(1)法律风险的表现形式

LF 集团俄罗斯汽车投资项目面临的主要法律风险主要有:

俄罗斯政策法规多变,国家法律、政府条例缺乏连续性,有的法律颁布后频繁修订,特别是针对外来投资方面的政策不够明朗,相关法律不够完善,这给外来投资者带来潜在的投资法律障碍,无法实现预期收益甚至有落空的风险。另一方面俄罗斯的环保标准高于中国,环评审查较为严格,特别是汽车工业项目,如未获得申请许可,将会使投资项目无法施工;如环评及消防安全不达标影响工程项目验收,会造成投资损失和工期延长而错过发展机遇;投资建厂后生产经营也要符合环保要求,有可能随时受到环境主管部门的检查和监测,如果各项排放不达标轻则要求整改,重则责令关闭。所以遵守相关的环境保护法律是影响项目顺利进展的重要因素。

(2)法律风险的应对措施

项目执行过程中对于应对法律方面的风险主要采取以下应对策略:

第一,要密切关注俄罗斯国家的立法信息。项目公司不仅要准确把握现行法律法规,而且需要密切关注当地政策方针的变化及法律法规的修订信息,对于新标准新要求要及时跟进、申报;对于限制性政策要及时调整经营方针,规避法律变动带来的风险。第二,密切关注俄罗斯税收优惠政策,不要因为错失应该享受的优惠政策而减少收益。第三,完善汽车行业的环境保护风险。项目公司要有较强的环保意识,在选择厂址时避免生活人群集居区,遵守环保法律法规,严格按照环保要求进行生产经营、尾气排放,避免因环保不达标而造成工期延长、停产整顿或关闭风险。

4.地域文化及人才风险应对措施

从社会文化环境上看,俄罗斯是一个多民族国家,民族数量多达193个,宗教信仰氛围比较浓厚。工会组织庞大而系统,俄罗斯独立工会联合会是目前最大的工会组织,在协调经济政策和劳动关系上起到重要作用。欧洲国家对劳工权益可以说是过度保护,对于外资企业,本土化程度很高,录用本地员工要求占公司总人口的90%以上。同时,劳工法对于平等工资支付、劳动权益等有严格规定,对于雇员和雇主的劳动纠纷,法院通常支持"弱者"的权益主张。作为整车制造厂,大量的当地就业人员,并且层次差异较大,如果不处理好当地文化风俗及人才管理,会因文化冲突造成巨大的风险。另一方面,俄罗斯工业制造专业人士相对缺乏,尤其是高级技术人员更是短缺,本地专业技术工种的招聘相对较困难,人才培养和储备将会影响后续生产经营的效率和效果,在一定程度上会加重公司人力成本,同时由于技术人员紧俏,留住人才也是有较大的风险,公司需要予以特别关注。

公司在俄项目面临以上文化及人才需缺的风险,建议关注以下措施:

第一,中国管理人员要尽可能熟悉了解俄罗斯民族的特点和生活习惯,充分遵守当地法律法规,尊重当地人的宗教信仰和风俗习惯,与当地人和睦相处,避免将一般的文化冲突上升为民族矛盾。

第二,遵守当地劳动法规,建立内部工会组织,保持内外部畅通的沟通机制,努力解决好劳资纠纷和人权保护,从而推动双方之间的协调与合作。

第三,加大员工文化、业务技能培训,包括了解双方文化差异,跨国文化、劳动积极性、效率等方面内容;另一方面要加大对当地员工业务技能及管理能力的培训,适当的时候请俄方人员到中国总部进行关键技术培训,使其在俄方更好的传承,充分使用好当地优秀人才,使其在当地能充分发挥技能,起好模范带头作用。

五、中国汽车企业海外投资风险管理策略

在新形势下,我国实施"一带一路"战略,鼓励企业进行跨国经营。政府对实施"走出去"战略的海外投资企业,一方面当好"扶持之手",从政策层面加以扶持;另一方当好"协调之手",当企业面临投资风险或遭遇投资风险时,政府通过外交渠道或其他有利渠道积极斡旋或协调,减少企业的投资损失。另外,政府还可以利用其信息优势和政策上的优势,对实施"走出去"战略的企业加强在海外投资风险识别,风险防范上的指导。然而,海外投资企业是投资主体,一方面借助国家鼓励海外投资政策优势,实施"走出去"战略服务于中国企业;另一方面,企业作为经济利益体,还需要兼顾利益各方的经济利益,尤其是股东利益。因此,企业作为海外投资的主体,除了利用政府政策、相关部门资源方面的支持之外,还应该在海外投资项目选择上,从企业战略发展的高度,分析海外投资的必要性、可行性,识别海外投资项目的风险,风险发生的概率和影响程度,从企业的角度分析风险可接受的程度,确定风险的可控程度以及防范措施,保障海外投资的安全性和效益性。

（一）企业建立海外投资风险管控体系

中国汽车企业海外投资需要选择适当的风险管控模式,提高风险识别能力,采取有力措施规避投资风险,才能够确保投资的安全性,并最终提高投资效益。企业在实施"走出去"战略,如何监管海外投资安全、效率和风险,选择恰当的风险管控模式,加强对海外投资项目的风险管理上得到理论和实务界的认同。为了确保实施跨国经营的汽车企业海外直接投资符合母公司的发展战略,最大化股东利益,在海外投资风险管理方面,可采用下列措施提高海外投资风险管控水平。

1.从企业战略层面分析海外投资目标

LF集团海外投资过程中,始终遵循集团整体战略,从企业战略高度选择投资项目。因此,我国汽车企业海外投资在实施之前,需要明确企业整体战略,从企业战略的高度权衡海外投资的必要性以及选择投资的目标。在符合企业战略的基础上,从实现战略的角度将海外投资项目分解为不同的阶段,设定阶段性目标以及完成各个阶段目标的资源配置计划。在此基础上,对资源配置方式、手段、成本效益分析、各个阶段的主要风险等进行评估,以保证海外投资项目整体符合企业战略。

2.利用政府资源识别海外投资风险

基于企业战略选择海外投资项目之后,为了保证投资效益和投资安全,企业需要评估项目的投资风险。企业由于信息的不完全性,在风险评估过程中,可以利用商务部、外交部等政府部门资源,如《对外投资国别产业指引》《国家风险分析报告》等资料,分析海外投资项目的政治风险、经济风险、法制风险和文化风险等,以保证投资的安全性和效益性。如分析海外投资所在国的技术专利保护程度,识别汽车专利技术法律风险。同时,国内汽车企业面临竞争的跨国汽车公司申请了专利,不正当竞争或非法利益的直接捕获后的专利许可使用知识产权的专利侵权诉讼,在国际汽车市场的国内汽车企业正面临着知识产权更大的风险。浙江工商联会曾经对"走出去"企业调查发现,"走出去"的民企与中国驻外使(领)馆彼此之间从未来往的占比接近三成(27.8%),经常来往的只占一成半左右(15.04%),偶尔来往的有四成多(42.86%)。这就意味着海外投资企业主动联系驻外使领馆的不多。驻外使(领)馆是代表国家的驻外机构,对所在国的政治、经济、文化等领域有权威性的研究,通过与驻外使(领)馆联系,可获取投资信息、投资政策等优势,还能协调解决企业困难,是规避企业风险的有效渠道。

3.建立企业的海外投资风险评估制度

LF集团在海外汽车投资过程中,海外投资风险评估是一个必要的环节。因此,中国汽车企业海外投资项目需要建立风险评估机构评估海外投资风险。根据母公司风险偏好,对海外投资风险项目拟订合适的风险应对措施,如风险分担、风险转移。如通过购买保险实施风险转移,或者与其他方合作实施风险分担策略等。风险评估需要配备专业的风险评估人员,如根据项目进度设立项目风险负责人以及风险控制部门,并配备相应的风险控制人员。对海外投资有关风险进行评估,明确风险影响程度和风险的概率以及影响风险的关键因素等,保证海外投资的安全性和效益性。

4.建立企业的海外投资风险控制系统

企业借助互联网技术建立企业内部恰当的信息、沟通机制,配备必要的信息沟通软硬件环境,保障母公司和海外投资项目之间信息沟通渠道通畅、快捷,便于实时监控海外投资风险并及时采取措施应对不可控风险,确保母国公司与项目公司之间的信息渠道畅通,避免出现"肠梗阻"和"信息孤岛"现象。如建立财务共享服务系统、办公信息共享系统、ERP 信息共享系统等实时监督海外投资项目的风险控制过程,风险控制运行状况,将监控结果反馈给恰当的层级和人员。将海外投资项目风险监控纳入母国公司统一的风险控制体系中进行监控,定期对海外投资风险进行控制测试,及时改进风险管控措施。

(二)政治风险应对策略

中国汽车企业海外投资的政治风险应对措施主要有两个方面:一是政治风险出现前的防范措施;二是政治风险出现后的补救措施。

1.政治风险防范措施

为将海外汽车投资项目风险控制在企业风险能够容忍的范围内,在对东道国的政治风险进行评估的基础上,结合企业的风险偏好,可以运用以下措施防范政治风险:

(1)放弃投资项目

经过企业的风险评估,若海外汽车投资项目所在地区东道国的政治风险超过了企业所能够容忍的范围,则企业应该选择放弃该海外投资汽车项目,寻求新的投资机会。

(2)与东道国政府沟通并获得投资保护

在海外投资汽车项目实施前,做好与东道国政府的沟通、协调等工作,宣传企业的经营理念和企业文化等内容,树立良好的企业形象。在文化宣传过程中,注意企业文化与东道国文化、风俗、习惯等是否融合,以谋求东道国人民的认同和支持。必要时,与政府协议获得东道国或地区政府的保护或支持,来降低政治风险。因此,在项目投资前,企业应该积极与东道国政府沟通、谈判,签订汽车投资项目保护协议,获得政府的保护或支持是防范政治风险的一个有效手段。

(3)项目利益主体多元化

汽车企业通过加强与东道国各主体利益的融合,提高东道国政府国有化或政策变动的成本,就可使企业海外投资项目的政治风险大大降低。主要方式有:与东道国利益集团合资经营、适当增加原材料的当地采购比例、聘用当地人才、积极培育潜在利益共同体,如消费者、银行等利益各方。

2.政治风险的补救措施

政治风险是难以控制的,一旦发生政治风险,最重要的就是及时采取补救措施,降低风险影响的程度。主要补救措施有:

(1)与东道国有关当局谈判

一般来说,东道国对海外企业实施国有化,出台不利于企业的政策等措施之前,会对企业提出警告,海外汽车企业应充分利用这个时间来说服东道国政府改变决定。一旦政治风险发生,企业应积极向东道国政府阐明政治风险发生的利弊,必要时还可提出一些让步条件,要求东道国放弃不利投资的决定。

（2）法律补救

当谈判补救无效的时候,汽车企业就应该寻求法律补救措施。如当地的法律、母国法律、双边或多边投资保护协定、国际税收协定等,海外企业也可让母国政府通过国际法庭向东道国提出索赔。

（3）撤资

当某种政治风险已经发生,危及海外企业生存和发展时,从东道国撤资无疑是最好的选择。当然应尽可能争取更多的残值收入,降低损失程度,如要求保险公司补偿企业因政治风险而产生的全部或部分损失。

（三）经济风险应对策略

经济风险是中国汽车企业在海外投资项目中遇到的主要风险之一。LF集团在俄罗斯项目中,受到俄罗斯经济波动、经济不景气等经济影响,如何规避经济风险,是实施海外投资的中资企业必要面对的问题。中国汽车企业海外投资项目应该尽可能地规避经济风险,减少不必要的损失。企业应对经济风险的策略有:

1.当地化经营

从LF集团海外投资的发展历程可见,当地化经营可以降低成本,获得发展优势。当地化经营可以使产品的研发、生产、销售等经营过程适应当地市场环境,满足当地顾客的需求,降低经济风险。另外,当地化经营采用管理人员属地化原则,用当地人管理当地人,既可解决所在国劳动用工方面的限制政策,还可以为投资地区创造更多的就业机会,规避中外文化差异引起的摩擦,尽可能规避劳工纠纷。

2.差异化服务

随着科技的不断发展,汽车产品的制造工艺已达到相当标准化的程度,生产工艺改进余地较小,要想依靠科技取得竞争优势并赚取超额利润已较为困难。因此,汽车企业海外投资项目,汽车产品要赢得当地消费者的认可并赚取利润,需要结合投资项目所在地区消费者的偏好,以及产品可能辐射的领域消费群体对产品的特殊需求,提供差异化、个性化的汽车产品和服务,采用差异化服务和差异化产品降低汽车企业海外投资项目的经营风险。

3.建立战略联盟转移或分担风险

我国汽车企业,尤其是自主品牌企业普遍存在企业规模偏小,抗风险能力弱等不足,通过战略联盟转移或分担经济风险或许是最优选择。通过各种形式战略联盟或者战略合作,中国汽车企业获取规模效应,增强抗御经济风险的能力和国际竞争力。风险转移也是海外投资企业降低经济风险的常用方法,如通过经济或技术手段将风险转移给其他主体达到降低经济风险的目的。风险转移的方法有购买海外投资保险。海外投资保险是指跨国企业以购买投资保险与担保的形式,将海外投资风险转移给保险公司。中国在政策性出口信用和海外投资保险的承保机构是中国出口信用保险公司。中国企业在海外投资时,可以购买投资保险这也是降低投资风险的一种选择。

4.规避外汇资金风险

LF集团在俄罗斯的汽车投资项目,受到卢布贬值风险的影响。海外投资资金风险是汽车企业海外投资项目经济风险之一,如何规避外汇资金风险?汽车企业海外投资应尽可能地少占用母公司资金和较多利用东道国资金,降低投资项目所在地货币贬值风险。主要采取以下措施:

(1)树立汇率风险防范意识,设立外汇风险管理岗位。国际金融环境风云变幻,境外企业必须充分认识汇率变动对企业的影响,建立汇率风险应对机制,设立汇率风险防范岗位,负责汇率风险识别、风险的容忍限额,加强关注风险的波动趋势,因势利导,规避汇率风险。

(2)借助金融工具,化解部分汇率风险。企业借助金融工具进行套期保值,尽量规避风险。采用远期外汇交易、掉期外汇交易、外汇期货、期权等金融工具尽量规避风险。

(3)签订固定汇率合同。签订固定汇率合同是稳健的做法,可以锁定资产负债。这种方式,既不承担汇率风险,也不能享有汇率的汇兑收益。

(4)合理配比当地币和外币。在合同签订谈判过程中,合理配比当地币和硬通货的比例,尽量规避当地币汇率风险,同时,尽量用当地币支付,减少当地币存量资产。根据海外投资项目的资金需求、企业的偿债能力确定科学合理的资金结构,尽可能地采用负债融资,降低资金风险。此外,加强海外投资项目外汇资金营运管理,也是降低外汇资金风险的一种有效方式。

5.对专利、核心技术等确保控制权

先进的技术、独特的生产工艺和技术诀窍,是东道国因技术力量不足或水平落后等一般不会取消与外国企业签订投资协议的主要原因。汽车生产企业可以选择在母公司生产发动机等汽车产品的关键或重要零部件,在母公司进行产品研发、技术研发等工作,保证对汽车产品有关的专利、商标和核心技术的控制权,这也是降低经济风险的有效手段。若汽车企业海外投资产品的专利、商标等不具有所有权,则为了降低经济风险,企业最好通过其他途径取得对商标、关键技术等核心要素的控制权。

(四)法制风险应对策略

中国汽车企业海外投资还受到所在国或地区法律制度环境的影响,面临法律环境不确定性所带来的法制风险。如何应对法制环境对海外投资项目的影响,也是实施"走出去"战略的汽车企业必须面对的问题。通过LF集团海外投资法制风险的规避策略,预防法制风险首先是守法,其次是聘请熟悉投资所在地区法律的专家担任法律顾问。在遵纪守法的前提下,若企业确实违反了法律或者企业的经济利益受到他方的侵害,则需要用法律武器来争取或维护企业的经济利益。

1.遵守东道国法律制度维护企业形象

海外投资的目的是从投资所在地区获取投资报酬,只有遵守投资所在地区的法律制度,企业的投资行为以及在东道国进行的生产经营活动才得到东道国法律制度的保护,投资回报才能够得到保障。中国汽车企业海外投资同样需要遵守被投资国家或地区的法律、法规以及相关制度,只有遵纪守法才能规避法制风险。同时,企业应该加强对所在地区法律法规

的学习,增强员工的法律意识,企业和员工做到自觉守法,树立守法的企业形象,才能有效规避法制风险。

2.聘请熟悉投资地法律的律师担任法律顾问

境外投资涉及《公司法》《环保法》《税法》《劳工法》、行业许可以及行业规章制度等法律法规制度,不同的投资地区法律法规或相关制度存在差异。因此,我国汽车企业为了规避投资项目所在地区的法制风险,最好聘请投资所在地区的法律专家担任法律顾问,从汽车投资项目的考察期、建设期、运行期、经营期等整个过程均有熟悉当地法律的律师全程提供法律咨询和服务,最大限度地降低可能存在的法律风险。

3.用法律武器保护企业的经济利益

当企业遇到主动或被动的违法行为,或者企业自身的经济利益受到他方侵害时,要敢于用法律武器来减少违法损失,或者用法律武器来弥补遭受的经济损失,尽量减少法律风险给企业带来的影响,维护企业的经济利益。

(五)文化风险应对策略

汽车企业海外投资需要适应东道国的文化、价值观念、消费习惯等,使企业的产品或服务能满足特定市场或用户需求,以赢得市场和企业生存空间。通过 LF 集团海外投资案例,文化风险应对策略主要有:

1.树立良好的企业形象

海外投资企业给东道国政府的印象决定了东道国对投资项目的重视程度,因而防范经营风险的另一重要策略是把东道国对企业形象的评价列入考虑因素。树立良好企业形象的措施通常主要有:捐助慈善事业、建立奖学金、雇用残疾人员、注重社会事业等不同方式。

2.开展文化差异培训

为使海外投资企业员工具有文化差异意识,能了解和把握影响人们行为的文化因素,使他们不仅能够应付文化差异,而且具备跨文化沟通的技能,从而推动海外投资企业中不同文化人员之间的协调与合作,海外投资企业必须对企业中的管理人员和员工进行跨文化培训,如语言培训、外事纪律、涉外礼仪、法律法规、风俗、宗教信仰、文化适应性训练和文化自我意识的培训等。通过培训,让大家逐步树立全球意识,摆脱狭隘的民族观念,淡化自己的民族身份,在企业内建立共同的企业文化,从而降低跨文化风险。

六、研究结论与局限

随着汽车产业不断发展和经济的全球化,越来越多的中国企业已具备"走出去"的实力,投资规模也在逐年扩大。但是中国自主品牌在国际上的知名度和品牌效应远不及欧洲、日本、韩国等地区和国家,在规模上和质量上还存在较大差距。一方面,因为我国企业与国际巨头相比规模普遍较小;另一方面,受国际政治动荡,经济下行的影响,国际市场上对汽车的购买力和消费需求降低;其次,我国企业在海外投资失败的案例较多,受羊群效应的影响,一些企业鉴于对损失或失败的担忧不敢大胆进军海外市场。一些企业在把控海外投资风险策略上还存在许多经验上的不足和对突发事件的应急处理能力欠缺。因此,有效识别海外投资风险、积累海外投资风险管控经验,成为汽车企业海外投资风险管理至关重要的研究论题。

本文以海外投资和风险管理理论为基础,以 LF 集团俄罗斯汽车投资项目为切入点,采用理论研究和案例分析相结合的研究方法,首先归纳了企业进行海外投资的目的以及存在的主要风险,随后有针对性地介绍了中国汽车企业在海外投资汽车项目的现状、特点及风险因素,以 LF 集团投资俄罗斯汽车项目为例进行具体分析,并提出 LF 集团在后续投资过程中的主要风险管理策略建议。推而广之,希望为中国企业到海外投资项目的风险管理提供思路和操作方法,对企业在"走出去"道路上的应对风险措施提供一定的参考。

本文对中国汽车企业海外投资项目风险管理提出一些决策建议,希望对有计划实施海外投资的中国企业具有一定的参考价值。由于风险的不确定性,无法对具体项目风险的可能性和影响程度进行定量的预测和分析;涉及企业商业机密,公开渠道很难查询到未上市企业的财务数据和项目资料,即使是上市公司对于分部收入、成本、利润等经济效益指标属于管理会计范畴,无法在年报数据上详细披露;本文所获数据和资料基本来源于网络和媒体的公开资料,导致相关数据支撑不够全面和实时更新,对投资和风险所做的研究资料不是很充分。因此,本文的研究深度和广度有所欠缺。在未来的研究中,需要进一步扩大研究案例的样本数量,提高研究的代表性和准确性。

主要参考文献

[1]Agarwal. J. and Feils, D. Political Risk and the International of Firms: An Empirical Study of Canadian-based Export and FDI Firms[J]. Canadian Journal of Administrative Sciences, 2007(24): 165-181.

[2]Ali, A. and Isse, H. Political freedom and the stability of economic policy[J]. Cato Journal, 2004(3):251-260.

[3]Aliber, R. Z. Exchange Risk, Political Risk and Investor Demands for External Currency Deposits[J]. Journal of Money, Credit and Ranking, 1975:161-179.

[4]Alon,I. and Herbert, T. T. A stranger in a strange land: Micro political risk and the multinational firm[J]. Business Horizons. 2009(52): 127-137.

[5]Asiedu, E. Foreign direct investment in Africa: The role if natural resources, market size, government policy, institutions and political instability[J]. World Economy, 2006,29(1): 63-77.

[6]Buckley, P. J. and Casson, M. An Economics Model of International Joint Venture Strategy[J]. Journal of International Business Studies, 1996,27(5): 849-876.

[7]Busse, M and Hefeker,C.Political risk, institutions and foreign direct investment [J]. European Journal of Political Economy, 2007,23(2): 397-415.

[8]Carpenter，S. and Vellat，M.The Application of a Planned Economy Country Risk Model to the Assessment of Market Entry into the Chinese banking sector[J]. Journal of Financial Services Marketing，2009(13)：345-356.

[9]Dunning，J. H. Toward an eclectic theory of international production：some empirical tests[J]. Journal of International Business Studies，1980(11)：9-31.

[10]Grossman，G and Helpman，E.Electoral competition and special interest politics [J]，Review of Economics Studies，1996，63(215)：265-286.

[11]Morck，R. ，Yeung，B. and Zhao，M. Persectives on China's outward foreign direct investment[J]. Journal of International Business Studies，2008(39)：337-350.

[12]North，D. Institutions，Institutional Change，and Economic Performance[M]. Norton：New York，1990.

[13]Vernon. R. International Investment and International Trade：In the Product Cycle，Quarterly Journal of Economics，1966(80).

[14]陈煜.中资企业海外投资风险管理研究[D].吉林大学(硕士学位论文库),2014.

[15]王旋子.中国资源型海外投资的政治风险研究[D].浙江大学(博士论文库),2013.

[16]张晓涛,郑雅洁,岳云嵩.东道国政府行为对我国企业海外投资决策影响的异质性——基于企业规模视角的研究[J].学术论坛,2014(5):30-36.

[17]许慧,胡曲应,许家林.论中国企业海外投资风险的防范与监管[J].中南财经政法大学学报,2009(6):97-103.

[18]秦小红.论我国海外投资的风险与法律对策[J].江西青年职业学院学报,2000(4):28-31.

[19]袁海勇.中国海外投资风险应对法律问题研究——以对非洲投资为视角[D].华东政法大学(博士论文库).2012.

[20]易纲.中国企业走出去的机遇、风险与政策支持[J].中国市场,2012(37):31-37.

加强事业单位资金管理的思考

袁 媛

重庆市审计局

一、事业单位资金管理的意义

随着事业单位改革的不断深入和社会主义市场经济体制的进一步完善,财政资金大量增加,公共财政职能增强,加强公共资金管理,依法收缴和使用资金,确保资金安全完整,是促进经济发展和构建和谐社会的物质保证,是政府全面搞好社会管理和公共服务的长期任务和重要责任。因此,公共资金管理在政府管理中具有核心地位,在政治生活中处于权力斗争的中心,也是最富有活力的公共管理领域。

国有资产经营资金是公共资金的重要来源和重要组成部分,国有资产经营收入和非经营收入的合理运用不但有利于促进国有企业和事业单位改革进程和市场经济体制的完善,也有利于政府公共管理职能的发挥。长期以来,我国将国有资产管理的重点置于营利性的国有企业改革之上,以提高这部分国有资产的运营效率。目前来看,营利性国有资产管理体制已经确立,各项管理制度也逐渐完善起来,国有企业改革的基本制度框架已搭建完毕,但这并不意味着全部的国有资产管理改革都已完成。事业单位的资金占国有资产经营资金的1/3左右,但是事业单位的国有资产管理才刚刚起步。随着事业单位改革的不断深入,加强事业单位的资金管理显得尤为重要,有利于完善公共财政,促进服务型、节约型政府建设。

二、事业单位的分类和资金管理的现状

事业单位按照组织所从事的活动性质,大致可以划分成三类,一是生产经营型的事业单位;二是行政执法型的事业单位;三是公益型的事业单位。这种分类方法有助于事业单位改革路径的清晰化。

第一类是生产经营型事业单位的改革。由于这类事业单位已介入竞争性领域从事私人品的生产,因此将它们改制成企业,国有资本退出这一经营型领域是一个较好的选择。这类国有资产管理所面临的问题,与一般营利性国有企业是相似的。第二类是行政执法型事业单位的改革。这类机构分散掌握多种执法职能,提供行政执法这类特殊公共品的特点决定了这些单位的资产具有非经营性质,是纯消耗性的,对它们的管理应与对行政机关国有资产管理的方式相同。改革重点将是适当归并不同事业单位的执法职能,并精简机构和人员,建立一套完整的资产配置、使用、处置和监督的管理制度,做到资产管理的常态化、专业化、法制化。第三类是社会公益型事业单位,它们应是规范性的事业单位的主体。从经费来源看,这类事业单位又可以分为财政全额拨款、差额拨款和自收自支的事业单位;从行政隶属

看,可以分为中央、省属和市、县、乡镇下属的事业单位;从投资主体看,可以分为政府部门、党委、事业单位及企业下属的事业单位等。这些事业单位一般扮演着经营型、公共服务型和执法型的多重角色,因此这类事业单位比较复杂,其改革过程也具有长期性和艰巨性,这类事业单位改革是目前理论研究的重点,也是本文讨论的重点。

事业单位的资金管理与资产管理是一个事物的两个方面,资金管理是价值形态的管理,资产管理是实物形态的管理。事业单位国有资产是指由事业单位占有、使用的,在法律上确认为国家所有,能以货币计量的各种经济资源的总和,包括国家拨给事业单位的资产、事业单位按照国家政策规定运用国有资产组织收入形成的资产,以及接受捐赠和其他经法律确认为国家所有的资产,这些是确保行政机关正常运转和事业单位事业发展的重要物质基础。

2006 年 7 月 1 日起实施的财政部令第 36 号《事业单位国有资产管理暂行办法》明确了事业单位国有资产的管理体制和各部门各单位的管理职责,构建了事业单位国有资产从形成、使用到处置全过程的有效监管体系。但由于本文所讨论的事业单位国有资产规模庞大,构成复杂,具体管理中还存在以下诸多问题,比如:资金预算水平低和软化,资产管理不规范和闲置现象严重;单位之间资金占有和利用不均衡,一些单位收入高,沉淀资金过多,一些单位收入来源单一,市场化风险高;信息化程度低,会计核算不规范,会计信息失真;资产使用监管不严;等等。

三、加强事业单位资金管理的对策思考

(一)将财政性资金与经营性资金分类管理,提高预算管理效率

预算管理与资产管理是互为前提和基础,既相互促进,又相互制约。一方面,财政预算是资产形成的主渠道,预算管理水平的高低决定着资产配置的合理性。另一方面,资产存量是核定单位预算的重要基础,资产管理水平影响着预算资金分配的科学性和有效性。因此,要区分财政性资金和经营性资金,应分别按照不同的原则,正确处理存量资产与增量预算之间的关系,按照以存量制约增量,以增量激活存量的要求,建立科学合理的资产配置制度,这是实现资产管理与预算管理有机结合的重要途径。

首先,应该在事业单位根据服务属性,有所侧重地贯彻财务管理中的成本中心和投资中心原则。如果事业单位的业务主要是具备公共公益性服务属性的,则该业务部门应该是一个成本中心,其资金的投资决策权应该属于其主管部门。如果事业单位的业务同时皆具竞争性服务属性和公共公益性服务属性,则该事业单位对竞争性服务部分应该拥有投资决策权。

其次,财政性资金是事业单位资金管理的中心内容,主管部门需要严加管控,掌握资金使用的实时信息,严管资金流向和具体运用。主管部门应该保证事业单位的预算开支,使这些单位的主要工作任务得到落实,而不是使事业单位用主要的精力去搞创收。在运用资金中,事业单位对公共公益服务部分要按照财政规定的进度使用资金,不允许超支、透支和有任何形式浪费。各个事业单位应该根据国家的财政制度和会计核算制度,制定相应的具体管理办法和措施,严格按照国家规定编报预算,按照进度拨款和使用资金。

最后,对于事业单位在市场经济中利用自己资源和能力获得的经营性收入,应该采取企业资金管理方式,只需要加强信息管理的工作,做到决策权和知情权的适当分离,各事业单位只需要事前汇报、事后备案即可。

(二)完善资产使用机制和处置机制,建立高效节约的事业单位国有资产管理机制

首先,完善资产使用和处置机制的基础是产权清晰,做到所有权和使用权相分离。对事业单位来讲,所有权和使用权相分离是政事分开的要求。事业单位国有资产的所有权由财政部门代表国家来行使,占有使用权由事业单位行使,二者必然要求分离。因此首先是做好清产核资、产权登记、资产台账制度、管理信息网络等基础性工作。主管部门要积极探索并大力推行以集中化、专业化为主要特征的大宗资产与专项设备的专业化集中管理,探索多种形式的、不同层次的资产管理责任制和绩效管理模式,提高事业单位国有资产的使用效率。

其次,事业单位国有资产的管理实行国家统一所有,政府分级监管,单位占有、使用的管理体制。财政部门、主管部门、事业单位要明确管理机构和人员,分别对事业资产实施综合管理、监督管理和具体管理。第一,事业资产是以国有资产初始投入,并由国家财政资金不断补偿积累形成,属于国家所有。第二,各级政府代表国家对本级事业资产实施监管。中央政府和地方政府的财权分离后,一级政府一级财权,每级政府都承担着对等的财权和事权,每级政府都要为本辖区的公共服务和公共产品的满足和发展提供必要的财力支持和管理支持。政府分级监管是财权和事权统一的体现,也是资产管理与预算管理、财务管理相结合的体现。第三,事业单位拥有对本单位资产的占有使用权和事业法人的自主经营权,并在国家资产管理的法律、行政法规的规范下,占有、使用国有资产。国有资产管理部门不能随意干涉事业单位正常的业务活动。但是,单位若将资产用于对外投资、出租、出借等经营活动,则必须经过相关部门的批准。

资产处置是资产全过程管理的最后一个环节,这个环节做得好,前几个环节的成果就能得到巩固,相反,前面的工作成果也将事倍功半。目前,有一些事业单位出现了固定资产无形磨损大,但是实物实际比较新,无法合理处置的问题。这个问题的解决需要建立与社会主义市场经济体制相适应的事业单位国有资产管理体制,增加资产在各个单位之间的流动和调剂。

按照《事业单位国有资产管理暂行办法》等的规定,事业单位的处置方式包括出售、转让、出让、对外捐赠、报废以及货币性资产损失核销等。在原则上,事业单位国有资产处置要逐步市场化,应通过竞价、多方案比较,选择、确定受让者,以实现转让资产价值的最大化。对于处置资产数量较多或者价值较高的,必须通过拍卖或产权交易市场以公开竞价方式出售或转让。对事业单位占有、使用的房屋建筑物、土地、车辆和货币性资产等单位的主要资产的处置,由于直接影响到单位工作的正常开展,并且处置过程易受人为主观因素的影响,造成国有资产的流失,无论其金额大小,应该一律报经主管部门审核同意后报财政部门审批。对于房屋建筑物、土地、车辆的处置和货币性资产以外的非特定资产,财政部门和主管部门有不同的审批权限。事业单位必须严格履行审批手续,建立公正合理的行政事业单位国有资产处置机制,防止资产在处置过程中的随意性、浪费与流失。对于处置收入,要按照政府非税收入管理的规定,实行收支两条线管理。主管部门在审批规定限额以下的资产处置事项后,要切实履行资产处置收入上缴的监管,将资产处置收入及时、足额上缴财政专户。政府应当完善事业单位国有资产的统一调剂制度、国有资产交易市场、国有资产的报废制度等,从资产的调剂、交易与租赁、报废等方面,建立一个公正合理的事业单位国有资产处置机制,规范和完善事业单位国有资产处置。

(三)强化整合管理,提高沉淀资金使用效益

针对事业单位普遍存在的苦乐不均的情况,财政部门、主管部门和事业单位都要通过建立规范的资产调剂制度,积极推动事业资产的有效整合和共享共用,解决资产闲置浪费、使用效率不高的问题。财政部门主要负责从制度和机制上帮助事业单位建立国有资产整合、共享、共用系统;主管部门主要负责优化本部门事业资产配置,促进本部门事业资产共享共用;事业单位则负责本单位存量资产的有效利用,积极参与大型仪器、设备等资产的共享、共用和公共研究平台建设工作。其中,主管部门起着承上启下的重要作用,因此要注重下面两个方面的管理。

第一,主管部门在对事业单位资产进行全面清查的基础上,摸清事业单位沉淀资金的情况,开展闲置资产的申报、登记和评估定价,对于各事业单位需要增加资金投入和新购建资产,要考虑能否从本级主管部门管理的现有资金和资产中调剂解决。在采取必要的行政手段的同时,也可以按照有偿转让的原则进行调剂,促进事业单位资产的优化组合。

第二,目前有些事业单位以银行存款方式存在的沉淀资金占总资产的50%以上,高的甚至达70%。对于有沉淀资金的单位,可以组织其利用存量现金资源积极寻求对外投资、资产出租的途径和方法。为了降低对外投资和资产出租的风险,对外投资和资产出租的领域应该是事业单位自身熟悉的、符合公共经济发展中具有公益性的领域,充分发挥国有资产在社会经济中的重要作用,同时获得比较长期、稳定的利润,降低投资风险,确保国有资产增值。比如说,事业单位在以市级土地储备机构和区政府为投资主体的危旧房改造过程中,参与垫资分成。

第三,在对外投资的过程中,要注意调动其管理人员和一般员工的积极性、主动性,采用适当的激励机制来促进其积极寻求对外投资、资产出租的途径和方法。在长期对外投资的过程中,可以考虑按照员工贡献大小适当吸纳员工的个人投资共同参与一些收益稳定、风险较小的投资项目,促进员工参与管理对外投资。

(四)推动多元化和一体化经营,增强抗风险能力

主管部门对于收入来源比较单一,过度依赖指令性计划扶持,具有市场竞争风险的事业单位解决抵御市场系统性风险能力低的办法,主要是帮助其实现一体化经营和多元化经营。前者是通过产业链的前后向延伸增强在同类市场中的竞争能力,从而可以在快速缩小的市场空间中占有较高的市场份额和回报水平,降低风险。后者是通过产业分散化缩小相关性的原理降低市场系统风险,但是也同时加大了经营管理的风险,增大了协调管理的成本。

事业单位可以根据实际的优势和劣势,选择运用不同的方法,增加收入来源的渠道,增强抵御市场系统风险的能力。比如说一些目前仍然依靠行政单位的项目作为收入的单位,一般尚未形成一个具有较强市场影响的核心产品和独有市场竞争能力。因此,要着力培养自己的市场竞争力,形成新的收入取得主渠道,逐步降低对主管部门的依赖。而如果一些事业单位本来在自己的领域有较高的市场占有率和市场影响力,那么就要在确保未来收入能力上下功夫,主要是通过加大投入,扩大资源优势,变资源优势为市场优势,完善产品和服务的性能;扩大市场占有率水平,培育市场并培养忠诚用户,通过这些措施,一步步争取在市场中处于领导地位,将其长期收入水平最大化。

总之,财政部门、主管部门和各个事业单位只要重视资金管理工作,建立起一套完善有效的机制,完善相关的法律市场环境,就能提高资产的使用效率,防止滋生腐败,杜绝闲置浪费,从而使事业单位资金发挥最大的效用。

主要参考文献

[1]财政部.事业单位国有资产管理暂行办法[S].2006.

[2]龙海荣.浅谈如何进一步加强行政事业单位国有资产管理[J].科技信息,2012(20).

[3]刘伟,孙广杰.审视行政事业单位专项资金管理[J].辽宁经济,2008(1).

[4]谢绍志.行政事业单位财务会计管理制度全书[M].安徽音像出版社,2004.

[5]周爱群.事业单位国有资产管理存在的问题及对策[J].辽宁行政学院学报,2008(07):58-59.

浅析境外项目成功投资七要素

——终止老挝橡胶项目的启示

陈中密

重庆对外经贸(集团)有限公司

2016 年 8 月 17 日,商务部召开例行新闻发布会,新闻发言人沈丹阳通报了我国对外投资和经济合作情况:2016 年 1～7 月,我国境内投资者共对全球 156 个国家和地区的 5 465 家境外企业进行了非金融类直接投资,累计投资额 6 732.4 亿元人民币(折合 1 027.5 亿美元),同比增长 61.8%;7 月当月对外直接投资 910.1 亿元人民币(折合 138.9 亿美元)。截至 7 月底,我国累计对外非金融类直接投资 6.3 万亿元人民币(折合 9 657.9 亿美元)。并购成为对外直接投资的主要方式,大型并购项目多。

必须辩证地看待中国企业境外并购出现的"井喷"现象。一方面对经济新常态,中国企业加快"走出去",增添新活力、拓展新空间,实现资源要素全球配置,有利于促进我国经济转型调整,有利于加快供给侧结构改革,有利于促进投资地经济社会发展,可谓境内外相得益彰,共同发展。中国企业并购有不少的成功案例,比如:联想并购 IBM、吉利并购沃尔沃、北汽收购萨博相关知识产权等。另一方面,连篇累牍的我国境外投资亏损的报道,不能不引起警觉。据《环球财经》报道,中国企业海外投资亏损近千亿元,70% 投资无收益,比如:2009 年中国铁建投资沙特麦加地铁项目亏损 41 亿元人民币。

本文拟从某国有集团终止收购老挝橡胶项目案例着手,分析终止的原因以及影响境外企业项目投资是否成功的"七要素"(政治、技术、法律、效益、人文、环保、责任),提出境外投资成功需要"七位一体,统筹兼顾,缺一不可"的观点。

一、收购企业基本情况

某集团(以下简称"集团")是顺应重庆市打造内陆开放高地,于 2009 年经中共重庆市委、市政府批准成立的市属国有重点企业,为目前全国地方规模最大的对外经贸企业,定位为重庆市扩大开放、实施"走出去"战略的综合平台。

集团主要从事国际国内商品及服务贸易(含劳务输出)、国内外工程承包建设与资源开发等经营业务。集团在非洲、南亚、东南亚等的 20 余个国家和地区设有分(子)公司和代表处。集团成立以来,始终坚持科学发展,不断优化资源配置,着力转变发展方式,业务发展高歌猛进,增长势头持续强劲。集团位列 2012 年中国服务业企业 500 强第 194 名,位列 2012 年重庆企业 100 强第 21 名,位列 2012 年重庆服务业企业 100 强第 9 名。

二、标的企业基本情况

云南勐腊县某天然橡胶开发有限公司（以下简称"勐腊公司"）是由自然人发起，在云南省西双版纳傣族自治州勐腊县工商部门注册的一家民营企业，注册时间为 2003 年 3 月，通过增资扩股，目前该公司注册资本为人民币 2 900 万元。主营天然橡胶种植、橡胶制品及贸易等业务，目前主要股东为三个自然人。

2005 年 10 月，勐腊公司获得商务部的对外投资许可，经云南省商务厅批准，在老挝民主共和国的乌多姆赛省注册其全资子公司（以下简称"老中公司"），注册资本为 100 万美元，其经营范围主要是：天然橡胶种植、橡胶加工及制品等。老中公司自成立以来一直致力于"罂粟替代"天然橡胶种植及加工产业的开发与经营。"罂粟替代"天然橡胶种植得到了中国公安部、中国云南省政府、云南省公安厅、老挝政府、老挝乌多姆赛省政府以及众多媒体的关注与支持。2006 年 2 月 19 日，中国公安部副部长、老挝禁毒委副主任等为"罂粟替代"项目举行揭牌仪式。

三、收购标的物

集团收购勐腊公司 51% 的股份。收购股份后，集团控制老中公司，最终获取老挝橡胶资源。

四、橡胶种植园基本情况

橡胶园位于老挝乌多姆塞省的勐昏、勐边两县。该地区正好在南赛河谷公路沿线两侧，是海拔在 800 米以下的丘陵缓坡土地，可开垦利用面积约为 30 万亩（一亩≈666.67 平方米）。橡胶园的地理位置在东经 101°，北纬 21°附近，属于亚热带北缘，季风性气候，年最高气温为 33.1℃，最低气温为 8℃，年降水量为 1400～2000 毫米，全年无霜冻期；该区域常年高温、多雨、静风，土壤腐质沉积厚实，土质为砖红壤，pH 值为 5 左右。高温沃土，非常适合天然橡胶的生长，天然橡胶栽培生长条件优于我国西双版纳植胶区。经过地理、气象等方面的分析，这一地区属于高产类型植胶区。据集团股东介绍，未经核查，胶园基地约 8 万亩。

五、老中政治经济关系

中国和老挝是山水相连的友好邻邦，两国人民自古以来和睦相处。1961 年 4 月 25 日中国和老挝正式建立外交关系，两国保持睦邻友好。20 世纪 70 年代末至 80 年代中期，两国关系曾出现曲折，1989 年中老关系恢复正常。21 世纪近 10 多年来，中老双边关系得到全面恢复和发展，两国领导人互访频繁，在政治、经济、军事、文化、卫生等领域的友好交流与合作不断深化，双方在国际和地区事务中保持密切协调与合作。老挝政府坚持一个中国的立场，支持中国人民和平统一的祖国大业。总体而言，中老外交关系良好，投资环境稳定。

六、尽职调查

（一）市场调研结论

1.种植橡胶区域约束性

天然橡胶是典型的资源约束型产品,对地理环境、土壤、气候、湿度等自然条件的要求较严格,宜胶区域集中在少数热带国家。传统理论认为,天然橡胶无法在北纬15°以北地区生长。由于自然条件的限制,天然橡胶种植区域主要集中在南亚和东南亚地区,种植面积约占世界的90%。生产国主要有印度尼西亚、泰国、马来西亚、印度、中国、越南和斯里兰卡。泰国、印度尼西亚、马来西亚三国合计总产量近年来在全球天然橡胶产量中的比例一直保持在70%以上。我国仅在云南、广东、海南种植橡胶。

2.我国高度依赖天然橡胶进口

2010年,我国进口天然橡胶总量达237万吨,但国内生产的天然橡胶总量仅约为66万～69万吨。我国天然橡胶高度依赖进口,自给率呈现逐年降低的趋势。从1995年到2009年,我国天然橡胶消费量增长3.2倍,进口量增长713%,但同期产量增长较缓慢,自给率由1996年的54.5%下降到2009年的21.2%,2004年起自给率持续下降至1/3的战略安全警戒线以下。

3.价格分析

天然橡胶是工业基础资源,受经济发展影响较大,价格受供需影响。2006年全年平均每吨售价超过2万元,达到21 157.5元/吨,比2001年提高了2.4倍。2012年天然橡胶期货价格2万元/吨。近三年,全球经济低迷,橡胶需求下降,2016年9月初的期货价格为1.25万/吨。

4.市场论证结论

天然橡胶属于我国高度依赖进口的资源性产品,是我国鼓励投资的项目,市场需求大。

（二）法律尽职调查

项目小组经过多次接洽、分析,梳理了项目涉及的法律关系,列出了法律咨询报告。经过筛选,聘请了有涉外经验的律师事务所,而且该事务所与老挝某大型国际事务所有合作关系,由境内外2家律师事务所组建了律师团队。经过调查,事务所出具了法律尽职调查报告(以下简称"尽调报告")。

得到的结论为:境内外公司成立合法、存续有效;境内外公司与当地政府、村民签署协议有效;符合老挝投资法律规定,属于支持鼓励行业范围。

法律尽调报告有这样的描述:根据老挝法律,种植橡胶的土地归农户所有,所种植的橡胶树权属由双方协议约定。若橡胶树产生经济效益,仍可能发生签约村民的违约风险。另外,尽管根据老挝法律,"公司＋农户"模式在老挝种植的天然橡胶树可作为老中公司的资产,但因土地所有权归农户,橡胶树作为双方共有的地上物,树木价值可能变化,老中公司对树木实施有效控制的限制因素较多,交易各方均应注意该风险。

(三)橡胶林核查和资产评估

本案收购的核心资产是橡胶林,属于生物资产。首要核查橡胶林的面积、树龄、胸径、闭郁度等,委托了具有中国森林资源勘查资质的机构,购买卫星图片,根据橡胶林的分布特点,打印分布图,采取现场卫星定位跟踪技术,测算了橡胶林面积。

项目小组聘请了中国甲级森林资源资产评估机构和西南林业大学共同组成了橡胶林资源核查和评估工作组。

项目小组通过选取典型地段,在区域范围内有代表性的地段设置标准地的方法进行查验,选取典型地段 1 183 个,设置标准地(30m×20m)共 1 183 个。具体实测样方内生物量平均指标,并进行现场记录与整理,且全程配以重点摄录影像活动,以供评估程序使用。

项目小组还核查了种植面积,进行了资产评估。

(四)会计尽职调查

境内公司股权变更复杂,账目混乱、账实严重不符。账外负债、资产靠账外经办人员的流水记录,特别是账外的负债,涉及股权变更时,以股抵债等情况,以股抵债没有进行股权变更。境外公司相对简单,境内外资金混用,相互往来,明细不清,存在股东和公司之间的往来。项目小组聘请了某会计师事务所进行了审计,对账目进行了清理调整,形成了股东确认的会计报表;聘请了某评估机构对标的公司 51% 的股权进行了评估。集团确定了初步的收购底价;资产评估价是收购底价的几倍。

七、经济可行性分析

以实际橡胶林面积作为基础;期胶价格 2 万元/吨(当时价格高于 2 万元/吨);炼胶厂投资为 4 000 万元,且在一个时点一次性投入;炼胶厂仅为一个生产环节,没有产生任何利润和亏损;老中公司和当地村民的收入分成比例为 1∶1;生产成本仅为村民割胶费用由于是由村民自行承担,所以没有生产成本;管理费用(含销售费)为销售收入的 5%;税金为销售收入的 3%。集团投资总额从种植到割胶需要 7~8 年时间,开割的前三年产量逐年递增,开割后第四年将持续稳定,根据老中公司和老挝政府签订的协议,合作期截至 2034 年。

按折现率 10% 计算,预计动态投资回收期为 8 年,净现值 NPV 大于零,内含报酬率 IRR 达 17.8%。价值分析可行。

八、收购路径

(一)收购路径考虑了三种路径

1.路径 1:资产收购

橡胶林资产权属由公司和农户双方协议约定所有,若收购资产,需要变更权属协议,涉及 3 000 多农户。工作量大,语言沟通困难,加之,老挝农民素质低,解释工作难度大,更重要的是农民以为被剥夺了权利,抵制协议变更,变更成功的风险大。因此,放弃资产收购方式。

2.路径2：收购老中公司51％的股权

该项目是"罂粟替代"项目，是世界禁毒委和中老合作禁毒项目，中国给予补贴支持，指定云南商务厅办理补贴事项。集团直接收购老中公司股权，重庆企业不属于补贴范围，得不到补贴，经济利益受损。若在云南昆明新设企业收购境外企业股权，涉及原公司的股权变更、清算，以及税收筹划的影响，未达成一致协议。因此，放弃。

3.路径3：收购勐腊公司51％股权

经过比较、分析，双方协商一致，同意收购勐腊公司51％的股权。

九、项目可行性综合评判

根据前期完成的尽职调查、资产评估和标的公司股东的谈判，对项目进行综合评判。

(一)优势因素

中老两国互为友好邻邦，高层互访频繁，经贸合作良好，老挝国家稳定，且项目属于世界禁毒委和中国支持的"罂粟替代"种植项目，政治风险很小；天然橡胶是中国依赖进口的资源，资产估价远高于底价，投资回收期8年，IRR大于预期，效益分析可行；乳胶加工设备、技术、工艺成熟。

(二)缺陷因素

1.产权边界不清晰，可能导致收益权纠纷

该公司经营模式为"公司＋基地＋农户"，公司出资金、技术、管理，老挝方出土地、劳力，按照一定的比例分配收益。收益分配有两种方式：勐边县，公司出种苗、管理、技术，分配比例为农户70％、公司30％；勐昏县，公司出种苗、管理、技术以及栽种和日常维护资金，分配比例为老挝方40％、公司60％。合同种植年限均为30年。

法律尽调报告《14.2.16关于老挝种植区橡胶树的所有权归属问题》有以下的表述：

目标公司与老挝有关政府机构签订的《特许经营协议》、目标公司与勐昏县及勐边县签定的《罂粟替代橡胶种植合作协议》均没有明确表述橡胶树的所有权归属，但是根据《特许经营协议》及《种植合作协议》约定，橡胶树的收益权及所有权应按照勐昏县种植农户40％、老中公司60％的比例分配；在勐边县，橡胶树的收益权及所有权应按照种植农户70％、老中公司30％的比例分配。

鉴于老挝并无相关法律规定合作种植模式下橡胶树的所有权，老挝《外商投资法》及《特许经营协议》即是橡胶树确权的依据，建议本收购完成后，由老中公司与老挝政府及合作农户签订补充协议，明确约定橡胶树的所有权归属。补充协议内容须与老挝政府提前沟通，然后提出申请。

律师团队提出的补救措施，面对千家万户农户，能否操作成功，尚不确定；即使操作成功，在法制不健全、守法意识淡漠的老挝山区，能否执行，尚存不确定性。产权边界不清，导致收益权纠纷风险高。

2.收购后，人文协同难以形成共同效应

老挝是一个信仰小乘佛教的国家，村民淳朴善良、比较贫穷，人民渴望改善生活的愿望强烈,相互之间友善。据现场调查人员介绍,中方现场管理人员基本都是中国村民,本身素质不高。当地村民对中方管理人员有抵触情绪,一是态度生硬,不尊重对方,甚至发生殴斗;二是个别中方人员粗俗,甚至有伤风败俗的现象发生,引起村民的反感;三是公司各啬,素来精于算计,没有建设公益事业取信于民,村民总感觉吃亏上当,造成不信任感;四是对中国提供的农资产品缺乏认同,认为有毒有害,后患无穷;五是公司喜欢走上层路线,善于搞好与当地政府的关系,经常由当地政府出面协调、强压,造成村民积怨较深。收购后,橡胶林依靠广大村民管护,没有人文融合,难以形成协同效益。

3.环境保护的硬伤

橡胶林项目区属湄公河在老挝境内的南赛河,流经勐边、勐昏等地,最后于巴本汇入湄公河,总长 100 多千米,雨季时河面宽 40~50 米,旱季时河面宽 10~20 米,地形切割较浅,水流平缓。南赛河水清见底,每到夕阳西下时,男女老少到河边洗浴、刷牙、洗衣服等,享受自然的宁静和闲暇时光,是勐昏、勐边县沿线村民饮水、洗浴、灌溉的母亲河。建橡胶厂需要水,厂房建在河边,炼胶厂排放的污水和废气势必影响周边环境。胶厂的污水、废气处理至关重要,处理不好会引起村民骚动。

所以该项目在政治、技术、经济效益方面可行,产权界定、人文融合、环境保护、履行社会责任方面存在缺陷,终止该项目。

十、终止老挝橡胶项目受到的启发

(一)大判断后,深入细致地尽职调查尤为重要

大判断就是从国家层面、行业层面、公司战略出发,进行大的方向性的判断,决定要实施并购项目后,深入调查研究尤为重要。目前普遍重视法律、会计、技术等第三方中介机构的意见,甚至中介机构的意见取代了企业意见,严重忽略深入一线对企业的生产、技术、管理、文化进行深入的调查研究。

(二)理清法律关系,为日后"幸福生活"打下基础

一定程度,事前的协议是日后共同生活的宪法。法制健全的国家,容易理清法律关系,也更应该理清法律关系,尽量详尽。"一带一路"沿线的国家和地区,多属于发展中国家和欠发达国家,法制不健全,更应该详细分析并购的各个环节,以及并购后的、可预见的法律关系,特别是产权、收益分配、风险分担一定要尽量约定清晰。在本案例中,橡胶林的权属由协议约定,边界不清,日后有收益时可能产生纠纷。

(三)加强"走出去"企业员工人文教育,树立中国形象,是提升国家软实力的需要

"走出去"从党的十五大开始成为国家战略,历经 30 多年,我国境外投资企业 22 000 多家,遍布 179 个国家和地区(来源:2014 中国海外投资新年论坛,全国人大财经委副主任委员辜胜阻讲话);截至 2010 年 3 月,境外中资企业员工 76.9 万人(来源:沈琴琴,《境外中资企业劳动用工现状及存在的问题》),笔者估计远不止这个数。这样庞大的人群,遍布全世界,对中国的世界形象影响无不深远。

在肯尼亚,中国人分不清肯尼亚人与坦桑尼亚人的区别。但是,肯尼亚人却分得清日本人与中国人。在肯尼亚有种说法:每天穿西裤和短袖衬衫上班的是日本人,穿T恤衫上班的是中国人;休息日打高尔夫球的是日本人,聚在一起喝酒的是中国人。一位日本商社驻肯尼亚的负责人告诉笔者:"英语一句都不懂,拎个破旧的旅行箱到肯尼亚来做生意,全世界也只有中国人敢这样做。"

入乡随俗,不忘"国家",不仅树立了企业自身的良好声誉,更是维护了中国和平发展的崇高形象。本案中提到的人文协同效应问题,多少有损国家形象。老中关系友好,人民淳朴,2016年3月发生的老挝人枪击中国人事件,虽属个案,但不得不引起深思。

随着"一带一路"战略的深入实施,对"走出去"企业的员工,特别是基层员工加强教育,是"走出去"企业的责任,也是国家的责任。加强"走出去"企业员工的人文教育,对提升中国软实力,具有深远的重大意义。

(四)捐建公益设施,履行社会责任,是企业现实和长远发展的需要

"单丝不成线、独木难成林","走出去"的企业要发展壮大就必须与当地社会相融合,扎根当地、带动经济、关注民生,注重长远发展是"走出去"的一个重要经验。捐建学校、修建水库、改善道路、排危抢险、救助灾民等公益措施,是"走得出去,站得稳,能长久"的重要举措,也是重要的经验。这些工作,虽然使企业付出了一些额外的成本,但也加深了企业与当地的融合。这种投资与所在国政府、合作者及当地人民形成了利益共同体的投资模式,得到了当地人民以及政府的认可,形成了公司长期可持续发展的无形资产,同时也增强了抵抗政治风险的能力,为公司长远发展打下坚实的基础。

(五)环保,永恒的话题,是"走出去"企业不得不重视的要素

对于环保,发达国家法律要求苛刻,发展中国家的意识也较强,"走出去"的企业必须重视环保。比如:投资波兰风电项目要考虑候鸟迁徙,投资非洲项目要考虑保护野生动物等,否则项目环评不能通过。本案也涉及废水废气的排放,不重视环保,可能导致项目失败或付出代价。

中国实施全球化经营战略,参与世界化竞争,中国企业正努力践行"一带一路"伟大构想,为实现"中国梦"而努力奋斗。在此背景下,笔者就实际工作中的一个案例引发思考,认为境外项目投资只有做到"七位一体,统筹兼顾,缺一不可",方能取得成功,以期对有境外项目投资的企业提供有益借鉴。

主要参考文献

[1]刘青海.中国企业非洲七国工程承包深度调查[N].建筑时报,2015,10(15).

[2]柯佑鹏,谭基虎,过建春,张玉梅.中国天然橡胶安全的几个问题[J].海南大学学报(人文社会科学版),2007,25(6).

[3]姜宁.中国企业"走出去"战略面临的主要风险及对策建议[J].商情,2015(12).

改制背景下的我国传媒集团财务风险管理研究

童艺强

重庆文化产业投资集团有限公司

一、引言

从 2002 年党的十六大报告到国办发〔2014〕15 号文件,经营性文化事业单位在转企改制工作中取得许多进展。与此同时,对于长期处于国家政策保护下的我国媒体单位来说,其经营管理模式与方法存在诸多与市场化不相符的地方,其中财务风险管理问题尤为突出。特别是随着我国传媒业进入产业化、集团化的高速发展时期,面对变幻莫测的国际国内市场环境,不确定性因素日益增多,其生存发展面临更加严峻的挑战。转制后的文化企业,直接面向市场,企业的战略目标就是利润最大化。传媒集团作为市场竞争的主体,应树立怎样的财务风险管理观念来实现企业的战略目标,是关乎企业生存与发展的大问题。

二、改制背景下的我国传媒集团财务风险特征分析

我国传媒集团面临的财务风险既有企业财务风险的一般特征,在改制的背景下,又有其行业特点。

(一)企业财务风险定义及特征

财务风险管理是指经营主体对其理财活动中存在的各种风险进行识别、度量和分析评价,并适时采取及时有效的方法进行防范和控制,以经济合理可行的方法进行处理,以保障财务活动安全正常开展,保证其经济利益免受损失的管理过程。

准确界定企业财务风险的范畴有利于对其进行科学的管理。我国财务界对财务风险的定义有广义和狭义之分。狭义的财务风险是指企业由于负债经营而使企业可能丧失偿债能力,最终导致企业破产的风险。广义的财务风险是指贯穿于企业生产经营活动中的资金运动所面临的风险。财务风险是经营风险的货币化表现形态。为了全面的研究我国传媒集团的财务风险并对其进行管理,本文选取财务风险的广义角度来分析说明。

企业财务风险一般具有如下特征:客观性、偶然性、可度量性、与收益和损失相联系。

(二)改制背景下传媒集团财务特征

我国传媒集团从单一的公益性单位向既有经营性质又具公益性的双重身份转化,其在管理理念、制度和具体准则上具有特有的国情背景和自身特点。由此决定了它在财务风险上的特征除了拥有一般企业的共性外,还具有其独特的方面。

第一,政策法律风险大。根据财政部和广电总局联合颁发的《广播电视事业单位财务制度》的要求,广播电视事业应坚持把社会效益放在首位,同时注重经济效益。由此可见,我国

传媒集团不仅具有市场经济主体的属性,追求企业价值最大化;还具有社会公益主体的属性,实现一定的社会效益目标。由于其对社会意识形态形成与发展起着至关重要的作用,决定了其经营管理更多地受到政府的调控,社会公共利益凌驾于企业自身效益之上。因此我国传媒集团面临的政策法律引起的财务风险远远高于一般企业或者集团公司。

第二,技术因素和资本市场的影响越来越大。目前我国传媒领域正在呈现出如下产业发展态势:移动传媒与互联网成为传媒产业的"两驾马车",整个传媒产业也正面临着艰巨的结构转型和产业整合。技术革命会导致传媒形态变迁,重大的传媒技术革命可以创造一个新的传媒行业,但与此同时,技术风险所引起的财务风险也会随之扩大,比如1995年至2001年间的互联网泡沫。资本市场上的整合也在媒体互联网经济中表现明显,如盛大收购上市公司华友世纪,分拆盛大游戏在纳斯达克上市,收购视频网站酷6,合资成立盛视影业;新浪1.8亿美元管理层MBO(管理层收购)等。这些收购与整合正是企业财务活动的范畴,其中面临的财务风险可想而知。总而言之,产业数字化浪潮和资本市场的运作对传媒集团的财务风险管理能力提出了更高要求。

第三,财务风险突发性强、波及范围广。媒体是一种传播信息,分配信息资源,提供影视娱乐的服务性行业,其掌握着话语权和舆论导向。因此传媒集团的财务风险受到许多突发性因素的影响。同时作为集团公司,其内部关系复杂,不可控因素多。财务危机一旦爆发,其效应常常有如多米诺骨牌,甚至是滚雪球般扩大深化。

三、改制背景下的我国传媒集团财务风险成因分析

本文从企业内部和企业外部两个方面分析了改制背景下我国传媒集团财务风险成因。

(一)企业财务风险成因

从风险产生的边界看,企业财务风险成因分为内部因素和外部因素两个方面。其中内部因素主要指因决策失误以及经营管理不善而导致的内部资金运动过程中风险,如投融资决策失误,流动资产管理不善等方面。外部因素包括政治风险、法律风险、市场风险和金融风险等。其关系如图1所示:

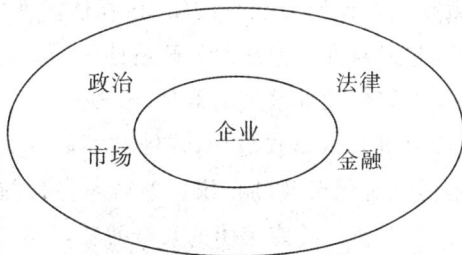

图1　企业财务风险成因图

(二)传媒集团财务风险内部成因

在文化体制改革前,文化事业单位由政府主办。由于事业单位不用面临企业经营中的风险,以至于管理层和财务人员都不重视财务风险,也缺乏动力去提高企业的财务效益。源

于上述历史沉疴,改制过程中传媒集团面临的内部财务风险主要有以下两个方面:

第一,缺乏复合型媒体经营人才。从媒体经济本身的特性来讲,媒体经营中最为根本的要素是人才。尽管中国媒体领域的人才并不稀缺,但中国的媒体人对媒体和市场的结合还没有足够的经验。他们有着较高的专业素质,却缺乏在市场中实践的经验。其中有一部分从业者甚至抵触媒体与市场结合带来的变革,这将是在未来的媒体经营中所要遇到的主要障碍之一。现在的情况是,原有媒体内部的人才不懂得媒体市场经营,而希望进入的外部资金又不了解媒体的运作。在这种情况下,复合型媒体经营人才就成了各家争抢的对象。

第二,企业发展战略执行失当。在公司发展战略上,我国传媒集团实行多元化经营并积极推行资产重组业务,但是在具体决策中存在失当,产生了很多风险。首先,企业多元化经营的初衷是开发新的业务增长点,分散风险。但是投机因素过多,并没有对项目进行可靠的调查分析,轻易涉足企业并不擅长的领域。比如湖南电广传媒,曾先后投资了世界之窗、湖南国际影视会展中心、北京鸿坤伟业房地产开发有限公司等项目,结果这条多元化扩张道路令"电广传媒"财负过重,陷入困境。其次,企业资产重组的直接目的是实现规模经济,但是我国传媒集团的资产重组并没有实现协同效应。这是因为我国传媒集团的资产重组是在行政力量的干预下,高度保护的垄断基础上实现的,其实质是资源的简单集合和再生产,并没有形成资源优势互补和优化配置。这种粗放的重组模式很容易造成"1+1<2"的现象,甚至演变为"1+1=0"的悲剧。另外,企业重组过程需要大量的资金支持,企业如果以自有资金支付重组成本,则企业自身将面临极大的流动性风险;如果企业对外融资,则企业财务成本会急剧增加,偿债风险也较大。

(三)传媒集团财务风险外部成因

传媒集团外部财务风险主要来源于以下几个宏观因素。

从政治法律因素来看,主要有以下两个方面:第一,产权法律不完善导致的监管缺位。按照国家法律规定,我国报纸、广播电视等媒体产权都由国家代表全体人民所有。但各媒体的实际创办者、投资者却是党政部门、群众团体、国有企业等,其对媒体资产没有所有权。也就是说媒体资产的所有者(全体人民)与媒体资产的使用者之间是一种各方权责不明的委托代理关系。媒体资产所有者缺乏行使监督权利的渠道,媒体资产的管理者可以利用政府行政上的超强控制力推脱责任,将经营性亏损扭曲为政策性亏损,由此转嫁自己的风险。并且管理层决定传媒企业经营、发展和分配等重大决策时,出现个人独断现象;经营行为短期化;过度的在职消费以及工资、奖金等收入增长过快,侵蚀利润等现象。第二,政策法律对传媒业的管制。目前我国实行的仍是有限开放的传媒产业政策。如前文所述,媒体作为党和国家的喉舌,其不能片面追求经济利益。传媒集团的社会效益目标高于经济效益目标,这就决定了企业经营对政治法律环境的变化特别敏感。另外传媒集团的产业化过程存在两个禁区:产权多元化和上市。政府在外资和民营资本进入媒体行业仍存在严格的管制。例如,政府规定新闻媒体由国家经营,可以在新闻出版影视系统内融资,不得吸收境外资本和私人资本;而融资必须确保国有资本主体地位。这种对融资渠道的限制大大增加了传媒集团的融资成本,提升了融资风险。

从市场因素来看,我国传媒市场具有垄断竞争和地域性特点。目前,我国大多数传媒企业集中在省会和经济发达城市,处于垄断竞争阶段。媒体产品彼此之间都是非常接近的替代品,市场竞争大,风险加剧。另外我国传媒市场是在市场和国家行政操纵的双重力量下形成的,其结果滋生了地方保护主义。地方政府为实现本地区经济利益,给予本地传媒企业各种政策扶持,限制外地传媒企业进入,容易导致本地传媒企业故步自封,也不利于传媒企业跨区域经营,分散风险。

另外,传媒集团所处的宏观经济环境和国家资本市场的发展也是决定企业财务风险大小的重要因素。经济处于稳步增长阶段时,企业面临的财务风险较小;资本市场发展得越完善,企业的各种财务活动进行得越顺利。

四、治本之策:按照现代企业制度的要求完善公司法人治理结构

目前,我国大众传媒仍属于国有经济性质,和其他国有企业有类似的地方,大众传媒的效率明显不高。要提高效率、适应转向市场经济体制的要求,就必须推动法人治理结构的建立健全,实行所有权、法人财产权和经营权的分离。

公司法人治理结构,是用以处理由于所有权和经营权相分离而产生的委托代理关系的制度安排。完善公司法人治理结构,就是按照现代企业制度要求,规范公司股东会、董事会、监事会和经营管理者的权责,完善企业领导人员的聘任制度。股东会决定董事会和监事会成员,董事会选择经营管理者,经营管理者行使用人权,并形成权力机构、决策机构、监督机构和经营管理者之间的制衡机制。

按照国有资本所有权和行政管理权、宏观调控权相分离的原则,重新构造媒体集团国有资本管理体制。媒体集团国有资本由行政部门和各级政府代理转向由经营性的公司(重组后的集团公司就属于此)代理,由代理国有资本所有权的公司对国有资本进行投资、经营,达到国有资本保值增值的目的。

完善传媒集团公司法人治理结构要求在实行所有权与经营权两权分离的制度安排上,要建立起科学的激励和监督机制。一是机制设计要从实际出发,适应传媒公司的行业和规模特点;二是激励和监督要配合得当。

当前,按照现代企业制度要求,完善传媒公司法人治理结构,实现财务风险的有效管理,需要重点关注的几个问题:一是提高集团决策层的财务风险意识。决策层的风险意识和经营思路决定了企业发展空间。企业高管具备较强的风险意识,自上而下推行风险管理文化是企业有序经营、长期可持续发展的前提。现阶段可以按照国家颁布的《企业内部控制基本规范》《企业内部控制配套指引》建立一整套覆盖企业经营各个环节的内控制度体系;尝试按照国资委要求编制年度全面风险管理报告,探索适合本企业情况的风险管理工作机制,以此为开端逐步完善全面风险管理体系。总之,企业管理层提高财务风险意识,把国际上先进的风险管理理念与企业财务活动实际相结合,探索建立健全内部控制体系是企业长远发展的必经之路。二是将内部控制制度与财务风险管理有机结合。财务风险管理需要企业对其财务活动过程中存在的各种风险进行识别、度量和分析评价;需要采取及时有效的方法进行防

范和控制;需要在内部控制的各个关键控制点采取控制措施。内部控制的过程中,如果缺乏对财务风险管理知识、理念、方法和技术工具的了解和对风险管理策略的综合考虑,会导致财务风险管理与企业层面、业务层面的内部控制结合不紧密,就无法通过内部控制将企业内部各部门的责任进行分配,也无法在经营活动关键控制点上充分考虑可以采用的工具和方法。三是以风险导向审计的思路管理媒体集团的财务风险。风险导向审计是对内部控制制度的补充,二者的有机结合能有效防范企业各个层面由其企业管理层面产生的财务风险。

五、应急之策:我国传媒集团财务风险规避策略

针对我国媒体集团财务风险产生的内外部原因,可以制定相应的风险规避策略。

首先,为防范政治法律因素引起的风险,一方面媒体集团应注重强化集团内部从业人员的政治素养,特别是管理层的素质。这是正确解读政府政策和相关的法律法规的前提。从而在制定经营方针和发展战略时能绕过政治上的敏感区域,有效地进行宣传和经营业务,避免风险。

其次,配备高素质的财务管理队伍。传媒业是一个资金密集型行业,完善的财务管理系统是保持企业正常运营的基础。传媒集团财务管理人员是企业防范风险的第一道防线,行使着企业财务风险的预测、监督和控制职能。财务管理人员的素质直接影响着集团对未知风险的预知和防范控制能力。集团可以通过外部引进和内部培训两个手段提高财务管理人员的素质。但从配备复合型媒体经营人才这个角度来讲,对集团内部的财务管理人员进行系统的培训效果比较好。

再次,建立健全财务管理内部控制系统。建立健全内控系统关键在于科学设置内部控制关键点。可以从以下几个方面着手:第一,实行资金统一管理。实行资金统一管理,就是企业融资、银行账号管理、资金调度等活动由集团总部统一管理,传媒集团最高决策机构在整个资金管理体系中居领导核心地位。实行收支两条线、账户限额管理及资金使用计划和报告制度。资金统一调度,在微观上使资金在部门间按使用效率分配,降低财务费用;宏观上有利于提升集团资本市场运作效率,提供战略保障等。第二,实施全面预算管理。抓住现金流量控制、目标成本管理、预算执行跟进、绩效考核实施等关键点进行内部控制,通过预算执行情况来发现内部控制与财务风险管理目标的差距并及时加以补充修正。第三,实行集权式财务管理模式。我国传媒集团还处于集团化初始阶段,在市场机制不健全和媒介属性不变的情况下,媒介的集团化也是运用行政力量进行"捏合",并不是市场机制推动的结果。从这个基础上来说,实行集权式财务管理模式是必要的。建立统一的资金管理制度、财务报告制度、投融资管理制度等来规范传媒集团的财务运作,防止条块分割、各自为政,真正实现资源重组的协同效应。

最后,有效控制资金运动中各个环节的风险。按资金运动规律,企业的日常经营活动分为融资活动、投资活动、资金回收活动和收益分配活动。这些资金业务活动的各个环节都需要企业制定科学合理的风险防范措施,最大限度减少风险。比如,对传媒集团融资过程中的财务风险进行管理时,主要考虑以下几点:一是融资时机的选择。企业的融资需求由投资需

求决定,因而投资项目所处的行业经济周期和区域经济周期是决定融资时机的关键。二是合理确定筹资规模。集团筹集资金数量应与资金需求量相匹配,避免造成资金的闲置,增加企业的财务成本。三是合理安排企业收支,分散债务到期日。一方面如果传媒集团偿还债务时间过于集中,集团很容易不能偿还到期债务。另一方面,债务集中也会增加当期财务成本。四是选择合适的筹资方式。合理安排资本结构有利于降低筹资风险与资金成本。目前,我们传媒集团资金来源一般有四种:上市融资、国家和地方政府财政补贴、银行贷款和自由资本积累。但现在只有极少数媒体直接或间接拥有了上市的权利;同时在文化体制改革的背景下,政府财政基本停止了对媒体集团的支持,由企业自收自支;银行贷款也倾向于投放到效益良好的企业。因此,应积极拓展新的融资渠道,如基金或者发行债券。再如,对投资风险进行控制时,主要有两个策略:一是采用集中决策,适当分权的模式。这种模式是指集团母公司掌握重要的投资决策权,而一般投资决策权适度下放给子公司。决策权下放的额度通常按子公司一定权益比例决定。即在一定时期内,只要子公司累计投资额不超过所定比例,子公司可以自行投资,否则不能自主决策。这种方法与限额投资相比,可以防止子公司把投资项目化整为零。二是强调项目可行性研究在投资决策中的地位。项目可行性研究是指在对项目投资之前,通过对与项目有关的市场、资源、工程技术、经济和社会等方面的问题进行全面分析、论证和评价,从而确定项目是否可行或选择最佳实施方案的工作。可行性研究是企业投资成功与否的关键。只有通过对宏观经济情况、行业周期以及区域经济周期的分析,才能决定项目投资的时机正确与否;只有经过周密的市场调查和分析,才能预测项目的需求情况,确定项目规模。只有在分析了竞争对手、企业资源优劣势的前提下,才能详细制定集团的经营方案,预测方案的盈利大小和风险程度。

六、结语

我国推行事业单位转企改制由来已久,但是由于计划经济体制下财务制度的残余影响,财务管理并未引起足够的重视,经营管理人员财务风险意识薄弱。在跨国公司来袭,媒体集团化的运营中财务风险管理作为企业运营的内在组成部分,必须作为一项战略任务纳入整个传媒集团规划之中。

本文以改制背景下传媒集团的财务风险管理为切入点,通过分析传媒集团的财务风险特征和风险成因,提出了改制背景下传媒集团财务风险防范和管理策略。通过本文的研究,笔者期望能对传媒集团财务风险管理起到一定的参考价值和实践指导作用。总之,改制背景下传媒集团财务风险研究是一个比较新的课题,本文只是进行了一个较浅层面的定性探讨,还有待进一步深入定量研究。

主要参考文献

[1]黄锦亮,白帆.论财务风险管理的基本框架[J].财会研究,2004(6):35-37.

[2]郭永清,田威.浅谈财务风险及其特点[J].黑龙江财会,1994(12):17.

[3]袁恒琼.传媒集团财务风险管理研究[D].湖南大学,2010(4).

[4]陈剑.浅析国有企业内部控制在财务风险管理上的应用[J].科技广场,2011(6).

[5]范勇福.要按照现代企业制度的要求完善公司法人治理结构[J].经济日报,2006,10(30).

新时期建设公司财务风险及防范策略分析

徐 萍

重庆市渝地资产经营管理有限公司

一、财务风险的定义及具体的问题表现

(一)财务风险的定义

公司的财务风险指的是公司在进行政务活动中,在内部以及外部因素的影响下对公司经济效益造成的影响。在公司发展过程中要想实现对于公司财务的有效管理,必须要分析公司财务风险出现的原因,进而采取针对性的措施加以控制和规避,最大程度上降低风险可能带来的经济损失。

(二)财务风险的问题表现

1.财务风险控制意识不足

在新时期下公司的市场竞争越来越激烈,公司在发展的过程中需要不断发展、改变,寻求发展的道路。很多公司在激烈的市场竞争下将更多的精力放在了竞争上,想着如何超越竞争对手,而忽略了对公司财务风险的管理控制。而财务风险控制意识的不足正是导致公司财务风险存在的主要因素之一。

2.财务风险评价体系不完善

目前,我国很多的公司在发展的过程中并没有建立完善的财务风险评级体系,尽管其也建立了财务部门,但是其财务部门更多是执行会计的工作,会计与财务并未分开。此外,我国很多公司的财务风险评价中,相关制度、资料并不规范,未能形成完整的财务工作信息,自然导致公司管理层无法及时获取专业、有效、科学的财务风险评价报告,这对于公司决策的影响是不容小觑的。

3.过度注重利润

在公司发展的过程中,利润是公司追求的主要目标,是公司发展的核心目标之一,也是保证公司长期发展的关键。但是在公司的发展过程中,随着规模的逐渐扩大,很多公司的领导者也出现了一定程度上的"浮躁"。大多数情况下,公司领导仅仅关注销售额的增长、利润总额的增加,忽视了对公司财务的管理,最终造成财务风险问题。由于过度注重利润,很多公司基本没有进行严格、科学的成本管理,未建立完善的定额管理制度。生产成本和期间费用没有先进又切合实际的定额标准,现有的消耗定额只是根据以往经验简单估算,缺乏仔细的分析和计算。

二、新形势下公司出现财务风险的原因分析

(一)合同上的问题

企业在长期的发展中为了保证发展的稳定往往会签订一系列的合同,在合同中对于企业发展涉及的内容进行明确的规定,明确合同签订双方的责任与义务,保证公司的长期稳定发展。比如一些工程以及货物的相关合同,由于当前市场竞争日趋激烈,许多类型的公司所处的经济范围都缺乏相应的监管制度,导致公司在合同签订的时候没有相应的科学参考,导致在合同签订以后处于非常不利的地位,日后在履行合同规定的时候出现乏力的现象,使得公司的支出大幅增加,而收益大幅度减少,出现明显的财务风险。

(二)项目投资风险

一个公司在发展过程中要想实现质的飞跃需要的不仅仅是市场份额,还需要在发展过程中不断地投资其他产业,而公司的投资质量以及投资的目标将决定着公司投资的正确性以及投资未来的发展,可以说公司的投资直接影响着公司的收益。在 2008 年经济危机以后,我国许多行业的竞争越来越激烈,很多公司都在投资项目中出现了风险,由于投资时对市场考察不到位、对投资目标未来发展方向预测出现错误,导致公司的账务因此出现巨大亏损,形成财务风险。

(三)运营成本的失控

我国市场经济快速发展的同时也带来了许多行业垄断现象的发生,新兴的公司为了抢占市场份额,不惜放弃收益,而一味地增加产品的成本,提升产品的质量,以此来增加自己的销售量,而一段时间之后,由于消费者对产品的质量已经有了定性的要求,而公司产品的制作成本却在不断增加,导致公司只能继续增加产品成本,整个公司的运营成本也就快速提升,公司的产品销售带来的收益不能满足公司日常运转以及产品生产的资金需求,甚至还需要从公司其他部门抽调资金来支持产品生产,最终因公司成本失控而带来严重的财务风险。

(四)过于依赖银行贷款

公司在发展过程中因为现金流的变动较大,因此经常会向银行进行贷款,而公司从银行贷款导致公司自身通过运营解决财务紧张问题的能力严重下降,而如果公司想要扩大规模,就必须进行更大数目的贷款,公司的运营一旦出现问题,银行为了自身利益,就会紧急要求企业进行还贷,企业这个时候没有资金还款,就会出现严重的资金信誉损失以及各种财务风险,影响公司的日常运转,如果这种现象长期得不到解决,等待公司的可能就会是倒闭破产。

三、新时期公司财务风险的防范措施分析

要想实现财务风险的有效控制与管理一般会按照以下的流程进行：

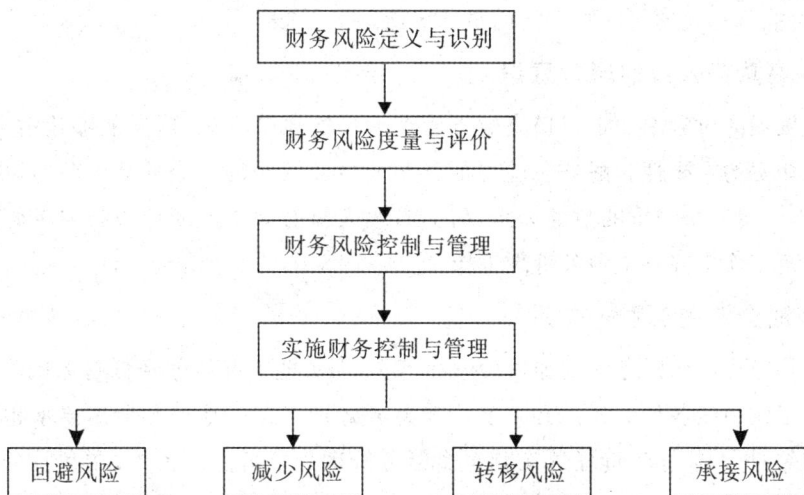

```
┌─────────────────────┐
│  财务风险定义与识别  │
└─────────────────────┘
          │
          ▼
┌─────────────────────┐
│  财务风险度量与评价  │
└─────────────────────┘
          │
          ▼
┌─────────────────────┐
│  财务风险控制与管理  │
└─────────────────────┘
          │
          ▼
┌─────────────────────┐
│  实施财务控制与管理  │
└─────────────────────┘
```

回避风险	减少风险	转移风险	承接风险

图1　财务风险的控制管理流程

但是对于企业财务风险仅仅依靠控制管理是不够的，要想将企业财务风险的负面影响降到最低，最好的办法还是做好财务风险的防范，避免财务风险的产生。在进行财务风险的防范时可以从以下措施入手：

(一)提升公司财务决策管理水平

公司在发展过程中要想实现对于财务风险的有效决策管理，首先要做的便是科学、合理地进行财务管理分析，提高公司财务管理环境变化的适应能力和应变能力，企业在发展过程中必须要提高财务管理对宏观环境的分析和研究工作，进而能够掌握其变化的规律，有针对性地制定预防风险的措施，从根本上提高公司财务管理工作的适应能力和应变能力，降低因为环境的变化而带来的财务风险。

除了对风险的管理能力以外决策能力也很重要，公司的经济决策直接影响着公司未来的发展方向，也是公司盈利的根本，公司应该不断提升财务决策人员的专业素质，让他们对公司的财务决策有深层的认识，而且应该充分考虑到所有可能影响决策结果的现实性因素，减少决策失误的可能性。公司在内部设立决策责任制，将财务决策附在责任制身上，这样决策人员对财务决策就会更加细致小心，会更侧重于选择对企业经济发展更加有力的决策方案。

(二)建立完善的财务风险控制机制

公司财务风险的出现不是确定性的，而是随着市场环境以及自身发展的变化而变化的，具有不确定性，因此公司建立健全风险控制机制，设立风险控制部门对公司发展具有重大意义，这样公司在遇到财务风险的时候，就可以从专业的角度对风险进行评估，以便采取相应的解决对策、采用应急预案，不至于公司因为财务风险导致完全陷入瘫痪。

为了能够提高公司的财务管理工作,降低财务风险,必须要结合自身的实际情况和市场的变化,不断完善和创新财务管理系统,配置高效率、高质量、高水平的财务管理机构,并且聘用高素质、业务能力强的财务管理人员,完善财务管理制度,保证财务管理系统能够顺利地开展,进而能够有效预防可能存在的财务风险。

(三)提高财务人员的风险意识

在公司发展的过程中一定要提高财务管理人员的风险意识,这样能够让财务管理人员认识到自身职责的重要性。财务风险可能存在于财务管理的各个环节中,一旦出现疏忽和失误,就会给公司带来一定的财务风险,财务管理人员必须要严谨地进行财务管理工作,将财务风险防范工作贯穿整个财务管理工作。

(四)理顺企业内部财务关系

必须要将公司内的财务责任加以理顺和落实,为了能够有效地降低财务风险,必须要理顺财务管理工作中的各种关系。必须要明确财务管理工作的地位和所需要承担的责任,并且赋予一定的权力,能够将责任落实到每个财务管理人员身上。另外,在利益分配的时候,必须要兼顾各方的利益,做到责、权以及利的统一,保证企业内部各种财务关系能够十分清晰、明确。

(五)优化财务结构

为了能够降低财务风险,应该积极结合自身实际情况优化财务结构,随着市场不断地变化和公司不断地发展,应该适时地调整财务结构,将其最大优化,进而才能够有效地提高财务管理工作,降低财务风险。严格地按照相关规律控制高增长和稳健发展之间的关系,避免盲目、过度地扩张规模,为公司的可持续性发展打下牢固的基础条件。

四、结语

在当今形势下市场上的企业竞争极其激烈,要想实现对于公司财务风险的有效防范必须要从公司的管理人员入手,提升企业内部的风险应对防范意识,通过强化内部的财务管理,提高财务人员的风险应对能力来提高企业财务的风险应对防范能力。

主要参考文献

[1]刘广生,傅衍梁.加强企业财务风险防范的对策探讨[J].财务与会计,2004(1):44.

[2]李惠.试论中小企业财务风险的防范与控制[J].中国商贸,2012(6):86-87.

[3]李举芝.论企业财务风险的防范与控制[J].中国管理信息化,2010,13(13):23-24.

[4]高健.我国中小企业财务风险及其防范[J].价格月刊,2005(9):42-43.

[5]陈仲秋,万涛,杜丹.企业财务风险及防范[J].统计与决策,2005(7):140-140.

关于医院卫生材料管理方法和对策的研究

邬华琼

重庆市垫江县中医院

一、研究背景和研究意义

随着医疗卫生行业市场化机制的引入,我国医疗事业的发展不断完善,行业间的竞争也更激烈。医疗卫生材料作为医院的一项重要消耗物资在医院内部控制和管理中所占的地位越来越高,尤其是卫生材料财务管理,一直是国内外众多学者和实务工作者研究的热点和难点。

张菁(2010)提出了完善医院预算管理的策略。徐岩(2010)指出了医院开展全面预算管理时应注意的问题。杜恂(2008)提出了完善医用卫生材料的内部控制措施。彭华初(2009)则提出对医院卫生材料实行管理和使用权分离等建议。

由于高值耗材的特殊性,对高值耗材的管理也成为学者研究的重点。罗军(2007)提出医用高值耗材宜采用反向物流的采供管理方法。李倩(2009)、许颖(2011)建议对高值耗材实行"零库存管理"和"二级库管理"。

结合医疗卫生材料行业的市场背景和实践研究,作者从预算管理和存货管理两个角度分析了当前医院在卫生材料管理中存在的问题及成因,据此提出了针对性建议和改进措施,以帮助医院改进流动资产管理,为医疗卫生材料的有效管理提供参考,促进我国医疗机构内部管理逐步完善。

二、医院卫生材料管理现状及问题

(一)存在的问题

对卫生材料的使用和管理情况在很大程度上反映了医院的综合管理和成本控制能力,影响着医院的经营效益和长远发展。随着医药行业整体市场化的推进,医院在卫生材料管理方面的很多问题日益凸显,尤其是医院在卫生材料的预算管理和存货管理这两大流程中。综合来说主要有以下几个方面:

1.就预算管理而言,大多数医院没有专门的卫生材料预算,有整体预算的也大多流于形式,卫生材料采购成本不断增加。

2.卫生材料的存货管理混乱,信息更新不及时、分类不明确、监督不严格滋生了过度浪费和贪腐等众多问题,这些都增加了卫生材料的管理成本和管理难度。

(二)问题成因分析

结合卫生材料行业的发展状况和目前大多数医院的情况,笔者认为导致上面问题的原因主要有以下几个方面:

1.组织架构和人员配置不合理

大多数医院的组织结构和人力资源配置不合理,缺少专门的卫生材料管理部门和专业的卫生材料管理人员,导致沟通困难和面对问题推卸责任的现象频发。库管人员缺乏卫生材料相关专业知识影响了卫生材料的质量审核和科学管理,同时,库存管理人员配置不合理滋生了贪腐、浪费现象。

2.预算管理体系不完善

缺乏科学、系统的预算管理体系和严格的预算执行和监督造成卫生材料零星采购情况频发,导致了采购成本增加;另外,预算的执行过程中,没有进行严格监控和预算反馈,使预算只是纸上谈兵。

3.缺乏专业的库存管理人员和科学的存货管理方法

一方面,很多医院卫生材料入库验收人员、存货管理人员缺乏专业背景知识,无法鉴别卫生材料质量,管理方法粗糙,易导致因管理不善而损毁的现象,且人员配置方面经常是一人值班,缺乏互相监督的机制。另外一方面,卫生材料盘点次数少,信息更新不及时。对于卫生材料的库存管理缺乏严格监督,很少进行存货盘点,存在工作人员营私舞弊的情况。最后,卫生材料使用过程中,终端控制和监督不严,导致科室在使用时的浪费。

三、对策和建议

(一)医院管理制度对策

针对医院卫生材料财务管理存在的问题及问题的成因,笔者认为应从以下几个方面来改善医院卫生材料的管理状况。

1.调整医院组织结构

许多医院尚未针对卫生材料管理设立专门的管理部门,科室只是根据需求申报和领用卫生材料,导致卫生材料缺货或存货过度等问题,且难以查明责任。因此笔者认为医院应成立专门的卫生材料监督管理委员会,加强对卫生材料的监督管理,减少医院的成本。优化后的医院组织结构图如图1所示。卫生材料监督管理委员会由医院分管卫生材料的领导负责,在临床科室选择医生及在职能科室中选择责任人担任委员。该部门主要职责为:根据医院的经营发展需要,于每年年末组织相关部门制定下一年度的卫生材料预算方案,并追踪核查卫生材料预算方案的执行,进行阶段性反馈,加强卫生材料的预算管理;制定卫生材料的管理和使用制度,并监督制度执行情况;定期调查卫生材料的使用情况,淘汰医生满意度差的卫生材料。

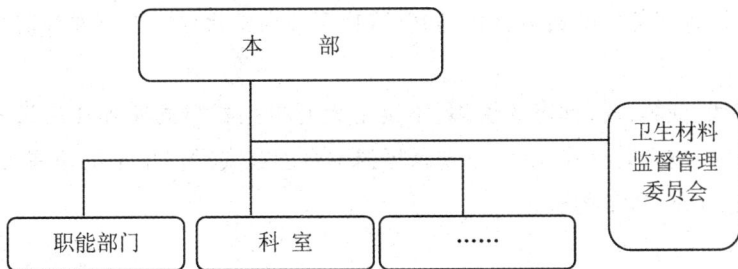

图1　医院组织结构图

2.优化人员配置

针对许多医院在卫生材料的入库、库存方面存在缺乏专业人才的现象,可以通过以下措施进行改善:

(1)在岗位人员分配时应重视专业素质。卫生材料的验收和保管等工作人员必须具有卫生材料相关专业知识背景。

(2)须配备至少三名库管人员并保证至少两人在岗,以互相监督。验收入库时,须有两名验收人员签字确认;保管时,应保证每个时间段都有至少两名工作人员互相监督。

(3)新招聘的人员要进行入职培训,培训内容包括医疗卫生行业相关规定、卫生材料实践业务等。

(二)医院卫生材料预算管理对策

许多医院中并未对每一年度所需的卫生材料进行科学合理的预算。因此,笔者认为医院在卫生材料预算管理方面采取动态的预算管理,增量预算和归口预算相结合,同时严格监督和控制预算的实施,并进行定期或者不定期的预算反馈。

具体实施步骤如下:

1.确定医院整体目标

根据过去几年医院的经营发展状况确定医院总体增长率、卫生材料消耗增长率,预测下年度医院接诊总人数及卫生材料消耗数量和类别。

2.确立科室目标,制定科室归口预算

各个科室根据最近几年接诊病人的类别和数量、领用和消耗的卫生材料种类和数量等因素预测科室在下年度的接诊人数和病人类别,预测下年度可能需要的卫生材料。由于辅助科室无法具体细分作业量,因此在做预算管理时,对临床科室采用作业量预算,而对辅助科室主要采用增量预算。

3.汇总、审核科室预算

汇总各个科室的卫生材料预算至监督管理委员会审核,并结合医院的整体目标进行沟通、调整,对不合理之处再返回科室修改,然后再次汇总,如此反复至制定出合理的卫生材料预算方案。

4.预算执行

一套完善的预算管理体系,确立预算只是第一步,重要的是将预算方案付诸实践,这需要医院各个层级、各个部门的通力合作,同时监督管理委员会也应充分发挥监督管理作用。

5.预算控制

对卫生材料的预算进行动态的管理,不定期地对卫生材料的实际耗用量和预算量进行对比,若差异较大,应及时寻找原因,发现预算的不合理或实际使用中的浪费等现象,对卫生材料的预算实施动态、科学的管理。

6.预算反馈

对每年度的预算管理进行总结和分析,汲取之前年度的经验,为未来年度预算提供参考,在不断地总结和分析中寻求最适合的预算管理方法。

医院卫生材料预算管理流程如图2所示。

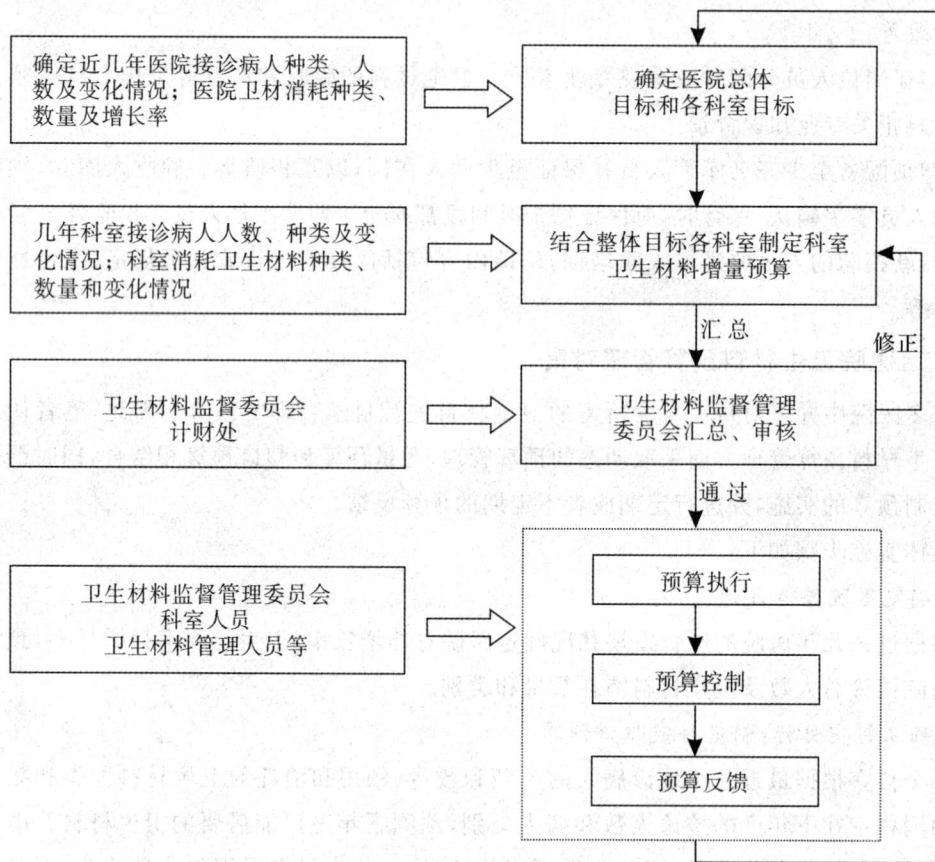

图2 医院卫生材料预算管理流程图

(三)医院卫生材料存货管理对策

笔者对医院卫生材料的采购管理、入库管理、库存管理、出库使用管理以及高值耗材的管理提出了相应对策。

1.采购管理对策

卫生材料采购是医院卫生材料管理至关重要的一步,卫生材料的质量高低及卫生材料采购过程是否合理、监管是否严格直接影响医院对卫生材料的后续管理。因此医院应改善卫生材料采购流程,使卫生材料的采购能够科学、合理、公开地进行。笔者认为一个完善的采购流程应该包括市场调查、确定供应商范围、供应商质量现场审核、确定供应商、购买卫生材料、使用信息反馈等几个方面。

2.入库管理对策

对于卫生材料的入库管理,医院可从以下方面改进:

(1)严把入库关。由于在采购时无法检查所有的产品,库管人员应依据采购申请单,对到货的医用耗材进行验收。要求货物包装完整,品名、数量、厂家、生产日期、消毒日期、有效期标识清楚,进口产品包装上要有中文标识,产品检验合格证书、相应批号的检测证书,检验合格后方可入库。如验收中不合格,可当场退货或存放待处理区等待退换货处理。所有耗材的产品检测证书收集归档以备相关部门审查时用。

(2)及时更新卫生材料信息。验收合格以后,库管人员应及时对卫生材料进行分类登记,及时更新医院相关信息系统中的卫生材料的种类和数量,方便管理人员和使用人员的查询,提高卫生材料的使用和管理效率。

3.库存管理对策

根据存货管理方法和实践经验,笔者给出以下改进卫生材料库存管理的对策:

由于卫生材料具有量大、品种多、规格不一等特点,库存管理存在诸多问题,医院对卫生材料库存管理可采用 ABC 分类管理法。

对于 A 类卫生材料应保证供给的同时,降低库存、提高库存周转率。具体措施为:勤进货、勤发货,放置于便于进出的地方;增加存货盘点次数,提高对库存的精确掌握;与科室和供货方常联系,了解需求和供给动向。

对于 C 类卫生材料的管理办法则和 A 类相反,无需投入过多管理精力,多储备、少订货,避免零星采购。

对 B 类卫生材料的管理办法则介于 A 类和 C 类之间,采用常规的管理方法。

但是单纯的 ABC 分类管理法容易轻视 C 类卫生材料管理而引起成本增加或者存货积压的现象,因此作者认为应对 C 类存货进行优先级分类。在 C 类存货中进一步实施 ABC 分类管理法,降低卫生材料管理成本。

4.出库管理对策

在出库管理使用方面,最重要的是改善出库流程。科学合理的管理流程是避免管理漏洞最直接的方法。

(1)将管理权和使用权相分离。一般医院设备科负责采购,一级库房负责管理,配送中心负责配送到使用科室,同时卫生材料监委会应该对卫生材料使用情况加强监督。

(2)除了低值易耗品以外,各科室对卫生材料实行零库存管理方法。

(3)卫生材料监督管理委员会应定期将科室预算和实际领用情况对比,对于超过预算的部分应及时查明原因。

(四)高值耗材管理对策

对高值耗材的管理大多采用零库存的管理办法,但很多医院在使用零库存管理方法时存在货源不稳定的问题,增加了医院的成本和医疗风险。因此,高值耗材管理的重点除了使用和计费管理外必须保证货源稳定性及供货及时性。医院在对高值耗材管理时应注意:

(1)每年确定固定的2～3个高值耗材的供货商,保证货源稳定性;

(2)高值耗材采购人员应该经常与供货商联系,保证在需要高值耗材时能及时获得,并可以安全运达;

(3)采购人员应经常与科室人员保持联系,及时了解高值耗材的需求情况。

四、结论

医疗卫生材料的管理是众多医院面临的一个普遍性问题,笔者结合当前的医疗卫生行业的发展现状,对医院卫生材料管理中存在的问题进行分析讨论并提出具体的管理对策,为医院卫生材料管理提供参考。结论具有较强的实用性和适用性,希望通过文章中所述改进措施帮助医院控制卫生材料成本的不合理增长,提高医疗卫生材料的管理效率,为医院卫生材料管理提供参考,从而推动我国卫生材料事业的改革和发展。

主要参考文献

[1]张菁. 探索医疗体制改革下医院预算管理的新思路[J]. 中国总会计师,2010(2):129-130.

[2]徐岩. 关于医院全面预算管理的思考[J]. 经济研究导刊,2010(23):172-173.

[3]杜恂,杜婉. 加强医用卫生材料管理的几点措施[J]. 中国卫生资源,2008,11(4):162-163.

[4]彭华初. 加强医院卫生材料管理的思考[J].卫生经济研究,2009(7):50-51.

[5]罗军. 医用高值耗材采购供应流程管理[J]. 医疗卫生设备,2007(11):48-49.

[6]李倩. 浅谈医院卫生材料管理存在的问题与对策[J].医疗装备,2009,22(4):51-52.

[7]许颖. 浅谈ERP系统在医院高值耗材管理中的应用[J]. 中国科技信息,2011(7):210.

浅析事业单位应急储备物资的会计核算

向廷平

重庆市气象局

随着经济的发展和人类活动的增加,各种自然灾害和突发事件发生的频率逐年递增,应急保障和救援需求不断增加,为了有效应对突发灾害、保障人民群众生命财产安全,国家正不断完善应急物资储备体系,事业单位逐步成为应急物资储备体系中的重要成员,应急物资储备量逐年扩大,加强应急物资储备管理、规范会计核算日益重要,但新的《事业单位会计制度》(财会〔2012〕22号)对事业单位应急储备物资等特殊业务的会计核算并未明确规定。目前会计实务中有不同的会计核算方法,不利于应急储备物资的规范管理。本文拟通过实例对事业单位应急物资储备目前常见的会计核算方法进行分析,探讨事业单位应急储备物资会计核算的合理方法,便于规范和统一此类业务的会计核算。

一、事业单位应急物资储备常见的会计核算方法及存在的问题

事业单位应急物资储备是指事业单位根据国家相关规定及自身实际为应对突发性自然灾害、突发性公共卫生事件以及其他突发事件而进行的物资储备。对于事业单位应急物资储备的会计核算实务界有不同的理解和处理,下面以实例的方式进行分析。

例:20××年财政下达 A 事业单位项目支出预算 30 000 000 元用于建立应急物资储备库,根据当年预算安排,A 单位 20××年 6 月通过政府采购的方式用零余额账户用款额度购入一批应急物资 30 000 000 元,储存在专用储备库中,20××年 9 月因发生重大自然灾害,调配一批应急储备物资 10 000 000 元用于应急救援,20××年 12 月 31 日实地盘点应急储备物资与账列金额一致。常见的会计核算如下:

(一)应急储备物资作为存货管理

即将应急储备物资确认为事业单位的一种资产列入存货核算,会计处理如下:

1.购入时

借:存货	30 000 000
贷:零余额账户用款额度	30 000 000

2.调配时

借:事业支出	10 000 000
贷:存货	10 000 000

年终结账后在资产负债表中"存货"及"财政补助结转"项目中填列 20 000 000 元。

上述会计处理方法将应急储备物资同普通存货同等看待,理由是应急储备物资属于事

业单位的经济资源,具有流动性,符合事业单位会计制度中存货的定义,因此确认为资产,列入存货核算和管理;存在的问题是应急储备物资的调配具有不可预测性,按存货核算规定只有领用时才列作事业支出,未领用的存货年终形成财政补助结转,长年累积财务报表上体现为大量的财政结转资金,带来财政预算还没有执行的错觉,从而有可能影响单位预算的申报,但从实际情况看预算已经执行完毕,已经没有财政资金。

(二)应急物资储备作为固定资产管理

即将应急储备物资确认为事业单位的一种资产列入固定资产核算,会计处理如下:

1.购入时

借:事业支出   30 000 000

    贷:零余额账户用款额度   30 000 000

借:固定资产   30 000 000

    贷:非流动资产基金——固定资产   30 000 000

2.调配时

借:非流动资产基金——固定资产   10 000 000

    贷:固定资产   10 000 000

年终结账后在资产负债表中"固定资产"和"非流动资产基金——固定资产"项目中填列20 000 000元。

上述处理方法将应急储备物资与固定资产同等看待,理由是应急储备物资属于事业单位的经济资源,但其不可随意使用和支配,具有非流动性特征,符合事业单位会计制度中固定资产的定义,因此确认为资产,列入固定资产核算和管理;存在的问题是应急储备物资同事业单位正常的固定资产没有区分开,大量的应急储备物资在报表上表现为固定资产和非流动资产基金,带来固定资产体量大的错觉,决策者会提出单位固定资产规模这么大,为什么还要申请购置的质疑。但实际情况并非如此,这可能影响资源配置决策,从而影响单位预算申报。

(三)应急储备物资作为费用处理

即将应急储备物资直接确认为事业单位的一种费用一次性列入支出,不确认为资产仅作备查登记,会计处理如下:

1.购入时

借:事业支出   30 000 000

    贷:零余额账户用款额度   30 000 000

2.调配时

无会计处理,仅作备查登记

年终结账后资产负债表中无列报。

上述处理方法将应急储备物资看作费用一次性列支,理由是应急储备物资并不是事业单位的经济资源,事业单位对此并不具有所有权和使用权,仅仅是替国家保管而已,因此应当作为费用一次性列支,存在的问题是应急储备物资已经游离于财务报告之外,没有真实反映单位的实际状况,应急储备物资实际上形成了账外资产。

二、事业单位应急储备物资会计核算的改进建议

通过上面例子的分析,可以发现现行应急储备物资会计核算存在这样或那样的问题,未能准确地反映经济业务的实质,没有完整地体现事业单位受托责任的履行情况,不利于会计信息使用者进行社会管理,做出经济决策。为了更好地解决上述问题,笔者提出如下解决思路。

(一)事业单位应急储备物资应当确认为资产

应急储备物资是否确认为资产?答案是肯定的。首先,事业单位应急储备物资是一种能以货币计量的经济资源,这是不容置疑的。其次,事业单位应急储备物资主要是由政府投资形成的,事业单位虽然只有有限的调配使用权,所有权属于国家,处置权受到较大限制,但仍是事业单位实际占有或控制的,确认为资产强调的是受托责任的履行。最后,《事业单位会计制度》虽没有应急储备物资相关的明确规定,但《行政单位会计制度》(财库〔2013〕218号)第十八条做出了明确规定:"资产是指行政单位占有或者使用的,能以货币计量的经济资源。前款所称占有,是指行政单位对经济资源拥有法律上的占有权。由行政单位直接支配,供社会公众使用的政府储备物资、公共基础设施等,也属于行政单位核算的资产",事业单位的应急储备物资与此有相同或相似的性质。

(二)事业单位应急储备物资应当列入存货核算

一项经济业务应该纳入哪个会计科目核算取决于经济业务本身和会计人员的职业判断。在不改变现有事业单位会计制度的情况下,对于应急储备物资来说,最适宜的会计科目有存货和固定资产两个科目。存货和固定资产都是会计报表的要素,具体选择哪一个要素与受托责任主体所要表达的信息相关。存货的流动性强于固定资产,能更好地表达可以随时动用及应急的含义,如果应急储备物资纳入存货核算可以直观地"显现"应急物资就存放在那里,随时可以调配,更好地表达受托责任的履行情况。固定资产的流动性差通常体现的是事业单位的资产规模和占有资源的情况,隐含着事业单位的技术实力和研究开发能力,因此应急储备物资纳入固定资产核算是不合适的。同时固定资产和净资产项目"非流动资产基金——固定基金"通常是一一对应的,如果列入固定资产核算将不能与单位正常的固定资产分开,不利于会计信息使用者准确了解单位的实际情况,而存货没有固定对应的净资产项目,给正确区分普通存货和应急储备物资带来机会。

(三)事业单位应急储备物资应当按专用基金管理

《事业单位会计制度》规定"专用基金核算按规定提取或者设置的具有专门用途的净资产"。事业单位应急储备物资正是设定的有专门用途的物资,符合专用基金核算的定义。事业单位应急储备物资按专用基金管理能更加清晰地体现专门用途的性质,能提供更准确的信息,有利于制定专门的制度和办法来完善和加强应急储备物资管理。

(四)事业单位应急储备物资购置或筹集发生的支出应当列入当期支出

存货是在购置时列入支出还是在耗用时列入支出取决于存货购置的目的即存货预算的目标。通常来说存货应当在领用时才能列支,这主要是因为普通存货预算目标是为了耗用,因此只有耗用了才完成目标,才能列入支出,如果没有领用则下年可按原用途继续使用,当年形成财政结转资金。而应急储备物资预算目标是为了储备,因此只要应急物资购置完毕就完成了预算目标就应当列入支出,这样处理可以有效避免预算已经执行但仍表现为财政补助结转的尴尬,符合事业单位会计制度的相关规定,同时也更准确地反映经济业务的实际。

承前例,会计处理如下:

1.购入时

借:事业支出　　　　　　　　　　　　　　　　　　　　　　30 000 000
　　贷:零余额账户用款额度　　　　　　　　　　　　　　　　　　30 000 000
借:存货　　　　　　　　　　　　　　　　　　　　　　　　30 000 000
　　贷:专用基金　　　　　　　　　　　　　　　　　　　　　　30 000 000

2.调配时

借:专用基金　　　　　　　　　　　　　　　　　　　　　　10 000 000
　　贷:存货　　　　　　　　　　　　　　　　　　　　　　　　10 000 000

年终结账后在资产负债表中"存货"和"专用基金"项目中填列 20 000 000 元。

通过上述会计处理,清晰地反映了应急储备物资预算已经执行完毕,并且按设定的专门用途纳入专用基金管理,在财务报告中体现为存货和专用基金较全面地显现了应急储备物资状况。

三、小结

上述处理方法仅给事业单位应急储备物资会计核算提供了一个思路,分析了突出的重点和难点问题,但没有系统完整地分析应急储备物资的会计核算。事业单位应急物资储备会计核算还包括应急储备物资的计量和披露以及预决算等问题,我们应当按实际成本的原则准确计量应急储备物资并在财务报告附注中详细披露应急物资储备的实物种类、金额等情况,以提供更多的会计信息。同时,我们还应当加强应急物资储备的实物管理,关注应急物资的生命周期或保质期,及时进行调库或轮换保证应急物资的质量和数量,完善应急物资储备管理制度,更好地体现事业单位受托责任的履行情况,有助于会计信息使用者进行社会管理,做出经济决策。

主要参考文献

[1]财政部.事业单位会计准则[S].2012-12-06.

[2]财政部.事业单位财务规则[S].2012-02-07.

[3]财政部.事业单位会计制度[S].2012-12-19.

[4]财政部.行政单位会计制度[S].2013-12-18.

"营改增"对建筑企业的影响及对策[①]

沈建华

重庆交通建设(集团)有限责任公司

2011年11月16日,财政部和国家税务总局发布了经国务院同意的《营业税改征增值税试点方案》(以下简称"营改增")明确,建筑业适用11%的增值税税率。建筑企业存在的困难主要是可抵扣的进项税额不足:占比约为20%~30%的人工费无法抵扣,"甲供材"、零星辅助材料等无法抵扣,混凝土只能抵扣3%的进项税额等。加之建筑企业管理水平参差不齐,部分企业管理粗放,故多数建筑企业有畏难情绪,觉得企业税负过重,无法适应税改。

一、"营改增"对建筑企业的影响分析

(一)影响税负

笔者对原所在公司2012年度建筑施工业务板块的收入和成本数据进行了测算,按照11%的增值税税率计算,企业增值税销项税额406 276.41万元,可抵扣进项税额209 861.63万元,企业应缴增值税196 414.78万元,在不考虑相关附加税种的情况下,则应缴增值税占原计征营业税的经营收入比重达5.31%,对比目前企业实际缴纳的营业税额,则需多缴税款73 423.82万元。这说明按照11%税率实行建筑业单环节的税改,若不调整经营策略,建筑施工企业的税负将有一定程度的提高。

中国建设会计学会组织了全国性调研测算,根据参与调研测算的66家建筑施工企业的上报数据,以2011年为例,企业应缴纳的增值税与原缴纳的营业税额相比,过半数企业应纳税额增加。2011年66家建筑施工企业缴纳营业税额580 151万元,若改征增值税,应缴纳的增值税额为1 122 430万元,增加税款542 279万元,增加比例为93.47%。

综上,"营改增"对建筑企业税负不光是有影响,而且大部分建筑企业的税负是增加的。

(二)影响工程管理

1.对工程投标工作的影响。由于增值税是价外税,即工程造价不含增值税,施工企业在编制投标文件时,不能仍按现行工程定额、工程量清单报价,而要换算成不含增值税的工程造价,再逐项乘以相应增值税率计算出的金额才是含有增值税的投标报价。

2.对物资采购的影响。要审查供应商是小规模纳税人还是一般纳税人;"甲供材"这种建筑业常见方式如何适应增值税改革;零星辅材采购如何取得增值税专用发票问题;财税〔2014〕57号文件明确规定商品混凝土采用3%征收率等。

---

①本文已收录在中国知网。作者曾供职于重庆建工集团股份有限公司。

3.对工程分包的影响。要审查分包对象是小规模纳税人还是一般纳税人。

4.对工程成本归集的影响。目前的成本归集是否及时只与企业所得税有关系，而改征增值税后，则与属于流转税的增值税密切相关，直接挑战企业管理能力。

5.对工程形象进度的影响。工程形象进度直接决定着企业增值税销项税额的多少，也决定着企业应收账款的多少。

6.对工程合同的影响。合同条款约定什么时间提供增值税发票、什么时候支付工程款、支付多少比例的工程款都与增值税额密切相关。

（三）影响会计核算

1.影响核算方法。增值税是价外税，营业税是价内税，故会计核算会引起一系列变化；增值税纳税人又分为一般纳税人和小规模纳税人，具体会计核算时会有较大差异。

2.影响财务指标。同样是因为价外税与价内税的差异，会导致财务一系列指标都发生变化。如：收入、成本、存货金额、固定资产金额降低，以及存货周转率、资产周转率、产值利润率、资产负债率等一系列财务指标都相应发生变化。

3.影响发票管理。缴纳营业税的建筑安装业发票易于管理，相对来说，由于增值税专用发票可以认证抵扣，必须由税控设备开具，且又有认证抵扣期限要求等一系列规定，企业发票管理必须要有一套严格的规定。

（四）影响资金管理

1.纳税资金预算不易编制。增值税额是销项税额减去进项税额的差，而进项税额往往与工程成本密切相关，故纳税资金预算编制相对较难。

2.企业纳税资金占用较多，会影响企业资金流通。企业必须随时储备资金以备纳税，无疑会加大企业资金成本，同时会对企业财务管理提出较高要求。

（五）影响企业内部定额

因为多数企业倾向于向一般纳税人供应商采购原材料，企业的采购成本会有一定程度的提高。同时由于企业管理水平程度高低不一，企业内部定额会有较大不同。

（六）影响企业税收管理

增值税纳税时间、纳税地点的影响、工程竣工结算后是否还要办理税收清算事宜等，都还是一个未知数，这无疑也会影响企业税收管理。

二、建筑企业应对"营改增"影响对策

（一）企业上下多部门联动，共同降低企业税负

1.慎重做好招投标工作，投标预算要仔细编制

营销部门在投标时，要审慎编制标书，充分考虑构成工程造价的项目从哪里采购、能否取得可抵扣的增值税专用发票，这些都是投标环节须考虑的增值税因素。不同类别工程的实际税负各自不同，不同施工地点的工程实际税负也可能不同，须在投标预算编制时留有足够的利润空间，即企业要从源头上确保有合理的利润空间。

2.认真做好建设合同评审和签订工作

签订工程承包合同,应在资金、质量、结构、进度等常规条款外,明确何时开具增值税发票,开具什么增值税发票;还应标明甲方提供材料、设备的形式,付款方式,发票如何提供;甲方指定分包的结算方式,发票、税金如何提供,发票开具时间等。若有适用不同增值税税率的经济事项应尽量分别约定,如约定制作加工和安装部分的金额,以便于按照17%及11%的税率分别计算销项税额,或将不同税率事项的合同分开签订。

在此还要特别注意,除设备安装企业外,一般要回避甲方供应材料、设备的要求,可以由甲方选定厂商、品种、型号,购销合同应由施工方与供应商签订,避免进项税额的缺失。工程分包合同管理中,针对有资质的企业分包,在分包合同中明确要求分包方提供增值税专用发票进行分包结算。学会如何依照《增值税暂行条例》与建设方进行谈判,为单位争取更多的利益。

3.建立统一采购机制,尽量选定一般纳税人作为供应商

公司可统筹建立物资采购公司,便于优选一般纳税人作为供应商,降低将小规模纳税人作为供应商的机率,这样可以提高可抵扣的进项税额。以前一味从价格角度考虑,现在则要从降低成本和降低税负两个角度去综合考虑,取得一个平衡点。选择小规模纳税人还是一般纳税人作为供应商,合同造价部门、财务部门、采供部门要做好综合缜密测算。

4.工程管理部门要审慎选择分包合作伙伴

要建立合格分包商名录库,不能仅凭人脉资源挑选分包商,在认真分析其资质、实力、信用之外,还要考虑该分包商是什么性质的增值税纳税人。杜绝无资质的队伍分包,个别特殊原因不得不用的分包(挂靠),必须把企业获利和税费留足,然后确定再分包结算价格。

5.集团加强对分(子)公司、项目工程部的管理

"营改增"后可能出现的现象:各子公司由于管理水平不同,或架构设置不同(各子公司有的下设分公司,有的下设子公司),领导具体经营理念不同或对税收重视程度不同,均可能造成各子公司实际税负不同。集团公司应完善发票管理、成本管理、资金管理等制度,加强对承包人和分公司的财务管理,提高工程管理水平,从而尽可能消化为选择一般纳税人作为供应商而多付出的成本代价。集团公司可定期对下属各子公司税负情况进行公布并排名,督促、激励各子公司加强税收筹划,积极适应"营改增"税收改革变化。

6.合理进行税收筹划

如何正确取得增值税进项发票是降低企业税负的关键。企业管理链条上的每个部门、每个环节均要发挥主观能动作用,相互衔接、相互支持,共同降低企业税负。财务部门首先要牵头对企业高管、各职能部门、项目经理等关键岗位人员进行增值税基本理念培训;其次也要对其他员工进行有关增值税知识的培训。

"营改增"给建筑企业的税收筹划提出更高要求,如混凝土可采用委托加工模式,这样采购的水泥可以抵扣17%的进项税额;企业可以成立多个分公司,分公司申请一般纳税人资格。当然也呼吁政府能对河沙、石子进行统一管理。

(二)不断加强工程管理,降低增值税负,以提高工程利润

1.不再搞挂靠模式

对所有工程一视同仁管理,认真归集收入、成本,按税法规定缴纳增值税。这也是国家实行增值税改革的一大利好,有利于规范建筑业市场,实现公平竞争。

2.强化成本管理,加强内部增值税专用发票归集和管理

原营业税制下,营业税金及附加与企业成本管理无关,企业方面可能只是将成本管理与企业所得税相挂钩。成本管理与流转税紧密结合后,企业必须强化成本管理以做好税收筹划。工程发生的人工费、材料费、机械费、其他直接费用、间接费用均要及时归集,并尽可能取得可抵扣的增值税专用发票。

3.科学量化工程形象进度

"营改增"后,企业不再向建设方虚报工程量,因为那样只会徒增增值税销项税额,白白占用建筑企业资金。工程成本必须与收入相互配比,才能使每月应纳增值税额相对小一些,使工程利润在最后工程竣工决算时缴纳,尽可能将纳税时点后移,这又为企业节约了一笔不小的资金成本。

(三)应对会计核算变化的措施

"营改增"后对建筑企业的财务管理有了更高的要求,从整体上看,建筑企业应从两方面做好财务管理工作。一是做好会计核算,二是做好发票管理。

1.做好增值税会计核算

建筑业财务人员以前一般对营业税比较熟悉,有的几乎不了解增值税相关政策。企业可通过财务人员自学或组织财务人员培训等多种形式,使财务人员尽快熟悉增值税相关政策。营业税会计核算相对于增值税会计核算来说较为简单,"营改增"改变了整个会计核算体系,只有会计核算规范了,相应财务指标才能正确提供,财务分析才能为企业管理层提供正确信息。总之,"营改增"是对建筑企业财务人员综合素质的一次大检验。

2.做好发票管理

财务人员必须掌握增值税会计核算、增值税专用发票管理、增值税纳税管理等知识。在增值税发票管理上要注意一般纳税人和小规模纳税人的不同。对于一般纳税人而言,还要注意增值税专用发票与普通发票的不同,注意其使用范围以及有关税务部门的规定,可抵扣增值税专用发票认证期间,以及哪些票据属可抵扣进项税额等规定。另一方面,增值税专用发票限额与营业税发票的限额存在差异,与营业税发票相比,增值税专用发票的限额较高,申请时间长,特别是大额增值税专用发票,申请时间更长。所以,发票使用数量大的企业要提前向税务机关申请领购新增加的发票,从而避免企业正常业务受到影响。我国采取以票控税的管理办法,如果发票得不到规范使用,就会增加企业的涉税风险,而且增值税专用发票一旦出现纰漏,企业负责人和财务管理人员很有可能触犯刑法。单位要对增值税专用发票进行严格控制,明确开票所需要的程序,保证增值税专用发票的合理使用。

(四)应对资金管理影响的措施

"营改增"是国家税收改革的大事,企业应该有效配合、积极适应。在对企业会计核算制度和相关票据制度进行修改调整的同时,对企业的现金流管理要进一步加强,从而减少企业现金支付的困难,提高资金的利用率。如果要提高资金的利用率,就要健全资金的管理控制制度,加强应收账款控制,做好资金预算管理。

1.加强应收账款控制

增值税是价外税,包含在应收账款内,建筑企业的收入是按建造合同准则确认的,即工程在建过程中,建筑企业实际计算的"应交税费——应交增值税(销项税额)"是按建筑企业自己实际确认的收入为基数计算的,与建设方按进度支付的资金是不吻合的,因此建筑企业一定要做好应收账款管理。在项目投标之前,要对项目的可行性和资金的到位情况进行全面的分析,切忌乱投标;投标以后,要建立履约保证金的明细账目,并且一定要确保保证金的返还时间与方式。施工期间,对于游离在企业生产经营以外的资金一定要从严控制。对于应收账款的收回,企业可以成立催收小组,及时催要工程款和工程保证金,从而确保项目资金的及时到账,保障项目的正常进行。同时,对于资金开户要加强管理,决不允许项目负责人以个人的名义开户。

2.做好资金预算管理

由于营业税直接按预算收入乘以 3% 的税率就得出应纳税金额;而增值税销项税额预算相对容易,但可抵扣的进项税额则较难预算,且与进项发票的取得时间密切相关,进项发票的取得又与资金支付密切相关,这是一个循环。供货商、劳务公司、专业分包公司(假设都是一般纳税人)在未收到资金就开出增值税专用发票,存在巨大的纳税资金压力。

又由于营业税来源是建设方,而改征增值税后,实际缴纳多少增值税,是由各建筑企业实际经营管理水平决定的。实际税负可能达到 6% 或 8%,当然也可能是 2% 或 3%,所以编制财务预算时要更加注意,通过以全面预算管理的方式,监督项目资金流动以及有关负责人的行为。

工程竣工结算后全额计算增值税销项税额,但此时资金却往往只能收取 80%~90%,必须要留一部保证金,这就减少了企业的资金流通量。因此企业必须做好资金统筹规划,要做好年度资金预算和季度、月度资金计划,为生产经营保驾护航。

3.利用信息化加强资金集中管理

无论对于集团企业还是单体企业,均要对项目资金进行统一管理,防止资金过度分散,从而提高资金的利用效率。在企业内部建立资金结算中心,按资金收入和支出"两条线",确保对资金的集中管理、调度和监控,做到即使放权也能对资金进行全面的监控,降低资金使用风险,提高资金运用效率和效果。

(五)应对企业内部定额变动的措施

"营改增"对建筑企业的影响,就是企业内部管理定额的改变,企业若不能及时顺应改革,很可能丧失利润空间。"营改增"试点改革后,建筑企业不得不考虑增值税的影响,尽量从一般纳税人处采购原材料,但一般纳税人管理相对规范,相对材料成本也会更高,则建筑企业材料成本会有一定幅度的上升。同理,其他工程成本也会有一定幅度上涨。

1.机构重新设置调整

对于大型建筑企业,建议在财务部下设税务科,专门管理全公司所有项目的税收管理、缴纳、协调等工作,便于信息的畅通,明确增值税发票的重要性,避免多缴和漏缴税款。尤其是建筑企业下属分公司众多、项目众多,一定要设专门机构解决好进项税额归集难、进项发票归集不及时等问题,并提高办税人员的管理和服务水平,维护企业合法权益,确保可抵扣税款能更加完整有效。

2.对相关制度进行梳理和修订

相关制度包括发票管理制度、资金管理制度、成本管理制度等。制定合理有效的发票管理体系,要对发票的开具、领用、使用、取得、传递、核算以及销毁等方面的工作严谨对待,以防触犯法律。按照增值税的性质对建筑企业管理的影响修订资金、成本等相关制度,从思想上做好无条件迎接"营改增"的准备。

3.内部控制端口要有机衔接

建筑企业对项目都要进行考核,考核形式随着工程承包方式的不同而多种多样,有责任承包考核、全额承包考核、经济目标值考核等。要将"营改增"与企业内部承包模式有机结合起来。重新设计内部管理报表、内部项目资金收支表格、内部项目成本管理报表,增设增值税台账,且要分工程项目设置。

原营业税制下,税收成本就是收入的3%再加上附加税费。改征增值税后,尽管增值税不构成工程收入、成本,但建筑企业内部各个工程项目实际管理水平的差异会造成各个项目部的税收负担水平不同,故企业应将税负纳入考核,以利各项目经理部更好地进行税收筹划,从而最终提高企业获利水平。

成本费用的变化能反映企业实际管理水平的增值税负担,企业所得税负担的变化,最终导致企业内部定额的变化,即公司获利能力的变化。

4.利用信息化平台强化内部沟通

企业的各种成本台账、内部考核表格等均要重新设计,且均要包含增值税进项税额。组织梳理项目所有相关台账,可以先进行设计,然后反复征求意见,最终定稿。建筑企业内部定额的形成,正是来自企业实际成本的核算、分析。财务部门认真核算工程成本、成本控制部门分析成本费用数据,合同预算部门也要将工程实际成本与预算定额进行比较,应认真做好分析测算;各部门要加强内部沟通,特别强调沟通的及时性,否则税收负担又会加大。打造信息化平台以利及时沟通,及时将项目施工过程中的各种信息相互晓喻,并定期向项目经理部通报,一方面进一步提高企业整体获利能力;另一方面为以后的投标报价收集资料,做好支撑,最终确定企业管理定额。

(六)应对税收管理的措施

1.与税务机关建立良好的沟通关系

"营改增"政策刚刚推出不久,与之相关的政策、实施办法也陆续公布实施。因此,企业要与税务部门建立良好的沟通关系,及时获得相关信息,充分利用税务机关的各种资源与力量,帮助企业解决涉税事项管理过程中的各种实际问题,为企业合法纳税提供良好的外部环境及基础。

2.关注国家税收政策的变化

关注申报纳税时间、地点的变化,关注针对建筑业具体特征的增值税实施细则。"营改增"试点改革前,原来的建筑企业都是缴纳营业税,归地方税务局所管,在工程所在地缴纳,财务人员不接触增值税的纳税实务工作。"营改增"之后,须先在工程所在地预缴税款再在企业机构所在地主管国税机关汇总申报纳税。这对建筑企业税务管理工作提出了更高要求,企业要定期对所申报缴纳的增值税款进行计算分析。

(七)建筑企业必须进行战略转型、逐步向建筑产业化过渡

建筑产业化的核心是建筑生产工业化,建筑生产工业化的本质是生产标准化、生产过程机械化、建设管理规范化、建设过程集成化、技术生产科研一体化。建筑生产工业化在美国、日本和新加坡等工业发达国家已有近50年的发展历史,其建筑工业化的程度也达到了相当高的水平,一栋住宅有一半用预制构件组装完成,预制构件率最高达到80%以上。实现建筑产业化,建筑企业再也不会像现在这样畏惧"营改增"了。

建筑企业只有切实提高企业财务管理水平,完善自身发展机制,积极做好各种准备工作迎接"营改增"到来,并借机规范企业内部管理。笔者期待通过此次税收改革,整治建筑企业鱼龙混杂的局面,规范建筑业市场,促进建筑业的长期可持续发展。

主要参考文献

[1]孟楠,史娇艳.未雨绸缪 建筑业主动应对"营改增"[J].建筑,2012(21):6-10.

[2]叶智勇.建筑业营业税改增值税有关问题的分析和建议[J].财政监督,2012(20):65-67.

[3]王德荣.浅析营改增对建筑企业财务的影响与措施[J].企业研究,2013(2):169.

财务与会计改革实践

caiwu yu kuaiji gaige shijian

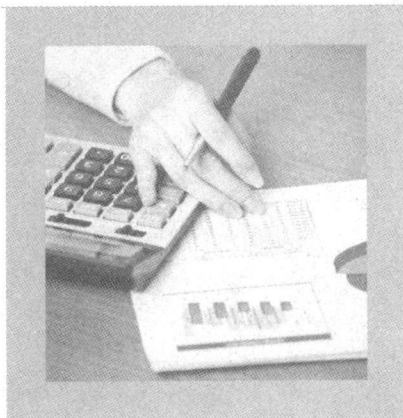

某国有控股集团公司资金管理模式优化研究

魏　云　田冠军　蒋园枝　童艺强　沈建华　向廷平

重庆化医控股(集团)公司　重庆理工大学　重庆融科光控实业发展有限公司

重庆文化产业投资集团有限公司　重庆交通建设集团有限公司　重庆市气象局

一、绪论

(一)课题的研究背景与研究意义

1.研究背景

随着全球化经济的发展,面对激烈的市场竞争与复杂多变的各种环境,集团公司是我国许多大型企业的一个普遍组织形式,而国有控股集团公司是大型企业集团的主导力量。国有控股集团公司的一项重要经营活动就是要对集团和控股子公司进行有效的财务管理与控制,发挥集团与控股子公司的财务资源的协同效应,以提高其核心竞争力。从理论上讲,财务管理是企业管理的核心,而资金管理是现代企业财务管理的核心,这说明资金管理在企业管理中占据至关重要的地位。在实践中,越来越多的企业集团采用集中的资金管理方式来加强协同和控制,国有控股集团公司的资金集中化管理是集团发展的必然结果。但随着企业规模的不断扩张以及跨行业、跨区域发展所带来的管控难度,使得许多集团企业面临管控与协同的风险,在集团管控中,还没有建立一套有效的机制,解决我们企业控制力和协同效率等一系列的问题。如今,越来越多的国有控股集团需逐步探索建立并完善一套适合自身特点的资金管理模式,来实现:实时了解资金流的整个动态情况,让风险得到监督和控制;集中利用资金,减少贷款利息,提高资金使用效率;增强集团融资能力;业务流程得到优化,各系统协同更加有效;规范资金管理,提升财务管理水平,增强企业竞争力等作用。

多数国有控股集团公司原有的资金管理模式尽管已取得了一定成绩,提高了资金利用率,降低了企业的财务成本,但由于建立在"高增长、高投资、高负债"基础上,因此旧模式仍显粗放,在制度设计和运行机制上存在一定缺陷。在经济新常态的大环境下,面临诸多不适应。尽快改变或优化原有资金管理模式,建立一套与自身发展需要相符合的,并能完全展现出自身发展优势的资金管理模式,以适应新的内外部经济发展环境,乃是当务之急。

2.研究意义

资金对于企业,就如同血液对于人类一样重要。企业集团资金管理,作为财务管理的核心,贯穿于企业管理的全过程。对于企业,掌握资金的所有信息对企业做出合理的经营、投资和融资决策有着重要作用。所以,切实推行企业集团资金管理已经势在必行。

国有控股集团的资金管理存在于财务管理的整个过程,规模较大的集团必然存在降低资金成本、提高资金运行效率的动力,也存在管控企业资金风险的压力,资金管理必将成为集团财务管理的关注点。因此,通过理论分析和经验借鉴,预期本项目的研究成果有助于为某国有控股集团公司实行新的资金管理模式提供决策依据或合理化建议,从而实现该集团资金成本降低、使用效率提高、管理规范、运行安全。

本文的研究重点致力于以理论为指导,创新为目标,实践为手段,通过讨论某国有控股集团公司资金管理模式优化研究,对某国有控股企业集团目前存在的资金管控问题提出解决方案及改进建议,提高其资金管控效益及力度,打造投、融资的核心竞争力。同时,也为我国企业集团的资金管控体系做出积极探索,提供有价值的参考意见,具备一定的现实意义和学术价值。

(二)国内外文献综述

随着社会的高速发展,集团公司的规模、业务领域、业务地域分布不断扩大以及对信息化的应用不断深入,集团公司应采取何种管控模式以及资金管理模式才能发挥集团公司的协同效用是集团在不断发展和经营管理过程中亟待解决的问题。本处总结了关于集团管控与协同以及资金管理模式的相关文献。

1.资金管理模式的相关研究

选择适应集团公司发展要求的资金管理模式,可以及时准确地分析集团的资金状况,为集团战略规划提供有效的财务数据。

针对国内外的资金管理模式,魏海茹(2008)根据管理集权和分权程度、行业资金运行规律的不同,指出资金管理可分为集中监控模式、统收统支模式、现金集合库模式、预算驱动拨款模式四种。黄简定(2007)指出企业集团资金管理模式主要有两种:一是成立集团内部财务结算中心或内部银行,二是组建集团财务公司。李丽(2009)对我国企业集团运用的资金管理模式进行了归纳,有统收统支模式、拨付备用金模式、内部银行管理模式、结算中心模式以及财务公司模式五种。闫增(2010)通过对国外集团企业的分析总结,它们主要有委托贷款模式、资金池模式、资金集合模式、资金管理中心模式、财务公司模式等形式,同时,网络银行、外汇资金管理、债券市场的不断发展,也会进一步加深对集团公司资金管理模式的影响。张世新(2010)总结了国内企业集团的五种资金账户管理模式:监控账户、二级联动账户、门户(结算)账户、收支两条线账户、代理行账户,而目前大部分实行资金集中管理比较成熟的企业集团采用收支两条线账户管理模式。

集团公司资金管理工作中仍然存在不少问题。张妍(2013)分析指出目前我国集团公司存在资金分散,效率低下,存在资产流失现象,资金管理方式落后,缺乏资金管理意识等问题。闫增(2010)认为在集团企业资金管理中存在信息失真,监督约束机制不完善,资金管理失控等问题。郭丽巍(2012)分析指出目前集团企业资金管理预算编制不科学,且未构建完善的资金集中管理模式。尹旭(2013)分析指出我国企业集团资金管理存在母公司的产权控制能力弱化、局部利益与整体利益不协调、资金的集中度不高、对资金的风险控制能力不强、信息化管理手段落后的问题。

在选择资金管理模式时,熊裕霞等(2010)认为在集团公司选择资金管理模式时,应首先明确集权和分权的矛盾在企业管理范畴是常见问题,其次资金管理模式的选择应遵循与公司生命周期阶段相对应的原则。庞博(2009)认为在选择资金管理模式时,在具备多元化投资实力之前的初级成熟阶段,选择结算中心较好;随着信息化融入企业管理,选择结算中心和内部银行较好;在集团公司发展的较高阶段,财务公司较为合适。

针对资金管理工作中存在的问题,不少学者提出了他们的一些对策建议。邢燕(2014)指出资金管理最有效的办法是成立资金结算中心,对分散资金实行集中管理,对暂时闲置的资金统一安排,同时可借助内部 ERP 系统,使所有业务流程在系统内完成,进而提高资金管理效率。吴轶伦等(2013)对国药控股国大药房有限公司的体制改革过程进行了总结,其中国大药房资金集中管理的基本实施原则是收支两条线的管理模式:对资金进行上收归集,并根据子公司支付需求,下拨资金。尧伟华(2012)认为财务公司能够进一步减少企业集团资金沉淀,降低融资成本、规避财务风险的发生,是企业集团资金集中管理模式优化的必然选择。张妍(2013)认为针对资金管理存在的问题,集团公司应建立资金管理中心,实行收支两线的资金集中管理,并运用现代科学技术,对资金流动和财务状况进行监控。郭丽巍(2012)提出为了提升集团企业资金管理模式水平,要加强资金内部管理基础工作,保障资金安全;加强现金管理;完善资金使用的绩效评价。周莹(2013)提出了以下建议以优化资金管理模式:一是企业管理者应该重视资金管理模式,建立健全资金预算管理体系;二是优化资金管理的风险控制模式;三是完善资金管理监督体系;四是扩宽融资渠道,优化资金结构;五是统一账户管理、建立封闭财务结算系统。张冬梅(2014)认为在进行企业资金管理模式风险控制时,应开展内部资金使用效率专项审计,提升管理者的重视水平,并采用信息化资金管理模式的风险防控,提升资金管理人员的工作效率和精确度。伍显清(2013)认为要优化集团资金管理,应当正确处理好集团资金管理与集团战略管理、集团预算管理、集团绩效考核管理、集团技术进步的关系。郑平(2012)认为集团除了根据自身情况选择合理的资金管理模式,还应组建专业的资金管理组织,并以其为核心开展一系列监管措施,实现对财务状况的监督管理和控制。

2.综合评述

通过国内外一些企业的实践探索和学者的研究,关于集团管控模式的种类,大致可分为战略管控型、经营管控型、财务管控型。不同的管控模式,其内涵和特点都有所区别,所以集团公司在选择管控模式时,应根据集团的自身情况、行业特征等,选择合适的模式。随着市场竞争越发激烈,为了使集团公司的资源得到更好的利用,集团管控与协同效应的综合研究不断增加和深入。同时,在对国内外资金管理模式的相关研究进行总结,我国集团公司在资金管理方面仍存在不少问题,应强化资金管理的意识和重视程度,完善资金管理监督体系,加强资金管理模式的风险防控等。不少学者通过比较国内外资金管理模式,认为我国企业也可以采用合适的国外的资金管理模式,从而不断提升自己的资金管理水平。因此通过三者的综合研究,可以为集团公司的发展选择合适的集团管控和资金管理模式,以实现协同效应,使资金管理水平得到提升。

(三)研究方法和结构安排

1.研究方法

(1)文献研究法,查阅大量国内外相关文献。

(2)归纳法,总结整理国内外对集团管控、协同、资金管理模式的理论研究,综合分析研究的基本思路。

(3)演绎法,利用现有的理论对国有控股集团公司的资金管理优化提出建议。

(4)案例分析法,运用基于集团管控与协同的资金管理模式分析,针对某国有控股集团公司个体案例进行分析。

2.结构安排

本文分为四个部分:第一部分绪论,阐述了本文的研究背景、研究意义、研究方法以及结构安排。第二部分主要介绍了控股集团公司资金管理的主要模式、不同资金管理模式比较与评价,以及对资金管理的理论基础做出了论述,本章是后续研究的理论基础。第三部分是某国有控股集团公司资金管理模式现状及存在的问题。该部分详细介绍了某国有控股集团公司的历史沿革、组织架构、所处的行业背景和特征等基本情况,也分析了公司现有资金管理模式以及资金管理中存在的问题和原因,为后面阐述某国有控股集团公司资金管理的措施奠定了基础。第四部分为新的资金管理模式优化研究。该部分主要针对某国有控股集团在资金管理方面存在的问题,结合某国有控股集团公司发展的需求,从两个层次:一是资金管理权限配置与实施(包括货币资金、筹资、担保、内部借款),权限分配主要为决策层和管理层、集团公司和子公司之间的配置;二是资金集中管理的控制手段(包括财务负责人管理方式、财务考核评比、信息化控制,也包括预算控制等)就加强资金管理提出了改进的建议和思路,为日后某国有控股集团完善资金管理及制定相关措施提供参考。

3.技术路线图

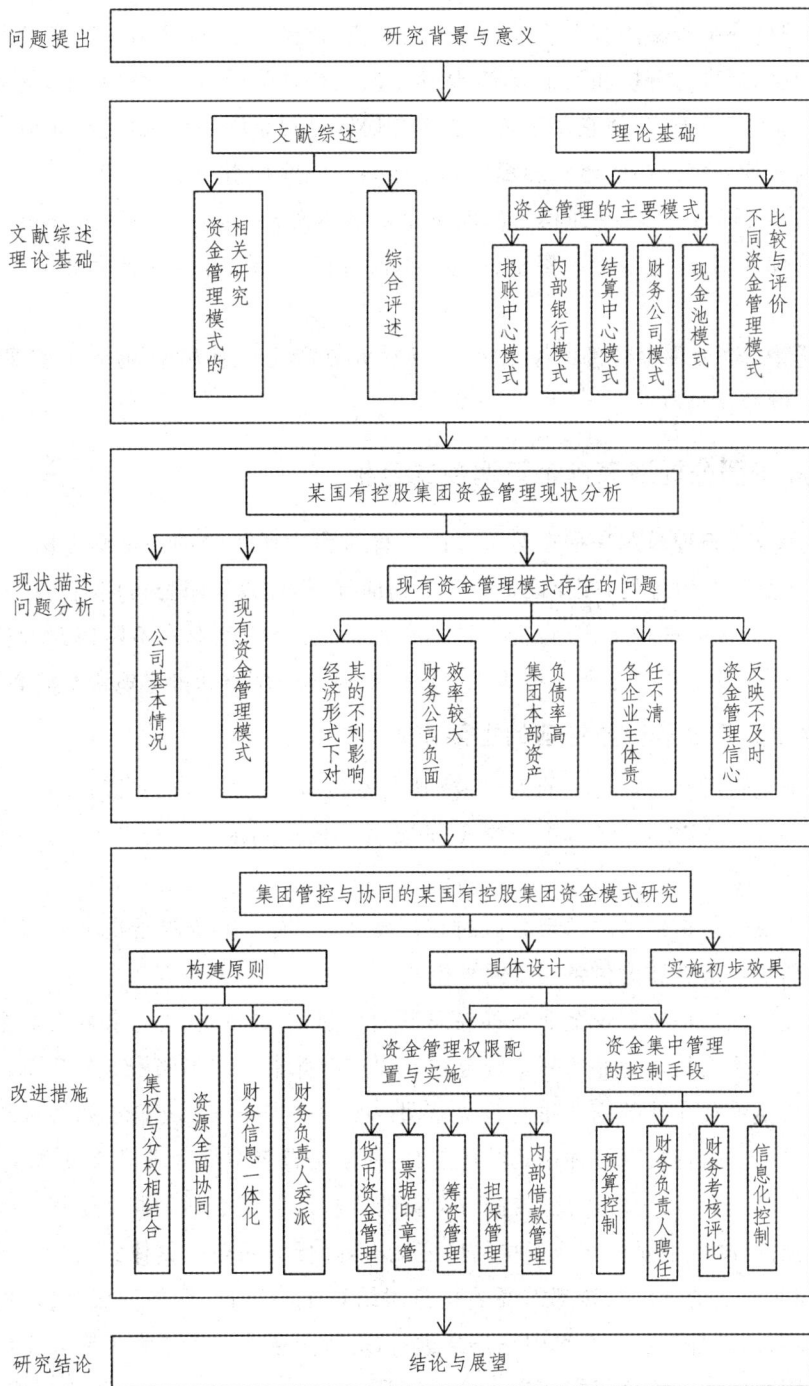

图 1　技术路线图

(四)可能的创新点或贡献

在借鉴国内外关于集团资金管理模式研究的基础上,通过对某国有控股集团公司的资金管理现状及问题进行分析和实证研究,从两个层次构建集团资金管理中心,优化和完善该国有控股集团的资金模式,使它基于集团管控与协同的资金管理模式,适合企业自身具体情况,试图为国有控股集团的资金管理提供理论指导与实践指引。

1.第一层次:资金管理的权限配置,即决策层和管理层、集团公司和子公司之间的权限配置;资金管理的实施,包括货币资金、筹资、担保、内部借款,也包括重大资金投向、收益分配等。

2.第二层次:资金集中管理的控制手段,即财务负责人管理方式、财务考核评比、信息化控制,预算控制监督控制。

二、控股集团公司现有资金管理模式分析

控股集团资金管理模式是指在对资金的管理过程中所依赖的一整套方法和制度体系。资金管理模式是与时俱进的,在保证资金安全的前提下,控股集团公司应当适应社会环境的变化,依靠技术力量的进步,结合自身发展的特点,对资金管理模式不断摸索、改进和创新。只有与社会、企业及文化的发展等相适应的资金管理模式才能真正实现资金的高效管理。

(一)控股集团公司资金管理的主要模式

资金管理模式没有一个统一的模式,控股集团公司主要采用以下模式,它们分别是:报账中心模式、内部银行模式、结算中心模式、财务公司模式和现金池模式。

1.报账中心模式

报账中心模式是指集团总部现金收付权高度集中,成员单位缺乏现金使用自主权的模式。具体包括统收统支和拨付备用金两种模式。

统收统支模式是指所有现金业务都在总部财务进行,成员单位完全丧失资金支配权的模式。统收统支模式是指企业的一切资金收入和支出都集中在集团资金管理部门。各分公司或子公司均不单独在外部商业银行设立账号。资金的使用权、决策权和融资权均掌握在高层经营者手中。这种资金管理模式的优点是:便于经营者掌握企业资金的收支平衡,提高资金的周转效率,减少资金的沉淀,控制现金流的方向。但是不利于调动下属公司或机构开源节流的积极性,降低下属公司或机构的应变能力,降低集团公司整体经营活动效率和财务的灵活性,同时资金的收、付、转都需要委托集团结算中心进行,容易形成支付"瓶颈";另一方面,所有经营活动都通过一个集中账户来进行,对资金主账户也增大了许多连带风险。

拨付备用金模式是指总部把一定时间区间所需资金以备用金形式下拨到成员单位,各成员单位在支付后将相关支付凭证提交总部报销后补足的模式。拨付备用金模式的优点在于,集团所属各分支机构有了一定的现金经营权;各分支机构或子公司在集团规定的现金支出范围和支出标准之内,可以对拨付的备用金的使用行使决策权;但是集团所属各分支机构或子公司仍不独立设置财务部门,其支出的报销仍要通过集团财务部门的审核,现金收入必

须集中到集团财务部门,超范围和超标准的开发必须经过经营者或其授权的代表批准。

报账中心模式的优点是:管理成本低且资金集中度高。报账中心模式的缺点是:成员单位资金管理的积极性受到影响,审批权限的高度集中使企业集团难以应对突发事件,经营的灵活性受到影响。

报账中心模式适用于地域分布集中的企业集团。

2.内部银行模式

内部银行模式是指在企业集团总部设立一个机构,这个机构通过开立内部结算账户负责对成员单位进行银行化管理的模式。

内部银行的业务范围主要包括:

(1)内部结算。设立内部结算账户办理内部结算。

(2)发行支票和货币。该支票和货币在集团内部使用。

(3)制定结算制度。内部银行根据集团需要可以对结算行为以制度形式进行规范。

(4)发放内部贷款。内部银行对成员单位的贷款需求采取有偿占用的方式,向成员单位收取贷款利息。

(5)建立信息反馈系统。内部银行将成员单位的资金状况定期或不定期地向成员单位和总部管理层反馈。

(6)银行化管理。内部银行通过为成员单位提供金融服务获得利润,建立贷款责任制,严格控制经营风险。

内部银行模式的优点是:将商业银行的运作模式引入集团内部,大大节约了资金结算时间,能够有效提高成员单位的资金使用效率。内部银行模式的缺点是:公司需要专门成立一个机构负责资本运作,增加了管理成本。

内部银行模式适用于组织结构复杂且盈利能力较强的企业集团。

3.结算中心模式

结算中心模式是指在企业集团财务部内设置一个部门专门负责办理成员单位现金结算等业务的资金管理模式。

结算中心的业务范围主要包括:

(1)批准账户的开立和注销,办理日常结算。

(2)对成员公司的现金支付金额和范围进行严格监控。

(3)实行"收支两条线"管理,统一进行贷款。

结算中心模式的优点是:采用收支两条线并由结算中心统一融资,极大地发挥了资金的集中效用,有利于对成员单位的资金支付进行监控,有效控制集团风险。结算中心模式的缺点是管理成本较高。

结算中心模式适用于发展中的大型企业集团。

结算中心模式如图 2 所示:

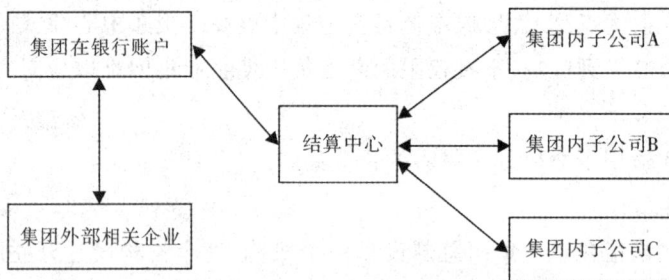

图 2　结算中心模式

4.财务公司模式

财务公司模式是指在企业集团内成立一个子公司,其经营范围包括内部结算、融资服务、投资管理和财务顾问等的资金管理模式。

财务公司的业务范围主要包括:

(1)内部结算业务。财务公司通过与商业银行签订委托协议能够比内部银行和结算中心更加高效地办理集团内部结算,极大地减少了资金的在途时间。

(2)融资服务。财务公司可以通过同业拆借、票据贴现等为集团的成员单位降低融资成本。

(3)投资管理。财务公司可以通过吸纳成员单位的银行存款,在保证对成员单位有充足备付的情况下,利用其在人才储备、经营范围等方面的优势将闲置资金用于购买有价证券、进行同业拆借等以获得资金的最大收益。

(4)财务顾问。主要包括项目的可行性研究、成员单位的 IPO、债券发行和重组业务等。

财务公司模式的缺点是:成立门槛要求较高。在我国,近年银监会对财务公司管理办法的修订放宽了申请设立的条件,但是这些条件仍然比较苛刻,这是我国企业集团推广财务公司模式的一大障碍。根据中国银监会在 2004 年颁布的《企业集团财务公司管理办法》中的第七条规定,申请设立财务公司的企业集团应当具备下列条件:申请前一年,母公司的注册资本金不低于 8 亿元人民币;申请前一年,按规定并表核算的成员单位资产总额不低于50 亿元人民币,净资产率不低于 30%;申请前连续两年,按规定并表核算的成员单位营业收入总额每年不低于 40 亿元人民币,税前利润总额每年不低于 2 亿元人民币。第十条规定,设立财务公司的注册资本金最低为 1 亿元人民币。显然,企业集团只有达到相当的规模,并且满足其他必备条件时,才能采取财务公司模式进行资金的集中管理。

财务公司适用于资金雄厚的大型企业集团。

5.现金池模式

现金池模式是指企业集团总部成立一个一级账户即现金池,集团成员单位的所有账户都是一级账户的子账户,子账户中所有现金都定时清零并上划到一级账户,一级账户对集中后的现金头寸进行分配,并计算子账户的虚拟额度的资金管理模式。集团现金池业务是指以企业集团总部的名义在银行设立集团现金池账户,各成员单位在银行分别开户。总部财务结算中心每日终结统一上收各成员单位账户资金头寸,并集中到集团总部"现金池"。属于同一集团的成员单位的银行账户现金余额实际转移到一个真实的主账户中,集团总部以现金池中资金及其统一向银行申请获得的授信额度为保证,约定各成员单位的日间透支额度,在约定的透支额度内,若日间成员单位账户余额不足可以账户透支的方式自主对外付款,日终集团总部与银行统一清算,以现金池资金或授信项下融资补足各成员单位透支金额。实践中,有的集团企业规定,每天17点各公司所在的开户银行自动归集企业账户中超过规定限额的资金到总部的现金池中,然后总部根据各公司资金预算进行分配。

企业集团现金池模式的主要特点包括以下几点:

(1)集团和分(子)公司资金账户必须设在同一银行里,集团通过和银行签订协议,利用电子银行系统对分(子)公司的账户进行实时监控。

(2)将融资转移到企业集团内部,提升集团整体的授信额度。

(3)集团可通过电子银行系统实时监控各分(子)公司的账户数据。

(4)对银行网络系统和企业信息化管理有较高的要求,依赖于提供资金管理服务的商业银行,关系较为紧密。

现金池模式的缺点是:在目前我国金融与外汇管制条件下,现金池的运用有一定的政策风险。

现金池模式适用于大型跨国企业。

(二)不同资金管理模式比较与评价

为了更加深入地了解不同资金管理模式的不同,本节将通过图表形式对同资金管理模式的特点、权利类型、功能等方面进行比较,如表1所示:

表1　集团资金管理模式对比

	报账中心	结算中心	内部银行	财务公司	现金池
特点	现金收支审批权高度集中,各子公司不单独设立账号	各子公司财务独立,具有现今经营权和决策权	各子公司财务独立,具有现金经营权和决策权;实行有偿存贷制度	具有独立法人资格的非银行金融机构,为集团内部企业提供金融服务	借助银行现今管理服务和网络通信技术,实现集团现金的零余额、高效率使用
对子公司控制	高度集权	集权与分权结合	集权与分权结合	分权	集权
职能	报销中心	结算中心现金调度中心监管中心	结算中心、货币发行中心、贷款中心、监管中心	投资中心、筹资中心、结算中心、信贷中心	结算中心、信贷中心
与银行关系	紧密	半紧密	半紧密	松散	紧密

续表

	报账中心	结算中心	内部银行	财务公司	现金池
网络技术支持	手工操作,通过银行网络或集团内部网络	通过银行网络或集团内部网	通过银行网络或集团内部网	财务公司与银行或其他金融企业联网	通过银行网络和互联网 ERP 系统
实施效果	完全控制但僵硬	资金使用均衡有效	银行划管理、资金使用高效	完全市场化管理	银行化管理、资金使用均衡有效
使用情况	集团组建初期	成长速度比较快的大型企业集团	成长期的大型企业集团	大型、特大型企业集团	大型企业集团尤其是跨国公司

从上表可以看出不同的资金管理模式对企业有不同的软、硬件要求,因此在选择资金管理模式时需要考虑很多因素。企业集团可以结合自身特点和发展需要选用适合的管理模式,比如可以灵活地将财务公司和结算中心的优势功能进行组合。将两者的优点结合有利于充分发挥财务公司协调企业与银行关系的能力,强化结算中心对外结算的能力,提高企业集团的整体效益。

总之,资金管理模式是灵活多样的,企业要结合自身情况和发展阶段合理进行选择。只有切实提高了企业资金管理水平的资金管理模式才是高效的,因此,企业在选择资金管理模式时,要分析企业的资金是否得到了合理配置,企业的价值是否实现了最大化。

三、某国有控股集团公司资金管理模式现状及存在的问题

在趋于全球经济一体化的世界经济发展大格局下,基于资源、市场、人才、信息等综合因素的需要,集团公司规模化经营是经济组织存在的重要形式。而在中国,鉴于特定的基本政治制度和国情,国有控股集团更是国家经济发展的重要力量。国有控股集团公司由于产权结构的特殊性,其公司治理结构、日常运营管理等与其他公司制企业有区别,其不但要遵循《公司法》等基本国家法律法规,也要遵守国资运营、党内纪律、人员委派、监督检查等特别的制度,比如"三重一大"相关规定,这就形成了比较独特的资金管理模式。

(一)某国有控股集团公司基本情况

某国有控股集团是经某省级人民政府批准、隶属某省级国资委的大型国有独资公司和国有资产授权经营单位。其授权经营原化工局和医药局管理的化工、医药行业国有独资、控股、参股的生产企业、工业供销公司、专业公司和科研院所的国有资产,行使授权范围内的国有资产经营、管理,成为所属子公司的国有资产投资主体。某省级国资委以其认缴的出资额为限对公司承担责任。根据其经某省级人民政府批准生效的公司章程,某省级国资委代表某省级人民政府行使出资人权利,公司不设立股东会,由某省级国资委行使股东会职权。公司设立董事会,董事会对某省级国资委负责。监事会对公司经营管理行使监督职能,向某省

级国资委报告工作。公司董事长、党委书记、总经理由某省委组织部考察任命,监事长及副总经理由某省级国资委考察任命。

公司主要有医药、化工、商贸流通三大经营板块。截至 2014 年 12 月 31 日,下辖 27 家二级子公司(其中全资子公司 20 家,控股子公司 7 家),纳入合并报表范围的企业 182 家,资产总额约 640 亿元,经营规模约 370 亿元,其中有 2 家上市公司、1 家拟上市公司、1 家国家行业专营公司、1 家财务公司、1 家小贷公司、3 个国家级技术中心。财务公司和小贷公司均为集团公司本部控股,集团公司其他子公司参股的绝对控股公司。

集团公司信用评级 AA＋级。

公司对下属企业采用扁平化管理模式。公司本部设立了办公室、战略发展规划部、产权管理与法律事务部、财务部、经济协调与安全环保部、组织与人力资源部、信访办、纪检监察部、审计部等职能部门如图 3 所示,各部门之间在开展业务的过程中既保持相互独立又保持良好的合作。

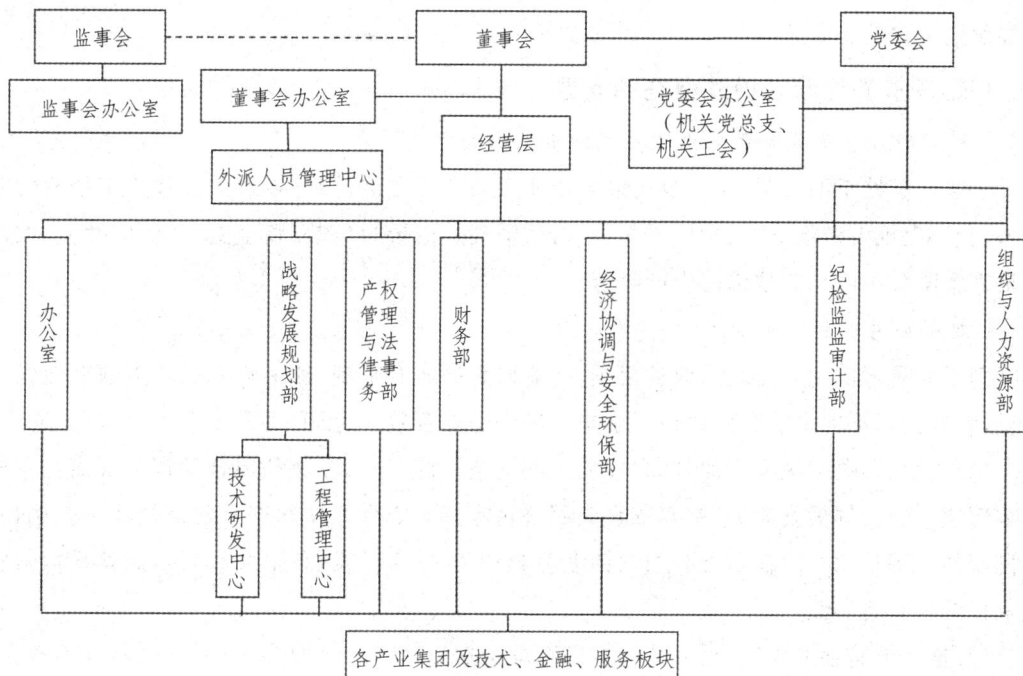

图 3 某国有控股集团组织机构图

(二)某国有控股集团公司现有资金管理模式

1.基本财务管理模式

集团公司各企业对本公司生产经营、资金的筹集和运用、担保、内外投资、企业改制及重组、资产的处置、利润分配等事项,进行财务预算、管理、监督和内部控制。各企业为企业法人,落实主体责任,自主经营、独立核算、自负盈亏、依法纳税。

集团公司对子公司实施财务监管,通过完善内部控制制度、集中管理资金等方式,强化对子公司投融资、对外担保、资产处置、大额资金等的监管,规范企业财务行为,实现财务统一管理。

集团公司对外担保(第三方,控股公司、参股公司以外)、发行企业债券须报经某省级国资委审批。

2.具体资金管理模式

集团公司实行"统分结合"的资金管理模式,即:

集团公司本部作为独立的融资主体通过信用方式融资,除传统信贷外,主要通过在银行间市场交易平台发行各种企业债筹集资金用于投资和下属企业建设项目、补充流动资金等。内部借款采用有偿使用模式。对外融资和内部借款由集团财务部负责管理。

财务公司统筹归集集团公司各企业的日常资金和票据,并对达到一定条件的企业发放一定额度的信用贷款(集团公司担保,但不纳入银行征信系统)。各企业的资金和票据年度归集率必须85%以上。2家上市公司和1家拟上市公司鉴于上市监管的相关要求,仅作形式上的归集(即归即走,不做实质上的资金沉淀)。

各企业按照集团公司的资金计划自行向各家金融机构融资,资信不好的企业由集团公司提供信用担保。

(三)现有资金管理模式存在的问题

1.经济新常态及其对资金管理模式的不利影响

国家经济处于下行期,化工板块多数产业产品产能严重过剩,导致大多数化工企业营业收入、利润出现大幅度下降、亏损严重、经营活动现金流量为负数、资金匮乏、协同性差,大部分依靠集团公司内部借款维持生产经营。

2.财务公司负面效率较大

基于人员素质、经营理念、业务范围、行业监管的固有限制,加上化工板块多数企业经营困难,财务公司不但未能有效发挥资金集聚和外部融资效应,反而负面效率较大,表现在:

(1)资金、票据归集率表面较高,实质上的资金沉淀较少,无法利用合理资金沉淀正常开展内部成员公司的信贷业务,基本依靠集团公司本部的资金支持开展日常信贷业务。例如,集团公司本部长期存放财务公司的活期存款约为23.5亿元(利率0.35%),而其日均信贷余额仅约为21亿元。

(2)按照银监会的规定,财务公司按照存款余额缴纳8.5%(原为14.5%)的存款准备金,一定程度上消耗了集团公司内部资金,加大了财务成本。

(3)按照银监会对财务公司的各项监管指标,为争取票据贴现、转贴现、再贴现等业务和行业排名,财务公司的业务收入、利润等指标必须持续增长。而要保持这种持续增长,集团公司本部必须通过增加存款和财务公司上调各成员企业贷款利率来实现,一定程度上加重了集团公司的整体财务负担。例如,集团公司2014年度合并报表亏损近6亿元,而财务公司实现利润1.5亿元,上缴税金及附加税费约0.5亿元,造成集团公司实质上的现金流出,加大了亏损额度。

(4)财务公司未能利用其准金融机构职能有效开展同业拆借、转贴现、再贴现业务,未能充分发挥其外部融资功能。

3.集团公司本部债务沉重,资产负债率高

截至 2014 年 12 月 31 日,某集团公司合并口径带息负债约 400 亿元,集团公司本部约 230 亿元,资产负债率 82.9％,已近"红线"。集团公司本部负债中,银行间交易市场各种发债约 200 亿元,传统信贷约 30 亿元,结构不合理。

由于化工板块是重资产行业,其占用集团公司大量的权益资本和内部借款,近年整体生产经营困难,持续严重亏损,经营现金流量长期入不敷出,部分丧失融资能力,集团公司本部只有持续资金投入而没有资金回收,造成集团公司只能不断增加新债以偿还到期旧债和支付利息,整体财务负担沉重,资产负债结构严重失衡,这将给集团公司整体财务运行带来较大的风险和不确定性。

4.各企业主体责任不清

集团公司下属企业除 2 家上市公司、1 家拟上市公司、1 家行业专营公司和财务、小贷公司外,其余企业融资借款多数是集团公司提供的信用担保,且其向集团公司本部持续借款并长期未付利息,"等、靠、要"思想严重,主体责任不清,基本"绑架"了集团公司。截至 2014 年 12 月 31 日,集团公司在银行征信系统的担保约为 129 亿元,已超过集团公司合并账面净资产。任何一个企业发生偿债困难和信用危机,将立即导致集团公司整体陷入信用危机和面临严重的财务风险。

5.资金管理信息反映不及时

集团公司长期以来财务信息化严重滞后,不仅未建立一体化财务信息系统,连日常的资金收支、信用担保等基本资金管理信息也未建立统一的程序化信息系统,导致集团公司本部无法及时了解各企业真实的资金管理、信用担保情况,被动接受事后结果,无法真正统筹集团公司的整体资金管理。

集团公司财务信息化现状包括如下:

(1)由于各企业使用软件及版本不一,软件之间没有方便的接口进行数据通信和转换,需通过手工录入基础数据,加上有时财务模板没有标准,或者被操作人员人为随意修改,需人为审核、修正等,大大增加了工作量,数据上报的及时性受到较大影响。

(2)财务资料及基础数据的上传、下达主要通过邮箱、QQ 等公共网络传输工具,财务档案数据的电子信息存储一般由各企业自行存储和备份,存在较大的安全隐患。

(3)对财务及经营信息的获取及了解有限,信息孤岛大面积存在,数据集成与应用五花八门,难以形成集团管控所必需的决策支持和信息披露体系。包括:对三级及以下企业的财务及经营情况基本没有获取或了解,仅在需要时与企业衔接;对企业经营及财务情况的了解主要通过报表,主要了解与报表数据有关的一些大概情况,对于具体或详细的情况未作了解或仅作极少了解;对企业经营及财务情况的了解仅在次月的上报报表或其他资料时或相关人员工作汇报时了解,缺乏系统了解以及对财务和经营的实时监控。存在极严重的滞后性,不利于决策和快速反应;上报或上传的财务基础信息仅依靠现有人员的工作素质,集团无法审核或者审核的难度极大,若需要审核需要消耗大量的人力,加大工作难度。信息的可靠性无法保障。

(4)从信息沟通渠道来看,集团与各级企业的财务沟通存在较大局限性,信息共享性极差,包括:缺乏一个安全、可靠的适时沟通平台;对下级企业的财务工作进展情况缺乏了解甚至无法了解;集团与二级企业相对沟通较多,与三级以下企业沟通极少;对各级企业的财务架构、财务设置等及其动态情况没有了解或了解极少。

以上情况导致财务信息的实时性较差,数据核对、汇总、统计的工作量大,劳动强度大,工作效率低;没有实现数据集成,造成数据来源渠道多、信息重复、利用率低、信息资源浪费,不能实现管理信息集成、管理与生产信息集成,集团企业在资金管理上管控与协同存在一些问题,决策层得到的信息的真实性、准确性、一致性较差,容易造成判断失误,造成决策和指挥失误,影响生产和效益。

四、某国有控股集团公司新的资金管理模式优化研究

针对某国有控股集团公司资金管理模式的现状和存在的问题,在基于集团管控与协同的基本思想下,新的资金管理模式必须服从于集团公司"战略控制、资金管理、监督保障"的总体职能定位,实现集团公司整体框架下的资源整合效应与管理协同效应。

(一)新资金管理模式的构建原则

集团公司资金管理模式的目标是实现有效的"管人、管资金、管信息"。

集中与分权相结合:资金、票据方面,除上市公司形式集中外,其他企业实质性集中;信贷资源方面,集团公司集中授信,各企业分户实施。

集团公司与各企业建立"风险隔离墙":集团公司与各企业资源全面协同,各企业尽量用自身资源获取资金,最大限度降低集团公司对其担保和借款。

财务信息一体化:集团公司整合现有会计信息化软件,建立一体化财务信息系统。

财务负责人委派:集团公司实质性委派和考核各下属企业财务负责人。

财务公司的重新定位:主要职能是向外部筹集资金,不以营利为目的。

(二)新资金管理模式的具体设计

集团公司对内部借款以及重大资金使用事项采取集体决策的方式,重点关注其风险性和收益性,各级权力机构履行相应审批程序。

表2 集团与二级企业权限划分

相关角色	关键控制
集团公司	1.上报国资委、外部监管机构的筹融资事项: 发行债券按集团内部决策程序履行审核权后报批。 2.国资委下放审批权的资金使用事项: (1)审批年度资金使用计划; (2)审批权限范围内的资金使用事项; (3)对资金的使用进行监督; (4)履行股东权利,给予风险提示,出具股东意见。
二级产业集团	1.编制年度资金使用计划、资金使用方案; 2.在权限范围内履行资金使用的审批权限; 3.并对资金的使用进行日常管理。

表3 某控股（集团）公司资金管理授权（限）表

序号	批准事项	相关角色						相关制度	
		董事会	集团执行委员会	总经理办公会	财务部	集团总部相关部门	所属（二级）单位	名称	编码
1	资金使用计划								
1.1	年度资金计划	审批	审核	审核	审核		提交		
2	内部借款（A、B、C 类公司参见内部借款管理办法）								
2.1	借款申请的审批		审批	审核	审核		提交	内部借款管理办法	
2.2	资金使用监督检查		知情	知情	审批		提交		
2.3	对集团内部企业借款支出 5 000 万元以上（不含）	审批	审核	审核	审核		提交		
2.4	对集团内部企业借款支出 5 000 万元以下（含）		审批	审核	审核		提交		
3	资金支出								
3.1	单笔金额达 20 万元（不含）奖励资金支出	审批	审核	审核	审核	提交	提交	三重一大	
3.2	超预算大额度资金调动和使用	审批	审核	审核	审核	提交	提交		
3.3	委托代开信用证、对外担保事项	审批	审核	审核	审核		提交		

续表

> 1.董事会
>
> (1)集团资金使用管理的最高决策机构;
>
> (2)对需上报市国资委审批的财务事项进行审批;
>
> (3)对由下属(二级)单位的资金使用事项给予风险提示,出具股东意见。
>
> 2.集团执行委员会
>
> (1)对需提请董事会审批决策的内部借款、资金使用事项进行研究,并提出建议;
>
> (2)审批集团内部企业5 000万元以下(含)的借款支出;
>
> (3)履行集团董事会授权的内部借款等资金使用事项。
>
> 3.总经理办公会
>
> (1)对需提请集团执行委员会审核决策的内部借款、资金使用事项研究,并提出建议。
>
> 4.财务部
>
> (1)对需提请总经理办公会审核决策的事项进行研究,并提出建议;
>
> (2)审核集团年度内部借款、资金使用事项,重点关注风险和收益情况。
>
> 5.所属(二级)单位
>
> (1)拟订内部借款、资金使用等事项的申请;
>
> (2)参与内部借款合同的签订;
>
> (3)按合同或协议的约定对内部借款、资金使用事项进行账务处理。

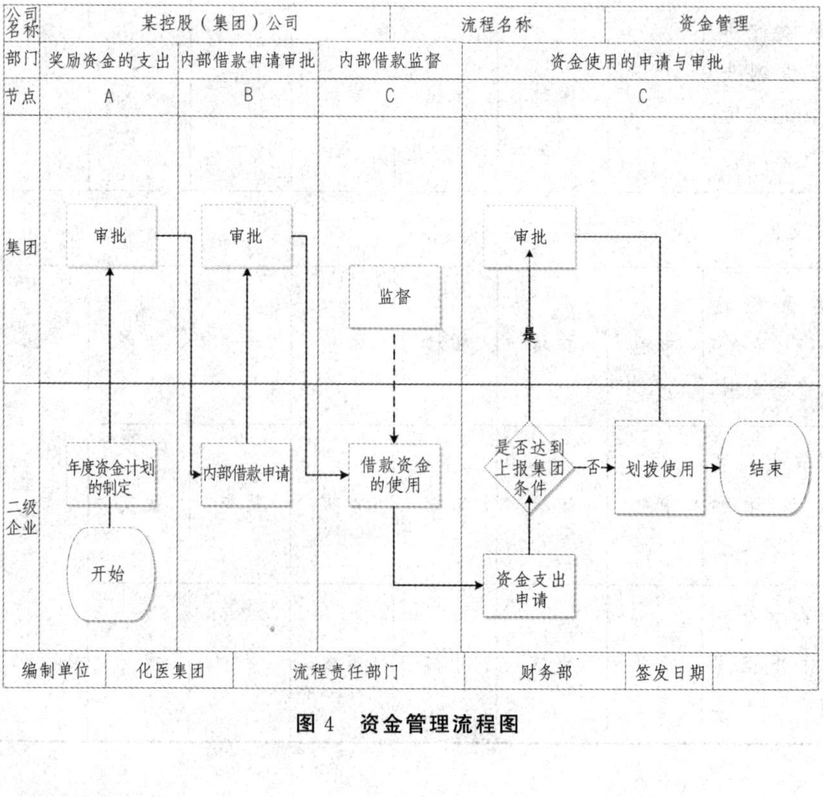

公司名称	某控股(集团)公司		流程名称	资金管理	
部门	奖励资金的支出	内部借款申请审批	内部借款监督	资金使用的申请与审批	
节点	A	B	C	C	

（流程图内容）

- 集团：审批（奖励资金的支出）→ 审批（内部借款申请审批）；监督（内部借款监督）；审批（资金使用的申请与审批）是
- 二级企业：年度资金计划的制定 → 开始；内部借款申请；借款资金的使用；是否达到上报集团条件—否→划拨使用→结束；资金支出申请

编制单位	化医集团	流程责任部门	财务部	签发日期	

图4　资金管理流程图

公司名称	某控股（集团）公司			流程名称	资金管理
部门	下属（二级）单位	财务部	公司管理层	集团执行委员会	董事会
节点	A	B	C	D	E

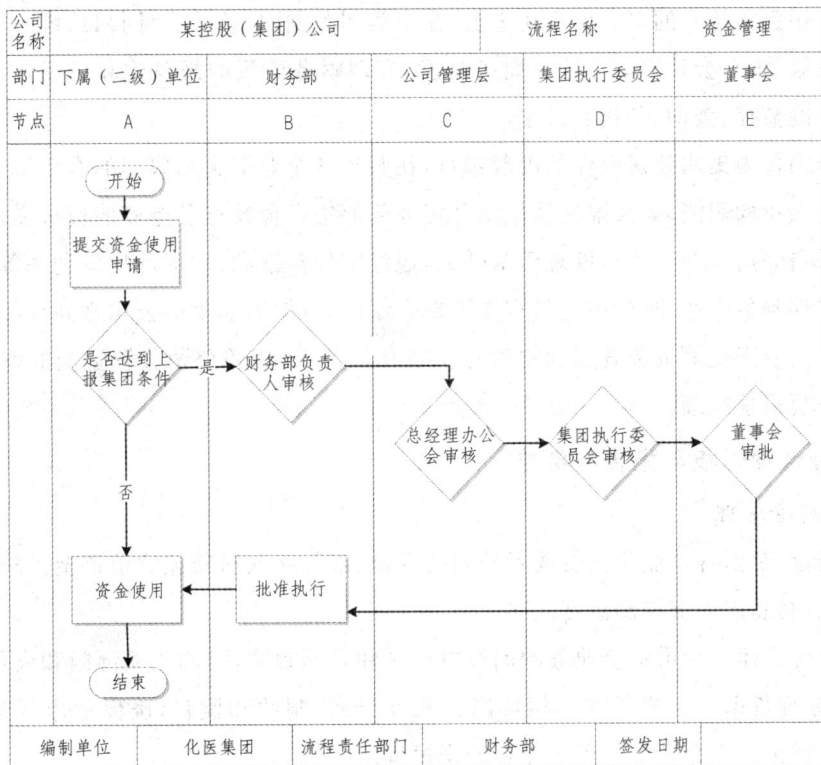

图 5　资金使用流程图

（编制单位：化医集团；流程责任部门：财务部）

集团公司行使集团筹融资集中管控职能,集团公司向各金融机构统一申请集团综合授信,增加谈判能力,降低融资条件和融资成本;各企业根据集团公司批准的年度资金预算中的筹资计划和集团公司分配的各银行授信额度自行向各金融机构融资,按期还本付息。

集团公司与各企业建立"风险隔离墙",各企业落实主体责任,摆脱对集团公司的直接依赖,其对外筹资首选自身信用和有效资产抵质押方式,逐步降低集团公司对各企业的担保和借款。若抵押物不足或综合资信不够时确实需要集团公司提供信用担保和借款时,应严格审批并按照市场化原则有偿收费,逐渐降低集团公司整体债务和资金风险。

集团公司严格审批和及时监控下属各企业银行账户、资金流量等,各企业根据生产经营需要,按照"三重一大"等内部管理流程自行支付资金。

集团公司行使各企业财务总监(或财务负责人)的聘任和考核管控职能,所有二级企业和上市公司的财务总监(或财务负责人)由集团公司财务总监或财务部提名,经法定程序后由其所在企业聘任;集团公司财务部组织实施财务总监(或财务负责人)的年度考核,集团公司财务部和所在公司各占评分比重的50%。

集团公司建立财务工作考核评比管理制度,对各企业的财务管理、会计报告、财务分析等工作实施定期报告和年度考核评比,强化包含资金管理的日常财务监管。

集团公司建立统一的财务信息化平台,在全集团范围内,统一会计科目、统一会计核算、统一会计政策、统一会计报表和统一财务制度,实现财务流程的规范化和程序化;实现财务及经营信息的监控、查询、分析和共享。

财务公司作为集团公司专业的内部银行,在归集各企业资金和票据的有效沉淀基础上,利用其准金融机构职能,最大限度从集团公司外部筹集资金补充各企业的资金需求;淡化收入、利润等指标考核,在保持适度规模基础上,通过增加存款利率、降低贷款利率等方式尽可能将利润转移到各企业,减少税金等实质性现金流出,有效增加集团公司合并口径的整体现金净流量。为便于统筹资金管理和协调各企业相互关系,集团公司分管资金的财务部副部长兼任财务公司总经理。

(三)资金管理权限配置与实施

1.货币资金管理

货币资金,是指各企业所拥有或者控制的现金、银行存款和其他货币资金。对货币资金的管理,重点是制定内部控制制度。

各企业应当建立货币资金业务的岗位责任制和管理制度,明确相关部门和岗位的职责、权限,确保办理货币资金业务的不相容岗位相互分离、制约和监督,确保货币资金的安全。任何单位不得由一人办理货币资金业务的全过程。

(1)现金管理

①各企业应当在《现金管理暂行条例》规定的范围内使用现金。

②各企业应根据具体情况,在1 000元至20 000元内确定库存备用现金限额。

③现金结算限额为3 000元。超出现金结算限额的,应开具现金支票,由报销或经办人到银行提取,或通过网银支付。

④各企业的现金收入应当及时存入银行,不得以收抵支。

⑤现金使用禁止性规定:

不准以"白条"抵充库存现金,严禁坐支现金;

严禁设置"小金库"及账外账;

不准将单位的现金以个人名义存入储蓄卡;

不准用单位现金结算账户为其他单位或个人存入或支取现金。

⑥各企业由出纳员负责管理库存现金,禁止挪用现金、私自使用公款;对手续不完备的现金收付凭证,拒绝办理收付业务;每日末库存现金不得超过规定限额,多余部分必须存入银行;及时登记现金日记账,做到日清月结。

⑦各企业应当定期和不定期地进行现金抽查盘点,形成书面抽查记录,确保现金账面余额与实际库存相符,并检查其管理制度执行情况。

(2)银行存款管理

①各企业应当按照国家《支付结算办法》的规定,在银行开立账户,办理存款、取款和转

账结算。有外汇业务的单位,其银行账户的开立、使用和管理,应按照国家外汇管理局的有关管理办法执行。

②各企业只能选择一家银行的一个营业机构开立一个基本存款账户,不得在多家银行机构开立基本存款账户。各企业开设银行账户(含网上银行),须经本单位主管领导和财务部负责人批准,并报集团公司财务部备案;单位在外地有经营活动需开设临时账户的,应报集团公司财务部负责人审批。

③各企业按照集团公司资金集中管理的相关规定将日常经营资金定期归集到集团公司财务公司,年度总归集率不低于90%。集团财务公司根据各企业的资金使用需要及时回拨资金与各企业,确保各企业日常经营活动。

④各企业一切收付款项除《现金管理暂行条例》规定范围内使用现金外,都应一律通过银行办理转账结算。

⑤对银行存款的各项收支业务应由各企业财务部负责人或指定财会人员负责审核,出纳人员不得办理未经审核的银行存款收支业务。

⑥各企业财务部门应当严格遵守银行结算纪律,建立起良好的银行信用,确保企业资金流畅和降低财务费用。

⑦各企业财务部门应当随时核对银行账户(网上银行)余额,及时取回银行票据及回单,对未达账项应查明原因及时处理,确保银行存款账面余额与银行对账单相符;银行存款余额调节表由各企业会计人员编制,严禁单位出纳自行编制。

⑧各企业根据需要可以撤销已开立的银行存款账户,撤销账户必须与开户银行核对账户余额,按规定完清所有销户手续;撤销账户应报集团公司备案。

2.票据、印章管理

(1)各企业应建立各种票据的管理办法,明确票据购买、保管、领用、注销等环节的职责权限和程序;防止空白票据的遗失和盗用,如因遗失票据造成经济损失的,由使用票据人负责。

(2)各企业财务专用章应由非出纳人员专人保管,私人印鉴必须由本人或其授权人员保管。严禁一人保管支付款项的全部印章。

(3)各企业应有专人保管各种有价证券,详细登记各项有价证券的增减变动。对各种有价证券的处置及变现等业务,必须经由保管票据以外的主管人员批准。如有短缺,必须查明原因,并追究责任。鼓励单位租用银行保险箱保管有价证券。

(4)各企业按照集团公司票据集中管理的相关规定将日常经营票据定期归集到集团财务公司,年度总归集率不低于90%。集团财务公司根据各企业的票据使用需要及时回拨资金与各企业,确保各企业日常经营活动。

3.筹资管理

筹资是指集团公司各企业根据其生产经营、对内对外投资及调整资金结构等经济活动的需要,通过一定的渠道,采取适当的方式获取所需资金的一种行为。

筹资的渠道及方式主要有：吸收直接投资、发行股票、金融机构信贷、利用商业信用发行公司债券、债务融资工具及其他创新融资工具等。

筹资管理的具体规定：

（1）各企业筹集资金应以需定筹，按需求依据可研报告等批件编制筹资计划，并作出资金成本分析。在保证借款质量的前提下降低筹资成本，确保合理的资金结构。

（2）集团公司各企业对外筹资纳入集团公司计划统一管理。

（3）集团本部对外筹资，按规定应经集团公司董事会审议或决定的筹资，由财务部提出意见，提交董事会审议通过后，方可实施；不须经集团公司董事会决定的筹资（如借款展期、开具承兑汇票等），由财务部提出意见，报财务总监、总经理、董事长审批后执行。

（4）集团公司各企业对外筹资，由各企业按程序提出方案（借款展期及利用商业信用除外）报集团公司财务部审核，经集团公司批复或书面同意后，方可实施。

（5）集团公司各企业对外筹资，首选以自身资信或自有有效资产做抵质押。

（6）禁止在集团各企业之间或其他非金融机构办理借贷或者变相进行借款筹资。

（7）集团公司各企业对外筹资若抵押物不足或综合资信不够时确实需要集团公司提供信用担保和借款时，应严格审批并按照市场化原则有偿收费。

（8）禁止集团公司及所属子公司向个人、非国有企业和未经董事会审议批准的其他企业提供担保或借款。

集团所属各企业采取发行股票、发行公司债券、债务融资工具等筹资的，严格按照《公司法》、中国证监会、中国人民银行等法律法规以及相关部门的相关规定执行。

4.担保管理

集团公司制定统一的担保政策，子公司参照执行。子公司对其子公司或母公司提供担保，执行子公司内部决策程序，并向集团报备；对其参股公司或第三方提供担保，须按集团要求上报集团审批。

表4　集团公司与二级企业权限划分表

相关角色	关键控制
集团公司	制定统一担保政策； 审批子公司为其参股公司或第三方提供担保事宜。
二级产业集团	执行集团制定的担保政策。

表5 某控股（集团）公司担保管理授权（限）表

序号	批准事项	相关角色					相关制度	
		市国资委	董事会	集团执行委员会	财务部	所属（二级）单位	名称	编码
1	担保申请、变更和解除							
1.1	集团为子公司或参股公司提供担保		审批	审核	审核	提交		
1.2	集团为第三方提供担保	审批	审核	审核	提交			
1.3	子公司为其子公司或母公司提供担保				知情	审批		
1.4	子公司为其参股公司或第三方提供担保		审批	审核	审核	提交		
2	被担保单位月度报表				知情	提交		

财务部有如下职责：

　　1.对外担保的审核及日常管理部门；

　　2.受理审核所有被担保人提交的担保申请；

　　3.对外担保的日常管理与持续风险控制。

公司名称	某控股（集团）公司		流程名称		担保管理
部门	外部第三方/二级单位	财务部	集团执行委员会	董事会	市国资委
节点	A	B	D	E	F

担保评估与审批

开始 → 提出担保申请 → 牵头相关部门，对担保申请人资信状况和有关情况进行全面、客观的调查评估，并形成评估报告 → 集团执行委员会审核 → 董事会审批 —第三方→ 市国资委审批

指定专人建立《担保合同台账》管理对外担保事项

担保执行与监控

每月上报财务报表 ┈┈> 对被担保单位财务状况进行监测，形成担保监测报告 —出现异常→ 集团执行委员会审核 → 董事会审批 —第三方→ 市国资委审批

按照担保合同承担代偿义务，并向被担保人追索赔偿权利

追究相关部门/人员的责任

结束

编制单位	化医集团	流程责任部门	财务部	签发日期	

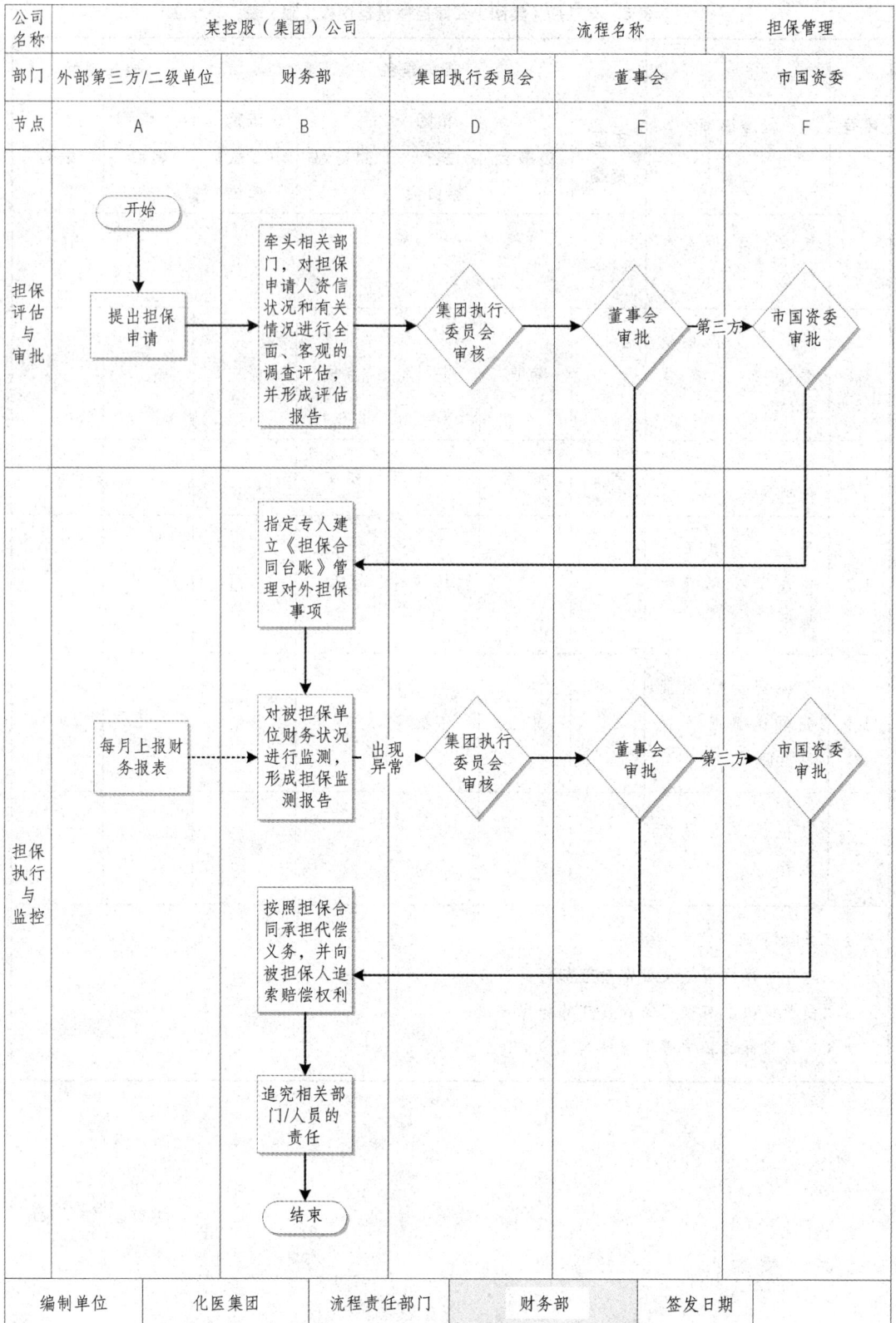

图 6 担保流程图

表 6　担保管控标准

控制编号	关键控制点	关键控制
1	担保的调查评估	委派具备胜任能力的专业人员开展调查和评估。调查评估人员与担保业务审批人员分离。对担保申请人资信状况和有关情况进行全面、客观的调查评估。对担保项目经营前景和盈利能力进行合理预测,企业整体的资信状况和担保项目的预期运营情况,构成判断担保申请人偿债能力的两大重要方面。划定不予担保的红线,并综合调查评估情况作出判断。形成书面评估报告,全面反映调查评估情况,为担保决策提供第一手资料。
2	担保的授权审批	(1)集团为子公司或参股公司提供担保,须经董事会审批。集团对除子公司和非控股公司以外的第三方提供担保,在按照集团的决策程序审批通过后,须上报市国资委审批。 (2)子公司为其参股公司或第三方提供担保,经子公司管理层审核后,上报相关担保议案至集团进行审批。 子公司为其子公司或母公司提供担保,子公司应在其董事会或股东大会决议后,及时通知集团按规定履行信息披露义务。 (3)财务部对担保申请文件、财务报表及经营状况进行审查评估,重点关注申请单位的资金缺口情况、所需的担保规模及还款能力等。财务部在审查担保申请人的财务状况和还贷能力时,出现以下情况时,应要求担保申请人或其他股权持有方提供反担保: ①为担保申请人借款提供担保的比例超过企业在担保申请人的投资比例,担保申请人或担保申请人的其他股东对超出股比部分提供反担保; ②为非直接投资单位提供担保,被担保人或其直接投资者须提供反担保。
3	担保台账的建立	财务部指定专人建立担保台账管理对外担保事项,台账内容包括公司名称、担保期限、担保金额、起止信息及执行情况;跟踪被担保人的经济运行情况,包括现金流情况、资产状况、偿债能力等,部门负责人定期进行复核。

续表

控制编号	关键控制点	关键控制
4	担保的监控	(1)财务部定期对被担保单位财务状况进行监测,形成担保监测报告。如果被担保单位出现异常情况,及时报告公司管理层。如存在反担保,财务部指定专人专岗保管反担保财产相关凭证,并定期检查与核实财产存续状况和价值,确保反担保财产安全、完整。 (2)在被担保人确实无力偿付债务或履行相关合同义务时,按照担保合同承担代偿义务,向被担保人追索赔偿权利,在此过程中,担保业务经办部门、财务部、法律顾问等须通力合作,做到在司法程序中举证有力;同时,依法处置被担保人的反担保财产,尽量减少经济损失。 (3)建立担保业务责任追究制度,对在担保中出现重大决策失误、未履行集体审批程序或不按规定管理担保业务的部门及人员,严格追究相应的责任。
5	担保变更	(1)担保期间,因主合同条款发生重大变更,影响到担保合同的范围、责任、期限时,子公司上报至集团财务部,经集团审批后,修订担保合同。 (2)担保债务到期后,需展期并仍需提供担保的,应作为新的担保事项,重新履行担保审批办理程序。
6	担保解除	子公司经营状况,或信用状况好转后,可提出解除担保申请,由银行出具相应的证明函,提交集团财务部办理担保解除;集团财务部根据子公司申请,或股权变动情况,及时办理担保解除,并在担保借款情况表中记录,将协议归档。

5.内部借款管理

内部借款是集团公司所属全资和控股公司因自有资金不足且无法有效取得外部融资或外部融资成本太高时,为维持其正常生产经营、项目建设、对外投资、专项任务等的资金需求而向集团公司借款的行为。

内部借款流程图：

公司名称	某控股（集团）公司		流程名称		资金管理
部门	下属（二级）单位	财务部	公司管理层	集团执行委员会	董事会
节点	A	B	C	D	E

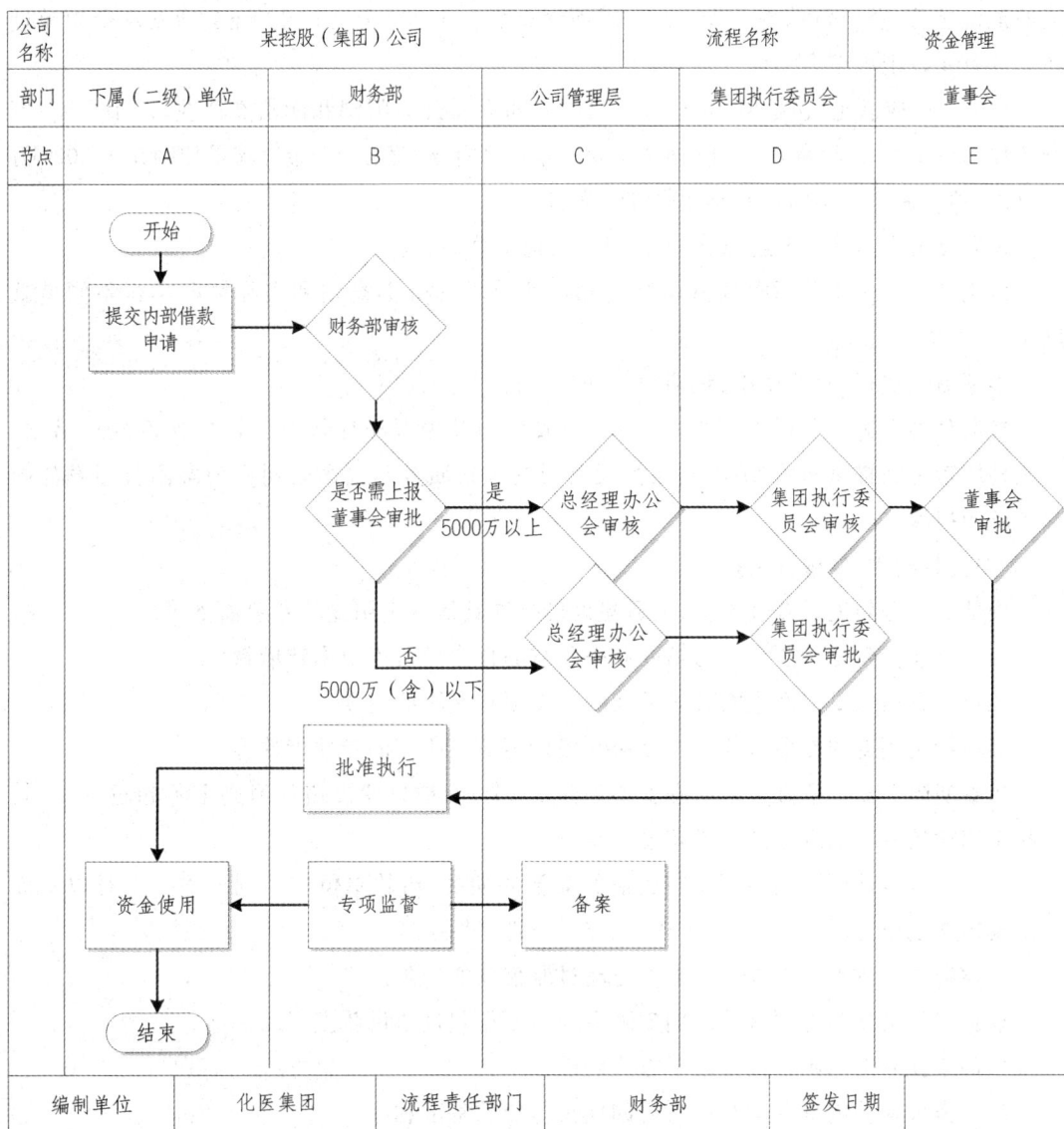

图6　内部借款管理流程图

（1）借款原则

根据集团公司"市场化配置资源"的总体要求,内部借款实行"效益优先、分类管理、区别利率"的原则。

效益优先。集团公司优先提供内部借款与日常经营效益好、对集团公司整体贡献大的公司。

分类管理。集团公司根据整体产业发展规划、行业经营难度、公司整体财务状况、公司日常经营效益等综合因素对所属全资和控股公司进行 ABC 分类,内部借款大力支持 A 类公司,谨慎帮助 B 类公司,原则不借款与 C 类公司。

A 类公司应满足(包括但不限于)符合国家产业发展政策、集团公司产业发展规划、行业区域地位显著、资产负债率 70％以下、年利润总额在 1 000 万元以上、经营活动现金净流量在 500 万元以上等综合条件。

B 类公司应满足(包括但不限于)不属国家和集团公司限制和淘汰类产业、产销平衡、资产负债率在 80％以下、年度亏损总额在 5 000 万元以内、经营活动现金净流量控制在－2 000 万元以内、预计未来 3 年内扭亏有望等综合条件。

C 类公司为不符合上述 A、B 类公司的其他子公司。

区别利率。集团公司根据所属全资和控股公司的分类类别和实际情况实行不同借款利率。

内部借款实行"有偿使用、到期归还"的原则。

控股公司向集团公司申请内部借款,控股公司其他股东应按照股比同比例提供借款。若其他股东无法提供借款,则以其在控股公司的股权质押与集团公司作为集团公司发放内部借款的担保。

(2)借款种类、期限和利率

内部借款分为流动资金借款、项目建设借款和其他特定用途的专项借款等。

流动资金借款是指子公司为拓展业务所需的日常经营资金周转借款。

项目建设借款是指经集团公司批准的建设项目所需的借款。

其他特定用途的专项借款是指公司开展特定业务所需的专项借款等。

借款期限。流动资金借款原则上不超过 12 个月,项目建设借款原则上不超过 3 年,其他特定用途的专项借款原则上不超过 2 年。

子公司因客观原因到期不能归还借款需要展期的,借款单位应在到期前 1 个月以书面形式提出展期申请,报集团公司审核、批准后办理展期手续。

流动资金借款展期期限原则上不得超过原借款的期限。

项目建设借款和专项借款展期期限原则上不得超过原借款期限的一半。

内部借款利率原则上按照以下方式确定:

①A 类公司的内部借款利率实行同期银行贷款基准利率。

②B 类公司的内部借款利率在同期银行贷款基准利率之上上浮 10％～30％。

③C 类公司原则不予内部借款。若特别事项确需内部借款,其借款利率在同期银行贷款基准利率上浮 30％～50％。

④其他特定用途的专项借款利率,根据实际情况从上述三种利率中选择一种利率。

内部借款期间如遇国家利率调整,集团公司从国家规定的调息日起,对借款利率进行同步调整。

内部借款按季度结息,结息日分别为每年 3 月 20 日、6 月 20 日、9 月 20 日、12 月 20 日。集团公司财务部每季度末向各借款单位提供利息结算单作为双方入账的凭据。

内部借款利息应当按季度支付,借款单位无故延期支付或不支付借款利息则视为违约,集团公司将收取滞纳金或违约金。

（3）借款审批

内部借款应按程序经集团公司批准并做出决议后方可办理。

借款单位申请借款需提交正式文件，并根据借款用途报送相关材料。

①项目借款需报送可行性研究报告（或项目建议书）立项批文、项目建设预算、资金筹措方案及用款计划安排、公司经营和财务状况、还款方案及相关保证措施、项目建设（含借款）对企业今后经济效益的影响等材料。

②流动资金借款需报送企业目前经营情况及现金流状况、借款用途和借款金额的测算及效益分析、还款资金来源及保证措施等材料。

③其他特定用途的专项借款原则上需报集团公司同意实施特定业务的批复、资金估算及筹措方案、还款资金来源及保证措施等材料。

4.监督检查

各借款单位应及时向集团公司财务部提供真实的经营资料和财务综合资料。

各借款单位财务部门应加强资金运作管理，按借款用途使用借款资金，确保专款专用。

集团公司财务部应在有效分析借款单位日常财务报告的基础上，及时掌握资金流向和使用状况进行相应的财务分析。

集团公司财务部不定期对借款单位的资金使用情况进行专项检查，以保证借出资金的安全性和效益性，并将检查情况及时向财务总监、总经理、董事长进行专题汇报。

（四）资金管理模式实现的控制保障

1.预算管理

集团公司行使集团战略管控职能，确定集团预算目标，对所属（二级）单位拥有预算制定的审批权、预算执行的监督权和考核权。各单位按照集团预算目标制定本单位预算并予以实施和控制。

集团公司层面设立预算管理小组，负责拟定预算目标、政策，审议平衡预算方案，组织下达预算及协调解决预算编制和执行中的问题；财务部在预算管理小组领导下，负责预算的编制、审查、汇总、上报、下达、报告等具体工作；集团各相关部门从各职能出发，具体负责本部门分管业务的预算编制、执行、分析、控制等工作。

表7　集团公司与二级企业权限划分表

相关角色	关键控制
集团公司	确定集团预算目标，以及相应的预算管理制度和流程； 审批子公司预算； 对子公司预算执行情况进行监控，审批预算外大额资金和超预算事项； 对子公司预算完成情况进行考核。
二级产业集团	依据集团预算目标，制定本单位预算； 执行预算并对本单位预算进行控制，上报预算外大额资金和超预算事项； 上报月度预算完成情况报告，对预算与实际情况的偏差进行分析。

表8　某（集团）公司预算管理授权（限）表

序号	批准事项	相关角色						相关制度	
		市国资委	董事会	集团执行委员会	预算管理小组	财务部	所属（二级）单位	名称	编码
1	预算编制	审批	审核	审核	审核	审核	提交		
2	预算修正/调整	审批	审核	审核	审核	审核	提交		
3	预算执行分析			审批	审核	审核	提交		
4	超预算大额度资金调度和使用		审批	审核	审核	审核	提交		
5	预算外事项		审批	审核	审核	审核	提交		

预算管理小组与财务部有如下职责：

1.预算管理小组

（1）预算管理小组负责人由相关部门负责人担任,组员由各职能部门负责人组成;

（2）拟定有关预算管理制度、规章和政策;

（3）综合、平衡、控制、调整预算单位的草案,并编制整体预算,对所有调整事项做出书面说明,报集团管理层审查;

（4）将经国资委批准的年度预算目标分解为预算单位的子目标,经审批后下达落实;

（5）对超出预算的支出项目进行初步审核;

（6）对二级产业集团预算执行情况进行监督检查。

2.财务部

（1）作为预算管理的牵头实施主体,对预算管理小组负责;

（2）会同集团总部相关部门,积极配合预算管理小组做好公司预算的协调、汇总、分析、监控等工作。

3.所属（二级）单位

（1）依据集团预算目标制定本单位预算,上报集团审批并进行修改完善;

（2）执行和控制本单位预算并按月上报集团预算执行情况。

公司名称	某控股（集团）公司		流程名称	预算管理
部门	预算编制	预算执行、监控与考核		
节点	A	N		
集团	确定年度预算目标，下发预算编制原则和要求 → 审批预算	审核并监督预算执行 → 子公司绩效考核		
二级企业	组织编制预算	签订经营责任书，细化KPI　上报月度预算完成情况，差异分析和解决措施　上报超预算大额度资金调度和使用以及预算外事项		
编制单位	化医集团	流程责任部门	财务部	签发日期

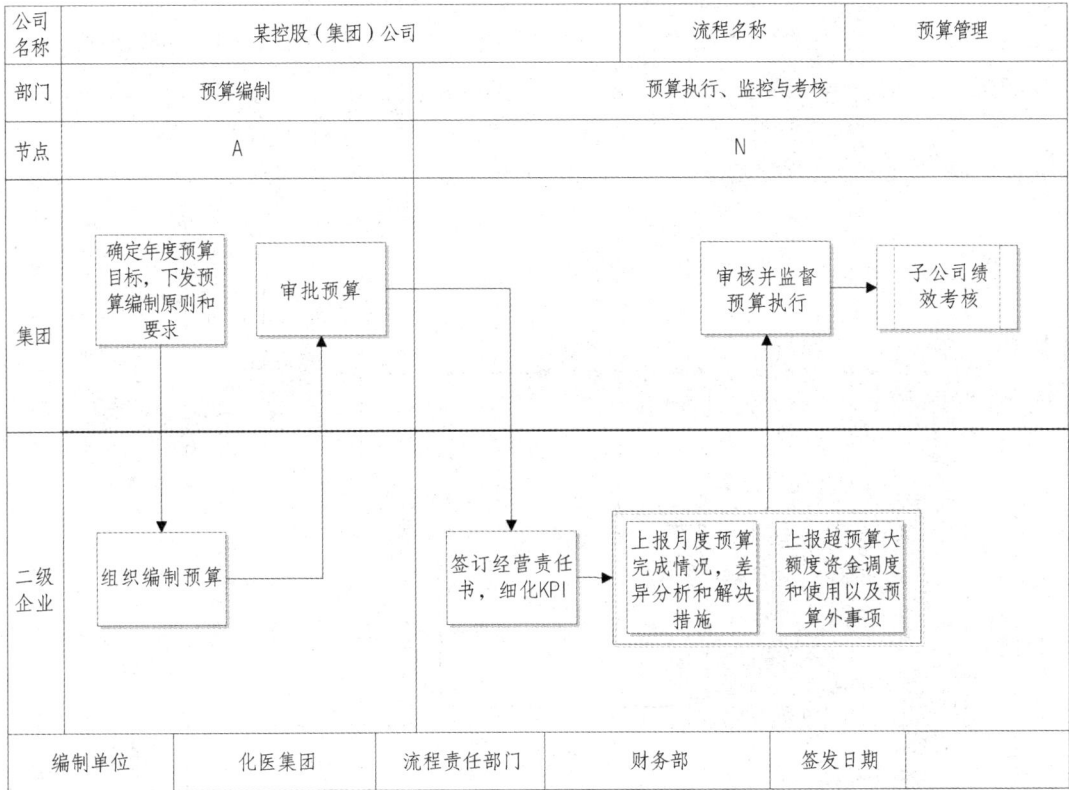

图 7　预算管理流程图

公司名称	某控股（集团）公司			流程名称		预算编制
部门	各部门/二级单位	财务部	预算管理小组	集团执行委员会	董事会	市国资委
节点	A	B	C	D	E	F

开始

确定集团年度预算目标

制定预算编制原则和要求

拟定预算编制通知并下发

根据要求编制本部门/本单位预算

部门/单位负责人审核

对各部门/各单位提交的预算进行汇总、平衡

预算管理小组审议

集团执行委员会审议

根据审核意见与各单位/各部门沟通

对预算进行修改

部门/单位负责人审核

对各部门/各单位提交的预算进行汇总、平衡

预算管理小组审议

集团执行委员会审议

董事会审定

市国资委审批

下发各部门/各单位执行

结束

编制单位	化医集团	流程责任部门	财务部	签发日期	

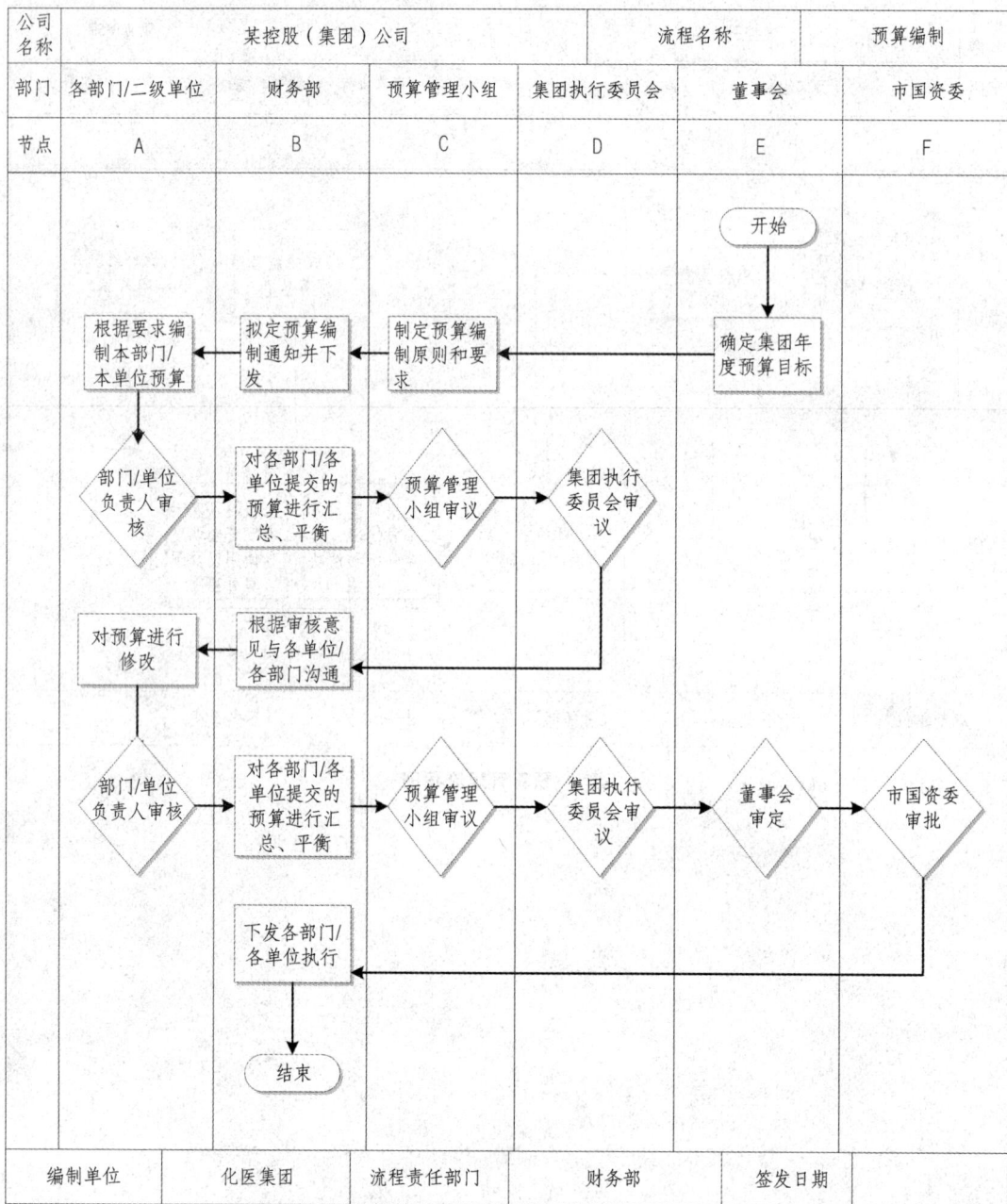

图 8 预算编制流程图

公司名称	某控股（集团）公司		流程名称	预算执行、监控与考核
部门	各部门/二级单位	财务部	预算管理小组	集团执行委员会 董事会
节点	A	B	C	D E

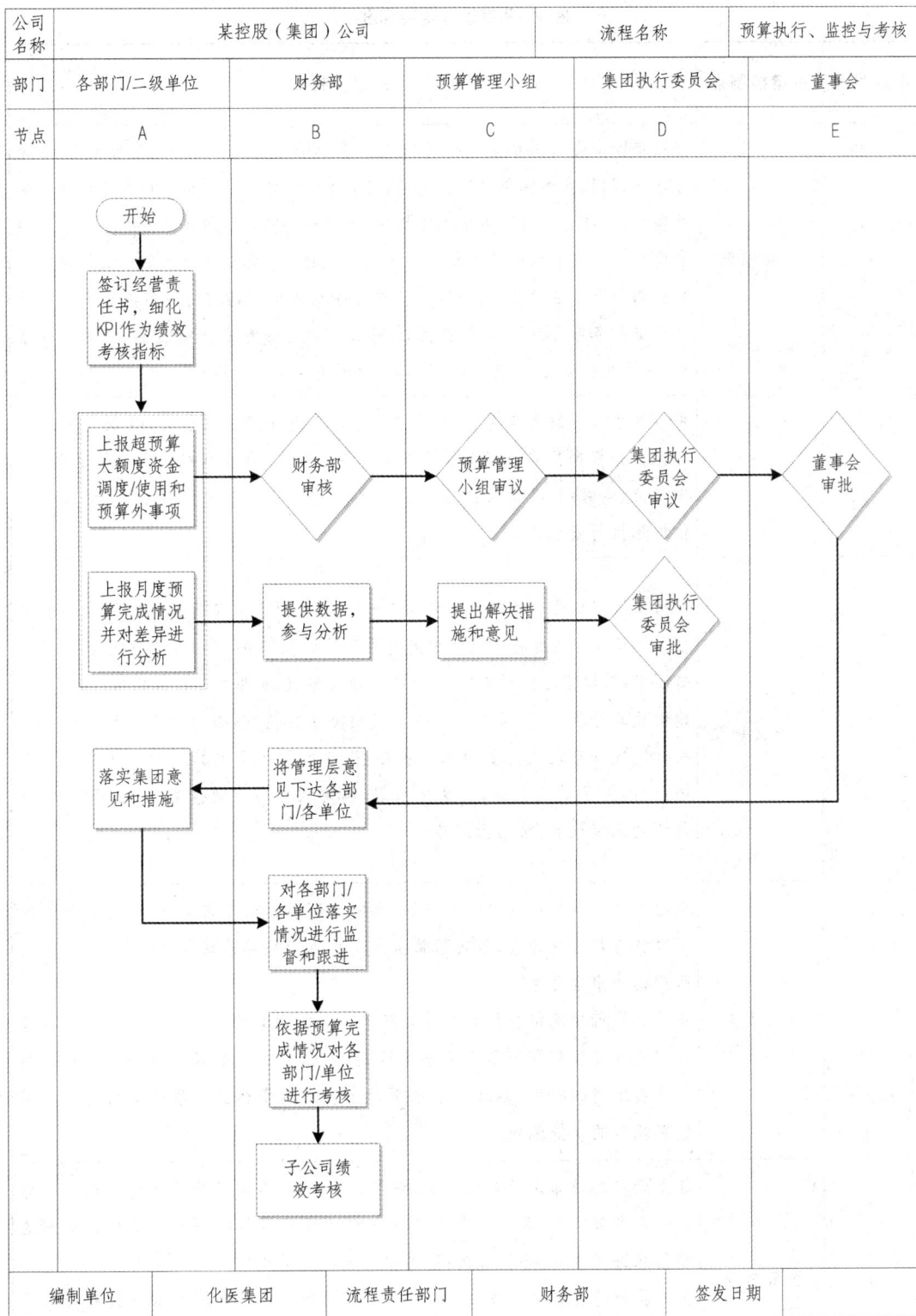

```
A 各部门/二级单位                    B 财务部         C 预算管理小组    D 集团执行委员会   E 董事会

          ( 开始 )

   签订经营责任书，细化
   KPI作为绩效考核指标

   上报超预算大额度资金      财务部审核      预算管理小组审议   集团执行委员会审议   董事会审批
   调度/使用和预算外事项

   上报月度预算完成情况      提供数据，      提出解决措施和意见   集团执行委员会审批
   并对差异进行分析         参与分析

   落实集团意见和措施       将管理层意见下达各
                          部门/各单位

                          对各部门/各单位落实
                          情况进行监督和跟进

                          依据预算完成情况对各
                          部门/单位进行考核

                          子公司绩效考核
```

编制单位	化医集团	流程责任部门	财务部	签发日期	

图 9 预算执行监控与考核流程图

表9 预算管理管控标准

控制编号	关键控制点	关键控制
1	预算编制	按照市国资委编制预算的规定,提前开展预算编制的准备和信息收集工作,充分与各部门、各预算单位进行沟通,在对上一年预算执行结果初步分析和总结的基础上,结合公司下年度工作目标,采取科学的方法测算下一年度收支规模和增长速度用于编制预算草案。按照统一的预算编制原则和要求及预算统一格式编制下年度预算。各部门/各单位编制的预算,经部门/单位负责人审核后提交财务部进行汇总、平衡后,逐级提交财务部经理、财务总监、预算管理小组、集团执行委员会、董事会审核,报市国资委审批后执行。
2	预算分解	将年度预算分解为季度/月度预算,通过实施分期预算控制,实现年度预算目标。并根据预算内容将预算指标层层分解,从横向和纵向落实到各部门/各单位,各部门/各单位根据经营计划等适当分解到岗位或个人,形成全方位预算执行责任体系。
3	预算执行与监控	各预算执行单位和部门预算内的资金支付,按照审批权限由总经理/董事长审批。超预算大额度资金调度和使用及预算外项目支出,由业务发生部门提出书面申请,经集团执行委员会审议,董事会审批,董事长签批后执行。 建立预算分析制度,每月分析并上报预算执行情况,报告内容应涵盖预算的执行情况及存在的主要问题。各部门/各单位负责预算执行情况的专业基础分析,对于重大差异,应阐述原因,确定相应的控制措施,经本部门/本单位负责人审核后,报集团财务部。
4	预算调整	批准下达的预算应当保持稳定,不得随意调整。由于市场环境、国家政策或不可抗力等客观因素,导致预算执行发生重大差异确需调整预算的,应当履行严格的审批程序。 当预算执行情况符合预算管理制度中规定的预算调整条件时,各部门/各单位按照相关规定提出预算调整申请,报经相关权限的部门及个人审批。预算调整申请的收集、汇总采用自下而上逐级上报模式。预算调整的审批同预算编制的审批流程。
5	预算考核	建立严格的预算执行考核制度,每年对各部门/各单位预算执行情况进行考核。将各部门/各单位负责人签字上报的预算执行报告和已掌握的动态监控信息进行核对,确认各部门/各单位预算完成情况。 预算执行情况考核工作,应当坚持公开、公平、公正的原则,考核过程及结果应有完整的记录。预算考核结果与各部门/各单位及员工的绩效挂钩,切实做到有奖有惩、奖惩分明。

2.财务负责人聘任管理

实行财务总监或财务部门负责人(以下简称"财务负责人")聘任的范围是集团公司所属的全资、控股公司和依据投资协议由集团公司提名推荐财务负责人的参股公司。

(1)财务负责人的任职条件

①熟悉国家有关财经法律、法规和国家颁布的会计准则及相关制度。

②坚持原则、遵纪守法、廉洁自律,具有良好的职业道德素养和敬业精神。

③有较强的组织能力、协调沟通能力及文字表达能力,具备驾驭一个公司会计核算和财务管理全过程的综合能力。

④具有会计师及以上的专业技术职称(骨干子公司应具有高级会计师职称或注册会计师执业资格),能熟练运用信息化设备及财务管理工作的相关工具。

⑤身体健康能适应本职工作的要求。

凡有下列情况之一的,不得聘任为财务负责人:

①因在财务、会计、审计、公司管理或者其他经济管理工作中犯有严重错误受到行政处罚。

②因贪污、贿赂、侵占财产、挪用财产或者破坏社会主义市场经济秩序,被判处刑罚,执行期满未逾五年,或者因犯罪被剥夺政治权利,执行期满未逾五年。

③因失职、渎职造成重大经济损失或导致重大资产流失的。

④违反财经纪律,利用职权贪污、挪用公款或个人借用公款数额较大到期未清偿的。

⑤不坚持原则、弄虚作假、粉饰财务数据和报表的。

⑥不严守公司财务秘密,随意泄露公司财务数据资料的。

⑦法定已退休人员。

(2)财务负责人的职责

①全面负责公司的财务管理工作,参与公司的生产经营管理决策,并列席公司的董事会。

②依据集团公司财务管理和内部控制制度,负责制定完善公司的财务管理制度,建立和完善公司的内部控制制度。

③全面负责和组织实施公司会计核算、税务筹划和资金管理等财务工作。负责对公司财会机构的设置和会计人员的配备、岗位的设置和聘任提出方案,组织会计人员的业务学习和考核,支持会计人员依法行使职权。

④组织实施公司的财务预算工作,对公司的生产经营和预算执行情况进行财务综合分析,并提出改善经营管理的合理化建议。

⑤负责审核公司的财务收支,对资金收付和费用报销进行审批或授权。

⑥协助集团公司做好内部审计和外部审计工作,接受公司监事会及内审部门的质询。

⑦及时发现和制止公司违反国家财经法律、法规的行为和可能造成国有资产流失的行为,并向公司的最高管理层报告,对制止或报告无效的,应及时向集团公司报告。

⑧建立定期报告制度,每季度结束 15 日内向集团公司财务部书面报告企业预算执行情况、生产经营及财务状况、财经政策及法律法规执行情况。对重大财务事项及其他异常情况应单独及时书面报告集团公司财务部。

(3)财务负责人的聘任

集团公司根据子公司的性质和实际工作需要向子公司聘任财务总监或财务部门负责人。符合设置财务总监的子公司,财务总监由集团公司直接提名推荐聘任;未设财务总监的子公司,财务部门负责人的聘任按此管理办法聘任并统一管理。

财务总监享受子公司经营领导班子成员副职待遇。

子公司财务总监由集团公司财务总监提名、组织与人力资源部进行组织人事考核、报经集团公司党委会批准后由子公司董事会按照法定程序聘任。

对未设立财务总监的子公司,财务部门负责人的聘任由其提名、集团公司财务部及财务总监审核同意后子公司行文聘任或集团公司财务部及财务总监提名推荐、子公司行文聘任。

子公司财务部门负责人的续聘、解聘由子公司正式行文上报集团公司审核同意后,子公司按照法定程序办理。

(4)财务负责人的管理及考核

财务负责人的管理:

①子公司的财务负责人的人事及劳资关系归属子公司,薪酬标准与公司同类同级职务一致。

②子公司的财务负责人的业务指导由集团公司财务部统一管理。综合考核由集团公司财务部和子公司共同实施,考核评分权重为各 50%。

③建立财务负责人轮换制度,相关办法另行制定。

财务负责人的考核程序:

①集团公司成立考核小组,考核小组成员由集团公司主管领导及财务部和子公司相关人员组成(集团公司组织与人力资源部全程参与子公司财务总监的考核),考核小组办公室设在集团公司财务部,负责对财务负责人进行综合考核。

②按照财务负责人的工作业绩和综合管理能力,依据集团公司财务负责人考核评分表的考核标准进行。

③财务负责人所在公司的财务工作考核评比结果作为其个人综合考核的重要组成部分。

④每年 5 月 31 日前完成上年度定期考核。

⑤财务负责人应按照"集团公司财务负责人考核评分表"的内容准备好所要求的文字和其他相关材料。

财务负责人的考核结果处理:

①考核结果由集团公司书面提交子公司董事会、监事会,并纳入财务负责人的人事档案管理,作为续聘、解聘、奖惩及晋升的重要依据(子公司财务总监的考核结果书面提交集团公司组织与人力资源部存档)。

②根据考核结果,对履职较好的财务负责人给予奖励;财务总监参与子公司领导班子年薪或其他方式奖励的分配;财务部门负责人的奖励方式由集团公司另行考虑。

财务负责人的考核实行一票否决制,在考核年度内出现下列事项之一者,考核为不称职,应予解聘:

①玩忽职守、丧失原则,指使、授意他人或按他人旨意违反财经纪律,给造成公司重大损失的。

②指使或授意他人违反财务会计制度,搞虚假核算,编报虚假财务会计报告,造成公司财务信息严重失真的。

③对违反规定的对外担保、借款、非主业的高风险投资、处置重大资产及严重违法违纪行为等,既不制止又未向集团公司报告的。

④不履行岗位职责,致使公司形成重大经济损失的。

⑤公司有严重违反财经纪律和法规的行为并受到政府主管部门处罚的。

⑥有其他严重违纪违法行为,或涉及国有资产严重流失的事项。

化医集团参股公司根据《公司法》和该公司章程实施财务负责人任职事项。公司章程(合同)对财务负责人聘任另有约定的子公司从其约定。

3.财务考核评比管理

考核评比的对象为纳入集团公司合并报表范围的所有全资、控股公司。

财务工作考核评比按照"公开、公平、公正"的原则,对财务预算的准确性、效益性和规范性,企业财务报表的完整性、真实性和及时性,财务分析的数量和质量,其他工作完成情况等进行综合考核。

财务工作考核评比采用百分制。其中:财务预算24分、财务会计报告56分、财务分析15分、其他工作5分。另外,对财务管理创新取得显著成效等工作予以奖分,最高奖5分。

(1)财务预算(24分)

①编报及时。按时编制财务预算并上报集团公司预算办。

②内容完整。预算表格、预算说明书、董事会决议及相关资料完整。

③质量合规。预算说明的编报质量符合有关文件的要求,财务预算表格数字准确、项目填列和钩稽关系正确。

④全面实施。集团公司下属全资、控股企业按规定制定财务预算方案;企业财务预算方案经董事会审议批准;预算指标分解到各部门。

⑤执行有效。全资、控股公司应在集团公司预算办批准后的10个工作日内将预算指标分解到各部门。按预算实施内部财务控制和业绩评价,取得增收节支效益。

表 10   财务预算考核标准

序号	考评内容	分值	计分标准
1	编报及时	5	按时报送，迟报一天扣 0.2 分
2	内容完整	4	表格内容完整，每错一处扣 0.5 分
3	质量合规	5	说明合规，数字准确，视质量和准确程度计分
4	全面实施	5	下属企业全面实施，视实施情况计分
5	执行情况	5	视落实措施，执行情况，取得成效情况计分
	小计	24	不报者，财务预算考核为 0 分

（2）财务会计报告（56 分）

①完整性。按《企业会计准则》《财务会计报告条例》等财务会计制度的规定编报，全面、完整地反映企业各项经济业务；报表的编制范围完整，所属企业无缺报、瞒报、漏报，报表编制口径符合报表类型和各种资料编报齐全，报表封面印章齐全合规。

②真实性。企业财务报表以核对无误的相关会计账簿进行编制，真实反映企业的财务状况、经营成果和现金流量及其他综合信息，报表数字真实可靠，计算正确，合并或汇总方法正确无误。

③及时性。企业在规定时间内及时上报财务报表，保证财务报表的时效性，满足集团公司的汇总、分析和上报的需要。

④正确性。数字真实、计算准确、项目填列正确、钩稽关系正确。

⑤财务会计报告考核评比的内容为企业按照国会计准则、制度规定和集团公司统一规定的报表格式、编报要求编制的财务会计报告。包括有企业年度财务决算报告和企业中期（包括月度、季度和半年度）财务会计报告。

⑥考核评比的内容及标准

表 11   年度财务决算报告考评标准

序号	考评内容	分值	计分标准
1	报送时间	2	按财政等有关部门规定时间上报，迟报一天扣 0.5 分
2	报表形式	2	包括合并报表在内的报表符合规范，每错、漏一处扣 0.5 分
3	汇编范围	2	符合规范，少汇、错汇一户扣 1 分
4	编报质量	8	合并报表及单体报表等数字准确，每错一处扣 1 分；会计师事务所审计提出否定或保留意见的，酌情扣分
5	附注、说明	4	符合要求，视内容和质量酌情扣分
6	电子文档	2	电子文档与纸质报表相符，每错 1 处扣 1 分，不报不得分
	小计	20	

表 12 中期财务会计报告考评标准

序号	考评内容	分值	计分标准
1	报表封面	9	合规,不合要求,一项扣 0.2 分
2	报送时间	9	月报次月 10 日前,半年报 7 月 20 日前,每迟报一次扣 0.2 分
3	报表编报质量	12	数字准确,每错、漏一处扣 0.2 分
4	报表附注	6	半年度附注一次,质量优计 6 分,良计 5 分,一般计 4 分
	小 计	36	

(3)财务分析(15 分)

①数量。企业每年完成上半年分析、年度分析共 2 篇。上半年财务分析于每年 7 月 20 日前报送,年度分析于次年 1 月 31 日前报出。差 1 篇扣 7 分,迟报一天扣 0.2 分。报送纸质材料的同时,报电子文档。

②质量。生产经营财务分析的内容和质量,符合有关文件规定的要求,内容包括财务预算执行情况分析,视内容质量酌情扣分。

(4)其他工作(5 分)

①年度财务工作总结、财务工作计划报监事会(3 分);

②其他各项财务工作认真、及时,对工作中出现的新情况、新问题有新对策,或推行新举措有新成效。企业重大事项核准、备案、报告及时且符合规定(2 分)。

(5)奖分(最高 5 分)

企业财务会计工作有创新举措,并取得突出成效;积极收集并向集团公司报送有关企业财务制度建设、管理措施等方面的动态信息。根据完成情况奖分。

(6)考核评比的组织与奖励办法

考核评比工作由集团公司财务部负责,每年一次,年度评比结果予以通报。企业全年得分在 95 分以上的为先进单位。对先进单位,给予精神表彰和物质奖励。

4.财务信息化建设

(1)基本目标

建立统一的财务信息化平台。在全集团范围内,统一会计科目、统一会计核算、统一会计政策、统一会计报表和统一财务制度,实现财务流程的规范化和程序化。

实现财务及经营信息的监控、查询、分析和共享,提高集团和各级企业整体的管理效率和管理质量,保障重大决策的快速、准确反映,降低集团运营风险。

实施成熟后,逐步向业务链前端延伸,通过决策支持信息与业务处理流程、财务核算管理的接口,为集团企业信息化打下坚实基础。

(2)建设内容

针对目前集团及各企业的财务现状,结合财务信息化工作的目标及企业经营、决策的要求,财务信息化工作建设内容包括:

①建立全面完善的基础设置体系。为了保证集团公司及各企业执行统一的数据标准，首先需要统一设置各种基础档案。基础设置体系就是为管理者提供一个规范管理的平台。在基础设置平台中，通过集团统一规范代码体系，严格权限设置和建立基础信息库等方式确立对各下属企业的控制和控制程度。

②建立集成、完善的财务管理体系。账务系统是整个财务系统的核心，与其他业务模块紧密关联。通过动态会计平台，账务管理系统与其他系统实时无缝集成，其他相关业务模块的交易自动生成财务凭证并实时传递至账务管理模块，可实现财务业务动态一体化，保障财务数据与业务数据的同步性，以解决业务数据的财务反映滞后问题，为财务管理提供了及时和丰富的数据。

③建立通畅的报表汇总和合并体系。目前集团的报表管理主要通过收集或上传基础资料在浪潮账务系统内完成合并，由于信息收集、审核的难度大，加上基础科目不统一、报表系统不统一、内部交易量大且存在差异，导致合并报表编制的工作量非常大，影响报表编制的及时性，报表分析的难度也因此大大增加。在财务信息化系统下，建立统一、灵活、实用的报表系统，将提供从报表生成、处理、汇总、查询并与其他系统接口方面强有力的支持；建立及时准确的报表合并体系，通过业务规则的确立，合并时所需要的各项基础数据通过自动提取完成报表合并，大大减少工作量和工作难度，提高财务报表的及时性。

④建立高效有序的资金管理体系。资金管理体系由集团资金管理和企业资金管理体系组成。集团资金管理则主要针对集团内部资金进行全面的规划与管理，通过预算、应收管理、应付管理、财务公司以及筹投资管理的集成使用，将资金的长期计划、日常经营管理和短期预测功能相结合，对集团资金运作情况进行及时、有效地监控，来达到加速资金运转，降低资金风险的目的。

企业资金管理体系主要用来管理资金计划的编制、日常资金的管理与控制、短期资金的预测等，帮助企业及时了解各种资金的流向和流量，包括日常经营活动产生的流量、筹资活动产生的流量、投资活动产生的流量等，实现资金动态管理。集团公司也可以通过资金管理体系完成对子企业的资金监测和控制。

⑤建立适用于集团管理的预算体系。预算管理是财务管理的重要部分，是集团财务监控的核心之一。目前，集团公司尚未建立全面预算管理制度。通过推进财务信息化，在条件成熟的情况下可以打造适用于集团管理的预算管理平台，逐步建立起集团公司的预算管理体系。

⑥建立实用的项目成本管理体系。集团公司及所属企业项目管理涉及各种类型的项目，部分大型项目如 MDI 一体化配套具有建设周期长、涉及单位多、资金投入大等特点，是较为复杂的工程。对财务信息化来讲，主要关心的是项目核算和资金控制问题，既与项目的成本、价格相关的部分内容，包括成本核算、预测和成本分析、项目预算、资金控制和监督、项目的相关统计信息及项目审计等。通过财务信息化的项目管理平台，有利于进一步加强对企业项目投资及其资金的管理和监控。

⑦建立强大实用的财务分析、预警预报和决策支持体系。基于数据库和数据挖掘技术的财务分析，围绕成本、利润、资本三个中心，分析过去、控制现在、规划未来，为管理者提供

经营决策信息,并帮助其做出科学决策,随时反映企业的经营状况,预见企业的发展趋势。决策支持系统通过智能化的解决工具,为决策者提供实时、高效、便捷的决策支持。

(3)工作推进阶段

根据财务信息化目标和实施原则,实施推进过程将分为四个阶段,各阶段推进内容包括:

①启动调研阶段

制定集团公司财务信息化建设工作方案,报请领导班子办公会批准通过,正式启动财务信息化推进工作。

建立组织机构。包括:成立财务信息化建设领导小组,负责对该项工作的全面组织领导,提出财务信息化工作的目标、财务战略方向,审定工作方案,协调工作关系,检查推进情况。本小组由集团公司董事长、总经理、财务总监等主要领导和相关部门的负责人组成。

成立财务信息化建设工作小组,负责财务信息化具体工作的计划、推进和协调,按领导小组的指导和预定的工作进度开展建设工作。建议由集团财务部部长担任组长,集团财务部、信息部和项目规划部以及下属主要子企业的财务部、信息部或计算机、网络专业人员等组成。

工作小组可根据需要可分别设置财务管理组和信息化技术组,分别负责财务信息化推进过程中的财务管理和信息技术应用两方面的问题。财务管理组由集团本部和主要二级子公司的财务负责人和相关财务专业人员、财务信息人员组成,信息化技术组由集团信息部和子公司的计算机、网络等方面的专员人员组成。

工作小组的日常工作机构设立于集团财务部。

聘请专业技术服务机构,签订信息化建设服务合同。通过招投标确定并聘请国内实力强劲的专业财务软件公司作为财务信息化建设和推进的专业技术支撑,并配合领导小组和工作小组共同推进建设工作。专业机构负责协助制定财务信息化的技术方案、财务网络建设方案、提供各模块信息化软件支持、硬件配置建议、信息化网络系统安全支持、财务信息化培训以及后期维护支持。

制定财务信息化方案,主要内容建议包括:组织人员到市内或国内同类型财务信息化建设成功的企业进行学习交流,明确成功企业和优秀企业的推进和实施经验、深刻教训和注意事项。

对集团及主要子企业的实际情况进行细致、全方位的调研,收集业务单元的业务流程、信息化应用情况以及未来发展目标等第一手资料,关注各级企业之间的信息沟通方式、渠道及要求,并从财务管控的角度重新审视现行的财务业务架构和业务、系统流程。

在上述工作的基础上通过分析、研究并结合财务管理的规划和要求形成集团公司财务信息化的需求报告。

与集团公司主要领导沟通,在集团整体战略规划的指导下,依据财务管控总体目标确认财务信息化的目标,进而编制财务信息化总体管理架构和战略,包括:依据集团战略规划和目标,建立集团财务业务流程模型;确定企业集团财务信息化战略目标;规划支撑财务信息化的IT治理结构,制定信息化政策、原则和管理流程;制定其他信息化管理规范。

完成财务信息化方案。形成集团公司财务信息化系统推进建设项目的初始论证或可行性研究报告,完成论证后确定项目费用投资支出、硬软件的配置建议及要求,报请领导小组审批通过。

召开财务信息化工作的启动会。

②实施阶段

制订项目实施建设的具体工作推进计划表,经领导小组审定后按工作计划有序推进。

按批准的财务信息化方案和可研报告的要求,合理选择设备供应商,采购财务信息化建设所需求的网络通信设备和网络专线等设备或材料。

建立集团公司财务信息化网络平台,建立集团公司财务信息化局域网,建立财务信息的内部传输通道。

建立集团财务信息数据库,统一数据信息标准。

建立财务信息的发布平台,设立平台内发布信息类别和标准,划分财务信息的使用权限。

开展人员培训,由专业技术机构对信息化系统的运作的基本原理、操作流程、软件使用、硬件操作及注意事项、网络安全、信息传输、数据维护等知识进行讲解。

③试运行阶段

完成电算化网络的初始设置和期初数据录入。

各子企业电算化网络试运行,机制凭证,账务生成,账务自动结转,财务主表自动生成,自动生成财务分析数据指标,单户预警信息。

财务信息数据库试运行,实现各企业信息数据向数据库的自动传输,数据库对库内数据信息的集成和处理,信息处理系统自动完成对数据库财务信息数据的采集。

信息处理系统试运行,实现对企业财务报表信息的自动汇总和合并,分块合并;自动生成集团层面的合并及分块财务分析数据,产生财务分析报告信息,财务预警信息,财务控制建议信息。

财务信息发布共享平台试运行,财务信息处理系统向共享发布平台传送报表信息,分析信息,预警信息,控制信息及其他补充财务信息。

④运行及修正阶段

各企业信息子系统对运行存在期的问题进行修正完善,按月形成报表信息,分析信息,并按月传输到信息数据库。

集团公司对数据库信息进行维护,并按月采集报表信息,对信息数据按月进行处理,形成合并及分块的报表信息和分析信息,并负责会同专业技术机构,对信息数据库,信息传输系统,信息处理系统运行中存在的问题进行修订完善。

征询管理层及信息平台信息使用者,对发布财务信息的意见、要求、改进建议,财务信息的发布,共享,使用权限,信息维护等进行修正完善。

(4)工作措施

财务信息化是一项系统、庞大而又极复杂的工程,涉及财务管控、核算流程、业务规范以及硬软件建设等各方面,涉及集团本部、各级全资和控股公司的主要领导层、财务层和业务层等。财务信息化的推进是对过往财务管控和操作流程的重大变动和调整,必将引起部分企业和人员抵触,因此应予高度重视并强化工作措施,加强工作考核;同时在工作过程中可能产生的各种困难和矛盾应有充分的理解和考虑。工作措施包括:

①仔细分析影响财务信息化建设和实施的风险因素

风险评估及风险管理问题关乎大型集团企业的财务管理信息系统实施的成败。从其他企业实施经验来看,尤其是对于那些投资多、企业规模大、经营范围广泛、地域涵盖较广的集团财务管理信息系统项目,在实施过程中采用一套完整的、理论化、系统化的风险评估及管理方法,并贯穿整个项目的计划、实施及应用全过程,是降低风险机率、提高成功率的基本保障。

②加强领导,培养人才是推进和实施财务信息化的关键

首先,集团及各级企业领导必须从思想和行动上高度重视财务信息化的推进、实施和运行。加强领导,集团公司主要领导以及各级企业领导的决心与认知是关键。没有强有力的组织领导,或者相关领导不够支持或配合,也无法使财务信息化成功推行。建议在规划阶段即努力落实"一把手原则",在启动和推进阶段即强调"一把手责任"。

其次,必须落实集团和各级企业财务信息化建设的机构组织。集团和各主要企业必须要有主管领导、主要部门并选拔专门的人才搭建组织机构,以专门负责财务信息化的推进工作。由业务能力、组织能力、沟通能力强和有高度责任心的人员积极参与,有助于财务信息化建设的顺利推进,减少建设中的风险。

第三,必须培养和造就一批财务信息化的人才队伍。信息化队伍直接关系到财务信息化系统是否顺利推进、实施和运行,在此过程中,集团公司和各级企业必须要注意培养既懂财务管理、会计核算、计算机网络和信息化等方面的综合性人才。财务信息化的建设和推进要注意相关的人员风险,不要因缺乏人员储备,导致相关人员离开岗位后无人替代。

③服从集团公司信息化总体安排,与相关企业、部门或单位紧密联系配合

一是要结合集团、各企业的现实情况,要结合集团公司的战略发展规划,明确提出集团公司信息化的整体需求和安排,明确提出集团对企业的财务管控要求,以形成集团财务信息化规划。

二是必须强调集团和企业的财务信息化要服从集团将来信息化的要求和安排,为将来的集团信息化打下基础并留下接口。

三是各企业的财务信息化要服从集团公司财务信息化的整体安排,在财务流程、会计和财务政策、软件系统、硬件设施等方面服从全集团的统一管理。

四是在推进和实施中要注意处理好财务与业务、管理与技术、规划与需求等的关系,重视并协调好与企业、部门、专业技术机构等的关系。

④强调项目实施计划和工作责任,定期检查落实执行情况

财务信息化的建设和推进是一项周期长且工作极复杂的系统工程,因此必须既要有总体的推进规划和具体的工作计划,每一年、每一个阶段都需根据新的环境和新的工作进展情况做出调整和完善。在计划执行过程中,应注意加强总结和工作督察,落实企业和人员责任,以不断推进项目建设工作的开展。

(五)资金管理模式优化实施初步效果

某国有控股集团公司在实施上述优化资金管理模式后,集团公司整体资金使用效率提高,资金成本总体增效明显,财务公司定位清晰协同效益显现,各经营实体主体责任落实较好。截至 2015 年 12 月 31 日,集团公司合并资产负债率由年初的 82.99％下降至 76.48％,全年资金综合成本同比(扣除国家基准利率下降因素)降低约 12％,财务公司通过开展同业拆借、转贴现、再贴现业务等业务及降低借款利率等方式为集团公司整体贡献 4 500 万元综合利润,基本实现了"战略控制、资金管理、监督保障"的总体财务职能定位,"管人、管资金、管信息",初步效果明显。

五、结论与展望

(一)主要结论

本文通过某国有控股集团公司资金管理模式优化的实证研究,让资金管理模式适合企业自身具体情况,在服从于集团公司"战略控制、资金管理、监督保障"的总体职能定位下,"管人、管资金、管信息",实现集团公司整体框架下的资源整合效应与管理协同效应。

1.集团公司通过行使筹融资、财务负责人聘任、财务信息一体化等集中管控职能,统一集团综合授信,降低融资条件和融资成本;提名和聘任考核各企业财务负责人,建立定期报告和考核机制;建立集团公司财务一体化信息系统,实现资金管理信息的整体标准化和实时监控。上述制度安排强化了集团公司应有的"集权管控"职能。

2.集团公司通过各企业资源的整体协同,建立"风险隔离墙",督促各企业落实主体责任,其对外筹资首选自身信用和有效资产抵质押方式,其在集团公司批准的资金预算内自行支付资金,对其担保和借款严格审批并按照市场化原则有偿收费,逐渐降低集团公司整体债务和资金风险,实现了集团公司与各企业"分权协同"效应。

3.对集团财务公司重新定位,确定其主要职能是为集团公司各企业服务、利用其准金融机构职能对外筹资和不以营利为目的,在强化其归集各企业资金和票据有效沉淀的基础上,最大限度从集团公司外部筹集资金补充各企业的资金需求,有效增加集团公司整体筹资能力和增加经济效益。

(二)展望

在本文写作过程中,我们仅就某国有控股集团公司现阶段资金管理现存的问题进行了剖析,可能该企业集团还存在其他问题,或是随着该企业集团的发展本文优化的方案可能同样存在其他相应的问题。这样,我们就需要针对具体问题进行具体分析。应当注意的是,处于不同行业、不同生产周期的企业集团应该选择不同的资金管理模式和方案。

在优化案例企业集团资金管理的时候,未考虑到公司战略、公司治理的层面。整个企业集团实施资金管理优化,必须包括集团本部的所有成员单位在内的一致性的资金管理战略。资金管理战略,主要对资金管理的目标、方向、重大方针和执行步骤所做的战略性的布局。只有企业集团内部各成员单位在战略方面具有一致性,才能最大限度地发挥企业集团的整体优势。

主要参考文献

[1]徐向艺,陈志军.集团公司管理——基于三种管控模式[M].经济科学出版社,2010.

[2]卢斌,陈燕乔.如何选择企业集团管控模式[J].施工企业管理,2008(6):92-93.

[3]刘俊,吴嘀.信息化条件下的集团管控模式与发展趋势研究[J].经济研究导刊,2014(7):24-27.

[4]张宝伟,寇小玲、屠东兵.企业集团管理模式研究[J].全国商情·经济理论研究,2008(11):58-59.

[5]程宝元,唐平,闫钊.基于复杂适应系统理论的我国企业集团协同管理模式研究[J].价值工程,2013(32):21-24.

[6]刘杰.集团公司的管控与协同[J].企业管理,2008(9):36-37.

[7]刘建.我国国有控股集团管控模式的几点思考[J].财务与会计:理财版,2010(7):64-65.

[8]王兴山.协同、共享、服务:云环境下的集团管控新趋势[J].中国总会计师,2011(11):76-78.

[9]Ansoff,H,I.Corporate Strategy:An Analytic Approach to Business Policy for Growth and Expansion[M].McGraw-Hill New York,1965.

[10]Itami Hiroy Uki,Roehl,Thomas.Mobilizing Invisible Assets[M]. Harvard University Press,1987.

[11]Mark L Sirower. The Synergy Trap:How Companies Lose The Acquisition Game? [J].Trademarks of Simon &Schuster,1997:12-15.

[12]周琳.企业并购的资源协同[M].中国经济出版社,2007.

[13]潘开灵,白烈湖.管理协同理论及其应用[M].经济管理出版社,2006.

[14]邹志勇,武春友.企业集团管理协同能力理论模型研究[J].财经问题研究,2008(9):99-102.

[15]李芳.基于信息化的企业集团协同效应研究[D].山东大学,2008.

[16]丁铭华.基于协同经济的企业集团管控路径研究[J].经济管理,2010(2):65-69.

[17]中国化工集团公司.提升管控能力的协同管理平台建设[J].企业管理,2013(9):86-89.

[18]赵铁塔.大型企业集团协同管控体系的构建与实施[J].中国煤炭工业,2012(5):60-62.

[19]魏海茹.集团管理模式探讨[J].合作经济与科技,2008(14):51-52.

[20]黄简定.企业集团资金管理模式探析[J].市场周刊:理论研究,2007(8):42-43.

[21]李丽.国内外企业集团资金管理模式比较分析[J].科技信息,2009(16):374.376.

[22]闫增.集团企业资金管理模式及状况分析[J].中国商界,2010(4):118-119.

[23]张世新.浅谈企业集团资金管理模式[J].经济研究导刊,2010(1):33-34.

[24]张妍.集团公司资金的筹集和运用问题探究[J].会计师,2013(7):30-31.

[25]郭丽巍.浅谈集团企业资金管理模式[J].商场现代化,2012(30):54-55.

[26]尹旭.企业集团资金集中管理的路径优化策略与建议[J].商业会计,2013(13):15-17.

[27]熊裕霞,叶淑林.集团公司的资金管理模式分析[J].国际商务财会,2010(4):59-61.

[28]庞博.集团公司资金管理模式研究[J].当代经济,2009(18):18-19.

[29]邢燕.集团财务管控方式研究[J].企业研究,2014(16):102-103.

[30]吴轶伦,林华艳.国大资金管理实录[J].新理财,2013(2):54-55.

[31]尧伟华.财务公司——企业集团资金集中管理模式优化的新选择[J].时代金融,2012(1):42-43.

[32]周莹.浅论企业资金管理模式优化控制管理[J].经济与法,2013(20):319.

[33]张冬梅.浅析中石油销售企业资金管理模式的创新[J].现代经济信息,2014(23):81,85.

[34]伍显清.集团资金管理优化问题浅析[J].财经界,2013(27):68,73.

[35]郑平.集团资金管理模式的探索与研究[J].财经界,2012(2):75-77.

关于如何推进公司管理会计
工作的思考

兰福生

重庆宏声实业(集团)有限责任公司

财政部于 2016 年 6 月 22 日发布了《关于印发〈管理会计基本指引〉的通知》(财会〔2016〕10 号),为单位开展管理会计工作指明了方向,受到了广大会计学者及实务工作者的热烈欢迎,但在大多数单位的具体管理实践中,却是"泥牛入海——杳无音信"。那么,如何改变这种"剃头的挑子———头热"的现状呢? 笔者认为,要从分析公司的本质需求入手,从供给侧角度进行改革,真正做到管理会计工作"想公司所想,急公司所急",方能激发公司各级经营管理层积极推广运用管理会计研究成果的热情。

一、管理者需要什么样的经济活动信息

管理者需要什么样的经济活动信息取决于公司的目标。

首先,根据公司法规定,公司是以盈利为目标的经济组织,因此与公司盈利目标相关的信息都是企业所需要的经济活动信息;其次,《企业风险管理整合构架》(COSO-ERM)从公司主体的单位维度(集团、部门、业务单元、分支机构),目标体系维度(战略目标、经营目标、报告目标、合规目标),管理要素维度(风险管理环境、企业目标设定、风险事项识别、风险评估、风险应对措施、风险控制活动、信息与沟通、监督)为企业目标实现提供了合理保证,因此COSO-ERM 所涉及的信息也是企业所需要的信息;第三,从企业利益相关者角度考虑,公司的利益相关者通常包括股东、雇员、客户、供应商、资金及资本市场、政府、社区等,各利益相关者所关注的信息也是企业需要的经济活动信息。

由上述分析可知,尽管管理者需要关注的信息纷繁复杂、种类繁多,但其本质需求是为实现企业价值最大化提供决策信息和反馈信息。

二、管理会计能满足哪些方面的信息需求

目前理论界关于管理会计的定位有两种观点:一是传统观点,即"管理＋会计",是基于以货币计量为基础的会计管理职能的拓展;二是发展观点,即基于量化记录(不限于货币)分析为基础的会计职能的拓展。鉴于公司实践中,会计在获取、加工及传递信息方面的独特优势,笔者赞同发展观的管理会计职能。

管理会计以反映公司价值创造为中心,根据公司的发展战略、商业模式、业务活动、控制流程等,采用平衡计分卡、ABC 作业成本法、预算管理等多种管理会计方法,建立符合公司

商业实践的管理会计指标体系,并通过对实际运行结果的数据分析,找出提高经营效率和经济效益的路径和方法。

具体来说,管理会计能够提供的信息主要包括:1.公司创造价值增值的来源渠道有哪些?2.衡量各渠道价值增值能力的指标有哪些?3.哪些指标可以用来计量?4.哪些指标可以用来管理和考核?5.根据公司的发展战略、发展阶段、商业模式,公司短期应重点关注哪些指标?6.中长期应关注哪些指标?7.指标的目标值如何设定?8.记录和报告这些指标的成本效益如何?

三、公司开展管理会计的实施步骤

企业推广运用管理会计技术,通常需要经历以下几个步骤:

(一)分析需求,明确目标

首席财务官(CFO)或总会计师首先根据自己对公司发展战略、商业模式、发展阶段、业务管控流程等的理解,提出企业管理会计工作的长期目标及阶段性目标草案(也可安排有胜任能力的人员或请管理咨询公司提供咨询服务),在与各业务部门、分支机构、业务单元负责人充分交流沟通的基础上,进一步修订完善,然后提交总经理办公会(或类似会议)研究讨论,目的是确定管理会计在公司的运用目标,并在公司高层统一思想,达成共识,赢得支持。

分析公司需求目标的方式有两种:一是按生产经营流程进行分析,如供应、采购、生产、销售、人事、财务、物资等;二是围绕公司战略目标,按公司的价值创造要素和价值实现要素展开分析。笔者建议,将管理会计作为公司价值要素的管理者,采用第二种方式进行分析,具体分析方式见表1。

表1 管理会计目标分析框架

价值创造	价值实现	维护利益相关者	核心资源和独特竞争力	业务模式	管控模式
公司的客户是谁?(外部环境分析——机会与威胁,内部分析——资源与能力);老客户、新客户、潜在目标客户	研究对象是什么?(产品或服务)	利益相关者有哪些?(股东、员工、客户、供应商、资本市场、社区等)	研究对象是什么?	如何让客户知道自己?	组织结构如何?

续表

价值创造	价值实现	维护利益相关者	核心资源和独特竞争力	业务模式	管控模式
客户需要你解决什么问题?(表面问题、本质问题,短期问题、长期问题)	当前盈利点有哪些?	公司和他们之间都是些什么关系?	什么是人无我有的?	如何让客户来?	人力资源如何管理?
公司能够满足客户什么需求?	潜在盈利点有哪些?	如何让他们满意?	什么是公司能做到而别人做不到的?	如何成交?	激励机制如何运行?
公司能够带给客户什么惊喜?	如何实现盈利?	如何降低与公司之间的交易成本?(人力成本、时间成本、资金成本)	什么是公司快而别人慢的?	如何留住老客户并拓展新客户?	
	如何快速又安全地实现盈利?	关系重要性如何排序?	公司的笑脸曲线?		

(二)分解目标、制订计划

CFO 或总会计师、管理咨询公司按照计划管理的"SMART"原则,制定管理会计长期目标及阶段性目标,经管理层批准后,将其分解为较详细的作业行动计划。

计划项目主要包括:作业成本管理(ABC)、平衡计分卡(BSC)、适时生产(JIT)、全面质量管理(TQM)、多技能工人(MSW)、电脑辅助设计(CAD)、电脑辅助制造(CAM)、柔性(弹性)制造系统(FMS)等,不同企业可根据自身实际情况分阶段选择使用。

(三)搭建班子,确定职责

根据管理会计实施总体目标及总体计划,公司需建立以首席执行官(CEO)为最终决策者,CFO 或总会计师作为牵头人(方案批准者)的管理会计工作委员会(也可作为临时组织),负责公司整体管理会计建设的指导与协调工作;在委员会下设各专项管理会计工作小组,具体负责专项管理会计推进与实施工作。

财务部门负责人作为建议者,负责为关键管理会计实施方案决策提供建议,收集信息,及时提供数据和分析以做出理性选择;负责向相关业务部门及人员咨询,认真听取并理解观点,赢得支持。

CFO 或总会计师作为管理会计实施方案批准者,如果对财务部门负责人提出的方案存在疑义,可与其商讨方案改动;如果批准者与建议者无法解决争议,向决策者汇报,必要时否决建议。

CEO 作为管理会计实施方案的最终决策者,负责拍板定方案,解决方案制定过程中的障碍;推动企业贯彻执行管理会计实施方案。

相关业务部门和人员作为管理会计方案的执行者,负责高效执行经批准的管理会计实施方案。

(四)选定指标,规范流程

各专项管理会计工作小组根据所负责的模块内容,在收集相关业务流程信息,征求相关业务部门及人员意见的基础上,综合考虑指标取得的难易程度、计量及记录指标的成本、指标价值等因素,按照成本效益原则,提出具体的管理会计指标建议,并明确指标值的填报、审核、传递、分析、考核及调整流程。

选择管理会计指标必须遵循两个原则:一是目标导向原则,即选择的指标要能有效地反映企业的核心价值要素;二是成本效益原则,即要确保利用核心价值要素指标给企业带来的效益(或减少的损失)能够覆盖计量、记录、报告该指标的成本。

规范流程的具体要求:一是明确标准,主要包括明确数据统计口径、计量单位、录入时限、报表要求、报告要求;二是明确责任人,主要包括录入人员、审核人员及责任。

(五)构建信息系统与保障信息安全

首先,现代管理会计工作涉及的点多、面广,业务数据录入、处理、报表、分析、传递等离不开计算机信息系统的支撑。因此,从管理会计工作规划开始,就必须有计算机信息管理系统方面的人员介入,以确保业务流与信息流的同步。

其次,业务信息是一种稀缺资源,相关负责人一般不会轻易共享,因此,搭建切实可行的管理会计信息系统要考虑无数的细节,并取得公司高层的强力支持。

第三,建立企业管理会计信息系统后,公司的各类信息整合集中性更强,商业泄密的风险及造成的损失也更大。因此,公司须同步强化计算机信息系统的安全管理,保障数据的安全,保护商业机密。

(六)过程控制与结果反馈

本环节主要是各级管理会计工作项目负责人定期或不定期跟踪下级管理会计项目工作实施进度,解决实施过程中出现的各种问题;同时向上级报告进度计划完成情况,请示需由上级做出的争议裁决或方案选择。

四、推进管理会计工作的注意事项

(一)管理会计不仅仅是财会人员的事,需要公司全员参与

公司价值是由公司全体员工通力协作共同创造的,管理会计作为公司价值要素管理的牵头部门,离不开公司全体员工的积极参与。

(二)推进管理会计工作要因势利导、分阶段推进,避免遍地开花

推进管理会计工作通常会遇到两类问题:一是公司资源投入限制,主要包括各级领导投入的精力、新增人员费用、新增设备费用、新增管理信息系统费用等;二是公司内部阻力问题,主要包括改变工作习惯的阻力和触动既得利益者的阻力。

因此,推动管理会计工作,必须综合考虑所能调动的资源及可能遇到的困难;工作开展要由易到难,要集中资源打"歼灭战",对可能遇到的特殊阻力环节,要寻找机会,因势利导,避免操之过急。

(三)加强宣传和培训工作

公司推动管理会计工作从某种意义上来说,是一场管理革命,因此需充分做好舆论宣传工作,从正面引导全体员工认识到这项工作的必要性和重要性,给公司创造良好的管理会计工作环境;同时,考虑到员工的素质状况,针对性开展员工技能培训,减轻员工对变化的焦虑感,促进员工与企业同步成长。

综上所述,公司推进管理会计工作是一个系统工程,需要公司高层洞察公司各级管理者对信息的本质需求(为实现企业价值最大化提供决策信息和反馈信息),精准定位(即将管理会计作为公司价值要素的管理者),高度重视,统筹规划,并辅以计算机信息系统的辅助支撑。

主要参考文献

[1]保罗·罗杰斯,玛西亚·布伦科.谁来决策?[J].哈佛商业评论,2016(7):53-61.

[2]李州立,路江涌.突破用户思维的局限[J].哈佛商业评论,2016(8):148-151.

[3]埃里克·阿姆金斯特,约翰·西尼尔,尼古拉斯·布洛赫.用价值要素发现客户的真正需求[J].哈佛商业评论,2016(9):51-57.

[4]财政部.管理会计基本指引[S].2016-06-22.

作业成本法在公立医院绩效考核中的应用

——以重庆 A 医院为例

王定宇

重庆三峡中心医院

一、绪言

长期以来,我国医疗机构由于历史原因及公益性目的,其成本核算层级简单、间接费用分配粗糙,并形成了以科室收支为基础的考核激励办法,虽然在过去有一定的积极作用,但随着我国医疗制度的改革、医疗行业市场化的进程、医院精细化管理的不断推进,传统的成本管理已经不能满足公立医院绩效考核的需求,必须对其进行完善。

20 世纪 90 年代开始,许多发达国家都在探索把作业成本法应用到医疗机构上,按照医疗项目进行成本核算和管理,彻底打破了原来按照科室成本核算和管理的模式,为医疗机构优化医疗作业过程、加强成本控制和合理定价等提供了可靠依据。我国政府也于 2011 年提出有条件的医院应开展医院医疗项目成本核算,这为作业成本法在医疗机构的应用指明了方向。2015 年 9 月国务院部署加快推进分级诊疗制度建设,标志着我国医改进入新阶段,医疗服务发展模式开始由规模增长向提升内涵转型。医疗服务精细化是我国医改的必由之路,而新的医疗模式就要求公立医院必须建立和完善精细化的成本核算体系。

二、医院现行成本核算模式的缺陷

(一)医院现行成本核算体系理论基础薄弱

目前医院的成本核算以 2011 版《医院财务制度》和《医院会计制度》为基础设置相应核算科目,将成本项目分为固定成本和变动成本两大类,参照"量本利"模型按月考核各业务科室的收入、成本和结余,实现院、科两级成本核算。但仍普遍存在核算未细化到医疗服务项目成本、单病种成本、床日和诊次成本以及科室成本核算不够精确、成本分析不够深入等问题。新制度对成本管理的定义、目的、成本分析、成本控制等做了名词性的解释,虽然为我国医院开始成本管理指明了方向,但是理论界和实务界尚未对此进行深入研究,也未形成具有普适性的实施方案和具体可操作的细则。

(二)成本核算体系存在制度性缺陷

传统的成本核算体系是以医院会计制度和财务制度为基础,注重财务核算的合法性和规范性,缺少公共分摊成本费用的合理性和灵活性。资产、负债等会计要素没有引入公允价值的概念,导致其账面价值往往脱离市场价值,成本核算也容易失真。

例如,医院固定资产和无形资产的计价采用历史成本法,土地大多是采取划拨形式取得,没有账面价值;许多房屋、建筑物修建年代较远,账面价值较低,分摊到科室成本或者医疗项目成本时,无法客观地反映医疗服务的实际消耗;医疗设备超期服役的情况也很普遍,现有核算模式无法完全体现相关的成本消耗。

对管理费用等间接成本是按照医院内部事先制定的分摊方法,实行单一的全院统一分摊方法,公共费用分摊采用一次性费用分摊,不能真实反映医疗服务项目的成本消耗,无法反映医疗服务项目收支配比原则。

《医院财务制度》规定医院管理费用可采用人员比例、内部服务量、工作量等分摊参数向临床服务类、医疗技术类和医疗辅助类科室分摊。但这种平均分配的办法不符合成本核算的要求,也不利于调动科室人员的节约积极性。全成本核算计算方法比较单一,核算对象比较简单,仅仅核算了成本是多少,无法真实反映成本的消耗,为管理者提供决策的依据可靠性不高。

(三)院、科两级核算体系已经不符合新医改方向

1.院、科两级核算体系产生的背景是公立医院的体制改革,即从计划经济模式向市场经济模式转型的大潮流,最直接的影响就是财政收入的逐年减少,大部分的成本支出需要通过市场来补偿。医疗机构市场化改变了计划经济时代平均分配的内部管理机制,在一定时期内让公立医院重新焕发了活力,有效解决了财政投入不足和日益增长的医疗服务需求之间的矛盾,经济效益和社会效益都取得了巨大的成效。然而,随着社会经济的不断发展,市场化的医院成本管理体系——院、科两级核算的缺陷也日益明显,已经无法满足以分级诊疗为核心的新医改政策精细化成本管理的需要。究其根本原因无非是公立医院的公益性与企业化运作之间的不可调和的矛盾。

2.《医院财务制度》第三条明确指出"医院是公益性事业单位,不以营利为目的";第四条指出"医院财务管理的基本原则是:执行国家有关法律、法规和财务规章制度;坚持厉行节约、勤俭办事业的方针;正确处理社会效益和经济效益的关系,正确处理国家、单位和个人之间的利益关系,保持医院的公益性。"但院、科两级核算模式通过鼓励业务量增长来消化成本消耗,医院经济效益的增长是通过刺激部门利益和个人利益来推动的,局部利益自然而然就逐渐凌驾于单位和国家利益之上。就目前来看,医疗事业单位有逐渐发展为"医疗企业"的趋势,公益性日益屈服于逐利性,这显然与国家医疗改革的宗旨是背道而驰的。

3.《医院财务制度》第五条指出"医院财务管理的主要任务是:依法组织收入,努力节约支出;加强经济管理,实行成本核算,强化成本控制,实施绩效考评,提高资金使用效益。"但院、科两级核算模式下,医疗业务部门成为"利润"中心,绩效考评变成了"利润"考核。随着医院收入的突飞猛涨,尤其是当业务科室固定成本占收入比例较小的时候,部门利益的引导方向是"增收",而不是"节支",强化成本控制也就无从谈起。并且,在这种模式中,医院管理部门缺乏成本控制的动力和主动意识,导致成本控制与考核基本上是流于形式,失去约束力。

三、医疗项目作业成本核算方案设计与测试

作业成本法经过国内外大量研究和实践证明,有利于提高成本信息质量特别是在与产量不相关的制造费用较大、企业产品线多样化时更为有效;有利于进行现代生产系统的作业成本管理提供的成本信息介入分析成本升降的原因;有利于完善责任成本管理建立一种以作业为基础的责任会计体系;有利于更准确地理解和确认成本性态从而改进成本预测和决策。因此适用于服务过程复杂、服务项目种类多并且管理费用较高的公立医院。

(一)确定成本对象、作业及成本动因

我们对重庆 A 医院的各类医疗项目进行了筛选,确定选择病理学作为作业成本法应用的试点对象,按作业成本法"成本对象消耗作业,作业消耗资源"的思维对其 2014 年各医疗项目进行成本测算。

依据《全国医疗服务价格项目规范(2012 年版)》相关内容,病理学诊断涉及七大类共计54 项收费项目,重庆 A 医院开展了五个大类的病理学医疗项目:B001(细胞病理学检查与诊断)、B002(组织病理学检查与诊断)、B003(分子病理学技术与诊断)、B004(特染和免疫组织化学染色与诊断)、B005(电子显微镜技术与诊断)。

病理科的医疗项目的成本消耗主要是体现在"人操作机器设备—设备消耗材料—人分析、检验结果"这一模式中,因此,我们以估时作业成本法(TDABC)模型为基础,将时间作为成本动因,按相关原则把科室全部成本分摊到各个医疗服务成本对象上。

(二)分析测试及分析

表1　不同成本核算方法单位成本比较　　　　　　　　　　　　　单位:元

成本对象	作业成本法	传统成本核算
B001	9.84	23.97
B002	10.49	7.81
B003	9.09	7.20
B004	14.99	21.16
B005	13.94	15.86

从上表的计算结果对比中,我们不难看出同一医疗项目的单位成本在作业成本法下和传统成本法下计算出的结果存在明显的差异,究其原因主要在于两种方法对制造费用(《医院会计制度》中的管理费用、折旧等间接费用)的分配不同。

传统的成本计算方法把每单位产品耗用的直接人工工时标准当成了对各作业所有费用分配的比率。但耗用工时多的作业如生产准备、复核,废物处理等费用却未必也高。因此按照单一的工时标准分配制造费用必然造成有些产品成本虚增,有些虚减,而不符合"谁受益、谁负担,多受益、多负担"的公平配比原则和信息相关性原则,最终导致成本信息失真。二者相比较作业成本法更为准确地反映了各产品的真实成本解决了传统成本法带来的成本信息失真问题使成本核算更准确、更具有相关性和配比性。

从测试的结果来看,以时间作为动因,对医疗项目进行以 TDABC 模式进行成本核算,能够更准确地分析医疗项目的成本,为医院进行成本控制、成本的精细化管理奠定了基础条件,进而为改革财政补偿机制和项目定价提供现实依据。并且,通过实施作业成本法有利于医院加快进行信息化系统、绩效考核体系等方面的改革,带动医院管理水平的提升,通过以点带面,加速医疗体制改革进程。

四 结论与展望

(一)结论

通过作业成本法在重庆 A 医院病理科的实施和运用,基本达到了预期的研究目的,得出以下结论:

1.医院传统的成本核算中成本分配因素单一、缺乏相关性,致使成本核算数据与实际情况差距较大,成本信息失真。而作业成本法通过划分作业,采用资源动因和作业动因多因素分配方法,细化成本项目的分配,使核算后的成本数据更能符合实际情况,提高医院成本核算的准确性和相关性,提高了医院成本核算的质量,提高了成本信息的决策有用性。

2.作业成本法将医院的成本核算从院、科两级精细到医疗项目作业层次的核算,计算出医院运营的全过程中作业发生的全成本,其核算信息为制定标准目标成本、实施全面预算、成本控制,以及建立考核与评价机制奠定了坚实的基础,有利于形成全方位成本管理新体系,从而提高了医院精细化管理水平,为建立全方位成本管理体系奠定了坚实的基础。

3.优化了医院作业流程,有助于医院整合资源、提高服务质量与效益,从而提升医院整体竞争力。作业成本法通过作业的分析,揭示成本发生的直接原因,通过分析增值作业和非增值作业、低附加值的作业和高附加值的作业,从而决策扩大增加价值的作业或减少增值较低的作业,优化设计作业流程及组织结构,通过作业流程重组减少作业所需的时间和资源,有助于医院整合资源、提高服务质量与效益,从而提升医院整体竞争力。

(二)展望

任何事物均有其两面性,作业成本法也不例外。首先医院财务核算、成本核算依然是以历史成本为导向,同一医疗项目不同医疗单位测算出来的成本差别会很大。其次,作业成本法增加了计算程序,加大了工作量,提高了信息成本。最后,医疗机构服务项目繁多,作业复杂,对作业的准确划分也存在相当的难度。这些因素也限制了作业成本法在国内医疗机构的应用,我们的测算也可能出现不少方面的偏差和不足。因此,只有结合医院的实际情况加以应用,才会真正体现作业成本法的优势。

总之,作为一种现代成本计算方法和成本管理思想,作业成本法具有较为广泛的应用前景,经过不断地实践探索和修订完善,必定会成为公立医院成本核算和绩效考核的利器。只要科学的方法能结合具体的实际进行合理应用,作业成本法定能为公立医院建立和完善符合医改方向的绩效管理体系提供有力的支持,一定能加速公立医院的精细化变革进程。

主要参考文献

[1]邢芳,丁亚群.公立医院成本管理问题探讨[J].会计之友,2015(20):91-93.

[2]汪丹梅,谭彦璇,唐宝国.从事后核算到过程控制的医院全成本管理研究[J].会计之友,2014(4):54-58.

[3]Robert Kaplan.Advanced management Accounting[M].New Jersey:Prentice Hall.Upper Saddle River,1998.

[4]罗伯特·卡普兰,史蒂文·R·安德森.估时作业成本法:简单有效的获利方法[M].陈宇学,黎来芳译.北京:商务印书馆,2010.

财政专项财务主管制度实践探讨①

税小华　辜榕容　杨会静　刘歆　范德清　罗琪沈

重庆市农业科学院　　重庆市种子管理站

推进财政管理科学化、精细化,提高财政投资绩效水平,是公共财政体制改革的宗旨。2006年2月,国务院发布实施《国家中长期科学和技术发展规划纲要(2006－2020年)》,规划部署我国建设创新型国家的战略和路线图,力求通过扩大政府的财政投入和多元化的投资来增强自主创新能力。同年,国务院办公厅以国办发〔2006〕56号文转发了财政部、科技部《关于改进和加强中央财政科技经费管理的若干意见》,明确提出健全科研项目立项及预算评审评估制度,进一步规范财政科技经费管理,提高经费使用效益。重庆市2007年启动市级科技计划预算评审工作。针对科技计划专项资金管理改革形势,经过深入研究后,自从2009年初率先提出创新财政专项资金财务管理模式、设立财政专项财务主管岗位的对策建议,通过全市科技计划预算培训、学术交流、项目检查等方式,积极倡导应用。2008年来,经过部分科研院所试点成功后,范围逐步推广到全市高等院校、科研院所、事业单位和科技类企业等申报市级科技计划项目单位,在全国省级农科院得到广泛应用,专项资金领域涉及国家科技支撑计划、农业部行业公益类专项以及地方科技计划专项、农发专项等。根据重庆市科技项目管理中心统计,重庆市市级科技计划项目预算扣减率从2007年的23.85％降低到2011年的8.5％,降幅达64％。

一、建立财政专项财务主管制度的现实意义

发挥会计行业基础性、保障性和服务性的功能与作用,营造事业单位尊重知识、尊重人才的发展氛围,必须遵循会计人才发展规律,深入调研会计人员工作环境和职业发展规划,建立相互认同、合作共赢的制度和机制,才能更好地促进国家科技事业发展。

(一)建立财政专项财务主管制度是贯彻落实国家会计人才中长期发展规划,加快会计人才队伍建设的重要举措

《国家会计行业中长期人才发展规划(2010－2020年)》明确提出,事业单位要认真履行社会责任,遵循会计人才发展规律,大力推进会计人才战略,搭建会计人才培养平台,创新培养使用模式,推动培养应用型会计人才。由于长期缺乏市场竞争压力和意识,事业单位把会计核算与财务管理混为一谈,会计人才发展缺乏单位强有力的支持。财政专项财务主管制度的理论创新在于,把具体会计岗位划分为会计信息生成与综合利用两大类,突出了财政专

①本文为重庆市2011年油菜高产示范创建活动资助项目。

项财务主管岗位职责任务的额外性和价值性,通过与财政专项建立起直接紧密的利益关系,有利于逐步改善事业单位忽视高中级会计人才培养的发展环境。

(二)建立财政专项财务主管制度是遵循会计人才发展规律、发挥会计人员作用的现实需要

长期以来,针对财政专项资金管理中存在的种种问题,无论是理论研究还是会计实务,对策、建议与措施不可谓不多。但是,由于无视财务人员这个利益主体的贡献与作用,这些措施与对策常常给人写在纸上、隔靴搔痒的感觉,其执行效果始终不能令人满意。建立财政专项财务主管制度攻克的难点是,尊重会计专业并按照贡献大小给予会计人员一定的物质和精神奖励,同时作为其申报会计系列职称的工作业绩之一。调查表明,凡是单位建立了财政专项财务主管制度,会计人员一改过去牢骚满腹、被动工作状态,自觉学习、积极谋划、热情服务,精神面貌和服务质量今非昔比,单位财务管理水平显著提高。

(三)建立财政专项财务主管制度是完善科技课题制、解决业务与财务"两张皮"的迫切要求

财政专项是业务执行与资金周转的有机整体。财政专项绩效应当是基于业务执行效果的预期目标实现程度和资金合规合法使用情况的综合评价结果。国家科技计划管理明确要求,财务验收是业务验收的先决条件。由于传统计划经济惯性作用,科研活动就是业务研究的认识深入人心,课题主持人自行编制财务预算和编造决算数据成风,原始凭证合规合法差,单位财务机构负责人签章完全流于形式。建立财政专项财务主管制度的重大创新和成功之处在于,完善课题制组织架构,从根本上破解财政专项资金管理缺乏会计专业人才支撑的管理困境,形成业务人员与会计人员相互尊重、相互配合的良好工作氛围。

(四)建立财政专项财务主管制度是提高创新能力、推动科技主动服务经济主战场的制度保障

推进学科联合攻关、整合资源有效运营、提高科技创新能力、服务经济社会发展,是国家科教兴国战略部署的重要内容,也是当前科技体制改革进程中亟待研究解决的重大课题。财政专项财务主管制度建立了会计人力资源与科研业务资源集聚机制,对转变科技人员故步自封思想,形成相互尊重、合作共享理念,从而提高科技创新能力产生持久而深远的影响。与此同时,随着越来越多的中高级会计人才加入科研团队,他们务实的工作作风、深厚的经济理论和丰富的管理经验,也将为重大科技计划管理,从项目策划到科技成果转化,提供独特的视野和专业支撑,实现科技回归到产业的基本定位上。

二、财政专项财务主管制度初步取得的主要成果

重庆市试点单位积极探索建设财政专项财务主管制度,在岗位设置、人员配备、工作职责等方面实践中,取得诸多有益的成果,初步建立起符合财政专项资金管理需要,融制度、流程和机制为一体的财政专项资金管理模式。

(一)财政专项财务主管的岗位设置

从岗位名称上看,高等院校一般设立财务秘书,科研院所和事业单位一般设立财务主

管,企业普遍没有单独称谓。从人员任职上看,绝大多数项目财务主管本职工作是会计核算。少数规模较大的单位财务机构下设若干科室。由于本职工作是预算管理、国资管理等,部分项目财务主管实现了财务管理与会计核算分离。对于个别规模较大、会计人员队伍庞大的单位而言,极少数会计人员有跨部门交叉出任专项财务主管的现象。

(二)财政专项财务主管的工作职责

总体上,财政专项财务主管的主要职责是提供咨询建议、指导合作单位财务管理。具体职责包括,参与项目总体策划及资金安排讨论;协助编制项目预算申报书及年度预算;协助审核项目物资采购计划;协助审核项目资金开支科目;协助办理对外委托业务费财务管理工作;参与专项资金审计及财务验收工作;项目负责人授权办理的其他财务事宜。

(三)财政专项财务主管的权利义务

明确并兑现财政专项财务主管的责权利是财政专项财务主管制度的核心。主要权利一般包括:有权获知项目的主要目标任务、财务真实状况,以及与项目实施相关的外部宏观环境、技术发展现状,要求更正或退还不合规、不合法票据,有权获得与工作业绩相符的待遇。主要义务是严格遵守国家财经纪律,遵纪守法、保守秘密。除国家法律法规规定和负责人许可外,不得擅自对外披露项目财务情况。

(四)合作单位财务职责的主要内容

国家科技支撑计划、农业部行业专项等重大专项规定,资金拨付直接到参与单位,主持单位负责专项审计和财务验收。部分申报中央级专项的单位在内部制度中规定,合作协议须明确要求参与单位指定专人负责财务事宜并建立财政专项财务主管制度,接受主持单位财务主管的业务指导和工作检查;加强会计核算和资金管理,按照统一报表格式上报财务报告,配合项目审计和财务验收工作。

(五)财政专项财务主管的配备方式

德才兼备、以德为先,相互选择、择优选用,是规模较大的高等院校、科研院所、事业单位确定财政专项财务主管人选的基本原则。对于这部分单位会计人员而言,由于会计人员人数较多,会计人员之间事实上形成一定程度上的竞争,有利于人员优化配置。对于单位会计人员少、没有选择余地的,项目负责人只能勉为其难。独立核算的央企科研部门,主办会计人员即是专项财务主管。具体确定方式主要有两种,一是正式下聘书,二是口头约定。

三、财政专项财务主管制度执行中存在的主要问题

财政专项财务主管制度五年以来的实施效果初步达到了预期目的,获得了试点单位和会计人员的赞誉。作为一项新生事物,制度探索过程中也出现了许多意想不到的困难和问题,严重制约了制度推行速度和实施效果。

(一)财政专项财务主管制度整体推行缓慢

从数量上来看,重庆市超过一半以上的事业单位没有推行此项制度的计划,相当多单位

专项资金仍然是传统管理模式,会计人员与科研人员"各吹各的调"。从质量上来看,部分高等院校和科研院所仍然处于制度的试点阶段,没有出台涵盖单位全部专项资金的正式制度。即便是试点也是因为个别领导或个别知名专家高度重视财务工作,在本实验室或学科范围内建立起此项制度。更多的高等院校专项资金从预算编制到财务验收的日常管理,转嫁成课题组中在校研究生的重要工作任务之一。

(二)财政专项财务主管的课题地位不明确

当前,担任财政专项财务主管的意见反映最大的是,会计人员在课题中只有义务没有地位。由于社会上普遍存在轻视财务管理的认识,加之缺乏法律法规依据,作为专项财务主管的会计人员不能成为名正言顺的课题组成员,也没有预算编制人应有的署名权利。目前,极少数单位给予财政专项财务主管人员在非科技计划类的项目中作为课题组成员的待遇。更多的财政专项项目负责人一般对财务主管按科辅人员对待,激励措施上主要是物质奖励而不是享有科辅人员作为课题组成员的同样权利。这与会计人员心理预期存在较大差距。

(三)财政专项财务主管日常管理重视不够

财政专项财务主管面临人员属于财务部门、业务属于课题组的双重管理模式。由于诸多原因,这样的双重管理造成会计人员常常处于两头都不管的尴尬境地。个别财务部门负责人认为担任专项财务主管是工作时间内为他人做私活,对待此项工作不关心、不支持、不重视;财政专项负责人执行此项制度时不规范,在确定财务主管人员时,不重业绩、只听好话,顾于情面、任人唯亲现象较为普遍;对于项目执行进度安排及存在的问题不及时沟通解决,对会计人员外出学术交流等日常培养、年度工作业绩考核疏于管理,奖励标准常按个人好恶决定。

四、财政专项财务主管制度执行问题原因分析

按照制度学派学说观点,制度供给与需求力量对比是制度能否出台、实施及其有效性的根本动因。综合调查情况,制约财政专项财务主管制度难以达到预期效果,应当立足于利益角度从内外两个方面找寻原因。

(一)部门利益纠葛是制约制度推行效果的内部原因

对于许多单位而言,专项资金每年到位经费及其重大人才、成果和效益,主要取决于科技部门和科技人员,天然地获得优于其他部门的地位。财政专项资金财务主管制度是一项涵盖会计人力资源配置、专项资金监管乃至绩效评价等方面的全新制度安排,涉及单位内部科技部门和财务部门之间利益格局的重新分配和调整,必然与长期以来计划经济条件下形成的传统科技习惯思维和管理模式发生冲突。一是单位领导重视财务工作不够。由于单位领导层中拥有专家身份的人士居多,除非出现重大违法乱纪事件,涉及重大决策时无论情感上还是利益上一般偏向于科技部门。二是科技部门自身发展认识不足。调查发现,单位建立财政专项财务主管制度,首要条件是科技部门的默许和支持。但是,科技部门即便是认识到危机作为既得利益者的自我革新通常也难以进行。三是财务部门作用发挥不明显。财务部门存在多一事不如少一事等错误认识,加之过多局限于会计核算,缺乏谋划单位事业发展、争取上级部门支持的能力,从而无法获得话语权并成为单位发展的重要支撑力量。

（二）专项监管不严是制约制度推行效果的外部原因

财政专项资金合规合法性使用、提高资金绩效是全社会急需关注和解决的重大监管问题。推行财政专项财务主管制度，从制度方面为完善专项资金监督提供了一个有益的选择。对于制度无法推行以及推行效果不佳等种种问题，广大会计人员认为，表面上是单位内部原因，根源在于没有迫使领导推行制度的强大压力。一是执法环境有待加强和改善。由于诸多原因，我国经济和社会领域中无法可依、有法不依、执法不严、违法不究等问题仍然相当严重，违法成本远远小于违法收益。科技界已经形成"法不治众"的侥幸心理。二是专项资金监管政出多门、无法形成合力。财政部门、业务主管部门和纪检监察部门是专项资金监督的主要力量。出于部门自身力量有限、监督对象众多的现实考虑，专项资金存在监管漏洞、力度不到位等问题。近年来科技人员以身试法，大案要案层出不穷。三是专项绩效考核尚未发挥应有作用。出于自身责任规避，政府科技部门专项考核验收中，重资金使用这个硬指标，轻业务成果这个软指标。这种方式易造成学术浮躁和腐败，不利于单位内部加强专项资金管理。

五、完善财政专项财务主管制度对策建议

从重庆市实践来看，财政专项财务主管制度能够较好地兼顾社会、单位和会计人员三者的根本利益，满足了各方面需要，具有强大的生命力。针对当前制度推行和执行中存在的不足之处，提出如下对策建议。

（一）整合各方面资源力量加强财政专项资金监管力度

财政、业务主管和纪检监督部门应进一步整合和发挥中介机构等社会力量的作用，加强专项资金的日常监督检查力度，发现问题应当及时依法处理，依法追究单位领导和相关责任人的责任。不断深化专项资金预算评审、项目财务审计、科技人员信用体系建设等管理措施，鼓励全社会参与专项资金监督，形成决策公平、过程公开、结果透明的全社会监督机制，为财政专项财务主管制度推行提供强大的社会力量和营造良好氛围。

（二）从政策层面支持促进财政专项财务主管制度实践

政府财政、业务主管部门应当鼓励专项资金管理创新，并从政策层面支持、引导会计人员开展创新探索和研究，及时总结提炼成功经验并上升为政策措施。单位领导和科技部门革除阻碍发展的不利因素，给予会计人员物质奖励和精神奖励。积极支持财政专项财务主管成为项目申报书正式人员并列入成果奖励名单，创造条件开展会计人员综合能力的提升计划，更好地调动会计人员的积极性、主动性，切实提高制度执行的质量和效果。

（三）进一步加强财政专项财务主管管理

单位财务机构要充分发挥主导作用，建立财政专项财务主管的遴选机制和考核制度，注重人才培养，提高会计人员综合素养、职业操守和专业能力；要加强制度指导督促，纠正工作中的不足，确保财务主管人尽其才、才尽其用，制度不断完善并取得更大成效。

主要参考文献

[1]赵峰.事业单位财务管理存在问题及对策探讨[J].资治文摘(管理版),2009(01):94-95.

[2]税小华,教行菊,宋文兰,杨会静,康忠芳,龙飞,刘歆.科学事业单位财政专项资金管理若干问题研究[J].中国农业会计,2010(08):46-48.

[3]林海燕,张春萍.新时期农业科研院所的财务创新[J].中国乡镇企业会计,2009(09):99-100.

[4]税小华.公益性事业单位财务管理研究——以农业科研事业单位改革为例[J].商业时代,2011(31):69-70.

医院网络化费用管理控制平台开发与应用

邬华琼　王海兵

重庆市垫江县中医院　重庆理工大学财会研究与开发中心

一、系统应用背景

在新医改的大背景下,单病种付费、医生多点执业、多元办医等政策的逐步落地对公立医院形成巨大的经营压力,医院要健康生存,就必须不断降低内部消耗,控制成本。医院等级评审等政策也要求医院有实际控制成本的举措和方法,要从事前预算、事中控制的角度降低成本。病人的选择、口碑,医疗机构之间的竞争也从客观上倒逼医院去降低成本消耗,从而降低次均费用负担。医院要实现优质、高效、低耗的运行,就必须从经营管理上下功夫,不断引入先进的管理理念和管理方法,提高自身的核心竞争能力,实现跨越式发展。系统应用的驱动因素分解见图1所示。

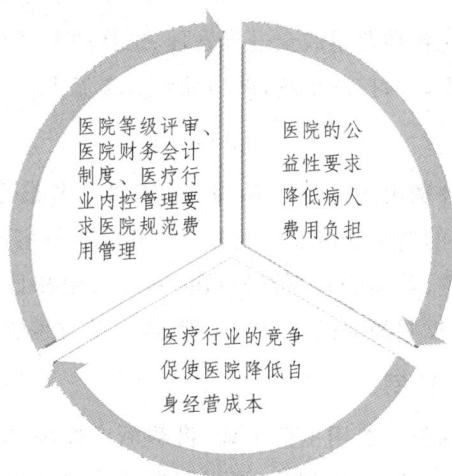

图1　系统应用的主要驱动因素

当前,国内有很多医院已经有前瞻性地强化了科室成本核算、财务管理等工作,从经营管理方面进行了大量的创新,一定程度地促进了医院"多快好省"发展。但是整体来看,目前医院的内部成本费用仍然居高不下,预算控制基本流于形式,造成医院负担过重,阻碍了医院的进一步发展。随着管理的进一步深化,财务管理的理念发生了巨大的转变,具体包括从核算到管理的转变、从结果到过程的转变、从被动到主动的转变,也就是要从费用发生的源头开始进行论证,并且控制费用发生的全过程,使得医院的每一分钱都花在刀刃上,使得资金的投入真正发挥良好的经济效益和社会效益。

纵观国内医疗机构费用管理的现状,99％的医院都是停留在传统的纸质手工费用报销阶段,报销的周期长、审批处理的效率低、人情化因素重、费用控制不严格、费用审批没有根据,最终导致医疗机构的运行费用长期居高不下,资金支出控制流于形式,存在巨大的支出安全隐患。采用网络化的费用管理控制平台,相当于在费用支出的过程中安装了多重资金流闸门。任何一笔资金流出都必须先有预算或计划,只有经过充分论证通过审批的费用才允许发生这笔业务,这是资金流出的第一个闸门;在费用实际发生之时,医院可以根据资金占有情况安排投融资,进行科学合理的资金安排,为医院的资金运作提供安全的屏障,这是资金流出的第二个闸门;在事后费用报销时候,要严格基于当初的预算和实际的业务发生原始资料进行流程化的审批,如果不在预算内或者业务发生原始资料不实,则不允许进行费用报销,这是资金流出的第三个闸门。通过基于网络的计算机技术可以实现这种完全基于流程的过程式费用管理和控制,使得以前模糊的、零散的费用支出流程变为透明的、连贯的费用管理流程,这样医院的费用就得到了严格的刚性控制,能够促进医院费用的快速降低。

综上所述,这样的系统是国内医疗机构急需的系统,具备巨大的经济效益和社会效益。所以,垫江县中医院与软件公司合作,共同开发实施应用医院网络化费用管理与控制系统,以期在医院的费用管理控制领域探索一些有效的做法。

二、系统建设目标

系统建设的目标是实现各种费用的全过程管理、预算的全面化控制。具体来讲,就是通过构建医院的网络化费用管理与控制系统,严格控制资金流出。

(一)费用支出预算

费用支出预算包含各种费用的预算编制、上报、审批和调整等内容,使得预算的支出有标准可依。具体来讲,医院的费用支出按照业务类型和归口科室可以分为如下费用大类:人员经费、资产购置、材料购置、药品购置、科研费用、基建费用和日常经费。不同的费用预算编制的方法、标准及其归口控制的部门有很大区别,需要分类编制和汇总。

(二)费用支出申请和控制

费用支出的申请和控制包含费用事前申请、借款额度控制、费用报销审批、费用支付等内容,实现过程化、流程化、自动化的控制。具体实现的控制方法包括借款控制、单据控制、流程控制、预算控制、标准控制、报销控制等控制措施,所要达到的目标是使费用在预算的范围内以规范的流程、规范的标准、可控的额度流出,以降低费用,并防范费用支付风险。

(三)费用分析和流程优化

系统要能够帮助科室、院领导、员工完成流程协同,科室分析预算执行情况,方便员工报销,领导在线审批,实现费用支付全程管理的规范化、最优化、便捷化。具体来讲,要达到表1所示的目标。

表1 系统运行的目标分析

医院领导角度	中层干部角度	具体员工角度
钱是否值得花？ 钱花哪里去了？ 花钱是否达到了效果？ 钱够不够花？	花钱是否符合标准？ 花钱超预算没有？ 钱什么时候到位？ 花钱产生了什么效果？	花钱能否报销？ 报销标准是多少？ 报销的流程是什么？ 报销的进度到哪里？ 报销款项是否支付？

通过基于网络的计算机技术可以实现这种完全基于流程的过程式费用管理和控制，使得以前模糊的、零散的费用支出流程变为透明的、连贯的费用管理流程，这样医院的费用就得到了严格的刚性控制，能够促进医院费用的快速降低。

三、系统技术实现

(一)系统设计思想

通过网络化费用管理与控制系统，实现事前的费用计划（费用预算），事中的费用申请和借款，事后的费用报销、费用支付和费用分析，形成一个完整的 PDCA 管理闭环。在每一个闭环的环节通过审批流程的控制、上下的经济效益论证等管理措施，把控资金的流出，将整体费用的发生前后全面纳入信息化的控制范围，从而驱动医院降低成本费用。具体的应用管理流程见图2所示。

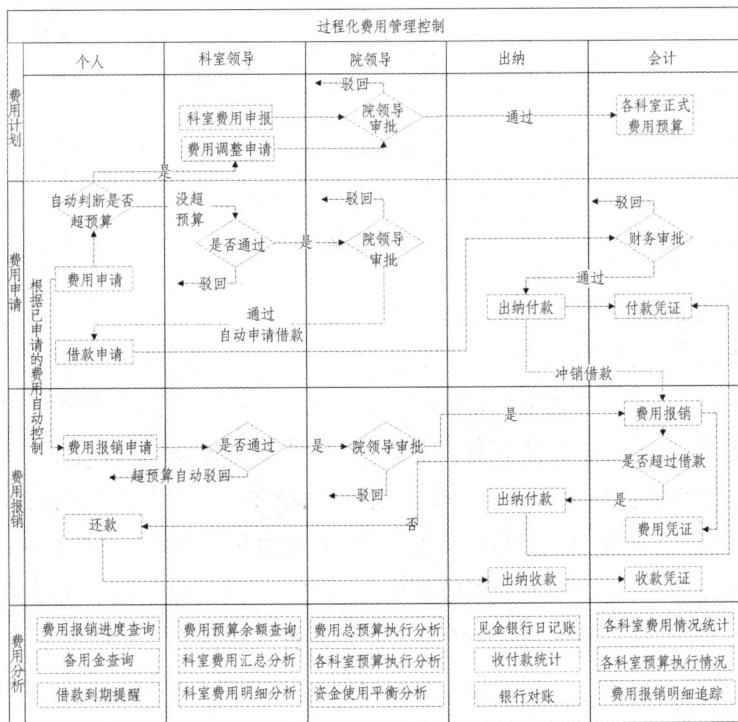

图2 系统应用流程

系统应用流程说明:各个科室或者职能科室报送费用发生的预算(计划),预算通过审批形成正式的控制目标,控制目标是预算控制的标杆;各个科室或者职能科室每发生一笔费用支出,必须先进行费用申请,经过院领导充分论证审批并且在预算之内的费用才可能发生,审批通过之后可以发生借款;如果超预算,可以进行申请预算的调整;费用发生之后,由各个科室或者职能科室在线报销费用,相关领导审批通过之后,由出纳付款,或者还款到出纳,报销时严格接受预算的控制,超预算不允许报销,将费用控制在预算之内;所有的借款、报销和还款业务都可以自动化传递到财务系统,形成财务账和科室成本账。各个科室和职能科室可以在线查询预算的完成情况,根据业务实际情况合理安排资金支出。

(二)系统功能设计

为了支撑以上费用管理业务的运行,整个系统的功能架构如图3所示。

个人门户	我的借款	我的报销	待办任务	已办任务
预算管理	预算编制	预算汇总	预算审批	预算调整
报销管理	费用申请	资金预借	费用报销	资金归还
财务管理	资金支付	资金收回	出纳登账	财务核算
基础管理	单据设置	流程设置	额度设置	费用类型

图3 系统功能设计

整个系统分为五个层面:1.个人门户,实现基于事务的个人借款、报销和还款业务处理,员工可以在线查询自己报销预算额度,可以在线查询借款余额、报销的进度,定期对账。领导可以在线审批处理借款、报销单据,实现在线控制。2.预算管理,实现科室预算编制,职能科室归口预算汇总,财务科室总体预算汇总,实现科室预算控制、职能科室预算控制和整体预算控制。根据预算的执行情况完成预算在线调整、批复等,建立费用控制的目标。3.报销管理,实现费用的在线申请、审批,费用预先借支,费用报销和审批,资金归还。也就是费用发生的全过程在此管理,费用申请和报销时接受费用预算及其报销额度标准的自动控制,超预算或者超额度自动预警,并实现刚性控制,防止预算流于形式。4.财务管理,出纳在线支付资金,进行还款收入管理,自动生成出纳日记账。各种业务单据自动传递到财务总账系统,生成财务核算凭证,并将科室的费用记入科室成本账户。完成一体化、自动化的费用核算,提高核算的效率和准确度。5.基础管理,完成个人备用金额度管理,员工报销标准管理,完成报销单据和报销业务流程的设计,配置各种基础数据和预警时间点、预警额度。支撑整个费用管理控制业务的运转。

该系统技术上具备下述特点:支持在线完成费用申请、借款和报销;支持备用金额度控制,实时提醒;支持灵活的审批流程定义、控制;支持与出纳收款、付款完整一体化;支持与财务一体化,自动产生该费用凭证;支持费用强控制、弱控制等多种控制方式;支持个人自助,能够实时查询报销进度;支持费用计划与费用报销的对应控制;支持各个科室应用、职能科室应用、财务应用及其多部门混合应用的多种应用模式。

总之,整个系统通过费用计划、费用报销、费用分析和费用控制,实现费用的过程化控制,充分降低医院费用支出。在费用发生之前,必须先进行事前的费用申请,只有通过申请之后才可以产生费用业务,同步地完成借款。费用发生之后,报销时受到费用申请和计划的约束,只有申请了并且在计划之内的费用才能通过审批。这种强制控制的方式,加大了费用的事前事中控制力度,实现费用管理由被动变为主动,使得费用控制能够真正落地。并且,在网络化费用管理与控制系统中产生的借款、报销和还款等数据均能够与出纳系统和财务系统无缝集成,真正体现全院级应用的优势。

四、垫江县中医院应用情况

垫江县中医院的四十余个科室,1 000余名员工全部参与网络化的费用管理控制,将所有的日常费用、材料购置、设备购置、药品购置、科研项目等费用款项均纳入控制范畴。实现了事前有预算、事中有控制、事后有分析的效果。整体费用明显降低,根据应用该系统一年的前后数据对比,费用降低10%左右。

总体来讲,达到了以下效果:

(一)收支管理阳光化

费用管理与控制系统能够严格按照预算用途对资金收支业务进行规范化管理,从费用预算计划、支出申请、支出审批、支出去向等环节进行全过程管理,从而让每一笔资金收支业务有据可查,实现资金收支"阳光化"管理。

(二)流程管理规范化

费用管理与控制系统能够对预算、资金、费用等相关业务进行全过程的信息化管理,实现管理流程规范化,业务运作专业化,降低操作风险,提高审计监控能力。同时还能减少业务人员和财务人员的事务性工作,提高数据传递速度和业务流转效率。

(三)决策分析专业化

费用管理与控制系统通过对预算执行情况、资金收支计划、资金流动信息进行综合管理,能为管理人员提供准确、丰富、专业的可视化图形分析报告,为企业或行政事业单位科学编制预算,合理调度资金提供有效决策支持。

(四)集成应用协同化

费用管理与控制系统能够与总账系统、现金银行系统进行集成应用,从而简化业务流程,提高业务协同能力,为医院进一步提升信息化应用成果,全面实现管理信息化奠定坚实基础。

整体来讲,在财务管理信息化深入推进的过程中,将逐步实现预算管理、网上报销、财务核算的闭环管理。网上报销系统能够直接从全面预算系统取数,对经费预算部分进行控制,报销数据自动导入核算系统,对预算执行情况进行汇总和分析,实现整个预算工作的闭环管理。

五、系统实现的意义

此外,有效利用现有的高新技术和网络资源,建立快速有效、安全可靠的网上报销系统,支持费用支出的预算控制功能,实现个人、部门、项目的费用控制;依靠网络优势和合理的管理流程,实现财务管理的规范有序,监督有力,同时借助于强大的数据库资源为领导提供各类决策依据。

(一)加强预算控制

1.使经费预算从业务发生时就得到控制,可以实时统计、分析数据,各部门能够及时了解预算执行情况,增进财务部门与业务部门之间的财务信息交流。2.利用预算与费用实施的对比控制,建立全程预警的预算管理模式,彻底改变重预算编制、轻预算执行的情况。3.通过完整的预算执行信息,提高预算编制水平。

(二)提高工作效率

1.通过系统流程再造和完整的报销表格设计,协助和规范员工填写报销单据,提高报销信息采集的速度与质量。2.领导可以在任何时间进行单据的网上签批,节约领导和员工的有效工作时间,提高工作效率。3.通过网上报销系统实现原始票据信息自动生成凭证,减少会计人员的重复劳动,能把更多的精力放到增值的工作上。

(三)完善内部控制

1.网上报销系统不仅仅是财务流程的电子化,它可以渗透到医院日常管理的方方面面,以网上报销系统为契机,可以对医院日常管理制度及流程进行梳理,规范医院管理,把规章制度通过流程的方式固化在网上报销系统中。2.通过其内部的预设流程,使得单据按照正规的流程逐级审批,审核会计也不再需要将精力过多投入在流程检查上,提高审批速度。

(四)提供满足用户需求的决策支持信息

1.网上报销系统将信息触发过程前移到业务人员和相关的业务系统,使会计信息系统能够收集到关于业务活动的所有信息特征,而不仅仅是价值或金额方面的信息,提高了信息的透明度。2.能够提供个人、领导及财务人员所需要的相关借款报销信息,为领导决策提供了信息支持,同时也提高了财务的服务水平。

六、结论与建议

通过垫江县中医院的具体实践来看,通过网络化费用管理控制系统的开发与应用,能够很好地利用计算机网络技术实现费用的全程闭环管理,能够有效地提高费用控制的效率和控制的刚性,最终帮助医院降低运行成本。将财务管理从事后核算型完全转变为事前控制性,财务人员将有更多的精力和时间进行医院内部的财务分析,帮助医院改善经营环境。

费用管理是一个全员性、全院性的工作,在实施费用管理控制系统时候,我们建议由医院一把手牵头,各个职能科室及其骨干科室领导为项目组成员,共同分工协作,才能将这样一个涉及全院的大事做好。另外,要选择一家有技术实力的软件公司合作,软件公司的实施顾问在该领域要有丰富的经验,要有很强的责任心,只有通过双方的沟通合作,整个系统才能建设好。

主要参考文献

[1]周伟.公立医院实行报销单制的实践探索[J].中国卫生经济,2014,33(6):79-82.

[2]何蓓.浅析ERP在公立医院财务管理中的作用[J].企业家天地下半月刊:理论版,2009(10):121-122.

[3]杨春,胡介眉,赵刘伟.数字化医院建设的系统性与创新性探讨[J].中国医院,2014(1):55-58.

变革与重构

——A 集团探索财务共享服务的实践探析

杨 宇

中冶赛迪集团有限公司

财务共享服务是将会计数据传递到财务共享服务中心（Financial Shared Service Center,FSSC）集中处理,FSSC 根据市场价格协议和企业内部的实际需要提供针对性服务。经过国际大型企业集团的推行和完善,财务共享服务模式在中国国内也迅猛发展,且为大势所趋。财务共享服务的模式可能多种多样,也存在不同的发展阶段,结合企业集团的实际,A 企业集团在财务共享服务方面进行了尝试。

一、A 集团实施"财务共享服务"的基本情况介绍

A 企业集团是一家 20 世纪 50 年代成立,以工程技术服务为主的国有企业集团,总部设在重庆,国内外分、子公司达 20 多个,员工 5 000 多人。2008 年以来,A 集团实施了 ERP 一期和二期项目,极大地推动了企业集团的办公自动化、会计信息化进程。

2013 年,集团在财务系统首先进行了子企业的复核岗位、出纳岗位的集中,迈出了尝试"财务共享服务"的第一步。具体做法是:

1.由重庆总部,即由集团公司财务部将在重庆主城的各子公司的复核岗位全部集中,由集团财务部选派两名专业能力强的会计人员担任,每人兼任 4～5 家子公司的复核岗位,取消各子公司的复核岗位。在子公司会计人员进行凭证处理后,直接交集团复核岗位进行复核。2015 年年末,集团根据需要要求部分子公司特殊业务的会计处理,在子公司会计人员处理后,先由子公司财务部长或指定会计人员进行复核,再提交集团复核岗位进行复核。

2.由集团从各子公司出纳人员中,抽调 3 名出纳人员集中担任集团和各子公司出纳工作。每人兼任 3 家以上子公司出纳工作。子公司其余出纳岗位由各子公司自行安排。抽调的 3 名出纳人员,劳动关系、工资、绩效考核在其原所在子公司。2015 年开始,转为与集团签订劳动关系,由集团考核和发放工资,子公司不再承担相关人工成本。

3.财务共享服务有以下两个主要特点:

(1)复核岗位对各子公司的会计凭证进行复核,不由子公司承担劳动报酬。其工作由集团财务部直接考核,子公司无直接指挥或安排其工作的权力。复核岗位的集中,集团财务部门对子企业财务工作的过程管理得到了加强。比如,集团财务部对一些子公司的会计业务、基础管理陆续出台管理规范,有针对性地进行规范管理。

（2）出纳人员的主要职责是根据复核后的会计凭证进行收支。各子公司出纳工作范围包括定期向集团和子公司报告银行存款信息、付款、子公司的会计凭证的整理等，由各子公司财务部进行管理。集团财务部对子公司会计基础工作的考核，包括上述工作范围。由于缩减了子企业的出纳人员数量，出纳人员由于身兼几家子公司的出纳工作，工作量的显著增加，个人收入得到较大提升。

与此同时，作为最基本的"财务共享服务"，由于在管理机制、组织机制等方面还缺乏完善，因此，也引发了一些问题。需要指出的是，当前，A集团并没有设立FSSC，将复核、出纳岗位的集中，或许也只是企业集团进行会计集中管理的一种形式，也还没有达到财务共享服务的主旨要求，所以，A集团探索实践的"财务共享服务"可能并不是严格意义上的"财务共享服务"。

二、财务共享服务将促进A企业集团会计变革

由于A集团的财务共享服务还处于提供基础性的会计服务，因此，A集团和各子企业会计组织的专业价值没有更好的发挥和体现。随着A集团FSSC的进一步建立和完善，将颠覆传统的财会部门的思维和行为，并产生重大的变革影响。

（一）重构会计工作层级，提升会计效能

A集团通过FSSC，可以将会计工作重构为两个主要层级。

第一层级，通过统一信息技术、核算方法、业务流程以及会计程序等，将会计核算业务及报表业务集中起来，会计业务集约化，内部控制流程内嵌，促进了业务与会计的融合以及业务流程与内控管理的一体化。而FSSC集中与共享管理服务，在促进全集团会计信息质量提升的同时，起到了提高效率、降低成本、防止会计内控失效、降低风险的多重目的。

第二层级即高级财务会计和管理会计的融合，促进子企业财务部门专注于服务企业的经营决策，如参与企业重大投融资、风险管理等。

两大层级的划分，对应了会计事务的服务对象、价值取向和相应管理架构。这为提升A集团各层级会计工作的效率和效益明确了方向。

（二）提供会计增值服务，加快会计转型

A全集团的基础会计工作通过FSSC进行归集统一核算，通过对共享服务中心效率和效益的管理，必要时通过服务外包、人员外包等，控制单元业务成本，节约管理成本；与此同时，财务共享服务通过提供具有重要价值的信息与咨询业务，以及企业全面预算管理、资金金融管理服务等，为企业经营提供高端财务与会计服务，实现会计业务增值的功能。

（三）FSSC为集团战略实施提供开放性平台支持

FSSC的构建，对企业集团战略、内部控制的施行以及对子企业业务支持的提升，提供了更多的、开放性的平台支持。

1.会计管理体系变革的平台

FSSC作为新的企业集团财务管理模式，在平台支持下，企业会计工作要向专业服务的方向转型。子企业的会计管理职能并不是被放弃，而是作为企业高级管理职能的一个组成

部分,管理与服务工作的融合,通过统一的规范流程,来减少会计对日常业务的监督管理工作,工作中心更多集中在为(集团和子企业)的经营决策服务的方向上来。

2.企业集团管理变革的信息平台

企业管理扁平化趋势发展以及 FSSC 信息平台的革新,也将促进企业整个管理系统、商业模式等变革。通过信息平台的再造,可以克服国有企业集团层级过多,信息层层报送的时效性差,信息失真等缺陷,为重要经营决策提供了及时和有效的信息。

3.企业价值链整合平台

FSSC 作为一个开放式平台,通过业务、管理系统等资源整合,可以将物资管理、人员资源管理等业务纳入其中,作为企业价值链整合管理的平台。这样也扩展了 FSSC 的业务服务范围,进一步节约成本,提升服务价值。

三、A 集团财务共享服务的初步成效与潜在风险

财务共享服务打破了 A 企业集团原有管理体系,给集团各子企业带来了管理成效,但也还需要关注潜在风险。

以子企业 B 公司为例。B 公司为一家工程咨询公司,业务以提供工程监理、项目管理等为主,有近 1 000 名员工,由于行业特点,员工流动性较大。B 公司财务部门原来有 1 名部长、3 名会计、1 位出纳。在集团复核出纳岗位集中前,由部长兼任复核,集中后由集团财务部专人兼任复核。运行之初,B 公司的出纳人员仍属 B 公司员工,但由集团财务部核定工资总额,由 B 公司承担并发放;后来该出纳人员的劳动关系转到集团财务部,工资由集团财务部发放。这样,公司财务部会计业务涉及的工作人员包括 1 名部长、3 名会计,集团 1 名兼职复核、集团 1 名兼职出纳。但后两者不属于 B 公司员工。

(一)主要成效

通过两三年的运行,复核出纳集中工作给 B 公司带来的成效也是明显的。

首先,财务部部长不再兼任复核岗位,这样可以集中精力专注与主持部门工作、参与公司重大业务事项,比如完善公司内部控制,拟定财务相关制度,完善业务与财务的分工协作。

其次,B 公司与集团相关规章制度不符的一些业务得到指导与纠正,减少了经营风险。

第三,公司出纳岗位人员的减少,为部门增加会计人员提供了人工成本的空间。随着公司员工的增加,公司差旅费报销工作量大幅增加,因此,经过公司同意,增设了专职的差旅费报销岗位。

(二)存在的潜在风险

1.成本控制风险

成立 FSSC 的一个重要目的是节约成本,提高效率,但如果由于中心建设需要投入大量的人力、物力、财力,会显著增加服务中的营运成本,而如果共享服务中心的业务结算成本划分和核算不准确,将可能导致企业集团将集团成本转嫁给子企业,从而形成"跷跷板"现象;或共享服务中心长期不盈利,影响企业集团持续投入的积极性。因此,FSSC 从收支平衡发展到收益增长,也可能是一个艰难的过程。

例如对 B 公司而言,支出的出纳人员劳动薪酬由于劳动关系的原因,尽管出纳人员兼任其他公司出纳工作,但其报酬仍由 B 公司承担,其他公司并没有进行分摊。

2.服务不到位的风险

在信息技术手段之外,在共享服务中心的职能设计或分解上,会计管理与服务,如何与子企业的实际需要结合,特别是涉及子企业个体需要时,将是长期磨合的过程。

例如,子企业的税务风险是重大潜在风险。由于目前初级的财务共享服务,仅仅通过复核岗位的集中,A 集团难以有效掌握子企业与税务风险紧密相关的业务实质以及会计处理,A 集团财务部门尚未建立起有效的税务协调机制,对集团子企业的税务行为进行统一协调管理。

服务不到位的风险还在于对于子企业例外、紧急业务的处理,如果缺乏有效的应变机制,容易造成子企业的业务损失。另外,为子企业服务的 FSSC 工作人员,并不听从子企业负责人的工作安排,而日常工作中的会计与业务冲突,处理机制不到位,也将激发 FSSC 与子企业的矛盾。

服务不到位的风险,还在于 A 集团的基础的财务共享服务,由于缺乏有效的人力和物力支撑,会计服务存在不能完全满足例外事项的处理,以及会计服务质量的保证。例如,对于一些突发性的业务的处理,由于出纳人员兼任几个企业的出纳工作,有时分身乏术,甚至忙中出错。B 企业虽然设立了专职的差旅费报销岗位,加快了会计处理进度,但由于复核和出纳的集中,实际上并没有缩短员工从提交报销单到获得报销款项的时间。

另外,由于 ERP 的实施,大量的会计业务处理产生了与传统会计软件不同的"中间"凭证。这类"中间"凭证是满足各类管理会计模块所需的中间信息,与提供财务报告无关。由于大量的"中间"凭证的出现,既导致增加了大量凭证,也导致出纳人员难以准确进行会计凭证与原始凭证的配对处理,同时影响了各子公司的会计凭证的装订进度。

3.会计法律风险

子企业的会计业务被外包给了集团的 FSSC,由此,FSSC 必须为提供的会计信息和会计服务产品承担一定的法律责任。但集团的 FSSC 往往并不是独立的法人实体,因此,集团与子企业在此类事项中,相关的法律权责分割需要明确。

在现实工作中,B 公司的业务由 B 公司的会计人员进行账务处理,由 A 集团的复核、出纳人员进行集中复核和出纳。后者并不对 B 企业的领导者和财会部门直接负责。或者说,他们的职业水平、职业道德难以受到 B 企业管理和影响。因此,从会计内控角度,这也可能会导致岗位职责分工牵制失效的风险。

4.会计人力资源风险

A 集团在实施财务共享服务后,各子企业的出纳岗位等都可能被精简、调整,或被集中到共享服务中心工作,这部分会计人员的职业发展就需要重新设计,而大量重复性工作,易造成岗位缺乏吸引力和创造力,难以提升工作效率。

(三)成因分析

1.A 企业集团的财务共享服务是将会计基础工作中复核和出纳两个岗位或者说业务处

理环节进行集中管理,规范了子企业的业务行为和会计处理,起到了集团层面对子企业会计业务处理的参与程度、加强了对子企业财务工作的监督作用。这是 A 集团目前的"财务共享服务"的最主要特征,也是其存在和发展的最主要理由。

2.A 企业集团的复核出纳集中管理体制,并没有从组织架构、机制设计方面进行更深入的研究和实施,这是可能导致出现较大风险的主要原因。首先,对集中后的复核人员、出纳人员的劳动关系变化、工作岗位关系、子企业的会计业务行为规则变化没有研究和提出具体规范;其次,在工作机制方面,对子企业的会计业务需求没有更深入研究和拟定有针对性的方案和措施,特别是在涉及集团与子公司某一具体利益的冲突时,如何进行有效化解处理,需要建立一套有效的工作机制。

3.A 集团的复核和出纳岗位的集中,仅仅实现了一个会计业务处理流程中的两个岗位的集中管理,而具体的会计业务处理由各子公司的会计人员进行,而他们是由子公司直接管理的,因此,这难以有效规范会计处理行为。

4.A 集团的子公司的财务规章制度并不统一。规范财务规章制度,特别是梳理业务处理流程,是建立和推行 FSSC 的重要前提。财务规则制度的规范,并不是强行要求全集团各子公司高度集中,统一实施某些规章制度,而应该根据子公司的实际情况,有一定的灵活调整。但对相关业务流程的规范是必要的,否则就无法进行共享。比如差旅费的报销,有的子公司规定员工出差完毕没有按时提交差旅费报销单要进行罚款,有些则没有类似的规定这就造成复核岗位人员难以进行统一的复核处理。

5.A 集团现阶段难以实施更进一步的财务共享服务。除了信息技术手段外,企业管理水平、员工综合素质还难以达到进一步推行财务共享服务的阶段。A 集团员工众多,子公司个数也较多,加上部分子公司员工流动性高,因此,子公司及员工对于 ERP 系统的掌握程度也不一样。在财务和会计工作方面,各子公司的会计工作质量也有较大差别,在管理会计方面,工具开发和利用更显得吃力。这是进一步推进财务共享服务的重要障碍。

四、思考与展望

理论上讲,财务共享服务模式的产生和革新,将不断推动企业集团会计的发展,推动企业集团与子企业在各个层面的关系重构,达到动态再平衡,推动实现企业集团整体战略。

从 A 集团尝试财务共享服务的情况来看,财务共享服务的实施需要组织架构、工作机制的创新,这种创新必然对原有的利益的重构与再平衡,而达到平衡的过程,是一个充满风险与挑战的过程。在 A 集团尝试财务共享服务的时候,更多是站在集团层面的利益角度,尽管集团与子公司的根本利益是一致的,但不得不说,在短期的、个别利益方面,总是存在冲突与博弈的行为。如何化解冲突,达到双方共赢,则是推进财务共享服务需要重点关注的问题。

(一)集团层面

企业集团通过 FSSC,在加强对子企业的会计管控同时,更重要的目的是从战略与风控角度,重新理顺企业集团与子企业各种财务关系。而 FSSC 推动的各管理层级的利益、权责的重构,是变革的必然。

财务关系,包括与财务工作相关的管理职责分工,以及产生的利益分配关系等,这里主要是指"财务权责",对子企业而言,指管理财务(会计)事项的权力与相关责任,比如具体财务、会计事项的授权审批层级,集团的授权范围大小等,比如财务的核心工作资金管理、成本控制、预算控制等。从绩效管理来看,组织或个人的权责是与"利益"相关的。但这不涉及对原来已经存在的企业"委托—代理"基本关系的变更,而是基于集团整体利益,对子企业经营层和经营管理权责的调整。比如建立集团和子企业统一的资金管理、投融资决策、会计政策、业务程序等,这需要集团统一规划,形成统一的管理制度和决策程序,对于子公司的个体差异,要严谨评估和应对。

子公司财务权责的调整与重构,要遵从权责利对等原则。一方面根据新的定位,对子企业经营重新授权;另一方面,拟定新的绩效指标和激励措施等,如平衡积分卡(BSC)、经济增加值(EVA)考核指标等,从而形成更有效的、平衡的"集团—子企业"的财务权责关系。

例如,根据重新划定的财务管理权责,集团的事业部、子企业的财务利益的重新定位,集团事业部作为投资中心,(部分)子企业仅能作为利润中心,该类子企业就不宜再从事投资业务,这既是对投资决策权的集中或收紧,也是防止投资失效的风险管理。

在对子公司的财务监督方面,委派的高级会计人员更能发挥职能。FSSC通过提供高端的会计专业服务,为子企业的经营决策提供专业服务,这既提升了会计工作的深度和宽度,也提升了子公司的高级财会人员参与子公司经营决策的话语权以及对经营风险的过程控制。

(二)子企业层面

集团在重构子企业财务和会计管理的权责后,可以增进子企业和员工对集团统一制定的相关制度的服从度,减少无效沟通环节,降低内部管理成本,而子企业可动用的企业资源以及权力有可能受到限制,但子企业新的考核激励体系能够激发子企业更专注于专业领域发展,从而推动子企业和经营层获得更好经营效益,这同样也可以提升子企业的经营积极性。例如通过内部挖潜达到降低成本的目的,而不是通过扩大投资增加生产。这样,子企业的经营活动就与集团的期望一致,从而达到理顺双方利益管理的目的。

展望未来,FSSC的建立和完善,也是值得期待的,根据国家对国有企业缩减管理层级、控制风险的要求,大型国有企业集团从各方面加强对子企业的扁平化管理将更加迫切,而有步骤地推进财务共享服务中心的建设,也将是一些大型企业集团的选择之一。

综上,财务共享服务是一次基于互联网技术的财务会计革新活动。FSSC是传统财务会计与管理会计融合革新的重要平台。FSSC也是企业集团为了达到效益与效率并举、重构企业集团与子企业财务与会计管理体系的重要平台。它整合了企业加强集团管控的多重任务,推动着企业集团内部的管理体系和利益关系进行调整与重构,以适应企业集团更快的发展。

主要参考文献

[1]张庆龙.中国企业集团财务共享中心:案例启示与对策思考[J].会计之友,2015(22):2-7.

[2]秦荣生.我国财务共享服务的发展趋势[J].财会月刊,2015(19).

浅析企业转型后财务如何转型

曾 利

重庆小康工业集团股份有限公司

随着我国改革开放的不断深入,一些小企业在不断地发展壮大,但企业距离真正的"做强"还有很大差距。主要表现为:一是企业规模迅速增长,但其盈利能力并未获得同步增长。这一点在我们的上市公司的半年报、年报中就有较明显的体现,很多股票在分红时几乎都是收益甚小。二是对市场的敏感性不强、自身抵御经济危机的能力不够,也会导致企业"只大不强"。如大家熟知的重庆"摩帮企业",由于对市场的变化分析决策不足,导致企业转型不成功的比比皆是。三是以 GDP 为中心的粗放式发展,对资源的依赖较重,对自身的效率、成本重视不够,也导致企业"只大不强",如我们熟知的"三大桶",因其过分地依赖资源,而忽视管理,导致企业"只大不强"。而在企业转型成功的企业中,财务必须转型,要积极为企业转型提供更准确、更直接的决策依据,下面我就企业转型中财务如何转型谈谈自己的看法:

一、财务转型的关键成功要素

(一)重视决策支持

在 20 世纪 80 年代,财务组织职能从 90％以上侧重交易处理,管理控制和决策支持仅占不到 10％,蜕变到 90 年代交易处理职能占比 50％、决策支持的职能增加到 30％,管理控制职能占比 20％。20 世纪末由蜕变到裂变,财务职能更加扁平、机智、快速;信息技术集成更加紧密,财务将提供更多的分析职能、从而实现更多的增值服务。财务工作重点转向提供决策支持。而今绝大多数上市公司财务在确定生产计划、项目实施关键要素、扩能升级改造等项目上提供决策支持,起到非常关键的作用。

(二)重点关注一线业绩

通过集中非一线流程进行优化,制定标准流程交与系统实施,强化对一线的支持。细化业务核算单元,对前线业务利润增长提供正确的评价,主动出击,及时纠偏。财务提供决策支持而不仅是会计和内部控制管理,各业务单元总经理、采购、销售等部门之间应该紧密协作,而不是各自为战。财务在里面起到了纽带作用,对整合资源具有强有力的影响。

(三)集成总体战略、财务计划和绩效管理流程

大多数公司 KPI 考核指标来自财务相关指标。以结果为导向,财务相关的指标来自于基于合规、合理的会计记录,对绩效结果具有绝对权威。通过目标分解、明确责任和数据负责人,通过矩阵管理明确承担的责任。所有业务单元自行负责损益、运营资本、业务控制等,这样便于灵活、及时处理业务。财务和业务部门共同承担财务绩效指标的考核,是共同责任人。

(四)注重风险管理

如果可以选择,任何一家公司都不可能花费那么多资金和高级管理层的精力去关注风险。但随着不断的业务扩展,逐步意识到需要加强控制以监控不断增加的风险。绝大多数上市公司从之前的"家天下"到现在的"公天下",对上市公司报告的真实性、准确性、完整性和及时性,信息披露质量,自觉维护资本市场的"三公"原则等都有很高要求。

二、四大角色转变

(一)以传统的盈亏控制转向支持商业模式转变,建立以客户为中心的一对一的投入产出分析模式

传统的以盈利为中心的财务成本控制体系已经不能满足"互联网＋"时代的企业发展需要,必须向支持商业模式进行转变。这里的商业模式指的是产品、服务、信息流体系,包括每一个参与者在其中起到的作用,以及每个参与者的潜在利益和相应的收益来源和方式。财务管理需要从商业模式角度,认真理解公司的客户是谁、为什么客户会看中我们的产品和服务、哪些客户和企业定位的不符,会给企业带来危害等。例如通过分析,发现为客户投入的拓展费用转化率在持续降低,就必须关注导致这转化率降低的原因,是客户已经准备转行还是产品不符合需求等。因此,财务管理通过提供一系列的商业模式相关的财务支持,以便及时修正现有商业模式。

(二)以监督角色向业务伙伴转变

传统以监督为主要职能的财务管理定位,在新的市场环境下就该加速向业务伙伴定位转变。财务部门是公司战略规划的主要参与者,是公司价值创造的协助者、保护者、促进者,将帮助企业的战略落地。财务管理者要成为企业业务伙伴,还要做好与公司领导班子、业务部门以及外部的沟通,加强与业务部门的协作,让领导班子成员和业务部门真正理解财务语言。面对瞬息万变的市场,财务管理的弹性要高于一般传统企业财务,要能应对可能发生或无法预见的紧急情况。

(三)以事后反映职能向事前预测转变

财务管理不仅要加快报表及其他信息提供速度,还要提前预测经营信息。在当前的竞争环境下,需要一个强大的信息管理系统来满足企业发展,通过以财务数据为中心,打通财务数据和业务数据通道,实时模拟出财务结果。在"互联网＋"时代,以客户为中心和快速反应两大关键能力将主导商业模式的转变。商业模式成功与否将决定企业的竞争格局,财务管理作为企业的核心管理能力,必须助推企业转型成功。

(四)从重视产品经营向资本运作转变

相对于大家轻车熟路的产品经营,资本运营不可控因素更多、风险更大。投资决策更要依程序、讲规矩、详分析、细梳理,否则摔几个跟头、多交点学费事小,遭遇灭顶之灾就悔之晚矣。这样的例子很多,比如某矿业公司,在公司当年发展非常迅猛之际,鉴于同行中很多类

似企业的多元化发展,盲目效仿,对投资决策流程中的资源评估环节缺乏应有的重视,在没有拿到合格的资源报告书的情况下,依靠少数人的经验仓促购买,结果由于资源不实遭受欺诈,投资多年仍旧亏损,丧失了其他投资机会。

财务确实能创造价值,但至少还有两点仍需进一步关注:一是财务创造价值在整个企业价值创造中的地位。尽管商品经营和资本经营都能创造价值,但后者的价值创造能力更强。受商品经营的市场态势从卖方市场向买方市场转型的影响,商品经营实际上已经进入了微利时代,而资本经营伴随资本市场的发展逐渐成为更强势的盈利模式。"股神"巴菲特 2003 年分批投资中石油股份,不到 4 年时间所获的投资收益相当于投资额的近 6 倍。"亚洲股神"李兆基 2004 年 12 月成立的兆基财经,企业资产规模 500 亿港元,通过资本运作,2007 年就已增至 1 700 亿港元。香港富豪李嘉诚 2003 年年底投资中国人寿股份仅 1 年多时间就取得超过 40% 的回报率。很显然,商品经营是很难有这样强势的盈利能力或价值创造水平的。二是财务创造价值的风险。财务通过资本运作虽能取得比商品经营高得多的盈利或价值创造水平,但其风险性也比商品经营高得多,这正是风险与报酬模型告诉我们的道理。以 2007 年新成立的中投公司为例,2007 年 5 月该公司斥资 30 亿美元购买了美国黑石集团的股份,到 2007 年 11 月市值缩水近 25%。因此,对热衷于资本经营的公司来说,还应高度重视风险管理与内部控制体系的建设。

在管理会计重要性不断提升的今天,我们必须与时俱进,完成"财务＋管理"的转型。财务会计是基于当前业务核算,动作都是规定了的,标准化的一系列报表等。而管理会计则基于未来设想,创造价值,属于自发行为,主动作为,难度要大得多。对于企业而言,在经济新常态的发展背景下,必须摒弃以往资源消耗型、投资推动型增长模式,通过技术进步与管理创新,走集约型、内涵式发展道路。

大多数由家族式企业发展起来的上市公司,其最初显现出来的优越的现金回报和经济创造能力不容置疑。但家族企业的潜在风险和弱点也很明显:如关联方风险、封闭的管理团队,聘用无资质的家族成员,以及集权化的控制模式等。家族企业上市后的继任安排和安排后的风险,是外部投资者比较关注的。经过改革开放 30 多年的蓬勃发展,第一代创始人年龄已较大,如何过渡到第二代和第三代将是面临的问题,未来还能游刃有余地跑赢大市场吗? 这将是未来思考的方向。

三、结论

财务转型之路剖析至此。笔者得出的结论是:现代财务已不像传统财务那样仅为公司经营提供资金支持或其他服务,更重要的是它能借助资本运作、流程再造创造价值。鉴于财务在价值创造中的地位和作用越来越重要,公司的负责人乃至员工们必须重新认识、理解财务,并以前所未有的注意力高度重视财务功能。

主要参考文献

[1]秦杨勇.平衡计分卡与战略管理[M].北京:中国经济出版社,2007.

[2]秦杨勇.战略绩效管理:中国企业战略执行最佳实践标准[M].北京:中国经济出版社,2009.

[3]张继德.集团企业财务风险管理[M].北京:经济科学出版社,2008.

[4]李秀柱.企业管理会计与财务会计的融合[J].华章.2013(18).

内部控制与审计监督

neibukongzhi yu shenjijiandu

企业社会责任内部控制的理论框架和实施路径
——以汽车行业为例

王海兵　郭大容　邬华琼　王朝胜　江增帆　吴传斌

重庆理工大学财会研究与开发中心　重庆城建控股(集团)有限责任公司
重庆市垫江县中医院　重庆巨能建设集团建筑安装工程有限公司
新华信托股份有限公司　重庆市开州区金融服务中心

一、导论

随着经济全球化时代的到来,居民生活水平大幅提高,消费者对于产品的要求已不仅限于满足自身的基本生理需求,更在意产品是否能给自己带来独特的价值。从"三鹿毒奶粉"到"地沟油""瘦肉精"再到"汽车召回"事件,企业社会责任缺失问题已经从食品行业蔓延到制造业,企业重视和履行社会责任成为社会焦点话题。是什么导致了企业频繁出现社会责任危机呢?毫无疑问,内部控制失效依然是企业社会责任危机产生的导火索。但是,理论界对企业社会责任内部控制的研究尚属于萌芽阶段,实务中所出现的由于内控失效所导致的社会责任危机又急需理论指导。党的十八大以来,我国经济、政治、社会和文化等领域均逐渐进入新常态,表现为经济从高速增长转为中高速增长,经济结构优化升级,从要素驱动、投资驱动转向创新驱动;摒弃一味追求速度而忽视资源节约、环境保护、科学发展观等要求;把权力关进制度的笼子里,预防和打击贪腐;创新社会治理体制,推进法治社会建设,构建和谐社会;培育和倡导社会主义核心价值观,净化人们的精神追求等,体现了绿色发展、和谐发展、人本发展、可持续发展的理念。企业是构成市场经济的基本细胞,内部控制作为企业实现经营目标、创造价值的战略性构件和基础工具,应根据外部环境的变化做出相应调整,积极履行社会责任,做有责任、有担当的企业公民。

现代内部控制产生于 19 世纪 40 年代,此后人们对于内部控制的研究方兴未艾,内部控制的内涵及其理论也在不断演化、发展。总的来说,企业内部控制理论主要经历了内部牵制、内部控制、内部控制结构、内部控制整体框架、风险管理整体框架等五个阶段。从内部控制的发展轨迹可以看出,随着控制环境的变化,单一、静态的内部控制(结构)不再适用,而复合、动态的内部控制框架(体系)正逐步嵌入到企业整体的战略管理过程中。但是我们不难发现,内部控制的发展历程是一项在原先的系统上"打补丁"式的理论发展模式,根据控制环境的变化与时俱进地吸纳新内容,这种理论发展模式缺乏系统性和科学性,甚至容易产生逻辑矛盾,控制工具日渐复杂,但控制效率却不容乐观,造成这种情况的根本原因在于内部控制理论研究将控制重心始终置于"物"的要素之上,对控制环境和控制目标给予了应有的关注,而对控制主体和控制活动缺乏全面、深入考虑,而后者显然受到人的因素的显著影响。

内部控制整体框架和风险管理整体框架虽然考虑到人对内部控制系统的影响,但人的因素仍然依附于物本内部控制框架,内部控制"物是人非""见物不见人",引发了企业内部控制冲突和社会责任危机。王海兵等(2010、2011、2014、2015)基于人本视角考察企业内部控制问题,提出企业人本内部控制的构建基础及其对物本内部控制的改进,并将企业社会责任风险纳入内部控制框架,具有重要的理论创新性和实践指导价值。

企业社会责任内部控制的理论基础简单地讲,是企业社会责任理论和内部控制理论的叠加。在企业社会责任形成初期,多数学者都强调社会责任是企业家自发地以慈善的方式履行的责任(李伟阳、肖红军,2010),但是随着社会环境的剧烈变化,社会责任的履行不单是企业家的自发行为,而拓展到每个企业的非自愿责任,企业从哪些方面履行社会责任成为这一时期社会责任研究的核心内容,"三个同心圆"理论、社会责任"金字塔"模型以及"三重底线"理论指明了企业未来履行社会责任的方向,扭转了多数企业在"社会责任"大潮中手足无措的状况,使多数企业在面对社会责任危机时的态度由消极被动回应到积极主动处理。虽然企业在履行社会责任方面得到了一定程度的启示,但是社会责任概念界定的混乱仍然导致实务界在履行社会责任方面出现乱象丛生的状况,有些企业便开始钻空子,打着"利益相关者共同治理"的旗号,实际却是"一股独大""伪社会责任行为"愈演愈烈,最终必将导致社会危机的产生。很显然,这种状况的出现除了与社会责任概念界定不清有关,企业内部缺乏完善的制度对"伪社会责任行为"进行约束也是导致这种状况发生的主要原因。企业社会责任理论蓬勃发展,并在国家宏观层面和行业中观层面取得重要成果,但如何在企业微观层落地,缺乏研究。基于内部控制视角研究企业社会责任问题,是社会责任应用于实践的必然选择。

综上所述,企业社会责任和内部控制的理论发展进入瓶颈期,其交叉学科——企业社会责任内部控制应运而生。外界环境的变化也促成了企业社会责任与内部控制的融合,只有建立企业社会责任内部控制体系,才是企业长治久安的根本保证。本文拟对企业社会责任内部控制的理论框架和实施路径进行研究。

二、研究综述

(一)企业社会责任与内部控制的互动关系研究

企业可持续发展与社会责任履约状况和内部控制的有效性密切相关,渗透社会责任的理念指导具体内部控制的设计、运行与评价,内部控制实务的积淀又反作用于社会责任的实践(王志勇、高强、常国雄,2008),更重要的是,内部控制与企业履行社会责任的终极目标都是实现企业价值最大化(马丽娜,2010;郭素勤,2011)。因此,企业社会责任和内部控制的互动关系研究将有助于促进企业社会责任与内部控制的良性互动发展,保证企业战略与制度规则高度契合,共同促进企业可持续发展。

1.内部控制的有效性是企业履行社会责任的保证

作为社会责任理念贯彻执行的制度基础,内部控制的有效性对企业履行社会责任的保证作用主要体现在:第一,社会责任嵌入内部控制的全过程。2010年,我国单独在《企业内部控制应用指引》中提出"社会责任"问题,表明"社会责任"理念作为内部控制的重要环境条件,深深地影响着企业内部控制的全过程,同时内部控制机制也有利于促进企业在实现社会责任方面的合理化和规范化(王加灿、沈小裕,2012;刘芳芳,2012),尤其体现在对使用后的产品和包装的回收利用及处置方面(王加灿、沈小裕,2012),内部控制机制的保障作用更加明显。第二,企业内部控制的完善一定程度上会降低企业社会责任风险发生的概率。近些年,企业履行社会责任存在履行不足或履行过度的情况,容易使企业陷入社会责任风险的漩涡,企业内部控制的有效执行将有助于识别企业社会责任领域的潜在风险,并通过内部控制制度对其开展监控活动(王加灿、沈小裕,2012),内部控制制度在有效识别、评估与应对企业社会责任风险方面具有不可替代的作用。第三,有效的内部控制有助于保障企业内外部利益相关者的权益;依据《企业内部控制应用指引第1号——组织架构》,内部控制通过对企业组织架构设计合理性及运行有效性的限制,避免治理结构形同虚设、治理效率低下等情况的出现,在一定程度上可以约束企业治理层的行为,使其可以充分保障利益相关者的权益,这也是企业履行社会责任的一个重要组成部分(郭素勤,2011)。

2.企业社会责任是促进企业内部控制完善的动力

社会责任作为企业重要的战略发展思想,其对内部控制的完善作用除了体现为"环境影响"作用之外,还表现在对内部控制建设的人才支持方面。第一,社会责任对内控环境建设的影响。外界环境的变化越来越影响企业的生产运营,企业若单纯注重生产产品,闭门造车,忽视与政府、消费者及其他相关组织的互动,终将面临被市场淘汰的命运。因此,兼顾内外界利益相关者的利益,将社会责任引入内控环境建设,对于企业的可持续发展具有重大意义,在中小企业中这种作用更加显著(李秀莲,2012)。第二,企业履行社会责任为企业内部控制建设提供人力资源的支持(王加灿、沈小裕,2012)。我国出台的《企业内部控制应用指引第4号——社会责任》中提到社会责任的履行包括保护员工的权益,企业通过及时办理员工社会保险、定期对员工进行非职业性健康监护以及建立科学的员工薪酬和激励机制等,从而提高员工的工作积极性以及对企业的忠诚度,进而为企业内部控制建设提供高质量的后备人才。第三,企业内部控制受企业董事会、管理层和其他人员影响,其存在具有一定的局限性,即内部控制不能有效地约束企业的最高管理层(刘芳芳,2012)。但是通过将社会责任纳入内部控制框架中,引入利益相关者监督机制,将有效制衡公司治理层的权力,将"权力"关进笼子里,督促公司治理层合理利用权力,为企业服务,有效地避免了内部控制对企业最高管理层"制约"作用的失效。第四,企业执行社会责任标准并按要求披露社会责任的履责情况,对企业内部控制起到了一定的监督作用,有利于促进企业内部控制的良好运行(刘芳芳,2012)。例如社会责任标准SA8000是全球首个道德规范的国际标准,主要关注劳工权益问题,对于企业社会责任的履行具有重要推动作用,企业履行社会责任是大势所趋,我国应当积极参与国际社会责任标准的制定和执行,为包括我国在内的发展中国家争取到更多的权益。

综上所述,我国较多学者对企业社会责任和内部控制开展了研究,强调企业内部控制的有效性是企业履行社会责任的保证,企业社会责任是促进企业内部控制完善的动力,两者相辅相成,相得益彰。这些研究成果,为企业社会责任与内部控制耦合提供了理论依据,也为我们建设企业社会责任内部控制系统提供了实践指导。社会责任和内部控制之间关系密切,但社会责任和内部控制之间的互动机制,其是否存在因果关系、协同关系或是否借助中间变量发挥作用,仍需要通过实证研究对两者的关系加以进一步确定。

(二)企业社会责任内部控制框架研究

在企业社会责任与内部控制融合的大背景下,社会责任理念引导企业内部控制建设已经成为提高内部控制效率的重大举措,同时,内部控制制度规范企业履行社会责任的行为已经成为改善企业社会责任困境的有效手段,因此,众多学者都开展了企业社会责任内部控制框架的相关研究。

1.企业社会责任内部控制框架的理论研究

国外对内部控制的研究可以追溯至 20 世纪 30 年代,经过长达半个多世纪的理论研究和实践探索,逐渐形成一系列较为系统以及颇具可行性的内部控制框架和指南。纵观主流的内部控制框架,内部控制目标无外乎经营目标、报告目标、合规目标以及战略目标,内部控制要素由于对"内部控制"的界定不同存在较大差异,主流的内部控制要素包括内部环境、风险评估、控制活动、信息与沟通以及内部监督等,风险管理整合框架进一步细化了对风险的监控。基于社会责任的大环境,我国学者提出了企业社会责任内部控制框架,花双莲(2011)提出"目标、主体、层面和要素"四位一体的社会责任内部控制框架,同时构建了"软""实"相应的社会责任内部控制格局;基于企业战略视角,王海兵、刘莎(2015)提出了以战略为导向、以社会责任风险管控为中心的企业战略性社会责任内部控制框架及其实施路径,在主流的内部控制框架的基础上加入"社会责任"因素,既是对传统的继承,又是顺应时代变化的发展。随着施政目标的全面推进,习近平总书记的文化战略思想逐渐清晰,即培育社会主义核心价值观,弘扬中华民族优秀传统文化,重视意识形态工作,提升国家文化软实力,建设社会主义文化强国。目前学术界对企业社会责任内部控制文化研究较少,但是随着文化战略的推进,对该领域的研究将会出现"百花齐放,百家争鸣"的局面。王海兵、谢汪华(2015)开展了民营企业社会责任内部控制文化构建研究,对于我国企业社会责任内部控制文化的发展具有一定的启迪作用。

2.企业社会责任内部控制框架的实务应用

企业社会责任内部控制理论发展得再完善,也必须落地,将理论框架运用于实务当中是检验框架适用与否的重要标志。在理论研究的基础之上,我国学者开展了对各个行业社会责任内部控制的研究,包括汽车行业、乳制品行业以及建筑行业等,每个行业各有特色。汽车是一种对安全性、可靠性要求极高并对资源和环境有重大影响的特殊消费品,在汽车企业履行社会责任方面,提升产品质量以及保护环境的要求无疑是其社会责任履行方面的首要关注点。王海兵、黎明(2014)提出构建以 QHSE(质量、健康、安全、环境)管理为核心的企业社会责任内部控制框架,王海兵、梁松(2014)从内部质量管理、企业社会责任利益相关者、内部控制目标与环境等七个方面提出实现汽车行业社会责任内部控制的路径,旨在提升汽车行业社会责任管理能力,促进汽车行业健康可持续发展。乳制品行业肩负着民族的希望,"三聚氰胺"奶粉事件的发生震惊了全国,同时也让人们开始反思乳制品行业社会责任履行不足的问题,贺真(2013)认为正是由于三鹿集团对重大风险点的管控不够,对"合理怀疑"未采取有效控制以及对业务流程未采取严格把关,直接导致社会责任危机的产生。近些年,农民工讨薪问题弥漫于建筑行业,建筑企业是一种劳动密集兼机械密集型企业,劳资关系及对生产环节的把控是两大重要的风险控制点,齐鲁(2013)认为应当构建建筑行业的社会责任内部控制体系,健全安全生产的组织和责任体系以及完善人力资源制度、构建和谐的劳资关系,同时对生产环节严格把控,主要表现在对原材料质量的把关以及环保绿色材料的采购、生产环节拥有相关制度规定和监督反馈以及房屋质量管理等方面。

3.企业社会责任内部控制框架的案例研究

基于不同行业的社会责任内部控制框架研究,行业内不同的企业其社会责任履行情况以及内部控制制定及执行情况都存在很大差异,开展对典型企业的社会责任内部控制研究显然对同类企业社会责任内部控制框架的构建更有启示意义。王清刚、王灵宁(2011)针对能源类企业提出基于风险导向的企业社会责任管理体系。左锐等(2012)针对紫金矿业重大环境污染事故,从内部控制五要素分析该企业环境风险管理不当的原因,内部环境中未重视社会责任氛围的营造是导致事故发生的首要原因。哈药集团制药总厂的水陆空立体排污事件同样引起了人们的广泛关注,李易坤等(2012)认为哈药总厂忽视内部控制环境中社会责任建设是其环境污染事件发生的主要诱因。综上所述,学术界对企业社会责任内部控制框架的研究主要从理论、实务以及案例等角度开展,在理论研究中,普遍暴露出"社会责任"仍然只作为环境因素对内部控制构成影响,并没有完全渗透到内部控制的全过程;在实务研究中,针对某一行业的社会责任内部控制框架的研究仍然较少,同时具体到某一行业对内部控制缺陷分析得也不够深入;在案例研究中,目前的多数研究主要聚焦于已经发生的重大事故,对于尚未发生事故但社会责任风险水平较高的企业内部控制仍然缺乏关注,这样做只是"亡羊补牢",并没有起到事前预防的作用,这些均是目前企业社会责任内部控制框架构建的缺陷。随着社会责任内部控制对企业愈来愈重要,企业将会更加关注内部社会责任风险的防控,推动企业社会责任内部控制框架的构建,进一步降低社会责任危机事件的发生。亟待建立健全企业社会责任内部控制的理论体系和应用体系,构建以利益相关者为导向、以社会责任风险管控为中心,包括预防性社会责任内部控制、检查性社会责任内部控制、纠正性社会责任内部控制、指导性社会责任内部控制和补偿性社会责任内部控制在内的企业社会责任内部控制系统。

(三)其他相关研究

1.人本内部控制研究

随着"人本主义"的兴起,部分学者也开展了人本内部控制的相关研究。王海兵、李文君

(2010)率先提出"人本内部控制"的概念,他们认为人本内部控制是指企业的内部控制活动以"人"为中心,人既是内部控制的客体,也是内部控制的主体,既是内部控制的手段,也是内部控制的目的,同时还探讨了人本内部控制构建的思想基础、理论基础和现实条件。王海兵(2011)基于2010年提出的人本内部控制的思想基础、理论基础和现实条件,进一步提出我国内部控制建设亟待从物本导向转向人本导向转变,同时提出建设以人为本的内部控制机制,包括竞争机制、决策机制、激励与约束机制、监督机制、风险治理机制和绩效评估机制等。王海兵、伍中信等(2011)基于人本内部控制概念以及以人为本的内部控制机制,进一步提出了人本内部控制战略框架,主要包括内部控制目标、内部控制文化、内部控制制度、内部控制机制、内部控制活动、内部控制关系、内部控制报告、内部控制评价等八个要素组成。"以人为本"是内部控制效率的核心特征(邓春华,2005),人本控制是内部控制的关键(熊宜政、邓少洲,2008);企业内部控制的成功与失败与企业内部控制环境息息相关,而内部控制的最佳"土壤"应为和谐内部控制环境,而和谐内部控制环境的核心应是以人为本的价值理念(沈烈、孙德芝、康均,2014)。

2.企业社会责任风险研究

企业运营行为给社会效益带来的不确定性使企业面临一种企业社会责任风险(贾敬全、卜华,2014)。社会责任风险是指由于企业承担社会责任成本不合理(包括过多或不足),引起的企业遭受损失的不确定性风险(易漫,2009)。对于社会责任风险的分类,每一位学者都有自己不同的见解,易漫(2009)认为企业社会责任风险应当包括战略风险、市场风险、经营风险以及财务风险,这些风险的提出都是基于企业日常的业务领域,而贾敬全、卜华(2014)结合企业社会责任,创新地提出环境保护风险,孙伟、李炜毅(2012)在上述风险的基础上,增加了法律或合规性风险、人力资源风险及声誉风险等,更加切合企业社会责任的主题,尤其是声誉风险,孙伟、李炜毅(2012)认为声誉风险不同于其他风险,其本身并不是风险的来源,其产生的原因是企业未能有效地控制其他类型的风险。与传统的企业风险(多强调外部因素,如环境、技术的变化对本企业所导致的可能损失)不同,社会责任风险重点关注企业内部行为给社会带来的风险以及风险可能性转为现实后给自身和社会带来的损失(刘祖斌,2006)。超越强制性的自主性社会责任会给公司带来更多的社会责任收益,有利于规避社会责任风险(郑晓青,2012)。我国学者开展了大量的企业社会责任风险管理的研究,其风险管理流程多是分为如下几个方面:社会责任目标设定、社会责任风险的识别和评估、社会责任风险的控制以及社会责任风险的监督(易漫,2009;孙伟、李炜毅,2012),此外,孙伟、李炜毅(2012)更加强调内部环境和信息系统与沟通的重要性。因此,企业应当实现对社会责任风险的规范化管理,强化社会责任基础管理工作,并在此基础上建立相应的企业社会责任风险管理模式,实现对社会责任风险的规范化闭环管理(王茂祥、李东,2013)。

3.企业社会责任内部控制基础理论研究

我国目前对于企业社会责任内部控制的研究局限于社会责任与内部控制互动关系研究以及企业社会责任内部控制框架等方面,而对基础理论的研究比较匮乏,不利于构建科学合理、逻辑一致的企业内部控制体系。王海兵、王冬冬(2015)对企业社会责任内部控制基础理论进行了系统的研究,探讨了企业社会责任内部控制的概念、本质、目标、职能、主体、对象、假设、原则等基础理论问题。企业社会责任内部控制目标方面,花双莲(2011)认为企业社会责任内部控制应当包含企业价值目标以及社会责任目标,并对企业社会责任内部控制进行了深入研究,认为社会责任内部控制包括治理控制、管理控制和作业控制。王海兵、王冬冬(2015)提出企业社会责任内部控制旨在促进各利益相关者资本的高效配置和权益的公平分配,实现包括企业经济效益、社会效益和环境效益在内的综合价值最大化。企业社会责任内部控制对象方面,王海兵、王冬冬(2015)认为企业社会责任内部控制主体包括设计主体、实施主体和监督主体,极大地扩展了先前研究的控制主体的边界,对于构建企业社会责任内部控制框架、推动社会责任内部控制建设具有重要的现实意义。

(四)研究述评及展望

企业社会责任内部控制属于社会责任和内部控制的交叉领域,是近些年才兴起的研究方向。目前理论界对企业社会责任内部控制开展研究主要从企业社会责任与内部控制互动关系、企业社会责任内部控制框架构建等角度,此外,对于相关领域的研究也较多,如人本内部控制研究、企业社会责任风险研究和企业社会责任内部控制基础理论研究等,在这些领域均产生了重要的理论研究成果。目前学术界在企业社会责任内部控制研究中所存在的问题主要有基础理论研究较为缺乏,社会责任与内部控制之间的互动机制尚待明确,互动机制的不明确直接导致理论框架构建过程中社会责任只是作为环境因素起作用,并没有直接融入到内部控制当中。此外,实务中社会责任内部控制框架的构建仍然只限于对已经发生重大事故的行业或企业开展,对于其他社会责任风险较高的行业或企业研究较少,研究成果缺乏系统性和全面性,可能会减弱理论对实践的指导作用,最终有可能导致理论和实务发展的脱节。未来企业社会责任内部控制的研究将转向社会责任内部控制的实现机理、控制路径、绩效评价、社会责任内部控制审计、社会责任内部控制信息化等方面,社会责任内部控制框架体系的研究也更加凸显"社会责任"的内涵,同时,分行业的社会责任内部控制案例研究也将成为社会责任内部控制研究的重要领域。通过推动企业内部控制发展,进而拓展到行业,最终延伸至国家,或者由国家提出,相应的行业建立配套的行业社会责任内部控制框架,最终落实到具体的企业进行部分修缮。不论是从下至上层层渗透方式,或从上至下的层层引导方式,都有助于企业社会责任内部控制的建立与完善。只有通过政府、行业、企业以及公民等各方力量的联合,社会责任内部控制建设才会出现大发展和大繁荣。

三、企业社会责任内部控制的基础理论

目前与企业社会责任内部控制相关的研究主要包括社会责任与内部控制的关系、互动机制以及社会责任内部控制框架构建等方面,而基础理论研究比较匮乏,不利于构建科学合理、逻辑一致的企业内部控制体系。《企业内部控制应用指引第4号——社会责任》对于企业构建社会责任内部控制系统履行企业社会责任具有重要的指导意义,但由于前端缺乏基础理论,后端缺乏分行业操作指南(仅有石油石化行业发布,其他行业暂未推出),导致社会

责任内部控制在落实企业微观行为层面尚有一定困难。本文拟对企业社会责任内部控制的基础理论问题进行探讨,抛砖引玉,旨在推动政府相关部门社会责任及内部控制立法的完善,促进企业社会责任内部控制框架的构建,以及企业社会责任内部控制建设。

(一)企业社会责任内部控制的概念和本质

概念是人们认识事物的最小单位和基本工具,人们只有通过概念才能把握事物的本质及发展规律(杨清香,2010)。概念为理论探讨提供共同平台,是建立理论体系的基础单元。如果概念缺乏清晰界定,或不能达成共识,势必导致判断、推理等出现更大分歧,影响科学理论体系的构建。现有研究大多从社会责任内部控制的目标出发研究,而对其概念缺乏清晰界定。所谓"企业社会责任内部控制",是指企业利益相关者共同参与的,管理层和全体员工共同实施的,旨在实现社会责任控制目标的过程。该概念的内涵包括三点:企业社会责任内部控制更加突出利益相关者参与作用,这种参与,既有决策上的参与,也有监督上的参与,扩大了企业原有内部控制的主体,不仅包括原有的董事会、监事会等治理机构,还包括工会、政府部门、行业组织、社会公众媒体等;管理层和全体员工是企业社会责任内部控制的实施主体,负有执行责任;企业社会责任内部控制作为维护和平衡利益相关者的共享价值的手段,旨在实现社会责任内部控制目标的过程。

企业社会责任内部控制的本质是一种资本与权益的控制机制。传统企业内部控制过于强调对资产、资本等进行控制,其实质是为捍卫股东权益,而对劳动者、环境等其他利益相关者所投入的资本和权益缺乏应有的重视。基于企业社会责任理论、利益相关者理论和人本经济发展理论,企业要履行社会责任是因为利益相关者向企业投入了相关资源,形成资本,各种资本联合创造企业价值,因此企业有责任对资本的价值创造和分配情况进行控制,维护和平衡利益相关者的合法权益。企业社会责任内部控制表面上是对企业的社会责任风险进行识别、分析和控制,实质是对隐藏在社会责任背后的各类资本以及依附于资本的相应权益进行控制。这里的资本是广义资本,既包括物质资本、人力资本,还包括社会资本和环境资本。这里的权益是综合权益,既包括经济权益,还包括社会权益和环境权益。资本和权益,犹如硬币的正反面,不可偏废。在企业日常经营过程中,企业社会责任内部控制对广义资本和权益进行科学合理的管控。资本体现的经济关系,权益体现的社会关系;资本是价值创造的基础,权益是价值分配的依据。

(二)企业社会责任内部控制的目标和职能

企业社会责任内部控制的目标是将通过将企业社会责任融入企业的战略目标,识别、分析和控制企业社会责任风险,按规定编制和披露企业社会责任内部控制报告(单独报告或嵌入内部控制报告),并依据法定程序和企业规程生成企业社会责任内部控制评价报告和审计报告,促进各利益相关者资本的高效配置和权益的公平分配,实现包括企业经济效益、社会效益和环境效益在内的综合价值最大化,促进企业与社会的和谐共生及企业自身的可持续发展。2008年财政部等五部委颁布的《企业内部控制基本规范》指出内部控制的目标是合理保证企业经营管理合法合规、资产安全、财务报告及相关信息真实完整,提高经营效率和效果,促进企业实现发展战略。基本规范所确定的内部控制目标体现了以股东利益最大化为轴心,偏重于资产保值增值、经济效率效果提升等经济目标,兼顾合法合规性和外部利益相关者信息需求等社会目标,但是对其他利益相关者的权益目标考虑是不全面的。《企业内部控制应用指引第4号——社会责任》虽然对社会责任内容进行了详细规定,但和基本规范之间缺乏必然的逻辑关联,加之分行业社会责任的内部控制缺乏操作指南,存在难以落地的问题,不利于企业社会责任控制目标的实现。内部控制产生于委托代理需要,而现代企业受托责任已经从原始的经济受托责任扩展到社会责任和环境责任,因此,有必要重构企业内部控制,建立完整的企业社会责任内部控制体系。全球企业社会责任运动风起云涌,"企业公民"理念深入人心,以"社会责任"为内核的商业伦理与道德不仅关系到企业自身发展,还给社会经济带来巨大影响,企业活动不能逾越经济底线、社会底线和环境底线。所以企业要实现的不仅仅是经济目标,还应包括一定的社会目标和环境目标,而且后者的权重还将会不断增加,这是现代企业实现可持续发展的必然要求。

企业社会责任内部控制的基本职能是监督、控制企业合理履行社会责任情况,维护、平衡和促进各利益相关者的合法权益。控制目标是我们希望企业社会责任内部控制做什么,体现的是社会需求属性;而控制职能是企业社会责任内部控制能够做什么,体现的是经济技术属性。王海兵、伍中信等(2011)在《企业内部控制的人本解读与框架重构》中指出,监督、控制企业合理履行社会责任情况,维护平衡各利益相关者的合法权益,是现代企业内部控制的重要职能,这是人本内部控制的基本职能。物本框架下的内部控制职能不能适应日益扩大的风险防控目标,社会责任风险扩大了企业的风险范围、提升了企业的风险等级,亟待纳入到人本内部控制框架下加以管控和治理。社会责任和以人为本是一脉相承、融会贯通的,在当前企业人本内部控制就是企业社会责任内部控制,内部控制必须借助于社会责任这个载体才能实现以人为本的目标。近年来,企业社会责任问题日益受到热捧,社会责任市场正在逐步形成,例如社会责任投资、社会责任消费、社会责任审计等。传统内部控制是维护股东利益最大化而对企业的日常经营活动进行监督和控制,而企业社会责任内部控制的监督和控制职能是对所有的利益相关者合法权益进行监督和控制。花双莲(2011)的研究表明企业社会责任内部控制可以在企业的战略层面、管理层面、作业层面对企业的履行社会责任情况进行监督和控制,这是对企业社会责任内部控制具体职能的进一步阐释。首先,战略控制着眼于战略定位和战略规划控制,对战略制定进行监督。企业社会责任内部控制将社会责任的履行提高到企业战略的高度,并要求管理层采取适度合理的程序进行战略决策,同时企业社会责任战略的制定要接受利益相关者的监督;其次,管理控制关注的是战略执行,对战略执行进行监督,旨在促进战略目标的实现。企业的经营管理者要按照战略规划以及企业社会责任内部控制的要求执行企业的社会责任战略,同时经营管理者的经营绩效应该由利益相关者加以评价,大数据时代可以引入计算机网络进行网上评价和监督。最后,作业控制主要针对的是具体业务和事项的流程化控制和监督,要求员工在采购、研发、生产、销售、分配、投融资等全过程考虑社会责任。

（三）企业社会责任内部控制的主体和对象

企业社会责任内部控制主体包括设计主体、实施主体和监督主体,管理层和员工是企业社会责任内部控制的实施主体,而企业利益相关者是内部控制的设计主体和监督主体,参与或委托企业特定部门设计和监督社会责任内部控制。股东、员工、政府相关部门、债权人、消费者、社会组织等参与设计和监督的形式不同,重要利益相关者可以嵌入治理结构,举手投票,非重要利益相关者也应嵌入治理结构,联合举手投票,或有否决权,以此保障各方利益不受侵害,保证内部控制的合法合规。特定情况下,利益相关者的数量和性质可能会发生变化,譬如某企业知识化程度不断提升,员工持股使得原来的股东从重要利益相关者降格为非重要利益相关者,而部分员工从非重要利益相关者升格为重要利益相关者。因此,企业社会责任内部控制主体不是固定不变的,而应该进行与环境变化相适应的相应调整。物本内部控制的主体是董事会、管理层和企业员工,其实质是股东至上原则的产物,是一种自上而下的控制模式,重视对经济风险的控制。企业社会责任内部控制是以社会责任风险管控为中心、以利益相关者为导向的内部控制体系,是一种动态、交互、开放和共生的控制模式,重视对包括经济风险在内的社会责任风险的控制。随着中国劳动者和消费者维权意识的增强,与企业抗衡的相关劳工组织、消费者组织等也将不断建立与完善,他们也应该分享企业内部控制的制定权。企业社会责任内部控制主体涵盖包括治理层、管理层和企业员工等在内的利益相关者,由治理层实施社会责任内部控制战略控制,管理层实施管理控制,企业各层次的员工实施作业层面的社会责任内部控制,这样从上到下形成一个严密的社会责任内部控制系统。随着我国法制化和信息化程度的进一步增强,企业社会责任内部控制的监督主体在获得及行使监督权方面有着巨大潜力,不仅授权监事会、审计委员会、内部审计或内部控制评估机构等内部机构专司内部控制日常监督和专项监督,供应商、消费者、行业协会、政府部门和其他社会大众等都有权实施各种合法形式的监督。信息化使得社会化网络媒体被广泛采用,对于企业社会责任内部控制不健全、不作为、乱作为现象进行检举揭发,法制化则使得这种被社会广泛关注的重大问题能够迅速得到国家纪检、公安、审计等监督力量的关注并将处理结果公之于众,监督的效率高、效果好。

企业社会责任内部控制的对象是企业日常经营管理活动中的社会责任风险。哈默说内部控制不仅要找出公司当前的"病毒",更要培植未来的"种子"。传统的企业内部控制只重视对经济风险的识别和控制,而忽视了风险的全面性和风险中的机会。经济价值创造、利益相关者管理、社会责任承担是企业道德依次递进的三个发展阶段,从只重视股东利益、相关者利益到重视社会利益,范围不断扩大,层次不断提高。组织道德前常规期阶段企业以自我为中心,追求自身利益最大化;组织道德常规期阶段的企业内部控制将利益相关者关系管理作为价值导向,内部控制更大更远的战略目标是实现组织利益相关者的共享价值;组织道德后常规期阶段的企业内部控制更多的是维护共享价值的手段,社会责任成为此时企业内部控制的价值导向,这一阶段企业内控风险范围不断扩大,涵盖企业社会责任的各个方面,包含社会风险、环境风险,而不仅仅是企业狭隘的经济风险,更体现出了风险控制的全面性。

企业社会责任内部控制不但扩大了风险控制的范围,而且善于发现社会责任风险中的机会。譬如传统内部控制将负债、费用视为资产和收入的扣除,助推了早收晚付、只收不付、克扣工资、偷逃税费等现象的发生,引发大量的社会责任风险;而社会责任内部控制将负债和费用视为利益相关者的合法权益并加以维护,此时的负债实质上是企业社会责任融资,而费用实质上是企业社会责任投资。对于舒缓企业与利益相关方的矛盾、改进商品或服务质量、提高企业声誉、降低法律风险、促进企业健康可持续发展具有重大意义。企业社会责任内部控制对社会责任风险的全面关注,有助于提升企业整体价值。例如企业履行资源节约和环境保护责任,对于企业来说可以加大研发,改进生产工艺,再造业务流程,创新环保产品和服务,这样就会在同行业企业还在为资源高消耗提高经营成本、环境污染面临法律惩罚担忧时,企业已经实现了转型或升级,成为行业的领跑者甚至是领导者,进而获得长足的竞争优势。

(四)企业社会责任内部控制的假设和原则

企业社会责任内部控制假设是人们利用自己的知识,根据社会责任内部控制的内在规律和环境要求所提出的、具有一定事实依据的假定或设想。企业社会责任内部控制的假设包括基本假设和具体假设,控制假设是形成控制原则和控制方法的基础,是构建企业社会责任内部控制理论的基石。

1.企业社会责任内部控制的假设

(1)企业社会责任重要性假设

社会责任重要性假设即企业承担社会责任对企业的健康可持续发展,以及对构建和谐社会、实现国家"善治"都具有十分重要的意义,该假设是企业社会责任内部控制存在的基本依据。从长远来看,企业不承担、不能及时承担或承担的社会责任不足,都将给企业自身和社会带来危害。企业承担社会责任是一种信号传递机制、交易实现机制和价值创造机制。首先,企业承担社会责任是一种信号传递机制。由于信息不对称普遍存在,企业与各利益相关者之间就会形成动态博弈,为了达成比较好的博弈均衡,企业就有必要通过承担和报告社会责任,向各利益相关者传递积极信号,表明本企业是具有竞争力和发展潜力的企业,从而获得各利益相关者的信赖和支持。再次,企业承担社会责任是一种交易实现机制。企业是各利益相关者缔结的"一组契约",企业要从各利益相关者获得创造价值的稀缺资源,就必须对他们承担相应的社会责任,维护他们的合法权益。同样,各利益相关者要想从企业获得报酬,就要为企业提供资金或人力、物力资本等。王清刚(2012)、张兆国(2012)等的研究表明如果企业忽视社会责任就会导致企业面临声誉风险、环境风险、消费者抵制、人才流失、再融资困难等风险,从而影响企业的可持续发展。最后,企业承担社会责任是一种价值创造机制。企业通过承担社会责任可以增加企业信誉资本从而有利于企业创造长期经济价值(刘建秋、宋献忠,2010)。企业承担社会责任创造了社会价值、环境价值,而且也为自身和利益相关者创造了经济价值。

(2)社会责任风险可控性假设

社会责任风险可控性假设即假设企业社会责任风险是可以控制的,换言之,就是企业内部控制系统仅仅控制可控的社会责任风险,对于不可控的外部社会责任风险不予考虑,譬如政策风险、不可预期的自然灾害、战争因素等。企业社会责任风险可控性假设是社会责任内部控制发挥作用的先决条件,企业内部控制系统通过社会责任风险规避、风险分担、风险降低和风险承受四种手段,将社会责任风险控制在可以接受的水平。企业社会责任风险规避和风险承受是两个极端,规避意味着和风险有关的收益和价值的丧失,承受必须是在自身可以承受的范围内,而且社会责任风险具有负的外部性,会对利益相关者造成损害,给社会带来不良后果,非特殊时期不宜采用。社会责任风险分担和风险降低是比较主动的风险管理策略,可以大量运用。

2.企业社会责任内部控制的原则

企业社会责任内部控制的原则,是企业建立与实施社会责任内部控制应当遵循的基本准则。内部控制的原则是内部控制的精髓所在,是内部控制经过长期实践而总结出来的规律性的东西(李连华,2007),它是连接内部控制理论与实务的桥梁,为企业建立与实施社会责任内部控制以及评价社会责任内部控制的有效性确立了标准和依据。企业社会责任内部控制的原则分别从不同方面对社会责任内部控制的建立与实施给予指导,对内部控制有效性的评价提供参考标准,是企业社会责任内部控制得以有效实行的重要保证。包括如下原则:

(1)合法合规性原则

企业社会责任内部控制的设计和执行必须是合法合规的,这与当下我国强调法制的大背景是非常吻合的。传统内部控制将合法合规作为内部控制的目标,企业社会责任内部控制强调合法合规性不只是目标,更是内部控制的原则之一。企业在设计社会责任内部控制时,必须依据国家的相关法律法规的要求,比如《公司法》《所得税法》《劳动法》《消费者权益保护法》《环境保护法》《企业内部控制基本规范》《企业内部控制应用指引第4号——社会责任》等,并吸收全球契约、SA8000等国际标准,确保企业社会责任内部控制的设计符合合法合规性原则。

(2)环境适应性原则

环境适应性的理论基础是权变理论。权变理论简单地说指的是策略与其所处的环境必须配合才能产生效果,再好的策略放在不适合的环境下都无法产生绩效。不同行业、企业在不同时期承担的社会责任范围、深度、形式等都可能存在很大差异,所以企业社会责任内部控制的设计就必须要根据企业内外部环境的变化,结合行业和企业自身特点,适时地对内部控制加以调整和完善,防止出现"水土不服"导致的失控,从而保证企业社会责任内部控制目标的顺利实现。

(3)战略主导性原则

该原则不仅包含传统内部控制的全面性原则,更突出重要性原则,而且将内部控制建设提高到了企业战略的高度。我国企业内部控制规范体系虽然涉及对社会责任的控制,但是整体上属于被动响应式控制,缺乏基于战略驱动的内生性动力。许多企业做内部控制系统过于强调合法合规性而忽视了战略主导性,使得内部控制建设未能充分融入企业战略框架,导致控制成本大幅增高,企业发展陷入困境。战略主导性原则强调"好钢用在刀刃上",将企业社会责任内部控制与企业战略进行有机整合,在运用内部控制手段促进企业合理履行社会责任的同时,尽可能推动自身战略的实现。包括三个维度:实施包括战略控制、管理控制和作业控制在内的全面控制,管理层和员工乃至其他利益相关者都参与的全员控制,事前、事中、事后都覆盖的全程控制,体现内部控制建设的"天时、地利、人和"。人本经济方兴未艾,党的十八届三中全会提出经济、政治、文化、社会、生态建设"五位一体"的总布局,可见建立战略性社会责任内部控制,管理社会责任战略风险,将成为企业的必然选择。企业战略性社会责任内部控制是内部控制窗口宽度上向社会责任扩展、高度上向战略层次延伸所形成的内部控制体系,能够体现内部控制的社会责任战略意图。

(4)适度嵌入性原则

适度嵌入性原则要求社会责任对内部控制系统的适度嵌入。首先,企业要明确国家法律法规所规定的企业必须履行的社会责任,这部分社会责任具有刚性特征,一定要嵌入内部控制系统;再次,企业要从社会责任战略的高度识别企业正在承担和即将承担的社会责任,这一部分社会责任是企业战略层面的社会责任,如果未能科学嵌入也将影响企业的可持续发展;最后,某些社会责任是企业的自愿性社会责任,企业应量力而行,例如企业积极参加慈善活动等,这一部分社会责任的履行将提升企业的声誉,能够发挥社会责任投资效应。企业社会责任对内部控制系统的适度嵌入能够改善公司治理、提升信誉资本和企业价值,促进企业的健康可持续发展,嵌入不足或过度都将增大企业的社会责任风险,降低控制绩效。应该避免过度嵌入大幅增加社会责任成本,那种不顾企业实际、设计出十分庞杂的社会责任内部控制制度的做法不但耗费企业资源,而且还会导致执行效率低下。这也体现了内部控制建设的成本效益原则,所以适度嵌入性原则也包含了传统内部控制的成本效益原则。

(5)制衡协同性原则

企业社会责任内部控制强调制衡,以及在制衡基础上的协同。制衡是协同的前提,协同是制衡的目的。首先,制衡强调各利益相关者之间、企业各部门之间、员工和员工之间等权责明确,相互制衡。现代企业理论认为企业是一组契约的集合,契约签订的一个前提是,签约双方是平等的权利主体(科斯,2003),社会责任内部控制制衡性更多地体现为平等的企业利益相关者的相互牵制。当然,制衡只是发生在权力平等的场合,或者只有在一个平行层次的不同权利主体之间。如果在一个平行层次的不同权利主体之间不会发生侵害他方利益的行为,制衡也是不需要的(谢志华,2009)。其次,协同注重不同利益相关之间、不同部门之间、不同员工之间相互协作,凝心聚力,及时发现并处理企业社会责任风险,齐心协力履行社会责任,构筑健康有效运转的企业社会责任内部控制。

最后,企业社会责任内部控制制度与企业原有制度的有效对接和系统整合,为制衡和协同创造制度条件。利益相关者的目标存在多元化乃至相互背离,企业在建立管理制度时不可避免地会出现不同制度间的脱节乃至冲突,应该从制度设计、机制设计上处理好效率和公平、制衡和协同的关系,不仅激励各方"做大蛋糕",而且监督各方"分好蛋糕",运用社会责任内部控制制度有效管控企业社会责任风险,充分释放制度的生产力和控制力,提高企业社会责任内部控制的运行效率和效果。

四、构建我国汽车行业社会责任内部控制的理论框架

企业社会责任内部控制在控制社会责任风险以及推动企业可持续发展方面有着积极作用,但由于缺乏与企业战略的关联,影响了控制效率与效果的进一步提升。企业战略与社会责任内部控制之间是引领与促进的关系,企业战略性社会责任内部控制是内部控制窗口往社会责任领域扩宽、往战略层次提升所形成的内部控制体系。汽车行业有必要在内部控制规范体系基础上,结合自身行业的特点,来构建我国汽车行业社会责任内部控制的理论框架,从而为汽车行业管控企业社会责任风险,促进产业转型升级和经济可持续发展提供支持。

(一)企业社会责任嵌入汽车行业内部控制的必然性

汽车行业作为制造业的领头羊、国民经济重要支柱,其社会责任内部控制系统的建立、健全和有效运行对于提升汽车行业社会责任管理能力,促进汽车行业的健康可持续发展意义深远。近年来,汽车行业召回事件频发,损害了消费者的正当权益,表明我国汽车行业在社会责任履行和利益相关者权益保护上存在重大缺陷。2013 年央视 3·15 晚会曝光了大众汽车 DSG 双离合变速箱存在质量问题,国家质检总局已强令大众将涉及缺陷的汽车尽快召回,迫于压力,大众汽车表态将召回 38.4 万辆相关汽车。其实,从 2009 年下半年开始,消费者对大众汽车 DSG 双离合变速箱的大量投诉就已引发媒体关注,而大众则是采取了延长质保期等变通手段应对危机,直到央视的曝光和国家质检总局的介入才强力启动了召回程序。在中国汽车召回网上搜查,我们发现从 2009 年公布的第一条标致雪铁龙召回报告开始,四年间共有 452 起汽车召回事件。据国家质检总局网站披露,2011 年我国共实施缺陷汽车召回 85 起,召回缺陷汽车 182.75 万辆,同比增长 55%。其中,召回国产汽车 171.18 万辆,占总数的 93.7%。许多生产厂家为了控制成本,尽力减少材料费用,并把零部件生产外包给其他生产商,很难保证整车质量。在"入世"及汽车产业国际化背景下,汽车召回不仅拷问我国汽车产品质量,更是对我国汽车行业社会责任的严峻考验。汽车是一种对安全性、可靠性要求极高并对资源和环境有重大影响的特殊消费品,强化汽车行业社会责任对于保障人们的交通安全、提高家庭生活水平、促进汽车产业经济的可持续发展,以及提升社会经济环境系统的安全性、协调性和可持续性具有重要的战略意义。《企业内部控制基本规范》《企业内部控制应用指引第 4 号——社会责任》的颁布和实施标志着我国企业社会责任内部控制规范建设取得重大进展。目前已经推出了《石油石化行业内部控制操作指南》(财会〔2013〕31 号),但汽车行业等其他分行业内部控制操作指南尚未发布。由于缺乏分行业的实施细则,我国汽车行业社会责任内部控制难以在微观层面系统构建并有效运行,整体上呈现出事后被动响应的特征,亟待向主动嵌入式发展。

短期来看,制度约束、行政干预和媒体曝光是汽车行业履行社会责任的主要动因;长期来看,汽车行业履行社会责任是对国家发展战略的响应及自身寻求可持续发展的现实诉求。我国汽车行业逐渐认识到履行社会责任的必要性和紧迫性,企业社会责任意识开始觉醒。

长安、东风、宇通、一汽、江淮、神龙等国内车企近年来陆续发布企业社会责任报告,许多企业都以实际行动融入社会,积极承担社会责任。东风汽车有限股份公司将共生、共创、共享作为其社会责任观,构建了基于利益相关者的企业社会责任管理模式。美国福特汽车公司的做法值得借鉴,福特汽车公司专门组建了企业社会责任委员会,该委员会确定了环境、道路交通安全、教育和健康四大方向,并设立"福特汽车环保奖"。盖世汽车网总裁、盖世汽车研究院院长陈文凯(2011)指出,企业社会责任对企业的可持续发展具有很高的价值,它不仅代表公众形象,还会为将来的发展培育健康、融洽的环境,企业社会责任方面的偏差可能会造成众多不利的因素集中爆发,严重影响企业的未来的发展前景。在汽车企业社会责任中,消费者权益保障做得最差。根据全国消协组织受理投诉情况统计,汽车投诉量从 2006 年的 7 761件快速增加到 2012 年的 15 173 件,翻了一番,质量、合同和售后服务成为家用轿车投诉的三大主要问题。汽车消费者的合法权益如何得到维护?政府如何进行有效的监管?汽车行业怎样更好地履行企业社会责任?汽车行业社会责任缺失不仅导致汽车产业经济的可持续发展遭受重创,还将引发严重"并发症"——社会问题和环境问题。由于汽车质量问题导致的交通安全事故日益增多,汽车质量问题造成用车存在安全隐患的占 11.6%,造成交通事故的占 7.5%。另据世界资源研究所和中国环境检测总站测算,全球大气污染最严重的 10 个城市中,我国城市占了 7 个,而汽车尾气已经超越传统煤电工业污染成为头号污染源,对环境安全和人们的生命健康构成严峻的挑战。党的十八大报告明确提出,要加快转变经济发展方式,建设资源节约型、环境友好型社会,因此,研究汽车行业社会责任内部控制问题,具有必要性和紧迫性。

自从 2000 年 7 月"全球契约"(Global Compact)发起以来,"企业公民"(Corporate Citizenship)责任理念日益深入人心,它的道德合理性已经被大量的企业案例所证实,企业的成败取决于社会的稳定和安宁程度,"企业公民"理念及其蕴含的"企业社会责任"(Corporate Social Responsibility,CSR)内核对汽车行业产生了重大影响。R.M.Vanalle 等(2011)通过对巴西汽车零部件生产企业进行研究,指出环境性评估对于汽车行业供应商的选择和保持至关重要。Jaegul Lee(2011)的研究进一步表明,政府环境规制有利于汽车生产商和零部件供应商增加技术革新投资,推动减排技术创新。Sandra M.C.Loureiro 等(2012)认为,汽车行业履行社会责任不仅有助于降低企业的成本、提高生产率,而且有助于提升消费者满意度。邓子纲(2011)确定了 18 个影响汽车企业承担社会责任的指标,基于 FAHP 法(模糊层次分析法)对影响我国汽车承担社会责任的因素进行了分析,实证了环境责任、人力资源责任、技术责任和声誉责任之间的单个或协同作用均对汽车企业绩效具有正效应,最后建立汽车企业社会责任绩效评价体系,并从政府、社会、企业三个方面探讨汽车企业社会责任效应的提升机制。我国在汽车行业社会责任内部控制方面研究较少,主要是通过具体公司实例来分析汽车行业的社会责任问题,如申凤岩(2005)、丁红梅(2006)、沈志渔(2009)、张王子旭(2011)和刘建堤(2012)等。2010 中国(长春)国际汽车论坛暨中国汽车工程学会年会上,实务界和专家学者达成共识,提出"可再生能源、环境保护和交通安全"是体现汽车产业社会责任的重要内容。凌然(2011)将汽车行业社会责任融入汽车文化,认为汽车文化应体现汽车制造与发展自身的社会责任,以及取之于民用之于民的整体发展初衷,倡导车企科学合理地安排利润和投入的关系,力所能及地满足社会需求。国内外学者对汽车行业社会责任管理的研究为我国汽车行业建立健全社会责任内部控制提供了理论支持。CSR 开始走向制度化、规范化和国际化,汽车行业的社会责任内部控制建设迎来机遇和挑战。

在理论研究及实务推动下,社会责任问题备受瞩目。通用汽车与环境责任经济联盟已合作二十余年,致力于改善其可持续发展战略及表现。通用汽车公司成为首家签署"气候宣言"的汽车制造企业,致力于降低生产对环境的影响,获得了由美国碳注册机构颁发的"杰出企业奖",并被美国国家环境保护局授予企业能源管理最高荣誉"能源之星年度合作伙伴——持续卓越奖",成为汽车行业的变革推动者。中国汽车工业协会自 2009 年起开始发布《中国汽车行业社会责任报告》,清华大学与罗德公关联合发布汽车企业社会责任消费者评价指数,成为汽车行业社会责任履行的风向标。深圳证券交易所 2006 年发布《上市公司社会责任指引》,上海证券交易所 2008 年发布《上海证券交易所上市公司环境信息披露指引》,2009 年发布《上市公司内控报告和社会责任报告的编制和审议指引》,发布"上证社会责任指数"并设立"每股社会贡献值"的评价指标。2008 年财政部、证监会、审计署、银监会、保监会在参考借鉴美国 COSO 内部控制框架的基础上,联合颁布《企业内部控制基本规范》,2010 年出台《企业内部控制应用指引》《企业内部控制评价指引》和《企业内部控制审计指引》,并要求自 2011 年 1 月 1 日起在境内外同时上市的公司施行,自 2012 年 1 月 1 日起在上海证券交易所、深圳证券交易所主板上市公司施行。其中,《企业内部控制应用指引第 4 号——社会责任》的实施,标志着我国企业社会责任内控建设的全面展开。以上政策文献,为我们研究汽车行业社会责任内部控制提供了丰富的制度素材。

综上,汽车行业社会责任内部控制在我国发轫时间较短,企业在群体性事件发生后才迫于媒体和相关机构、团体的压力而进行追溯处理,整体上表现出事后被动响应的特征。由于科学的社会责任控制理念、控制文化和控制方法尚未建立,以及缺乏系统规范的社会责任报告和社会责任监管平台,使得我国汽车行业的社会责任内部控制实践难以有效展开和持续推进。亟待在《企业内部控制基本规范》及配套指引的框架下,研究汽车行业社会责任的共性和个性,将社会责任元素主动嵌入耦合到现有的内部控制系统。构建适合我国汽车行业社会责任内部控制系统,借此提升汽车行业社会责任管理能力,促进汽车行业的可持续发展。

(二)构建以 QHSE 管理为核心的企业社会责任内部控制框架

全面社会责任管理是一种新的企业管理模式,而内部控制可以为企业履行其社会责任战略思想提供"落地"方式。汽车行业社会责任本质是行业及企业内部利益相关者之间,以及内部利益相关者和外部利益相关者之间相互交流共同协作的过程,在这个过程中,企业对各利益相关者的利益诉求的回应和满足过程就是履行企业社会责任的过程,这一过程效率的高低,取决于社会责任内部控制的健全性和有效性。在经济利益最大化的古典经济学理论支配下,内部控制的技术、方法都是围绕"物"展开,即便注意到人,也只是把人作为控制工具和对象。汽车行业内部控制以股东为权利轴心、以员工为责任边界,重视对价值创造过程的控制,例如强化员工工作投入、削减材料费用和其他预算经费等,忽视对剩余价值在各利益相关者之间进行公平分配。知识经济时代,人力资本对企业的价值创造效应逐渐占据主导地位,社会资本、环境资本对汽车行业的可持续发展产生重大影响。传统内部控制关注各种固化风险的识别、评估和应对,却未能对风险源予以分析治理,更不能有效控制日益增多的社会责任风险(王海兵、伍中信等,2011)。社会责任风险拓宽了汽车行业的风险边界,提升了企业的风险等级,社会责任风险失控将会严重削弱企业创造可持续价值的能力并损坏企业声誉。随着工业化进程的深入和市场竞争的加剧,汽车行业现有的内部控制系统与包括社区公众、消费者在内的企业其他利益相关者的利益不兼容矛盾日益凸显,社会责任期望差不断扩大。这些因素使得汽车行业内部控制环境发生重大变化,封闭、自利的内部控制的适用性降低,企业内部控制亟待转向一种动态、开放、交互、共生的人本内部控制架构。汽车行业社会责任内部控制框架由导向系统、支持系统、执行系统、反馈系统和优化系统构成,囊括了内部控制基本五要素。增加了社会责任内部控制驱动因素分析,社会责任风险评估、应对与评价,形成社会责任内部控制的动力机制、运行机制和约束机制。内部控制框架从传统经济责任的风险治理导向转为现代社会责任的人本治理导向,各节点之间相互联系、前后贯通,共同构成一个完整、动态、开放的社会责任内部控制框架(见图1)。

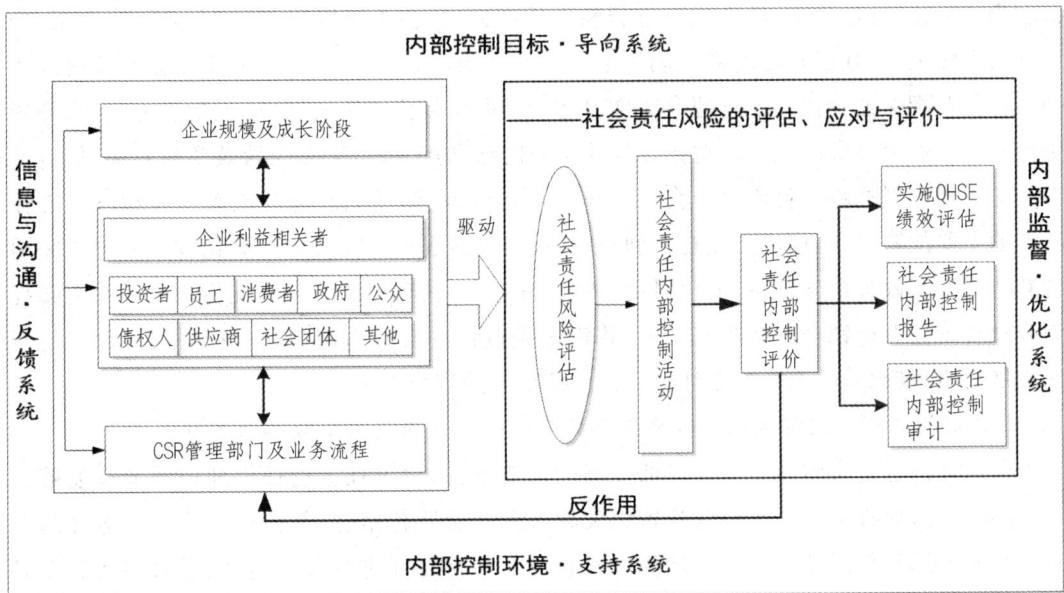

图1 我国汽车行业社会责任内部控制理论框架

1.汽车企业的经营规模和发展阶段会影响其社会责任履行

根据企业建立与实施内部控制的适应性原则,内部控制应当与其经营规模、业务范围、竞争状况和风险水平等相适应,并随着情况的变化及时加以调整。规模越大,企业涉及的利益相关者越多,应承担的社会责任范围越宽;不同的成长阶段,企业的主要利益相关者集合可能不同,对不同利益相关者实际履行社会责任的程度存在差异。例如创业阶段,往往对融资需求很旺盛,债权人是最主要的利益相关者;发展期占领市场份额最重要,消费者是最主要的利益相关者;成熟期利润稳步增长,对投资者和社会的回报很重要;衰退期,降薪裁员时有发生,维护员工权益很重要。构建汽车企业社会责任内部控制体系,需要考察企业自身特点,并融入企业社会责任管理理论和利益相关者理论,提升其社会责任内部控制体系的环境适用性。企业经营规模和发展阶段、部门设置和业务流程,以及利益相关者群体之间,其交集构成汽车行业的企业社会责任域,三者共同作用下可以形成不同的企业社会责任战略和社会责任控制系统。良好的社会责任管理能为各利益相关方创造综合价值,这是企业推进社会责任管理的源动力。企业的相关利益者主要包括投资者、员工、消费者、债权人、供应商、社会团体、政府、公众及其他;企业的职能部门主要包括有综合部、人力资源、财务、风险管理、内部审计等职能部门和研发、采购、生产、销售、物流、售后等业务部门。不同经营规模和发展阶段的汽车企业的核心利益相关者不同,会导致 CSR 部门设置和业务流程不同。

2.汽车行业社会责任内部控制框架以内部控制环境为基础、内部控制目标为导向

内部控制环境是基础,内部控制目标是导向,内部控制环境的适用性影响内部控制目标的实现程度。我国内部控制五要素框架未能把控制目标纳入其中,是一个遗憾。因此,应借鉴 COSO 内控框架,将内部控制目标作为首要的内部控制要素。汽车行业社会责任内部环境是汽车企业实施社会责任内部控制的基础,一般包括治理结构、机构设置及权责分配、经营理念和风格、管理哲学、员工职业道德和胜任能力、社会责任内部审计、人力资源政策、企业社会责任文化、社会责任内部控制制度与机制建设等。汽车行业的企业社会责任内部控制目标是合理保证企业经营管理合法合规、资产(不仅包括物质资产,还包括人力资产、环境资产以及其他无形资产)安全、财务报告及相关信息真实完整,提高经营效率和效果,促进汽车企业实现发展战略。目前对于我国汽车行业,是以电驱动为新能源汽车发展和汽车工业转型的主要战略取向,构建产业技术创新联盟,初步形成较为完善的产业化体系并建立完整的新能源汽车政策框架体系,强化财税、技术、管理、金融政策的引导和支持力度。在内部控制和社会责任有机耦合的微观基础上,将汽车企业社会责任内部控制目标嵌入到汽车行业的发展战略,借此提升汽车行业社会责任内部控制的运行效率。

3.良好的沟通与监督机制是提升汽车行业社会责任内部控制效率的关键

信息与沟通是实施社会责任内部控制的重要条件,要求社会责任内部控制系统能够及时、准确、完整地收集与企业经营管理相关的各种社会责任信息,并使这些信息以适当的方式在企业内部各部门及相关人员之间以及企业与外部之间进行及时传递、有效沟通和正确应用。高效顺畅的信息传递渠道能够及时反馈社会责任风险控制情况,为有关各方的沟通、协调和控制决策提供支持。目前,我国的内控信息化和指数化工作还处于初级阶段,私人信息保密制度也没有完全建立起来,社会责任信息传播渠道狭窄,社会责任内部控制过程中的人为因素导致的错误、舞弊以及泄露客户资料等问题还比较突出,社会责任内部控制信息的相关规范和度量标准的建设还很滞后。我国汽车行业建立社会责任内部控制的沟通机制应着力解决四个方面的问题:第一是推进社会责任内控信息化建设,减少人为因素造成的错误和舞弊,提高内部控制的执行力和效率;第二是建立信息安全制度,在国家及行业要求的信息披露框架下,对信息披露范围和程度进行科学管理,不得泄露企业核心商业机密,以及员

工和客户的个人隐私;第三是开辟多种沟通渠道,包括正式沟通渠道(例如举行社会责任新闻发布会,公布社会责任内部控制报告)和非正式沟通渠道(例如不定期地召集利益相关者群体会议对社会责任情况进行交流沟通);第四是在社会责任指数和内部控制指数的基础上,将两者加以整合,建立汽车行业社会责任内部控制指数。社会责任内部控制指数化能简化信息复杂程度,而且便于企业前后期间以及企业与其他企业之间开展比较分析,为各利益相关者提供更有用的决策信息支持。

信息与沟通还是开展内部监督的前提。信息不畅、沟通不力,容易导致监督无的放矢,流于形式。建立健全汽车行业社会责任内部控制的信息与沟通平台,能够降低信息不对称性,提高内部监督的效能。汽车行业中,外资汽车企业比较注重内部控制的以人为本,对产品质量、员工健康、生产安全和环境保护比较重视,内资企业则更多的是关注预算管理和成本控制,从这点上讲,国内企业的社会责任意识仍然落后于外资企业。社会责任内部监督应涵盖政策与制度监督、管理控制监督、业务流程监督,全程、持续、动态监控社会责任风险的识别、评估、控制和报告情况。内部监督不仅能够夯实控制基础、提高控制效率,而且能够为社会责任内部控制的建设与优化提供策略指导。因此,汽车行业应建立健全内部审计机构,积极开展社会责任内部审计,与外部审计监督力量一起,为社会责任监督提供组织保证和制度支持。

4.汽车行业社会责任风险的识别、应对和社会责任内部控制评价

主要包括社会责任风险评估、社会责任控制活动、实施 QHSE 绩效评估、社会责任内部控制报告和社会责任内部控制审计。汽车行业社会责任内部控制应在引入 ISO9000 质量管理体系、ISO14000 环境管理体系、OHASI8000 安全及卫生管理体系的基础上,根据共性兼容、个性互补的原则,把质量、健康、安全、环境管理模式系统化地加以整合,构建以 QHSE 管理体系为核心的社会责任内部控制框架,对汽车行业的企业社会责任内部控制实践提供可行的全面风险管理操作指引。QHSE 管理体系通过风险控制避免不合格品、职业健康危害、安全隐患和环境污染等各类事故发生。例如,设置环境符合性定期审查,对企业的环境风险进行定期提示,根据风险等级启动相应的应急预案进行应对。建立 QHSE 管理体系只是汽车行业履行企业公民义务的基本要求,并不能涵盖其所应承担的全部社会责任内容,还需在"全球契约"和 SA8000 社会责任标准等的基础上对 QHSE 体系加以扩展,对所有社会责任风险进行全面的识别、评估和应对,例如道德风险、文化冲突风险、合同条款风险、政策与法律风险、自然灾害风险等。

在企业内外部畅通的信息与沟通基础上,将社会责任报告和内外部审计的结合能够更好地对企业存在的社会责任问题进行诊断,评估企业社会责任内部控制目标的实现程度,例如张兆国(2011)通过目标导向构建了基于 AHP 方法的内部控制评价体系并进行了实证检验。对社会责任内部控制的实施情况进行内部监督十分有助于及时发现控制缺陷,提出优化内部控制系统的措施。社会责任内部控制报告不仅反映汽车企业实施 QHSE 绩效评估的过程及结果,也反映除质量、健康、安全和环境等四个因素之外的其他社会责任信息,例如偿还本利、计算发放员工工资和奖金、支付所欠货款、纳税、向投资者分红、社会捐助,以及开展其他社会公益活动等。在传统的物本内部控制看来,这些项目在支付之前具有负债性质,

支付后形成企业的费用,例如财务费用、工资费用、生产成本、所得税费用、营业外支出等,形成股东权益的减项。然而在社会责任内部控制来看,这些负债和费用恰恰是债权人、职工、供应商、国家等其他利益相关者的正当权益,及时足额兑现这些权益,就是履行企业社会责任的表现,能够提升企业的关系资本,从而为企业在更宽阔的时空范围获取可持续发展提供支持。在人本化、信息化和法制化的商业环境中,汽车行业社会责任内部控制的风险管控效率取决于其对各利益相关者的合法权益保障程度,权益保障上存在的任何短板都有可能导致巨大的社会舆论及法律规制后果,"三鹿"企业即是一例。企业是社会经济体的基本细胞,企业家和高管应流淌着道德的血液。汽车行业亟待普及科学的人本发展观和社会责任内控观,将负债视为其他利益相关者的权益,将费用视同为一种关系资本投资,降低控制冲突,增加企业内部及企业与外部的和谐度,促进企业的健康可持续发展。

五、我国汽车行业社会责任内部控制框架的实施路径

目前,针对汽车商品的投诉主要集中在产品质量、合同的制定与执行、过度宣传、售后服务四个方面。然而,这只是冰山一角。企业其他利益相关者之间的矛盾,例如劳资矛盾、环境污染等问题也十分突出。整体而言,汽车行业在社会责任覆盖面和履行力方面还有所欠缺。本文将通过对案例的回顾来阐述汽车企业社会责任内部控制活动存在的不足,并从政策调控、战略制定、文化建设、风险管控、预算管理、信息披露、审计监督等七个方面提出我国汽车行业社会责任内部控制的实施路径。

(一)加强宏观政策调控,建立健全相关体制机制和法律法规

外部市场环境会影响内部公司治理和内部控制的运用。政府层面,可以在宏观政策调控、体制机制和法律法规方面,为企业社会责任内部控制做顶层制度设计和行业规划,宏观调控,微观搞活,对企业履行社会责任的内部控制活动进行规范和约束,同时运用宏观调控工具,促进汽车行业履行社会责任。这些宏观调控工具包括但不限于以下工具:税收征管、利率管制、刚需产品的价格管制、反垄断增加竞争性和流动性。汽车行业可以借鉴国家税务总局针对电影行业的做法,电影业"营改增"后改征3%增值税,极大促进了电影行业进行设施设备的更新升级,给消费者带来全新的观影体验,因此,税收杠杆的调整能够对企业积极履行社会责任产生引导作用。国家税收征管政策和企业税务管理可以为社会责任开道,促进企业的社会责任行为的发生。按照国际惯例,流转税和所得税只征一种,而我国两种税种同时开征,存在重复征税行为。加之关税和消费税居高不下,进口汽车产品税负很重。再考虑后续维护维修成本和使用成本(加油费、保险费、路桥费等),对汽车产品消费产生了抑制作用,损害了消费者权益。同样的进口车,在国外价格远远低于国内,随着我国经济的发展,汽车消费越来越从奢侈品转变为常规消费品,汽车的刚性需求越来越大,此时政府可以运用政策工具来释放汽车产业的消费潜能,维护消费者权益,增加社会效益。例如在降低汽车关税基础上,适当降低流转税(增值税和消费税)以及保险费和路桥费等,以及对整车或零部件进行最高限价,倒逼生产商降低经营成本,进行产业和技术升级。

相关体制机制和法律法规也应建立健全,包括公司内部设立社会责任委员会,对委员会的设置和委员的遴选进行规定,对委员权利责任和义务进行明晰,夯实汽车行业社会责任内部控制的治理基础。法律法规方面,尤其要在《公司法》《企业内部控制规范》中对企业社会责任行为进行系统化规范。财政部等五部委联合发布实施的《企业内部控制应用指引第4号——社会责任》,对企业社会责任进行了提炼和规定,企业在经营发展过程中应当履行的社会职责和义务,主要包括安全生产、产品质量(含服务)、环境保护、资源节约、促进就业、员工权益保护等。但这些内容如何融入内部控制流程,没有规定,降低了其可操作性。近年来,财政部相继出台了《石油石化行业内部控制操作指南》和《电力行业内部控制操作指南》,但汽车行业内部控制操作指南尚未出台。建议财政部加紧组织力量研究和颁布汽车行业内部控制操作指南,并将社会责任要素全面有机融入指南,提高汽车行业内部控制管控社会责任风险的系统性和可操作性。此外,《企业内部控制应用指引》《企业内部控制评价指引》和《企业内部控制审计指引》也需要基于社会责任风险管控的视角进行修订和完善,为汽车行业建设、评价和审计社会责任内部控制提供法律依据和实务指引。

(二)将战略性社会责任嵌入企业内部控制,内部控制窗口前移

内部控制是促进企业实现发展战略的重要手段,战略性社会责任嵌入内部控制,能够将传统企业内部控制窗口往社会责任领域扩宽、往战略层次提升,进而能够充分发挥内部控制系统的功能,在管控重大社会责任风险方面,能够发挥巨大的作用。2010年五部委联合印发的《企业内部控制应用指引第4号——社会责任》对企业在安全生产、产品质量等七个方面应履行的社会责任做出了明确规定,从国家法律、法规层面对企业践行社会责任做出了强制约束,拓展了企业内部控制的控制范围,强化了内部控制对企业社会责任风险的控制。同时,《企业内部控制应用指引第2号——发展战略》提出了企业战略的内部控制,内部控制作为企业战略的实施工具对企业可持续发展战略目标的实现起着重要推动作用。发展战略和社会责任是企业内部环境的有机构成部分,在企业内部控制的统一框架下,战略控制和社会责任控制是企业实施内部控制的重要内容。在国家政策、法律法规的约束与支持下,在企业发展战略的指引下,企业社会责任内部控制已经得到了相应的应用,例如工业行业(如石油、天然气等高风险行业)推行的健康、安全与环境管理体系(Health Safety and Environment Management System,HSEMS)、汽车制造业在HSE基础上加入质量管理形成的QHSE管理标准等。尽管这些内部控制活动已经将社会责任考虑在内,但由于企业内部控制目标更重视资产安全性、经营合规性、财务真实性的保障,导致企业内部控制对于这些控制目标的关注度远高过其对于长期发展战略的实现以及企业社会责任的承担,因而其涉及的企业社会责任是不完整的,也是缺乏战略系统性的。

近年来,国内外对于企业履行社会责任影响企业绩效的相关研究有着截然相反的两种结论。Margolis、Walsh(2003)对109篇采用企业社会责任作为解释变量的实证文章统计分析发现,50.46%的文献得出企业社会责任对公司财务绩效有消极影响或者影响不显著。正是由于企业不能从社会责任投资中获得经营上的短期利益,导致企业缺乏对践行社会责任

的主动性。实际上,与短期绩效相比,企业在践行社会责任方面做出的努力对公司长期财务绩效的积极影响更加显著。企业应站在战略层面看待社会责任承担的行为,只有这样才能拉近社会责任与企业战略间的距离,形成综合、系统的社会责任内部控制,进而推动企业进行社会责任管理,提升企业的市场价值(朱乃平,2014)。将社会责任的践行融入企业经营使命中,企业应该将企业社会责任控制窗口前移,使得战略性社会责任嵌入内部控制,构建以企业战略为导向、以企业社会责任风险管控为中心的内部控制系统,提升利益相关者满意度和企业声誉,为企业形成差异化竞争优势、实现资源优化配置与健康可持续发展提供依据和保障。

(三)建设企业社会责任内部控制文化,优化企业内部控制环境

企业社会责任、企业文化与内部控制都是理论界和实务界探讨的热点话题,三者的有机耦合,将极大地提升内部控制系统的柔活性,充分发挥社会责任高位、前瞻的战略助推作用,以及文化作为一种核心软资源和控制环境构成要素的基础性控制作用。在全球化和复杂化的经营环境下,打好企业社会责任、企业文化和内部控制三张组合牌,将是我国汽车行业企业获取核心竞争优势的战略举措。战略导向是未来企业发展的一条重要途径,而企业进行战略变革会受到多种因素直接或间接的影响,企业自身文化就是其中一个重要影响因素。王竹泉、隋敏(2010)将企业文化和控制结构作为内部控制要素的新二元论,从而为建立新型内部控制提供支持,该内部控制具有经济控制和文化控制并重、制度主义和人本主义并举、刚性控制和柔性控制兼备、激励机制和约束机制并用、公司治理和企业管理兼容等特征。王海兵、伍中信等(2011)进一步提出人本内部控制文化应作为一个独立的内部控制要素,或者说作为一种重要的控制方式,内部控制文化一方面影响内部控制制度的设计及执行,另一方面与内部控制制度并列存在,共同对企业内部控制体系产生影响。因此,企业文化控制,不仅是一种内部控制理论创新,更将对民营企业的内部控制实践具有产生重要影响。企业社会责任内部控制文化是企业文化的亚文化,建设科学先进的、适合企业可持续发展的企业社会责任内部控制文化,能够优化企业内部控制环境。构建社会责任内部控制文化,是提升企业战略管理水平和内部控制能力的重要条件。建设企业社会责任内部控制文化,有三个路径:打造汽车行业社会责任文化,将社会责任文化嵌入企业内部控制系统;构建企业社会责任内部控制,强化文化在内部控制系统中的基础环境性作用;实施企业文化控制,并将其与企业社会责任战略相结合。无论采取何种路径,都必须注意以下三点:一是对建设企业社会责任内部控制企业文化的重要性进行充分认识,作为企业的"一把手"工程来抓;二是对企业社会责任内部控制文化的发展思路清晰,根据自身资源条件和外部环境来选择合适的构建路径;三是企业社会责任内部控制文化不能和内部控制管理部门脱节,一定要相互结合、促进和发展。

企业社会责任内部控制文化的具体建设内容包括内部控制精神文化、内部控制制度文化、内部控制行为文化和内部控制物质文化。企业社会责任内部控制精神文化处于最内层,具有无形、稳定的特性,对其他内部控制文化的形成和有效性起着重要影响;内部控制物质

文化处于最表层,是其他形式内部控制文化的物质载体;内部控制精神文化指导内部控制制度文化建设,并影响内部控制制度文化的执行效率,内部控制制度文化直接指导内部控制行为文化,内部控制行为文化衍生出内部控制物质文化。具体内容包括:

1.民营企业社会责任内部控制精神文化

包括内部控制诚信文化、廉洁文化、风险文化、创新文化、责任文化、奉献文化和人本文化等,文化境界依次提升。企业内部控制精神文化可以激发员工工作动机和约束职工行为的功能,主导内控制度的制定和控制模式的形成。强调在精神文化领域建立内部控制,实质是建立人本内部控制,将控制窗口从物质控制、行为控制、制度控制前移到精神控制。监督的最高境界是自我监督,因此,汽车行业企业培育社会责任内部控制精神文化,是实现内部控制"自控"功能的前提,能够极大提升企业应对各种风险的"免疫力"。

2.社会责任内部控制制度文化

包括民营企业的领导机制文化、组织机构文化和管理制度文化,这些文化形式,分布于国家相关法律法规、行业规章以及企业制度文本中,对民营企业的公司治理、部门及岗位设置、管理制度、商业模式、经营流程等产生深刻的影响。内部控制制度文化是内部控制管理的基础,是落实和强化内部控制精神文化的根本保证。

3.企业社会责任内部控制行为文化

包括领导行为文化、集体(团队)行为文化和模范人物行为文化,企业内部控制行为文化是一种自发性、自觉性的行为文化,是企业经营作风、精神风貌、人际关系的动态体现。在建设社会责任内部控制行为文化中须注意,个人违反,内部控制的牵制功能可能发挥作用;但若领导带头违反,或者集体违反,则内部控制整体失效。因此,企业社会责任内部控制行为文化建设,应统筹去抓,并且从领导开始抓,自上而下,顺次推进。

4.企业社会责任内部控制物质文化

是企业文化的物质层,是以物质形态为载体,以看得见、摸得着、体会得到的物质形态来反映出民营企业的精神面貌。与内部控制行为文化的动态性特征相比,内部控制物质文化是一种静态文化,能够持续作用于人的心理,比如企业员工在正式场合的统一着装,能够带来庄重、严肃和职业感。在危险作业环境下要求员工佩戴安全帽和携带防护设施,能够体现企业社会责任内部控制物质文化。建筑、工作环境、生活设施、员工着装等都能够折射出社会责任内部控制物质文化,它是企业内部控制核心价值观的外在体现,是有效控制社会责任风险、实现企业发展目标的物质基础。

(四)树立全面风险控制观,社会责任风险控制涵盖整个业务流程

理念是形成理论和方法体系的根基。汽车行业社会责任内部控制建设应树立全面风险观,即全程融合,全方位覆盖,全员参与,贯彻"天时、地利、人和"的智慧思想。树立全面风险观,就是以汽车商品的经济性、安全性和环保性为核心,综合考察其他利益相关者的权益及其变动情况是否合乎社会责任控制标准。社会责任内部控制窗口前置,从销售及售后环节向前扩展,全面覆盖设计、研发、投融资、采购、生产、分配、售后等各个阶段,全员参与,并且将事前控制、事中控制和事后控制相结合,实现社会责任内部控制由被动响应式向主动嵌入式发展。汽车行业社会责任的事后控制虽然能避免更大损害的发生,但向社会注入的风险容量也是不容忽视的,能够提升消费者的健康成本和经济成本,降低社会福利水平,也不利于提升汽车行业社会声誉和经营的可持续。召回事件使得汽车企业在中国的汽车销售量难免会受到影响,这也就存在企业社会责任风险问题。企业社会责任风险指的是由于企业没有或不当承担社会责任而导致企业遭受损失的不确定性,风险因素包含生态环境、人力资源、产品、技术、贸易等,召回事件中的车企因为没有控制好汽车质量,而使自身陷入社会责任风险中。传统内部控制理论将企业作为一个封闭的系统来处理生产经营活动中的各种资料并做出管理决策,所反映的只是企业生产经营活动的"内部成本"和"内部收益",无法反映企业各种活动所带来的社会责任和存在的风险。而社会责任风险表现形式往往是无形的,而且是在企业被动履行社会责任的情况后才引起企业的足够重视,而在目前媒体工具发达的情况下,社会责任风险的传递和放大可能会给企业带来毁灭性打击,汽车行业应该加大风险的范围,注重社会责任风险的管理。建立全面的风险观就是需要汽车企业从设计、采购、生产、销售和售后环节做到有效的控制。设计上采用先进的人本理念,例如保险带报警提示、后视镜的防水防尘技术等,可以增强汽车的安全性能;采购上注重选择绿色低碳环保的原材料及零部件,关键部件执行行业乃至国际标准,杜绝以降低质量换取利润空间的短期行为;加强对生产过程的质量控制以及整车的安全性、环保性、经济性等性能的测评,同时关注员工的作业行为安全性指导和作业环境的安全性防护;销售阶段注重营销广告的真实性,不夸大、不渲染,合同订立要公平公正,不设置"霸王"条款和具有误导性、欺诈性条款;培育健康的汽车售后服务市场,推进汽车 4S 店售后服务的国家行业标准建设;建立汽车商品消费者投诉及处理平台,引入消费者满意度调查及社会媒体评价机制;为消费者提供其他增值服务,例如汽车美容、汽车质量及性能检测、汽车保险咨询等。

全面风险控制观下,还应注意对重点风险进行密切持续的关注。既体现内部控制设置的全面性原则,也体现了重要性原则。在所有的风险中,汽车行业的质量风险是最大的风险因素,需要重点管控。理性的消费者在选购汽车商品时最看重其安全性能、车内空气质量安全以及汽车的耐用性。质量是汽车行业的生命线,也是消费者的生命线,由汽车质量带来的安全性问题无论是对汽车生产厂家还是消费者而言都生死攸关。美国知名杂志《福布斯》每年都会针对汽车工业进行一系列的评选,在 2006 年的"十大最安全车型"榜单中,汽车安全性评测机构对汽车安全性评价主要集中在碰撞测试、防侧翻能力、车体设计、造工以及车身重量等。最安全车型 TOP10 列表中涵盖的车型基本上都配备了先进的安全设备,如带安全气囊的防侧撞 SIPS 保护系统、稳定控制系统和稳定辅助系统、牵引力控制系统等。根据 2012 年最新出炉的《汽车室内空气质量比较试验报告》,在由 22 个城市消费者主动送检的 25 个汽车品牌 43 款新车中,沃尔沃 S60 凭借优异的综合表现,在所有送检车辆中排名第一。随着人们物质生活的极大改善和健康安全意识的普遍增强,消费者对汽车消费品质量的高要求成为汽车行业加强内部质量管理的强大动力,政府管制的加强、消费者权益保护的兴起以及企业社会责任运动的推进,成为汽车行业加强质量管理的压力源。采取对质量问题车辆进行召回属于"亡羊补牢",固然能够降低企业法律风险,但对企业形成的经济压力也是不言而喻的,汽车行业的最佳社会责任战略在于"未雨绸缪",将企业社会责任窗口前移,重视生产阶段、采购阶段乃至研发阶段的质量管理。许多车企虽然建立了质量管理体系内部审核程序,对质量问题进行监控,但出于短期经济利益的驱使,在质量管理的范围和力度上均有所欠缺,存在"睁一只眼、闭一只眼"的现象,质量管理体系的设计、实施和审核力度亟待进一步加强。如果汽车行业不能积极主动地开展事中乃至事前的质量管理,而是被动卷入事后的质量问题补救,这就相当于将自身的质量过程管理责任推给政府、媒体和公众等外部监管力量,这种社会责任风险可能给企业乃至整个行业带来重创。

(五)注重社会责任投资预算管理,合理安排利润和投入的关系

"社会责任投资"(Social Responsibility Investment,SRI)是一种特别的投资理念,即在选择投资企业时不仅关注其财务、业绩方面的表现,同时关注企业社会责任的履行,在传统的选股模式上增加了企业环境保护、社会道德以及公共利益等方面的考量,是一种更全面的考察企业的投资方式。企业社会责任投资是基于社会责任理念的一种投资行为,这一概念要求投资者将社会、环境以及道德议题融入经济目标中。汽车行业可以借鉴发达国家的社会责任投资经验,采取筛选(Screening)、股东主张(Shareholder Advocacy)和社区投资(Community Investing)等不同的投资策略来进行社会责任投资。汽车行业开展社会责任投资预算管理,并对投资预算管理绩效进行评估,能够从制度上保障企业合理、高效履行社会责任,提升企业社会责任内部控制效率。在《2012年中国企业社会责任排行榜》报告中,通过汽车企业在环境、社会、企业治理三个领域的加权累计得分,得出了中国企业和外资企业社会责任50强,福特汽车排第一名,得分77.3分,前50名里外资汽车企业还包括宝马、标致、戴姆勒、丰田、现代、大众、本田、日产汽车和通用,最低的通用得分为51.1分;在中国企业中上海汽车和东风汽车分别得分为46分和17.2分。在报告中作者指出企业社会责任投资多是集中在与自身利益相关的方面,而且简单地将社会责任理解为慈善活动等一些表象的东西,但是企业不但要关注与企业自身相关的社会责任,更需要加强与外部利益相关方的共同价值观的培养。在某些单一领域的集中投资并不一定能带来企业在社会责任方面的回报,有时甚至可能会产生负面的影响。在《2012年中国企业社会责任排行榜》中企业在传统慈善行为占满分的百分比为13%,他们发现超过半数的中国企业在该领域得分在此基准线之上,更有甚者高达30%,然而,这些公司的社会责任表现并不理想,在榜单上的排名相对靠后。更多的慈善行为并不是更好的履责表现。在中国上下关注慈善的大环境下,许多企业就在慈善方面下了大功夫,但是,包括中国企业及外资企业在内的公司,在慈善方面的投入并不能相应的提高其在企业社会责任方面的得分。所以汽车企业应该把眼光放得更宽一些,更长远一些,均衡各个社会责任领域的投入,得到的回报可能会更好、更持久。

企业社会责任投资预算管理是企业社会责任预算控制的重要模块,以企业社会责任战略目标为导向、以社会责任预算风险管控为中心,包括企业社会责任投资预算的目标控制、程序控制和信息控制。目标控制是指预算管理在以主张社会利益为企业核心价值前提下确

认预算目标,然后通过对财务和非财务指标的分解来明确预算单位的责任目标,包括财务预算目标风险控制和非财务目标风险控制。企业战略性社会责任预算的程序控制包括预算编制风险控制、预算执行风险控制、预算调整风险控制、预算考评风险控制四个模块组成。信息控制主要包括预算管理信息系统风险控制和预算档案管理风险控制等。通过目标保驾、程序保障、信息保全三方面来实现对企业社会预算控制的整个过程包括事前控制(预算目标的制定、预算的编制)、事中控制(预算的实施和调整)和事后控制(预算的反馈和考核评价)。基于预算的考量,汽车企业合理安排好利润和投入之间的关系非常重要,将利润的相当一部分拿出来做社会责任投资,能够提升企业的社会声誉、增加社会资本,为以后取得可持续的发展奠定基础。多留利润少投入,或者只讲利润不讲投入,企业将会陷入"孤岛",不仅失去已有的支持,而且导致冲突加剧和矛盾升级,不利于形成和谐共赢的价值网络。目前汽车行业在社会责任投资主要表现在不断地提升产品质量、加大在新能源汽车的投入、设计开发更多的低能耗低碳排放汽车、生产厂房的绿色建筑 LEED 认证、职工的健康促进与安全防护、员工技能培训与职业拓展、社区服务及社会捐助等。此外,及时足额支付货款、工资、税款、利息、红利等,也可以视为一种广义的社会责任投资行为,不仅可以减少法律风险,对于培育价值支持网络和社会关系资本至关重要。

(六)研发基于全面社会责任的汽车行业综合报告

社会责任报告是汽车企业与各利益相关者进行沟通交流的重要媒介。自从我国汽车企业 2002 年公布汽车企业社会责任报告以来,许多汽车企业把披露社会责任信息作为自己的责任,从 2007 年开始,公布企业社会责任报告的汽车企业数量迅猛增长,责任报告披露的内容也越来越多,社会责任形式也多种多样,例如发展混合动力车辆、教育、环保、公益、助力南极科考等。但同时也存在很多问题,例如社会责任披露缺乏量化标准、披露内容不完整、披露内容和格式不规范、披露时间不连贯、选择性披露趋向严重等。应采纳联合国"全球契约"关于人权、劳工标准、环境保护、反腐败的十项原则,并参考《全球报告倡议(GRI)可持续发展报告指南》G3.1 标准,出台汽车行业的企业社会责任报告准则,对我国汽车企业编制和发布社会责任报告进行规范。同时,信息透明度同样也是企业社会责任的一项重要表现。刘建秋、宋献中(2012)发现企业社会责任对企业价值的影响需要借助企业"社会责任沟通"等社会责任信息披露手段实现,竞争性行业社会责任对企业价值的影响比非竞争性行业更加显著。随着资本市场、汽车消费品市场的发展,以及经济全球化的推进,越来越多的汽车企业开始发布年度社会责任报告。长安、东风、宇通、一汽、江淮、神龙等国内车企近年来陆续发布企业社会责任报告,以实际行动融入社会,积极承担社会责任和报告社会责任履行情况。然而对广大利益相关者来说,对汽车企业社会责任报告进行独立审计,发布准确的社会责任信息则显得愈发重要。企业可以采用《AA1000 审验标准(2008)》来确保社会责任报告的包含性、回应性和实质性,该标准将利益相关方置于审验核心,引领企业社会责任报告由发布进入审验阶段。在企业社会责任排行榜中,报告通过第三方审计企业的平均分要明显高于未进行第三方审计的企业。企业管理层应该制定详细的内部审计章程,加强自身内部控制来配合外部第三方审计,共同完成社会责任报告,提高企业社会责任绩效。汽车行业协会则根据行业整体社会责任履行情况发布汽车行业社会责任蓝皮书,对行业和企业社会责任管理绩效进行指数化评价,为政府实施监管提供支持。

近年来,企业报告不充分的问题已日益引起国际社会的广泛关注。传统财务业绩本身并不测评公司的整体健康状况,既不反映竞争绩效,也未计量通过产品质量、服务和反应速度创造的价值。信息化技术的发展将促进利益相关者按需裁剪信息,提高用户获取信息的公正性、及时性和自由度。国际会计师联合会(IFAC)主席 Fermin Del Valle 指出:"环境的可持续发展以及社会业绩成为关键的商业理念,会计专业人士应该不断努力,去设计和提供这一领域必需的报告和鉴证服务。"因此,为了避免单一社会责任报告的主观、空洞、夸大其词等不确定性问题,可以构建汽车企业综合报告框架,将财务报告和企业社会责任有机整合,以"定量为主,定性为辅"的企业综合报告模式取代现行的定量为主的"财务报告"和定性为主的"企业社会责任报告"多重报告体系,将企业社会责任信息纳入综合报告框架并要求进行强制审计,提高财务信息和社会责任信息的透明度和披露质量。企业披露社会责任信息只是一个好的开端,对广大的利益相关者而言,对汽车企业社会责任信息进行独立审计,以鉴定其真实性和完整性则显得愈发重要。在企业社会责任排行榜中,报告通过第三方审计企业的平均分要明显高于未进行第三方审计的企业。汽车企业管理层应制定详细的内部审计章程,加强自身社会责任内部控制来配合外部第三方审计,共同完成社会责任信息披露。汽车行业协会则根据行业整体社会责任履行情况发布汽车行业社会责任蓝皮书,对行业和企业社会责任管理绩效进行指数化评价,为实施政府监管提供支持。

(七)推行企业社会责任内部控制审计

企业社会责任内部控制审计能够促进企业社会责任内部控制制度的有效实施,将以企业社会责任内部控制为主的非财务报表数据和财务报表数据的审计结果一并披露,是完善企业社会责任内部控制审计监督的必要手段。积极建设企业社会责任内部控制制度,履行社会责任,接受社会责任内部控制审计,会提高企业的社会优良形象,增加企业因履行社会责任而带来的无形商誉等附加价值。

一方面,夯实企业社会责任内部控制审计的实施环境。企业社会责任内部控制审计的实施环境是时间因素(经济周期、产业周期、企业生命周期等)、空间因素(区域特点、业务性质、发展规模等)及社会因素(法律、政策、制度、文化)的总和。时间因素会延缓企业社会责任内部控制制度建设期以及社会责任内部控制审计理论的发展进度,影响实施企业社会责任内控制审计的周期;空间因素会受发展规模、区域特点等因素影响企业社会责任内部控制审计制度体系的建设;而社会因素在社会责任内部控制审计理论和实务界发展中占据主导作用,制度、文化等因素影响企业社会责任内部控制审计机制运行的有效性。企业实施社会责任内部控制审计必须与一定的环境因素相匹配,进而提升内部控制系统的适应性。2010 年,国务院总理提出审计全覆盖的理念,不仅要从资金使用范围上进行审计全覆盖,还应从企业社会责任内部控制角度实现审计全覆盖,在宏观政策方面为企业社会责任内部控制审计提供了企业社会责任内部控制审计全覆盖的环境基础理念,即全面实施企业社会责任内部控制审计工作。企业社会责任内部控制审计理论框架应包含社会责任内部控制审计的目标、基本要素、演进过程、评价标准、审计报告及监督,但缺乏法律、制度等支持,企业社会责任内部控制审计内容不够完整,是我国企业社会责任内部控制审计发展缓慢的重要原因。

另一方面,构建企业社会责任内部控制审计的基本框架。企业社会责任内部控制审计的基本框架由审计流程和审计内容两部分内容构成,相互之间为引领与促进的关系。审计流程涵盖了企业社会责任内部控制系统模块、企业社会责任内部控制应用模块、企业社会责任内部控制评价模块和企业社会责任内部控制审计模块。在审计流程中,企业实施内部控制审计是为了监督企业社会责任内部控制体系的建设,促进企业社会责任内部控制制度有效运行;内部控制评价是通过实质性或控制性测试得出评价整个内部控制的有效性结论,对整个内部控制机制出具合理的非财务数据审计意见;内部控制报告是在内部控制评价和内部控制审计共同作用的基础上,综合披露企业社会责任内部控制的非财务数据与财务报表数据,并给出恰当的企业社会责任内部控制审计报告。审计内容是企业社会责任内部控制审计基本框架的骨骼,是发展企业社会责任内部控制审计体系的基础。企业社会责任内部控制审计内容重点放在薪酬、股东发红、依法纳税、减少"三废"、扶贫及环保慈善贡献等控制性审计。企业社会责任内部控制审计的具体内容包括:企业社会责任内部控制审计目标、机制、制度、文化、活动以及报告。企业社会责任内部控制审计基本目标是建立有效的企业社会责任审计体制,企业社会责任内部控制审计机制为制度的设计提供技术支持,企业社会责任内部控制审计的制度和文化是企业社会责任审计活动实施的环境基础,企业社会责任内部控制审计活动的有效性需要第三方独立评价,是企业社会责任内部控制审计报告存在的前提。

六、研究结论与建议

(一)主要研究结论

内部控制的演进过程受到环境变化的影响和企业自身条件限制,并呈现行业性特征。新常态下,企业社会责任内部控制和利益相关者管理将对我国经济社会的发展产生广泛而深刻的影响。汽车产业是我国最重要的支柱产业之一,面临严厉的环境规制、激烈的市场竞争,将企业社会责任嵌入到内部控制,构建并实施我国汽车行业社会责任内部控制是促进汽车行业健康可持续发展的必然选择。本文在文献回顾的基础上,通过理论与实务两个层面的梳理,探索了企业社会责任内部控制的基础理论问题,提出我国汽车行业社会责任内部控制的理论框架和实施路径。构建以战略为导向、以社会责任风险管控为中心的汽车行业社会责任内部控制框架,从政策调控、战略制定、文化建设、风险管控、预算管理、信息披露、审计监督等方面提出了实施路径,将为我国深化内部控制理论研究、完善内部控制规范体系、推动汽车行业社会责任内部控制建设提供指引。

(二)政策建议

构建汽车行业社会责任内部控制是一个系统工程,需要实务界、学术界、政府部门和社会公众的参与和联动。除了本文所提出的汽车行业社会责任内部控制理论框架和实施路径外，还需要在以下方面有所作为。第一，政府层面，政策法规的修订和完善。政策法规能够为汽车行业社会责任内部控制提供强大的驱动力，当前，亟待深化和完善社会责任内部控制条款，出台汽车行业内部控制操作指南，为汽车行业的社会责任内部控制应用、评价和审计提供政策法律依据。毕马威国际会计师事务所 2013 年社会责任报告调查表明，包括中国在内的亚洲国家企业社会责任报告受政府管制驱动呈现大幅增长，这为我国汽车行业实施社会责任内部控制、披露社会责任内部控制信息提供了很好的环境条件。第二，行业层面。完善行业标准和规则，增强行业的自律和管理，充分发挥中国汽车技术研究中心、中国汽车工业协会、中国汽车工程学会、中国汽车流通协会、中国汽车维修行业协会等组织的作用，积极组织开展汽车行业社会责任内部控制的行业准则制定、理论研究、行业交流与合作、社会培训、信息发布、沟通协调、评价监督等工作，引导汽车行业社会责任内部控制建设积极健康地开展。第三，企业层面。汽车企业高管应强化社会责任风险意识，大力建设社会责任内部控制，客观披露企业社会责任信息。汽车企业在国家相关法律法规和行业准则基础上，结合自身发展战略，建设社会责任内部控制体系，对企业社会责任风险进行全面控制、全程控制和全员控制，并接受国家审计机关和会计师事务所的审计监督。用新常态倒逼企业管理体制机制和内部控制的变革，加快汽车产业的转型和升级。第四，社会公众层面，加强社会公众监督和媒体治理在企业社会责任监督中的运用。内部控制有其自身的局限性，通过机制设计，使得投资者、债权人、员工、供应商、消费者、社区等利益相关者能够从不同角度提供监督，弥补内部控制设置或运行可能存在的缺陷。网络和通讯的高度发达，尤其要加强微媒体、自媒体的运用，能够对汽车行业的社会责任形成强大的外部监管力量。

企业社会责任内部控制是一个全新的研究课题，新常态对我国企业提出了更高的要求。绿色发展、和谐发展、人本发展，都要求汽车企业构建和谐的商业生态，实现可持续发展目标。未来进一步的研究方向包括但不限于以下方面：企业社会责任对内部控制的嵌入度（包括嵌入适度、嵌入过度和嵌入不足三种情况），企业社会责任内部控制机制（包括动力机制、约束机制和运行机制），以及企业社会责任内部控制的信息化等。

主要参考文献

[1]李伟阳,肖红军.全面社会责任管理:新的企业管理模式[J].中国工业经济,2010(1):114-123.

[2]王志永,高强,常国雄.企业社会责任与内部控制互动机制研究[J].企业活力,2008(12):68-69.

[3]王加灿,沈小裕.企业社会责任与企业内部控制的互动、耦合与优化[J].吉林工商学院学报,2012(1):36-40.

[4]郭素勤.基于社会责任的内部控制完善对策探讨[J].财会通讯,2011(20):107-108.

[5]刘芳芳.企业社会责任与内部控制相关性分析[J].财会通讯,2012(4):62-63.

[6]花双莲.企业社会责任内部控制理论研究[D].青岛:中国海洋大学,2011:1-256.

[7]王海兵,刘莎.企业战略性社会责任内部控制框架构建研究[J].当代经济管理,2015(4):31-37.

[8]王海兵,谢汪华.民营企业社会责任内部控制文化构建研究[J].当代经济管理,2015(7):31-37.

[9]王海兵,黎明.汽车行业社会责任内部控制:理论框架与实施路径[J].商业研究,2014(7):149-155.

[10]王海兵,梁松.汽车行业社会责任内部控制实现路径探微[J].会计之友,2014(11):95-97.

[11]贺真.基于企业社会责任的内部控制研究——以三鹿集团为例[D].河南:河南大学,2013.

[12]齐鲁.融入社会责任的建筑企业内部控制构建研究[D].山东:中国海洋大学,2013.

[13]王清刚,王灵宁.基于风险导向的企业社会责任管理研究——以××石油天然气股份有限公司 TH 油田安全生产管理为例[J].中南财经政法大学学报,2011(6):57-62.

[14]左锐,曹健,舒伟.基于内部控制视角的企业环境风险管理研究——以紫金矿业为例[J].西安财经学院学报,2012(5):86-90.

[15]李易坤,俞潇敏,程心悦.从内部环境视角看企业社会责任的履行——以哈药事件为例[J].会计之友,2012(5):31-32.

[16]王海兵,李文君.企业人本内部控制:构建基础及对物本内部控制的改进[J].财会月刊,2010(7):12-13.

[17]王海兵.以人为本的内部控制机制探讨.中国注册会计师,2011(3):89-92.

[18]王海兵,伍中信,李文君等.企业内部控制的人本解读与框架重构[J].会计研究,2011(7):59-65.

[19]邓春华.企业内部控制:现状及发展建议[J].审计研究,2005(3):72-75.

[20]熊宜政,邓少洲.人本控制是内部控制的关键[J].管理与财富,2008(11):45.

[21]沈烈,孙德芝,康均.论人本和谐的企业内部控制环境构建[J].审计研究,2014(6):108-112.

[22]贾敬全,卜华.公司社会责任风险管控策略研究[J].经济体制改革,2014(3):124-127.

[23]易漫.企业社会责任风险管理研究[J].科技创业月刊,2009(4):85-86.

[24]孙伟,李炜毅.基于 COSOERM 框架的企业社会责任风险管理研究[J].中国注册会计师,2012(12):60-63.

[25]刘祖斌.论社会责任风险及其管理[J].商业现代化,2006(5):45-46.

[26]郑晓青.企业社会责任与风险管理——基于社会风险视角的分析[J].商业会计,012(1):11-13.

[27]王茂祥,李东.企业社会责任风险管理路径探究[J].经济体制改革,2013(6):97-101.

[28]王海兵,王冬冬.企业社会责任内部控制基础理论研究[J].会计之友,2015(15):88-91.

[29]王清刚.企业社会责任管理中的风险控制研究——以 BJNY 集团的环境、健康和安全管理为例[J].会计研究,2012(10):54-64.

[30]刘建秋,宋献中.社会责任、信誉资本与企业价值创造[J].财贸研究,2010(6):133-138.

[31]Carroll AB.The pyramid of corporate social responsibility:toward the moral management of organizational stakeholders[J].Business Horizons,1991(34):39-48.

[32]R.M.Vanalle,W.C.Lucato,L.B.Santos.Environmental Requirementsinthe Automotive Supply Chain-An Evaluationofa First Tier Companyinthe Brazilian AutoIndustry[J].Procedia Environmental Sciences,2011(10):337-343.

[33]Jaegul Lee,Francisco M.Veloso,David A.Hounshell.Linking induced technologicalchange,and environmental regulation:Evidence from patenting in the U.S. autoindustry[J].Research Policy,2011,40(9):1240-1252.

[34]Sandra M.C.Loureiro,Idalina M.Dias Sardinha,Lucas Reijnders.The effect of corporate social responsibility on consumer satisfaction and perceivedvalue:the case of the automobile industry sectorin Portugal[J].Journal of Cleaner Production,2012(37):172-178.

[35]邓子纲.汽车企业社会责任研究[D].中南大学博士论文,2011.

[36]刘建堤.企业社会责任评价标准研究——以东风汽车公司为例[J].江汉大学学报:社会科学版,2012(6):9-13.

[37]关玉荣,刘荣.企业社会责任内部控制构建问题探讨[J].财会通讯,2013(10):69-70.

[38]张兆国,张旺峰,杨清香.目标导向下的内部控制评价体系构建及实证检验[J].南开管理评论,2011(1):148-156.

[39]黄孟芳,卢山冰.基于利益相关者的组织价值审视及价值范式建构——社会责任审计与社会会计[J].西北大学学报,2013(2):99-102.

[40]财政部等.企业内部控制应用指引第 4 号——社会责任[S].2010.

[41]姜虹.国外企业社会责任审计研究述评与启示[J].审计研究,2009(3):33-37.

[42]王竹泉,隋敏.控制结构＋企业文化:内部控制要素新二元论[J].会计研究,2010(3):28-35.

[43]刘建秋,宋献中.社会责任对企业价值的影响机理:理论与实证研究[M].北京:中国财政经济出版社,2012.

[44]李嘉明,赵志卫.我国企业开展社会责任内部审计的构想[J].中国软科学,2007(4):123-126.

[45]KPMG.国际社会责任报告调查 2008[R].2008:61.

[46]王海兵.企业社会责任内部控制审计研究[J].湖南财政经济学院学报,2015(4):43-51.

企业合同能源管理项目合同风险控制研究

——基于乙公司合同能源管理项目

杨 宇 曾 逊 袁 媛 杨晓莲 杨 龙 杨柱逊

中冶赛迪集团有限公司 重庆市国有资产监督管理委员会 重庆市审计局

重庆市计量质量检测研究院 重庆市国有文化资产经营管理有限责任公司 重庆市文化委员会

一、绪论

(一)研究背景

合同能源管理(EPC)作为一项商业模式,起源于20世纪70年代的美国,是一种"节能服务公司与用能单位以契约形式约定节能项目的节能目标,节能服务公司为实现节能目标向用能单位提供必要的服务,用能单位以节能效益支付节能服务公司的投入及其合理利润的节能服务机制。"

中国改革开放30多年来,取得了举世瞩目的成就,但也耗费了大量的资源,国家将环境友好、资源节约作为基本国策,为此,国家在节能型经济方面加大了政策支持力度。中国于20世纪90年代,在世界银行和全球环境基金(GEF)的支持下,逐步推动了合同能源管理的实施。1996年,在中国推行了"世行/GEF中国节能促进项目",通过建立三家示范节能服务公司,进行节能服务公司示范以及信息传播,三家示范公司的规模不断扩大,节能投资增长,营运能力增强,节能减排效益显著。2000年,原国家经贸委发布了《关于进一步推广合同能源管理机制的通知》。在此期间,中国节能服务产业得到快速发展壮大,EPC模式也得到了创新发展,国家对EPC机制给予了高度关注,2006年发布了《国务院关于加强节能工作的决定》(国发〔2006〕28号);2010年4月,国务院办公厅《关于加快推行合同能源管理促进节能服务产业发展的意见》(国办发〔2010〕25号,以下用该文号代替文件名称),全面推广EPC模式在中国的应用,同年6月,中央财政决定安排20亿元支持合同能源管理。这些政策的出台,表明了国家对于合同能源管理的推行力度和对节能服务产业的扶持决心。

2010年4月,国务院办公厅转发了《关于加快推行合同能源管理促进节能服务产业发展的意见》(国办发〔2010〕25号)文件,该文件对推动合同能源管理模式在中国的发展应用具有重要意义。文件明确了我国合同能源管理的发展目标、资金补助、税收优惠、会计政策、示范项目等内容。文件提出"到2012年,扶持培育一批专业化节能服务公司,发展壮大一批综合性大型节能服务公司。到2015年,建立比较完善的节能服务体系,使合同能源管理成为用能单位实施节能改造的主要方式之一"。统计显示,中国节能服务产业总产值从2013年2 155.62亿元增长到2014年的2 650.37亿元,增幅为22.95%;合同能源管理投资从2013年

742.32亿元增长到958.76亿元,增幅为29.16%,形成年节能能力2 996.15万吨标准煤,减排二氧化碳7 490.38万吨[①]。未来EPC发展空间非常巨大。

EPC是一种多赢的市场机制,客户获得了节能效益,ESCO得到了盈利和发展,同时也获得了社会环境效益。EPC一方面拓展了节能服务行业的发展空间;另一方面为耗能企业提供了低风险、高效率的能源管理与托管方案。

中国当前推行的合同能源管理"节能效益共享型"模式,非常具有鲜明的中国特色,主要体现为国家为推行合同能源管理模式,推出了重大的财政、税收扶持政策。相关政策对开展EPC项目而言,既是保障,又是约束,更有可能是法律政策风险。与传统的工程总承包模式比较,EPC项目可以获得政府的财政补助和税收优惠,但如果相关行为不符合法规规定,就不能够获得通过,并将项目带入合同的误区,甚至给双方带来不必要的损失。因此,EPC除了工程项目具有的共有风险外,还具有自己专有的风险,特别是法律政策风险。

因此,本文拟通过对EPC项目合同风险,在与工程总承包模式进行对比的基础上,划分为项目共有风险和专有风险,并着重对专有风险进行分析,促进EPC项目风险控制的研究。

(二)研究目的

1.与传统的工程总承包业务相比,EPC业务是一项高投入、高风险、高回报的新兴业务,对节能服务公司而言,EPC服务模式能产生更大的项目效益。但由于EPC项目本身具有垫资高、收益后置、收益回收期短的财务风险、也涉及节能新技术的实践应用存在的不确定性,从而导致EPC项目以财务收益为核心的项目效益存在诸多不确定性,EPC项目从规划、评估到决策、实施的大部分风险由节能服务公司承担,用能公司的风险较小。

故在EPC风险控制中,既要关注项目实施过程中营运和技术风险的影响,同时又要关注合同能源管理机制本身风险。这双重风险,在时间上,是有相互影响的,但在风险过程控制中,风险可能是叠加的,因此,对企业EMC项目的风险研究,有助于企业防范项目风险,提高项目运营成功的效率,提高项目持续产生节能收益;有助于推动EMC模式在我国的发展,为节能减排,建立资源节约型,环境友好型社会做出更大的贡献。

2.目前,对EPC项目的风险控制的认识还不够全面,特别是结合一个EPC项目,从商务—法务—财务—项目管理实务,以及将合同划分为不同期间确定风险控制重点等实践角度来进行综合分析的文献,较为少见。因此,本文拟进行较为全面的分析研究,弥补这方面的不足。

3.作为重庆会计领军人才培养计划中的重要目标,研究我国合同能源管理(EPC)项目风险控制问题,有助于会计领军人才从企业实务需要角度出发,带着问题来探讨学术理论问题,服务于企业和社会。

(三)研究内容

本文以企业内部风险控制规范为主要依据,结合节能服务供应商的实务,从EPC项目风险控制角度,以项目合同文本为主要讨论对象,探讨EPC项目合同的风险识别、风险分类、风险控制实务等内容。文章分为以下几部分。

[①] 数据来源:http://huanbao.bjx.com.cn/news/20150206/588631.shtml

第一部分，绪论。主要对文章研究的主题背景、研究目的和内容、文章的创新点、研究的方法等进行了简述。

第二部分，EPC 合同模式及现实意义，对 EPC 合同的内涵、模式，以及现实意义进行了论述。对 EPC 项目风险的文献进行了回顾，以此为文章主要讨论的项目风险确定范围。

第三部分，EPC 项目合同风险因素识别及评估，按照企业内部控制规范的相关要求，以合同条款为核心，对 EPC 项目风险进行分类，并一一分析，指出了风险的特点。

第四部分，EPC 项目的风险应对措施，针对 EPC 项目的主要特点，提出了应对措施的原则，主要目标，以及针对 EPC 项目的专有风险，提出了应对建议。

第五部分，乙公司 EPC 项目风险案例分析，对乙公司某 EPC 项目，以合同条款为主要对象，分析了项目存在的专有的法律风险，围绕财政税收及会计政策风险，并提出了若干防范建议。

第六部分，总结与展望，对本文进行了总结，对节能服务公司开展项目营运提出了若干建议，其中，对节能服务公司的财务能力建设提出了要加强财务融资能力和管理会计转型的建议。

(四)文章的创新

由于本文主要讨论企业项目风险控制的实务，因此，除了对企业项目风险控制进行概要式论述外，主要是针对 EPC 项目的专有风险进行有针对性的探讨，遵从"发现问题－讨论问题，解决问题"的思路，力求在以下几方面有所创新。

1.对 EPC 项目的内涵实质以及国家推广 EPC 项目的重大意义进行了研究，有助于企业进一步明确国家推进 EPC 项目，是推进节能服务企业作为现代服务业，在节能领域发展的重要举措。

2.对 EPC 合同的项目风险进行了全面分析，有助于对节能服务企业，特别是首次参与 EPC 合同及项目的风险管理。

3.针对 EPC 项目专有风险，特别是财政税收优惠政策对项目来说，既是扶持优惠，也可能是约束和风险，提出应以 EPC 项目利润为管控中心，在合同实施过程中，将财政税收优惠收益纳入项目预算管理，并结合企业的实际，考虑构建包含预期财政税收补助的项目预期收益模型，在合同执行过程中，进行动态调整，这有助于项目决策参考，按照财政税收会计等法规的要求，规范项目合同条款拟定。

4.案例分析，对乙公司拟实施的某 EPC 合同的财政税收优惠政策、财务与会计管理、企业风险控制，进行重点分析，有助于提醒乙公司在合同条款方面防范相关风险。

二、EPC 合同模式概述

(一)合同能源管理概述

1.相关术语

合同能源管理在国外通常被称为"Energy Performance Contracting"，字面翻译意思是

"能源效率外包",简写为 EPC。国内还有将"Energy Management Contracting"称为"合同能源管理",简称 EMC。依照中国 2010 年发布的标准《合同能源管理技术通则》(GB/T 24915－2010)(以下简称《技术通则》),对合同能源管理,有如下定义:"节能服务公司与用能单位以契约形式约定节能项目的节能目标,节能服务公司为实现节能目标向用能单位提供必要的服务,用能单位以节能效益支付节能服务公司的投入及其合理利润的节能服务机制。"

节能服务公司(ESCO),是指"提供用能状况诊断、节能项目设计、融资、改造(施工、设备安装、调试)、运行管理等服务的专业化公司。"因此,节能服务公司是以拥有的产品、技术、管理、服务为复合载体,为用能客户提供综合的、全过程的节能服务,从而减少能源支出成本,从产生的节能效益中获得回报。

合同能源管理项目,即是以合同能源管理机制实施的节能项目。通常而言,ESCO 在 EPC 项目过程中,主要为用能企业提供能源效率诊断和节能潜力分析、项目可行性研究、项目融资、设备采购、安装调试、运行维护、人员培训、节能检测等综合服务,并通过合同形式约定节能量和节能效益。

如无特别说明,本文将合同能源管理简写为 EPC,将节能服务公司简写为 ESCO。

对于 EPC 项目,我们重点关注如下几点:

(1)EPC 项目的主体是节能服务公司和用能单位

ESCO 为用能单位提供节能所需的技术、设备、资金以及其他服务。ESCO 通过为客户节约下来的能源成本与客户分享项目收益。

一般而言,EPC 项目主要包括项目前期活动、项目资产构建活动和提供营运服务活动。对 ESCO 而言,EPC 项目的收入主要包括项目资产的投资部分收益和提供营运服务的综合收入。而投资收益是 EPC 风险关注的重点。

(2)EPC 项目的目标是实现节能

有些企业以节能改造的名义实施的项目大修、异地重建等合同虽然以 EPC 项目的名义来实施,可能是名不副实,其实质不是为了节能,而是为了非节能项目,更好地通过政府有关部门的审批,或者获取金融机构的资金贷款,等等。这是我们在实务中需要防范的。因为,如果按照《技术通则》要求设定合同版本,必然导致项目商务实质与合同内容不符合,给 ESCO 带来不必要的风险。

(3)EPC 项目带有一定的融资行为

融资行为主要表现 ESCO(或其他项目参与方)需要为客户垫资,其对价是以未来节能效益来支付的。这是 EPC 项目得以运作的关键,也是此类项目区别于其他节能项目的主要特征。当然,这也是 EPC 项目主要的风险来源。

另外,在建设工程领域,政府建设主导推广的设计—采购—施工总承包项目模式,也简称 EPC 总包。虽然英文简写一样,但与本文合同能源管理 EPC 是不同的。故在实务中也有把 EPC 也称为 EMC,以示与"EPC 总包"合同区别。

2.EPC 模式的实质

EPC 模式主要解决了客户开展节能项目的两件事情,目标和障碍。目标是节能,障碍是节能项目资金的筹措。因此,ESCO 提供的解决方案就是客户"借钱建节能项目——达到节能(省钱)的目标——产生节能效益(还钱)"。

节能量是在满足同等需求或达到同等目标的前提下,通过 EPC 项目的实施,用能单位或用能设备、环境的能源消耗相对于能源基准的减少量。节能量是 EPC 项目得以产生的前提和项目成功的关键,节能量的实现是一切合同能源管理活动的出发点、核心和归宿。当然,节能量的经济价值也是产生商务活动的基础,如果节能量在合理的期间里并不经济,用能单位和 ESCO 就不愿意实施节能项目。

把握 EPC 项目的实质,有助于 ESCO,特别是新成立的、中小型 ESCO 了解 EPC 模式在社会经济中的重要作用,以及当前推广 EPC 模式可能遇到的主要问题。

(1)ESCO 在技术方面需要关注:节能技术的创新性、节能项目中技术、管理实施的全面把控能力以及公司持续创新能力等。

还特别需要关注节能项目的经济价值,这是在进行项目评估时需要重点关注的,虽然节能项目具有技术可操作性,但不具备一定期间的经济性,难以产生可观的经济利益和社会效益,则双方就没有必要实施节能项目。这既提醒 ESCO 在对节能技术进行创新研究时,要关注节能技术的可行性,也要考虑节能技术的市场需求。或者说,在市场需求尚不饱满的情况下,技术超前的节能技术,不一定能够获得优先发展的机会,还得紧密跟踪社会和行业的需求。

(2)节能技术实施过程中,企业各类资源与其匹配的程度是否满足项目的需要以及预期;资源配置能力关系到项目是否能够顺利实施。对于风险防范管理也是重点关注内容。这就需要公司对内外部资源进行优化配置,特别是要关注自身存在的不足,并积极加以弥补。

(3)节能公司的经济实力,特别是项目资金的实力,除企业内生资源外,还包括企业的外部融资信用能力,是否与金融机构能够开展良好的合作能力。

(4)企业整体抗风险的能力,EPC 项目作为一种高投入,高回报项目,整体风险也高,因此,如果项目失败导致的企业亏损,企业是否有能力抵御等等。

3.模式分类及特点

当前,EPC 模式有三种基本模式,即节能效益分享型、节能量保证型、能源管理外包型等,模式的划分主要基于 ESCO 和用能单位双方承担的责任和效益的分配。本文主要介绍节能效益分享型模式。除了上述基本模式外,还产生了一些创新模式,例如设备租赁型,技术咨询型等。

节能效益分享型模式最早产生于法国,目前在全世界,尤其是在中国最为普遍。对于 ESCO 而言,主要优点有:

(1)合同双方预先约定节能效益分享比例以及效益分享期,并按实际产生的能源节省费用进行比例分成,分享期结束后,全部节能效益归于用能单位。这样通过事先约定,对节能效益的分享比例进行明确,有利于保护双方的利益。

（2）在节能服务合同期间，ESCO保留节能设备资产的所有权，一般在合同终止时将所有权移交用能单位。ESCO通过保留节能设备资产的所有权，可以在项目产生纠纷时，保证自己的项目剩余收益权。

（3）除非特别约定，ESCO在能源价格上涨和节能效益增加的前提下，将获取更多的节能收益。当然，相对而言，用能单位将支付更多的款项。

对于ESCO而言，缺点主要是：

（1）ESCO负责进行融资，并还款，融资成本高，因此，对融资对价的偿还机制应该重点关注，要求用能单位对此增加透明度。

（2）ESCO承担节能效果风险和融资信用风险。

（3）如果项目总体节能目标能够实现，在能源价格保持不变或上涨，项目的资金偿还能力就没有问题，但如果能源价格大幅下跌，节能服务公司则可能没有节能收益，甚至亏损。

4.节能效益分享型项目流程简介

合同能源管理可以分为业主发起的项目以及ESCO发起的项目，本文以后者为主，因此，对ESCO发起的EPC项目的项目流程进行简要说明。

（1）开展营销，寻找项目：在该阶段，ESCO主要工作是对自身能力的宣传以及切实了解潜在业主的迫切需求。了解项目业主的能耗设备及费用情况，以及探讨合作的可能性。

（2）落实意向，界定项目范围：即与客户协商EPC项目的实施范围，项目涉及的新增或改造的节能设备范围等。

（3）实施能源审计，奠定合同基础：在初步锁定项目范围并确定合作可能性后，ESCO需要自行或委托第三方进行能源审计，为签订合同涉及的技术和商务条款做准备。

（4）EPC合同谈判，划分权责利：双方进行合同条款的拟订以及合同评估，最终达成合同正式文本。如果合同需要申请国家财政补助以及享受税收优惠条件的，应该参考国标《技术通则》来拟定合同条款。

（5）项目建设和项目营运：由ESCO按照合同约定的时间和要求，进行施工、试车和验收等。在项目施工完成正式投产后，按照合同约定，项目节能分享期开始计算，ESCO按合同约定收款。项目持续期内，进行项目管理的培训和运营维护。

（6）合同期满，完成相关后续事项，如进行项目产权移交。

5.EPC与工程总承包模式的关联

工程总承包模式：工程总承包是国际上通行的工程建设项目组织实施方式，是指从事工程总承包的企业受业主委托，按照合同约定对工程项目的勘察、设计、采购、施工、试运行（竣工验收）等实行全过程或若干阶段的承包。根据工程项目的不同规模、类型和业主要求，工程总承包可以采取不同的方式，如"设计—采购—施工总承包"模式，即工程总承包企业承担工程项目的设计、采购、施工、试运行服务等工作，并对承包工程的质量、安全、工期、造价全面负责。

EPC模式与总承包项目模式，作为工程建设项目模式，两者既有区别，也有联系。

（1）相似点

①工程总承包项目和合同能源管理项目，都可能采用"设计—采购—施工总承包"等行业已经形成较为规范的合同构成模式，且都具有专业技术高、工程投资规模大的特点。

值得注意的是，目前工程总承包项目模式也由较多外延或创新的实施方式，例如总承包商开展"投资＋工程总承包"的模式，就与合同能源管理中，ESCO提供资金垫资或项目融资类似。这也说明，在工程项目的实施过程中，各种模式的实施，都与经济环境、合同双方意愿、能力相关。这也加大了项目风险管理的难度。

②国家采取了行业资质许可管理，例如建设项目的工程总承包资质，颁发"节能服务公司证书"等。

③面临"营改增"带来的机遇和挑战。两者都可能涉及提供建筑业劳务，而当前建筑业劳务的"营改增"面临诸多难题。

（2）不同点

①合同能源管理主要适用于节能（改造）项目。工程总承包项目涵盖领域更广泛。合同能源管理也可以说是工程总承包中在节能领域的一个创新。

②合同能源管理在财务安排方面存在特性，即由节能服务公司提供项目融资，并在项目产生节能效益之后，才能分期收回项目投资和预期利润。

③一般的工程总承包项目，由业主主要承担项目建设风险和项目收益风险，业主风险大；但EPC项目实施的大部分风险由节能服务公司承担，业主风险较小。

④在中国，满足政府相关法规政策的合同能源管理项目可以享受财政补贴以及税收政策优惠。

从国办发〔2010〕25号等政府相关法规文件的要求可以明确：并非企业之间签订"合同能源管理"项目合同，就是国家认可的合同能源管理项目。只有满足相关条件的合同能源管理项目，例如政府主管部门的认可，才能获得财政补助税收优惠。否则，即便签订了所谓的"合同能源管理"合同，也名不副实，按照该合同的实质来执行相应的税收和会计法规政策。

（二）合同能源管理项目风险文献综述

根据COSO《企业风险管理——整合框架》对风险的定义，"风险是一个事项将会发生并给目标实现带来负面影响的可能性。"企业风险管理包括：协调风险容量与战略，增进风险应对决策，抑减经营意外和损失，识别和管理贯穿于企业的风险，提供对多重风险的整体应对，抓住机会，改善资本调配。而我国《企业内部控制基本规范》（以下简称《基本规范》）规定，企业内部控制应当包括内部环境、风险评估、控制活动、信息与沟通、内部监督等五要素。

由于中国引入EPC模式的时间并不长，在EPC项目风险方面的相关文献研究，本文主要从以下方面进行了回顾。

1.在风险分类方面

谢仲华、丁先云、谢今明（2011）根据《中央企业全面风险管理指引》提出的企业风险分为战略风险、财务风险、市场风险、营运风险和法律风险，认为前四种风险都将最终变现为法律风险或通过法律途径进行解决。并把 EPC 项目的法律风险分为共通的法律风险和专有法律风险。彭涛(2010)依据 EPC 项目风险来源,将其风险分为客户风险和项目自身风险两大类,客户风险主要包括客户信用风险、客户经营风险、合同风险三个方面,项目自身风险包括金融和财务风险、设计及技术风险、设备原材料采购风险、工程施工风险、节能量风险、能源价格变化风险、投资回报风险等。王肃(2009)指出 EPC 主要风险为 ESCO 内部风险、客户风险以及节点风险,按其阶段不同可划分为签约、履约与违约救济三个阶段的风险。周鲜华、徐勃(2010)对影响 EPC 项目收益的风险如融资成本风险、节能量风险、客户支付风险等进行了系统分析。

总的来说,对项目风险分类的研究,由于作者的评判依据、关注重点等不同,风险的分类也就不同。本文认为共通的法律风险、专有法律风险的分类方法,对本文研究有极大的借鉴意义,而且对企业界而言,可以更好地集中注意力,防范项目专有风险。但就 EPC 自身(专有)风险研究而言,对项目能否享受财政税收优惠政策,项目是否能够遵循相关的税收政策的研究较少,这可能是相关案例偏少的缘故。

2.在风险评价研究方面

当前风险评价研究主要采用的评价方法是灰色层次分析评价模型、模糊综合评价理论、模糊逻辑法等。尚天成、潘珍妮(2007)分析了 EPC 项目各种风险因子,构建了包含政策、市场、融资、运营及效益风险等风险评价的指标体系,运用模糊综合评价理论对 EPC 项目风险进行了定量评价。董荫(2011)提出 EPC 的环境、技术、市场、管理、客户等五风险,并建立层次分析评价模型,把 EPC 项目的风险因素进行了量化,从而做出有效的评价。朱纯宜、王永祥(2011)运用模糊层次分析法对 EPC 项目的合同能源及运营与效益三方面风险进行了风险评价。

总的来说,理论界对风险评价倾向于定量与定性集合的研究,但企业实务对此运用较少,特别是定量研究,一方面是相关模型和方法太过复杂,专业性强,企业难以应用。另一方面,对于具体的项目,难以用统一的模型进行分析评估,且评估结果的管理运用效果还有待考证。故在企业实务中,根据不同的项目,采取不同的风险评价方法,对于重大的项目,在专业能力不足的情况下,借助外力,对项目风险进行更为严谨地评估,也是企业风险控制的可选策略。

3.关于风险控制研究

金伟峰(2007)将问卷调查、专家打分法、模糊综合评价法等方法进行了综合,形成 EPC 项目风险控制框架,并对风险因素进行了定量化、模型化;还分阶段探讨了 ESCO 可采取的风险控制措施。刘西怀(2010)从 EPC 风险的多样性及复杂性角度及 EPC 的风险回避、防范、分配及转移等四个应对策略,构建了 EPC 的风险控制体系。

由于风险控制主要基于风险应对的通常手段和方法,而且结合不同的案例进行有重点地分析,因此,对于 EPC 的风险控制研究,还是应该侧重于通过实务案例来进行分析总结。

通过以上方面的文献回顾,我们认为相关文献通过对 EPC 的分类、识别以及控制提出了一些有益的参考和建议。需要指出的是,EPC 作为一种项目实施模式,它的风险具有其他项目模式实施过程的共同风险,也有 EPC 专有风险。以往的风险研究,并没有进行这方面的对比分析,找出其专有风险来加以识别,而且,从财务管理角度,对项目财政税收优惠风险加以重点关注,这也是相关文献较少研究的。但这对行业内企业是非常重要的,也是风险管理的重点。

因此,本文的研究思路是,将 EPC 模式与工程总承包模式加以对比,发现 EPC 模式的专有风险,比如政策方面的风险,能源审计风险等,并结合案例加以分析,这更有针对性,更有助于企业了解 EPC 模式的风险控制重点,从而更有效地控制 EPC 项目的风险。实际上,由于 EPC 项目风险与企业风险的分类、识别、评估、控制等体系是基本一致的,风险控制的相关理论是比较成熟的,因此,本文对风险控制的相关理论就不再进行重复,只是针对 EPC 项目的实务需要,进行了重点论述。

三、EPC 项目合同的风险因素识别及评估

本节主要从 EPC 合同的乙方,即 ESCO 的角度来探析项目风险控制。EPC 项目作为 ESCO 企业经营活动中的一个重要活动,需要按照风险控制的相关要求,全面持续收集相关信息,结合项目实际状况,及时进行风险评估,防范项目风险,以满足一定的经营目标。本文基于五要素,对 ESCO 在实施 EPC 项目的过程中,对相关活动的风险进行识别评估的内容进行重点论述,并对于其他要素,也适当进行论述。

(一)EPC 项目风险识别概述

1.企业风险识别的内外部因素

我国《企业内部控制基本规范》从企业内外两方面对企业各类风险要素进行了归纳,是企业实践中进行风险识别的重要参考。当然,对于某一个具体的 EPC 项目风险管理而言,上述风险要素的重要性也是各不相同的。

(1)《基本规范》第二十二条规定,企业识别内部风险,应当关注下列因素:

①人力资源因素,如董事、监事、经理及其他高级管理人员的职业操守、员工专业胜任能力等;

②管理因素,如组织机构、经营方式、资产管理、业务流程等;

③自主创新因素,如研究开发、技术投入、信息技术运用等;

④财务因素,如财务状况、经营成果、现金流量等;

⑤安全环保因素,如营运安全、员工健康、环境保护等;

⑥其他有关的内部风险因素。

(2)《基本规范》第二十三条规定,企业识别外部风险,应当关注下列因素:

①经济因素,如经济形势、产业政策、融资环境、市场竞争、资源供给等;

②法律因素,如法律法规、监管要求等;

③社会因素,如安全稳定、文化传统、社会信用、教育水平、消费者行为等;

④科学技术因素,如技术进步、工艺改进等;

⑤自然环境因素,如自然灾害、环境状况等;

⑥其他有关的外部风险因素。

2.EPC 项目内外部因素

在进行项目风险识别时,企业应该将企业内外部风险的相关信息按照一定的分析框架进行整理分类,以便能够及时准确发现风险。

项目的内外部风险因素,与企业需要关注的风险因素相同。只是关注重点可能不太一样。例如在管理因素方面,项目的最终决策权在企业经营层,项目的执行权主要是项目执行者。但就风险控制而言,项目执行者对项目的风险识别可能比经营层面更为全面和直接。这就提醒企业在进行项目风险控制时,需要把项目执行者对风险的管控责任作为主要的管理重点。

3.EPC 项目合同风险的分类

就项目风险而言,企业风险管理和项目风险都具有个体差异。本文仅围绕项目合同,就本文涉及的具体案例进行适当的论述。由于 EPC 项目与工程总承包项目比较,具有较多的共性。而项目活动,作为企业内部控制、风险管理的组成部分,项目风险管理也具有企业风险控制活动的相关工作。为了与企业内部控制规范相关内容不重复,本节从项目角度,以项目合同的共有风险,项目专有风险进行分类说明。

所谓共有风险,主要就是指 EPC 项目与工程总承包等其他项目实施模式,都可能发生的风险,尽管这些风险可能因为企业、项目组织结构、组织活动有所不同而产生个体差异。

而专有风险,是 EPC 项目区别于其他项目组织形式,而可能产生的特有的风险,但这些风险来源与这类项目核心内容和区别于其他项目组织模式的活动。例如,项目融资、项目收益后置等。

需要指出的是,合同双方对于风险分类和判别可能是不一样的。例如乙方的专有风险,是属于重点关注的某一类别的风险,但甲方可能就是一般关注的共有风险。

4.项目共有风险

在共有风险中,EPC 项目与工程总承包一样,具有如下项目风险。

(1)在项目前期商务活动中,ESCO 主要是为获得项目而开展的合同前期工作,在此过程中,需要重点关注如下风险。

①法律风险:主要表现在 ESCO 对 EPC 相关法律法规掌握不到位,导致对项目实施存在的政府管理要求不熟悉,容易导致在与潜在业主进行项目接洽的过程中,在相关技术和商务要求出现失误,误导双方的后续工作。例如,对文件规定 EPC 项目中,应由 ESCO 申请政府节能补助的要求不熟悉,却由用能单位申请政府补助,从而导致双方对相关责任不明确,延误相关前期工作。

而行业形势变化的影响,也是企业实施 EPC 项目需要重点关注的因素。

首先,在法规的制定上,从国家行动高度,表明了对合同能源管理的推广实施的支持力度。而国家相应的扶持政策也是 ESCO 公司开展业务和发展壮大的主要推动力。EPC 模式在中国的推行,一个十分鲜明的特色,就是得力于政府的大力支持,也离不开各项政策的扶持。

不过,放眼于全球经济一体化的背景下,WTO 的游戏规则,也对各行业、各企业的政府补助导致不公平竞争进行了约束。中国不少耗能行业,也面临着在全球竞争中,他国采取的贸易保护政策,其中最为明显的就是贸易倾销制裁。因此,中国对节能改造,EPC 模式采取税收优惠以及财政扶持政策,可能不会持久。

其次,众多新成立的 ESCO 在面对竞争时,除了对项目的技术、资金等壁垒外,既要考虑项目成功实施可能带来的不菲的财政扶持奖励,也要加强对国家法规政策的了解。财政和税收政策,都是规范性、严肃性、原则性非常强的法律文件,ESCO 如果要获得这些扶持政策,就必须严格遵守相关的规定,并将合同签订、项目实施程序、会计核算等各环节按规定办理。因此,对法律法规的掌握和熟悉,这也是企业风险控制必要的基础工作。

例如,有些钢铁企业实施的钢铁行业干式除尘技术改造项目,但是其主体设施是当前国家明令淘汰的小转炉,因此,这类设备进行的所谓节能改造,其实施 EPC 项目就非常困难,进行备案审查以及节能验收等程序就难以获得政策支持。如果,对于这类名义上是 EPC 项目,且又按照 EPC 项目来实施,就会造成 ESCO 在商务合同与会计处理、项目财务管理等各方面的冲突,并且导致财务资金风险、会计与税收风险等。在这一点上,税务部门在批准企业享受优惠政策时,是需要企业提供政府节能主管部门相关审批文件的。因此,如果合同和项目没有获得节能主管部门的备案批准,是不会获得税收上的优惠的。

②科学技术风险:主要体现在 ESCO 项目运用的节能技术或设备服务并不成熟,没有得到成功实践或者已经被其他先进产品所代替,并不具备竞争优势等。

③经济风险:包括内容较多,例如国家宏观经济形势、行业经济状况、潜在客户的经济状况等,但就潜在客户的资信风险,就需要 ESCO 谨慎选择项目合同对象。

(2)在项目合同谈判及条款拟定的商务活动中,双方就前期工作的相关结果达成一致,就技术、经济、法律等条款进行协商,并最终签订项目合同,在此过程中,需要重点关注如下风险。

①人力资源风险:ESCO 在进行合同评审时,往往需要各有关单位的按照各自职责进行评审,因此,对各部门、各风险管理人员的专业胜任能力、协作能力要求较高。特别是对新业务而言,如果没有全面、丰富的专业经验以及敏锐的风险意识,就有可能产生对新领域相关风险的不了解,缺乏识别能力,从而导致合同风险。

②法律风险。主要是对合同约定的权利、责任、义务没有进行全面风险评估,导致合同条款执行得不到保障,引发合同纠纷。

③管理风险。如对合同评审中相关部门的协调组织能力,企业经营层对风险的把控能力,决策程序,风险偏好等。

④财务风险。主要是项目收益风险。对合同中约定的节能量计量、合同额、收款方式、收款时点、项目收益保证、项目移交程序等约定不明确导致的风险。财务风险还包括如果商务合同模板不按照《技术通则》的相关要求来拟定,就不能够申请财政奖励和税务优惠,从而减少项目潜在的收益。

3.在项目合同签订后,ESCO开始进行项目施工,验收、营运,并按照约定条件收取节能收益;在项目后期,按照约定办理项目资产移交等手续。在此过程中,共有风险与专有风险存在如下交叉。

①项目技术与营运风险:所有项目都存在技术和营运风险。EPC项目的技术和营运风险,与EPC项目相比,其后果可能更为严重,因为EPC项目的实施风险,主要有ESCO承担。因此,如果技术和营运出现,ESCO将产生和承担项目财务损失。

②项目资金(筹融资)风险:与项目营运风险一样,在项目实施成功前,项目资金筹资风险、筹资成本,都需要由ESCO独立承担。如果项目实施过程中,发生项目无法达到预期的财务安排,ESCO将产生成本资金回收风险,并承担融资损失的风险。

③项目实物管理风险:根据模式惯例,ESCO将在项目结束后,将实物的所有权移交给用能客户。因此,在项目实施过程中,项目实物管理,既要尊重客户实际操控节能设施的权利,也有采取措施保障设施能够按期移交,而不产生灭失的风险。

5.项目专有风险

①项目合同规范与审批风险(法律监管风险)

即EPC合同如果不按照规范要求,就难以获得政府的认可,难以获得政府相关扶持政策。如《技术通则》作为国家标准,对合同主要条款,特别是涉及双方主要权利责任等进行了明确,合同双方需要按照《技术通则》以及有关部门如国家发改委、财政部、税务总局的相关政策要求,在规定的时点,提供相关的资料办理合同备案审批、申请财政奖励、申请税收优惠审批等。

②财务收益风险

前面提到,在合同商务谈判时,基本确定了项目收益。一般而言,EPC的项目收益主要包括两部分,一部分是为项目进行的融资成本收益,一部分是正常的节能服务收益。前者的实现,由于项目后期能否实现节能收益,存在较大的风险,因此,这部分融资成本收益较高,而后者一般按行业正常收益确定,比如按成本和一定的毛利来确定。因此,EPC项目的财务收益风险主要集中在项目是否能够按照预期目标顺利实施。

EPC项目的财务收益风险,与工程总承包的项目财务收益构成不同,EPC项目还有财政扶持资金的收益、税收减免收益等。因此,作为专有的项目风险,要对财政税收(收入)风险加以重点关注。EPC的财政税收优惠,会计上一般不计入项目收入。但由于与项目的实施有关,因此,在项目财务管理中,应把这类税收减免和财政奖励视同项目的财务收益来对待。

由于当前对EPC项目的会计核算准则并不是非常清晰,因此,EPC项目还要根据实质重于形式的原则,对EPC项目的经济业务实质,参照相应的会计准则和税务法规,进行核算,合理反映项目收入、成本、利润、税金等数据。会计核算以及税收风险也属于法律风险。

当然,由于其他非正常因素,比如节能用户的社会信用缺失,以各种不正当理由拒绝支付融资成本对应的高额收益,也容易导致财务预计收益不能够达到预期目标。

（3）资金风险

资金风险与财务收益风险有关联。除了项目因为失败等原因导致项目成本难以回收的重大风险外，资金风险在这里主要是指资金管理风险。例如由于融资成本过高，影响项目的收益，融资到位时间进度与项目进度不匹配，影响项目进度，从而影响项目的收益期，融资回收期相关保障措施不到位，导致资金不能到期归还，占用公司其他流动资金来归还项目融资等。

（4）能源审计风险

能源审计是 EPC 项目的重要组成部分，也是一个非常复杂、非常带有技术性的环节，因此，ESCO 必须对此进行相当重视，采取措施加以控制，必要时引入第三方（中介机构）参与项目。

6.EPC 项目的专有风险特点

（1）来源于国家政策的强制要求。EPC 项目在中国的快速推广发展，得益于国家相关政策的扶持，但法律法规既是 EPC 项目的保障和推动力，也是 ECP 项目法律风险的主要来源，如果 EPC 项目合同条款或项目相关实质成果不符合国家相关要求，则 EPC 项目在财政、税收以及会计政策方面，都有所限制，从而导致项目合同方难以达到预期的项目结果，甚至产生经济损失。

（2）取决于合同双方对 EPC 合同的价值判断和利益博弈。EPC 项目存在的项目风险，例如项目融资风险、项目实施结果达不到预期风险等，EPC 项目合同的达成以及推进，是双方价值判断和利益博弈的结果，如果双方在合作过程中，缺乏必要的信任，合同的实施可能更加具有不确定性。一些 EPC 项目正是因为在实行过程中，双方利益分割产生了纠纷，导致双方合同难以继续执行，造成双方利益都受到一定的影响。

（3）风险防范能力依赖于 ESCO 公司的综合实力（资金、技术与管理）。ESCO 的综合实力对于 EPC 项目的实施非常重要，除了资金、技术外，项目综合管理、风险控制能力也是非常重要的。特别是对于新进入者而言，本身对项目运作相关要点，关键风险点等缺乏了解，企业也缺乏必要的资源配置，就容易对项目过程风险缺乏预见性安排，不能够采取有效措施进行适当防范。

（4）EPC 项目风险中的财务风险主要集中在收益的实现能否实现以及在财务报告中的体现情况。EPC 的财务风险是各类风险的集中反映，包括 EPC 项目与工程总承包项目存在的类似、共有风险，也包括 EPC 项目的专有风险，如融资风险，财税政策风险、会计风险等等。而财务风险中相关收益的实现风险，也依托于其他风险的识别和防范，例如，对于融资风险的防范，主要是在合同条款和合同执行中，要建立和融资资金的来源、偿还保障机制，融资资金成本的风险补偿机制等。关于财务报告中的体现问题，主要是 EPC 项目存在的特殊财务安排，如何更为准确和适当地进行会计信息报告。比如，如何对 EPC 项目进行会计核算，如何反映期末项目资产状况等。

总的来说，EPC 项目的风险特点是与 EPC 项目专有的特点相关的，这也是区别于传统的工程总成本模式的。

7.EPC 合同文本的基础作用

在讨论 EPC 项目风险时,必须依赖于项目的法律载体——项目合同。因此,项目合同文本是项目风险控制的基础。项目双方在自愿平等公平的原则下签订的 EPC 项目合同文本,是项目各方权利、义务和责任的法定依据。也是实施项目的重要依据。在中国,国家为了引导 EPC 模式发展而专门拟定国家标准用于合同参考文本。

在节能效益分享型项目流程中,本文以合同签订为分界,把 EPC 项目分为三个阶段:合同签订前商务活动、合同签订、合同实施。因为,在这三个阶段需要关注的重点风险管理是不一样的。在风险管理中,以合同文本签订为界,分为三大部分,为企业进行风险管理提供了分时、分段管理的可能,这有助于企业在 EPC 不同阶段,聚焦不同的风险点,并采取不同的措施来加以防范。

在此过程中,需要关注两点:

①合同文本的风险防范问题。EPC 文本是各方对项目风险和项目利益进行权衡之后的综合结果。故合同文本中,涉及各方的权利、义务责任的条款,可以较为具体反映企业 EPC 项目的风险。因此,对项目的风险研究,可以把合同文本为基础依据。

②在项目流程中,合同是承上启下的重要载体,它既是前期商务谈判等活动的成果的重要反映,也是正式实施项目的重要依据。前期商务谈判所形成的利益或风险,在合同中会得到反映,合同中约定的各项条款,是各方执行合同的依据,也是项目利益是否能够得到合理实现的保证。因此,在此过程中,具有前因后果的关联,这也表示,在前期商务谈判时,应该把 EPC 全流程可能涉及的各类风险进行通盘考虑。

(二)EPC 项目风险的识别方法

ESCO 在运用开展 EPC 项目时,根据控制目标,应该结合 EPC 项目不同阶段和业务拓展实施进度,持续收集与风险变化相关的各类信息,进行风险识别和风险分析,及时调整风险应对策略。

风险清单是风险识别的基本方法。风险清单是指由专业机构或人员设计出标准的表格问卷,非常全面列示企业可能面临的各类风险,由使用者对照清单列示项目进行回答,找出企业面临的风险。

风险清单以标准表格的形式帮助使用者找出企业风险点,构建企业风险框架,具有标准统一、可借鉴性强、经济实用等特点,适合缺乏风险管理能力的企业使用,如新建企业或新加入某一行业的等企业等。比较常见的风险清单有潜在损失一览表、保单检视表和资产——暴露分析表等。

风险识别还存在如流程图法、财务报表分析法、调查问卷等常用方法。表 1 为 EPC 项目风险程度调查表示例。

表1　EPC**项目风险程度调查表**

序号	指标分类	具体指标	评分(1—5)
1	法律	国内能源、节能政策法规调整	
2		国家财政税收管理政策	
3		EPC合同政府专项监管政策	
4		国家建筑法律法规政策	
5	经济	货币政策	
6		经济通货膨胀	
7		利率和汇率波动性	
8	行业与市场	能源价格变化	
9		市场竞争风险	
10		市场需求风险	
11	技术	节能技术先进性	
12		节能设备成本变化	
13		节能技术可靠性	
14	指标分类	技术的经济性	
15	项目决策	决策风险	
16		信息不通畅	
17	财务	企业融资渠道	
18		融资方式	
19		项目周转金与施工期、营运期的匹配	
21		项目收入确认与收益期的配比	
22		项目现金流与收益期的配比	
23		项目利润确认与项目收益期的配比	
24		项目资产管理	

续表

序号	指标分类	具体指标	评分(1—5)
25	工程	人力资源储备	
26		项目管理能力	
27		前期分析、诊断、设计方案优化	
28		工期	
29		工程质量	
30		不可抗力导致的设备故障	
31		施工风险	
32		维护风险	
33		节能量测量和预期节能效果能否实现	
34	客户	客户运营风险	
35		客户支付诚信风险	

注:1—弱度风险,2—低度风险,3——一般风险,4—较高风险,5—极高风险。

(三)项目风险的评估

风险评估是在风险识别的基础上,对风险进行计量、分析、判断、排序,是企业进行风险应对的主要依据。COSO将风险评估定义为识别和分析实现目标的过程中存在的"重要"风险。风险评估的直接作用就是管理层依照被识别的风险的重要性来采取风险管理措施,减弱风险效果。

但在工作实践中,发生损失的概率以及损失程度更容易被关注,因此,风险管理人员在作项目风险评估时,对项目损失的可能性和损失程度的影响都必须严谨细致进行,两者不能偏废,而且对损失的测算应该过程清晰明了,便于理解,否则容易造成对管理层的决策误导。

风险评估一些实用的评估方法包括用概率和统计的方法、敏感度分析、行业标杆比较法、风险价值法、情景分析法、压力测试法、风险指标、随机模拟、风险坐标等等。

在进行项目风险评估时,情景分析法较为常用。情景分析法是一种自上而下"如果—什么"的分析方法,可以计量某事件或事件组合对企业将产生的影响,它通过假定未来某种可能的情况,从而为制定风险策略提供支持。主要程序是:

1.确定分析的主题、明确分析的范围;

2.建立风险数据库,并将风险按对主题的影响进行分类;

3.构思风险可能的未来情景;

4.设想一些突发事件,分析对未来可能的影响;

5.描述到未来各种情况的发展演变途径。

风险无处不在。EPC 项目的风险评估,ESCO 在实务中,应该根据企业的行业特点以及企业在风险控制中积累的行之有效的制度措施,对 EPC 项目的风险,通过识别、评估,找出重要风险、专有风险,并拟定应对措施。

四、EPC 项目的风险应对措施

对于 EPC 项目的风险控制而言,在评估了风险的重要性和概率后,就应结合企业的风险承受度,权衡风险与收益,选择最佳的风险应对策略,风险应对策略包括风险承担、风险转移等。企业还应该通过有必要的、针对性的控制活动来管理风险。

EPC 模式的特点,决定了 EPC 模式,相对于工程总承包等既有模式,在风险应对策略的选择方面,有其特殊的需要。

(一)明确 EPC 项目的风险应对原则

EPC 项目的风险应对应以合作共赢为核心。

尽管 EPC 项目的特点体现出 ESCO 在项目实施过程中,主要承担项目风险的责任,但就合同双方而言,实现合同共赢,是实施合同的主要目的。就项目风险而言,双方有必要就项目存在的风险进行公平公开的讨论,以合作共赢为项目核心,以双方利益最大化为目标,换位思考,并从项目合作的角度,在权利义务方面进行合理划分。

例如,就政府财政补助而言,如果 ESCO 已经在项目收益方面获得了较高的收益,并且预估能够得到顺利实现,那么在政策财政补助方面,可以适当让利。相反,如果 ESCO 的项目收益存在较大的不确定性,特别是用能单位的项目收益期的收益、现金流无法得到保证,在此情况下,由节能单位的关联单位提供适当的担保,或者对用能单位相关的资金流入建立专户监管,都是可以探讨的。

因此,在此原则下,合同双方应就项目的财务安排,包括资金来源、成本、融资方式等,项目收益的实现方式,如款项支付方式、时间等进行详细的讨论并达成一致。

对于双方都关心的 EPC 项目涉及的财税优惠政策,需要成立专门的工作组,进行详细认真的讨论,形成工作计划,加以落实。

(二)重点评估项目专有风险

合同评审是企业对合同进行风险管控的重要手段。对于 EPC 项目而言,由于存在特殊性,因此,根据 EPC 专有风险,重点开展专有风险评估工作。

例如:项目的财税政策风险,项目的融资风险,项目的会计核算政策可能导致企业经营业绩状况出现重大差异的风险等。

在合同评审过程中,还要注意企业的人力资源风险,要坚持"自力更生"和"借力"原则,借助专业力量,把控新业务、新项目风险。新业务、新项目对于企业而言,由于缺乏以前的经验,就容易发生对新生事物不熟悉,或对项目实施过程可能存在的各类风险缺乏警惕,因此,在这种情况下,既要发挥企业内部专业人士的风险识别职能作用,也可以借用外力,外部资源,寻找外部专业人士,如法律中介机构、税务中介人士参加项目的评审,提高发现项目风险的可能性。

(三)健全项目风险应对考评机制

项目风险应对的决策权在于企业的经营层。根据企业内部控制的相应规则,企业应该按风险大小责任类别,建立分层分级决策机制、科学分工、民主集中决策机制等。

要全面充分和突出重点地反映 EPC 合同潜在风险,还需要对项目合同评审的机制进行有针对性的完善。加强项目风险管控,还要加强信息传递、沟通渠道的建设。这就需要各职能单位的相互配合,及时沟通信息。

在此过程中,要充分发挥项目执行者的识别和控制项目风险的作用。健全项目权责明晰的风险应对考评机制。完善合同管理职能部门、项目执行部门等关键部门和关键岗位责任机制,并建立相应的考评奖惩机制。

(四)建立项目风险应对决策支持机制

企业应该建立以项目预期收益为核心,构建预期收益模型,提供项目风险应对决策参考支持。

首先,项目的预期财务收益是可以量化的,项目的预期财务收益,核心是项目正常的营运收入减去成本,但也应该包括项目财政补助、税务优惠所得。将财政补助,税收优惠所得纳入项目财务风险评估体系,适应 EPC 项目模式特点,这也有别于传统的工程总承包模式。

其次,EPC 财务收益量化模型,要企业的各部门配合,比如合同预算管理部门、财务部门、人力资源部门等。对项目营运人工成本、项目资金成本、税务成本等进行合理预测,并结合合同收入模式进行整理设计,得到一个较为完备的财务收益模型。

而由于各个项目存在不同的合同运作模式,项目的财务收益量化模型,财务风险评估指标体系,需要根据企业的自身情况加以考虑,并结合项目特点来实施。另外,ESCO 的收益模型,根据与甲方谈判的情况,以及项目是否符合国家相关监管要求,及时更新,做好必要的备选方案。

最后,在项目谈判过程中,对财务收益的及时准确量化,有助于企业经营层进行最优决策。

企业经营层在面对一个新的业务领域,会综合平衡考虑各类因素,如有可能考虑到企业刚刚涉及新的发展领域,对项目利润可以适当让步,只要项目顺利实施,形成新的样板工程,企业就可以获得更多的项目。因此,对于项目利润的权衡,可能只是企业经营决策时的一个重要方面,而非全部,在这个时候是,对项目(预期)财务收益的及时准确量化,是非常有助于企业经营决策的。

(五)引入合同纠纷外部中介机制

EPC的协调发展随着节能工作的不断深入和推进，能源计量越来越受到政府和社会的重视。因此，得到政府有关部门认可的第三方机构，为EPC项目进行节能量审核和评估，编制节能项目验收和测试方法指南等指导书，可以有效减少双方技术"扯皮"现象。因此，外部的节能审计机构也是EPC合同在发生节能量纠纷等情况时，重要的中介机构。

(六)EPC项目专有风险应对措施

1.项目合同规范与审批风险

项目合同规范与审批风险，主要体现为项目合同没有按照《技术通则》的要求，以及国家发改委、财政部等相关的程序文件进行合同条款的拟定等情况，这样导致合同无法取得政府主管部门的备案，从而导致项目合同不能够按照EPC模式获得相关的政策支持。

应对措施主要有：

(1)双方成立专门的工作组，吸纳内部或外部相关的专业人士，就合同条款从法务、技术、财务等各角度，参照《技术通则》等相关要求来拟定。合同条款既要符合相关政策要求，也要符合双方的权责利。

(2)咨询外部相关机构和专业人士。对于新进入者，可以提前向政府主管部门进行咨询，以满足相关程序文件要求。聘请具有丰富经验的行业内的专业人士作为专业顾问，也可以避免企业少走弯路，减少不必要的损失。

(3)加强人才队伍的培训。对于内部各职能部门的相关人员，要加强新业务的相关知识培训，特别是风险防范能力的把控能力。

2.项目资金(筹融资)风险

项目资金风险，是与传统的工程总承包而言，EPC项目的资金风险，主要体现在项目垫资的资金成本和资金收回方面。通常，资金风险与项目是否能够正常实施、达到预期目的，是与产生预期的节能效果和经济效益紧密相关的。

企业在把握资金风险时，首先要对项目可行性进行严格把关，只有做到项目技术和经济可行性都不存在重大风险的情况下，才能够开展EPC项目。如果两者存在一般风险，而非重大风险，企业能够承受，则应该较为谨慎地进行资金筹资模式的选择。

项目资金成本，一般是包括在项目收益中的。如果ESCO的项目收益存在较大的不确定性，特别是用能单位的项目收益期的收益、现金流无法得到保证，在此情况下，可以要求由节能单位的相关联单位，如控股股东，提供适当的履约担保，或者对用能单位收益期内的相关经营活动的资金流入建立专户监管，并优先支付收益费用。

3.项目税收优惠风险

项目的税收优惠风险，也是建立在合同不能够获得政府备案审批，节能效果达不到政府相关规定等情形下的。

对于税收优惠风险的应对，首先要基于合同规范和审批风险的防范。其次要在合同正式实施前，对各种财税风险进行预判，结合合同备案等行政要求的进度和结果，及时与甲方保持沟通，必要时可以对合同文本进行修订，以适合合同最终执行方式的确定。

总体而言，对于内部管理规范、风险管理机制完善、专业人员素质高、风险防范意识较强的企业而言，在拓展全新的 EPC 项目时，可能面对的挑战要小一些，而对于综合实力不强，抗风险能力差，企业风险管理水平低的 ESCO 而言，EPC 项目风险的把握就需要严格谨慎，需要借鉴他人成功和失败教训，认真按照可以参考的项目风险控制流程，做好相关的工作，避免合同签订、项目实施发生重大的风险。

4.项目能源审计风险

EPC 项目与其他工程项目重要的区别就是围绕“节能量”开展的相关经济活动。节能量是 EPC 的核心，而合同能源审计、节能过程的策略与验证等，是 EPC 过程中的重要组成部分，也是关系到合同能否达成预期节能目标的重要手段。能源审计是指用能单位、节能服务公司或委托从事能源审计的机构，根据法定或约定的能源审计规则，对合同范围中的相关设备的使用物理过程和财务过程进行检测、核查、分析和评价，意在发现提高能源使用效率，降低能耗，降低能源费用支出的途径。

ESCO 作为 EPC 实施的主体，需要围绕项目节能量进行测量、验证等工作。能源审计对项目的现实和未来进行预估分析，而测量和验证则是对预估结果进行确认。这些是非常专业的技术活动，对 ESCO 的自身能力提出了较高要求。因此，ESCO 需要充分预估自身技术能力，必要时应考虑借助和聘请第三方作为外部力量。独立的第三方提供的能源审计服务和相关数据信息等，有助于减少合同双方对节能量等关键数据的分歧，推进项目的顺利实施。

五、乙公司 EPC 项目合同风险分析

与工程总承包模式比较，就 EPC 项目的专有风险而言，除了财务、融资风险等外，与项目本身紧密相关的法律风险，是企业在进行项目风险控制时，尤其要关注的，特别是新进入以 EPC 模式进行节能改造领域的节能技术服务商 ESCO。下面以乙公司第一个 EPC 合同面临的专有风险为例，展开分析。

(一)乙公司及项目背景

乙节能服务公司位于重庆，成立于 20 世纪 90 年代，其母公司 S 集团是钢铁行业综合性的工程技术服务型企业，在钢铁业拥有较强的知名度。近些年来，S 集团在集团内的子公司的管理内部控制方面，加大了管控力度。例如对子公司重大合同评审流程，项目预算审批流程的完善。集团规定，子公司的重大工程承包合同的审批，由子公司发起，由集团法规部、财务部、合同管理部等参与评审，最终由集团董事长审批。这些措施对提高集团内各子公司的经营管理水平、防范经营风险起到了一定的作用。

乙公司是 S 集团内的一家工程技术服务公司，主要业务是钢铁行业的工程总承包业务。经过 20 年的摸爬滚打，乙公司在行业里取得了相当的业绩。但随着传统钢铁业务的萎缩，行业内市场份额的急剧减少，而其他行业领域的进入门槛较高，因此，乙公司也面临业务转型的调整。

乙公司从 2010 年开始,向热能工程领域的节能项目发展,先后实施过几例技能服务项目,公司于 2011 年经过国家发改委审查,取得"节能服务公司证书",为公司进入 EPC 项目奠定了基础。但在本合同前,乙公司一直在努力开拓 EPC 项目,并没有实施过一例完整的、成功的 EPC 项目。

新疆甲公司是一家地处新疆的钢铁企业。钢铁行业由于受宏观经济影响,产能严重过剩,近年来一直处于国家淘汰落后技术和限制产能的态势中。甲公司生产经营近年来受西部大开发的利好影响,尚能维持正常的生产经营。特别是其小转炉,由于建材产品适销对路,甲公司对提高其产能非常感兴趣,但苦于公司的资金紧张,正在积极寻求技术服务公司能够提供相应的资金和技术,进行改造。而乙公司作为甲公司的传统的技术服务供应商,也需要进入节能改造项目。

经过甲、乙公司的谈判,乙公司于 2014 年 3 月,与甲公司签订了《新疆甲公司煤气回收项目合同能源管理(EPC)》(以下简称"甲公司 EPC 合同"),这是其按照国家有关规范,签订的第一个 EPC 合同(以下简称"煤气回收 EPC 项目")。

根据 S 集团的合同评审流程,该合同由乙公司合同部发起,由集团财务部、法规部、合同部等进行评审,最终完成了合同评审和签订。

但乙公司财务部没有参与合同评审,在收到正式的合同文本时,发现合同条款中存在若干风险,于是咨询乙公司的项目部经理,但项目部经理也是合同签订后指定的项目经理,他并没参与合同的谈判。因此,乙公司财务部向公司项目主管提出了风险分析报告,引起了重视,决定由项目经理出面与甲公司协商合同的修改,但甲公司一直拖延拒绝。在此情况下,从维护甲、乙双方的业务角度,乙公司按预定的合同进度实施相关工作。到 2015 年 4 月,该项目节能设备的建筑安装等工作已经结束,进入效益分享期,但乙公司尚未收到甲公司的任何款项。因此,项目的风险已经显露出来,经过近一年的协商,该 EPC 项目已朝 BT 模式(建造—移交)模式改变,合同文本不再执行。因此,该 EPC 合同实际已经终止。

虽然该合同已经终止,并通过另外的合同来完成双方的合同权利,但该案例也反映出 EPC 项目在合同风险控制方面存在的特殊性。

(二)乙公司 EPC 项目合同风险分析

1.项目风险控制机制缺陷分析

从合同风险形成背景的过程描述上,我们可以发现,乙公司的合同评审和最终审批流程,即 EPC 项目最主要风险控制措施,出现了控制漏洞。其原因是复杂的。

首先,S 集团和乙公司对合同评审环节中,机构、专业人员的胜任能力的管控出现了失误。

S 集团规定的由集团财务部参与重大合同评审,而非乙公司财务部参加评审,主要是以前各子公司的财务部工作人员的专业能力不足,员工的知识、技能、能力与相应的职责并不匹配,而由集团财务部来执行。集团公司有关部门在根据国家标准委的相关标准,发布了集团公司合同能源管理项目合同模板,但在合同评审中,对该合同存在的与国家标准不相符的情况,却没有提出修改意见。而集团财务部的评审人员,没有关注到 EPC 项目涉及的财税政策可能导致的财税风险,也没有对合同相关条款提出进一步明确的意见。

其次,是合同评审中,公司的合同评审、合同执行的机构、人员权责严重分离,加上各有关人员的风险偏好不同,最终导致合同的风险控制环节无法闭合。

最直接的表现就是 S 集团参加合同评审的机构,在合同条款存在的风险的事后处置工作中,并不存在主要的工作和责任,而是由成立的项目经理部负责与甲方来联系协调,而项目经理对 EPC 项目模式缺乏深入了解,对合同条款存在的风险更缺乏应对建议,这样就造成了与甲公司的合同修改协商一直拖延,造成目前的局面。

还需要指出的一个隐形的问题就是合同评审环节,对合同重大风险的误判后果,没有明确的处罚制度,导致合同出现严重风险,并由企业承担后,相关的责任人员没有承担相应的责任。这实际也造成合同评审过程中,相关人员即便发现自己缺乏相关的专业知识,即使发现合同风险有遗漏,还会认为还有其他部门和人员的把关,甚至还有公司最高领导的审批,因此,这样的合同评审,即便产生严重的后果,由于实行了集体评审的机制,也不会给个人带来严重后果。

2.项目合同的专有风险分析

项目风险集中反映在双方对合同条款的具体约定上,因此,如果合同条款存在不确定因素,包括对相关事项的错误判断,都会有导致项目风险的可能。下面引用甲公司 EPC 项目合同条款,对项目审批、财税政策风险、财务风险等主要风险进行分析,对于 EPC 项目其他专有风险,如财务风险中的筹资风险、合同能源审计风险等不再涉及。

(1)项目审批政策风险

主要集中在如下合同条款约定中:

甲公司炼钢厂现有 2 座 40T 转炉,主要工艺设施包括洗涤塔、环缝装置、脱水塔、煤气风机入口切换阀门及管道、煤气风机出口三通阀、旁通阀、水封逆止阀、U 型水封、排水水封。本工程回收转炉煤气,以达到资源综合利用、节能降耗并为企业提供部分能源补充的目的。同时配套建设相关公辅设施。

风险类别是外部项目审批风险。

例如,发改办环资〔2010〕2528 号文件规定:

①2010 年 10 月 20 日以后签订的能源管理合同,须参照《合同能源管理技术通则》(GB/T24915－2010)中的标准合同格式签订。

②财政奖励资金支持的项目内容主要为锅炉(窑炉)改造、余热余压利用、电机系统节能、能量系统优化、绿色照明改造、建筑节能改造等节能改造项目,且采用的技术、工艺、产品先进适用。

③属于下列情形之一的项目不予支持,如新建、异地迁建项目;2007 年 1 月 1 日以后建成投产的水泥生产线余热发电项目,以及 2007 年 1 月 1 日以后建成投产的钢铁企业高炉煤气、焦炉煤气、烧结余热余压发电项目,等等。

而且,根据国家最新相关产业政策:40T 转炉作为即将逐渐淘汰的产能,已经被河北省等地方列入关闭目录。据报道,河北省日前印发《河北省新增限制和淘汰类产业目录(2015 年版)》的通知,根据《目录》河北将在全省范围内淘汰 450m³ 及以下炼铁高炉、淘汰 40T 及以下炼钢转炉。新增固定资产投资项目和新设立各类市场主体须执行《目录》。在此趋势下,甲公司目前仅剩该两座 40T 转炉,其余转炉都在 100T 以上,而且环保方面具有先进性,此次改造,一方面是环保政策压力,另一方面,也是目前尚无国家强制性拆除的影响,甲公司还可以利用该产能,创造经济效益,特别是当前钢铁行业大高炉产能过剩,产品收益低,小转炉生产的低档次钢材受到当地建材市场欢迎,产品效益高的刺激。因此,本 EPC 项目的实体设备是建立在一个受国家政策影响较大,后期是否能够长期存在还较大不确定的甲公司生产设备上,项目的后续实施存在较大的风险,特别是一旦在 2015 年和 2016 年被国家列入淘汰产能,将极大影响项目收益的实施。

这一点风险实际上被当地政府部门进行了非正式的证实。在项目合同签订后,乙公司项目部 8 月派人到新疆相关部门了解 EPC 合同备案时,被明确告知该 40T 转炉面临被淘汰的风险,是不能够申请节能补助的。

但有必要指出的是,在 2014 年,当地并没有实施 40T 转炉将被强制淘汰的政策。因此,对于风险的判断,如果从风险容量的角度,如果考虑到该转炉在 3 年这个短时间内,被拆除的可能性较小,则风险可以判断为低。

(2)财税政策风险

"乙方协助甲方办理申请国家对除尘改造项目的财政补贴及税收优惠手续,以及国家对合同能源管理投资公司的政府补贴和奖励。该部分政府补贴和奖励按甲方 100%、乙方 0% 分享。"

本款涉及的风险为外部的财税政策风险。

例如,2010 年 6 月,财政部、发改委印发了《合同能源管理项目财政奖励资金管理暂行办法》(财建〔2010〕249 号)等文件,其中规定:

"第四条,支持对象。财政奖励资金支持的对象是实施节能效益分享型合同能源管理项目的节能服务公司。"

"第六条,符合支持条件的节能服务公司实行审核备案、动态管理制度。"

"第十三条,合同能源管理项目完工后,节能服务公司向项目所在地省级财政部门、节能主管部门提出财政奖励资金申请。具体申报格式及要求由地方确定。"

因此,根据要求,节能项目的财政补贴应该由节能服务公司,即乙方向当地有关部门提出申请。而非合同约定的甲公司办理。至于双方的权益分摊,则按合同约定,这无可厚非。

最新的政策变化是在 2015 年 5 月,国家财政部对节能项目的财政补助资金管理进行了重新规定,财建〔2010〕249 号文件被废止。这在意味着新的合同能源管理项目是否还能够申请财政资金补助,还需要政府出台相关规定。

(3)财务风险

包括财务资金风险、成本控制风险等。

①"收益期内,乙方拥有其投资的除尘改造项目所形成的所有资产的权益(不含土地),收益期届满,办理相关手续后,乙方将除尘改造项目的厂房及设备等所有资产无偿交给甲方经营和管理,同时资产所有权归属甲方。"

体现为内部的财务风险。由于该合同无法按照国家要求完成备案等程序,因此,就无法按照税务部门相关的要求办理"无偿"移交。如果按照合同约定,办理资产移交,将在账面上形成资产处置损失。

②"在收益期内,甲方按照本合同的规定以转炉煤气费的形式向乙方支付相应款项,从而分期实现乙方收回工程投资成本和收益。"

该条款暴露出重大的财务风险。节能设备产生煤气,即能源的一种,是实现 EPC 项目节能效益的基本所在,但乙公司到底提供的是一种产品,还是一种服务,或者是"产品+服务"的综合体,目前还有争议,会计和税务方面,对 EPC 还没有比较确切的规定。结合本项目而言,乙公司提供的 EPC 项目,不能简单视为销售煤气,把 EPC 合同能源合同视为工程总承包项目,即建造资产和提供服务两大部分,比较合适。

首先,乙公司作为工程技术服务公司,并不具备经营煤气供应的经营资质,如果甲方要求乙方按照商品销售的税目开具增值税专用发票,乙方将无法开具。

其次,由于企业经营项目的税目不一样,税率是不一样的,乙公司可以开具服务类发票,税率为 6%,而(煤气)商品销售发票为 13%,这两者的税差,将形成乙公司的项目成本。

因此,对于本条款,应该与甲方协商,明确开票的具体税目,以便减少一方面的税务风险。

③在收益期内,乙方按照以下公式进行效益分享

项目固定年收益 2 346 万元/年;项目固定收益总额 5 278.5 万元(含税)。

在收益期内,如发生重大变化(仅指一炼钢转炉的拆除和改造)时,仍按以上固定收益进行支付;如出现不可抗力(如自然灾害等)造成的停产,甲方将顺延支付(另行约定)。

本款约定对乙方而言,隐含较大的财务风险。

同上,对该两转炉如果遇到政策要求,强制拆除的情况,给甲、乙两方造成损失,并没有预先给出具体的对策,或者原则性的条款。

乙方的财务风险则是两方面:其一,甲公司转炉项目获得收益,没有作为合同对应的资金支付保证来源,从而可能会因为甲方其他方面的资金占用,无法按期付款;其二,如果甲方遇到转炉被停止运转,导致项目无法实施所造成的损失,如何解决。

因此,乙公司一方面可以要求甲公司提供不能够按期付款的担保措施,另一方面,可以对非乙方造成的项目损失,按照损失的合理比率,要求甲公司承担保底责任,而非作为合同的组成部分,仅要求甲公司的母公司承担一般连带责任。这样甲公司既能合理分摊未来的不确认损失,也可以最大减少未来不确定损失给本公司造成的影响。

④付款时间:在收益期内,每月 20 日至 25 日,甲方应按照本合同的规定向乙方支付上月固定转炉煤气费用 195.5 万元。付款方式:甲方付款可以采取银行汇票、银行转账方式。

财务风险中的项目成本控制风险,主要体现在两方面:

第一,甲公司对乙公司的资金占用、由于银行承兑汇票,从收票到承兑,都有一定的时间,因此,甲公司占用了该部分的资金时间成本。

第二,由于甲公司地处新疆,因此,每月到新疆或派驻人员在新疆收款的差旅费成本,在两年半内,按每年 4 万元计算,预计在 10 万元左右。虽然占整体毛利的比率不大,但仍然增加了项目成本。

因此,可以要求甲方明确以转账方式支付款项,乙方在合同金额方面给予一定的让步。收入虽然少了,但可以保证每月能够及时收到可支配的现金。

(三)EPC 合同风险管控建议

乙公司的 EPC 合同,存在较多的风险点,这提醒我们从合同条款出现的诸多风险的现象,来分析查找问题的原因。

作为第一个正式的 EPC 合同,乙公司在承接该项目上,体现了经验不足,项目组织协调能力不足,风险防范意识不够的缺陷。体现在:

其一,乙公司商务部门和其他机构的工作人员,对 EPC 涉及的诸多政策掌握并不深入,合同评审部门和人员之间,除了对各自范围的风险点认识还不够外,对非本部门之外的风险点也没有进行相互提醒。

其二,在 EPC 项目营运体制上还存在严重不足。反映出的深层次问题则是乙公司的项目部营运机制需要改造和完善。乙公司作为传统的工程设计、工程总承包企业,以成立独立的项目经理部来实施项目,对传统的工程项目,具有较好的效果。但随着项目的数量增多,项目经理的配备缺乏足够的资源,对 EPC 项目营运和项目商务管理缺乏经验。

其三,这也说明,公司在人力资源管理方面,还存在风险。在国家行业、产业政策进行较大变化的背景下,管理的相关岗位人员的知识背景没有得到及时地更新。

通过上述分析,我们认为,乙公司实施的甲公司 EPC 项目,是依照了 EPC 模式的实质要求来搭建甲、乙双方的权利义务责任的,只是不完全符合中国对效益分享型模式的政策要求,从而造成在项目运营中存在一些风险,综合反映为外部的财会税收等政策、法律风险,从而导致内部财务风险,需要从中总结。

六、总结与展望

(一)节能服务公司的发展崛起及面临的挑战

中国近年来节能减排任务形势严峻,国家大力推进节能减排,推进生态文明建设,必将为节能环保产业创造巨大的市场需求和发展潜力。因此,节能环保产业发展面临难得的历史机遇,潜力巨大,大有作为。中国的节能服务公司也在不断壮大崛起,为中国节能减排,创建资源节约型社会做出了贡献。近年来,通过国家备案的节能服务公司数量增长很快,截至 2011 年 8 月,已经达到 1 734 家,从业人员达到近 18 万人,节能服务产业规模达到了近 840 亿元。

但是,中国节能服务公司由于行业发展时间短,市场规模有限,行业竞争激烈,加上企业成立时间不长,综合实力不强,在项目融资、技术服务、法律事务等各方面的经验有限,而且EPC项目比普通的节能改造项目复杂,因此,EPC项目面临的风险较为复杂,风险更高。这需要ESCO面对市场和项目机会时,权衡利弊,做出决断。

因此,我国EPC模式仍然面对诸多挑战,例如:

1.节能服务产业的市场不规范、在节能利益分配方面尚缺乏公平合理的机制,在合同实施过程中,用能单位的强势地位得不到外力平衡,ESCO的权益保护缺乏法律有力的保护;因此,需要关注市场主体的信用体系建设,维护双方的合理权益。

2.ESCO企业实力薄弱,很多中小型节能服务公司面临缺乏核心技术能力和专业人员的问题;节能项目外部融资困难,抗经营风险能力薄弱。

3.融资难是当前EPC模式推行的最主要障碍。在中国,如钢铁、水泥行业等耗能大户的效益等,也受到宏观经济走势影响,金融机构对他们的资金支持力度有所顾虑,因此,它们的融资能力也受到限制。因此,节能项目资金是最大障碍,在由谁融资方面,出现的问题较多,节能项目风险和收益的配比,迫使双方都要考虑项目实施过程的各种风险,资金风险是核心,因此,项目融资仍然是EPC合同实施的关键问题。

4.行业中介机构力量不足。ESCO的收益取决于节能效果的好坏,节能效果的评测是合同能源管理项目的核心。ESCO在节能量的审核和评估上,缺少统一的评价标准和具有一定权威性的第三方机构来进行节能量审核和评估,经常很难与企业达成一致。

5.国家法制建设。对于节能环保领域的国家相关法律法规体系建立和完善,是促进合同能源管理模式走向成熟的根本保证,当前国家虽然出台了一系列法规政策,但还不够完善,甚至还存在漏洞。因此,EPC模式的发展,一是法制建设、二是市场化道路。

(二)乙公司的风险控制改进建议

我们对乙公司开展的EPC项目,就其存在的主要项目风险进行了识别分析,并提出应对措施。现就乙公司风险控制工作提出如下改进建议。

1.参照相关的规范制度要求,对企业项目管理的内部控制体系进行梳理,查找不足,加以弥补和改进。例如,项目合同风险评估体系,项目合同的预算管理体系,公司与项目的绩效考评体系等。

2.传统的工程总承包模式已经不适应社会经济发展新的变革,乙公司面临的行业挑战也非常严峻,而公司的人力资源显然没有做好准备,因此急需改变当前的员工知识结构,让相关部门和员工的工作更深入市场,加强学习,更新知识,培养能力。还要培养项目管理方面的复合型人才,借鉴其他行业成功经验,对生产经营组织架构进行改造,这既要充分调动项目经理部相关组成人员的积极性,也要发挥公司职能部门的积极性,同时要从上到下,从公司经营层、职能部门、项目经理部加强权责利机制的匹配和考核工作。

在这个过程中,企业的财务部门、财会人员,如何从财务会计转向管理会计,为企业创造更多的价值,是广大财务人员专业发展需要面临的问题。

　　就乙公司 EPC 项目而言,首先是在合同评审过程中,发现了合同存在的若干财税风险,并通过倒查追索,了解到合同签订时,相关事项的背景。从中发现合同评审存在的缺陷。这提示我们在合同前期参与或初步评审中,财务部有关人员在参与合同商务部分的谈判并不够"专业",缺乏对 EPC 合同特点的深入研究,对融资风险、税收与会计风险防范意识不足。

　　因此,加强会计人员的"转型",首先就是要加强学习,加强对新业务、新法规、新准则的学习。如果对财务与金融业务知识不熟悉,对财政金融、会计税收法规不熟悉,就难以从较高层次对相关问题及时给予支持和解决。其次,就是面对新常态,会计工作如何更好地参与企业的经营活动,而不仅仅是进行通常的财务会计核算。例如,如何全程参与项目的风险控制,在事前,如何建立项目预期收益模型,并根据合同谈判进展,条件的变化进行适时调整,给予经营层最及时的决策支持。这也涉及个人和团队的协作精神和能力建设。

　　3.强化企业的风险意识,规范公司各层级的风险容量管理,风险评估和决策人员的"风险偏好"进行适当干预。在企业经营决策层,要建立信息公开、决策民主的议事制度,防止专权,缺乏监督;要明确各层级的岗位人员发现超过自己所能够控制的风险,必须按照相关的信息报送要求,及时上报到最高决策层,并对及时发现的风险进行及时防范管控。

　　企业决策层的相关决策,做好短期和长期利益取舍。当前,市场竞争积累,本 EPC 项目作为乙公司第一个 EPC 项目,承载了除了项目财务收益之外的重要使命,例如积累行业经验,打开公司 EPC 项目市场,保住甲公司传统项目市场等。这就要求企业决策层对项目存在的利弊得失进行综合判断,进行取舍。在对财务风险的认识方面,第一种认识,就代表了一种观念,就是作为第一个 EPC 项目,该项目是成功的,即便出现了意料之外的各种风险,但目前看来是可控的,结果是乐观的。因此,在这样的情况下,企业决策层有必要提醒相关岗位,在这个合同中,风险管控的失败之处,需要改进的问题等等,而非盲目乐观。这样才能"吃一堑,长一智"为以后的项目的实施积累经验。

　　4.建立 EPC 财务收益量化(模型)。项目的预期财务收益是可以量化的,项目的预期财务收益也应该包括项目财政补助、税收优惠所得。特别是在项目谈判过程中,对财务收益的及时准确量化,有助于企业决策层尽快做出最优决策。EPC 财务收益量化模型,要企业的各部门配合,比如合同预算管理部门、财务部门、人力资源部门等。对项目营运人工成本、项目资金成本、税务成本等进行合理预测,并结合合同收入模式进行整理设计,得到一个较为完备的财务收益模型,并根据与甲方谈判的情况,及时更新,提出各自方案,满足双方的需要。

　　值得注意的是,EPC 财务收益量化模型需要考虑的财政、税收等预期财务收益,从管理会计上也可以视为一种机会成本(选择成本),这也是选择 EPC 模式与工程总承包模式需要考虑的重要因素。在传统的项目管理中,对项目收益的范围的界定有存在分歧的现象。例如,"合同能源管理"项目潜在的政府补助和税收优惠是否算是项目的预计收益?预计的政府补助和税收优惠,是否应该作为项目经营绩效考核的重点内容加以管理?这些问题需要我们进一步研究和实践。

5.建立有效的项目经营绩效考评机制。项目是公司营运的基础,建立有效的项目经营绩效考评机制是推动公司项目按照预期目标实施的重要保证。项目绩效考评机制要建立项目经理、项目经理部、职能部门、职能部门相关工作人员相互交叉的权责利匹配的体系,特别要防止合同评审和项目执行之间存在风险控制背离的情形。

6.规范合同行为。合同条款是双方权责利的具体体现,双方应该自愿公平合理地约定。但 EPC 项目存在政府规范要求,因此,双方应该严格按照《技术通则》的相关要求,参照合同范本格式,并由具备广泛法律知识背景的专业人士,以及财税、技术等方面的专家对合同条款进行严谨起草拟定、审核,对不符合相关政策要求的情况加以避免,并对双方的权责利进行尽可能清晰准确的表述。合同履行过程,也需要各专业的分工协作,对需要进行补充协商的内容,要按合同修改的相关程序进行。

综上,当前 EPC"节能效益分享型"模式,非常具有鲜明的中国特色,主要体现为国家为推行 EPC 模式推出的财政税收扶持政策。EPC 项目具有的高风险高收益特点,要求节能服务公司高度关注项目风险。与工程总承包模式比较,在"营改增"的大背景下,对财政税收扶持优惠政策的把握,以及规范合同约定条款,是企业在进行项目风险识别评估和应对中,尤其需要关注的。

(三)不足与展望

本文基于 EPC 项目风险,就风险识别、风险应对策略等进行了讨论,并就乙公司开展的第一个 EPC 合同存在的主要风险进行了分析,指出了存在的专有风险,并提出了改进建议。

根据对该合同执行情况的跟踪来看,该合同无法按照国家标准中定义的 EPC 项目来执行,只能按照工程项目总承包模式来执行,而乙公司存在的财务、税收等风险,也只能自己承担。就乙公司而言,由于长期在工程总承包模式下经营,加上 EPC 项目风险控制方面没有相关的经验可循,在甲乙双方都没有对相关法规政策进行充分学习掌握的情况下,急于求成,造成该合同实施非常被动。这样的经验教训值得反思。

在中国当前面临新常态的情况下,对企业而言,更要强调通过各种学习形式,适应外部形式变化。特别是出现业务新模式的情况下,作为行业新进入者,在面对机遇与挑战时,既不能盲目乐观,急于求成,也不可以前怕狼,后怕虎,裹足不前。面对未知风险,主要的工作是吸取行业已有的经验教训,认真总结,结合企业管理现状,认真分析,查找不足,立足自身的优势,改变劣势,从而找到适合自身的发展道路。

当然,由于本文探讨的主要是基于项目合同相关约定的情况,对合同背后相关的商务活动参与不深,对于企业最高经营层在对该合同风险进行全面考虑时,如何取舍缺乏了解。因此,本文对项目风险的管控建议可能缺乏针对性。另外,本文提出,在项目合同谈判期间,ESCO 应该建立动态的项目收益动态模型,以支撑项目谈判,但由于缺乏对项目成本构成的数据分析,以及项目成本收益等属于工程概算的范畴,属于另外的管理领域,因此,本文仅作为一种管理思路提出,没有进行实践探索。这是以后需要进一步研究完善的地方。

对于 EPC 模式而言,根据国家节能主管部门的政策导向以及行业数据分析,中国先后出台的财政、税收、金融等扶持政策极大鼓励了节能行业的发展。随着社会经济环境的变化,工程建设领域的新模式也不断创新发展,例如中国目前在公共服务领域大力推广政府和社会资本合作模式(简称 PPP),这种新模式与 EPC 模式一样,在中国的推广,在发展的前期,与其他国内成熟的工程模式比较,企业更主要的是关注法律法规的风险。

而展望未来,合同能源管理模式,作为一种具有市场广泛前景的商业模式,在经过外来引进试点、国家大力推广实施、本土化改造创新、整合创新等阶段,行业内的优势企业不断做强做优,中国合同能源管理在政府的大力支持下,在克服行业面临的困境后,发展将更为成熟,模式将会大力创新,为能源节能型、环境友好型社会的发展贡献力量。

主要参考文献

[1]美国 COSO 制定发布.企业风险管理——整合框架[M].方红星,王宏译.大连:东北财经大学出版社,2005.9

[2]徐玉德.企业内部控制设计与实务[M].北京:经济科学出版社,2009.4

[3]谢仲华,丁先云,谢今明.合同能源管理实务及风险防范[M].上海:上海大学出版社,2011.

[4]彭涛.合同能源管理项目的风险和对策[J].中国科技投资,2010(08):27-29.

[5]王肃.合同能源管理的风险分析[J].决策与信息,2009(03):138-140.

[6]周鲜华,徐勃.合同能源管理项目中的收益风险研究[J].沈阳建筑大学学报(社会科学版),2010(01):57-60.

[7]尚天成,潘珍妮.现代企业合同能源管理项目风险研究[J].天津大学学报(社会科学版),2007(3):214-217.

[8]董荫.合同能源管理风险评估指标体系探析—基于层次分析法[J].现代商贸工业,2011(03):48.

[9]朱纯宜,王永祥.基于模糊层次分析法的合同能源管理项目风险综合评价[J].价值工程,2011(19):301-302.

[10]金伟峰.我国 EMC 项目运作中风险控制研究[D].河海大学,2007.

[11]刘西怀.论合同能源管理的风险控制体系[J].价值工程,2010(08):234-236.

企业战略性社会责任内部控制体系构建研究

王海兵　李文君

重庆理工大学财会研究与开发中心　重庆商务职业学院会计学院

一、问题的提出

近年来,从国内不断出现"毒胶囊""地沟油""瘦肉精"等系列事件,到 2013 年全国平均雾霾天数创 52 年之最,达到 29.9 天,再到企业不负责任直接往江里面倾倒化学物品,导致患癌死亡率较 30 年前增加了 80%,触目惊心的数据反映了我们食品安全危机、生存环境恶化、人们健康风险大大增高的现状,同时,这些数据的背后也反映了企业社会责任没有有效地得到贯彻执行,如何让企业重视并站在战略高度履行战略性社会责任成为社会各界关注的话题。2010 年五部委联合印发的《企业内部控制应用指引第 4 号——社会责任》中指出企业应当重视履行社会责任,切实做到经济利益与社会效益、短期利益和长期利益、自身发展和社会发展相互协调,实现企业和员工、企业与社会、企业与环境的健康和谐发展。并强调企业应从安全生产、产品质量、环境保护、资源节约、促进就业、员工权益保护等方面落实企业社会责任。《企业内部控制应用指引第 2 号——发展战略》提出企业应当根据发展战略,制定年度工作计划,编制全面预算,将年度目标分解、落实;同时,要求战略委员会加强对发展战略实施情况的监控,定期收集和分析相关信息,对明显偏离发展战略的情况,应当及时报告。《企业内部控制应用指引第 15 号——全面预算》中指出为了促进企业实现发展战略,企业应当根据发展战略和年度生产经营计划,综合考虑预算期内经济政策、市场环境等因素编制预算。随着企业日益竞争的需要以及法律法规的约束下,企业预算得到广泛的运用,并逐渐与企业发展战略结合,成为落实企业战略的工具。随着社会各界对社会责任的关注,要求企业站在战略的高度来实施社会责任即战略性社会责任的观念已经得到认可。但目前战略性社会责任的执行效果差强人意。预算控制作为内部控制的重要控制方法,能将企业履行社会责任的资本支出纳入到预算编制控制、预算执行控制和预算考评控制中,能预见性地表述企业社会责任承担情况并通过持续控制达成最初效应。本文将战略性社会责任融入企业预算中,构建以企业战略性社会责任为导向、以社会责任预算风险管控为中心的内部控制系统,旨在提升企业声誉,为企业形成差异化竞争优势、实现资源优化配置与健康可持续发展提供依据和保障。

二、文献回顾

现有文献中直接对企业战略性社会责任预算控制的研究较少,本文拟从预算控制和战略预算、战略性社会责任、社会责任与预算控制几个方面进行回顾。

(一)预算控制和战略预算研究

预算是内部控制的重要工具,必须将企业全面预算与内部控制相结合。实际工作中,企业全面预算与内部控制之间存在种种不协调的现象,造成企业的资源浪费,严重地损坏了企业的经济效益(候丽红,2012)。目前对于预算控制主要集中研究预算控制的模式、预算控制作用以及预算控制存在的问题等方面。李国忠(2005)指出企业集团预算模式主要有集权预算模式、分权预算模式和折中预算模式,我国企业集团的预算控制模式的基本取向为折中预算模式。喻育(2008)对预算在管理控制中的作用进行探析,指出预算控制的作用体现在对资源配置的控制(事前控制)、对具体经营活动的控制(事中控制)和对业绩评价的控制(事后控制)。此外,延伸角度方面的计划、协调和激励作用。李蕊爱(2010)指出目前我国预算控制中存在的问题中提到了预算控制不注重作为预算动因的非财务指标,此外,企业发展战略目标在很多企业预算中没有体现,基于传统预算控制中存在的问题,理论界提出了战略预算。张先治、翟月雷(2010)认为,企业预算控制系统与控制环境紧密相关,随着企业的控制环境变化而变化,并以权变观、系统观和整合观为原则构建了基于环境的预算控制系统,对预算控制系统中的预算松弛、预算控制变量选择、预算控制紧度选择及预算评价和激励等关键环节进行改进,从而提高预算控制系统与控制环境的适应性。战略就是应对环境变化所带来的威胁(风险)或机会(价值),环境和预算之间的互动关系,为我们将战略问题纳入预算控制框架提供了新思路。

关于战略预算主要集中在战略预算的概念和特征、战略预算体系的研究和运用、战略预算模式的探析以及存在的问题。薛绯等(2013)指出,战略预算管理编制优化可以实现动态博弈下的战略均衡,战略预算编制起点必须与企业战略相结合。裴正兵(2009)指出战略预算是从企业战略目标出发,通过对企业提倡经营活动的筹划与安排,以最终实现既定战略而进行的计算,最终结果以多种形式报表和数据体现。牛蕾(2008)认为战略预算管理体系是战略目标确定、预算执行、战略执行、战略预算考评等模块的有机结合。吕鹏(2007)构建了基于平衡计分卡的战略预算体系,把预算作为战略执行系统,从平衡计分卡的四个维度形成战略预算的主体内容,与运营预算共同构成企业新型的全面预算体系,在此基础上蒋旻(2008)提出修正的平衡计分卡战略预算体系构建。关于预算模式唐凤帆、王加礼(2007)分析了不同时期企业的发展战略对应的预算模式,经历了销售为核心的预算管理模式、现金流量平衡为核心的预算管理模式和以利润为核心的预算编制模式,以及这些模式的优点和缺陷。战略预算的问题方面,李文君、王海兵(2014)提出,传统预算和企业战略的结合度不够,并提出了基于平衡计分卡的企业预算管理整合框架。汪家常、韩伟伟(2002)针对战略预算实施中存在问题,提出了将非财务指标放入战略预算体系框架,如产品质量与服务、职工满意度等社会责任指标。

(二)战略性社会责任研究

目前对于战略性社会责任的研究主要集中在战略性社会责任的概念、价值创造以及如何落实等方面。国外学者对于战略性社会责任的界定主要从行为动机、责任性质、行为模式、战略目标以及与传统社会责任区别的视角。Baron(2001)认为企业战略性社会责任是指企业承载社会责任并以利润最大化为目的的战略性为。Porter 和 Kramer(2006)把战略性社会责任分为价值链创新和竞争环境投资两种类型。其中,前者是指企业为解决社会问题而进行的企业价值链创新,后者是指通过投资于竞争环境中某些能够促进企业竞争力提升的社会项目来创造共享价值,并建立起企业与社会的共生关系,两种社会责任如同时履行效果更佳显著。Jamali(2007)指出战略性社会责任是兼顾企业利益和社会责任贡献的战略性自愿责任,Fathilatul Zakimi Abdul Hamid,etc.(2014)的研究表明,企业社会责任已经从过去单纯的利他行为转化为当前企业所不可或缺的核心竞争能力,具备战略性特征。许正亮等(2008)战略性社会责任是集聚收益调节性、风险调节性和参与强势性的独特金融投资工具。王水嫩等(2011)认为战略性社会责任的本质是一种把社会问题纳入企业核心价值的内在、主动的战略,它把承担社会责任看作是企业创造与社会共享的价值,取得可持续竞争优势和发挥积极社会影响的战略机会。李智彩、范英杰(2014)认为战略性社会责任是社会责任与企业战略耦合,是企业为实现其共生圈内各经济主体的存续,将社会责任理念作为企业的基本价值观融入企业使命和企业文化,在满足企业基础需求的同时,立足提高财务资本投资回报,提升人力资本价值增值,促进市场资本协同发展,改善公共资本存在状况,在服务社会的同时构建企业核心竞争力。目前研究关于战略性社会责任的价值创造途径主要包括创造新的商业机会、降低企业风险,降低融资成本三方面。王水嫩等(2011)指出企业履行战略性社会责任的关键是选择并解决与自身能力相匹配的社会问题,企业在履行战略性社会责任中与利益相关者的沟通可以更好地把握商机。陈爽英等(2012)等认为企业战略性社会责任过程分为融合理念、识别维度、履行活动、共享收益四个阶段,战略性社会责任均应与企业核心价值紧密联系,探析了企业战略性社会责任的实践路径。王海兵、刘莎(2015)将战略性社会责任引入到内部控制领域,构建了企业战略性社会责任内部控制框架,为企业战略、社会责任、内部控制三者的整合研究提供了一个完整的理论框架和实务指引。

(三)社会责任与预算控制的结合研究

社会责任日益深入公众意识,如何让企业有效履行社会责任?目前从预算控制角度推进实施社会责任的研究包括社会责任预算的内容以及整合研究等方面。陈弘(2011)认为社会责任会计预算大致分为员工责任预算、环境责任预算、产品责任预算和社区责任预算,通过建立企业社会责任管理机构和社会责任管理制度体系促进社会责任预算管理,周佳晴、赵慧(2011)指出预算管理与社会责任会计结合为实现公司社会责任目标打下基础,提出明确企业社会责任会计目标,以方便企业实施社会责任预算管理的措施。杨弋等(2013)提出将社会责任融入企业全面预算全过程,在预算的分析过程中能更加准确表达企业社会责任承担的情况和达成的效应,明晰企业在经营过程中创造的经济价值和社会价值。

综上所述,现有文献主要为预算控制、战略预算、战略性社会责任之间关系的研究,社会责任、战略、预算的两两融合都比较常见,但三者的融合研究不多。企业战略、社会责任和预算控制两两耦合,交互共生,能够产生"1+1+1>3"的协同效应。企业战略性社会责任预算控制是预算控制窗口往社会责任领域扩宽、往战略层次提升所形成的内部控制体系。构建企业战略性社会责任预算控制体系扩展预算控制功能,提升预算系统的完整性、战略性、高度性。

三、企业预算控制和战略性社会责任内部控制的关系

合理保证企业发展战略顺利实施是内部控制的最高目标,发展战略是影响内部控制设计和运行的重要环节因素(吴秋生,2012),内部控制是为了实现战略而进行的一系列控制活动,是一种战略管理(徐虹、林钟高等,2010),池国华(2009)、刘国强(2013)将企业战略嵌入内部控制,构建基于战略导向和系统整合的企业内部控制规范实施机制和战略内部控制。企业战略性社会责任预算控制是预算控制窗口往社会责任领域扩宽、往战略层次提升所形成的内部控制体系。企业战略性社会责任通过整合企业价值活动,实现企业与社会的和谐发展,形成难以模仿的核心竞争力并获得可持续竞争优势。有效的内部控制有利于持续推进战略性社会责任履行,预算控制作为企业内部控制的核心和主要手段,通过将企业的战略社会责任目标转化为各部门、各岗位以至个人的具体行为目标,从而促进战略性社会责任从理念层面落实到行动层面。反之,战略性社会责任履行有利于提高内部控制的有效性、丰富内部控制的维度,将二者结合有利于将社会责任融入预算控制到企业的全面预算管理中。不仅增强了企业履行企业社会责任的力度,同时提高了企业全面预算的管理水平,有利于企业的持续发展,达到提升企业价值的目的。因此,将预算纳入企业战略性社会责任内部控制框架,构建以社会责任战略为导向、以社会责任预算风险管控为中心的企业战略性社会责任预算控制体系,可以推进我国企业预算内部控制建设、积极履行社会责任、提高预算管理水平。

预算控制是战略性社会责任内部控制的常规手段和重要组成部分,企业战略性社会责任内部控制和预算控制是整体和部分、引领和促进的关系。战略性社会责任内部控制涵盖了发展战略模块、社会责任模块和内部控制模块。企业要在较长的一段时间内保持竞争优势,必须与社会环境、生态环境协调一致,承担相应的社会责任。改革开放后,很多企业以利润最大化为企业经营理念和财务管理目标,忽视了众多的利益相关者,由此引发了系列社会责任缺失导致的安全事故。随着构建和谐社会的提出以及 2014 年新版企业社会责任标准 SA8000 的发布,企业社会责任成为企业可持续发展战略的现实要求。《财富》杂志评选的世界 500 强企业结果告诉我们,企业承担社会责任可以给企业带来忠实的顾客群和可观的销售量,从而提升财务业绩达最终到可持续发展战略的目标。由此可见,社会责任对发展战略的实现具有极为重要的意义,因此嵌入了社会责任的发展战略才是可持续的。

发展战略影响内部控制的控制环境、风险评估、内控活动、信息与沟通和监督五要素,是内部控制实施的方向和目标。良好的内部控制可以支持或者保障企业发展战略的科学制定、稳步实施和有效地动态调整。以风险为导向的内部控制本质是一个控制机制,即对即将

遇到或可能遇到的风险进行扫描、预警、评估、应对和控制。企业根据嵌入了社会责任的发展战略制定相应的内部控制制度并贯彻日常工作中执行,可以提高企业的声誉度和美誉度,给企业形成一个良好的控制环境,促进内部控制的建设,有效降低社会责任风险。因此,有效的内部控制可以通过促进企业履行社会责任,降低企业的经营风险,从而帮助企业实现组织目标。预算控制是企业内部控制一项重要的内容,和发达国家著名跨国公司相比,我国企业预算管理普遍存在战略关联度低,以及系统性、科学性和人本性亟待加强的问题,要从根源上解决这些问题,需要我们的预算控制建立在战略性社会责任内部控制的框架基础之上,即用嵌入了社会责任的发展战略来指导内部控制和预算控制,社会责任的战略层引领预算控制的依据和方向指引,预算控制通过落实内部控制的措施,推动、确保企业战略性社会责任目标的实施,促进内部控制目标的实现,即促进企业战略目标的实现和社会责任的履行。

四、企业战略性社会责任预算内部控制的内容

企业战略性社会责任预算内部控制是以企业社会责任战略目标为导向、以社会责任预算风险管控为中心的内部控制体系,具体内容包括目标控制、程序控制和信息控制(见图1)。目标控制是指预算管理在以主张社会利益为企业核心价值前提下确认预算目标,然后通过对财务和非财务指标的分解来明确预算单位的责任目标,包括财务预算目标风险控制和非财务目标风险控制。企业战略性社会责任预算的程序控制包括预算编制风险控制、预算执行风险控制、预算调整风险控制、预算考评风险控制四个模块组成。信息控制主要包括预算管理信息系统风险控制和预算档案管理风险控制等。通过目标保驾、程序保障、信息保全三方面来实现对企业社会预算控制的整个过程,包括事前控制(预算目标的制定、预算的编制)、事中控制(预算的实施和调整)和事后控制(预算的反馈和考核评价)。

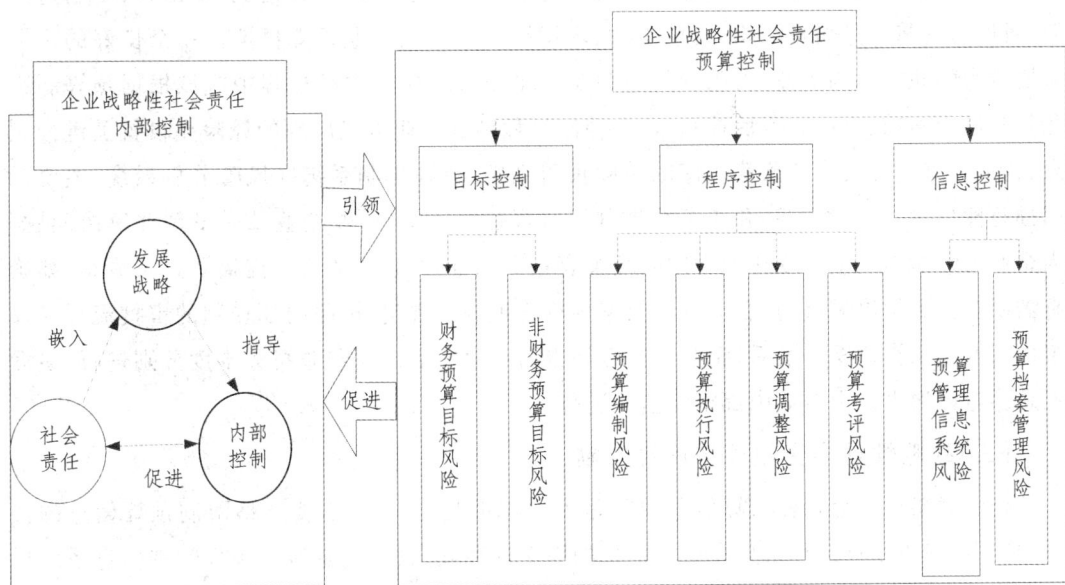

图1　企业战略性社会责任预算内部控制框架

(一)社会责任预算目标控制

企业战略性社会责任预算控制的目标控制是指在实施预算工作后评价企业社会责任预算内部控制运行机制是否有效以及运行制度是否合理,包括对财务预算目标风险的控制和非财务预算目标风险的控制。传统的企业预算控制目标主要集中关注财务预算控制目标,对战略性社会责任关注度低,导致企业急功近利,过度追求经济利益,这些已经给企业带来不同程度的负面影响,如"三鹿"奶粉,出现了破产这一社会责任风险的最严重后果。相反"王老吉"事件告诉我们,企业积极主动履行社会责任,不仅能够提高企业的社会认可度、知名度、美誉度,还有助于实现企业的主要经济目标,实现经营效率和经济利益,同时也能够兼顾外部公平和社会价值。维护安全、稳定、和谐的商业生态,对于企业的健康可持续发展至关重要。企业在制定预算目标时,除了考虑股东和员工的利益外,还应将政府部门、债权人、消费者、社会、生态环境、供应商等核心利益相关者纳入考虑。受能力和资源限制,企业应先识别出能够影响战略目标实现的重要利益相关者,然后根据利益相关者的诉求确定有社会经济价值的项目方案,并预评估各个项目方案的战略性利益及其风险,最终选择符合企业价值最大化项目方案,据此制定企业经营目标和社会责任履行目标,将系列目标分解为各个层级的子目标,作为企业预算控制的方向。业绩评估方面,企业预算目标的实现很大程度上依赖于企业的业绩评估,在业绩考核方面非财务预算目标也要纳入绩效评价体系,并给予较高的权重。

(二)战略性社会责任预算程序控制

战略性社会责任预算程序控制是为了实现既定目标,减少预算编制、执行、调整和考评过程中的风险,对企业社会责任预算实施的全流程监控。预算的编制需要根据企业每个阶段的目标来进行,对于非财务预算目标的细化需要结合企业的实际情况,比如,汽车制造行业,可以考虑将产品质量缺陷、安全事故、环境影响等纳入企业预算框架。一个良好的预算需要有力的执行作为支撑,否则预算也只是一纸空文。预算执行过程中应该根据预算制度和目标进行事前、事中和事后控制,这个控制过程结合企业可能出现的风险点设置关键控制点,构筑战略性社会责任预算程序的风险预警系统、风险控制系统和风险分析系统,主要采用预防性控制、检查性控制和纠正性控制等常规控制方法,以便企业及时发现并解决问题。当企业的环境出现重大变化或者国家政策有重要调整时,企业战略可能需要进行调整,如确有需要对预算做出调整的,企业可以根据预算管理制度规定,按照内部控制的审批流程和议事规则做出预算调整。最后,企业预算考评方面应从财务维度和非财务维度分别进行,最后汇总。考评通常是由企业内部审计监督进行。

(三)战略性社会责任预算信息控制

企业战略性社会责任预算信息控制是为了实现既定目标,需要严格限制预算信息的接触和使用,保障预算过程信息和结果信息的真实性和安全性,主要涉及预算管理信息系统风险和预算档案管理风险。预算管理信息系统风险控制应考虑预算管理信息系统的应用环境、内部控制架构、预算方法、控制技术、预算信息来源、预算信息传输以及安全性要求。预算档案管理风险涉及对预算过程中形成的文件和相关资料的分类备案和保管,以便日后查询或者使用,具体预算档案的标准化处理、分类、调阅、日常保管等。通过对预算管理信息系统风险和预算档案管理风险的控制,可以真实完整地记录和反映预算全过程,通过授权审批、信息接触限制、不相容职务分离等来控制不同人员对预算信息流的接触,信息采集、加密、转换、传输、共享、利用、存档等的权限和责任明确规定,保证战略性社会责任预算管理信息系统的安全运行和有效利用。

综上所述,在经济全球化的浪潮中,企业、环境、社会之间存在密切的互动关系,新常态下,亟待转换传统的围绕短期经济利益目标的预算管理思路,运用战略性社会责任预算来提升企业与社会环境的良性互动,运用预算手段来有效控制社会责任风险,为企业的健康可持续发展提供支持。为此,本文构建了社会责任战略为导向、以社会责任预算风险管控为中心的企业战略性社会责任预算控制框架,为推进我国企业预算内部控制建设、提高预算管理水平提供理论依据和决策参考。企业构建战略性社会责任预算控制,能够克服传统预算带来的重视效率、忽视公平,重视财务目标、忽视非财务目标的弊端,全面提高预算管理水平。嵌入了社会责任的企业发展战略才能与社会、环境协调发展,获得可持续发展的动力并取得企业综合价值最大化,企业战略性社会责任预算控制在管控社会责任风险、促进该企业发展战略的实现方面能够发挥独特的作用。未来进一步的研究方向包括但不限于以下方面:探讨战略性社会责任预算控制和其他管理工具的综合运用,包括平衡计分卡(BSC)、波特五力模型(Porter's Five Forces Model)、戴明环(PDCA)等,充分发挥战略性社会责任预算控制的潜能。这方面已有学者进行了探索性研究,提出作为战略管理工具的平衡计分卡和作为目标管理的控制工具的企业预算管理的有机结合可以产生协同效应。另外,国家宏观层面的法律法规,尤其是内部控制规范体系和预算管理法律法规,需要与时俱进予以完善。微观层面,积极研发战略性社会责任预算控制的方法模型或技术工具,也非常有必要,借此提高企业战略性社会责任预算控制系统的可操作性和控制效率。

主要参考文献

[1]李国忠.企业集团预算控制模式及其选择[J].会计研究,2005(4):47-50.

[2]喻育.预算控制在管理控制中的作用探讨[J].技术与市场,2008(9):92-93.

[3]李蕊爱.我国企业预算控制存在的问题及应对措施[J].商业研究,2010(7):81-84.

[4]张先治,翟月雷.控制环境对预算控制系统的影响[J].重庆理工大学学报(社会科学版),2010(11):17-21.

[5]薛绯,顾晓敏,曹建东.战略预算编制改进研究:起点、原则与方法[J].学理论,2013(2):71-74.

[6]裴正兵.企业战略预算基本概念与特征研究[J].财会通讯,2009(5):44-46.

[7]牛蕾.战略预算管理体系的构建[J].铜陵学院学报,2008(1):27-28.

[8]吕鹏.论企业战略预算体系的构建[J].生产力研究,2007(5):134-136.

[9]蒋旻.基于修正平衡计分卡的战略预算管理体系的构建[J].科技进步与对策,2008(8):10-12.

[10]唐凤帆,王加礼.基于企业战略预算模式选择[J].合作经济与科技,2007(75):11-12.

[11]李文君,王海兵.基于平衡计分卡的企业预算管理整合框架探析[J].财务与会计(理财版),2014(12):42-44.

[12]汪家常,韩伟伟.战略预算管理问题研究[J].管理世界,2002(5):137-138.

[13]Fathilatul Zakimi Abdul Hamid etc. A case study of corporate social responsibility by Malaysian government link company[J]. Procedia-Social and Behavioral Sciences:2014(164)600-605.

[14]王水嫩,胡珊珊,钱小军.战略性企业社会责任研究前沿探析与未来展望[J].外国经济与管理,2011(11):57-64.

[15]李智彩,范英杰.战略性企业社会责任研究综述[J].财政监督,2014(4):19-21.

[16]陈爽英,井润田,刘德山.企业战略性社会责任过程机制的案例研究——以四川宏达集团为例[J].管理案例研究与评论,2012(3):146-156.

[17]王海兵,刘莎.企业战略性社会责任内部控制框架构建研究[J].当代经济管理,2015(4):31-37.

[18]陈弘.社会责任预算管理初探[J].财会通讯,2011(7):124.

[19]周佳晴,赵慧.对社会责任预算管理的初步研究[J].现代经济信息,2011(9X):42.

[20]杨弋,邹晓春,刘录,阳秋林.关于构建企业社会责任全面预算管理的思考[J].国际商务财会,2013(12):14-18.

[21]吴秋生.论企业发展战略与内部控制的关系[J].企业经济,2012(10):5-9.

[22]徐虹,林钟高,王海生.内部控制战略导向:交易成本观抑或资源基础观[J].财经论丛,2010(5):68-74.

[23]池国华.企业内部控制规范实施机制构建:战略导向与系统整合[J].会计研究,2009(9):64-71.

[24]李文君.基于平衡计分卡的预算管理案例分析——以 Z 公司为例[N].财会信报,2015,2(2).

建筑业社会责任内部控制体系的实施路径探讨

王朝胜

重庆巨能建设集团建筑安装工程有限公司

一、问题的提出

建筑业是我国国民经济的支柱产业之一,担负着国家基本建设的生产任务,在国家经济中具有重要的地位和作用。建筑业属于劳动密集型行业,具有流动性大、施工分散、露天作业、劳动条件差等特点,而其施工中危险性大、不安全因素多且点多面广加之建筑施工企业管理又跟不上、措施不力等原因,导致建筑施工安全事故频繁,人员伤亡、财产损失十分严重。我国各级政府历来非常重视建筑业的安全管理工作,制定了一系列建筑安全管理方面的政策法律、法规,明确规定了安全生产工作必须实行"企业负责、行业管理,国家监察和群众监督"的安全管理体制。2015 年 3 月 16 日继出台针对施工单位项目经理的质量安全责任十条规定之后,中国住房和城乡建设部又公布了针对建设、勘察、设计、监理单位项目负责人的四个规定,将建筑工程五方责任主体的项目负责人责任全部"落实到人"。

2010 年财政部等五部委联合印发的《企业内部控制应用指引第 4 号——社会责任》,明确解释企业的社会责任是指企业在经营发展过程中应当履行的社会职责和义务,主要包括安全生产、产品质量(含服务)、环境保护、资源节约、促进就业、员工权益保护等。指出企业应当重视履行社会责任,切实做到经济效益与社会效益、短期利益与长远利益、自身发展与社会发展相互协调,实现企业与员工、企业与社会、企业与环境的健康和谐发展。

二、建筑业社会责任内部控制体系的实施路径

目前,针对建筑业存在的安全生产、环境保护等方面的不足,本文从政策调控、战略制定、文化建设、风险管控、预算管理等五个方面提出我国建筑行业社会责任内部控制的实施路径。

(一)加强宏观政策调控,建立健全相关体制机制和法律法规

外部市场环境会影响公司内部治理和内部控制的运用。政府层面,可以在宏观政策调控、体制机制和法律法规方面,为企业社会责任内部控制做顶层制度设计和行业规划,宏观调控,微观搞活,对企业履行社会责任的内部控制活动进行规范和约束,同时运用宏观调控工具,促进建筑行业履行社会责任。这些宏观调控工具包括但不限于以下工具:完善税收管理、推进项目招投标的公开性和透明度、反垄断增加竞争性和流动性。相关体制机制和法律法规也应建立健全,近年来,财政部相继出台了《石油石化行业内部控制操作指南》和《电力

行业内部控制操作指南》，但建筑行业内部控制操作指南尚未出台。建议财政部加紧组织力量研究和颁发建筑行业内部控制操作指南，并将社会责任要素全面有机融入指南，提高建筑行业内部控制管控社会责任风险的系统性和可操作性。此外，《企业内部控制应用指引》《企业内部控制评价指引》和《企业内部控制审计指引》也需要基于社会责任风险管控的视角进行修订和完善，为建筑行业建设、评价和审计社会责任内部控制提供法律依据和实务指引。

（二）将战略性社会责任嵌入建筑企业内部控制，使建筑企业社会责任控制窗口前移

内部控制是促进企业实现发展战略的重要手段，战略性社会责任嵌入内部控制，能够将传统企业内部控制窗口往社会责任领域扩宽、往战略层次提升，进而能够充分发挥内部控制系统的功能，在管控重大社会责任风险方面，能够发挥巨大的作用。2010 年五部委联合印发的《企业内部控制应用指引第 4 号——社会责任》对企业在安全生产、产品质量等七个方面应履行的社会责任做出了明确规定，从国家法律、法规层面对企业践行社会责任做出了强制约束，拓展了企业内部控制的控制范围，强化了内部控制对企业社会责任风险的控制。同时，《企业内部控制应用指引第 2 号——发展战略》提出了企业战略的内部控制，内部控制作为企业战略的实施工具对企业可持续发展战略目标的实现起着重要推动作用。发展战略和社会责任是企业内部环境的有机构成部分，在企业内部控制的统一框架下，战略控制和社会责任控制是企业实施内部控制的重要内容。建筑企业应该将企业社会责任控制窗口前移，使得战略性社会责任嵌入内部控制，构建以企业战略为导向、以企业社会责任风险管控为中心的内部控制系统，提升利益相关者满意度和企业声誉，为企业形成差异化竞争优势、实现资源优化配置与健康可持续发展提供依据和保障。

（三）建设企业社会责任内部控制文化，优化企业内部控制环境

企业社会责任、企业文化与内部控制都是理论界和实务界探讨的热点话题，三者的有机耦合，将极大地提升内部控制系统的柔活性，充分发挥社会责任高位、前瞻的战略助推作用，以及文化作为一种核心软资源和控制环境构成要素的基础性控制作用。在全球化和复杂化的经营环境下，打好企业社会责任、企业文化和内部控制三张组合牌，将是我国建筑行业企业获取核心竞争优势的战略举措。企业文化能够持续作用于人的心理，比如企业员工在正式场合的统一着装，能够带来庄重、严肃和职业感。在危险作业环境下要求员工佩戴安全帽和携带防护设施，能够体现建筑企业社会责任内部控制物质文化。建筑、工作环境、生活设施、员工着装等都能够折射出社会责任内部控制物质文化，它是企业内部控制核心价值观的外在体现，是有效控制社会责任风险、实现企业发展目标的物质基础。

（四）树立全面风险控制观，社会责任风险控制涵盖业务流程的各个阶段

理念是形成理论和方法体系的根基，企业社会责任风险指的是由于企业没有或不当承担社会责任而导致企业遭受损失的不确定性。建筑行业社会责任内部控制建设应树立全面风险观，即全程融合，全方位覆盖，全员参与，贯彻"天时、地利、人和"的智慧思想。建筑业风险因素包含生态环境、人力资源、产品、技术、贸易等，树立全面风险观，就是以建筑产品的安

全性、经济性和环保性为核心,综合考察其他利益相关者的权益及其变动情况是否合乎社会责任控制标准。社会责任内部控制窗口前置,从销售及售后环节向前扩展,全面覆盖设计、研发、投融资、采购、生产、销售等各个阶段,全员参与,并且将事前控制、事中控制和事后控制相结合,实现社会责任内部控制由被动响应式向主动嵌入式发展。全面风险控制观下,还应注意对重点风险进行密切持续的关注,既体现内部控制设置的全面性原则,也体现了重要性原则。在所有的风险中,建筑行业的质量风险是最大的风险因素,需要重点管控。

(五)注重建筑行业社会责任投资预算管理,合理安排利润和投入的关系

"社会责任投资"(Social Responsibility Investment,SRI)是一种特别的投资理念,即在选择投资的企业时不仅关注其财务、业绩方面的表现,同时关注企业社会责任的履行,在传统的选股模式上增加了企业环境保护、社会道德以及公共利益等方面的考量,是一种更全面的考察企业的投资方式。企业社会责任投资是基于社会责任理念的一种投资行为,这一概念要求投资者将社会、环境以及道德议题融入经济目标中。建筑行业开展社会责任投资预算管理,并对投资预算管理绩效进行评估,能够从制度上保障企业合理、高效履行社会责任,提升企业社会责任内部控制效率。

目前建筑行业在社会责任投资主要表现在不断地提升产品质量、加大精神文明施工的投入,而职工的健康促进与安全防护、员工技能培训与职业拓展、社区服务及社会捐助等也是社会责任的视角范畴。此外,及时足额支付货款、工资、税款、利息等,也可以视为一种广义的社会责任投资行为,不仅可以减少法律风险,对于培育价值支持网络和社会关系资本至关重要。

三、结论

内部控制的演进过程受到环境变化的影响和企业自身条件限制,并呈现行业性特征。新常态下,企业社会责任运动和利益相关者管理将对我国经济社会的发展产生广泛而深刻的影响。建筑业是我国最重要的支柱产业之一,面临严厉的环境规制、激烈的市场竞争,将企业社会责任嵌入到内部控制,构建并实施我国建筑行业社会责任内部控制是促进建筑行业健康可持续发展的必然选择。

企业社会责任内部控制是一个全新的研究课题,新常态对我国企业提出了更高的要求。绿色发展、和谐发展、人本发展,都要求建筑企业构建和谐的商业生态,实现可持续发展目标。

主要参考文献

[1]郭素勤.基于社会责任的内部控制完善对策探讨[J].财会通讯,2011(7):107-108.

[2]王加灿,沈小裕.企业社会责任与企业内部控制的互动、耦合与优化[J].吉林工商学院学报,2012(1):36-40.

[3]王海兵,刘莎.企业战略性社会责任内部控制框架构建研究[J].当代经济管理,2015(4):31-37.

从内控角度探讨消防设施维保检测
行业风险防范

杨晓莲

重庆市计量质量检测研究院　重庆消防安全技术研究服务有限责任公司

消防设施维护保养检测作为社会消防公共服务体系的重要组成部分,对于提升社会消防治理水平发挥着越来越重要的作用。随着消防设施维保检测行业全面市场化、房地产行业的不景气,而维保检测机构数量较多,内部控制也出现了一些问题。本文拟在消防设施维保检测临时资质到期之际,对行业风险进行分析,进而对风险防范进行探讨。

一、消防设施维保检测行业发展历程

消防设施维保检测机构是运用专门的知识、技能、仪器仪表等,按照一定的业务规则或程序,为单位建筑消防设施设备提供技术检测和维护保养技术服务,以保证建筑消防设施有效运行的有偿服务企业,属于消防中介组织的一部分。1995 年国家下发《国家改革与发展纲要》文件,首次提出允许建立向业主提出消防产品认证,消防设施维修等服务性质的中介组织,使得消防维保检测机构得以产生并发展起来。经过 20 年的发展,消防维保检测机构对于提升单位火灾防控水平、完善社会消防安全公共服务体系、推动社会消防治理水平和促进消防科学技术进步等方面都发挥了重要作用。近两年来,公安部陆续出台《社会消防技术服务管理规定》(2014 年公安部 129 号令)、《关于进一步加强消防技术服务机构资质管理工作的通知》(公消〔2014〕263 号),要求各地消防局要认真贯彻落实中央关于"使市场在资源配置中起决定性作用"的要求,正确处理好政府与市场的关系,积极培育消防技术服务市场,推动已有消防技术服务机构及时申请临时资质,允许新成立的消防技术服务机构依法申请临时资质,严格依法实施资质审批,不得限制消防技术服务机构的数量,不得违法限制消防技术服务市场准入。各地政府及消防局相继出台地方管理规定,批准了一批消防设施维保检测机构临时资质,临时资质期限截至 2016 年 12 月 31 日,消防设施维保检测行业得以迅速发展。

二、消防设施维护保养检测行业的现状

一是行业自律公约缺失。消防设施维保检测业专业性较强,社会公众对于其执业行为特征和实际状况不甚了解。目前多数地区未建立有效的行业自律机构与自律公约,这就使得一些维保检测机构及其从业人员在利益的驱动下,运用不法手段争抢业务,违背中介原则,违背职业道德,有的严重不负责任,有的甚至故意弄虚作假,出具虚假报告或失实文件,

故意扰乱设施维保检测市场。二是从业人员素质不高。从事消防设施维保检测业务不仅需要大量有经验的熟练技术人员，而且需要专业的高素质复合型人才。目前从事消防设施维保检测机构均是临时资质，有的检测机构从业时间短，高管人员只关注业务效益，较少关注人才培养，不仅高素质专业人才稀少，熟练技术人员也十分缺乏，普遍存在专业水平不高，难以满足中介业务实际需要的问题。三是制度设计存在缺陷，安装单位也能申请临时资质，除了不能检测自行安装的消防设施外，其他的均可以进行检测，那么安装单位自然会"搞联盟"，相互检测，导致消防设施安全质量整体下降。四是监管不到位或越位，虽然也有业务监管系统，也进行通报，但未按照法律法规及相关规定要求强制执行，甚至还存在行政机构干预如个别监管机构人员指定检测机构的行为，设施维保检测机构违法成本低甚至没有成本，导致消防设施维保检测单位存在侥幸心理，业务大于质量安全成为一种普遍现象。五是行业恶性竞争加剧。消防设施维保检测机构恶性竞争，消防设施检测质量无法保障。消防设施维保检测机构民营机构占比 90％以上，行业恶性竞争导致检测收费价格已降至 2 折以下，受成本的影响，部分机构已不会到现场检测而直接出具检测报告。六是社会公众的监督缺失。社会公众既包括委托单位和单位员工也包括社会群众，现实中很少有人把单位的消防安全状况作为是否选择从业和消费的考虑因素，在平时工作和生活中缺乏必要的消防监督意识，间接减弱了单位对消防维保检测服务的主动需求。同时，多数委托单位认为在消防维保检测方面的投入不能产生直接经济效益，对消防维保检测方面的投入多数只是为了被动应付公安机关消防机构的监督检查和转嫁风险。一般将消防设施安装外包，不注重质量过程管控与跟踪，完全依赖安装单位，这样导致的问题就是单位忽略了对消防维保检测机构执业水平和服务质量的考量和监督，助长了消防维保检测机构的机会主义。致使消防维保检测机构服务活动缺少了社会公众这个最主要的监督群体。

三、消防设施维保检测行业风险分析

我国《企业内部控制基本规范》从企业内外两方面对企业各类风险要素进行了归纳，对于消防维保检测机构风险管理而言，各种风险要素的重要性也是不相同的。《基本规范》第二十二条和二十三条规定，企业识别风险应当关注下列因素：人力资源因素，如董事、监事、经理及其他高级管理人员的职业操守、员工专业胜任能力等；管理因素，如组织机构、经营方式、资产管理、业务流程等；自主创新因素，如研究开发、技术投入、信息技术运用等；财务因素，如财务状况等；安全环保因素，如营运安全、员工健康、环境保护等；经济因素，如经济形势、产业政策等；法律因素，如法律法规、监管要求等；社会因素，如安全稳定、文化传统等；科学技术因素，如技术进步、工艺改进等；自然环境因素，如自然灾害、环境状况等；其他有关的内部、外部风险因素。综上，消防设施维保检测机构主要存在以下风险：一是人力资源风险。消防设施维保检测需要健全的质量管理体系，按照标准实施检测，做好原始记录，对检测人员的专业胜任能力、协作能力要求较高。从消防技术服务管理看，人是最核心的因素，从业人员素质将直接影响服务水平。目前一线检测人员约 95％为初中、高中或中专文化水平，有的机构如同"皮包公司"，几个箱子、3～5 人就能承接业务，缺乏全面、丰富的专业经验以及

敏锐的风险意识,容易给检测机构带来风险。二是法律风险。公安部129号令明确规定,对于未按照国家标准、行业标准检测、维修、保养建筑消防设施,责令改正,处一万元以上三万元以下罚款;对于消防技术服务机构出具虚假文件的,责令改正,并处五万元以上十万元以下罚款,并对直接负责的主管人员和其他直接责任人员处一万元以上五万元以下罚款;有违法所得的,并处没收违法所得;情节严重的,由原许可公安机关消防机构责令停止执业或者吊销相应资质证书。由于监督不到位或处罚力度较弱,行业检测单位违法成本较低,导致虚假报告事件屡禁不止。三是经营风险。当前,消防维保检测机构的发展正处于过渡时期,行业自律以及政府管理和社会监督的管理机制尚未完全形成。由于竞争激烈,消防设施维保检测机构高管人员不注重人才培养,标准的培训,质量管理体系的建立以及科研能力的提升,偏重于业务及单位效益,被替代性的可能性加大,导致经营风险。四是社会责任风险。社会责任是指企业在经营发展过程中应当履行的社会职责和义务,主要包括安全生产、产品质量(含服务)等,消防设施维保检测机构只注重眼前利益,或者为了利益的驱使出具虚假报告,侵害了消费者利益,可能导致机构巨额赔偿、甚至破产。

四、消防设施维保检测行业风险防范探讨

一是防范人力资源风险。建立消防设施行业协会组织,加强对消防技术服务机构从业人员的管理与培训,实行职业资格证书制度,建立注册消防工程师制度,实行报告终身责任制,对检测人员全过程进行跟踪,加大行政和行业协会组织监管力度和处罚力度,对查实的人员吊销执业证书,责令所属单位停业整改等。行业内检测单位建立激励约束制度,明确岗位职责权限和工作要求,树立责任意识和危机意识,建立培训长效机制,选拔任用德才兼备的人才,从而合理规避或降低人力资源风险。二是防范法律风险。通过立法规范消防设施检测服务企业的执业行为,明确法律法规所禁止的行为和应负的法律责任,明确行政主管部门的监督管理职责。行政主管部门要切实加强监督管理,对消防设施检测服务企业及其从业人员违法执业的要依法追究法律责任。尤其对存在无证从事消防技术检测活动、严重违反执业准则和技术标准、出具虚假失实报告等违法行为要坚决予以查处。通过行业协会组织引导消防设施检测服务企业及其工作人员严守职业道德、职业纪律和工作规范,自觉服从行政和行业自律管理。加强过程监管是督促消防维保检测机构规范执业和提高服务质量的重要手段,定期或不定期对消防维保检测机构执业情况进行自律检查和考评,把对消防维保检测机构的考评情况通过消防维保检测信息管理平台向社会公布,并将发现的违法违规执业行为反馈给公安机关消防机构进行依法予以处罚。同时鼓励和引导社会公众对单位消防安全状况进行监督,进而促进单位落实消防安全责任,加强消防设施维保检测工作,间接推动消防维保检测机构服务质量的提高。三是防范经营风险。行政审批部门利用临时资质转换正式资质契机,严把审批关,对不符合规定以及执业中违规操作的机构坚决不予通过,培育一批质量过硬,优质职业道德的维保检测机构,树立标杆企业,引导维保检测行业正能量发展。行业检测机构应制定并实施长远发展目标及战略规划,建立健全行业机构质量管理体系,着力维保检测方法研究,形成对顾客有价值、与企业竞争对手相比有优势、很难被模仿

和复制的核心竞争力,防范由于恶性竞争只着力短视利益不考虑长期发展,这样很容易被其他检测机构或外来机构所替代。四是防范社会责任风险。建立行业机构引入外部社会责任审计中介制度,推行行政部门经济责任审计,高度关注权力高度集中、自由裁量权力过大的行政部门,将落实中央八项规定精神和廉洁从政的相关要求作为重要审计内容。行业机构应按照国家和行业的要求,切实提高服务水平,为社会提供安全优质的服务,对社会和公众负责,接受社会监督,承担社会责任。行业机构应当重视履行社会责任,切实做到经济效益与社会效益,短期利益与长远利益,自身发展与社会发展相互协调,实现企业与员工、企业与社会、企业与环境的健康和谐发展。

主要参考文献

[1]毛权.浅析消防设施检测企业服务企业的发展与管理[J].铜陵职业技术学院学报,2012(1):78-79.

[2]蒋绍康.强化及规范建筑消防设施检测的措施[J].电子世界,2015(19):57-58.

政府审计参与国家治理的理论基础和路径选择研究

王海兵

重庆理工大学财会研究与开发中心

经济全球化、政治民主化、文化多元化大背景下,"善治"已经成为我国国家治理的目标,"善治"就是政府主导下的、旨在促进社会公共利益最大化的管理活动。国家审计的本质首先是权力制衡的支持系统,应当能够监督和评价国家治理服务、防范和化解国家治理冲突。政府是我国最重要的政治权力主体,在公共治理中处于核心地位并发挥决定性作用。实现良好的国家治理,良好的政府审计治理政策是必不可少的,"良政"要求政府审计具备民主、法治、责任、服务、质量、效益、专业、严谨、透明、廉洁等众多基本要素,现代国家审计的三大方向,即针对政府预算权的预算执行审计、针对国家行政权的管理绩效审计,以及针对国家权力人格化身的政府官员的经济责任审计,充分体现了政府审计更好地服务于国家"良治"、"善治"的目标。借此有效推动国家政治、经济、文化、社会和环境等各方面的发展,最终达到对国家政治秩序的维护、实现社会资源合理分配的目标。政府欲通过"良政"来实现国家的"善治",政府审计充当着不可替代的角色。

政府审计作为国家治理系统中一个具有监督、评价、抵御功能的"子系统",嵌入到国家治理结构并在维护国家经济安全、反腐倡廉以及提高工作透明度等方面发挥举足轻重的作用。2013 年 6 月 17 日,李克强总理到审计署调研,召开审计工作座谈会并做了重要讲话,审计署是他就任以来考察的第一个国务院部门,体现了国家领导人对政府审计工作的高度重视,同时也反映了政府审计对于国家治理的重要意义。政府审计的产生和发展来源于国家治理,国家治理的目标、任务、重点和方式发生变化,也对政府审计的目标、任务、重点和方式产生影响并使之发生改变。政府审计主要以国家治理的需求为目标,承担相应的责任。目前,我国经济、政治、社会、环境、文化等各方面都还存在许多问题,政府审计独立性差、透明度低、盲区大、审计内容较单一。政府审计作为我国国家治理的经济与权力监督手段[1],通过建立专门机构和专职人员独立开展审计工作,实现国家对社会治理体系的合法制约。

如何在国家治理大系统中准确把握政府审计的功能特征、目标定位,探寻实现政府审计参与国家治理的路径功能,以及如何有效体现政府审计在国家治理过程中的作用,是目前我国政府审计重大工作内容之一和政府审计亟待解决的迫切问题,也是目前审计理论界和实务界关注的焦点。笔者认为,要想实现良好的国家治理,探索国家治理视角下政府审计的实

---

[1] 巴泽尔模型下的政府审计是一种经济监督机制(立法型、司法型、独立性),洛克模型下的政府审计是一种权力监督机制(立法型),奥尔森模型下的政府审计是一种政治统治工具(行政型)。我国政府审计兼具经济、权力和行政监督职能,具有较强的综合性。

现路径,需要深入分析政府审计参与国家治理的理论基础,结合我国政治、经济、社会、环境、文化的具体现实情况得出路径才是符合我国国情的有效方法。

一、国家治理与政府审计概述

(一)国家治理的概念

国家治理是一个永恒话题。每一个主体机构,建立完善的治理机制,加强有效的治理都是必不可少的。国家与其他机构相比更加庞大复杂,更加离不开治理。每个历史时期,因为经济环境的变化,国家治理的目标、方法、模式会有所不同,但实现国家"善治"则是每个国家的共同愿望和不断追求的目标。

国家治理属于上层建筑范畴,包含管理和统治两方面的含义,但从总体上说,主要强调国家机关为了实现经济社会持续发展的目标,通过一定的制度安排和体制设置,协同市场和公民共同管理社会公共事务,推动经济和社会协调发展的过程。国家治理的实质是国家将大众赋予的权力进行合理配置和运用,以此控制、管理国家和社会的各项事务,达到国家经济安全,国家利益不受损害,人民权益得以维护,社会保持稳定发展,实现科学发展。

(二)国家治理的目标

长期以来,我国一直以坚持走中国特色社会主义道路,坚定不移地发展社会主义民主政治以及 2020 年全面建成小康社会为目标。发展目标要求我们与时俱进、开拓创新、大力推进行政管理体制改革,建设效益型、责任型、服务型政府,不断探索新形势下的国家治理模式,推动国家政治、经济、社会、环境、文化的全面繁荣和协调发展。总体说来,推动国家各方面建设事业健康发展,实现国家政治秩序稳定,政府能够持续地对社会资源进行合理分配是国家治理的最终目标。同时,通过国家治理职能的发挥不断舒缓社会矛盾以实现对社会秩序的维持、通过不断改良国家治理系统以提高社会系统运行的有效性,保障国家和人民的整体利益,最终实现长治久安,即所谓的"善治"。

1.政治目标

国家治理在政治方面第一要务是要保证政府审计信息公开,政府审计信息公开作为国家民主与法制建设的具体表现,也是推进民主与法治的有效工具。多年来,我国政府审计透明度不高,贪腐现象较为严重,以"三公经费"的公开为例,政府审计信息公开并未落到实处,公众无从得知"三公消费"的支出数据是否准确无误,资金的具体去向相关部门也未进行合理分析与详细说明,公开的只是一个汇总的数据。行政权力是资源配置和运用的强大驱动因素,不合理的权力干预可能导致预算约束的"软化"。"三公经费"问题背后存在着权力的僭越和寻租,对"三公经费"进行审计实质上就是对政府部门及人员权力的合理运用情况进行审计监督。政府审计结果的信息公开是实现民主政治的有效保障之一,因此制定一套有效的政府审计公告制度是必然要求。具备政府审计公告制度的前提下,政府审计通过揭示以及向社会公众反映受托责任方代表国家与公众利益履行职责的总体情况和存在的问题,可以有效发挥审计监督、立法监督、舆论监督和社会监督多重约束机制的合力作用,促进受托责任方依法履行职责。

2.经济目标

目前,我国已经进入全面建成小康社会的黄金时期,政府以经济建设为中心,国家经济实力显著增强,国有资产规模不断扩大,资产质量不断提高。在科学发展观指导下,政府部门出台并实施系列调控新政,对社会生产力的发展进行合理引导。国家经济安全得以维护,人民物质文化生活水平不断提高,但经济体系中的商业贿赂、商业伦理失范、侵害消费者利益等时有发生,甚至牵涉到某些政府部门的人员,严重影响公众利益和经济系统的可持续性。这些现象既是经济问题,也是政治问题,还是社会问题,这中间政府审计大有可为,而不是仅仅依靠消费者的投诉检举或者媒体的曝光声讨。在政府审计"审计监督"论当中,监督职能作为国家经济运行监督体系的重要职能,是必不可少的。通过依法独立履行审计监督职责,及时、客观、可靠的为国家治理提供信息,对行政事业单位及国有企业的财政预算和决算,以及预算外资金的管理和使用情况的真实性、合法性进行审计监督,避免财政超支,造成资金浪费,实现真正意义上的 3E 审计,是近期政府审计亟待加强的。

3.社会目标

我国正处于加快转变经济发展方式的关键时期,构建和谐社会,整个社会达到公平、公正是实现国家良好治理的目标之一。国家在社会方面的治理主要以社会保障体系的推进程度和工作质量表现出来,它们直接关系到经济发展方式是否能够顺利转变,是实现我国经济社会科学发展的重要途径之一。社会保障体系是社会安全稳定的重要防线,没有稳定的社会,实现国家良好治理只能是"纸上谈兵"。国家要想实现"良治",必须通过政府主导社会保障体系的改革与完善,帮助人们防范和降低在教育、住房、养老、医疗、劳动保护、生育等方面的社会风险,改善全体社会成员的社会福利。开展社会保障审计,可以发现社会保障政策执行中存在的缺陷和不足,促进健全社会保障制度,使人们共享经济发展成果,缓解社会结构转型所引发的各种矛盾和冲突,维持社会稳定,建设和谐社会。

4.资源环境目标

随着我国经济社会的发展,我国在资源和环境方面不断遭受严重破坏,虽然我国已经对国有土地专项资金、矿产资源、节能减排、长江上游水污染防治、天然森林资源保护工程等方面开展了资源环境审计,但是对于我国审计机关而言,资源环境审计还是一个刚刚兴起的领域,尚未形成一套比较成熟的审计理念和工作思路。并且,在海洋资源、核安全和核辐射、大气污染等方面尚未涉足,然而这些资源正是促进一国经济社会可持续发展的关键因素之一。因此,政府必须对我国的资源环境进行有效治理,这就要求我国对国有资源环境的规划、开发、利用行为进行合理安排,提高资源环境审计工作质量,做好事前、事中、事后审计。

5.文化目标

寻求新的文明发展方式和生活方式,转变财富增长方式,是人类社会共同追求的目标。文化能够体现一个国家的软实力,要想实现国家经济政治的良好治理,加强文化产业是无可置疑的。中国经历了政治治理、经济治理以及社会治理之后,发展文化治理将成为主流治理模式。文化产业作为社会文化产品生产和精神生产的机器,其功能由政治、经济、社会、环境和文化发展的关系决定。文化产业具有创造物质财富、调节社会生态建设、平衡利益分配和重建文化心理的特征。人类的精神发展和生产活动相互关联、相互影响。趋利文化容易滋生企业造假行为,毒奶粉、毒胶囊等负面事件的发生,表面上看是企业行为失范,追根溯源是道德文化建设和制度建设的问题。金融危机实质上就是道德危机和文化危机,一切重大的社会现象或事件背后,都有文化作为支撑。文化是企业内部控制的重要环境因素,在企业内部控制规范体系已经实施的前提下,政府审计开展内部控制审计、参与文化治理很有必要。目前我国文化治理领域还存在缺陷,导致这一问题的根源在于没有充分认识到文化的强大力量以及文化缺陷可能导致的巨大灾难和交易成本。从财务审计、经营审计、管理审计、责任审计、制度审计再到文化审计,审计的窗口不断前置,审计的范围不断扩大,审计的层次不断提高。政府审计参与文化治理是文化价值观和生存方式的有机统一,它要求人们清廉、自律、诚信和富有社会责任感,对被审计单位的文化建设及成效做出评估,有助于降低文化风险,为政策、制度、法规的顺利推行铺平道路。

通过国家治理的目标分析,笔者认为实现国家治理的"善治"离不开政治、经济、社会、环境、文化等治理主体的共同参与,需要各类政治主体在治理过程中合法地履行自身职责,在整个国家治理领域发挥出各自应当具有的作用。经济治理是实现国家治理"善治"的基础和前提,政治治理是国家治理的核心,环境治理和文化治理是国家治理不可或缺的部分,社会治理是国家治理的根本目标,国家治理体系中的各个治理主体都应当充分发挥各自的职能作用,协同实现国家的政治、经济、社会、环境和文化治理目标。

(三)政府审计与国家治理的关系

政府审计和国家治理是两个不同层面、但联系密切的概念。政府审计除具有独立性、权威性、公正性等一般特征外,还具有批判性、建设性、服务性、宏观性、主动适应性和开放性等最能反映国家治理和国家职能的六项明显特征。政府审计是实现国家治理的重要手段之一,具有改善国家治理的特殊功能,同时国家治理也会对审计活动产生极其重要的影响。

1.政府审计是推动国家治理的重要力量

时代在进步,经济在发展,政府审计早已不仅仅只属于经济范畴,通过国家制度的改进已经扩展到政治领域、社会领域和环境领域,政府审计已经从"监督控制"系统经历了"免疫系统",正朝着"国家治理"方向演进。政府审计日益发展成为国家治理的重要力量,能够推进国家治理的有效性、国家治理的法治性和国家治理主体的多元化。在推动国家治理体制改革、维护国家经济安全、提高政府透明度、促进反腐倡廉建设、维护环境和生态等方面发挥着越来越重要的作用。政府审计作为一种不可或缺的力量,化解国家治理风险、优化国家治理环境、服务国家治理决策、维护国家治理秩序、促进国家治理创新,不断推进国家治理进程。

2.国家治理水平为政府审计的开展提供环境支持

审计署审计长刘家义指出:"国家审计是国家治理大系统的'子系统',是国家政治制度、国家监控体系的组成部分,是国家治理的重要方面……从本质上看,这个'子系统'就是为了实现国家'良治'、保证国家经济社会健康运行。"政府审计的发展方向由国家治理的方向决定,政府审计的目标模式由国家治理的需求决定①。政府审计以公开性为原则、以人民赋予的权力保护人民的根本利益,实际上政府审计就是一种以权力制约权力的行为,其目的是防止权力发生变化和权力滥用行为。维护经济安全、实现民主政治、构建和谐社会是国家实现"善治"的首要任务,政府审计作为推进民主政治、维护民生和加强反腐倡廉的有力工具,同时也是维护国家安全和深化改革的重要力量,能够有效推动国家治理实现其目标,国家治理也为政府审计的开展提供环境支持。总体说来,政府审计是推动国家治理的重要力量,同时实现良好的国家治理需要选择合理的政府审计路径,政府审计与国家治理既相对独立又密切联系。

总之,任何一个组织都需要治理,需要建立适当的治理结构和运用合适的治理机制解决委托代理问题存在的问题。建立治理结构与运用治理机制都离不开审计。组织治理实践的发展要求我们将政府审计作为社会利益相关者结构体系的重要一环,参与到国家治理中。政府审计具有改善国家治理的特殊功能,同时国家治理也会对审计活动产生极其重要的影响。政府审计作为一种特殊的经济控制工具,同时也是国家治理的重要组成部分,通过发挥其监督、评价、抵御功能,促进国家治理的完善,推进政治民主建设。

二、政府审计参与国家治理的理论基础

(一)政府审计参与国家治理的概念

在我国,政府审计也称为国家审计,产生于公共受托经济责任关系的确立,是指政府审计机关依照《审计法》和《政府审计准则》对国务院各部门和地方政府各部门及其他公共机构的财务报告的真实性、公允性,运用公共资源的经济性、效益性、效果性,以及提供公共服务的质量进行监督、审查。政府审计是对受托经济责任履行结果进行独立的监督,是国家依法用权力监督制约权力的行为,其本质是国家治理这个大系统中的一个内生的具有预防、揭示和抵御功能的"免疫系统"和重要组成部分,其根本目标在于保证和促进政府公共受托经济责任的全面有效履行,服务于国家治理、保障国家安全与社会经济健康运行、维护国家或人民群众根本利益。

(二)政府审计参与国家治理的理论基础

从国家治理和权力视角诠释政府审计的本质,可以提高政府审计的权威性,让政府审计更好地发挥国家治理工具的作用。政府审计的最高目标是维护国家或人民群众的根本利益,审计的对象是权力、谁来使用权力和如何使用权力。国家治理的目标是为了更好地治理国家,在不断要求实现国家治理目标的同时,政府审计的权力和责任也在不断加大。政府审计参与国家治理的基础理论经历了"审计监督论""免疫系统论"和"国家治理论",这三个理论随着时代经济的变化呈现出递进式的发展脉络。

1.审计监督论

政府审计"审计监督论"认为政府审计具有监督职能,主要是基于受托经济责任观。受

托经济责任是指特定的主体按照特定要求或原则运用公共权力去经管公共资源、资金并报告其经管状况的义务。"审计监督论"的本质是经济控制与监督,囿于这一理论,政府审计被普遍认为只是国家财政的"经济卫士",其审计目标是监督财政收支的真实性、合法性和有效性,是为人民提供公共财政审计服务,监督政府的经济责任履行情况。近年随着政府支出规模扩大、公民政治参与愿望加强以及改善资源配置水平的客观要求,政府审计开始呈现出经济性、效率性、效果性、社会性、环境性、控制性、宏观性等特性,"审计监督论"已经不能完全涵盖政府审计的本质。

2.免疫系统论

政府审计"免疫系统论"的理论基础主要表现为受托责任观,受托的不仅包括经济责任还有社会责任,认为政府审计是国家治理一个内生的子系统,其本质是国家经济社会运行的"免疫系统",赋予了政府审计监督与服务的功能。其中,政府审计"免疫系统"功能是指国家审计机关受人民的委托,依法、独立、专业、积极地去预防、揭示和抵御国家治理中存在的各种问题,达到促进国家经济社会健康、安全运行的目的。它揭示了中国审计的根本性质是具有预防、揭示和抵御功能。国家审计作为保障经济社会运行的"免疫系统",不仅要发挥审计的监督制约作用,更要发挥其建设性作用,保障国家各项政策的有效实施,为促进国家经济社会又好又快发展提供有力保障。

3.国家治理论

从"免疫系统论"到"国家治理论",政府审计实现了对审计理论基础认识的超越和升华,极大地丰富了审计的内涵,其政府审计职能也从监督与服务发展成了监督、评价和防御。"国家治理论"秉承社会契约论,强调政府与人民之间的契约关系,认为在国家监督这个大体系当中,政府审计监督体系是其重要组成部分,政府审计帮助国家实现"善治"的同时,促进国家建立责任政府并不断提高运行效率,最终为国家治理服务。

目前,政府审计正处于"国家治理论"阶段,由传统政府审计向现代政府审计演进。"免疫系统论"超越了"审计监督论","国家治理论"则在"免疫系统论"基础上得到了升华,每一次演进都极大地拓展了政府审计的功能,使其能够在更大范围内和更高层次上发挥出更大的作用。政府审计内生于国家治理体系并反作用于国家治理,在推动国家治理体制改革、维护国家经济安全、促进反腐倡廉、推进民主政治、保障国有经济健康发展方面将发挥日益重大的作用。

(三)政府审计参与国家治理发挥的作用

政府审计通过不断拓展和完善其职能,已逐步嵌入国家治理体系,全面参与国家治理进程。缺少政府审计参与,国家治理将无法有效实施。政府审计能够在国家治理中发挥积极作用,主要通过其监督、评价和抵御功能实现。

1.监督作用

监督作用即政府审计对国家治理的监察和督促作用,以确保国家治理系统的有效运行。具体说来,国家审计作为国家综合经济的监督职能部门,审计机关以法规为准绳进行监督控制,将行为标准作为监督依据,审查被审计单位与经济活动相关的信息资料和实施效果,揭示问题;督促单位或个人遵纪守法,履行经济受托责任,提高经济社会效益;加强宏观调控和管理,维护市场经济秩序,确保国家经济安全,提升国家治理的有效性。

2.评价作用

评价作用即评定和建议作用,主要表现为在政府审计审核、检查基础上,对被审计单位执行国家宏观经济政策的合法性、经济决策的科学性、计划方案的先进性、内部控制系统的健全合理有效性、各项财政资金使用的合理性和效益性等经济责任履行情况进行评定,分析其存在的不合法、不科学、不先进、不合理、不经济等影响因素,揭示其体制、机制和制度上存在的深层次问题,提出意见和建议,充分发挥国家审计的建设性作用。

3.抵御作用

抵御作用即防御、防范作用。政府审计享有的独特权力,使它能够合理预防经济社会健康运行中的各种风险,将审计监督关口前移,通过事后、事中乃至事前审计,利用其独立性、客观性及专业技术优势对被审计单位或部门存在的经营管理方面的缺陷和潜在的、可能发生的风险进行预警、纠正及化解,对可能发生的违法、违规、违章、违纪问题及早发现,提前预防,增强国家治理系统的"免疫力"。国家审计能够做到及时跟进、密切关注整个经济社会运行安全,对于苗头性、倾向性问题能够及时发现,通过提前发出警报,能够在防止苗头性问题转化为趋势性问题、防止违法违规意念转化为违法违规行为、防止局部性问题演变为全局性问题等方面发挥有效作用,发挥出政府审计的"免疫"功能,最终实现维护国家经济安全,保障国家经济利益,推进民主法制进程,促进经济社会全面、协调、可持续发展目标。

三、政府审计参与国家治理的路径选择

(一)维护国家经济安全,促进经济可持续发展

刘家义审计长指出,维护国家经济安全,始终是国家治理的首要任务,也是国家治理体系中几乎所有部门的共同职责。政府审计能够起到揭示和反映经济社会运行中的薄弱环节和风险,维护国家安全的作用。走经济可持续发展道路,必须保证我国经济安全运行。政府审计是我国国家经济安全保障体系的重要组成部分,作为国家经济运行监督体系中不可或缺的一部分,对促进国家经济安全运行具有重要的保障作用、监控作用、预警作用和保护作用。国家审计维护国家经济安全的作用,主要通过经济安全审计、经济责任审计、经济效益审计来实现。

1.经济安全审计

政府审计对于促进国家经济安全运行具有重要的保障作用、监控作用、预警作用和保护作用。改革开放、市场化和经济高速发展的多重背景下,社会道德文化建设滞后,人们的价值观处于比较混乱状态,各类贪污腐败日益严重,这几乎是所有发展中国家的通病。我国对经济安全的要求越来越高,国家经济安全保障体系中,经济安全政策的制定、执行、监督与评估是国家治理过程的关键点。为了更好地维护国家经济安全,并使之成为一种战略目标,必须不断强化经济安全审计,提升国家治理水平。

经济安全审计是政府审计机关、民间审计组织以及审计科研院所共同实施的,以维护国家经济安全为审计目的,以影响国家经济安全的经济行为作为审计对象,通过审计技术方法和手段查找危害国家安全的经济风险,把审计结果报送相关使用部门,以此达到防范、预警经济风险的作用。通过经济安全审计,对经济系统中蕴含的结构风险、金融风险、市场风险、政治风险、投资风险等重大风险进行揭示和披露,提出处理意见和咨询建议。经济安全的国家审计则是针对国家经济安全政策制定和执行进行审核调查,向被审计单位出具审计意见或下达审计决定,监督和评估国家经济安全政策的贯彻实施。作为国家经济安全预警机制的重要一环,经济安全审计应向政策制定部门反馈信息、提供意见和建议,促进政策的调整和完善。

2.经济责任审计

我国政府致力于打造服务型政府和责任型政府,国家通过规范权力行使者的行为来规范政府和公民的关系,维护公共责任受托者的利益。责任政府的建立,需要强化和落实责任意识,同时需要建立责任追究制度。经济责任审计是现代审计理论与方法相结合的一种制度创新,对完善领导干部监督机制、加强党风廉政建设、促进民主政治具有重要现实意义。

实施经济责任审计,要求主要领导在资源配置、制度安排、国家宏观经济政策方面必须认真贯彻、落实与分配各项责任目标的制定,执行各事项的决策、计划和预算,对发现的问题主要领导必须及时做出回应,最后形成对其受托责任的综合评价。如果在财务收支、党风廉政建设方面存在缺陷,主要领导必须对其任期内运用权力的情况做出合理解释,做出客观公正的评价,使之能够履行自己的经济责任。加强经济责任审计要特别重视经济责任审计的评价和评价结果的运用,对被审计领导干部的经济责任履行情况的评价,既要客观地肯定成效,也要依法揭示问题。要分清是领导干部的直接责任还是间接责任,是集体责任还是个人责任,是现任责任还是前任责任,是主观责任还是客观责任,从而确定问题的责任归属对象,为干部管理监督部门考核、评价和任免被审计领导干部提供决策参考。经济责任审计结果运用的程度和水平,直接体现经济责任审计的效力。依据审计结果进行问责,把对"事"的审计和对"人"的审计结合,从事追到人,同时兼顾审查制度、流程的合理性,真正把审计成果运用到重大社会经济决策、重要人事任免和重大案件处理等程序机制和处置机制中,提高党政领导干部科学执政、依法行政水平。

3.经济效益审计

当前我国经济运行中出现的问题大多是体制、制度和管理方面的问题,虽然政府审计出台了一些具体措施进行改善,但公共资源使用和配置的不合理性、低效性仍然没有得到根本解决。公共建设资金取之于民、用之于民,社会各界对于政府审计经济效益性的关注程度越来越强烈。因此,加强经济效益审计是政府审计刻不容缓的责任,同时经济效益审计也是政府绩效审计的最重要表现形式之一。这就要求政府审计工作要将经济效益理念贯穿全程,大力推进经济效益审计向前发展。政府审计开展经济效益审计,主要是对公共财政资金和国有资产投入、营运和产出的经济性、效率性和效果性进行审计,运用专门审计技术、方法和手段,不断提高治理过程中的资源配置效率和服务水平,规范管理行为,推动社会主义民主法制建设,打造高效、廉洁政府,推进国家治理完善,最终促进国家政治经济社会的健康可持续运行。

推进经济效益审计过程中,我国政府审计机关应始终坚持符合国情党情、尊重客观规律、服务人民群众的原则,将经济效益、社会效益和环境效益作为关注焦点,对工程建设项目、资金使用及公务消费等经济活动中发生的损失浪费现象进行彻底揭示和查处。加强经济效益审计的同时,树立经济效益审计理念是必不可少的。此外,还需探讨经济效益审计参与国家治理的重大理论问题,研究经济效益审计的组织形式、工作步骤、基本内容、技术方法和管理制度,构建效益与责任履行的报告体系,建立效益审计报告与效益审计结果公告制度,健全效益管理制度等,全面推进经济效益审计的开展。

(二)推进政治民主治理,以审计公正促进社会正义

民主是人类政治文明发展的结果,是世界各国人民的普遍追求。中华民族经历几千年的历史演进,具有自己特有的性质,社会主义民主政治已经根植于这片广阔的土地上,生根发芽并不断壮大。中国共产党和中国人民为了民族独立、人民解放和国家富强,始终坚持走符合中国国情、富有中国特色的中国社会主义民主政治的发展道路。政府审计以其独立性和权威性,能够参与到政治民主治理的过程中,对权力进行监督和制约,对贪腐进行揭示和打击,从而实现以审计公正促进社会的公平正义。

1.预算审计

国家预算既是经济问题,更是政治和社会问题。预算的决策、编制、下发、执行和追加,无不是各方力量综合博弈的结果。目前,政府审计主要停留在预算执行审计等较低的功能层次上,以事后监督为主。预算审计,通常被称为财政财务收支审计,即国家审计机关对国家治理过程中各级政府运用征税权筹集财税收入并组织财政收入分配、拨付、使用全过程的真实性、合法性和效益性所实施的审计监督,其所监督的对象就是征税权和财政预算权。加强国家治理活动的监督和控制,首要任务就是加强对财政权和预算权的监督,并向立法机关提出审计工作报告。

预算审计包括预算编制审批审计、预算执行审计和决算审计,规范预算审计,三者都不可忽视。首先,预算编制审批是预算审计的核心环节,它要求将政府依法取得的税收等财政性收入和政府支出统统纳入预算,作为一个整体进行管理,做到不重不漏,不得在政府预算之外保留其他的收支项目。其次,预算重在执行,因此预算执行审计在政府预算审计中充当着重要角色。目前,预算执行中存在着预算执行难、预算追加、调整频繁的现象,审查预算执行的严肃性就成为预算审计的必要任务,对于预算的支出程序、支出方向和支出金额,政府审计更需要加强追加审查。对于关系到百姓切身利益的公共建设资金预算、社会保障资金预算等,审计监督要全程跟进,切实维护公众的合法权益。最后,决算方面,财政决算是预算执行情况的全面总结,预算审计对财政部门预算编审机制和程序做出调查和评价,审查预算审计的各环节形成的相互制约的有效管理机制以及核查决算的真实性和预决算口径一致性。有些部门对于没有用完的年度预算,普遍存在年终突击花钱、搞重复建设等问题,为的是能够下年度争取到更多预算资金。完善预算管理体制,不是要刺激各部门"多花钱",而是要"花得值"。因此,预算审计要和经济效益审计结合,要对预算执行后的绩效进行审计,不

仅重视预算的数量,更要重视预算的质量;不仅重视经济效益,还要重视社会效益和环境效益。总的来说,加大各级政府部门财政预算审计力度,可以促进预算编制审批管理,规范预算执行情况,提高财政资金使用效益,推动财政体制改革进一步深化。国家预算关系国计民生,蕴含了各方的利益诉求,政府审计加强预算审计工作,有助于提升政府公信力、执行力和政治形象,为政治民主治理扫清障碍。

2.财经法纪审计

财经法纪是国家政体的重要组成部分,是国家推进政治民主治理的重要载体。财经法纪审计主要是腐败治理审计,从全世界范围看,腐败治理都是一个国际性难题。腐败的实质是运用公共权力谋取私人利益,或损公肥私,或损人利己,腐败会极大地损害社会的公平正义,是对国家治理最严重的威胁之一。在社会主义市场经济体制不断完善过程中,严重违反财经法纪的问题已成为社会各界关注的焦点。政府审计作为国家治理内生的"免疫系统",防范和揭露腐败是当代国家治理的重要职责之一。因此,查处违反财经法纪行为,严厉打击经济犯罪,维护正常经济秩序,是当前财经法纪审计的重要职责。腐败的治理有赖于建立一种可以有效制衡公共权力的政治结构,国家审计作为一种法定的国家治理工具,是腐败治理的重要手段。同时,腐败治理审计中,领导干部的经济责任审计也非常重要,应该将财经法纪审计和领导干部经济责任审计紧密结合,从源头和机制上预防、治理腐败,实现廉政。

(三)构建和谐社会,关注国计民生

构建和谐社会是人们共同的追求,其前提是要坚持以人为本,要维护人民的根本利益。构建和谐社会需要在民生工程、社会保障、文化制度建设等方面下大力气。目前我国在民生工程、社会保障、文化制度建设等方面的政策落实还不够到位,还没有完全实现政策目标,同时资金分配、管理等环节还存在很多问题,政府审计的深度介入就显得很有必要。政府审计工作的开展,必须有利于促进政府和社会各界关注民生、保障民生和改善民生。

1.社会保障审计

社会保障审计作为社会保障监管体系的重要组成部分,在确保社保资金安全、促进符合中国国情的社会保障制度建立与完善、打击惩治腐败、推进依法治国方面发挥着越来越重要的作用。各级审计机关应当努力提高社会保障审计的层次和水平,以社会保障审计为切入点和着力点,用审计杠杆助推国家良好治理目标的实现。

首先,围绕建立健全公共财政下的政府预算体系,开展社会保障预算审计。社会保障审计应促进把各项保障基金作为国家预算的一部分,更完整地反映社会保障事业的发展状况,进一步健全公共财政下的预算制度,不断提高社会保障基金管理的可持续性。其次,围绕社会保障审计的职责履行情况,加强社会保障决算审计。社会保障审计必须关注社会保障基金的安全,要严肃查处挤占挪用社会保障基金、违规投资等违法违规行为,确保社会保障基金全部用于平衡公共财政预算。同时,对社会保障决算审计发现的问题,审计机关要督促有关单位及时整改,联合国家相关部门启动审计结果的问责和责任追究程序,使那些不履行或不正确履行责任甚至滥用职权的人员得到相应惩戒。对社会保障基金管理职责履行得好的单位,要在媒体上发布公告进行表彰,并建议主管部门给予一定褒奖。最后,围绕提高政策效能,深入开展社会保障公共政策的跟踪审计。跟踪公共政策实施过程中,要考虑政策执行的效果而非仅仅局限于经济效益;要关注各类政策是否能够做到有效衔接,防范政策脱节;必须促进审计查出问题整改到位,推动政策执行到位。

2.民生工程审计

建设民生工程是现阶段各级政府加强社会建设的重要手段,民生工程建设的目标是要保障公民基本权利、提高人民幸福指数、促进社会和谐稳定。通过民生工程的建设,不仅能够有效解决城乡居民的突出问题和矛盾,还能促进经济社会加快发展。民生工程审计就是为了确保财政建设资金专款专用,且用之于民,提高民生工程建设的社会经济效益。加大对民生工程项目的事前、事中和事后审计,保障民生工程资金的投入、分配及使用合理有效。

实施民生工程审计,首先需要开展民生工程预算审计,将政府投入和社会资金有效地结合起来,做到合理投入和分配,加强民生工程资金保障。预算投入过多造成资金闲置,过少使得民生工程建设无法有效开展,甚至导致延长工期或降低工程质量。其次,开展民生工程决算审计是必不可少的。决算是对预算执行情况的监督审核,决算审计要求政府审计严查违法挤占挪用民生工程资金、违规投资等行为,确保民生工程资金全部用于平衡公共财政预算,对于工程项目投入的资金得到合理的核算,避免资金的浪费,保障民生工程资金的安全有效。最后,开展民生工程审计信息公开。民生工程建设资金来自于财政税收,社会公众作为纳税人有知情权,政府审计应将民生工程审计信息进行公告,将工程建设资金的筹集、使用及结余或增补情况通告社会,验收前可委派专业机构对工程项目质量进行评估,对于贪污腐败、违法违规的责任人要出具审计处理意见,民生工程审计结果的公开披露能够对工程招投标及建设过程中的寻租和舞弊行为起到一定抑制作用。

3.非营利组织审计

我国非营利性组织的发展还很不成熟,政府化、官办化明显,许多非营利组织经费短缺,专业人员不足,日常管理及审计不规范。非营利性组织审计作为政府审计工作的内容之一,有助于改进非营利性组织的营运管理,提升其在我国社会经济环境领域及全球事务中的作用和影响。我国非营利组织审计的实践经验积累还不够丰富,理论研究相对薄弱,加上对非营利性组织审计的目标研究还存在诸多争议。与营利组织相比,非营利性组织不以营利为目的,其审计模式与营利组织审计有显著差异。可以从问责机制、信息公开机制、审计主体独立性保证机制建设等方面完善我国非营利性组织审计。

首先,需要建立非营利组织的问责机制。非营利组织要对社会弱势群体,如穷人、老人、残疾人以及受到环境危害的人负责,同时需要对其资金或其他资源提供者负责,确保需求者所得到的支持用在了指定的目的上,这就要求在媒体或网络上公开披露非营利组织资金流向与使用效果的年度报告。其次,建立非营利组织信息公开机制。由于非营利组织的非财务信息包容量大,需要对外公开和披露,非营利组织应该建立信息公开条例,使其信息公开规范化、常态化。最后,需要建立审计主体独立性保证机制。非营利组织审计主体的独立性是指审计主体在整个审计过程中自始至终保持客观、公正、不偏不倚的审计决策、执行和报告的能力。为了保证非营利组织审计目标的实现,必须建立审计主体独立性保障机制,促进审计功能的实现。

4.文化与制度审计

文化具有社会治理的功能与特征。发展文化产业的目的不是为了经济,而是为了完善国家治理。首先,从认识层面深化文化发展认识,增强文化战略意识。文化作为一国的软实力,审计人员要深刻认识推进文化改革的重要性、战略性和紧迫性,充分领悟政府审计在加强文化建设这一国家治理重要组成部分中的地位与作用。其次,从行为层面发挥审计监督与审计服务双重职能,促进文化健康发展。廉政、自律、诚信是我国文化治理建设的重要内容,应该进一步加强反腐倡廉教育制度建设。同时还要推动法治文化建设,做好审计监督工作,推进文化事业和文化产业的科学发展和社会和谐。最后,从实践层面大力培养审计机关和审计人员的中国特色社会主义审计文化,主要包括思想理念、价值追求、职业道德以及行为准则等,这些既具有完美的精神内涵,又具有丰富的物质内涵。强化文明审计理念的引导作用,同时调动和谐人文环境的积极因素。

加强文化建设的同时,国家审计要在完善国家治理中发挥积极作用,还需要加强政策制度审计。制度和文化密切关联,制度是文化的延伸和显化,文化则是制度的灵魂。制度的制定要和文化发展相符合,否则制度的执行效果将会大打折扣。制定了一定的政策制度之后,才能以此为法律准绳,最大限度地提高政府的执行力,最终通过不断加强对制度执行力度的跟踪审计,对于事前、事中、事后全过程的动态监督,才能达到评估制度执行的可行性、连续性和有效性,推动和促进国家宏观调控和重大方针政策的改进完善和贯彻实施。正如国务院总理李克强 2013 年 6 月 17 日在审计署调研时的讲话中指出,审计监督也是一种"倒逼"机制,要以审计"倒逼"各项制度的完善,释放改革"红利"。同时,还需要将文化和制度相结合,制度作为文化意识的基础,只有制度是不可行的,要将其制度形成一种文化才能深入人心,这也是构建和谐社会的最终目标。

(四)加强政府资源环境审计,促进转变经济发展方式

资源环境审计要在促进转变经济发展方式中发挥作用,成为政府审计工作新优势的战略增长点,必须与时代要求同步,与经济发展相适应,开辟政府审计新领域,提高政府审计能力,改进政府审计方式,提高政府审计实效。

1.资源审计

资源是人类赖以生存的重要组成部分,国家治理要保证资源的可持续利用,以促进贯彻落实节约资源的基本国策为目标,从审查能源、资源及资金的管理使用、相关政策落实等情况入手,从促进资源节约、生态建设等方面加强对资源的审计。

我国的资源审计应加强对土地、矿产、淡水、林木等重要资源保护与开发利用情况的审计,揭露和查处违规出让、无序开发、低效利用行为,打击浪费破坏资源、侵占资源及其收益、危害资源安全等违法行为,促进资源依法有效保护和合理开发利用。从财政财务收支入手,以履行责任和追究责任为重点,从政策执行、资金筹集与使用、资源利用和行政效能等方面,监督财政财务收支的真实性、合法性和效益性,切实提高资源审计监督实效。

2.环境审计

经济越发展,环境越重要。工业经济的飞速发展对地球环境系统造成了巨大损害,人类已经意识到经济发展模式转型的重大意义,信息经济、绿色经济、人本经济、循环经济方兴未艾。环境问题已成为人类生存和发展的重大问题,是人类不可逾越的三重底线之一①。从科学发展观到可持续发展,再到构建和谐社会和"两型社会",环境保护是题中之意。国外5E审计中的环境性审计,即是对环境进行审计。我国的政府审计大都停留以经济性、效率性和效果性的3E审计阶段,对环境性、公平性审计的认识和投入不足。

积极开展环境审计,首先要确定环境审计工作重点,关注经济社会发展过程中与环境不相协调的问题,防止高能耗、高污染、高排放项目违规投入,预防为了大力建设发展而忽视对环境造成的污染,防止过度开发和使用自然资源。其次,扩展环境审计领域,将环境审计对象的范围扩展到矿产资源、大气污染、噪声污染、固体废弃物、生物多样性等领域,解决各种突出环境问题,逐步提升政府审计的全面性和有效性。最后,将环境审计内容向纵向发展,将其与经济效益审计结合,对环境政策执行情况、环境资金使用情况、自然资源利用情况进行揭示和查处,最终达到5E审计的多重审计目标。

3.灾害审计

灾害审计是资源环境审计系统的延伸,做好灾害审计工作也是保证实现国家良好治理的有效途径。国家实行灾害审计,可在维护和捍卫政府形象、维护公众利益方面发挥巨大作用。对于突发性自然灾害我们是无法精确预料的,但是我们可以提前做好灾害审计的预算管理,同时在救灾过程中进行事中和事后审计。对于有灾害预算的单位,政府审计要对灾害预算编制的合理性、预算资金是否提足、善款是否及时足额使用等进行审计。

实施灾害审计过程中,首先要将专项审计、事中审计与跟踪审计紧密结合。要重点关注灾区的大额资金和重点物资的具体数量。分配环节,分配之前做好预算的同时还要做到合理分配。使用环节,对于挪用、贪污、挤占的情况要严肃查处,不得留有余地。其次要完善审计评价标准。审计评价是灾害审计的关键,救灾资金及货物必须及时用于灾区,根据受灾群众的诉求,制定多种不同的审计评价标准,总原则是坚持依法评价、实事求是、做出客观公正评价。最后要加强灾害审计监管力度,制定相应的监督措施。有效的监督是为了完善权力制约机制,保证救灾款物用到实处。加之,灾害审计的本质也是为了对捐赠资金和物资管理使用达到规范、高效、公开、透明的状态,确保资金和物资使用的安全。

四、政府审计参与国家治理的未来发展方向

国家审计产生于公共受托经济责任关系的确立,并随着公共受托经济责任的拓展不断演进,当服务国家治理已成为公共受托经济责任的重要内容时,国家审计的目标就应包含服务国家治理。从1982年宪法首次规定国家审计体制和1983年国家审计署成立以来,我国

---

① 1997年英国学者约翰·埃尔金顿最早提出"三重底线"(Triple Bottom Line)的概念,认为企业活动不可逾越经济底线、环境底线和社会底线,该理论适用于人类所有活动。

政府审计已经有了30多年的历史,政府审计体制建设、机制建设和政府审计工作都取得了举世瞩目的成就,为我国政治、经济、社会发展做出了巨大贡献。随着我国社会经济进一步向纵深方向发展,出现了很多新问题、新矛盾,政府审计需要创新思路和方法,进一步完善和提升审计目标、审计范围、审计内容、审计手段,全面融入国家治理这一伟大历史进程,充分发挥监督、免疫和治理的功能。笔者认为,我国政府审计参与国家治理的未来发展方向表现在五个方面:

(一)政府审计目标的人本化

政府审计目标是指在既定社会环境下,针对国家治理的需求,政府审计活动意欲达到的理想或预期效果。政府审计目标的确立是政府审计与特定环境互相联系和互相作用的产物,它源自于国家治理本身及人们对国家治理的认识。发展经济是国家的根本,但随着时代的变迁,国家的发展,不能仅仅将发展经济作为政府审计的主导目标,还要与时俱进地将构建和谐社会和"两型社会"等社会目标和环境目标纳入目标体系。提高社会保障,加强民生工程,发展非营利组织都是社会建设的具体体现。同时,当前环境污染已经成为社会的重要话题,先污染后治理的发展模式阻碍了经济社会的可持续发展,政府审计需要突破单一的经济目标,向多元化、综合化、人本化方向扩展。政府审计目标的人本化符合国家"善治"的精神实质,审计目标的转型将引领政府审计在组织形式、制度设计、内容、方法等审计要素的一系列变革,为实现良好的国家治理提供支持。

(二)政府审计理念的国际化

政府审计理念是政府审计秉承的思想观念和信念,是通过政府审计目标、审计人员、审计范围、审计内容、审计手段、审计程序等的有效结合形成的一种理念。树立科学的审计理念,必须深入学习、实践科学发展观,认识到政府审计是改进和参与国家治理的工具,具有行政性的特质,审计目标是维护人民群众的根本利益,审计工作首要任务是要维护国家安全、保障国家利益、促进国家政治安全、经济安全、社会安全、环境安全。但是,这还只是符合我国国情的政府审计的审计理念。全球经济一体化的新环境下,推进审计理念国家化的同时,我们应该同时推进审计理念的国际化。视野不能只局限于国内,经济、环境、资源、教育、科技等都是跟全人类密切相关的,政府审计要追求国际趋同与合作,求同存异,全面实现国家良好治理目标并争取到应有的国际利益。我国政府审计的国际化还比较滞后,审计内容、审计技术、审计方法、审计人才培养、审计结果公开及信息化都和发达国家有一定差距,加强审计理念国际化是时代赋予我国政府审计的最新要求。

(三)政府审计程序的制度化

实现政府审计人本化的目标,合理规范政府审计的审计程序是不可或缺的。我国政府审计采用的是行政模式,导致政府审计独立性较低,政府审计部门的权威性没有得到很好体现。"潜规则"对制度和规范的践踏依然存在,近年网络上揭发的"表哥""房叔"事件表明政府廉政审计工作亟待加强。人们质问,众多贪腐行为不是由公安、纪检、审计等专业治理工具发现,而是由民众发现,原因何在?如果政府审计程序的启动与运转不能以一种制度化的形式嵌入到被审计单位并实质性地开展工作,那么网络治理将取代审计治理。民间检举行为和政府审计行为应该是相辅相成、相互配合的关系,前者为后者提供审计线索。但政府审计不能处于"等"的状态,要主动出击,其权威性和独立性应受到制度上的保障。实践工作中,个别部门、个别单位开展政府审计过程中为了局部利益而减少或弱化审计程序,有时候政府部门可能为了逃脱审查而直接免去一部分该有的审计程序,使其舞弊目的得以实现。政府审计程序的规范化、制度化不足,是近年贪污腐败难以有效遏制的原因之一。规范政府审计程序并将其制定成一种制度安排是可行的路径选择,政府审计程序的制度化能够提高预算审计、财经法纪审计效率和效果,实现促进社会公平公正的国家治理目标。

(四)政府审计内容的精细化

政府审计助推国家治理,首要任务需要确定政府审计的内容与对象,并逐步专业化、精细化。政府审计参与国家治理,对政府审计内容的要求越来越高,特别是要深入推进审计队伍专业化建设。目前许多政府审计机关的工作人员并非科班出身,面临日益扩大的审计需求,专业的政府审计人才十分短缺。审计人员不断提高审计能力,以专业化带动职业化,从而提高政府审计内容的范围和层次,加强政府审计内容的专业化能够促使政府审计机关及领导干部工作做到进一步精细化。政府审计的审计内容专业化、精细化建设是适应社会需求的重要任务,是一项复杂的系统工程,具有长期性和紧迫性。推进政府审计内容的精细化,首先要求政府审计机关加强与其他部门及行业的协作审计。以环境审计为例,审计组织模式上可以由审计署、环保部联合成立审计工作组,通过分工协作提升环境审计效能。其次,要加强政府审计人员继续教育培训,提高其综合审计素质和精细化审计能力。再次,要改进政府审计机关的公务员选拔和聘用机制,优化人才结构,使优秀审计管理人才和专业技术人才招得进、用得上、留得住。还要和高校联合培养审计人才,人才层次可涵盖本科、硕士研究生、博士研究生及博士后等,财经院校可以有针对性地开设政府审计教育系列课程及政府审计职业认证,为国家审计系统输送人才。

(五)政府审计手段的信息化

随着政府审计范围和审计内容的日益扩大和信息技术的迅猛发展,传统的审计手段、审计技术不能满足新的审计需求,加快推进政府审计信息化系统建设迫在眉睫。政府审计信息化包括审计实施信息化和审计管理信息化,采用"人机共计"模式开展审计工作。将 XML 这一信息化标准的关键技术引入政府审计信息化系统项目开发,采用基于信息系统审计的电子数据采集方法、数据清理方法、数据转换方法、数据验证和分析方法,以及平行模拟法、虚拟实体法、测试数据法、嵌入审计模块法等信息系统特有的测试方法。此外,还要大力发展在线审计、云审计,提高审计质量和保护信息安全。一方面,需要调整创新现有制度体系,从制度法规上对政府审计手段的盲区进行规范,使之能够适应变化了的审计环境,满足日益增加的政府审计需求。另一方面,推进"金审工程",逐步提升政府审计手段的信息化程度,为提高政府审计效率提供技术支持,同时要将信息化审计和 COBIT 系统有机融合,防止信息化后可能导致的安全问题。

(六)政府审计结果的透明化

审计公告制度是决定政府审计透明化的关键。政府审计机关应向社会公众详细披露中央机构财政收支、预算编制及执行情况(涉密行业除外),对政府有关部门或国有及国有控股企业及其他企事业单位组织的财政、财务收支、专项审计、党政领导干部及国有控股企业领导人的任期经济责任审计的审计结果进行公开,主要包括对审计报告、审计意见、审计决策等的公开。审计结果公告制度有利于实现社会公众对政府审计机关的监督,了解政府审计机关的工作成果,增加政府经济运作的公开性和透明度。从政府审计结果公布的实际情况来看,我国对于政府审计信息的公布非常有限,还没有一套具体的制度来改善政府审计信息公开情况,对于政府财政支出数据的公开没有进行细化披露,政府审计透明度有待于提升。政府审计工作透明度低会极大削弱公众对审计结果的信任度,同时对被审计单位的监督作用也受到影响。虽然《审计法》规定审计机关具有审计结果公开报告权,同时也明确规定了审计结果公开报告的基本要求,但对审计结果的报告期限、形式、报告对象等的规定还存在很多缺陷,没有具体落实。提升政府审计透明度是实现透明政府这一国家治理目标的基本条件之一,也是推进民主政治改革的重要内容。建立审计结果公告制度的前提下,首先要不断完善审计结果公告制度的相关准则,对其准则的具体内容进行细化、分解。其次要扩大审计结果公告涵盖的范围,增加党政领导干部和国有及国有控股企业领导人的任期经济责任审计和效益审计方面的审计结果公告数量,这就要求政府审计机关对中央部门单位的预算执行情况、财政财务收支情况、国有金融机构的资产负债损益情况以及专项审计情况进行公开,做到审计数据资料信息公开。最后,政府审计机关应建立审计结果公告的风险防范机制,在审计技术、审计方法和审计手段上进行创新,从而提高政府审计透明度和审计质量。

总而言之,随着政治、经济、社会发展和民主法治建设的推进,政府审计参与国家治理的地位与作用更加突出,政府审计工作看住钱、盯住权,在促反腐、推改革、保发展方面发挥作用。国家治理事关国家繁荣发展,实现国家的良好治理是重要的目标与任务,只有实现了国家经济安全、国家利益不受损害、人民权益得以维护、社会保持稳定发展才是达到了"善治"目标。政府审计参与国家治理并走向"善治"过程中,应当服从并服务于国家发展战略,从我国政治、经济、社会、环境和文化现状出发,科学履行审计职责,促进规范权力与公共资源的配置和运行;政府审计需要及时提供客观、可靠的信息,促进政府治理措施的执行和创新;政府审计需要促进落实公民在政府治理过程中的知情权和参与权,走阳光审计道路;信息公开前提下,针对违法违规和滥用权力行为,政府审计应该维护公平和正义,提出相应建议和意见,充分发挥政府审计的监督、评价和抵御功能;要通过经济安全审计、经济责任审计、经济效益审计、预算审计、财经法纪审计、社会保障审计、民生工程审计、非营利性组织审计、文化制度审计、资源环境审计和灾害审计等合理路径,有效推动国家的良好治理。政府审计围绕国家治理的目标开展审计路径选择,能够为国家治理"开方抓药",拓展了审计职能,赋予了政府审计新的内涵,指明了政府审计未来的改革与发展方向。积极探索和试点政府绩效审计、权力审计①、人力资源审计、社会责任审计、环境审计,服务于改善国家治理、改善国有企业公司治理,是我们下一步的研究重点。

主要参考文献

[1]马志娟,刘世林.国家审计的本质属性研究——基于国家行政监督系统功能整合视角[J].会计研究,2012(11):79-86.

[2]王会金,黄溶冰,戚振东.国家治理框架下的中国国家审计理论体系构建研究[J].会计研究,2012(7):89-95.

[3]李坤.国家治理机制与国家审计的三大方向[J].审计研究,2012(4):20-24.

[4]陈英姿.国家审计推动完善国家治理的作用研究[J].审计研究,2012(4):16-19.

[5]尹平,戚振东.国家治理视角下的中国政府审计特征研究[J].审计与经济研究,2010(3):9-14.

[6]刘家义.论国家治理和国家审计[J].中国社会科学,2012(6):60-72.

[7]宋常,王睿,赵懿清.国家审计在走向善治的国家治理中的若干问题[J].审计与经济研究,2012(1):10-15.

[8]谢盛纹.国家治理视角下的政府审计目标与对象[J].当代财经,2012(4):122-128.

[9]谭劲松,宋顺林.国家审计与国家治理:理论基础和实现路径[J].审计研究,2012(2):3-8.

[10]王世谊,刘颖.政府审计在维护国家经济安全中发挥作用的途径和方式[J].审计研究,2009(4):17-20.

[11]唐建新,古继洪,付爱春.政府审计与国家经济安全:理论基础和作用路径[J].审计研究,2008(5):29-32.

[12]邱玉慧,董冰霖,张琼凯.面向国家治理的社会保险政策执行情况审计探索[J].审计研究,2012(3):19-24.

[13]胡惠林.国家文化治理:发展文化产业的新维度[J].学术月刊,2012(5):28-32.

[14]王淡浓.加强政府资源环境审计促进转变经济发展方式[J].审计研究,2011(5):18-23.

[15]宋常,王睿,赵懿清.国家审计在走向善治的国家治理中的若干问题[J].审计与经济研究,2012(1):10-15.

[16]张立民,聂新军.构建和谐社会下的政府审计结果公告制度——基于政府审计信息产权视角分析[J].审计研究,2006(2):7-13.

[17]蔡春,朱荣,蔡利.国家审计服务国家治理的理论分析与实现路径探讨——基于受托经济责任观的视角[J].审计研究,2012(1):6-11.

---

①权力和责任的合理匹配很重要,权力审计必须和责任审计相结合。政府审计机构开展权力审计主要是经济权力审计。鉴于经济权力有显性权力和隐形权力之分,且政治权力对经济权力会产生很大的扰动,尤其在国有企业表现尤为明显,因此现阶段我国单独开展经济权力审计的条件尚不成熟,可以考虑和纪检、监察等机构联合开展。

内部审计沟通度模型研究

王海兵　　曹博微

重庆理工大学财会研究与开发中心　重庆理工大学会计学院

一、问题的提出

中国内部审计协会(CIIA)将内部审计结果沟通定义为"内部审计机构与被审计单位、组织适当管理层就审计概况、审计依据、审计发现、审计结论、审计意见和审计建议进行讨论和交流的过程",实际上,内部审计沟通贯穿于审计准备、实施、报告和后续审计整个审计阶段,中国内部审计准则仅对审计结果沟通进行了规范。根据国际内部审计协会(IIA)的定义,内部审计是一种独立、客观的确认和咨询活动,它通过运用系统、规范的方法,审查和评价组织的业务活动、内部控制和风险管理的适当性和有效性,以促进组织完善治理、增加价值和实现目标。定义中强调了内部审计需要运用"系统、规范的方法"。内部审计沟通作为内部审计工作的重要组成部分,如何做到系统和规范? 基于哲学视角的考察,要求内部审计沟通涉及时间、空间和人际等各个层面,并且每个层面涵盖的维度可以细化和量化。

目前,已有的对内部审计沟通的研究重点主要关于内部审计沟通的策略选择、技巧与方法及沟通在内部审计工作中的应用等。2014年1月1日正式施行的我国内部审计准则《第2105号内部审计具体准则——结果沟通》对内部审计沟通的一般原则和内容进行了阐述,但由于缺乏操作细则或指南,导致实务应用存在诸多问题。沟通是内部审计人员进行审计工作的先行条件,是顺利完成审计工作、保证审计工作质量、提高审计效率的前提,在内部审计工作中占有举足轻重的地位。为推动内部审计沟通准则的落地,提升整个准则体系的效能,笔者开发出内部审计沟通度模型,对于规范内部审计沟通,提高内部审计工作的质量具有重要理论参考价值和实践指导意义。

二、内部审计沟通度模型概述

内部审计沟通度模型包括时间、空间、人际和综合四个层面,涵盖十三个具体维度。内部审计沟通时间层面主要涉及与时间有关的内部审计沟通问题,包括频度和速度,对应哲学里的"天时",在实践中的具体运用是"全程沟通"。内部审计沟通空间层面主要涉及内部审计沟通的对象和内容等,包括沟通的高度、宽度、深度及角度,对应哲学里的"地利",在实践中的具体运用是"全面沟通"。内部审计沟通的人际层面包括湿度、温度、透明度及黏度,对应哲学里的"人和",在实践中的具体运用是"全员沟通"。内部审计沟通的综合层面主要考虑审计的整体效率和效果,包括尺度、信度和效度,是对时间、空间和人际的综合运用,在实践中的具体运用是"全效沟通"。内部审计沟通度模型如下图所示：

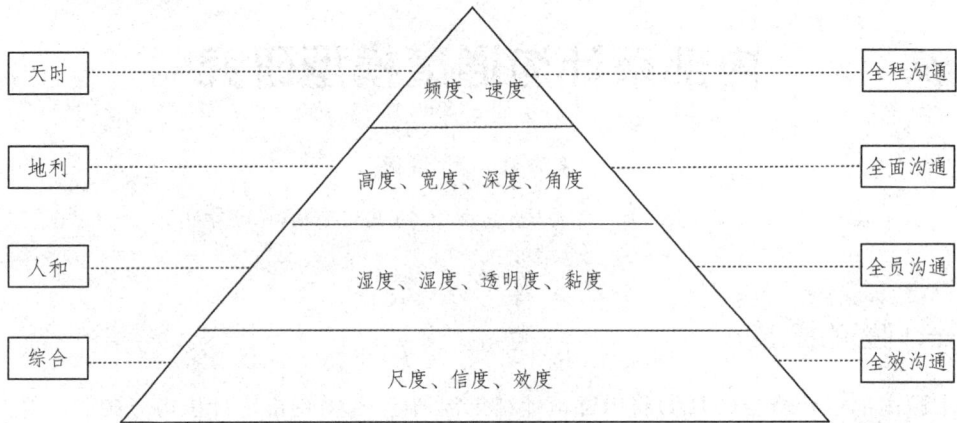

天时	频度、速度	全程沟通
地利	高度、宽度、深度、角度	全面沟通
人和	湿度、湿度、透明度、黏度	全员沟通
综合	尺度、信度、效度	全效沟通

图 1　内部审计沟通度模型

三、内部审计沟通的时间层面

内部审计沟通的时间层面即内部审计沟通的时间点、时间段，可以用单位时间沟通的强度和沟通的速度等综合指标来描述。

（一）内部审计沟通的频度

内部审计沟通的频度指单位时间内沟通的频率和强度，包括一定时间内沟通的次数，每次沟通的人数及时间等。根据不同的沟通对象和沟通目的要采取不同的沟通频度，频度把握得当有助于审计工作的顺利进行。在沟通人数上，应根据沟通目的，选择合适的参与人数，是一对一、一对多、还是多对多要提前考虑好。通常过多的沟通者会给受访者带来心理上的压力，而在沟通过程中出现问题时，相对独立的第三者在场是有益的，如果主要进行没有威胁性的沟通来了解企业运营过程，多人互动有利于获取全面信息。在沟通时间上，沟通前要提前预估，单次沟通时间不要太长，时间太长可能会让对方消极厌烦，对于重要问题一般沟通半小时左右，最长不超过一小时。时间太长可以适当中途休息，审计人员应合理分配并利用时间，根据沟通情况适当调节沟通次数。

（二）内部审计沟通的速度

内部审计沟通的速度指内部审计沟通的及时性，时机的选择对于内部审计沟通的效果和审计质量有很大影响，沟通时间把握得当有利于沟通的顺利进行，提高审计沟通效果。事前沟通、事中沟通和事后沟通，都是沟通的速度问题。内部审计沟通具有时效性，提高内部审计沟通速度可以提高审计工作的质量和效率。比如内部审计机构应当在审计报告正式提交之前进行审计结果的沟通。内部审计人员及时与被审计单位、组织适当管理层沟通有利于在最快的时间发现管理上的疏漏、识别并评估风险、了解财务状况和发现重大问题等。将管理上的改善意见、风险应对策略及财务收入的真实性、合法性等及时与管理层沟通，协助解决已经发生或将要发生的问题，可以最大程度降低风险，保证财务报告的真实性，有助于管理层制定正确的发展战略,提高经济效益。随着计算机网络和通信技术的飞速发展,大数据时代来临,内部审计已开始第五次大提速——信息化审计,信息系统审计、云审计等迅速发展。内部审计采用信息化沟通可以极大地提高沟通速率和效果,降低沟通成本、操作错误及舞弊风险。加快内部审计沟通速度从而提高内部审计沟通时效性,是实现内部审计确认和咨询职能的前提和保障。

四、内部审计沟通的空间层面

内部审计沟通的空间层面即内部审计沟通的空间范围,内部审计沟通的空间层面包括高度、宽度、深度及角度。空间范围选择得当,能够极大提升沟通效率和效果。

(一)内部审计沟通的高度

内部审计沟通的高度指内部审计沟通对象的职位高低程度,包括上行沟通、平行沟通和下行沟通。上行沟通指由低至高的沟通,比如内部审计机构及相关人员与组织适当管理层及其相关人员沟通。平行沟通指相似级别间的沟通,比如内部审计机构与机构内部各职能部门及相关人员之间的沟通。下行沟通指由高至低的沟通,比如内部审计机构与被审计单位及相关人员沟通。在特定情况下该和哪个高度的对象沟通是内部审计沟通时应注意的问题,和不同的对象沟通会有不同的效果。《第 2105 号内部审计具体准则——结果沟通》第十二条规定:"内部审计机构负责人应当与组织适当管理层就审计过程中发现的重大问题及时进行沟通。"当发生重大问题的时候应该进行上行沟通,及时向管理层汇报重大问题,提出审计建议,便于管理层做出正确判断,解决问题,规避风险。而内部审计机构与机构内部各职能部门及相关人员进行平行沟通,有利于资源共享,取得被审计部门和人员的理解支持,与外部相关机构和人员沟通并建立良好人际关系可获得更多的社会支持和协助。

(二)内部审计沟通的宽度

内部审计沟通的宽度指内部审计沟通对象的内容和范围。内部审计人员在进行审计工作时,要注意沟通的宽度,即确定从哪些内容进行沟通会有最佳的效益,是点的沟通,还是面的沟通。不同时候对不同的沟通对象,要采用不同的沟通宽度。《第 2105 号内部审计具体准则——结果沟通》第十条规定,结果沟通主要包括下列内容:审计概况、审计依据、审计发现、审计结论、审计意见、审计建议。审计人员应该就审计概况、依据、发现、结论、意见和建议中的部分内容或者全部内容,与被审计单位、组织适当管理层进行沟通,尤其是在正式提交审计报告之前,对审计发现和审计意见进行及时充分的沟通更是不可或缺。在这个沟通宽度下,能让被审计单位、组织适当管理层对审计过程和结果有所了解,理解并认同审计结果,确保审计结果的客观和公正。

(三)内部审计沟通的深度

内部审计沟通的深度指内部审计沟通内容的深入程度。内部审计人员在进行审计工作时要恰当把握沟通深度,正所谓过犹不及,既不能沟通不足从而增加审计风险,降低审计效果,也不必过度沟通导致审计资源的浪费,降低审计效率。沟通深度增加则沟通成本增加,沟通风险降低,沟通效率下降,沟通质量提高。反之,沟通深度降低则沟通成本减少,沟通风险增加,沟通效率提高,沟通质量下降。对于同样一件事,可以采用口头沟通,也可以采用书面沟通,甚至还可以通过实地调查进行现场沟通,三者的深度不一样,实地调查沟通深度大于书面沟通,书面沟通的深度大于口头沟通。单一沟通方式下的沟通内容扩展,或多种沟通方式的联合采用,都能够提高沟通深度。沟通的内容越重要,沟通深度应增大,比如对于重要的审计项目或高风险领域,应该加大沟通深度。对于不重要的审计项目,则可以适当降低沟通深度,使得在合理社会期望的置信度区间上能够尽量降低审计成本。根据实际情况进行适当深度的沟通,有利于提高内部审计沟通的效率和效果,提高内部审计工作质量。

(四)内部审计沟通的角度

内部审计沟通的角度包括沟通内容的角度和沟通对象的角度。内部审计沟通内容的角度主要指内部审计沟通的切入点,要遵循顺序规律,主次沟通,可以归纳为三点:把握主要矛盾、把握主要矛盾的主要方面、注意沟通的切入点。根据实际情况,要选择恰当的内容切入点。沟通时不宜直奔主题,应循序渐进,可先边缘、再深入。是先问题后成绩,还是先成绩后问题等要有所考虑。从不同的角度出发,会有不同的后果。内部审计沟通对象的角度指内部审计沟通时要注意站在对方的角度交换位置思考,要有换位审计思维。有时候沟通困难,往往是因为仅从自己的角度出发,而忽略了对方的立场。沟通的角度不同,得到的观点就不同,沟通的效果也会不同,从适当的角度进行沟通,会有事半功倍的效果。

五、内部审计沟通的人际层面

正所谓"天时不如地利,地利不如人和",人际层面是内部审计沟通最重要的因素,针对不同的对象采取不同的沟通方法和技巧,可以减少沟通阻力,提高沟通效率。美国著名的人际关系学大师卡耐基曾经说过:"成功来自于85%的人脉关系,15%的专业知识"。内部审计人员应当具备建立良好人际关系的意识和能力。内部审计沟通的人际层面主要包括沟通的温度、湿度、透明度及黏度。人际层面把握得当可以有效减少沟通阻力,提高沟通效果和效率。

(一)内部审计沟通的湿度

内部审计沟通的湿度指内部审计沟通内容的含金量,包括沟通内容的相关度和可靠度等。内部审计沟通内容可能存在一定"水分",沟通缺乏"干货",比如内容不相关、不可靠、不及时等。一般情况下,内部审计人员在内部审计沟通时应尽量降低湿度,不"打太极""走过场",但通常不可能降低为零。人总是感性的,有的话受自身知识和道德等因素的制约容易走偏,比如收了别人的好处,内部审计沟通的湿度就增加了。内部审计沟通的湿度大,会降低效率,但湿度小,效率未必高。沟通的湿度以多少为宜?要结合具体审计内容和特定沟通对象来综合加以考虑。例如进行函证,就要求沟通湿度尽可能降低,言简意赅,用词准确。但对于访谈法,则可以保持一定的湿度,过于直接的、千篇一律的发问,可能导致访谈效果不佳,尤其是在被审计单位集体作假可能存在串供的情形下,内部审计沟通"保湿"能够得到许多审计线索,可能会产生意想不到的审计效果。

(二)内部审计沟通的温度

内部审计沟通的温度指内部审计沟通时的环境、氛围,内部审计人员的语气态度、情绪等,内部审计沟通温度能够影响沟通效率。内部审计沟通时应选择合适的沟通场所和创造让对方感到舒适的环境,缓解紧张情绪,有利于沟通的顺利进行。《第 2105 号内部审计具体准则——结果沟通》第十三条规定:"内部审计机构与被审计单位进行结果沟通时,应当注意沟通技巧。"不仅是结果沟通要注意沟通技巧,内部审计整个过程中都应注意沟通技巧。内部审计沟通时把握适当的温度是沟通技巧之一。沟通的方式主要有语言沟通和非语言沟通,语言沟通又分为口头沟通和书面沟通。口头沟通的温度主要体现在沟通环境、语气态度、情绪心态等方面。口头沟通时要尊重对方,善意坦诚,赢取对方信任,善于倾听,保持耐心,语气要温和,勿盛气凌人。但也不能因为对方态度强硬就退让,甚至丧失原则。还可以适当的闲聊,活跃气氛,缓解对方紧张情绪。容忍沉默,给对方仔细思考和考虑回答所需要的时间。书面沟通的温度主要体现在文字的颜色、字体、字号以及措辞、语气等方面,同时可以选择用图片或图表加以配合。此外,在适当情况下巧用幽默技巧在沟通中是有利的,比如用邮件沟通时,将原本千篇一律的主题换为幽默性质的主题更能引起对方兴趣,缓解疲劳改善心情。非语言沟通主要表现在表情、手势、身体姿势等方面。注视对方眼睛进行沟通,温度高,沟通时不注视对方则温度低。

(三)内部审计沟通的透明度

内部审计沟通的透明度指内部审计沟通的公开程度,包括沟通前、沟通过程和沟通结果的透明度。内部审计沟通的透明度对沟通效率和效果也有一定影响,掌握适当的透明程度有利于审计目的的实现。沟通前,审计人员可以告诉对方什么时候沟通,也可以突然沟通。可以定期沟通,也可以不定期沟通,前者透明度大于后者。沟通过程和结果是否公布,向谁公布,公布的内容范围和详略程度,也是需要考虑的问题。根据审计目的,对于不同的沟通事项,沟通透明度有所不同,应选择恰当的透明度,尽量避免因个人情绪或感情因素对透明度造成影响。

(四)内部审计沟通的黏度

内部审计沟通的黏度指内部审计沟通的黏性程度,是审计人员和被沟通者之间的一种相关关系或相互作用。被沟通者对于审计人员沟通事项的响应程度越高,说明审计沟通的黏度越大,反之,如果被沟通者对于审计人员沟通事项的响应程度越低,审计沟通的黏度就越小。内部审计人员在内部审计沟通时要注意沟通的黏度,对不同的人,根据对方不同的特性,黏度应有所不同。对同一个人,在不同时机沟通,黏度也要适当变化。双向沟通的黏度大于单向沟通。审计沟通时对方信服并且沟通有效则黏度大,若对方不响应,甚至排斥,说明没有黏度。对于不宜透露的秘密审计计划,例如执行快速反应审计和重大舞弊审计,应尽可能降低沟通黏度,而对于重要的沟通事项,例如常规的经济责任审计和内部控制审计,则应采取科学合理的沟通方式来提高沟通黏度。

六、内部审计沟通的综合层面

内部审计沟通贯穿于审计工作的始终,对审计工作的顺利进行十分重要,必不可少。内部审计沟通的综合层面主要考虑如何通过沟通达到审计的目的和效果,是对沟通时间、空间和人际的综合运用,包括尺度、信度和效度。

(一)内部审计沟通的尺度

内部审计沟通的尺度指内部审计沟通的分寸把握程度,包括内部审计沟通的时间尺度、范围尺度和方式尺度。把握恰当的审计沟通尺度,能够提高审计效率。内部审计沟通的时间尺度是指审计的时机、时点、时段把握得当;在沟通范围上,是小范围沟通还是大范围沟通也要有所考虑;在沟通方式上,尺度的把握对审计沟通效果也很重要。以抽样审计沟通为例,就时间尺度而言,沟通和抽样可以同时或交替进行,沟通可以在抽样之前,也可以在抽样之后;就范围尺度而言,沟通可以针对已经抽样部分,也可以针对未抽样部分;就方式尺度而言,可以采用正式沟通,比如开会或信函,也可以采用非正式沟通,比如打电话或访谈。究竟采取何种沟通尺度,需要综合考虑事件本身的性质、重要性程度、审计人员的沟通能力以及被沟通者的特点来进行。通常重要事项通过正式沟通方式,而不重要的事项则可以通过非正式沟通方式。例如,审计决定和审计建议都是对审计事实结果出具的处理意见,带有强制性,审计人员在进行沟通时,一定要亲自到被审计单位送达审计文书,向被审计单位讲清楚处理决定的原因,以得到被审计单位的理解和配合。将抽样审计和审计沟通有机结合,能够提高审计质量。其原理在于将事后的行为结果审计向心理动机审计扩展,使得审计抽样更加精准。对于比较重要的审计事项,一旦沟通不畅,或沟通效果不理想,则可以扩大实质性测试的范围,或追加审计程序。

(二)内部审计沟通的信度

内部审计沟通的信度指内部审计沟通内容的可信度,证据的说服力和可信度有直接关系。内部审计沟通的信度一方面和内部审计技术有关,运用不同的审计技术和方法能够得到不同的内部审计沟通的信度,另一方面,内部审计沟通的信度也属于职业道德的范畴,诚信为安身立命之本,是国家长治久安、企业兴旺发达的前提条件。提高内部审计沟通信度,能够降低审计风险和社会成本。较高的内部审计沟通的信度要求内部审计机构具有较高的独立性,而且内部审计沟通的信度是保证内部审计客观性的重要条件。证据的说服力和可信度越高,沟通的信度就越高,沟通效果就越好。沟通的信度包含三点,首要点是可靠性,其次是相关性,再次是充分性。可靠性排第一,不可靠的信息不仅无益,反而有害,效用小于等于零。不相关的信息,此时无益,彼时可能有益,对你无益,对他可能有益,效用大于等于零。可靠性和相关性是信度的质量要求,充分性是信度的数量要求。沟通证据可靠即证据真实、可信,沟通证据可靠是基础,在可靠的前提下要和沟通内容相关,即沟通的证据和沟通内容有实质性联系。如果沟通证据可靠,和沟通内容相关并且充分,沟通的效率和效果将会大大增加。

(三)内部审计沟通的效度

内部审计沟通的效度指内部审计沟通的经济性、效率性和效果性,是衡量内部审计沟通有效程度的综合指标。内部审计沟通的频度、速度、高度、宽度、深度、角度、湿度、温度、透明度、黏度、尺度和信度等对效度都有重要影响,在内部审计沟通过程中对以上十二个维度把握得当可以大大提高沟通的效度。首先,充分、有效地沟通需要建立完善的沟通渠道,并保证沟通渠道畅通,渠道畅通则沟通效率高。其次,由于内部审计工作性质,常涉及被审计方利益,因此审计人员与被审计方难免会发生冲突。通常处理内部审计冲突的方法有五种:回避、迁就、强制、妥协、合作。强制通常会导致冲突升级,回避和迁就是"治标"不"治本",解决冲突最好的方法是妥协和合作。妥协和合作需要审计与被审计双方沟通,遇到冲突时审计人员要灵活运用沟通的技巧和作用,促进双方协作,以达到沟通的目的和效果。保持沟通渠道畅通并协调好与各个高度相关部门、人员的沟通,可以减少因信息不对称、工作误会导致的管理层决策失误和双方产生矛盾等问题,有利于提高审计工作的及时性和有效性。最后,内部审计沟通的策略选择对沟通的效度也有影响。宋常等人的研究结果表明,审计师采用积极的审计沟通策略通常比采用消极的沟通策略能够取得较高的关系质量。同时,内部审计沟通应符合审计文化并重视传统文化。中华传统文化所特有的"和合""面子"等观念,使得中国式的审计工作若想顺利开展必须非常注重人与人之间的"和睦"共处,审计师选用积极的审计沟通策略,以期其审计发现更能被审计对象所接受从而获得更高的关系质量。积极的内部审计沟通湿度小、温度高,效率高,效果好。可见"人和"在内部审计沟通中占有至关重要的位置,正所谓"天时不如地利,地利不如人和","人和"对内部审计沟通的效率和效果有决定性的作用。

七、结束语

内部审计工作中沟通的重要性不言而喻,沟通贯穿于内部审计工作的始终。本文从时间、空间、人际和综合四个层面,对内部审计沟通进行了探析。内部审计沟通不但要善于把握沟通的时间层面,还要注意沟通的空间层面,更要重视沟通的人际层面,并将"以人为本"的思想运用到内部审计沟通的理论和实践中,才能实现沟通的目的和效果。内部审计沟通度模型中每个维度相辅相成,时间、空间、人际及综合四个层面缺一不可。内部审计人员应把握最佳频度和速度,选择合适的宽度、深度和角度与相应高度的对象进行沟通,并且沟通过程中要特别注意沟通的湿度、温度、透明度及黏度,以达到最佳的沟通尺度、信度和效度。努力将十二个维度融会贯通,灵活运用于实践,提高沟通效率和效果,让内部审计工作事半功倍。本文构建的内部审计沟通度模型具有理论参考价值,同时对于修订内部审计沟通准则、指导内部审计沟通实践具有现实指导意义。进一步的研究方向是,对内部审计沟通维度建立指标体系并量化,并进行实证检验,评价内部审计沟通的效率和效果,进而改进当前的内部审计沟通,提高内部审计工作质量,促进我国内部审计事业的发展和繁荣。

主要参考文献

[1]中国内部审计协会.第 2105 号内部审计具体准则——结果沟通[S].中国内部审计准则,2014.

[2]梁磊.有效沟通在内部审计工作中的应用[J].中国内部审计,2006(7):48-49.

[3]王海兵,刘小嘉.关于我国内部审计五次大提速的思考[J].会计之友,2015(11):120-123.

[4]钟欣.内部审计沟通心理学浅探[J].财会通讯:综合版,2009(1):151.

[5]中国内部审计协会.第 2305 号内部审计具体准则——人际关系[S].中国内部审计准则,2014.

[6]《审计艺术研究》课题组.审计艺术研究[J].审计研究,2012(3):51-59.

[7]内部审计师的幽默技巧[J].安徽水利财会,2013(2):37.

[8]胡玉兰.沟通在内部审计工作中的应用[J].中国内部审计,2007(6):72-73.

[9]叶陈云.公司内部审计[M].机械工业出版社,2013.

[10]宋常,王睿,张羽瑶.审计沟通策略选择、问题严重性及关系质量——基于内部审计的实验证据[J].审计研究,2013(3):42-49.

公立医院内部审计的运行障碍分析[①]

邬华琼　冉春芳　王光伟　苏莉民

重庆市垫江县中医院　重庆科技学院工商管理学院

重庆市长寿区人民医院　重庆市人民医院

　　我国公立医院一直坚持"以药养医"的运行机制,引发看病难、看病贵、医患纠纷等社会问题,取消药品加成,执行零差率是当前医疗制度改革的重点。公立医院既是市场竞争的参与者,又是全民医疗服务的提供者,这种既要效益,又要公益的定位冲突,使公立医院改革尤为艰难。当前医疗制度改革要求公立医院建立现代医院管理制度,内部审计是构建现代医院管理制度的监督者和保障者,引入内部审计能够促进公立医院提高内部治理效率,提升医院的管理水平和服务水平。

一、资料与方法

　　内部审计在我国始于 1983 年,医疗卫生系统开展内部审计,源于原卫生部颁布《卫生系统内部审计工作规定》,要求县级以上公立医院必须建立内部审计机构、配备审计人员,开展内部审计工作。为了解公立医院内部审计的运行状况,笔者对重庆地区具备二级乙等(以下简称"二乙")以上资质的 113 家公立医院就内部审计机构建设、人员配备、审计环节、审计内容等项目进行了问卷调查,问卷由重庆市卫生和计划生育委负责发放,由公立医院审计机构的负责人或责任人填写,获得有效问卷 83 份。重庆市三甲医院 21 家(19%),三乙医院 5 家(4.4%),二甲医院 62 家(54.9%),二乙医院 25 家(22.1%),问卷有效率分别为 19 家(90.5%)、5 家(100%)、4 家(66.1%)、和 18 家(72%),平均有效率 73.5%,有效问卷能够反映重庆市公立医院内部审计的运行状况。重庆市作为第四个直辖市,公立医院数量、医疗水平、服务质量、管理制度等在全国公立医院处于前列,对重庆市公立医院内部审计运行情况进行分析,有助于为在全国范围内提高公立医院内部审计效能提供实践指导意义。

二、结果

　　根据《卫生系统内部审计工作规定》,县级以上医疗机构必须设立内部审计机构,开展审计工作,参与内部管理活动,在行政力量的推动下,内部审计在公立医院得到强制性实施。公立医院内部审计的运行情况、内部审计的效能是否有效发挥等是一个值得调查的问题。

(一)内部审计的机构建设

　　审计机构是审计业务开展的组织保障。公立医院设立内部审计机构的动力有内部需求

---

①本文为中国卫生经济学会第十六批中标课题(CHEA1516080702)。

和外部需求。内部审计是医院内部治理的组成部分,内部需求是内部审计发挥监督服务职能,提高医院管理水平和服务水平的关键。外部需求是迫于上级主管部门或监管部门的要求,被动设立审计机构。重庆市公立医院内部审计机构的建设情况见表1。设置独立审计机构的医院有54家(65%),内部审计隶属于纪检部门、财务部门的公立医院分别有3家、20家,有2家(4.9%)二甲医院和3家(16.7%)二乙医院没有内部审计机构。

表1　公立医院内部审计机构的建设情况[n(%)]

医院等级	n	独立设置	隶属于纪检部门	隶属于财务部门
三甲	19	15(78.9)	1(5.3)	3(15.8)
三乙	5	4(80.0)	1(20.0)	—
二甲	41	32(78.0)	1(2.4)	6(14.6)
二乙	18	3(16.7)	—	11(61.1)
合计	83	54(65.1)	3(3.6)	20(24.1)

(二)医院领导对内部审计的重视程度

领导对内部审计的重视度直接影响审计职能发挥作用的程度。领导重视和不重视两个维度分析医院对内部审计的重视情况,统计结果见表2。领导对内部审计重视与不重视的医院分别有39家、44家,比例为47%、53%,表明医院领导对内部审计的重视程度不高,迎合上级部门或监管部门要求的意图较为明显。

表2　公立医院领导对内部审计的重视程度[n(%)]

医院等级	n	重视	不重视
三甲	19	10(52.6)	9(47.7)
三乙	5	3(60.0)	2(40.0)
二甲	41	21(51.2)	20(48.8)
二乙	18	5(27.8)	13(72.2)

(三)内部审计的人员配备

审计工作开展的前提是配备专职专业的审计人员。审计人员的专业化程度和业务素质影响审计结论的客观公正性。按照审计人员是否专职、人员数量、学历要求和技能提升四个方面调查审计人员的配置情况,结果见表3。有47家医院(56.6%)配备专职审计人员,兼职或部分兼职医院有36家(43.4%)。

（四）内部审计业务开展情况

对公立医院内部审计工作的运行情况，通过审计项目、审计环节、制度建设、准则执行、审计职能和审计信息化设计问卷，结果见表4。

表3　公立医院内部审计人员的配置信息［n（%）］

医院等级	n	专职或兼职			数量满足审计运行		学历要求			后续技能提升	
		专职	部分兼职	全部兼职	基本满足	不满足	本科以上	大专	无要求	有	无
三甲	19	13(68.4)	4(21.1)	2(10.5)	3(15.8)	16(84.2)	6(31.6)	9(47.4)	4(21.1)	14(73.7)	5(26.3)
三乙	5	4(80.0)	1(20.0)	—	—	5(100.0)	3(60.0)	2(40.0)	—	2(40.0)	3(60.0)
二甲	41	27(65.9)	4(9.2)	10(24.4)	6(14.6)	35(85.4)	12(29.3)	24(58.5)	5(12.2)	15(36.6)	26(63.4)
二乙	18	3(16.7)	4(22.2)	11(61.1)	1(5.6)	17(94.4)	4(22.2)	10(55.6)	4(22.2)	1(5.6)	17(94.4)
合计	83	47(56.6)	13(15.7)	23(27.7)	10(12.0)	73(88.0)	25(30.1)	45(54.2)	13(15.7)	22(26.5)	61(73.5)

表4　公立医院内部审计业务开展情况［n（%）］

医院等级	n	审计项目（可多选）								审计环节		
		财务审计	责任审计	投资审计	效益审计	内控审计	风险审计	专项审计	其他	全过程	事中	事后
三甲	19	15(78.9)	5(26.3)	4(21.1)	12(63.2)	8(42.1)	3(15.8)	17(89.5)	5(26.3)	13(68.4)	5(26.3)	1(5.3)
三乙	5	3(60.0)	1(20.0)	—	1(20.0)	4(80.0)	—	5(100.0)	—	2(40.0)	3(60.0)	—
二甲	41	34(82.9)	10(24.4)	—	22(53.7)	20(48.8)	5(12.2)	28(68.8)	9(22.0)	14(34.1)	18(43.9)	8(19.5)
二乙	18	14(77.8)	6(33.3)	1(5.6)	6(33.3)	4(8.3)	1(5.6)	9(50.0)	1(5.6)	5(27.8)	4(22.2)	9(50.0)
合计	83	66(79.5)	22(26.5)	5(6.0)	41(49.4)	36(43.4)	9(10.8)	49(59.0)	15(18.1)	34(41.0)	30(36.1)	18(21.7)

续表

医院等级	n	内部审计制度		审计准则执行		内部审计职能（可多选）					利用审计软件	
		有	无	全部	部分	参与决策	参与合同	参与采购	参与管理	参与内控	有	无
三甲	19	17(89.5)	2(10.5)	15(78.9)	4(21.1)	5(26.3)	18(85.7)	13(68.4)	6(31.6)	13(68.4)	5(26.3)	14(73.7)
三乙	5	5(100.0)		2	3	1	5(100.0)	4	2	3	—	5(100.0)
二甲	41	32(78.0)	9(22.0)	26(63.4)	15(36.6)	4(9.8)	27(65.9)	27(65.9)	11(26.8)	30(73.2)	5(12.2)	36(87.8)
二乙	18	10(55.6)	8(44.4)	7(38.9)	11(61.1)	2(11.1)	7(38.9)	4(22.2)	4(22.2)	13(72.2)	1(5.6)	17(94.4)
合计	83	64(77.1)	19(22.9)	50(60.2)	33(39.8)	12(14.5)	57(68.7)	48(57.8)	23(27.7)	59(71.1)	11(13.3)	72(86.7)

三、结论

取消药品加成,执行零差率是我国当前医疗制度改革的重点,这对公立医院坚持"以药养医"的运行机制带来冲击。当前医疗制度改革颠覆了公立医院传统的运行模式,迫使公立医院加强内部管理。内部审计在促进医院健全内部控制、改善治理效率和推进廉政建设等方面发挥着重要作用。然而,内部审计在公立医院运行中还存在诸多问题。

(一)公立医院内部审计缺少针对性的制度保障

健全内部审计规章制度是内部审计有效运行的制度。《审计法》《关于内部审计工作的规定》和《卫生系统内部审计工作规定》等法律规章制度为公立医院开展内部审计工作提供了法律依据和制度保障。但是,这些法规制度对公立医院内部审计的要求、目标、内容、环节等缺少强制性条款和可操作性的技术指导,导致公立医院内部审计内容,审计环节较为随意,内部审计运行中不执行审计准则问题突出。审计署 2014 年颁布了新的《中国内部审计准则》,国家卫生和计划生育委员会没有依据新的内部审计准则出台专门针对卫生计生系统内部审计的具体准则和实施细则,导致公立医院内部审计工作的随意性较大,审计行为缺少合理规范,审计程序的合法性和审计结论的公正性欠缺。

(二)公立医院内部审计的内在动力不强

组织内在需求是内部审计发展的关键动力,公立医院开展内部审计的动机主要有内部动机和外部动机。前者是医院主动设立内部审计机构,积极利用审计职能,提高管理效率和服务水平。后者是满足上级机关或监管部门的要求,设立审计机构开展审计工作。设立独立的审计机构的公立医院有 54 家占比 65%,隶属于其他部门和未设内部审计机构的医院有

29家占比35％。审计独立性是现代审计的灵魂,根据《审计法》和审计工作规范,审计机构独立是审计人员自由开展业务做出公正无偏审计判断的前提。内部审计机构隶属于纪检部门或财务部门,部门之间职能交叉,审计应有的独立性遭到破坏。表2反映了领导对医院内部审计的重视程度,仅有47％的医院领导重视内部审计,表明医院领导对内部审计的支持度不高,迎合监管的意图较强,主动利用内部审计监督服务职能的意识不强。

(三)公立医院内部审计的人员保障不足

内部审计人员的配置数量反映了公立医院内部审计的业务规模。审计人员的专业素质是内部审计工作质量的保障。公立医院对内部审计人员的学历要求为专科或无要求的比例高达70％,审计人员后续技能提升是弥补专业技能不足的有效手段,然而,医院为审计人员提供后续技能提升的比例仅有26.5％(见表3)。内部审计人员学历低、技能提升不足影响审计人员的专业化判断,导致审计结论缺少客观公正性。另外,有43.4％的医院内部审计由兼职人员担任,这既无法保障审计工作的正常开展,也破坏了审计独立性。由于缺乏专业的审计人员导致39.8％的医院内部审计运行中不执行审计准则(见表4)。

(四)公立医院内部审计的技术保障不力

随着计算机技术、互联网技术的更新升级,公立医院的财务系统基本实现会计电算化和资料信息化。内部审计的对象由纸质账、证、表变成了电子数据,审计的范围也由传统的纸质演变成计算机平台、业务处理系统等电子数据。公立医院利用审计软件、互联网技术开展内部审计工作的比例只有13.3％,有86.7％的公立医院不能利用现代信息技术开展内部审计(见表4),内部审计的技术手段仅限于传统的查账技术,这无法满足公立医院规模扩张和业务日益复杂的运营要求,成为制约内部审计正常运行的技术障碍。

(五)公立医院内部审计的服务功能利用不够

审计具有监督和服务职能。内部审计的传统对象是财务审计,以监督经济活动的合法合规为目的。现代内部审计以提高管理水平和治理效率为目标,要求内部审计参与医院的日常管理,从管理水平、治理效率的角度提供专业的咨询服务。公立医院的内部审计在参与决策、药品采购、合同签订和内部控制等方面能够起到一定服务作用。但是,内部审计的重点是财务审计和事中事后审计,风险导向审计,经济责任审计、投资可行性审计和覆盖业务过程的跟踪审计开展不足,说明医院内部管理的关键领域利用内部审计效能不够。

四、讨论

取消药品加成、执行零差率等成为当前医疗制度改革的重点,致使公立医院一贯坚持"以药养医"的运行机制遭受冲击,要求公立医院建立现代医院管理制度,内部提高经济效益,外部提升医疗服务质量。内部审计是构建现代医院管理制度的监督者和保障者,利用内部审计的确认服务和咨询服务有助于提高医院内部管理水平和管理效率。为有效发挥内部审计的监督服务职能,首选需要有健全的内部审计规章制度,为内部审计有效运行提供制度保障,其次,医院领导的大力支持能为内部审计正常运行提供环境保障,内部审计工作要得到医院领导的重视,尤其是医院院长的支持,能够为内部审计创造良好的氛围。此外,设立独立的内部审计机构、配置专业专职的内部审计人员是公立医院提高内部审计效能、独立开展内部审计的组织保障和人员保障;同时,利用现代信息技术开展内部审计,是提高审计效率的有效途径,也是审计工作有效运行的技术保障。最后,致谢重庆市卫生和计划生育委员会规划财务处和审计处给予数据采集的支持。

主要参考文献

[1]王兵,刘力云.中国内部审计需求调查与发展方略[J]会计研究,2015(2):73-78.

[2]蔡春.内部审计的功能、目标及其实现条件[J].会计之友,1996(1):41-43.

[3]张庆龙.对我国当前内部审计几个问题的思考[J].中国内部审计,2011(2):18-21.

[4]蔡春,刘学华.政府审计风险的特殊性与控制[J].中国审计,2007(10):47-49.

[5]陈武朝.内部审计有效性与持续改进[J].审计研究,2010(3):47-53.

[6]张庆龙.我国企业内部审计职业通用胜任能力框架设计研究基于问卷调查的分析[J].会计研究,2013(1):84-91.

[7]跑国明,刘力云.现代内部审计[M].北京:中国时代经济出版社,2014.

[8]王爱国,史维.论审计的独立性[J].审计研究,2004(4):68-71.

[9]李明辉.内部审计的独立性:基于内审机构报告关系的探讨[J].审计研究,2009(1):69-75.

[10]赖有忠.现代审计职能[J].财会通讯,1984,S4(23):16.

国有建筑施工企业内部审计的完善与创新

郭大容

重庆城建控股(集团)有限责任公司

社会经济的发展,在较大程度上改变了国有建筑施工企业的经营方式和业务范围,进一步扩大了企业规模;现代治理结构的引入,在企业经营管理过程中,人们开始日趋重视内部审计。通过内部审计的科学开展,可以完善企业内部约束机制,贯彻落实相应的规章制度,降低风险。

一、国有建筑施工企业内部审计中存在的问题

(一)没有完善的审计组织体系,弱化了审计职能

因为建筑施工行业比较的特殊,那么"揽活""干活"就成了大部分建筑施工企业的主要工作内容,企业管理遭到了弱化。很多国有建筑施工企业的领导都没有充分重视内部审计,企业往往依据政府部门和审计部门的要求,而设置了内部审计部门,并不是自发行为,因此,不管是部门的成立,还是人员的配置,都比较牵强。内审人员没有经过系统的培训,操作不够规范。

(二)没有科学的配置内部审计人员,需要进一步提高职业能力和业务素质

企业内部审计,需要企业内部来设置机构和配备人员,而大部分国有建筑施工企业,都是从财务部门或者工程部门抽调过来的内部审计人员,有着比较单一的专业,审计知识和审计技巧比较缺乏;部分人员不能够充分熟悉和掌握国家政策法规以及企业内部控制制度,审计人员的综合素质需要进一步提升,企业内部审计质量受到影响,无法充分发挥内部审计的职能和作用,影响到国有建筑施工企业的持续发展。

(三)内部审计部门的权威性和独立性不够

长期以来,我国建筑施工企业对"揽活"十分重视,管理遭到了忽略,因为企业不重视内部审计部门,大多是从企业内部抽调的审计人员;企业高层领导着内部审计工作的开展,企业领导决定着人员的组成、职务升迁等,审计部门与企业部门是平行的,这样就无法保证内部审计部门的权威性和独立性。此外,过于简单的内部审计内容,很多部门认为财务部门是审计工作的主要对象,仅仅是对财务部门凭证报表账本的真实性进行审计,并且很多财务人员参与审计过程中。

二、国有建筑施工企业内部审计的创新和完善

(一)借助于外部审计力量,推动内部审计发展

社会审计、政府审计等都是外部审计的主要类型,外部审计的强制性和权威性较高,企业高层委托外部审计介入,可以将企业管理过程中出现的问题和不足及时找出来,内部审计将这些审计结果给充分利用起来,把握重点,将主要审计力量集中起来,以便提升审计工作的针对性。因为内部审计特别熟悉公司的管理体系和业务流程,那么就需要充分运用这个优势,及时找出问题,并且结合具体情况,采取相应的解决措施和方法,促使内部审计终极目标得到实现,管理效率得到完善。

(二)对内部审计部门的管理体系科学梳理,以便有效开展内部审计工作

内部审计工作职能的发挥,会直接受到领导体系的影响。现阶段一般有三种内部审计领导体系,一种是单位总经理直接领导,第二种是单位董事会的审计委员会领导,最后一种则是总会计师领导。领导层次越高,审计工作就有越高的权威性和独立性;通常情况下,为能够顺利开展审计工作,最佳的设置模式应该是本单位董事会或下属的审计委员会直接领导审计部门。在审计工作开展过程中,需要从战略角度出发,以便将审计主旨准确把握,促进企业发展。此外,企业还需要将相应的权力授予给内部审计部门,以便其能够将审计职责切实履行下去,科学考虑内部审计人员的任免,保证内部审计人员可以与企业高层领导或者董事会直接沟通。领导要给予内部审计工作足够的支持和配合,将内部审计重要性广泛宣传于企业内部,促使审计部门地位得到提升,审计部门权威性得到保证。

(三)将内部审计人员培训考核制度构建起来,促使内部审计人员综合素质得到提升

对于国有建筑施工企业来讲,不能够仅仅考虑生产,还需要重视管理。要结合国家法律法规和企业具体情况,对内部审计制度体系进行完善,将内部审计考核培训体系给科学构建起来,促使内部审计人员的综合素质得到增强。大力培训内部审计人员,提高内部审计人员的业务水平,要求其不仅能够对财务知识充分掌握,还要对其他部门的职责技能有一定了解,这样方可以全面科学的审核。另外,还要积极学习国家政策法律法规,提升个人职业道德操守,促进企业健康发展。

(四)相关职能部门组成联合审计组,促使审计力量得到增强

可以将联合审计组构建起来,其涉及工程技术、经营计划、设备物资等诸多部门,组成人员具有一定的专业知识和丰富的工作经验;审计组长领导联合审计小组,在不同种类审计中,将不同人员安排过来,以便进行更有针对性的审计。此外,依据企业组织管理结构,充分考虑业务规模,对审计工作的机构设置、人员安排等合理设计。结合公司的发展情况,对审计工作重点科学安排;对企业目前风险点进行明确,以便有针对性地开展审计工作;要合理安排审计计划,在例行审计的基础上,还需要将专项审计以及突击审计等开展下去。

三、结语

综上所述,市场竞争日趋激烈,国有建筑施工企业需要充分重视内部审计作用,对内部审计建设进行强化,采取一系列的措施,促使内部审计体系得到完善,将内部审计职能更好地发挥出来。同时,内部审计部门也需要肩负起身上的职责,全面开展审计工作,同时,把握重点,严格审计可能会出现重大问题的生产经营环节,独立开展审计工作,发挥职能,增强审计工作权威性。

主要参考文献

[1]张春雷.浅析国有企业内部审计的现状与发展[J].现代经济信息,2013(15):236.

[2]张秋燕.浅谈我国企业内部审计存在的问题及对策[J].中国外资,2013,4(18):66-68.

[3]武斌.浅谈国有企业内部审计运作情况[J].经济研究导刊,2013(1):95-96.

国有资产经营与管理

guoyouzichan jingying yu guanli

经济增加值(EVA)在国有企业绩效评价中的运用效果研究
——以重庆建工集团为例

税小华　徐　萍　曾　利　郑尚会　朱　毅　熊爱渝

中国科学院重庆绿色智能技术研究院　重庆市渝地资产经营管理有限公司

重庆小康工业集团股份有限公司　重庆城建控股(集团)有限责任公司

重庆渝湖燃料有限公司　重庆富民银行股份有限公司

一、绪论

(一)研究背景

国有企业在我国国民经济中起着举足轻重的重要作用。对我国国有企业取得的成绩和面临的困难进行合理科学的评价,关系到我国国有企业未来发展前景。我国国有企业绩效评价体系发展经历了漫长的探索过程。国内外管理理论研究表明,以财务指标为基础的传统业绩考核体系暴露出越来越多缺陷,加入非财务指标来评价企业综合业绩逐渐得到认可。西方学者开创的平衡记分卡等综合评价体系也逐渐传播到国内。我国政府在综合业绩考核方面也在不断地进行探索、改进和完善。1993年财政部颁布了《企业财务通则》,首次借鉴国际通行的评价方法,分别从偿债能力、营运能力和获利能力等方面对企业经营业绩进行全面综合地评价。1995年财政部公布了《企业经济效益评价指标体系(试行)》,包括销售利润率等10项指标,并对每项指标赋予不同权重,以行业评分值为标准进行计分。1999年6月,财政部等部委颁发了《国有资本金效绩评价规则》和《国有资本金效绩评价操作细则》。这两个文件的出台,标志着综合企业效绩评价体系和评价制度在中国建立。2002年,财政部等部委又对评价规则进行了修订,采用功效系数法和综合分析判断法,由28项指标构成,分别用于定量指标与定性指标评价计分,以满足多目标规划的原理和多档次评价标准的对比判断需要。业绩评价虽然在我国得到不断完善和发展,但其中对企业激励最明显的还是2003年由国务院国资委颁布,并在2007年修订的《中央企业负责人经营业绩考核暂行办法》。这个考核办法的出台,既是所有者行使所有者职权、防止国有资产流失的体现,也是所有者对经营者通过业绩考核,为经营者的薪酬以及奖惩提供一个客观依据,更是我国国有资产监管体制的进一步完善。针对中央国有企业的绩效管理,国资委于2009年、2012年先后对绩效考核指标进行修订,并全面推行经济增加值(EVA)考核,至此一套全新的国有企业绩效评价体系基本建立起来。

在地方,由于各地实际情况千差万别,各地方所属国有企业之间存在着历史负担或轻或重、企业规模有大有小、资产质量差距悬殊等现象。因而为了促进企业开拓创新、调动企业积极性,地方政府自行设定各自的考核指标和任务。作为西部唯一的直辖市,相对于沿海更为发达的民营经济,国有企业在重庆的经济社会发展过程中发挥着更大、更突出的作用。为了更好地对国有企业进行监管与考核,重庆市国资委在 2003 年至 2014 年间做了大量细致的工作,制定了《重庆市属国有重点企业负责人经营业绩考核及薪酬管理暂行办法(征求意见稿)》(以下简称"征求意见稿"),并于 2014 年 1 月 1 日起正式实施。在该办法中,国资委加大对经济增加值(EVA)的考核力度,EVA 的考核不断深化。

科学的考核机制有利于促进企业健康可持续发展,不完善的考核机制则可能导致企业为追逐短期利益而损害长期发展能力。为了研究重庆市地方国有企业绩效考核现状,本文以重庆建工集团为例展开关于国资委考核国有企业方法的效果评价研究,并提出改进建议。

(二)研究意义

随着国有企业改革进一步深化,国家对国有企业的管理方式发生了深刻变化。国有企业初步形成产权清晰、权责明确、政企分开、管理科学的现代企业制度。如何全面客观地考核评价国有企业的经营业绩,改进国有企业资产管理制度,加强国有资产监管,实现国有资产保值增值,是当前国资监管工作亟需研究解决的一项紧迫课题。此外,自 2003 年《中央企业负责人经营业绩考核暂行办法》出台以来,国资委对国有企业的考核已经开展了十余年。这十余年来,国资委对国有企业进行考核产生了怎样的效果,对效果进行评价并有针对性地提出改进措施,也是急需探讨的重大问题。

(三)研究内容与方法

本文采用规范研究和案例研究相结合、定性研究与定量研究相结合的方法。通过规范研究的方法,探究了国资委自 2003 年开始实施国有企业绩效考核后,考核方式的变化、变化原因、当下现状及预期效果。本文重点以重庆建工集团为研究对象,研究了对正式引入我国并在国有企业中本土化运用后产生了怎样的效果进行了分析,依据近五年的财务数据,测算了现行绩效考核办法对企业考核评价结果,分析 EVA 对企业行为的作用及其与预期效果差异原因,提出了完善绩效考核制度建设的对策建议。

(四)创新点及不足

本文全面梳理和回顾了我国国有企业绩效考核发展历程,从经济增加值价值管理角度,试图从四个方面描述和建立对企业行为导向的结果评价模式,是本文研究方法上的一种新尝试。由于研究的问题牵涉面广,加之囿于本课题小组知识结构、理论储备、精力有限以及资料收集困难等原因,本文的研究还有很多不足,如仅仅对单一国有企业绩效考核进行了一般性、必要的论述,对于影响绩效考核因素的研究也不够深入。

二、国内外企业绩效评价理论研究综述

(一)国外企业绩效评价研究综述

西方市场经济已经具有了 200 多年的发展历史。进入 21 世纪后,面对经济全球化和全

球竞争日益加剧的局面,在理论研究方面和企业实务操作上,西方对于企业的绩效考核评价已经取得非常好的成效。我国经济规模已位居全球第二,西方企业绩效评价无论是对国有企业还是民营企业,都具有十分重要的借鉴意义。因此,本文选择对国外企业绩效评价进行综述。

目前,国外对于企业业绩评价模式大致分为三种,见表1。

表1　国外企业绩效评价的主要模式

模式类型	主要特点
以杜邦分析系统为代表的财务模式	以净资产收益率为主要分析指标;使被考核者行为短期化,不利于企业的长远发展;不能全面反映企业的经营业绩
以经济增加值 EVA 为代表的价值模式	以股东价值最大化为导向;难以充分考虑企业的各利益相关者之间的利益
以平衡计分卡为代表的平衡模式	考核兼顾现在和未来,过程和结果;需要花费较多的精力和成本

一是以杜邦分析系统为代表的财务模式,以净资产收益率为主要分析指标,层层分解和剖析,运用收入、费用、利润以及投资报酬率、销售利润率、内部报酬率等财务比率指标综合分析企业在经营方面的各种问题。这些财务指标便于对企业的经营业绩进行横向和纵向的比较。但这种方法只注重财务指标,也易导致被考核者行为短期化,不利于企业的长远发展。被考核者只注重财务指标的提升,往往忽视了企业的其他管理工作。更为重要的是,财务指标并不能全面反映企业的经营业绩和发展能力。二是以经济增加值 EVA 为代表的价值模式。这种模式以股东价值最大化为导向来进行企业业绩评价。可以说 EVA 评价体系是目前最成功的单一指标体系的应用典型。但是,作为一种单一指标,EVA 在经营者和所有者利益协调方面不容易做到天衣无缝,仅通过一个指标也很难充分考虑企业的各利益相关者之间的利益。三是以平衡计分卡为代表的平衡模式,是哈佛大学的罗伯特·卡普兰(Robert Kaplan)和波士顿的大卫·诺顿(David Norton)1990 年共同开发的一种绩效评价方法。平衡计分卡的优点主要在于它建立了一个系统过程来实现战略和获得相关反馈,从企业战略出发,不仅考核现在,还考核未来;不仅考核结果,还考核过程。但是平衡计分卡也有缺点,就是事先企业必须有明确的发展战略,并需要花费较多的精力在指标选择和层层分解上。这对于那些战略不明、管理基础薄弱、成本承受能力较弱或初创的公司而言,往往是可望而不可即的。

总体上,国外企业绩效评价发展历程可以归纳为如表2所示。从表中可以看出,国外企业绩效评价经历了从单纯财务指标到财务指标与管理指标相结合、从关注短期到侧重长远的转变过程。

表2　国外企业绩效评价各个阶段特征

阶段	时期	主要方法	特点
第一阶段：企业绩效评价形成时期	19世纪中期至20世纪20年代	杜邦分析体系、沃尔比重法	局限于财务指标
第二阶段：企业绩效评价的完善时期	20世纪30年代至20世纪80年代	评价方法百花齐放百家争鸣，有代表性的有权变绩效计量体系	定量评价和定性分析相结合
第三阶段：企业绩效评价的创新发展时期	20世纪90年代至今	经济增加值法、平衡计分卡体系、利益相关者战略绩效评价体系	侧重于企业长远绩效的衡量

（二）国内国有企业绩效评价研究综述

我国学者对于企业绩效评价研究，主要是基于对国有企业及其经营者的考核评价。针对国有企业及其经营者的特殊性，国内学者关于国有企业性质和功能定位与国有企业业绩考核关系的论述主要有：曲卫彬在《国有股权管理与营运》中提出"国有股权管理的任务，即政府国资委以资产所有者（股东）的身份对国有股权进行管理运作时所期望达到的目标"。刘华（2007）在《国有企业的性质与效绩评价准则》文中指出：国有企业性质在于它是一种国家实现政策目标的政策工具。基于这个结论，他进一步指出，评价我国国有企业的绩效不能仅仅考虑国有企业财务绩效，而且更应当重视国有企业在实现国家政策目标时所起到的作用与所支付的成本，是否选择国有企业作为实现政策目标的政策工具，是一种在众多政策工具间成本和收益综合权衡的结果。当然，也有人提出鉴于国有企业作为国家的政策工具，根本就不应该考虑财务业绩，如李治国（2005）就指出"国有企业是实现国家目标的工具，国有企业不具备参与市场平等竞争的条件，利润最大化不应当成为国有企业的主要经营目标"。但是，随着我国经济体制改革深化和社会主义市场经济体制建立健全，尤其是市场对社会资源配置发挥着决定性作用的今天，现在这类说法已经没有了。兼顾企业自身发展和承担的国家政策执行确定企业绩效考核目标，已经成为学术界的广泛共识。

可见，国有企业表现出来的特殊性，要求我们在涉及国有企业绩效考核评价制度的过程中，更加要注重国有企业的特点以及它所承担的政治和社会职能。我国企业业绩考核评价的方法在学习和借鉴国外经验的基础上，也在不断地进行探索。国家各部委陆续出台了相应的操作办法和细则。1993年财政部出台《企业财务通则》；1995年财政部公布了《企业经济效益评价指标体系（试行）》；1997年国家统计局会同国家计委、国家经贸委调整了《改进工业经济评价考核指标实施方案》；1999年，财政部、国家经贸委、人事部、国家计委联合颁布了《国有资本金效绩评价规则》和《国有资本金效绩评价操作细则》；2003年国务院审议通过了《中央企业负责人经营业绩考核暂行办法》；2006年国务院国资委发布了《中央企业综合绩效评价实施细则》等。

在对国有企业效绩考核和经营者业绩考核的研究过程中,不仅相关政府部门出台了许多相应的政策文件,而且很多专家学者也提出了自己的观点和建议。孟建民(2002)在《企业效绩评价》一书中提到:"企业效绩评价研究和探索工作在中国虽然刚刚起步,但在应用方面已经逐步体现出了它的价值,尤其是在为资产所有者服务方面,如考核与选择经营者、确定经营者的年薪,企业效绩评价制度的作用十分明显"。丁孝智、张华、宋领波等(2007)在《利益制衡与国有企业经营者行为》中指出目前考核指标设置上的不科学问题,主要表现在考核主体单一,以经济效益为主;考核指标过于宽泛,缺少企业特征分析等方面的问题。陶友之(2006)在《经营者业绩考核的深层思考》中对经营者业绩考核中要不要有技术指标,对承担不同责任的经营者要不要有不同的考核指标,是否都要有年度考核和任期考核等问题发表看法。前国务院国资委业绩考核局副局长刘南昌也曾指出:对国有企业业绩考核设计了三步走的战略,第一步是目标管理,以现有中央企业负责人考核的两个办法为基础;第二步是战略管理,将推行平衡记分卡的办法;第三步是价值管理,将以经济增加值为核心。总之,学者们对于我国国有企业绩效考核工作取得的成绩给予了高度认同,但是考核指标体系以及指标权重设置方面存在一定差异。

在对国有企业经营者业绩考核和分配制度的研究探索过程中,国有企业经营业绩考核与经营者激励的问题更是研究的热点问题,曲卫彬(2005)在《国有股权管理与营运》中提出"经营业绩考核制度方法的科学性是决定其能否发挥预期的激励约束效应的关键问题。"杨国民(2004)在《国有企业经营者激励约束问题研究》中指出了国有企业经营者业绩考核上存在的不足,给企业的发展和对经营者的正确使用、评价、激励约束都造成了影响。此外,周业安(2000)从经济学角度对经营者报酬与企业业绩关系的分析;李苹莉(2001)提出的利益相关者模式下经营者业绩评价模型的经营者业绩评价和报酬制度的关系;谢德仁(2004)从经营者激励角度考虑业绩考评基础的选择等。由此可见,学者们一致认为绩效考核对经营者具有显著的激励作用,建议国有企业近期与中长期业绩考核和相应的短期与中长期激励措施应当结合起来。

综上所述,国有企业绩效考核对于加快国有企业发展具有十分重要的作用,因此只能进一步加强而不能削弱。在借鉴国外先进企业管理理论和绩效考核制度基础上,应当充分考虑到我国所处的发展阶段以及特殊国情下国有企业承担着政策职能和发挥社会功能的现实对国有企业绩效考核应当对此给予特别安排,已经成为国有资产主管部门和学者们的广泛共识。但是国有企业地域分布广泛、类型众多,加之规模大小、经营领域等差别很大,对于具体绩效考核体系设计和考核指标权重设置,研究者从不同研究角度出发存在不同的认识。

三、国有企业绩效考核历史与现状

(一)国有企业绩效考核的历史回顾

按照两权分离原则,出资人选择、任用和考核企业经营者是经济学铁律。国有企业的投资主体是国家,那么对国有企业经营者的考核任用也应主要由国家或其授权部门实施。然而,在市场经济条件下国有企业经营者的考核任用,也需要适应市场经济要求,依据市场规则办事,做到科学、客观和公正。从实践看,改革开放后国有企业经营者的考核任用呈现出逐步与市场经济接轨的发展态势。

在计划经济时期,对国有企业经营者业绩考核主要看政治思想表现,经营业绩和经营能力不是主要方面,或者说重视不够。企业每年的生产任务均由国家下达,所以如何完成上级下达的生产计划就成为考核企业管理者经营业绩的主要内容。这一时期相关的政策法规有,1951年政务院颁布的《关于国营工业企业生产建设的决定》,1961年国务院发布的《国营企业工作条例(草案)》以及1975年国务院拟订的"八项经济技术考核指标"等。

改革开放以后,国家发展战略调整到以经济建设为中心。与之相应,对国有企业经营者的业绩考核,虽然也要考察政治思想表现,但越来越关注经营实绩和经营能力。企业经营者考核部门对经营者进行考核的重点也转变到"经营业绩"和"经营能力"上来,即:在考察政治思想、品德威望、群众基础、专业知识的同时,开始重点关注经营业绩和经营能力,对企业经营者的考核管理进一步与市场经济接轨。这期间的考核体系,以1982年国家经委等六部委制定的16项"企业主要经济效益指标"为起点,1992年国家纪委、国务院生产办和国家统计局设计并实施了一套采用国家统一标准评价企业经营业绩的指标体系。该体系根据指标的重要性程度对每项指标进行了权数排序,再经过指标的现实值与全国统一制定的标准值进行比较而确定被考核企业的评价计分。2002年,党的十六大明确提出建立中央政府和地方政府分别履行出资人职责,享有所有者权益,权利、义务和责任相统一,管资产和管人、管事相结合的"两级三层"的国有资产管理体系。2003年国务院审议通过了《中央企业负责人经营业绩考核暂行办法》,标志着国资委开始以出资人的身份对中央企业经营者进行业绩考核。各地方政府也纷纷以此为蓝本,出台了相应规则,其中以上海、深圳两地较为成熟。2010年初,国资委发布的《中央企业负责人经营业绩考核暂行办法》用经济增加值(EVA)指标取代了传统的净资产收益率(ROE)指标。

综上所述,根据我国国有企业绩效评价发展特点,我们可以将其发展过程划分为七个时期,如表3所示:

表3　我国国有企业绩效评价工作发展过程

时 间	阶 段	特 点
改革开放以前	以实物资产为主阶段	企业没有经营自主权,国家仅从实物与产出角度进行评价。评价方法只是简单地与计划目标和行业生产技术标准进行对照
改革开放~90年代	重点考核产值和利润	开始从价值的角度强调经济利益,注重利润、生产值等价值指标的考核,以综合评价计分法为主
1991~1995年	注重经济结构和效益评价	以国有资本保值增值为目标。评价指标以投资回报率为核心,采用全国统一标准值进行评价
1995~1999年	注重企业社会贡献评价	开始关注企业综合经济效益及企业社会贡献。制定分行业评价标准,开始使用功效系数计分法
1999~2003年	注重企业整体绩效评价	财务评价与非财务评价相结合:分行业、分规模、分档
2003~2010年	注重出资人利益,建立企业负责人经营业绩考核体系	对财务绩效定量评价和对管理绩效定性评价结合
2010年至今	注重企业价值管理	引入EVA评价指标,以股东价值创造、追求股东价值最大化为核心的价值管理阶段

对相关法规文件依时间进程整理如表4所示:

表4　我国国有企业绩效评价主要法规

法规	时间	颁布部门	具体规定
《企业会计准则》《企业财务通则》	1992年	财政部	规定8项财务评价指标,从偿债能力、营运能力和盈利能力三个方面评价财务状况和经营成果
《企业经济效益评价指标体系》	1995年	财政部	从投资者、债权人和社会贡献三个方面共10项指标进行评价
《国有资本金效绩评价规则》《国有资本金效绩评价操作细则》	1996年	财政部、原人事部、原国家经贸委、原国家计委	包括基本指标、修正指标、评议指标三层共32项指标
《中央企业负责人经营业绩考核暂行办法》	2003年	国资委	开始建立新型的企业负责人经营业绩考核体系

续表

法规	时间	颁布部门	具体规定
《中央企业综合绩效评价管理暂行办法》《中央企业综合绩效评价实施细则》	2006 年	国资委	规定企业综合绩效评价指标由 22 个财务绩效定量评价指标和 8 个管理绩效定性评价指标组成
《中央企业负责人任期经营业绩考核补充规定》	2007 年	国资委	对中央企业负责人进行业绩考核
《中央企业负责人年度经营业绩考核补充规定》	2008 年	国资委	对中央企业负责人进行业绩考核
《中央企业负责人经营业绩考核暂行办法》	2009 年	国资委	要求从 2010 年 1 月 1 日,即中央企业负责人第三任期考核开始,全面推行 EVA 考核体系

(二)国有企业绩效考核方式变化原因

我国国有企业绩效考核的发展与国家经济体制的变革息息相关。在国资委成立之前主要分为三个阶段,国资委成立之后考核思路也发生了一次重要变化。

第一个阶段是在计划经济时期,国有企业的考核主要是围绕实物量(产值)开展。由于当时的计划管理高度集中,所有生产要素都由政府调配,企业没有任何经营自主权。而企业为了超额完成产值目标,不计成本争项目、争资源的现象非常普遍,造成了极大浪费。此外,政企不分的体制也导致了"严约束、无激励"的考核特点。

第二个阶段是改革开放头 20 年。改革开放之初,国家开始对企业逐步让利放权。国有企业的经营自主权不断提高,单一的产值考核已经不能再适应企业发展的需要。于是,除产值之外,上缴利润及增长率、销售收入利润率等经济效益指标被引入国有企业考核体系。但是,由于当时国有企业总体上仍是政府的附属物,这些考核指标并没有发挥出明显的作用,企业仍是"重产值、轻效率"。到了 20 世纪 80 年代后期,国家为了逐步实现政企分离,开始了"承包制"改革。然而,由于当时国有资产出资人监管缺位,很多国有企业经营者借助"承包制"绕开了国家对企业的考核,实际上形成了"无约束、有激励"的怪现象。企业经营者随意发奖金、中饱私囊、国有资产流失的现象非常普遍,国有企业所有者权益受到极大侵害。

第三个阶段是 20 世纪 90 年代至国资委成立之前。在这个阶段,国家明确提出国有企业的改革方向是建立与社会主义市场经济相适应的现代企业制度。围绕这个目标,国有企业考核体系淡化产值指标,强化效益指标,逐渐发展为以投资报酬率为核心且能反映企业运营能力、管理水平、发展潜力的一整套评价体系,使国有企业的考核制度趋于科学和完整。但是,这个阶段考核体系的短板依然明显:一是指标体系过于复杂,企业实际操作有困难,没有重点且容易顾此失彼;二是政企分开的改革仍然处于探索阶段,一些考核指标依然带有明显的行政色彩;三是考核结果与企业经营者的奖惩挂钩不紧,约束和激励都不够;四是国有企业被多头管理,不同主管部门设定的考核指标不尽相同,使企业疲于应付,在一定程度上助长了企业做假账的风气。此外,由于"九龙治水"的管理体制,实际的结局是没有哪个部门真正履行了出资人的职责,考核企业流于形式,基本靠企业的自觉,国有企业主管部门实质上是放弃了出资人职责。

第四阶段,现代产权制度的提出。十六届三中全会(2003年10月)通过了《中共中央关于完善社会主义市场经济体制若干问题的决定》,明确了完善社会主义市场经济体制的主要任务,并提出:(1)要实现投资主体多元化,使股份制成为公有制的主要实现形式;(2)建立健全国有资产管理和监督体制,深化国有企业改革,完善公司法人治理结构;(3)明确产权是所有制的核心和主要内容,建立"归属清晰、权责明确、保护严格、流转顺畅"的现代产权制度;(4)建立国有资本经营预算制度和企业经营业绩考核体系。在这之前,国务院就国有资产管理而正式颁布的《企业国有资产监督管理暂行条例》(国务院令378号,2003年5月)中明确指出"国有资产监督管理机构应当建立企业负责人经营业绩考核制度,与其任命的企业负责人签订业绩合同,根据合同对企业负责人进行年度考核和任期考核"(第十八条);之后,国资委于2003年11月颁布了《中央企业负责人经营业绩考核暂行办法》(以下简称《考核办法》于2006年底再次修订),并要求于2004年实施。

"现代产权制度"理论的提出,清晰了政府角色定位,为国资委监管、考核企业负责人经营业绩提供了实践基础,同时也为国有企业负责人经营责任的内部组织落实提供了前置性的管控依据,从而具有重大意义。这一业绩考核制度体现了以下特征:(1)明确了评价主体是国资委——它行使国有资产出资人角色。(2)考核对象是企业负责人。(3)确定了"年度考核与任期考核相结合、结果考核与过程评价相统一、考核结果与奖惩相挂钩"的制度规范。(4)指出业绩评价的基本原则。即:第一,价值增值导向原则。按国有资产保值增值、资本收益最大化和可持续发展的要求,考核企业负责人的经营业绩。第二,相对业绩考核原则。即结合不同行业、资产经营水平及业务特点,分类进行相对业绩考核。第三,评价与激励相融原则。第四,全面发展原则。即按照科学发展观要求,推动企业提高战略管理、自主创新、资源节约和环境保护水平,不断增强企业核心竞争能力和可持续发展能力。(5)考核内容为年度经营业绩与任期业绩相结合。其中,年度业绩核心指标为利润总额、净资产收益率;任期业绩核心指标包括国有资产保值增值率、三年主营业务收入平均增长率等。(6)引入了对一些附加指标(如EVA)的考核,突出价值增值在企业业绩评价中的地位与作用。

此后,中央企业出资人的职责落到了国资委肩上。根据履行出资人职责的需要,国资委很快就制定了新的中央企业经营业绩考核办法,国家在历史上第一次从股东的角度对中央企业进行统一的考核。新的考核办法区别于以往行政管理色彩浓厚特点较强的考核之处在于与市场评价机制逐步接轨,股东式管理特点明显,考核结果与激励约束紧密挂钩,以期解决企业盈利能力低下、资产质量不高、缺乏核心竞争力等问题,并提高企业经营者工作积极性,促进企业经营观念和发展战略的转变。

回顾国有企业绩效考核工作发展过程,我国国有企业绩效考核曾经流于形式、经营亏损无人负责的教训是:企业经营业绩责任一定要落实到具体个人身上。集体负责的后果便是,到最后谁都不负责也难以纠责。正是在认真汲取历史的经验教训基础上,国资委成立以来首先便是将经济责任落实到中央企业负责人的身上,于 2003 年底颁布了《中央企业责任人经营业绩考核暂行办法》。各省区市也随之出台了相似的考核办法。从此,中央和地方国有企业经营者高枕无忧日子一去不复返,经营业绩压力时刻鞭策他们对外研究市场、对内加强管理,抓好开源节流和降本增效。《考核办法》实施的第二年就收到了实实在在的成效。2004 年,中央企业实现利润 4 900 亿元,同比增长 63%,创造了历史最好水平。

第五阶段,EVA 指标的正式实施。中外企业发展史一再表明,创造利润的企业不一定创造价值。2009 年底修订、2010 年正式实施的《考核办法》引入了 EVA 考核——用 EVA 指标代替原先年度考核基本指标中净资产收益率指标,我国国有企业绩效考核步入价值管理阶段。引入 EVA 考核指标,主要是从以下两方面考虑的。第一,中央企业普遍认为股权资本是免费占用的,无视股东资本投入机会成本,投资热情高涨导致资本占用很大,但平均投资回报却相对较低。若按 EVA 指标进行测算多家企业的 EVA 是负值,这实际上是损毁了所有者权益。国资委对中央企业的历史业绩进行测算结果表明,2003 年国资委刚成立时,超过 100 家中央企业的 EVA 是负值。到了 2007 年,虽然中央企业经营业绩大幅提升,但 EVA 为负值的企业仍有 50 家左右,占央企总数的 1/3。第二,在不少中央企业快速发展的背后,隐藏着一个严重的财务风险问题——负债率过高。在以传统财务指标为主的业绩考核体系引导下,一些企业单纯注重账面业绩和经营规模增长,忽视资本成本,片面追求规模扩张的粗放型发展模式,不惜背上沉重的债务负担"为银行打工"。据国资委统计资料显示,2007 年 1 月至 11 月,中央企业资产负债率同比上升的达 65 家,负债增长高于资产增长的达 69 家,有 44 家资产负债率高于 75%。针对这一情况,时任国资委主任李荣融曾在 2008 年的中央企业负责人会议上明确地指出:"部分中央企业资产负债率上升,资产流动性下降,少数企业盲目扩张导致营运资金不足,短期债务增长过快,债务风险加大,必须引起高度重视。"国资委虽三番五次提醒甚至警告一些企业,但收效甚微。究其原委,按照《考核办法》,中央企业负责人的奖惩很大程度上取决于利润、主营业务收入及资产增值等绝对量指标,没有考核指标对负债及资本占用进行有效的约束。此外,净资产收益率从本质上来说体现的还是企业盈利,其导向基本与利润指标一致,净资产收益率和利润这两个指标保留一个即可。更重要的是,净资产收益率只能体现出净利润与所有者权益的比值,无法反映利润与债务的关系。甚至有的时候,企业大量举债不会降低净资产收益率,反而可能会因为利润的增长而提高净资产收益率,这显然会助长企业的大规模借债行为。因此,调整《考核办法》以EVA 替代净资产收益率指标势在必行。

(三)国有企业绩效考核的现状

虽然改革开放以来国有企业经营者的选拔任用和考核方式上已经发生了许多新的变化,但政府部门考核和行政任命方式仍然是主要方式。随着社会主义市场经济体制建立健全,特别是市场机制成为社会资源配置决定性作用的今天,企业经营者作为社会上优质的人力资源,其考核任用方式也应当逐步采取市场化手段。通过建立健全国有企业绩效考核评价制度,提高企业经营者业绩考核的科学性,将真正业绩突出、素质优良的经营人才选拔到或继续留任在经营者岗位,以促进国有企业经济效益和整体质量提高,成为经济社会发展对我国经济体制改革的必然要求。因而,近年来各级国资委开始探索运用科学的绩效评价方法,客观公正地考核企业经营者的经营业绩,或为考核企业经营者提供基础依据。

目前,国有企业负责人经营业绩考核主要依据是 2004 年初开始实施,经过国务院国资委 2006 年、2009 年、2012 年三次重新修订,2013 年 1 月 1 日实施的新《中央企业负责人经营业绩考核暂行办法》。虽然 EVA 比较直观和简单,实际应用时调整一些特殊的利润和资本等项目。根据相关文献,采用 EVA 进行企业考核过程中,对会计准则和企业内部会计可调整事项多达 200 项。这些调整有利于改进 EVA,使之更准确地反映企业创造价值情况。但是,会计事项调整过多也就意味着付出的成本增加且所需时间过长,这显然不符合成本效益原则。为此,本着简便易行原则,国资委规定只调整影响决策判断和鼓励长期发展的重要因素,这样便大大地缩减了 EVA 计算中复杂的会计调整项,增强了 EVA 计算的可操作性。

自 2010 年正式引入 EVA 考核以来,国资委逐步推进并取得了一定的成效。根据 2011 年 8 月国资委公布的中央企业年度大考成绩显示,2010 年纳入国资委考核范围的 121 户中央企业中 96 户经济增加值为正,比上年增加 13 户。2010 年全年中央企业完成经济增加值 3 887.1亿元,较上年增长 1.4 倍。其中电力、冶金、机械、交通运输行业均比上年增加 100 亿元以上(杨秋玲,2012)。

但是对实施 EVA 评价的有效性,仍然存在一定争议。赵岩和陈金龙(2012)通过实证研究的方法,选取 2010 年 EVA 排名前 30 名央企为研究样本,从绝对有效性、相对有效性和一致性三个方面对国资委运用 EVA 指标评价进行研究。结果表明,运用 EVA 指标评价绩效时,在绝对有效性上与传统财务绩效评价指标存在一定差异,但在相对有效性上与传统财务绩效评价指标相对一致;运用 EVA 指标、单位净资产实现的 EVA、单位资产实现的 EVA 评价时,与传统财务绩效评价指标具有内在一致性,证明运用 EVA 指标具有有效性。王婧和王美云(2014)使用 DEA 模型同样研究了 EVA 的评价有效性。结果显示,EVA 的整体有效性没有明显提高,对资本节约、降低代理成本、保值增值的引导作用并没有达到预期,回归主业的引导成效比较微弱;积极一面在于,企业规模效率在执行 EVA 后有所改善。这说明,我国国有企业以 EVA 为核心的绩效考核体系建设进程中尚存在诸多不完善之处。

(四)国有企业绩效考核办法的主要问题

总的来说,我国目前的国有企业绩效考核体系符合建立现代企业制度的国有企业改革方向,绩效考核指标的设置符合市场经济发展和国有资产监管体制改革形势,实用性较强。《考核法》的出台,真正将经营业绩考核同薪酬管理结合起来,有利于落实国有资产保值增值责任,建立有效的国有企业负责人激励与约束机制,从而向解决国有企业改革的根源性问题迈出了重要的一步。目前,国有企业以 EVA 绩效考核体系在中央和地方均得到广泛应用,取得了一定成效,但也存在不足。主要表现在:

第一,过于偏重财务指标。长期以来,《考核办法》所设置的指标体系基本上是财务指标。即便引入 EVA 指标后仍无法摆脱财务指标固有的局限性。一是过分偏重财务指标和事实上的任期制容易助长企业经营者急功近利思想和短期投机行为，促使企业更加偏好于影响当前盈利而非对企业长期发展有利的投资。二是过分偏重财务指标容易导致利润操纵行为。虽然 EVA 指标比传统财务指标更加准确，且通过财务审计一定程度上也能提高数据的准确性，但对于企业经营者粉饰会计报表的行为并不能完全避免。

第二，考核的针对性不强。现行《考核办法》将考核指标分为基本指标和分类指标两大板块。基本指标是全部国有企业的共性指标，分类指标根据所处行业特点选定的。可以看出，考核指标设置时考虑了企业的个性特点，但在股权结构复杂、规模、经营领域、区域、政策和社会功能差异大以及历史包袱负担不一的国有企业中制定客观、合理的考核指标，仅按行业分类是不够的。这也是与十八届三中全会确立的国有企业按照公益保障型和竞争型进行的分类改革脱节。

第三，难以科学合理确定资本成本率。在 EVA 考核中，资本成本率是核心。资本成本率的准确性极大地影响着 EVA 的准确性。此次国资委 EVA 考核办法统一规定了企业的资本成本率，且三年保持不变。但是，统一的资本成本率不可能反映企业之间在资本结构、财务风险和融资成本等方面的差异，从而影响到 EVA 的准确性及在不同行业和不同企业之间的可比性。对于高风险行业和企业，规定的资本成本率有可能偏低，将鼓励企业无视资本成本，盲目追求高风险项目投资。

第四，EVA 指标存在不鼓励企业长期投资的导向。由于历史原因，我国国有企业的新老差别明显。相对而言，由于过去固定资产投资较低，资本占用额较低且逐年递减，盈利水平较高，老企业的 EVA 水平较高。由于当期基本建设投资额高，资本占用额相对较高，资产折旧额相对较大，新企业的利润水平相对降低。这样便形成了新企业的 EVA 前期小后期大的结果。从追求自身利益角度考虑，这对任期较短的企业管理者来说存在排斥能够创造价值的大型投资项目的可能。

第五，EVA 指标仍然不能反映企业现金流量情况。从数学角度，EVA 等于调整后的企业税后净利润减去包括权益和债务的所有资本成本后的经济利润。显然，由于是建立在以会计利润为基础上的，EVA 指标并没有考虑到企业的现金流量和资金时间价值因素。因此，从根本上来讲 EVA 依然只关注了会计利润高低，这就具有与传统财务绩效评价指标一样的固有缺陷。企业管理者仍然可以利用各种盈余管理手段通过调节企业会计利润，达到增加 EVA 的目的。

历史地看，我国国有企业绩效考核制度建设成效是十分显著的，也将随着国有企业改革和发展而不断发展和完善。

四、EVA 在国有企业绩效考核中的实施效果分析

2003 年国有资产监督管理委员会挂牌成立，代表国家对国有企业行使出资人的职责，成为国有企业真正意义上的股东，被赋予了实现国有资产整体和动态上的保值增值、引导国有企业做大做强主业、提高企业核心竞争力、实现国企持续健康发展等重要职责。而要实现

这些职责,就需要国资委能够对国有企业负责人的经营业绩进行客观准确地评价,将其经营行为引导到上述目标上来。因此,国资委设计的基于 EVA 业绩考核体系,明确地反映出国资委的政策目标导向。而作为一种在理论和实践中均表现出巨大优越性的 EVA 考核体系,不仅是一种业绩考核方法,更具有基于价值管理理念的行为导向作用。下面,从国资委设计的"本土化"EVA 考核体系结合 EVA 本身所具有的特性入手,对国资委 EVA 考核体系的行为导向效果进行综合分析,这也是国有企业实施 EVA 考核后对企业行为产生的主要变化。

(一)强化主业发展意识,提高企业发展后劲

在原有的考核体系下,一些国有企业经营者为了在短期内提高企业的利润和效益,热衷于追求房地产、股市、期货等与企业主业无关且具有偶发性、不稳定性但"见效快"的投资收益,甚至虚盈实亏也时有发生。这不仅掩盖了企业的真实盈利能力,还严重挤占了企业用于发展主业的资本资源,影响到企业主业可持续盈利能力的提高,从而削弱了企业的整体盈利质量。同时,过度投资于企业本身不擅长甚至不熟悉的业务项目,盲目采取多元化经营发展战略,也为企业长远发展带来了较大的潜在风险。为了遏制这些不良现象,《考核办法》规定在计算 EVA 值时,对于企业变卖主业优质资产,转让主业优质资产以外的非流动资产等获得的收益,连同其他诸如与主业发展无关的资产置换收益、与企业经常性活动无关的补贴收入等企业非经常性收益,全额从企业税后利润中予以剔除。同时规定,对于承担国家结构性调整任务且取得突出成绩的企业可以予以一定程度的考核加分。这对抑制央企通过调节非经常性收益来操纵企业利润,提高企业盈利质量,以及引导央企关注主业发展,通过非主业资产、低效资产等的剥离与清理等行为来调整企业的产业结构等起到了一定的行为导向作用,对企业的长期健康发展意义重大。

由于与主业有关的在建工程是指企业尚未投入使用的与主业有关的固定资产,本身能够为企业以后期间带来持续的利润。因此,《考核办法》还规定对于与主业有关的"在建工程"需要全额从资本总额中扣减,以真实反映企业需要进行回报补偿的资本成本。这项调整在一定程度上遏制了企业负责人为了实现任期内的短期利益,而放弃会增加企业当期资本成本并进而降低当期 EVA 值,但却有利于企业长期发展的主业投资项目的行为。这大大地提高了企业对建设周期长、资金需求量大但有利于企业价值增加的新项目投资和对现有项目进行更新改造的积极性,鼓励央企加大对企业基础建设的投入,增强企业的发展后劲,使企业取得长足的发展。

(二)加大科技研发投入,提高自主创新能力

传统的基于会计利润的业绩考核,在新的会计准则指导下,虽然对企业科技研发投入的开发阶段符合资本化条件的费用支出予以了资本化处理。但是对于研究阶段及开发阶段不符合资本化条件的支出则仍进行当期费用化的处理,对企业当期利润的影响仍旧很大,在某种程度上打击了企业对科学研究、科技创新等方面投入的积极性。国外知名企业持续快速发展,无一不是以科技创新取得所在技术领域的市场话语权。如果国有企业研究开发费用

支出归类到企业的长期投资,有助于企业未来经营业绩的提高和企业核心竞争力的形成,从而使企业进入不断投入、发展、投入的良性循环轨道。为此,国资委规定,在企业 EVA 的计算中,企业的研究开发费用作为利润,全额加回到企业的当期会计利润中。这样鼓励企业经营者积极开展研发活动,加大对科研团队建设、投入与支持,大力推进科技创新,努力占领关键技术领域和未来发展制高点,进而提高企业的核心竞争力,提升企业的可持续发展能力,开创产业和国家科技发展的新局面。

(三)规范企业投资行为,提高资本运营效率

传统的业绩评价体系以会计利润为核心,而会计利润实质上由企业的真实利润和企业的权益资本成本两部分所构成。以提高会计利润为目的、追逐自身短期利益的国有企业负责人极大可能将那些具有正的投资回报但低于权益资本成本的投资项目也纳入企业的投资范围,从而造成企业为单纯获得高利润数字而盲目投资于低效率项目,走入以规模造利润的粗放式发展怪圈。《考核办法》以 EVA 考核则沿用了经济利润的内涵,综合考虑了企业的债务资本成本和权益资本成本。在企业经营者进行投资决策时,只有当该项投资的回报高于权益资本的机会成本时才能纳入可行的投资范围,而对于那些只能提高企业利润却有损企业价值的投资机会则予以摒弃,从而引导企业关注投资成本,谨慎投资于高效率的投资项目,提高企业的资本效率,促进企业从规模驱动到质量驱动的发展方式的转变。

(四)注重权益资本成本,提高企业盈利质量

基于会计利润的传统业绩评价体系,通常只考虑企业的债务资本成本,忽视了企业股东投入资本的机会成本。加之国家对国有企业持有的国有资本监管不力,进而给企业经营者造成"权益资本免费"的假象。这在一定程度上造成我国企业相对于负债融资而言更偏好于权益资本融资,盲目地在资本市场上圈钱,导致我国国有企业资本结构明显有失合理。这与现代财务理论及国外企业实践中的融资优序截然相反,带来了许多负面影响和消极作用,既不利于我国资本市场资源配置的优化,更不利于国有企业的稳健经营和股东的长远利益。国资委对国有企业绩效考核引入 EVA 理念,从而全面考虑了企业包括权益资本在内的所有资本成本。只有从资本市场上融得的资金能够获得超过权益资本成本的投资回报才能提高企业的 EVA 值,为企业创造出真正的利润。进而遏制企业在不考虑投资回报情况下不断盲目从资本市场融得"免费"权益资本的行为,从而优化企业资本结构,降低企业整体资本成本,提高资源配置效率,更好地促进企业持续成长。

五、EVA 在国有企业绩效评价中的运用效果分析——以重庆建工集团为例

(一)重庆建工集团基本情况

重庆建工集团股份有限公司是一家以建安和路桥施工、市政建设为主业,集工程设计、机械制造、特许经营、物流配送等为一体的,重庆市国有资产管理委员会管辖的市属大型国有企业集团,具有房屋建筑工程施工总承包特级、公路工程施工总承包特级、市政公用工程总承包壹级为主的资质体系,涵盖桥梁、隧道、机电、钢结构工程专业施工总承包壹级、轨道

交通、设计和多个其他业务领域一级、甲级资质。集团注册资本 16.33 亿元,资产总额 548.98 亿元,下属全资、控股企业 29 家,拥有专业技术人才 1 万余名,掌握超高层建筑、高速公路、超大跨度桥梁及隧道施工、商品混凝土生产、建筑机械制造等核心技术、专利和标准,并拥有 12 部国家级工法和 65 部省部级工法,业务遍及全国大部分省、市、自治区和世界 20 多个国家及地区。

作为重庆建设的中坚力量,重庆建工集团承建了重庆绝大多数标志性工程,包括重庆人民大礼堂、重庆中国三峡博物馆、重庆奥林匹克运动中心、重庆朝天门观景广场、重庆世界贸易中心大厦、重庆保税港、重庆科技馆、重庆国泰艺术中心、重庆国际博览中心、重庆鹅公岩长江大桥、重庆马桑溪长江大桥、重庆轨道交通六号线等,为重庆城市形象的塑造和社会经济事业发展做出了重要的贡献。在服务重庆发展中,重庆建工集团自身也得到不断发展壮大,先后荣获中国建筑工程鲁班奖 18 项、中国土木工程詹天佑奖 4 项、中国市政金杯示范工程奖 12 项、中国建筑工程装饰奖 5 项、中国钢结构金奖 3 项、中国安装之星 12 项。

面对如此庞大的一家国有企业,企业发展状况直接关系到政府、职工、股东和市场等利益相关者的根本利益,做好绩效考核工作显得尤为重要。随着 2010 年中央企业新的绩效考核办法实施,EVA 考核在中央企业中全面实施,ROA(资产收益率)考核指标正式从考核体系中退出。为了响应中央的号召,重庆市国资委也一直在 EVA 考核的实施做前期准备工作,并于 2013 年颁布了征求意见稿,宣布从 2014 年 1 月 1 日起正式实施 EVA 考核方式,并在全部考核体系中占 40% 比重。作为关系重庆市经济命脉的重要国有企业,国家对重庆建工集团资产保值增值提出了很高要求。这决定了认真学习和实施经济增加值考核对于重庆建工集团而言十分重要。更重要的是引导和规范企业经营管理行为,企业在生产经营决策中要科学,在扩张规模投资中要谨慎,要时刻控制企业各项资本成本,实现企业价值最大化。

在这一背景下,重庆建工集团能否通过 EVA 考核这一方式,这一考核方式宣布实施后对于重庆建工集团有着怎样的效果,都将在本案例中进行分析探讨。

(二)重庆建工集团 EVA 指标计算

1.重庆建工集团主要财务报表数据

由于重庆市正式开始实施 EVA 考核时间为 2014 年 1 月 1 日。为了更好地进行 EVA 实施前后企业情况的对比,本文选取了公开发表的重庆建工集团 2009 年至 2014 年的年报数据为样本进行财务数据分析。表 5 为 2012 年至 2014 年部分财务报表项目的数据,表 6 为 2009 年至 2011 年部分财务报表项目的数据,如下所示。

表 5　重庆建工集团 2012 年至 2014 年部分财务报表项目　　　　单位:元

报表项目	2014 年	2013 年	2012 年
应收账款余额	10 221 950 609.10	9 270 993 730.89	8 151 707 334.28
在建工程	312 248 537.80	155 535 817.34	200 544 008.42
资产总额	55 806 140 055.04	54 350 852 446.65	46 462 485 001.56
应付票据	1 334 834 319.06	1 649 823 747.90	1 905 541 544.96

续表

报表项目	2014 年	2013 年	2012 年
应付账款	16 817 080 911.87	14 173 863 431.38	11 828 596 906.59
预收款项	4 200 777 020.63	7 362 490 083.06	5 757 284 976.32
应付职工薪酬	11 045 166.25	17 723 351.71	5 494 924.18
应交税费	1 113 680 930.52	920 324 476.57	639 136 233.00
应付利息	210 066 814.96	129 196 239.35	67 332 288.73
应付股利	7 824 851.31	5 367 852.02	2 305 362.21
其他应付款	6 010 104 903.64	4 937 998 474.65	3 930 456 910.87
其他流动负债	416 000 000.00	140 532 870.04	310 100 000.00
负债总额	51 810 921 523.93	50 418 295 316.32	42 814 093 021.05
所有者权益总额	3 995 218 531.11	3 932 557 130.33	3 648 391 980.51
营业收入	43 319 162 139.81	49 423 798 238.50	44 243 719 566.77
营业成本	39 897 480 008.72	45 777 070 158.67	41 038 435 121.40
主营业务收入	42 988 804 410.23	49 140 723 184.28	43 965 572 456.85
主营业务成本	39 684 897 337.25	45 537 506 780.29	40 836 693 968.82
营业税金及附加	1 187 278 457.69	1 416 331 988.98	1 308 811 101.36
销售费用	20 818 030.85	34 992 291.93	63 055 630.56
管理费用	910 970 006.55	875 194 686.58	889 761 174.52
财务费用	1 087 775 019.65	563 612 367.00	369 891 885.55
利润总额	215 547 847.35	488 265 897.10	630 473 338.50
净利润	92 479 046.82	375 015 838.79	521 207 553.15
少数股东损益	26 391 425.63	22 778 620.83	19 533 651.72
经营现金净流量	306 277 223.65	−549 092 540.54	121 101 077.78

表 6 重庆建工集团 2009 年至 2011 年部分财务报表项目　　　单位：元

报表项目	2011 年	2010 年	2009 年
应收账款余额	5 653 085 351.23	4 318 121 050.94	4 221 099 829.66
在建工程	111 900 212.46	85 805 498.43	90 985 124.85
资产总额	37 559 283 526.51	28 266 860 427.86	21 283 388 257.25
应付票据	1 190 156 385.36	362 947 042.56	1 064 746 650.00
应付账款	9 143 342 999.27	4 796 342 597.90	4 269 587 929.70
预收款项	6 107 531 652.53	5 497 889 955.38	2 223 933 423.91
应付职工薪酬	36 311 315.75	49 327 275.95	85 116 955.76
应交税费	576 939 959.79	498 222 887.35	454 214 175.18
应付利息	0.00	1 000 000.00	3 450 000.00
应付股利	2 683 043.51	0.00	50 148 748.41

续表

报表项目	2011 年	2010 年	2009 年
其他应付款	3 744 180 757.55	4 320 277 993.55	2 928 776 728.11
其他流动负债	403 998 090.94	0.00	500 000 000.00
负债总额	34 084 637 187.22	24 940 398 960.62	18 552 977 136.44
所有者权益总额	3 474 646 339.19	3 326 461 521.24	2 730 411 120.81
营业收入	39 470 896 457.61	25 614 040 626.01	18 005 469 828.82
营业成本	36 386 996 589.95	23 824 078 068.65	16 645 653 079.08
主营业务收入	39 192 153 417.28	25 421 729 860.76	17 913 620 757.79
主营业务成本	36 155 619 802.60	23 660 355 663.30	16 595 302 903.07
营业税金及附加	1 244 800 374.73	752 420 234.29	531 595 951.98
销售费用	46 881 491.15	22 754 841.14	−17 441 347.47
管理费用	774 719 427.46	588 609 570.69	439 757 878.62
财务费用	350 275 643.17	107 016 639.30	89 674 268.36
利润总额	608 479 487.81	460 893 589.39	327 553 526.63
净利润	518 726 343.22	375 602 053.42	284 617 141.68
少数股东损益	24 390 481.57	13 568 847.80	41 097 508.55
经营现金净流量	564 514 910.45	987 863 995.75	−632 856 503.21

注：数据来源于中国债券网。

2.重庆建工集团 EVA 的计算结果

经济增加值是指企业税后净营业利润减去年资本成本后的余额。根据征求意见稿规定，重庆市国资委采用的 EVA 计算方法如下：

经济增加值＝税后净营业利润－资本成本＝税后净营业利润－调整后资本×平均资本成本率；

税后净营业利润＝净利润＋（利息支出＋研究开发费用调整项）×（1−25％）；

企业通过变卖主业优质资产等取得的非经常性收益在税后净营业利润中全额扣除。

调整后资本＝平均所有者权益＋平均负债合计－平均无息流动负债－平均在建工程。

其中，各调整项的说明如下：

(1)利息支出是指企业财务报表中"财务费用"项下的"利息支出"；

(2)研究开发费用调整项是指企业财务报表中"管理费用"项下的"研究与开发费"和当期确认为无形资产的研究开发支出。对于勘探投入费用较大的企业，经国资委认定后，将其成本费用情况表中的"勘探费用"视同研究开发费用调整项按照一定比例（原则上不超过50％）予以加回；

(3)无息流动负债是指企业财务报表中"应付票据""应付账款""预收款项""应交税费""应付利息""应付职工薪酬""应付股利""其他应付款"和"其他流动负债（不含其他带息流动负债）"，对于"专项应付款"和"特种储备基金"，可视同无息流动负债扣除；

（4）在建工程是指企业财务报表中的符合主业规定的"在建工程"；

（5）竞争类企业资本成本率原则定为5.5％。

按照前文介绍的重庆建工集团2009年至2014年经审计的年报数据（部分数据来源于年报报表附注）以及重庆市国资委采用的EVA计算方法，重庆建工集团2010年至2014年经济增加值计算过程如表7所示：

表7 重庆建工集团2010年至2014年EVA计算过程

单位：元

	2014年	2013年	2012年	2011年	2010年
净利润	92 479 046.82	375 015 838.79	521 207 553.15	518 726 343.22	375 602 053.42
利息支出	1 071 726 004.13	571 641 101.46	382 343 349.52	360 688 645.89	146 550 241.57
研究开发费用调整项	13 261 761.91	23 278 780.54	24 936 934.98	17 728 575.26	10 829 193.66
非经常性收益调整项	35 212 757.65	1 224 258.86	5 841 641.87	7 284 026.73	38 859 663.03
平均所有者权益	3 963 887 830.72	3 790 474 555.42	3 561 519 159.85	3 400 553 930.22	3 028 436 321.03
平均负债合计	51 114 608 420.13	46 616 194 168.69	38 449 365 104.14	29 512 518 046.92	21 746 688 021.53
平均无息流动负债	29 729 367 722.46	26 891 784 836.77	22 825 696 675.78	18 365 575 978.70	13 552 991 181.88
平均在建工程	233 892 177.57	178 039 912.88	156 222 110.44	98 852 855.45	88 395 311.64
税后净营业利润	879 810 303.11	820 287 556.15	822 286 535.12	797 076 239.04	464 491 882.57
调整后资本	25 115 236 350.82	23 336 843 974.46	19 028 965 477.77	14 448 643 143.00	11 133 737 849.04
平均资本成本率	0.055	0.055	0.055	0.055	0.055
EVA	(501 527 696.18)	(463 238 862.45)	(224 306 566.15)	2 400 866.17	(147 863 699.13)

（三）重庆建工集团绩效考核效果分析

根据上节基于EVA的国有企业绩效考核实施效果分析中实施EVA考核后企业可能采取的四个方面行为变化，本文设置了如下十五个行为指标对重庆建工集团进行分析，以此探究EVA考核是否对国有企业行为发挥了导向作用。

表 8　重庆建工集团实施 EVA 考核效果度量指标结果

企业行为		行为指标	2014 年	2013 年	2012 年	2011 年	2010 年
微观行为	发展主业方面	主营业务毛利率(%)	7.69	7.33	7.12	7.75	6.93
		在建工程(百万元)	312.25	155.54	200.54	111.90	85.81
	非主业投资方面	非经常性损益(百万元)	38.18	4.44	24.82	2.61	145.89
		非经常性损益贡献率(%)	17.71	0.91	3.94	0.43	31.65
	科技研发投入方面	研发支出(百万元)	13.26	23.28	24.94	17.73	10.83
		技术投入比(%)	0.03	0.05	0.06	0.05	0.04
	企业投资行为方面	资产总额(亿元)	558.06	543.50	464.62	375.59	282.67
	优化资本结构方面	权益资本	39.95	39.32	36.48	34.75	33.26
		权益乘数	13.97	13.82	12.74	10.81	8.50
价值创造	价值创造过程方面	总资产报酬率(%)	2.30	1.95	2.23	2.76	2.15
		资产周转率(%)	78.65	98.05	105.31	119.92	103.39
		销售利润率(%)	0.50	0.99	1.43	1.54	1.80
	价值创造结果方面	利润总额(百万元)	215.55	488.26	630.47	608.48	460.89
		净资产收益率(%)	2.31	9.54	14.48	14.93	11.29
		EVA(百万元)	−501.52	−463.24	−224.31	2.40	−147.86

1.企业发展主业方面分析

国资委规定利润总额指标的计算是以要扣除非经常性收益后的利润总额为准,EVA 指标的计算则将非经常性收益全额从税后净经营利润中扣除,以抑制企业对非主业的过度投资,遏制企业的盈余管理行为,提高企业的盈余质量。按照当前多数研究的通行做法,本文选择了非经常性损益和非经常性损益对企业净利润的贡献程度两个指标,分别从绝对规模和相对比率两个方面对企业的非经常性行为进行度量。另一方面,考虑到在 EVA 指标计算中,国资委规定与主营业务有关的"在建工程"需要从资本总额中扣减掉。这主要是为了避免某些企业基于当期 EVA 值得考虑而放弃投资于一些与主业有关的,能够为企业未来带来效益的相关建设工程的现象,一定程度上能够促进企业对与主业有关的基础建设的投入。因此,在此选择了"在建工程"反映企业对主业相关设施的投资情况。选择主营业务毛利率来刻画企业主业盈利能力。

从表 8 可以看出,在经济增长率走低的 2014 年,重庆建工集团保持主营业务毛利率不下降且略有提高。同时,在建工程也显著高于过去四年平均水平,在一定程度上说明了国资委推行 EVA 考核后的第一年,企业因为 EVA 对资本成本的考虑而放弃投资于与主业无关的工程,以达到做强主业的目的。但是,从非经常损益指标反映出来的结果与此相反,重庆建工集团 2014 年非经常性损益高于前三年水平,企业盈利质量并没有因为 EVA 的实施而提高。这是因为企业的盈利质量和能力的提升并不是短期可以实现的,需要企业长时间的努力与付出。

2.企业科技投入方面分析

本文采用研发支出和技术投入比来刻画企业加大科技研发投入这一行为。研发支出＝"管理费用"下的研究与开发费＋当期予以资本化的开发支出,技术投入比＝本年研究开发费用支出/本年营业收入,集中体现了企业对科技创新的投入和重视程度,指标值越高表明企业对新技术的投入越多,对市场的适应能力越强,未来的竞争优势越明显。

从表8中可以看出,重庆建工集团与前三年科技投入相比,2014年并没有增长,反而下降了。技术投入比也呈下降状态。这说明企业目前并没有显示出强烈的科技投入热情。一方面,是因为企业对国家倾斜性政策认识不够充分,对科学技术还不够重视;另一方面,鉴于2014年国家建筑市场低迷,银根紧缩,企业即使拥有创新意识也不可能将大量资金投入技术研发。加之重庆建工集团属于建筑行业,加大科技创新的投入在短期内并不会对企业的EVA产生较大影响。

3.企业投资行为方面分析

EVA指标本身最大的特点就是考虑了包括所有者权益资本在内的所有资本的机会成本,以促使企业经营者能够重视资本成本,避免盲目乱投资,走出以规模造利润的发展方式,朝着高质量投资,以质量创价值的发展模式发展。而衡量企业投资规模最直接的指标就是"资产总额"。

从表8看出,2014年重庆建工集团资产总额略高于前三年水平。但是从增长速度来说,2014年资产总额的增长速度显著低于前三年水平,在一定程度上说明EVA指标对企业产生了一定的抑制投资冲动的作用。

4.资本结构优化方面分析

本文采用权益资本和权益乘数来反映企业的资本结构。

从表8看出,2014年重庆建工集团权益资本和权益乘数相比前三年有小幅提升,EVA引导企业重视权益资本成本的目的在该案例中未能达到。这主要是由于本案例的特殊性所导致,即重庆建工集团资产负债率偏高。EVA虽然旨在引导企业意识到权益资本的成本,控制权益资本的规模,但是具体到本案例而言,企业的权益资本比例已经十分低,降低权益资本并不利于优化资本结构。

5.企业价值创造能力分析

EVA考核对企业行为导向的作用,也就是衡量企业经营好坏和绩效结果,反映企业价值创造能力大小,最终要落脚到量化的财务绩效指标上来。从企业价值创造过程上来,这体现在资产管理效率上。总资产报酬率体现了企业资产获利能力,能够反映企业资产的利用效率。相同规模资产,不同质量构成,会带来不同的收益,创造不同的价值。该指标能够体现企业的资本利用效率和资产质量的变化,提示企业在新考核办法作用下是否采取提高资本效率、优化资产结构的有力措施。同时,本文使用资产周转率和销售利润率来衡量资产运营效率。在本案例中,2014年总资产报酬率与前三年相比无显著变化,销售利润率和资产周转率有下降趋势。

(四)重庆建工集团绩效考核效果原因分析

综上所述,在EVA实施的第一年,重庆建工集团的某些微观行为产生了积极的引导,比如做强主业方面,但是在更多方面是没有特别的效果体现的。也就是说,新的国有企业绩效考核办法对企业发展的价值导向作用尚未显示出来。究其原因,主要是以下三个方面。

1.考核制度的前后衔接影响

在EVA绩效考核办法出台前,重庆市国资委对重庆建工集团的考核主要以年度业绩核心指标:营业收入、利润总额、净资产收益率、国有资产保值增值率等作为考核内容。在此引导下重庆建工集团经过几年的努力,这几个指标都取得很好的表现,企业处于快速发展之中。从2014年开始实施EVA考核后,与前些年的核心指标考核内容发生了质的转变,对于一家大型建筑企业来讲,要在短期内围绕EVA考核内容完成经营方针的转型的确需要一个过程,虽然重庆建工集团在接到国资委的EVA考核办法后,立即更改了对所属子公司的绩效考核办法,以此引导全集团的经营转型,但是在一年以内不足以取得显著成效。

2.资本成本率

EVA考核的核心是资本成本率。现行《考核办法》中规定,竞争性企业资本成本率在一定时期内保持不变。但是,统一的资本成本率在现实中已经出现了适用性问题。如2011年、2012年、2014年和2015年四年中六月份的一年期贷款利率分别是6.56%、6.00%、5.60%和4.85%,三年期贷款利率分别是6.90%、6.40%、6.00%和5.40%。在最近四年贷款利率普遍高于统一的资本成本率情况下,企业尚具有较大的积极性。一旦贷款利率普遍低于资本成本率时,高风险企业的EVA因低资本成本而被抬高,反映在激励分配上便会出现"苦乐不均"现象,不仅降低了激励形成的效应,还将驱使财务与战略资本投向高风险的产业。

3.特殊事项经济

根据相关文献研究,我国国有企业以EVA绩效考核的调整事项数量达到近200种。种类繁多的会计调整事项存在,说明国有企业经营管理活动中确实存在相当多的特殊事项。只有对特殊的会计事项经过必要的调整,才能确保企业当期绩效考核的公平性和精确度,从而客观真实地反映企业发展水平。但是,作为西部最大的国有建筑企业,国家重点工程的建设、集团离退休老职工非统筹支出等一系列的社会责任支出等特殊事项并没有进入会计调整事项范围,另外重庆建工集团的高速公路BT投资均在2014年正式投入运营,经营的前期亏损及资金成本费用化抵消掉了集团的主营业务利润,这些因素都应该在考核时予以酌情考虑,否则势必导致企业EVA绩效考核时出现偏差。

六、完善国有企业绩效考核办法的对策建议

由于重庆市国资委对市属国有企业新的绩效考核办法仅执行了一年,以EVA考核对企业的发展积极引导作用尚未显示出来。但是,根据对重庆建工集团量化考核分析可知,当前国有企业已经进入发展快车道,对现行国有企业管理制度包括绩效考核办法在内的建设提出了更高的要求。

(一)积极引导企业树立 EVA 价值理念

EVA 的考核是从价值管理的角度为了企业长远发展着眼,引导企业经营者正确树立资本成本和"为股东创造价值"理念。从这一理念出发,国有企业绩效考核办法也应强化价值管理思路。我们应当加强基于价值管理理念的企业管理制度体系建设,不断完善与 EVA 考核的配套措施,积极探索建立企业中长期激励机制;组织专门研究和专题培训,将经济增加值渗透到企业经营管理方方面面中去。同时也要注意到,EVA 考核办法实施后并不能立马收到效果。尤其对于大型国有企业,应当给予其一定的考核适应期,鼓励企业经营者充分准备和周密安排,做好人才储备以应对企业新的发展理念。

(二)加快建立资本成本率的形成机制

正确确定资本成本率,真实地反映企业资产价值管理风险,是 EVA 考核成功推广应用和准确衡量企业经营者业绩的关键之所在。由于我国绝大部分国有企业并未上市,并且当前资本市场信息失真也较为严重。完全根据资本资产定价模型(CAPM)来估算资本成本率,绩效考核结果将严重背离企业的实际盈利水平。因此,如何建立符合国有企业分类改革要求,差异化地合理设置企业资本成本率,是对 EVA 和企业价值管理的重大挑战。对此,可学习借鉴上海等地联合证券公司的成功经验,以资本资产定价模型为基础,建立本土化的净资产收益率对标模型来计算确定企业资本成本率(赵志纲,2015)。具体思路如下:

分别设置债务资本成本率和股权资本成本率,再按照债务资本占比和股权资本占比或资产负债率计算出加权平均资本成本率;

加权平均资本成本率=债务资本成本率×债务资本占比+股权资本成本率×股权资本占比;

债务资本成本率=(短期负债比例×1年期央行贷款基准利率+长期负债比例×3年期贷款基准利率)×(1-所得税率);

股权资本成本率=[某企业净资产收益率×K1+净资产收益率行业平均值×K2]×股东期望系数。

(三)科学合理确定 EVA 会计调整事项

基于我国特殊国情和国有企业发展实际,设置 EVA 的会计调整项目应当遵循"重要性、战略性、导向性和可操作性"原则,明确"鼓励正确行为,纠正错误行为,限制短期行为"的经营管理导向。利润调整项目至少应包括三个方面的调整:非经常性收益项目、战略性投入项目、社会责任投入。资本占用调整项目至少应包括无息流动负债、在建工程和资产减值准备。研究制定分行业的综合折旧率;对于新旧不平衡带来的资本占用问题可调整资本占用。为鼓励国有企业加大品牌建设投入,在利润指标能完成的情况下,可规定对品牌建设投入超出预算标准的超额部分按照 100% 或 150% 视同利润加回予以鼓励。同时,加强会计调整项目信息化建设步伐。通过现代信息技术手段,按照统一的会计事项调整原则,针对不同企业设计不同调整事项,从而进一步提高企业绩效考核工作质量,更好地促进企业发展。

主要参考文献

[1]Tan W A，Shen W，Zhao J. A methodology for dynamic enterprise process performance evaluation[J]. Computers in Industry，2007，58(5)：474-485.

[2]Iazzolino G，Laise D，Marraro L. Business multicriteria performance analysis：a tutorial[J]. Benchmarking：An International Journal，2012，19(3)：395-411.

[3]Zohdi M，Marjani A B，Najafabadi A M，et al. Data envelopment analysis (DEA) based performance evaluation system for investment companies：Case study of Tehran Stock Exchange[J]. African Journal of Business Management，2012，6(16)：5573.

[4]Strecker S，Frank U，Heise D，et al. Metric M：a modeling method in support of the reflective design and use of performance measurement systems[J]. Information Systems and e-Business Management，2012，10(2)：241-276.

[5]Fu H P，Ou J R. Combining PCA with DEA to improve the evaluation of project performance data：a Taiwanese Bureau of Energy case study[J]. Project Management Journal，2013，44(1)：94-106.

[6]Franceschini F，Galetto M，Turina E. Techniques for impact evaluation of performance measurement systems[J]. International Journal of Quality & Reliability Management，2013，30(2)：197-220.

[7]Medel-González F，García-Ávila L，Acosta-Beltrán A，et al. Measuring and Evaluating Business Sustainability：Development and Application of Corporate Index of Sustainability Performance[M]//Sustainability Appraisal：Quantitative Methods and Mathematical Techniques for Environmental Performance Evaluation. Springer Berlin Heidelberg，2013：33-61.

[8]刘华. 国有企业的性质与绩效评价准则[D]. 江西师范大学，2007.

[9]李治国. 国有企业定位探究——国有企业应是实现国家目标的工具[J]. 上海师范大学学报：哲学社会科学版，2005，34(4)：27-34. DOI：10.3969/j.issn.1004-8634.2005.04.005.

[10]孟建民.企业经营业绩评估问题研究——中国企业绩效评价方法研究[M].北京：中国财政经济出版社，2002.

[11]丁孝智，张华，宋领波等.利益制衡与国有企业经营者行为[M].北京：新华出版社，2007：55-57.

[12]陶友之.经营者业绩考核的深层思考[J].上海企业，2006(6)：52-54.

[13]曲卫彬.国有股权管理与营运[M].北京：清华大学出版社，2005：144.

[14]杨国民.国有企业经营者激励约束问题研究[M].北京：中共中央党校出版社，2004：185-187.

[15]周业安.经理报酬与企业关系的经济学分析[J].中国工业经济，2000(5)：60-65.

[16]李苹莉.经营者业绩评价——利益相关者模式[M].浙江人民出版社,2001(4).

[17]谢德仁.经理人激励的业绩基础选择:理论分析与经验证据[J].会计研究,2004(7):55-60.

[18]赵尔军.国资委实施EVA考核的启示——以北京、上海等地为例[J].财会通讯,2009(35):149-150.

[19]杨光浩,丁宁.基于国资委EVA考核环境下企业的价值管理问题探析[J].现代管理科学,2010(8):114-116.

[20]马友峰.国资委考核央企主要经济指标变化及其优劣势分析[J].中国总会计师,2010(8):90-91.

[21]葛竹表.EVA业绩考核体系研究——解读国资委22号文件[J].现代商贸商业,2010(10):163-166.

[22]杨秋玲.我国中央企业EVA考核现状与问题[J].会计之友旬刊,2012(11):39-40.

[23]赵岩,陈金龙.央企经营业绩的EVA评价有效性研究[J].宏观经济研究,2012(6):92-99.

[24]赵治纲.中央企业EVA会计调整项目问题与完善思路[J].中国总会计师,2015(5):34-35.

[25]何召滨,方佶偲,李铁.完善国资委EVA考核细则的建议[J].财务与会计,2015,(14):31-32.

制度约束、会计政策偏好与腐败治理[①]

舟春芳

重庆科技学院工商管理学院

一、引言

腐败与反腐败是世界各国共同面临的话题。早在 2001 年,世界银行就曾指出腐败导致世界经济每年增加成本超过 1 万亿美元,严重阻碍世界经济的发展。根据"透明国际"组织发布的 2014 年全球腐败指数排名,中国的清廉指数在 179 个国家或地区中排 100 名[②]。随着"中石油""华润集团"等腐败案件的发生,国有企业腐败再次引起公众高度关注。据中纪委 2014 年公开数据,中石油的贪腐涉案金额多达 1 020 多亿元,相当于 2013 年国资委直接监管的 113 家中央企业利润总额的 10%[③]。普遍存在的国有企业腐败严重破坏经济运行效率、败坏社会风气,对新常态下进一步深化国有企业改革带来了严峻的挑战。

腐败难以客观衡量。在文献梳理的基础上,本文运用我国上市公司 2008—2013 年的财务数据,借助 Wurgler(2000)模型间接度量国有企业腐败,以检验国有企业腐败与会计政策偏好之间的关系,研究发现:(1)国有企业偏好资产化会计政策确认腐败,尤其是国有企业高管面临薪酬管制、在职消费、"八项规定"等制度约束时,利用资产化会计政策获取腐败收益成为国有企业高管的最优选择;(2)国有企业的资产化会计政策偏好致使国有企业长期资产结构和长期资产处置损失显著高于非国有企业,而长期资产的配置效率显著低于非国有企业。

本文研究的贡献可能有:第一,在系统梳理腐败研究文献基础上,提出资产化会计政策偏好是制度约束背景下国有企业掩盖腐败的最新表现形式,有别于陈冬华等(2005)、赵璨等(2015)等用过度消费和 Cai et al.(2011)用招待费差旅费度量企业腐败。当高管薪酬、职务消费等不受约束时,费用化会计政策是国有企业腐败确认的常见形式;当面临制度约束时,将腐败交易或事项确认为资产成本有助于掩盖腐败,也是国有企业高管获取腐败收益的最优选择。第二,对制度约束背景下国有企业腐败高发、频发的原因,从会计政策偏好的视角给予解释,这为加强会计监督治理国有企业腐败指明了方向。

---

①本文的研究得到重庆市社科规划博士项目(2015BS018)、重庆科技学院教授博士基金项目(CK2016B05)和教育部人文社科青年基金项目(15XJC630003)的资助。

②见国际清廉组织发布的清廉指数,中国清廉指数由 1995 年的 2.2 增加到 2014 年的 36 分,排名由 40 增加到 100 名。详见:http://blog.sina.com.cn/s/blog_4efe65c30102vai2.html。

③见题为《石油系统众多官员被曝已携数百亿元资金外逃》的报道(人民网,2014-09-02)。

二、腐败研究的文献回顾

腐败最早出现在政治领域,指政府官员不当地使用公共权力谋取私人利益的行为(Shleifer and Vishny,1994)。腐败的法学定义是指公职人员违反法律规定实施的贪污、受贿等犯罪行为。在经济学研究中,腐败是指违反法律法规或制度的规定,运用公共权力谋取私利的行为(Jain,2001)。

腐败对宏观经济的影响颇受争议。腐败导致社会形成糟糕的法律制度限制经济的发展(Leff,1964),当经济萧条时腐败是经济复苏的"润滑剂"(Leff,1970),此时,腐败具有资源配置的功能。然而,Myrdal(1968)则指出,政府官员通过办事推延、吸引更多贿赂。Lui(1985)运用博弈论研究排队模型中的行贿问题,发现行贿者通过行贿减少排队时间获得自身效用最大化。Mauro(1995)运用实证方法研究腐败与经济发展间的关系,开启了实证研究腐败的先河。随后,较多学者实证研究发现政府官员腐败阻碍经济发展,如:Ehrlich and Lui(1999)、Mauro(2004)、Yano(2009)、Uger(2014)等。其中,Yano(2009)强调高质量市场经济环境对治理腐败的作用,低质量、不透明的市场经济环境必然导致官员腐败,制约经济健康发展。Uger(2014)研究腐败对人均GDP的影响,发现腐败存在潜在的不良影响,表现为抑制GDP增长、制约经济发展。

在微观领域中,对企业腐败的研究结论基本一致。当市场缺少公平竞争环境时,企业实施腐败才符合股东利益。腐败破坏公平竞争的市场环境,若市场不透明、缺少公平时,企业实施腐败能够使股东获得较多的经济利益,此时,腐败发挥着资源配置的功能。Leff(1964)指出,企业通过腐败可以使自己免受政府官员的敲诈或掠夺,获得政府的"保护"。黄玖立和李坤望(2013)研究企业招待费与企业利益间的关系,发现企业招待费支出越多获得政府订单和国企订单也越多。Cai et al.(2011)用招待费差旅费度量企业腐败,发现招待费和差旅费对企业起保护和润滑作用,有助于企业获得更多的政府服务、降低企业税负和管理成本。Maxim(2015)实证发现,企业腐败能够为股东带来更多经济利益,获得更多的政府合同和消除经营中的障碍。企业高管腐败的本质是权力寻租,其目的是获取私人利益最大化。Huang and Snell(2003)发现领导风格和道德水平是高管腐败的个体诱因。Maxim(2015)的研究再次证明高管个人道德的重要性,具有腐败倾向的高管不愿意披露个人财富和收入,腐败倾向每增加1%披露意愿下降7%;此外,具有腐败倾向的公司高管通过转移公司财富、恶化公司业绩和支付员工低工资等获取个人利益。Fisman and Miguel(2007),Jason et al.(2015)等实证发现,商业伦理环境和社会文化影响腐败。Jason. et al.(2015)从社会文化角度研究企业高管腐败,发现公司股东有来自于腐败高发、频发的国家或地区时,该公司偷税的可能性更高。在我国,国企高管腐败内生于经济转轨时期面临的放权改革、政府干预以及薪酬管制等特殊制度因素(徐细雄和谭瑾,2013),从国企内部权力配置的角度,赵璨等(2015)指出国有企业存在过度的控制权和残缺的行政权并存是高管腐败的重要原因。此外,政治关联(Su and Lilllefield,2001)、公司治理低效(冉春芳,2015)等也是国企高管腐败的重要动因。国企高管腐败的表现形式不同于政府官员腐败(徐细雄,2012),其内涵更加宽泛、形式更加多元化。

三、理论分析与研究假设

企业是追求自身利益最大化的主体之间契约关系的集合体（Jensen and Meckling，1976）。会计是监控企业中各种契约关系运作的一种机制，具有反映当事人经济行为，界定经济后果的功能（Watts and Zimmerman，1986）。

(一)会计政策的经济后果

会计具有经济后果（Zeff，1978），会计的经济后果受制于会计确认、计量和报告时所选择的会计政策，会计政策影响资源的配置效率和配置方向。会计政策是企业在会计确认、计量和报告时所采用的原则、基础和会计处理方法。会计政策选择具有经济后果、影响企业价值（Scott，1973）。根据会计准则和会计规范的要求，经济组织发生的交易或事项在会计确认、计量和披露过程中存在可供选择的不同原则、基础和方法，会计政策差异影响资源配置效率，反映管理者的资源配置动机和利益分配方向。会计政策偏好体现管理者的经济动因，企业高管的会计政策选择动机包括以避税为目的、获取超额薪酬、规避立法管制、转移政治成本、攫取腐败收益等许多方面（Watts and Zimmerman，1986）。当企业高管有腐败行为或腐败倾向时，必然选择有助于掩盖腐败的会计政策，此时，会计政策偏好以转移企业财富、掩盖腐败行为为目的。

(二)国有企业腐败的归类确认

国有企业的奢靡消费、贪污腐败是现实存在的一种社会现象，这将无效率地耗费国家资源，严重影响社会公平。高管腐败是一种权力寻租，是管理层利用职权牟取私利的行为，也是激励契约缺乏效率引致的替代性选择（陈冬华等，2005）。国有企业高管腐败源于政府的薪酬管制并对企业绩效产生消极影响（徐细雄和刘星，2013），薪酬管制与国有企业高管腐败呈正相关关系（陈信元等，2009）。由于薪酬约束导致国有企业高管的薪酬水平没有与市场接轨，在职消费作为薪酬激励不足的补偿性替代扮演着激励和自利双重角色（姜付秀和黄继承，2011）。为了遏制国有企业高管的过度消费、超额薪酬等权力寻租行为，国资委、财政部等有关部门出台了系列规章制度，如《关于规范中央企业负责人职务消费的指导意见》（2006）、《国有企业负责人职务消费行为监督管理暂行办法》（2012）、"八项规定"（2012）等约束国有企业高管的过度消费问题。同时，国家相关部门还出台了《关于进一步规范中央企业负责人薪酬管理的指导意见》（2009）和《中央管理企业负责人薪酬制度改革方案》（2014），目的是限制国有企业高管的薪酬水平上限。至此，国有企业高管面临严格的制度约束。然而国有企业腐败依然高发频发，表明国有企业高管有能力和动机掩盖腐败行为并顺利逃避政府监管。

企业腐败需要借助会计政策将腐败交易或事项同企业正常的交易事项一样确认为企业主体的经济活动，达到转移经济利益的目的。国有企业腐败一般通过虚构交易事项或者虚增交易事项金额等方式掩盖腐败。虚构交易事项是指反映经济交易事项的凭证不是合法的交易事项而是国有企业的腐败交易事项，通过会计确认转化企业主体的正常经济活动加以确认。虚增交易事项金额是指企业真实合法的交易事项中隐藏有腐败交易事项的金额，导致会计确认的交易事项金额高于真实合法的交易事项金额。通过虚构交易事项或虚增交易事项金额,国有企业腐败通过会计确认实现经济利益由国有企业转移给个人。在会计确认上,腐败交易事项存在费用化和资产化的归类确认差异。费用化归类确认是将腐败交易事项计入当期损益,容易被监管,属于制度约束的范围。资产化归类确认是将腐败交易事项确认为资产成本,不容易被监管,不属于制度约束的范围。根据 CSMAR 数据库对上市公司违规类型数据说明和徐细雄等(2012、2013)、陈信元等(2009)的研究,国有企业常见的腐败形式、会计政策归类偏好以及财务影响见表1。国有企业掩盖腐败的会计政策有资产化、费用化、待定[①]和根据具体交易选择会计政策,其中以资产化和费用化两种会计政策为主。

表1　国有企业腐败与会计政策归类偏好

腐败形式	具体表现	会计政策	主要财务影响	制度约束
奢靡在职消费	1.公款消费、旅游、超标准报销差旅费招待费等;2.购买高档公务车、高档办公用品、豪华办公室装修等	1.费用化 2.资产化	1.当期损益,当期利润减少;2.虚增固定资产资产规模,长期盈利能力下降	1.受约束 2.不受约束
构建商业帝国	无效率投资或过度投资等	资产化	虚增固定资产资产,长期盈利能力下降	不受约束
获取超额薪酬	控制或影响自身薪酬的设计,影响业绩考核指标,谋求非业绩性薪酬等	费用化	当期损益,当期利润减少	受约束
贪污受贿	利用职务便利贪污,收受他人馈赠或贿赂等	待定	1.费用化:导致当期业绩下降;2.资产化:企业资产规模虚增,盈利能力下降	1.受约束 2.不受约束
职务侵占	利用职务便利非法占有企业财产,挪用公款等	待定	1.费用化:导致当期业绩下降;2.资产化:企业资产规模虚增,盈利能力下降	1.受约束 2.不受约束
违规资产操作	违规担保、融资、投资等,违规注册公司,违规参股、购买上市公司股票、购置不动产等	待定	1.费用化:导致当期业绩下降;2.资产化:企业资产规模虚增,盈利能力下降	1.受约束 2.不受约束
关联交易	利用职务便利进行关联交易,向亲属或其他关系人转移资产、输送利益等	待定	1.费用化:导致当期业绩下降;2.资产化:企业资产规模虚增,盈利能力下降	1.受约束 2.不受约束

①待定是贪污受贿、职务侵占、违规操作、关联交易等腐败行为对企业的影响取决于转移企业经济利益的方式,根据腐败交易或事项的具体形式来选择费用化归类还是资产化归类,若是费用化归类则导致当期利润下降,若是资产化归类导致资产规模虚增,企业盈利能力下降,资产使用过程中可能计提大量减值准备,或者处置时发生较多的处置损失。

(三)腐败诱致的会计政策偏好

以腐败为动机的会计政策偏好需要兼顾掩盖腐败和规避监管两个目的。选择费用化的会计归类政策,腐败交易事项直接计入当期损益,导致当期利润下降,容易引起监管部门的监管。选择资本化的会计归类政策确认腐败交易事项,对国有企业高管来说能够隐藏腐败,不影响或较小影响当期业绩,表现为企业资产规模增长。权衡资本化和费用化会计归类政策,需要结合国有企业高管所处的监管环境,当制度环境对国企高管的在职消费、超额薪酬等不存在约束时,费用化会计归类政策掩盖腐败简单易行。如:奢靡在职消费(陈冬华等,2005;罗宏和黄文华,2008)或获取超额薪酬(权小锋等,2010;徐细雄和刘星,2013)。奢靡在职消费、超额薪酬是国企高管获取腐败收益的简单形式,当面临在职消费、薪酬管制等制度约束时,国有企业高管具有强烈的动机寻找更加隐蔽的方式获取腐败收益,资产化会计归类政策正好符合国企高管的寻租目的,既实现个人私利最大化,又能规避政府监管。因此,资产化会计归类政策将国有企业腐败确认为资产成本,为国企高管获取腐败收益提供了一条相对隐蔽、安全的寻租路径。根据上述分析,本文提出以下研究假设:

H1,国有企业偏好资产化会计归类政策确认腐败交易或事项,尤其是面临制度约束时,利用资产化会计归类政策获取腐败收益是国有企业高管的最优选择。

H2,国有企业利用资产化会计归类政策确认腐败交易或事项,导致国有企业资产规模虚高,企业创利能力下降。

四、研究设计

为了论证上述研究假设,本文运用 CSMAR 数据库中的财务数据,借鉴 Wurgler (2000)模型间接衡量国有企业腐败,检验国有企业腐败的会计政策偏好;借鉴 Richardson Model (2006)衡量公司的资产配置效率,检验资产化会计政策的财务影响。研究样本选择 2008～2013 年沪深两市 A 股上市公司,剔除金融类公司、同时发行 B 股或 H 股公司以及数据缺失值公司,最终得到 8 883 个有效公司样本(其中:国企样本 4 396 家,非国企样本 4 487 家),对所有的连续变量均消除异常值的影响,进行了 1%/99%Winsorize 缩尾处理。

(一)国有企业腐败的度量

众所周知,腐败的客观数据难以取得,导致腐败难以衡量。世界银行提出四种度量腐败的方法,即实证度量、调查问卷、逮捕定罪和净资产评估法[①]。在研究国家或地区腐败中常用方法有清廉指数 CPI、经济自由指数 EFI、国际风险指数 ICRG 和经济学智库发布的投资腐败指数 EIU。上述方法均适用于宏观层面度量国家或地区腐败程度,在微观领域研究企业腐败和企业高管腐败,一直没有较为客观的衡量方法。梳理企业腐败和企业高管腐败研究文献,发现微观层面衡量腐败多采用间接度量方式,具体方法见表 2。

---

① 见 Basem. E. E.,A. S. Mohamed.The Impact of Corruption on Some Aspects of the Economy. International Journal of Economics and Finance. 2013,5(8):1-8,逮捕与定罪指根据违法处罚情况来确定。

表2　衡量腐败的代理变量

研究变量	衡量指标	作者	论文
Corporation corruption（企业腐败）	Entertaining and Traveling expenditure（招待费和差旅费）	Cai.*et al*	Eat, Drink, Firms and Government: An Investigation of Corruption from the Entertainment and Travel Costs of Chinese Firms, Journal of Law and Economics, 2011,54(1):55-78.
Corruption（腐败）	Diplomatic Parking Tickets（外交官违规停车）	Fisman and Miguel	Corruption, Norms, and Legal Enforcement: Evidence from Diplomatic Parking Tickets. Journal of Political Economy. 2007, 155(6):1020-1048.
Corruption（腐败）	Corporate Tax Evasion（偷税）	Jason.*et al*	Importing Corruption Culture from Overseas: Evidence from Corporate Tax Evasion in the United States. Journal of Financial Economics. 2015, 117(1): 122-138.
the propensity of corrupt（腐败倾向）	Traffic violations（违反交规）	Maxim.M.	Should One Hire a Corrupt CEO in a Corrupt Country. Journal of Financial Economics. 2015, 117(1): 29-42.
occupational corruption（职务腐败）	Victimization survey（犯罪调查）	Yuriy. T.	Analysis of predictors of organizational losses due to occupational corruption [J], International Business Review. 2015,(24):630-641.
显性腐败 隐性腐败	高管是否受到处罚 高管在职消费	赵璨等	高薪能够养廉么？——来自中国上市公司的实证证据,《中国会计评论》2013,11(4).
腐败活动	招待费	黄玖立和李坤望	吃喝、腐败与企业订单,《经济研究》2013(6).
高管腐败	高管是否受到处罚和业务招待费两个指标	赵璨等	行政权、控制权与国有企业高管腐败,《财经研究》2015,41(5).
高管腐败	高管是否受到处罚和过度消费	赵璨等	产权性质、高管薪酬与高管腐败,《会计与经济研究》2013(5):24-37.

续表

研究变量	衡量指标	作者	论文
高管腐败	高管是否受到处罚	徐细雄和刘星	放权改革、薪酬管制与企业高管腐败,《管理世界》,2013(3):119-132.
高管腐败	高管是否受到处罚	陈信元等	地区差异、薪酬管制与高管腐败,《管理世界》2009(11)130-143,188.
高官腐败	高管是否受到处罚	胡明霞和干胜道	管理层权力、内部控制与高管腐败,《中南财经政法大学学报》2015(3):87-93.

根据腐败被监管部门发现的难易程度,陈信元等(2009)将腐败分为显性腐败和隐性腐败。显性腐败指违反法律、法规等方面的腐败,一般以高管是否被有关部门调查或处罚等来衡量。隐性腐败难以被监管部门发现,学界多采用过度消费、招待费、差旅费等衡量,这些方法在会计政策上一般选择费用化,直接计入当期损益致使当期利润下降。当国有企业面临制度约束时,费用化会计政策受到限制,掩盖腐败的最佳路径是将腐败交易或事项确认为资产成本,采用资产化归类政策。如何分立资产成本中可能存在的腐败呢,现有文献尚未涉足。从资产配置角度看,高回报率的项目应该追加投资,低回报率的项目应该削减投资。如果国有企业采用资产化的会计归类政策确认腐败交易或事项,将导致企业过度配置长期资产。因此,本文尝试运用 Wurgler (2000)模型,构建模型(1)估算样本公司长期资产的投资反应系数,预测国有企业长期资产配置估计值 $\hat{I}_{i,t}$,国有企业长期资产实际值 $I_{i,t}$ 与估计值 $\hat{I}_{i,t}$ 的差额间接衡量国有企业腐败 Corrupt。

$$I_{i,t} = \lambda \times Bprot_{i,t} + \rho \times Year + \mu \times Industry + \theta \qquad (1)$$

模型(1)Bprot 为公司营业利润,Year 控制年度效应,Industry 控制行业效应。最后得到 Corrupt 为正数的国企样本 2 717 个。

(二)国有企业资产化的会计政策偏好

为了检验制度约束背景下,资产化会计政策确认腐败交易事项是国有企业的最优选择,本文构建模型(2)检验国有企业腐败与高管薪酬、过度消费之间是否存在替代关系。

$$Corrupt = \alpha_0 + \alpha_1 Perk + \alpha_2 Mown + \alpha_3 Pay + \alpha_4 Grow + \alpha_5 Ret + \alpha_6 Size + \alpha_7 Lev$$
$$+ \sum Year + \sum Industry + \varepsilon \qquad (2)$$

模型(2)中,被解释变量为国有企业资产化会计政策偏好 Corrupt,解释变量为职务消费 Perk 和高管薪酬 Mown 和 Pay。其中,过度消费 Perk 的度量借鉴李宝宝和黄寿昌(2012)的做法,用管理费用、销售费用之和扣除折旧摊销后除以营业收入进行标准化处理。高管薪酬用高管持股 Mown 和货币薪酬 Pay 两个指标度量。参考陈信元等(2009)、徐细雄和刘星(2013)等的研究,控制变量选择公司成长性 Grow、股票回报率 Ret、公司规模 Size 和财务杠杆 Lev。另外,还控制年度效应和行业效应。变量定义见表3。

(三)资产化会计政策偏好的经济后果

如果国有企业采用资产化会计政策确认腐败交易或事项,将导致企业过度配置长期资产,表现为较高的长期资产结构,较低的长期资产盈利率和发生较多的长期资产处置损失或者计提较多的长期资产减值准备。为了检验假设 H2,借鉴张洪辉和王宗军(2010)、程新生等(2012)的做法,利用 Richardson Model(2006)衡量公司的资产配置效率,建立模型(3)检验国有企业资产化会计政策偏好的财务后果,用长期资产结构、长期资产盈利率和处置损失来衡量财务后果。

$$Y_i = \beta_0 + \beta_1 Soe + \beta_2 Ret_{t-1} + \beta_3 Cash_{t-1} + \beta_4 Grow_{t-1} + \beta_5 \triangle int_{t-1} + \beta_6 Age_{t-1} + \beta_7 Size_{t-1} + \beta_8 Lev_{t-1} + \sum Year + \sum Industry + \varepsilon \quad (3)$$

模型(3)中,被解释变量 Yi(i=1,2,3)分别为长期资产结构 Lrati、长期资产盈利率 Lret 和处置损失 Los;解释变量为控股股东类型 Soe;控制变量有股票回报率 Ret,经营现金净流量 Cash、公司成长性 Grow、新增投资△int、上市年龄 Age、公司规模 Size 和财务杠杆 Lev。为了减少内生性,控制变量均取滞后值,同时,还控制经济周期和行业差异的影响。变量定义见表3。

表3　变量定义及说明

变量名称	变量符号	计算方法及说明
长期资产结构	Lrati	(固定资产＋无形资产＋其他长期资产)/资产总额
长期资产盈利率	Lret	营业利润/平均长期资产
长期资产处置损失	Los	长期资产处置损失的自然对数
资本化政策偏好	Corrupt	长期资产配置额的实际值与预测值的正差额
控股权性质	Soe	虚拟变量,国企控股取值为 1 否则为 0
过度消费	Perk	(管理费用＋销售费用—折旧及摊销)/营业收入
高管持股	Mown	高管持股之和/公司总股本
高管薪酬	Pay	薪酬最高的前三位高管薪酬的对数
公司成长性	Grow	公司总资产增长率
新增投资	△int	(长期资产投资付现—长期资产处置收现)/期初总资产
上市年龄	Age	上市年龄的对数
公司规模	Size	营业收入的对数
财务杠杆	Lev	负债/资产
年度效应	Year	财务年度
行业效应	Industry	行业分类

五、实证结果与分析

(一)描述性统计

各变量的描述性统计见表 4。从 Panel A 和 Panel B 可知,长期资产结构国企为

44.47％、非国企为 34.69％,长期资产盈利率国企为 21.89％、非国企为 30.62％,长期资产处置损失国企为 12.33、非国企为 11.26,国有企业长期资产结构和处置损失高于非国企,而长期资产盈利率低于非国有企业。表明国有企业可能存在资产化会计政策偏好。从 Panel C 可知,国有企业资产化会计政策偏好均值和中值分别为 1.20 和 1.08,过度消费均值和中值分别为 0.06 和 0.08,高管持股均值和中值均为 0,说明国有企业高管激励中较少使用股权激励,高管薪酬的均值和中值分别为 14.02 万元和 14.05 万元,表明薪酬管制背景下国企高管薪酬差距不大。

表 4　主要变量的描述性统计

Panel A:国有企业样本组(N=4396)							
变量	均值	标准差	最大值	最小值	中位数	25％分位数	75％分位数
Lrati	0.44	0.22	0.90	0.02	0.44	0.28	0.61
Lret	0.22	0.64	5.04	−0.73	0.07	0.01	0.22
Los	12.33	2.68	16.64	4.11	12.48	10.53	14.31
Perk	0.08	0.11	0.72	−0.13	0.07	0.02	0.12
Ret	0.13	0.75	11.85	−0.85	−0.06	−0.33	0.34
Cash	19.93	1.53	25.48	9.57	19.94	19.09	20.87
Grow	0.44	1.73	11.28	−0.96	0.10	−0.03	0.29
△int	0.10	0.47	24.61	−0.03	0.05	0.02	0.10
Age	2.55	0.49	3.14	0	2.71	2.4	2.83
Size	21.64	1.46	25.07	16.78	21.50	20.68	22.52
Lev	0.54	0.22	1.61	0.04	0.55	0.39	0.69
Panel B:非国有企业样本组(N=4487)							
Lrati	0.35	0.19	0.90	0.02	0.33	0.20	0.47
变量	均值	标准差	最大值	最小值	中位数	25％分位数	75％分位数
Lret	0.31	0.68	5.04	−0.73	0.13	0.03	0.35
Los	11.26	2.54	16.64	1.91	11.32	9.58	13.03
Perk	0.14	0.14	0.72	−0.13	0.10	0.05	0.19
Ret	0.19	0.74	9.39	−0.87	−0.01	−0.26	0.43
Cash	19.35	1.40	23.73	7.42	19.51	18.66	20.23
Grow	0.23	1.19	11.28	−0.96	0.09	−0.07	0.27
△int	0.09	0.33	19.80	−0.02	0.06	0.02	0.12
Age	1.86	0.81	3.14	0	1.79	1.1	2.64
Size	20.66	1.29	25.07	16.78	20.66	19.84	21.45
Lev	0.41	0.25	1.61	0.04	0.39	0.22	0.56

续表

Panel C：国有企业资产化会计政策偏好(N＝2717)							
Corrupt	1.20	0.84	5.37	0.00	1.08	0.54	1.70
Perk	0.08	0.11	0.72	−0.13	0.06	0.02	0.12
Mown	0.00	0.02	0.38	0.00	0.00	0.00	0.00
Pay	14.02	0.76	17.45	10.55	14.05	13.59	14.48

主要变量间相关性分析见附表1,模型中各变量的方差扩大因子 VIF 值均低于4,表明模型不存在严重的多重共线性问题。

(二)会计政策偏好的回归分析

当国有企业面临制度约束时,高管薪酬和过度消费受到抑制,国企高管权力寻租的最优路径是选择资产化会计政策。会计政策偏好与过度消费、薪酬激励的回归关系见表5。国企高管过度消费 Perk 和高管薪酬 Pay 与资产化会计政策偏好 Corrupt 的回归系数为负数,且在1%水平上显著。这表明国有企业通过资产化会计政策确认腐败交易事项与过度消费、薪酬激励之间存在显著的替代关系。说明面临制度约束时,国有企业确实存在资产化会计政策确认腐败交易事项,假设 H1 得到验证。国企高管持股 Mown 的回归系数不显著,可能的原因是国企高管股权激励普遍不足所致。

表5　会计政策偏好与过度消费、薪酬激励的关系

解释变量	被解释变量：Corrupt			
	(1)	(2)	(3)	(4)
Perk	−1.163***(−7.89)			−0.829***(−5.74)
Pay		−0.284***(−15.27)		−0.266***(−14.20)
Mown			−1.372(−1.39)	−0.008(−0.01)
Ret	−0.154***(−6.19)	−0.141***(−5.84)	−0.161***(−6.42)	−0.137***(−5.70)
Grow	−0.004(−1.00)	−0.004(−1.07)	−0.004(−1.03)	−0.004(−1.02)
Size	0.411***(36.89)	0.505***(42.39)	0.424***(38.07)	0.490***(40.44)
Lev	0.673***(8.98)	0.598***(8.23)	0.758***(10.10)	0.543***(7.44)
截距	−8.552***(−33.10)	−6.883***(−24.51)	−8.948***(−34.94)	−6.719***(−23.94)
年度	控制	控制	控制	控制
行业	控制	控制	控制	控制
Ad. R^2	0.507	0.535	0.496	0.541
F	131.81***	147.94***	126.12***	138.08***
样本量	2717	2717	2717	2717

注:括号内为 T 统计量;***、**和*分别代表1%、5%和10%显著性水平。

(三)会计政策偏好的经济后果

一般来说,将腐败交易事项确认为长期资产成本,导致企业长期资产成本虚高,创利能力下降,在财务上表现出较高的长期资产比重。虚增的长期资产在使用过程中可能计提大量的减值准备,或者处置时发生较多的处置损失。为了探讨国有企业可能存在资产化会计政策确认腐败交易事项,按照"控制权性质"将样本公司分为"国企"和"非国企"两个样本组,比较长期资产结构、营业利润率和处置损失上的差异,对这三项指标的均值按照样本组进行T检验和Kruskal-Wallis检验,其结果见表6。国有企业的长期资产结构显著高于非国有企业($t=-22.497$,$P<0.01$),资产处置损失显著高于非国企($t=-9.3303$,$P<0.01$),长期资产营业利润率显著低于非国企($t=6.216$,$P<0.01$)。表明国有企业确实存在资产化的会计政策偏好,导致国有企业的长期资产结构和处置损失等显著高于非国有企业,长期资产的营利能力显著低于非国有企业。假设H2得到初步验证。

表6 不同指标均值的非参数检验

指 标	组别	观测值	均值	标准差	T值	K-W值
长期资产结构 Lrati	非国企	4487	0.347	0.003	-22.497***	446.021***
	国企	4396	0.445	0.003		
长期资产营利率 Lret	非国企	4487	0.306	0.01	6.216***	185.195***
	国企	4396	0.219	0.01		
长期资产处置损失 Los	非国企	879	11.257	0.086	-9.33***	81.651***
	国企	1307	12.326	0..074		

表7报告了国有企业与非国有企业长期资产配置差异以及国有企业资产化会计政策偏好的经济后果。由表7可见,在三个模型中控股权性质Soe的回归系数均在1%水平上显著,国有企业的长期资产结构和处置损失显著高于非国有企业,而盈利能力显著低于非国有企业。说明国有企业采用资产化会计政策确认腐败交易事项,导致国有企业的资产规模虚增、盈利能力下降,致使国有企业发生较多的处置损失,假设H2得到验证。

表7 国有企业会计政策偏好的经济后果

解释变量	被解释变量		
	Lrati	Lret	Los
Soe	0.029***(5.67)	-0.071***(-4.17)	0.477***(3.02)
Ret	-0.019***(-3.99)	0.155***(10.01)	0.013(0.09)
Cash	-0.035***(-14.16)	0.056***(7.03)	-0.143*(-1.83)
Grow	-0.004***(-4.03)	0.013***(4.13)	0.019(0.72)

续表

解释变量	被解释变量		
	Lrati	Lret	Los
Inv	$0.032^{***}(6.78)$	$-0.044^{***}(-2.83)$	$-0.008(-0.11)$
Age	$0.047^{***}(10.90)$	$-0.111^{***}(-7.94)$	$0.085(0.62)$
Size	$0.015^{***}(5.64)$	$0.003(0.30)$	$0.568^{***}(6.55)$
Lev	$-0.025^{**}(-2.18)$	$-0.124^{***}(-3.27)$	$-0.328(-0.90)$
截距	$0.661^{***}(16.74)$	$-0.637^{***}(-4.92)$	$3.414^{***}(2.71)$
年度	控制	控制	控制
行业	控制	控制	控制
Ad. R^2	0.362	0.185	0.140
F	140.50^{***}	56.36^{***}	9.78^{***}
样本量	5724	5724	1401

(四)稳健性检验

第一,用营业收入 Sales 取代营业利润 Profit 重新计算投资反应系数,测算国有企业资产化会计政策偏好,其他变量保持不变,重新检验资产化会计政策偏好与职务消费、薪酬激励之间关系,结果与表 5 相同。第二,用资产减值准备(变量定义为 Reserve)反应资产配置效率,检验资产化会计政策确认腐败交易事项的经济后果,发现国有企业长期资产减值准备显著高于非国有企业。说明本文的研究结论比较稳健。

六、研究结论与政策建议

面临职务消费、薪酬管制、"八项规定"等制度约束时,国有企业高管有动机和能力选择资产化会计政策将腐败确认为资产成本,既获得腐败寻租收益又增加了政府监管的难度。对企业来说,将高管腐败交易或事项确认为资产成本,具有不利的经济后果,导致国有企业资产规模虚假膨胀,侵蚀企业的长期创利能力和市场竞争能力,致使国有企业资产配置缺乏效率,不能为带来经营业绩。本文的研究表明,我国上市公司在长期资产配置、盈利能力和处置损失方面呈现出显著的控股权性质差异,与非国有企业相比,国有企业偏好过度配置长期资产,这种偏好或许成为面临制度约束的国有企业高管掩盖腐败、获取腐败收益的最佳手段。这一研究结论对制度约束背景下频繁发生的国有企业腐败,从会计政策选择的视角给予解释,对国企高管利用会计政策选择实施腐败提供了基于大样本的经验证据,为加强会计监督治理国有企业高管腐败指明了方向。因此,提升国有企业会计准则的执行力度、严格规范财务运行过程是防范国有企业高管腐败的重要举措。同时,提高国有企业财务信息的透明度也是防范国有企业高管腐败的有效途径。

主要参考文献

［1］Cai H.，H.Fang，L. C. Xu. Eat，Drink，Firms and Government：An Investigation of Corruption from the Entertainment and Travel Costs of Chinese Firms［J］.Journal of Law and Economics，2011,54(1):55-78.

［2］Fisman，R.，E. Miguel. Corruption，Norms and Legal Enforcement：Evidence from Diplomatic Parking Tickets［J］. Journal of Political Economy. 2007, 155（6）:1020-1048.

［3］Huang. L. J，R. S. Snell. Turnaround，corruption and mediocrity：Leadership and governance in three state owned enterprises in mainland China［J］. Journal of Business Ethics，2003,43(1):111-124.

［4］Jain，A. K. Corruption：A Review［J］.Journal of Economic Surveys，2001,15(1):71-121.

［5］Jason,D. B，T. H. Bradley，A. Tran. Importing Corruption Culture from Overseas：Evidence from Corporate Tax Evasion in the United States［J］. Journal of Financial Economics. 2015，117(1)：122-138.

［6］Jensen. M. C.，W. H. Meckling. Theory of Firm：Managerial Behavior，Agency Costs，and Ownership Structure［J］. Journal of Economics. 1976,（3）:305-360.

［7］Leff,N. Economic development through bureaucratic corruption. American Behavioral Scientist，1964,8(3)：8-14.

［8］Liu，F. T. An Equilibrium Queuing Model of Bribery. Journal of Political Economy. 1985，93(4):760-781.

［9］Mauro,P. Corruption and growth,The Quarterly Journal of Economics,1995,110（3）:681-712.

［10］Maxim,M. Should One Hire a Corrupt CEO in a Corrupt Country［J］. Journal of Financial Economics. 2015，117(1)：29-42.

［11］Myrdal，G. Asian Drama：An Inquiry into the poverty of Nations［M］.New York：Pantheon，1968.

［12］Richardson,S. Over－investment of Free Cash Flow［J］. Review of Accounting Studies,2006,11(2):159-189.

［13］Scott，W. R.A Bayesian Approach to Asset Valuation and Audit Size［J］. Journal of Accounting Research.1973,11(2):304-330.

［14］Shleifer，A.,Vishny，R. Politicians and Firms［J］.Quarterly Journal of Economics，1994,109(4):995-1025.

［15］Wurgler J. Financial Market and the Allocation of Capital ［J］. Journal of Financial Economics,2000,58(1－2):187-214.

[16] Yano M. The foundation of market quality economics. Japanese Economic Review,2009,60(1):1-32.

[17] Yuriy T. Analysis of predictors of organizational losses due to occupational corruption[J]，International Business Review. 2015,(24):630-641.

[18]陈冬华,陈信元,万华林.国有企业中的薪酬管制与在职消费[J].经济研究,2005(2):92-101.

[19]陈信元,陈冬华,万华林,梁上坤.地区差异、薪酬管制与高管腐败[J].管理世界,2009(11):130-142,188.

[20]程新生,谭有超,刘建梅.非财务信息、外部融资与投资效率:基于外部制度约束的研究[J].管理世界,2012(7):137-150,188.

[21]黄玖立,李坤望.吃喝、腐败与企业订单[J].经济研究,2013(6):71-84.

[22]姜付秀,黄继承.经理激励、负债与企业价值[J].经济研究,2011(5):46-60.

[23]李宝宝,黄寿昌.国有企业管理层在职消费的估计模型及实证检验[J].管理世界,2012(5):184-185.

[24]罗宏,黄文华.国企分红、在职消费与公司业绩[J].管理世界,2008(9):139-148.

[25]冉春芳.会计政策选择、长期资产配置与国企高管隐性腐败[J].财经问题研究,2015(9):63-71.

[26]权小锋,吴世农,文芳.管理层权力、私有收益与薪酬操纵[J].经济研究,2010(11):73-87

[27]徐细雄,刘星.放权改革、薪酬管制与企业高管腐败[J].管理世界,2013(3):119-132

[28]叶康涛,臧文佼.外部监督与企业费用归类操纵[J].管理世界,2016(1):121-128.

[29]赵璨,杨德明,曹伟.行政权、控制权与国有企业高管腐败[J].财经研究,2015,41(5):78-89.

国有资产保值增值计算中需关注的新问题

曾　逊

重庆市国有资产监督管理委员会

2004 年 8 月,国务院国资委发布《企业国有资本保值增值结果确认暂行办法》(国务院国资委 9 号令),对企业国有资本保值增值率的计算做出了规定,明确了客观增减因素扣除的主要内容。经过多年的发展,企业国有资本保值增值率的计算已经比较成熟,国务院国资委下发的国有资产变动情况表"企财 05 表"也对主要客观增减因素的调整做出了较详细的规定,保证了计算口径的一致和指标的可比性。但"企财 05 表"并未对所有情况完全包括,且随着市场经济环境的发展,新的经济业务不断涌现,我国部分新的《企业会计准则》出台、旧准则修订,如《企业会计准则第 2 号——长期股权投资》《企业会计准则第 39 号——公允价值计量》等,从而在实际中产生了一些困扰大家的新问题。而国有资本保值增值率作为企业财务监管与绩效评价、企业负责人业绩考核的重要指标,计算的准确性直接影响到对国有企业经济运营状况的评价,影响到国有企业负责人的业绩考核和薪酬分配,相关各方非常重视。下面笔者以国务院国资委下发的国有资产变动情况表"企财 05 表"为基础,就近年来在审核企业国有资本保值增值率过程中碰到的一些新问题进行探讨。

表 1　国有资产变动情况表

企财 05 表

编制单位：　　　　　　　　　2015 年度　　　　　　　　　金额单位:元

项目	行次	金额	项目	行次	金额
一、年初国有资本及权益总额	1		三、本年国有资本及权益减少	17	
二、本年国有资本及权益增加	2		(一)经国家专项批准核销	18	
(一)国家、国有单位直接或追加投资	3		(二)无偿划出	19	
(二)无偿划入	4		(三)资产评估减少	20	
(三)资产评估增加	5		(四)清产核资减少	21	
(四)清产核资增加	6		(五)产权界定减少	22	
(五)产权界定增加	7		(六)消化以前年度潜亏和挂账而减少	23	

续表

项目	行次	金额	项目	行次	金额
(六)资本(股本)溢价	8		(七)因自然灾害等不可抗拒因素减少	24	
(七)接受捐赠	9		(八)因主辅分离减少	25	
(八)债权转股权	10		(九)企业按规定已上缴利润	26	
(九)税收返还	11		(十)资本(股本)折价	27	
(十)补充流动资本	12		(十一)中央和地方政府确定的其他因素	28	
(十一)减值准备转回	13		(十二)经营减值	29	
(十二)会计调整	14		四、年末国有资本及权益总额	30	
(十三)中央和地方政府确定的其他因素	15		五、年末其他国有资金	31	
(十四)经营积累	16		六、年末合计国有资产总量	32	

上表中所列的国有资本及权益增加或减少因素,除"经营积累"和"经营减值"外,皆是客观增减因素,国务院国资委对表列各项都有明确的界定,较好判断。但对表中未列的事项和一些特殊情况,在实务界中就存在着分歧,看法不一,下面笔者就对以下问题进行探讨。

一、关于投资性房地产的问题

(一)非投资性房地产转为公允价值模式计量的投资性房地产

近年来,企业将非投资性房地产转为公允价值模式计量的投资性房地产较普遍。根据《企业会计准则第3号——投资性房地产》的规定,自用房地产或存货转换为采用公允价值模式计量的投资性房地产时,投资性房地产按照转换当日的公允价值计价。转换当日的公允价值小于原账面价值的,其差额计入当期损益(公允价值变动损益);转换当日的公允价值大于原账面价值的,其差额计入所有者权益(资本公积——其他资本公积)。

根据上述规定,由于资产计量模式的变化,导致企业权益或损益的变动,笔者认为是非企业自身经营原因形成,因此应作为客观因素进行调整。该调整按照表列事项,应计入"企财05表""二、本年国有资本及权益增加"项下的"(十二)会计调整"中,即属于"其他会计调整事项影响当期损益而增加的国有资本及权益"内容。

(二)公允价值模式的投资性房地产转为非投资性房地产

《企业会计准则第3号——投资性房地产》规定,采用公允价值模式计量的投资性房地产转换为自用房地产时,应当以其转换当日的公允价值作为自用房地产的账面价值,公允价值与原账面价值的差额计入当期损益(公允价值变动损益)。

此问题与第一个问题一样,是由于资产计量模式的变化,导致企业损益的变动而影响到国有资本及权益,非企业自身经营原因形成,因此应作为客观因素进行调整,填列在"二、本年国有资本及权益增加"项下的"(十二)会计调整"中。

(三)投资性房地产以成本模式转为公允价值模式

《企业会计准则第3号——投资性房地产》规定,以成本模式转为公允价值模式的,应当作为会计政策变更处理,将计量模式变更时公允价值与账面价值的差额,调整期初留存收益,视同从一开始投资性房地产就以公允价值模式计价。笔者认为该计量模式的变更,追溯调整了期初数,从期初期末的比较口径来说都是以公允价值计价,不影响本年国有资本及权益,只涉及"企财05表"中"一、年初国有资本及权益总额"的调整。

(四)以公允价值模式计价的投资性房地产的后续计量

《企业会计准则第3号——投资性房地产》规定,以公允价值模式计价的投资性房地产的后续计量,其公允价值变动计入当期损益。笔者认为,该公允价值的变动不是因前述计量模式的变化引起,而是体现的市场价格的波动,不能人为操控,因此应视同企业的市场经营行为,不作为客观因素调整。

二、关于金融资产的问题

(一)以公允价值计量且其变动计入当期损益的金融资产

《企业会计准则第22号——金融工具确认和计量》规定,以公允价值计量且其变动计入当期损益的金融资产分为交易性金融资产和指定为以公允价值计量且其变动计入当期损益的金融资产,主要是企业为了短期内出售获利而持有的股票、债券、基金或以短期获利为目的的衍生金融工具、金融组合等,其持有期间的公允价值变动计入当期损益。

有人认为,以公允价值计量且其变动计入当期损益的金融资产,其公允价值变动损益并未实际形成,只是一个浮动盈亏,反映的也仅是市场价格的波动,非企业自身经营原因引起,应作为客观因素进行调整。笔者认为,投资是企业的经营行为之一,企业投资上述金融资产的目的是为了短期获利,虽在该时点未予出售实现真正盈亏,只是管理者基于为了获取更多利益而做出的决策,但此时点也完全反映了资产的真实价值,因此该金融资产的公允价值变动损益应视为企业经营行为而不作为客观因素进行调整。国务院国资委"企财05表"客观调整因素中也未涉及该事项。

(二)可供出售金融资产

《企业会计准则第22号——金融工具确认和计量》规定,可供出售金融资产通常是指企业初始确认时即被指定为可供出售的非衍生金融资产,以及没有划分为以公允价值计量且其变动计入当期损益的金融资产、持有至到期投资、贷款和应收款项的金融资产。与公允价值变动计入当期损益的金融资产不同,可供出售金融资产公允价值变动通常计入所有者权益(资本公积——其他资本公积)。

笔者认为,由于可供出售金融资产持有目的不明确,准则将其公允价值变动计入所有者权益,导致企业权益的变化,该变化是暂时且未最终确认的,待该可供出售金融资产发生减值或终止确认时再转出,计入当期损益。因此可供出售金融资产公允价值变动应作为客观因素进行调整。

三、关于财政资金的问题

财政资金包括财政拨款、财政贴息、研究开发补贴、政策性补贴等类别。根据资金投入目的不同,财务处理也不一样。

1.属于国家直接投资、资本注入的财政资金,如基本建设投资、国债投资项目等,属国家以投资者身份对企业的资本性投入,按照国家有关规定应增加国家资本或者国有资本公积。笔者认为,国家直接投资、资本注入而引起企业国有资本及权益的变化,非企业自身经营引起,因此应作为客观因素进行全额调整,填列在"企财05表""二、本年国有资本及权益增加"项下的"(一)国家、国有单位直接或追加投资"中。

2.属于投资补助的财政资金,如公共基础设施投资项目补助、高新技术产业化投资项目补助,是对投资者投入资本的补助,增加资本公积或者实收资本。国家拨款时对权属有规定的,按规定执行;没有规定的,由全体投资者共同享有。笔者认为,投资补助引起企业国有资本及权益的变动,非企业自身经营引起,因此应作为客观因素进行调整。投资补助若规定为国有资本独享,应全额调整;若由全体投资者共同享有的,应按国有股权的比例计算享有资本公积或实收资本的份额,作为客观因素进行部分调整,均填列在"企财05表""二、本年国有资本及权益增加"项下的"(一)国家、国有单位直接或追加投资"中。

3.属于政府补助的财政资金,分为与收益相关的政府补助和与资产相关的政府补助。笔者认为,与收益相关的政府补助,在用于补偿企业已发生的相关费用或损失时,直接计入当期营业外收入,影响了当期权益,应在当期作为客观因素进行调整;用于补偿企业以后期间的相关费用或损失时,确认为递延收益,并在确认相关费用期间,计入当期营业外收入,影响的是以后的权益,应在以后确认相关费用期间作为客观因素进行调整;与资产相关的政府补助,确认为递延收益,并在相关资产使用寿命内平均分配,计入当期营业外收入,应在以后确认营业外收入时作为客观因素进行调整。

4.属于营业收入的财政资金。根据《财政部关于做好执行企业会计准则的企业2012年年报工作的通知》(财会〔2012〕25号)规定:"企业与政府发生交易所取得的收入,如果该交易具有商业实质,且与企业销售商品或提供劳务等日常经营活动密切相关的,应当按照《企业会计准则第14号——收入》的规定进行会计处理。"笔者认为,对此类财政资金,应视同企业正常的经营收入,不作为客观因素进行调整。但有的企业在收到财政资金时计入了营业外收入,当作政府补助作为客观因素进行了调整,应予以注意。

四、关于多交、少交所得税的问题

为确保年度财政收入计划的完成和逐年增长,各级税务部门会根据当年税收收入的完成情况,调整企业所得税的缴纳额度和时间,因此企业多交或少交所得税的情况较普遍,由此导致企业所有者权益的非正常变动。对于此种情况,"企财05表"中没有涉及。笔者认为,这种非正常的权益变动如果金额很大,会对国有资产保值增值产生重大影响,因此应作为客观因素考虑进行调整,保证对企业和企业负责人评价的客观、准确。

五、改进建议

(一)修订《企业国有资本保值增值结果确认暂行法》(国务院国资委9号令)

该办法从2004年发布以来,已有十二年时间,会计核算也由《企业财务制度》转变为《企业财务准则》,也经历了新准则的出台和修订,部分已不适应新经济、新业态的发展,特别是一些新型业务是否作为客观调整因素不明确,易导致调整的不一致,从而产生国有资本保值计算的偏差,影响评价的客观性、准确性。

(二)完善"企财05表"

一是在"二、本年国有资本及权益增加""三、本年国有资本及权益减少"下增加"公允价值变动"项等涉及近年调整较多的内容,便于计算人员掌握;二是在"二、本年国有资本及权益增加"、"三、本年国有资本及权益减少"下增加"其他"项,可将一些表中无但又确需要调整的重大事项纳入,保证国有资产变动情况表的完整性。

主要参考文献

[1]邹秉鹏.审计资产保值增值率应扣除客观因素[J].湖北审计,1998(02):44-45.
[2]国务院国资委财务监督与考核评价局.2015年度企业财务决算报表编制手册[N].中国财政经济出版社,2015.

行政单位国有资产管理存在的问题及改进建议

杨柱逊

重庆市文化委员会

一、行政单位国有资产管理概述

行政单位国有资产是指由各级行政单位占有、使用的,依法确认为国家所有,能以货币计量的各种经济资源的总称。行政单位国有资产包括行政单位用国家财政性资金形成的资产、国家调拨给行政单位的资产、行政单位按照国家规定组织收入形成的资产,以及接受捐赠和其他经法律确认为国家所有的资产。行政单位的国有资产按照表现形态来划分,可以分为流动资产、固定资产、无形资产、对外投资和其他资产。

流动资产,是指可以在一年以内变现或者耗用的资产,包括现金、各种存款、应收及预付款、库存材料等。

固定资产,是指单位价值在规定标准以上,使用期限在1年以上,并且在使用过程中基本保持原有物质形态的资产,包括房屋及建筑物、一般设备、专用设备、文物和陈列品、图书及其他固定资产。

无形资产,是指行政单位持有的、没有实物形态、能够提供某种权利的非货币性长期资产,包括著作权、土地使用权以及其他财产权利等。

对外投资,是指行政单位利用货币资金、实物、无形资产等向其他单位的投资,包括向所属经营单位或创办的经济实体投资,与其他企业单位联合经营、入股、合资等。行政单位对外投资应按规定报经国有资产经营管理机构批准。行政单位国有资产不能进行长期投资。

其他资产,是指上述各类资产以外的其他形式的资产。

二、行政单位国有资产管理的主要任务和管理原则

(一)主要任务

行政单位国有资产管理的主要任务包括:

1.建立健全规章制度

建立健全规章制度,包括两个层面内容,一是宏观层面,要建立全国各级行政单位国有资产管理的制度框架;二是微观层面,各主管部门和行政单位要建立健全单位内部国有资产管理的具体办法,完善国有资产管理责任制,加强内部管理和控制,以确保国有资产的安全和完整,防止资产流失。

2.合理配置、有效使用

所谓合理配置,一是要按照国家行政工作的规律和要求,保证各项工作任务有充足的资

源供给,尽量避免出现结构性失衡;二是要按照物尽其用的原则,对行政单位中长期闲置不用的资产积极进行调剂,实现优化配置,以充分发挥资产的最大效益。

3.保障国有资产的安全和完整

行政单位必须建立完整的账簿和卡片,以全面反映国有资产的存量情况;要严格管理制度,健全各项手续,明确使用责任,使国有资产管理做到制度化、程序化;要建立统计报告制度,及时掌握资产的使用及增减变动情况。对管理中发现的问题,要及时解决,以确保行政单位国有资产的安全完整。

4.国有资产的保值增值

行政单位国有资产通常包括两部分,一是行政单位自身资产,二是下属经济实体经营性资产。用非经营性资产投入生产经营活动是在特殊历史条件下产生的一种行为,所形成的资产不能置于管理监督之外,行政单位要加强自身资产和未脱钩经济实体的国有资产管理,做好国有资产的保值增值,防止国有资产流失。

(二)管理原则

1.资产管理与预算管理相结合

行政单位国有资产主要是由财政预算资金形成的,预算管理是规范和加强资产管理的前提和条件,同时,资产管理也是预算管理的一项基础性工作。

2.资产管理与财务管理相结合

在会计要素中,"资产"占有非常重要的地位。资产管理是财务管理的有机组成部分。同时,加强资产管理,也有利于提高财务管理水平。

3.实物管理与价值管理相结合

实物管理与价值管理是资产管理工作的两个方面,实物管理主要侧重于保障实物资产的安全完整,价值管理主要侧重于财务管理。实物管理与价值管理相结合的基本要求,就是要保证账实相符、账账相符、账卡相符。

三、行政单位国有资产管理存在的主要问题

(一)制度建设不够完善

2006年5月,财政部印发《行政单位国有资产管理暂行办法》(财政部令第35号),明确了行政单位国有资产管理的适用范围、主要任务、管理机构及职责、资产配置、资产使用、资产处置、资产评估、产权纠纷调处、监督检查和法律责任等内容,这对加强和规范行政单位资产管理,维护国有资产的安全和完整,提高国有资产使用效益,发挥了不可或缺的积极作用。但是,十年来,随着国家经济形势的发展变化和财政预算管理改革的深入,加上各地缺乏有效的配套措施和办法,已经无法满足行政单位国有资产管理需要,制度修改和完善日益迫切。

(二)重计划财务轻资产管理

行政单位多是"清水衙门",单位领导往往关注办公运行经费和专项资金多少及有效安排,从而形成了重视计划财务的"务实"观念,只要经费到位,运行有保障,就万事大吉。对于已经固化的资产,往往不再关心其状态和管理效果,主要表现在国有资产管理机构不独立,甚至没有管理机构和管理人员;国有资产管理混乱,长期不清理;资产变动不交接,交接不办理交接手续;资产账实不符,毁损报废程序不清等。

(三)管理机制不顺,监管不到位

按照目前行政单位管理机制,财政部门是政府负责行政单位国有资产管理的职能部门,对行政单位国有资产实行综合管理。行政单位对本单位占有、使用的国有资产实行具体管理。从管理职责划分来看,财政部门主要负责行政单位国有资产管理制度建设和审批事项,行政单位主要负责本单位国有资产日常管理和事项报批。这种模式下,行政单位管理积极性不高,能推则推,能不管则不管,特别是对尚未脱钩的经济实体的管理缺乏有效的责权利保障机制,更是疏于管理,放任管理,监督也流于形式。

(四)缺乏有效管理监督手段

行政单位国有资产管理状态粗放,基本处于被动性管理和静态管理状态。之所以造成这种状况,除了机构和机制不健全外,还有一个重要原因是缺乏有效的管理监督手段。一是基础数据信息不完整,资产信息更新不及时,缺乏管理基础;二是技术手段落后,业务部门、下属单位和资产管理职能部门没有建立技术网络,各部门、单位资产状况不清,动态不明;三是检查查处缺失,长期对资产不进行检查,各部门和单位资产管理基本处于自我"生长"状态,上级部门没有发挥监督作用。

(五)人员变化频繁

行政单位国有资产管理部门机构不独立,具体资产管理岗位不固定,资产管理人员变更频繁,资产管理成了走马观花,如某行政单位资产管理人员三年就变换了四位。人员的频繁变更给国有资产管理带来了严重问题,造成工作交接不清晰,政策不连贯,标准不统一,管理不到位等。人不到位、人岗不符是行政单位国有资产管理水平低下的重要原因之一。

(六)缺乏培训

资产管理是一门科学。资产管理工作政策性和技术操作性强,资产管理人员除了工作岗位实际锻炼,还需要持续学习和培训。但是,长期以来,行政单位国有资产管理培训都比较缺乏,没有形成一整套执业资格认证和后续教育培训机制。由于管理标准和操作流程不熟悉,行政单位管理人员要么凭经验办事,要么采取"粗放"管理,放任自流。

(七)非常态管理

管理工作要取得预期效果,建立常态管理机制十分重要。所谓常态管理,就是要根据管理制度和管理规范,实施实时、动态管理和监督,及时处置出现的问题。行政单位国有资产管理基本上是处于非常态管理状态,管理账与管理岗脱节,信息不通畅;使用人与管理岗脱节,互不通气等,这些都严重制约了资产管理效果。

(八)处置不及时

行政单位国有资产处置,是指行政单位国有资产产权的转移及核销,包括各类国有资产的无偿转让、出售、置换、报损、报废等。行政单位国有资产使用报损和报废比较常见,按照目前资产管理的有关规定,报废损失要履行报批程序,及时处理调整账务。行政单位往往不重视报损报废审批处理程序,资产账务长期不调整,造成账实不符。账务管理与资产实物管理脱节,给国有资产管理带来严重问题。

四、改进建议

(一)加强和完善制度建设

要根据预算管理和财政体制改革进展及时修订行政单位国有资产管理办法,及时调整和补充国有资产管理内容;各级地方财政部门也要相应出台配套实施意见和指导办法,细化行政单位国有资产管理制度;行政单位要根据自身实际制定具有操作性和科学性的管理办法。通过不断修订完善资产管理制度,提高制度的可遵循性和有效性。

(二)完善资产管理职能职责

一项管理制度要落到实处,必须要有负责任的部门和人员。行政单位国有资产管理之所以效果不彰,缺乏专门的部门和人员是其中很重要的一个因素。行政单位应当明确相应的国有资产管理职能部门,配置相应的管理人员,明确职能职责和岗位职责,加强考核考评,实施科学管理,保证制度的执行力。

(三)配置有效的监督管理手段

执行力需要借助有效的手段,才能取得好的效果。行政单位国有资产管理监督手段落后严重影响国有资产管理职能发挥。要建立行政事业单位国有资产管理体系和网络,强化信息整合,运用大数据云计算实施实时管理,即时发现问题和解决问题,借力发挥,提高管理效率,确保监管制度有效执行。

(四)加强队伍建设

人才是事业的关键。好的制度、完善的设施和充沛的资源,如果没有适当的和胜任的人才队伍,就无法取得好的效果。行政单位国有资产管理效果不明显,很重要的原因就是管理人才缺乏。要切实加强人才队伍建设,选拔懂管理、能干事的专业人员从事国有资产管理工作。同时还要加强人才队伍培训,注重知识更新,建立持续教育机制,保持人才队伍活力和竞争力。

(五)建立常态管理机制

持续性管理对于管理效果十分重要,而要实现持续性管理,就需要建立常态管理机制。行政单位国有资产管理要树立常态管理理念,既要建立管理会计账簿,又要建立资产使用部门台账;既要重视资产静态反映,又要重视动态变化管理;既要关注非现场监督,又要做好现场检查盘点。总之,要建立资产管理常态机制,不能听之任之,放任自流。

(六)及时处置资产

资产有使用寿命,其使用价值随着时间推移会递减;资产的效用也会因生产经营活动变化发生改变。因此,《行政单位国有资产管理暂行办法》专门规定了国有资产无偿转让、出售、转换、报损、报废等处置内容和程序。行政单位国有资产管理不到位,很大程度上是资产处置不及时,没有按规定程序履行报批手续。要根据资产状态和效用变化,资产使用和管理部门及时提出处置建议和意见,及时处理,做到账实相符,管理到位。

总之,行政单位国有资产管理十分重要,存在的问题也不少,但是,只要各方面重视,多方面努力,不断改进和加强管理,行政单位国有资产管理一定能够取得预期的效果。

主要参考文献

张磊.如何加强行政事业单位国有资产管理[J].经营管理者,2015(11):91.

重庆国有文化资产绩效管理体系解析

杨 龙　童艺强　舒 勤

重庆市国有文化资产经营管理有限责任公司

2003年6月中央启动文化体制改革试点工作,十八届三中全会《中共中央关于全面深化改革若干重大问题的决定》提出进一步深化文化体制改革。重庆市是中央确定的首批文化体制改革综合性试点城市之一。2005年5月,市政府出资组建的重庆市国有文化资产经营管理有限责任公司(以下简称"市文资公司")成立,代表市政府作为出资人,履行出资人职责。市文资公司成立以来,结合实际,努力探索并形成了一套国有文化资产经营管理的新模式,其中,综合绩效考核体系发挥了不可磨灭的作用。

一、在国有文化资产管理中建立健全绩效考核体系的必要性、重要性和紧迫性

完整有效的绩效管理考核体系是实行国有资产经营目标管理和落实国有资产经营责任制度的重要手段。它有利于建立健全有效的激励与约束机制,把国有资产经营的近期目标与中长期目标统一起来,从总体上提高国有资产的经营效率和竞争能力。

国务院国有资产监督管理委员会对中央企业负责人的经营业绩实行年度考核与任期考核相结合、结果考核与过程评价相统一、考核结果与奖惩相挂钩的考核制度。

国有文化资产管理中绩效考核体系的建立非常必要。第一,考核体系的建立是履行出资人职责的需要;第二,考核体系的建立是解决国有文化企业现有突出问题的需要;第三,考核体系的建立是国有文化企业适应越发激烈的市场竞争的需要。

国有文化资产管理中考核体系的建立尤为重要。一方面有利于加强对经营者的监督和约束。另一方面,也有利于激发经营者的工作积极性,有助于促进经营者的观念转变、促进文化产业发展、推进科学合理的内控制度,也有利于保障文化领域的意识形态安全。

国有文化资产管理中考核体系的建立更加紧迫。从2003年到2009年,国务院先后出台文化产业发展和振兴相关政策,特别是十八届三中全会提出进一步深化文化体制改革,以及随后出台的配套政策,这充分显示出国家对文化体制改革、文化产业发展的高度重视,国有文化企业面临着千载难逢的发展机遇,同时也面临前所未有的挑战,必须加快建立和健全绩效考核体系,建立现代制度,在激烈的市场竞争中求生存、求发展。

二、重庆国有文化资产管理综合绩效考核体系的建立

按重庆市人民政府办公厅《关于印发重庆市国有文化资产经营管理有限责任公司职能职责规定的通知》(渝办发〔2005〕175号,以下简称《通知》)文件精神,市文资公司从2005年开始了国有文化资产管理综合绩效考核体系的探索。

(一)框架搭建

在市文资公司成立后,提出了四大国有文化集团综合绩效考核体系。2005 年综合绩效考核体系基本框架分为两个部分,经营性指标与专项指标。经营性指标由五项构成,分别是主营业务收入、利润总额、国有资本保值增值率、资产负债率和净资产收益率。专项指标针对各个集团实际情况制定,对集团内部管理、内控制度、决策机制、文化体制改革、重大产业项目进展情况等方面进行考核,一般为 3～6 项。

整个综合绩效考核体系考核总分值为 100 分,其中,经营性指标部分分值为 80 分,专项指标部分分值为 20 分。

在基本框架的基础上制定了领导层薪酬方案。设定一个薪酬总额上限及系数,总裁系数为 1,其他领导成员低于 1。领导层薪酬由三部分构成,基本工资、岗位工资和绩效工资,其中基本工资、岗位工资按月发放,不与经营业绩考核结果挂钩,绩效工资年终按考核结果计发。综合绩效考核体系考核结果按得分分为 A、B、C、D、E 五个等级,分别对应绩效工资比例 100％、90％、80％、70％、0。

(二)改进完善

从 2006 年至 2014 年,从以下方面对上述方案进行了不断调整和完善:一是将专项指标分为重大项目管理和现代企业制度建设两类;二是设置特别奖励办法。经营业绩特别突出、对企业或社会有突出贡献的,可给予集团领导层特别奖励;三是将绩效工资分为两部分,一部分与考核等级挂钩,与原有考核体系一致;一部分与营业总收入和利润总额实现数挂钩;四是将经营性指标、专项指标考核分值由 80 分和 20 分调整为 70 分和 30 分;四是将综合考核指标调整为集团领导班子年度考核评价、舆论导向执行情况、资产经营指标三部分;五是将事业集团和企业集团分类考核。

(三)主要特点

市文资公司成立以来,形成了被称为"重庆模式"的国有文化资产经营管理模式,其综合绩效考核体系也具有独有的特色。

首先,与其他地区考核执行主体为当地国有资产管理委员会或市(省)委宣传部不同,重庆市国有文化资产综合业绩考核体系的执行主体是市文资公司。市文资公司是经重庆市政府授权,代表政府履行国有文化资产"出资人"的职责国有独资公司,拥有授权范围内国有文化资产的完整的"法人财产权",确定了其重庆市国有文化资产考核的执行主体地位。

其次,综合业绩考核体系的制定突出了"综合"二字,不仅是对经济效益实施考核,同时也要对管理、改革和发展进行考核。管理包括建立规范的管理制度和决策机制,实施规范核算;改革包括推进文化体制改革,实行文化单位事转企以及媒体事企"两分开";发展主要是推进文化产业重大项目实施,同时盘活存量资产。

最后,严格贯彻中央提出的国有文化企业将社会效益放在首位,社会效益和经济效益相统一的原则。2010 年起新增集团领导班子年度考核评价和舆论导向执行情况两项指标,将舆论导向指标作为纳入考核的三项指标之一。

三、综合绩效考核体系的执行情况及成效

市文资公司成立以前,市政府作为四大国有文化集团的出资人,地位明确不可动摇,但在实际中,并无任何组织或机构明确代表出资人利益、履行出资人职责,国有文化资产质量、经营状况基本无人过问。在考核方面,四大国有文化集团并无统一的考核体系,缺乏对经营者合理的激励机制和约束机制,不能有效调动经营者的积极性,不利于四大国有文化集团的发展。

综合绩效考核体系运行以来,均得到较好的执行,文化集团各方面均取得了较好的成效。

(一)经营情况

市文资公司成立、综合绩效考核体系建立以来,四大国有文化集团资产规模翻了两番,从 62.5 亿元增长到 243.3 亿元,收入和利润年均保持了两位的增长速度,经营效益逐年提高,收入从 30.1 亿元增长到 83.8 亿元,利润总额从 1.1 亿元增长到 3.2 亿元,各年均实现了较好的国有资本的增值。

(二)资产质量

市文资公司成立后,通过全面调研,摸清了国有文化资产家底、了解了经营状况,同时也发现了各个文化集团中存在的主要问题,通过对重大问题分析研究,提出了切实可行的方案,在市文资公司推动下,有效盘活了存量资产 6 亿元,为各集团集中力量发展主业提供资金支持。

(三)重大项目建设

为促进文化产业重大项目的推进,每年将项目的进展列入专项指标进行考核。综合绩效考核体系建立以来,严格按照指标进行考核,四大国有文化集团的产业项目建设均取得了一定的成绩。印刷包装产业基地、重庆报业大厦及创意产业园项目、新华集团畅快物流项目、出版传媒创意基地、十大书城相继投入使用或即将完工。

(四)制度建设

市文资公司成立以前,国有文化集团制度管理较为松散,部分集团对外投资、往来款项、固定资产、存货等方面存在管理缺陷,会计核算不规范,法人治理结构不完善,内控制度不健全等问题也逐步显露。在考核的驱动下,各项管理制度逐渐完善、合并报表从无到规范、产权关系从混乱到清晰、法人治理结构从无到有,并且不断完善的转变。

四、思考

综合绩效考核体系建立以来,经过实践中不断地调整,在各个方面均取得了显著的成效,但仍有值得思考、可以改进的地方。

(一)风险基金

在大多数国有文化集团的考核系统中,从每年的绩效工资中按一定比例提取一部分金

额作为风险基金,在任期考核结束后进行发放。而与这些国有文化集团不同,四大国有文化集团领导层并无明确的任期,因此市文资公司的综合绩效考核体系一直只是年度考核。而站在集团长远利益的角度来看,年度考核与中长期考核相结合更有利于集团的可持续发展。

(二)惩罚机制

综合绩效考核体系设有特别奖励办法,但无明确的惩罚性扣减年薪办法,表面上看来只奖不惩。实际上,经营效益方面,严格按照综合绩效考核体系对其经营性指标进行打分,若考核主体经营绩效差,则得分低,对应绩效工资低,形成自然的扣减年薪;其他方面,只有部分在专项指标中列出,综合绩效考核体系似乎缺少相应的否定指标。是否也需要对经营者因作风不正、管理不善、工作不当等主观因素造成恶劣影响或有违法违纪行为的,进行扣减年薪的处理。

(三)营业总收入

综合绩效考核体系的经营性指标中,营业总收入作为一个绝对数指标,一般在上年实际完成数作为基础,上浮一定比例作为目标值进行考核。从执行的实际情况来看,部分集团营业总收入指标完成较为困难,导致一方面得分下降,另一方面与营业总收入实际完成数挂钩的绩效工资不能实现。因此,之前的综合绩效考核体系中对经营规模扩张过分强调,导致经营者完成目标压力大,同时,盲目的规模扩张又会导致经营风险的扩大。在2010年综合绩效考核体系的制定时,考虑降低经营性指标中的营业总收入指标得分比重,同时减少与营业总收入实际完成数挂钩的绩效工资,而将降低和减少的部分补充重大文化产业项目和改革创新。

(四)经济增加值

经济增加值是指企业税后净营业利润减去资本成本后的余额,综合反映了企业实际为股东创造的财富。我们对四大集团前三年经济增加值进行了测算,发现有两个集团经济增加值很低,亏损一亿元以上,其中一个集团实现的利润还很好。经研究发现是不动产采用公允价值计价造成的。由于在商圈核心地带的大量的不动产通过公允价值计价净资产大额度增加,按5.5%的资金成本计算要求要有更多的利润来填补这一缺口。在采用公允价值计量不动产的情况下,由此增加的净资产的资金成本在采用经济增加值指标时如何处理值得商榷,否则将极大影响经济增加值指标的评价效果。这也是我们如何在四大国有文化集团采用经济增加值指标的困惑所在。

主要参考文献

[1]德鲁克.管理的实践[M].齐若兰译.北京:机械工业出版社,2009.

[2]孔军华,冯艳.构建中国企业绩效评价系统[J].商场现代化,2006(11):69.

[3]顾琴轩.绩效管理[M].上海交通大学出版社,2006.

国有企业推行经济增加值考核的策略探析

江增帆

新华信托股份有限公司

2016 年 6 月财政部颁布《管理会计基本指引》,经济增加值(EVA)作为基本的管理会计工具方法之一,被正式列入我国管理会计框架体系中。国务院国资委从 2010 年开始在中央企业全面推行经济增加值考核,目的是逐步转变长期以来形成的"重规模、轻质量"的企业经营管理思路,突出发展的质量,提升持续发展的能力,转变粗放型的经济发展方式,引导企业做大做强的同时着力内在价值的提升。但近几年经济增加值推行的效果并不理想,大部分地方国有企业仍在沿用原有的考核评价体系,原因何在,笔者结合在国有企业推行经济增加值考核的亲身经历谈几点看法。

一、经济增加值(EVA)概述

经济增加值 Economic Value Added,简称 EVA,是由美国思腾思特咨询公司根据诺贝尔经济学奖获得者默顿·米勒和弗兰科·莫迪利亚尼关于企业价值的经济模型,于 1982 年创造推出并逐渐风靡全球的一种经营业绩考核工具。EVA 实际就是将会计学意义上的剩余收益(Residual Income)调整为经济学意义上的经济利润(Economic Profit),以体现企业真实的价值创造能力。

EVA 不是对会计利润指标的否定,而是在会计利润指标的基础上做出修正改善,使业绩考核从利润导向转变为价值导向,以真实反映企业经济活动的本质。一般来讲,企业的总资本有两个来源,分别是股东和债权人,即总资本分为股权资本及债务资本,资本的本质属性就是投资就要得到相应的回报,企业既然利用了其提供的资金,就必须支付相应的使用成本。一个企业是否真正创造价值,不能只看会计利润,因为会计利润只扣除了债务资本成本,而没有扣除股权资本成本,因此,企业是否创造价值要看利润扣除投入的总资本成本后是否仍有盈余。具体来讲,经济增加值就等于税后净利润与债务资本成本和股权资本成本的差额。

二、EVA 的计算及调整

经济增加值=税后净营业利润－资本成本=税后净营业利润－调整后资本×平均资本成本率其中:税后净营业利润=净利润＋(利息支出＋研究开发费用调整项－非经常性收益调整项×50%)×(1－25%),调整后资本=平均所有者权益＋平均负债合计－平均无息流动负债－平均在建工程,平均资本成本率＝债务资本利息率×(1－税率)×(债务资本/总资本)＋股本资本成本率×(股本资本/总资本)。为更真实合理地反映企业真实的经济利润或剩余收益,企业应在会计报表数据的基础上对以下项目进行以下调整:

(一)财务利息支出

在计算净利润时,已将利息支出作为债务资本成本予以了扣除,而税后净营业利润是指企业投入的全部资本在正常经营条件下不考虑其资本成本所获得的利润,因此应将作为债务资本成本的利息支出予以加回。

(二)研究开发费用

在 EVA 考核体系中,未予资本化的研究开发费用是企业的一项长期投资,有利于企业提高未来收益,因此,应将此类费用从净利润中予以加回。

(三)非经常性收益

净利润中已包含非经常性收益部分,为准确反映"营业"部分的税后利润净额,应将非经常性收益予以扣除,但考虑到部分企业行业的特殊性,非经常性收益可能是企业利润的重要来源,所占比重较大,完全扣除这部分将对企业造成重大影响,因此,暂按 50% 进行扣除计算。

(四)无息流动负债

主要包括预收账款、应付账款、应付职工薪酬、应交税费、其他应付款等,这些不占用资本成本的负债,在计算 EVA 时应从资本总额中予以扣除。

(五)平均在建工程

在建工程在达到预定可使用状态前,既不产生营业收益,也不计提折旧费用,不对实际经营利润产生影响,因此,在计算 EVA 时从资本总额中予以扣除。

三、国有企业推行 EVA 考核的意义

(一)有利于衡量真实经营业绩

从传统观念上来看,企业的会计报表利润越高,企业管理者对企业的贡献就越大,而现行的会计准则给了企业管理者更多的会计政策选择权和处理空间,因此,直接采用会计利润来衡量企业管理者的价值贡献是有较大缺陷的。经济增加值和会计利润的最大区别就在于,经济增加值考虑了所有投入资本的成本,更加直观地将股东的机会成本予以明确,真实反映了投入资本的增值情况。

(二)有利于引导价值创造增值

长期以来,国有企业管理者已形成了债务资本需要还本付息,而股权资本是免费资本的错误观念,当然,这与之前我国相关考核办法制度没有跟上有重大关系。采用 EVA 考核方式后,企业管理者不得不考虑股权资本成本的问题,经营成果必须弥补所有的显性成本和隐形成本后才能有经营盈余,才能创造价值,因此,EVA 对引导企业注重价值创造具有重要现实意义。

(三)有利于规范企业投资行为

国有资本不是免费资本,对收益和风险管理的要求逐步提高,再采用之前的那种盲目投资、随意并购的行为已不适应现今国有资产监管部门的新形势。EVA 是国有资产监管部门强化国有企业谨慎投资的重要管理工具,国企经营者应有效结合市场实际,将收益与风险结合起来,通过规范投资行为和谨慎投资来规避风险,获取安全合理的回报,有效确保国有资产保值增值。

(四)有利于解决委托代理问题

EVA 的实施可以更加真实地反映企业管理者的价值创造成果和价值创造能力,在此基础上将催生更具激励效应的绩效挂钩奖励机制,股东与经营者的关系在一定程度上达成一致,有利于提升委托代理的实际效力。经济增加值作为兼具激励和约束双重效应的新型管理工具,很好地将解决了股东和经营者之间的委托代理问题,对推动公司治理结构的完善具有重要作用。

四、国有企业推行 EVA 考核的基本策略

经济增加值(EVA)考核,既是一种全新的理念,也是一种全新的方法,对于习惯于传统会计利润考核的国有企业管理者来说,这不得不说是一种挑战。从国有企业的推行实践及推行效果来看,要有效推行经济增加值考核,并能达到较好的实施效果,必须讲究一定的基本策略和原则方法。

(一)推行 EVA 考核的原则

国有企业推行经济增加值(EVA)考核,应在借鉴 EVA 理论和其他企业实施经验的基础上,结合企业自身的实际情况进行推行实施,具体来讲,在推行过程中应坚持以下几个原则:

1.理念引导原则

现阶段,我国资本市场和各种应用条件还不够完善,推行 EVA 考核,重在对企业业绩考核的导向作用,重在对理念的推广和掌握,不在于精确的计算。在实际推行中,要让经营者明白 EVA 考核的道理和目的。

2.质量效益原则

推行 EVA 考核,需要将资本成本的概念进一步明晰化,让企业真实的价值显现出来。因此,在推行的过程中,应让企业管理者明白效益也要讲究质量,让企业管理者真正明白真实创造价值才是企业生存的根本。

3.风险控制原则

实施 EVA 考核,引导企业注重效益和风险的平衡,在创造价值的同时注重企业短期目标和长期目标的结合。注重分析影响 EVA 考核指标的关键驱动因素,通过审慎投资、强化质量,有效控制企业经营风险;通过降低资产负债率、减少存货和应收账款资金占用,有效控制企业财务风险。

4.持续发展原则

强化 EVA 考核,应引导企业关注可持续发展的、长期的企业价值创造和提升,增加有利于企业长远发展的支出,减少用于维护短期利益的不合理开支,以彻底转变企业经济发展方式,有效增强企业核心竞争能力,促进企业持续稳健发展。

(二)推行 EVA 考核的具体方法

首先,应采用循序渐进、分步实施的策略推进。EVA 在国外是成熟和流行的管理工具,而对于我国国有企业这种未处于完全竞争环境的企业来说,应该给予一定的时间使其逐步认识和接受。生搬硬套或强行上马,不仅会使经营者产生强大的抵触情绪,也会让 EVA 推行实施的效果大打折扣,因此,要分阶段、分步骤地实施和完善相应的考核办法,保持考核工作的连续性,做到平稳过渡。

其次,应注重理念培训、沟通交流的方式引导。推行 EVA 考核,意味着所有传统的管理方式和习惯均要被改变和打破,因此,上至经营管理层,下至普通基层员工,均需要推行者对其进行全面的理念培训灌输和沟通交流引导,尤其是对企业经营管理层的培训沟通将成为 EVA 考核能否成功推行的关键。

再次,应实施倡导价值、规避风险的激励机制。推行 EVA 考核的本质目的是倡导价值创造,规避风险发生和引导企业持续发展,因此,要使 EVA 考核成为企业经营管理层和全体员工的自发行为,核心要素之一就是要推行实施一套具有吸引力的激励机制。激励方案要具有市场竞争力,还应具有长期效应,以保证经营者和员工注重企业的长期可持续发展。

最后,应设计操作简便、易于理解的考核方案。实施 EVA 考核,在具体执行过程中要求操作简单易行,对于财务人员来讲,应有效运用自身专业知识技能,结合对企业实际情况的掌握,设计简单明了的考核指标,以有效保证 EVA 考核推行的实际效果。

五、国有企业推行 EVA 考核的改进策略

(一)EVA 的劣势分析

任何一项管理工具都不是尽善尽美的,EVA 也不例外,它包含有较多考核假设和数据调整,而这些因素很多都是根据特点环境而定的,因此作为一种考核工具,全面认识其劣势及不足是有效实施 EVA 考核改进策略的必要条件。

1.考核应用范围有限

研究证明,EVA 考核并不适用于金融机构、新成立公司和周期性行业等企业,对于很多国有企业来讲,由于存在较多的历史遗留问题和特殊资产,调整项目因各企业具体情况不同而千差万别,仅通过一般数据调整直接进行横向对比往往不具可比性。

2.存在较大操作空间

同所有考核指标一样,企业管理者有可能利用 EVA 的固有缺陷来实现其自我利益的最大化,将 EVA 作为主要考核指标,管理者有可能减少投入资本,以达到提高 EVA 的目的,而这样的行为对企业长远发展是不利的。

3.不能反映经营效率

EVA计算出来的是量化的绝对数指标,不是相对指标,它只能反映经济效益的绝对值高低,而不能体现经营效率的高低,这是其固有缺陷之一。

(二)国有企业推行EVA考核的改进建议

1.强化会计基础规范及建立数据调整评价机制

会计基础数据准确性是EVA计算分析的基础,必须加强会计基础核算的规范性和数据的准确性;同时,对于多元化经营的国有企业来讲,要根据下属企业行业和实际情况的不同,采用差异化资本成本率,建立独立的数据调整评价机制,体现评价合理性和公平性。

2.将EVA与其他管理工具结合进行综合评价

EVA虽有较多的优势,但其毕竟是以财务指标评价为基础的管理工具,对非财务指标的考量方面存在明显的缺陷。因此,应将EVA与平衡计分卡等其他工具结合起来使用,综合评价企业经营业绩。

3.注重指标纵向对比分析完善指标调整细节

EVA目前在国内推行时间还不长,大部分企业的推行还不够深入,横向对比分析条件还不成熟,对EVA的深入推广和应用带来不便。因此,国有企业应充分运用EVA的价值发现功能,注重对自身历史纵向数据进行对比分析,有效挖掘经营短板的关键因素,不断优化完善分析指标体系。

综上所述,国有企业应充分利用推行经济增加值考核的有利契机,大力转变经济发展方式,推动企业从盲目追求规模化粗放式增长走向追求集约型价值创造的科学发展路径上来,有效促进企业进一步做优做强。

主要参考文献

[1]董海霞.全面认识经济增加值(EVA)的价值[J].会计之友,2006(5X):61-62.

[2]林苗.关于中央企业推行经济增加值考核的几点思考[J].管理学家,2010(4).

[3]刘长征.经济增加值(EVA)在企业绩效考核中的应用研究[J].中国总会计师,2012(2):84-85.

关于国有企业混合所有制改革的几点思考

魏　云

重庆化医控股(集团)公司

国有资本和民营资本及其他社会非公有资本等交叉持股、相互融合的混合所有制经济，是中国基本经济制度的重要实现形式，有利于国有资本放大功能、保值增值、提高竞争力，有利于各种所有制资本取长补短、相互促进、共同发展。十八届三中全会提出了积极发展混合所有制经济、允许更多国有经济和其他所有制经济发展成为混合所有制经济的国有企业总体改革思路。本文就国有企业混合所有制改革的相关各方动因诉求、改革主要形式及改制上市、产权结构及治理结构、管理层持股等具体实践提出个人思考建议。

一、国有企业混合所有制改革的各方动因诉求

国有企业混合所有制改革直接涉及国有企业及职工、民营及其他社会资本、国资监管者和其他利益相关者，不是国资监管者或国有企业为迎合大形势完成任务的"独奏曲"，不是单方面的"为改革而改革"和"为混而混"。国有企业混合所有制改革的过程和结果必须基本满足相关各方的基本动因诉求，各种资源条件有效结合并优势互补、取长补短。如按照这种原则去设计改革框架，搭建组织构架，实施具体经营，这才是相关各方共同的目标和期盼。

(一)监管者

作为国有资产监管者，如何实现企业良性持续发展、提高经济效益和国有资产的有效增值、职工和谐稳定是其基本诉求。

在国有企业混合所有制改革中，国有资产监管者要"要用市场的方式来管理产权"，从"管资产"过渡到"管资本""简政放权"，不再审批具体经营事项，不干预具体经营活动(就是不干预企业的法人财产权和经营自主权)。依法通过公司章程，通过公司治理，围绕"管好资本"落实出资人的职责。

(二)国有企业

国有企业作为混合所有制改革主体，其改革的动机就是希望带来民营资本及其他资本灵活的经营机制、敏锐的市场触觉、快捷的决策流程、有效的执行过程、灵活的用人制度等。

基于国有企业决策链条较长、经营机制不灵活、固定运营成本较高等固有限制，国有企业必须摒弃现有进入门槛低、技术含量不高、非合法合规经营(偷税、不交或少交社会保险费等)、市场分散等的产业和产品，充分发挥国有企业在信贷、人才等方面优势，实施混合所有制改革，吸收民营资本及其他资本在经营机制、市场触觉、决策流程、执行过程和用人制度等方面的优势，集中资源发展适合国有企业体制的大市场、大资金、大规模的市场集中度较高的优势产业和产品。

（三）民营资本及其他社会资本

鉴于民营资本及其他社会资本具有较强的趋利基因，其与国有企业合作、混合产权，其不是看好国有企业的机制，而是较大程度看重国有企业拥有的各种资源（自然资源、社会资源、信贷资源、人才储备等）、较为健全规范的内部管控制度、部分行业相对垄断的市场份额等。

民营资本及其他社会资本期望利用国有企业的有效资源，充分参与日常经营，发挥其在经营机制、决策流程、执行过程和用人制度等方面的优势，实现混合产权下企业的效益提升以达到资本有效增值。

（四）国企职工

国企职工在混合所有制改革中的基本诉求是保证其收入福利稳定增长、各种社会保险如期缴纳、工作机会长期存在、预期有良好的职业上升通道等。

作为国有企业混合所有制改革的重要参与者，国企职工支持满足其基本诉求的改革，反对削减其根本利益、简单将其完全市场化、预期无稳定安全感的单方改革，希望得到充分尊重，渴求改革方案能充分考虑其群体、个人的合理诉求。

（五）其他利益相关者

金融机构、债权人等国有企业混合所有制的其他利益相关者，他们的基本诉求是其债权等相关利益得到充分保障并能持续发展获益。他们反对"逃债""破产"式的国有企业混合所有制改革，期望改革能保全其有效全额债权，能让企业持续健康发展，能在约定条件下最大限度分享改革红利。

二、国有企业混合所有制改革的主要形式

国有企业混合所有制改革应分类实施，统筹推进，有进有退，不能搞"运动式改革"和"一阵风改革"。政府和国资监管者应大力支持民营资本及其他社会资本按照市场规则，以出资入股、认购可转债、收购股权、股权置换等形式，主动积极参与国有企业混合所有制改革。

（一）竞争类企业

国有竞争类企业在混合所有制改革中应放弃国有实质控制地位（股权比例低于50％或放弃实质第一大股东地位等），以市场有效配置资源，以民营资本和其他社会资本为主导，充分发挥市场竞争机制。

针对现有国有企业中不符合战略规划、不适合国企经营的完全市场竞争类的长期亏损企业、产品要果断实施处置退出，盘活存量资产，增加经营资金流量。改革过程中应根据资产实际情况采用折价转让股权、出售资产清偿债务及安置员工、企业终结清算、企业整体MBO或职工持股等不同方式，以实现彻底退出。

对现有存量企业中有行业发展前景但因技术、原材料、工程建设等原因无法正常生产经营等呆滞资产或企业，可在保证国有资本保值增值的前提下，采用稀释股权吸收原料供应商、专业技术公司和团队、战略投资者等社会资本入股等多种方式"借力""借资"，盘活存量资产，发挥资产效益。

(二)公共服务类和功能要素类企业

公共服务类企业在混合所有制改革中应保持国有实质控制地位,引入战略投资者,以贯彻政府重大战略、完成各类重大专项任务为主,实现公共服务行业特许经营,重在追求社会效益。

功能要素类企业在混合所有制改革中一般应保持国有控制地位,引入战略投资和财务投资,以金融服务、要素交易、投融资为主要业务,既注重经济效益,又注重风险防控,兼顾当前效益与长期效益。

国有企业资本增量应尽量投向公共服务和功能要素领域。

(三)改制上市是国有企业混合所有制改革的首选形式

上市公司是国内目前比较成熟的混合所有制企业的标杆,其公司治理结构完善、产权主体多元化、股东价值发现优化、公共信用效益明显、监管机制健全,改制上市应是国有企业混合所有制改革的首选形式。

随着国内证券市场 IPO 的重新正常化、沪港通的正式开通、注册制度的渐行渐近、放开盈利条件的限制等,国有企业混合所有制改革采用公开上市形式迎来了重大机遇期。政府、国资监管者和国有企业应充分抓住有利时机,以实现集团层级的整体上市为改制目标,及早谋划、统筹安排,提前做好以下事项:

1.聘请专业机构统筹规划

国有企业确定改制上市的发展战略后,应尽快聘请具有法定资质、从业经历丰富和业绩优良的证券公司、会计师事务所、律师事务所等专业中介机构组成专门团队,从各自不同专业角度对企业进行前期筹划整合,并提出各自的建议方案。企业切忌不能自行单方确定或聘请投资咨询公司等非专业机构实施前期工作,以避免出现不必要的重复工作、推倒重来和无法补救等负面情况。

2.合理确定上市主体

拟改制上市的国有企业若业务单一,主业突出,但组织架构、产权层级较复杂,应根据自身条件(历史沿革、股权结构、资产规模、业务规模等 IPO 条件的符合程度)整合或重组确定上市的主体。

若企业业务复杂,但组织构架、产权层级单一,需通过业务剥离或重整,使得主业突出且符合产业政策。

若企业业务体系和组织结构、产权层级都复杂,应先确定主营业务,即需要综合考虑盈利能力、市场占有量及前景、产业政策、募集资金投资项目准备等因素,并通过企业重组达到业务重整。再确定法人主体,即根据确定的上市业务,厘定企业范围,然后根据企业自身条件确定上市的主体,并通过改制重组使其符合 IPO 条件。

3.重视企业发展战略

企业所属的行业定位、新业务领域规划、募集资金的投向以及有关从事研发等因素将很大程度上影响企业上市后在二级市场上的形象、再次融资能力,因此企业在改制时,对这些重要因素应高度重视,必须在发展战略上精心策划和整体考虑。

4.突出主营业务

突出主营业务要求企业必须拥有与主营业务经营相关的完整资产,实务操作中主营业务指标一般应按以下原则掌握:上市发起人的主营业务应在所属行业排名前列或在特定区域具有较大的影响力;上市发行前报告期核心业务及其相关业务收入之和占总业务收入的比例应不低于50%,或相同口径的利润比例不低于50%;募股资金投向原则上与主营业务相关。

众多IPO审核案例表明:企业多种经营难过关,除非大型国有企业;两种业务占比大,且互不关联的不可以;两种业务属上下线产品以共同形成核心竞争力的应整体进入上市主体。

5.避免同业竞争

企业与有实际控制权的单位(或个人)及其关联股东、其控制的企业法人应避免在企业主营业务及其他业务方面存在同业竞争或利益冲突。实务操作中一般要求企业与发起人订立未来避免同业竞争的协议,和在有关发起人或股东协议、公司章程等做出避免同业竞争的规定。企业应采取措施保证不致因开展业务发展规划、募股资金运用、收购、兼并、合并、分立、对外投资、增资等活动,产生新的同业竞争。

实务操作中,对存在同业竞争的,企业在改制重组阶段采取以下措施(但不限于)予以解决:通过收购将相互竞争的业务集中到企业;竞争方将有关业务转让给无关联的第三方;企业放弃与竞争方存在同业竞争的业务。

6.规范关联交易

企业在改制重组中尽量减少关联交易,尤其是与控股股东及其下属机构之间在供应、销售、生产加工等直接经营环节的关联交易。

企业章程中应明确对外担保的审批权限和审议程序,不存在为控股股东、实际控制人及其控制的其他企业进行违规担保的情形。

企业应有严格的资金管理制度,不得有资金被控股股东、实际控制人及其控制的其他企业以借款、代偿债务、代垫款项或者其他方式占用的情形。

实务操作中,企业申请发行上市前,关联交易应避免以下情形:

企业或股东通过保留采购、销售机构,垄断业务渠道等方式干预企业的业务经营;企业依托或委托控股股东进行采购、销售,而不拥有独立的决策权;从事生产经营的企业不拥有独立的产、供、销系统,且主要原材料和产品销售依赖股东及其控股企业;专为企业生产经营提供服务的设施,未重组进入企业;主要为企业进行的专业化服务,未由关联方采取出资或出售等方式纳入企业,或转由关联的第三方经营;具有自然垄断性的供水、供电、供气、供暖等服务,未能有效地保证交易和定价的公允;企业与主发起人或第一大股东(追溯至实际控制人)及其关联股东、其控制的企业法人存在经营性业务(受)委托经营、(承)发包等行为。

三、国有企业混合所有制改革产权结构及治理结构

按照现代企业的规范运作,国有企业混合所有制改革中产权结构的设计是企业治理结构的基础,其是否合理关系到其治理结构是否满足改革相关各方的改革动因诉求,是改革成

功与否的关键。企业治理结构也是企业改革后日常决策、运营、监督的根本,是改革成功的重要制度保障。

(一)产权结构

世界和国内经济发展的实践证明,国有控股企业不适合做完全竞争类市场主体。竞争类国有企业混合所有制改革应秉持"不求控制、只求发展"的基本理念,其产权结构设计应尽量采用国有资本参股的模式,其持股比例一般在50%以下,个别行业或企业可实行"优先股"或全额退出,以充分发挥民营资本及其他社会资本在经营机制、市场触觉、决策流程、执行过程和用人制度等方面的市场竞争优势,由其主导企业的日常决策、运营,自主经营,让"市场这只无形的手"来自行有效配置资源,紧跟市场变化快速做出经营决策,直接面对市场竞争,择优劣汰,全面承担经济效益持续有效增长和资产保值增值的经营责任。

政府相关职能部门监管按照相关法规合法、合规运营,按章纳税,规范用工以保证职工的合法权益。国有资产监管者通过股东会、董事会、监事会行使法定必要的否决权、监督权,保障国有资本的保值增值。国有资产监管者应定位于战略规划、产业整合、标准制定、协调服务、资产效益考核、日常监管等,不具体审批、参与国有企业的日常运营。

公共服务类和功能要素类国有企业混合所有制改革中应秉持"决策控制、让渡(或部分让渡)经营"的基本理念,其产权结构设计适宜采用国有资本绝对控股或相对控股的模式,其持股比例一般在50%以上或持股比例在50%以下但保持决策权的实质控制,个别行业或企业可实行"金股制度"。这种产权结构设计,一方面可保证其重在社会效益或社会效益和经济效益并重的决策权的控制,另一方面又引入民营资本及其他社会资本在日常经营中灵活的市场运营机制以实现资源的有效利用和综合效益的提升。

(二)治理结构

对于竞争类国有企业混合所有制改革中的企业治理结构设计,完全按照《公司法》等相关法规依据股权比例提名董事、监事,履行法定的知情权、否决权、监督权。

对于公共服务类和功能要素类国有企业混合所有制改革中的企业治理结构设计,国有资本应保持在股东会决议事项的重大决策控制权。董事(包含独立董事)、监事(包含独立监事)、高管的提名应完全按照市场化、专业化的原则而不一定按照股权比例设计。实施"金股制度"的企业,国有资本按照约定对特定事项行使否决权,不参与企业的决策和日常经营。特别是有限责任公司,考虑其是"资合"与"人合"相结合的市场主体,应充分利用《公司法》赋予的在股东会和董事会以及监事会的议事规则、股权转让、董事及监事勤勉业务等内部治理"意思自治"方面的自由裁量权,根据企业具体情况,设计出符合"决策控制、让渡(或部分让渡)经营"理念的公司章程及其他治理结构。

(三)建立真正的职业经理人制度

任何事业的发展终究是人才的竞争,国有企业混合所有制改革中要建立真正的职业经理人制度,应打破组织委派和内部选拔理念,实现管理层彻底由市场化选择,完全取消行政化任命(党委书记、监事长、纪委书记、工会主席除外),以彻底改掉国企的行政化、机关化、官僚化的陋习。企业应完全市场化选聘经营管理人员,设计有效激励和职业晋升机制,完全按照市场规则真正做到"高管能上能下、员工能进能出、收入能增能减",合理确定并严格规范企业经营管理人员薪酬水平、职务待遇、职务消费、业务消费,以实现企业日常经营的完全市场化。

四、鼓励管理层持股

国有企业混合所有制改革中和竞争类企业的新建项目或并购重组项目,应鼓励管理层持股。管理层持股是企业关键岗位的管理者、业务骨干、核心技术人员等,以货币、物权、股权、知识产权等出资参与本企业改制、决策、经营,形成资本所有者与劳动者的利益共同体。

国有企业混合所有制改革不能实施"全员持股",其容易形成新的"大锅饭"、权责不清,不能发挥产权激励的有效作用。

管理层持股的实施过程中,应在保证国有资产不流失的前提下,充分考虑激励与约束相结合,适度给予政策性优惠,根据企业具体情况采用"一户一策"的方式合理确定持股比例、持股价格、持股形式等,以最大限度发挥产权激励作用,稳定核心管理团队和优秀人才,促进企业持续健康发展。

主要参考文献

[1]中国共产党十八届中央委员会.中共中央十八届三中全会公报,2013.

[2]国务院关于国有企业发展混合所有制经济的意见,国发(2015)54号,2019(9).

[3]程承坪,陈伟平.发展混合所有制经济亟待阐明的三个重大问题[J].江西社会科学,2015,01.

[4]童有好.发展混合所有制经济应着重解决六个问题[J].经济纵横,2014(8).

[5]王志.对现阶段发展混合所有制经济的几点思考[J].改革与战略,2015(1):53-55.

[6]张强,湛志伟,蒋光超.国有企业混合所有制改革问题刍议[J].中国财政,2014(22):54-55.

[7]任新建.对发展混合所有制的几点看法[J].上海人大月刊,2014(4):47..

[10]李正图.积极发展混合所有制经济:战略构想和顶层设计[J].经济学家,2014(11):100-101.

[11]刘烈龙.我国混合所有制的五种形式[J].中南财经大学学报,1995(2):1-7.

[12]叶根英.发展混合所有制经济的财务思考[J].中国总会计师,2014(9):60-61.

[13]陈永华.发展混合所有制经济要注意把握的几个问题[J].国有资产管理,2014(6).

[14]苏和.努力完善国资监管体系加快国企改革与发展步伐[J].国有资产管理,2014(6).

[15]宋文阁,刘福东.混合所有制的逻辑[M].北京:中华工商联合出版社,2014.

[16]曹立.混合所有制的研究[D].中共中央党校,2002.

[17]宋志平.大力发展混合所有制企业[N].中国企业报,2013,11(26).

[18]张卓元.论混合所有制的活力与贡献[N].北京日报,2013,12(16).

高管薪酬激励研究综述及其借鉴①

冉春芳

重庆科技学院工商管理学院

近年来,中国上市公司的高管薪酬增长迅速,出现我国国有企业高管"天价薪酬"与"零薪酬"并存的乱象,引起社会各界的广泛关注。高管的界定,在西方文献中是指公司总经理(CEO)。在我国的研究文献中,将公司高管界定为"总经理"或"董事长"(Kato and Long,2006a),与"总经理"相比,"董事长"具有更大的权力。因此,现有研究通常将董事长视为公司高管(领导者)(Kato and Long,2006a;Firth、Fung and Rui,2006a,2006b;方军雄,2012),而 Conyon and He(2008)将总经理作为公司高管。在文献梳理中,本文对高管界定为总经理、董事长或管理层。根据最新研究文献,从高管薪酬业绩敏感性、高管薪酬的影响因素、薪酬激励的经济后果、股票期权激励和国有企业高管薪酬等方面进行综述,基于国企高管不同的选聘机制,对国企分类改革中差异化的薪酬激励机制设计提供指导。

一、高管薪酬业绩敏感性

公司业绩与高管薪酬具有显著的正相关关系得到理论和实务界的普遍认可。Holmstrom(1979)提出有效的薪酬契约能使公司高管与股东利益趋于一致,有助于降低代理成本、提高公司价值。众多学者的实证结果也支持这一观点,发现公司业绩与经理薪酬具有显著的正相关关系,高管薪酬对公司绩效有着直接的正向作用(Morck et al.,1988)。合理的薪酬契约被认为是协调委托代理关系的有效工具(姜付秀和黄继承,2011)。实务中,较多企业在高管薪酬契约设计中将公司业绩指标引入薪酬契约,采用业绩指标考核高管的努力程度和努力结果。根据当前文献,影响高管薪酬业绩敏感性的因素有盈余管理、股权分置改革、独立董事网络中心度、产权性质、内部控制质量等。

股权分置改革显著提高了上市公司高管薪酬业绩敏感性,非国有控制公司的这种提高效应更加明显(陈胜蓝和卢锐,2012)。但是,盈余管理对高管薪酬的影响大幅度提高,盈余管理主要受高管权力、信息不对称等因素的影响。从薪酬业绩敏感性来看,管理层权力越大,薪酬与操纵性业绩之间的敏感性越大(权小锋等,2010)。独立董事网络中心度越高,高管"薪酬—业绩"敏感性越强,国有上市公司中独立董事网络中心度与高管"薪酬—业绩"敏感性的正相关关系比非国有上市公司更弱(陈运森和谢德仁,2012)。管理层货币薪酬、持股比例和在职消费与企业经营业绩之间的关系上,周仁俊等(2010)研究发现管理层货币薪酬、

①本文的研究受重庆市科规划博士项目(2015BS018)、重庆科技学院教授博士基金项目(CK2016B05)和教育部人文社科青年基金项目(15XTC630003)的资助。

持股比例与企业经营业绩呈正相关关系,其相关程度在非国有控股上市公司表现更为显著;管理层在职消费程度与企业经营业绩呈负相关关系,其相关程度在国有控股上市公司表现更加明显。内部控制制度的实施约束了经理人的自利行为,从而有助于提升公司的业绩。卢锐等(2010)研究发现,内部控制质量越高的公司,其管理层薪酬业绩的敏感度也越高,国有控股上市公司的内部控制质量和薪酬业绩敏感度之间的协同性更加显著。相对业绩评价是委托代理框架下一种特殊的激励机制。将绩效报酬与相对业绩评价结合进行研究,周宏和张巍(2010)研究发现,中国上市公司行业方面存在较为严重的运气报酬(Pay for Luck)。

二、高管薪酬的影响因素

薪酬设计或薪酬增长会受到哪些因素的影响,较多的文献从行业薪酬基准、债权人利益、管理层权力、任人唯亲的董事会文化、市场化进程、薪酬公平性等方面进行研究,并得到了丰富的研究结论。

在设计管理者薪酬契约时,较多公司采用了行业薪酬基准(江伟,2010),以行业均值或中位值作为参考依据。陈骏和徐玉德(2012)认为,在信贷强约束条件下,公司制定高管薪酬契约过程中会关注债权人利益,降低高管薪酬业绩敏感性,削弱管理层风险转移的动机。刘运国等(2011)认为最优契约受业绩信息异质性和高管权力影响,非国有企业主要受业绩信息异质性影响,国有企业则受高管权力影响。但是,王雄元和何捷(2012)认为规模、行政垄断以及业绩是高管薪酬契约最主要的决定因素,高管权力影响较弱。陈震和丁忠明(2011)认为我国垄断企业高管的"天价"薪酬是管理层权力的结果。中国上市公司高管薪酬决定因素存在三组理论假设,即基于超越最优契约范式的市场配置视角、经理权力视角以及契约订立过程中的参照点效应(李维安等,2010)。高管薪酬水平的上升反映了市场对经理才能日益增长的竞争性需求,但旨在约束经理权力、构架"完备"的公司治理机制并未发挥有效作用,国际同行的薪酬基准对中国公司的高管薪酬决策具有参照效应。针对经理人获得的超额薪酬,郑志刚等(2012)认为我国上市公司经理人超额薪酬与任人唯亲的董事会文化有关。吴育辉和吴世农(2010)研究发现,高管薪酬仅与 ROA 显著正相关,高管的薪酬水平随着其控制权的增加而显著提高,非国有公司的高管更容易利用其控制权来提高自身的薪酬水平。步丹璐等(2010)从公平的视角,基于行为学、经济学、管理学等多领域的相关理论,提出了直接量化高管薪酬公平性的思路。方军雄(2011)认为中国上市公司薪酬存在较为严重的尺蠖效应,即业绩上升时,公司高管获得了相比普通员工更大的薪酬增幅,而在业绩下滑时高管的薪酬增幅并没有显著低于普通员工。在职消费与货币薪酬不同的适用条件,决定了两者作为激励的契约成本的差异。陈冬华等(2010)研究发现,随着市场化进程的深入,在激励契约中,货币薪酬契约对在职消费契约呈边际替代的趋势。

三、高管薪酬的激励后果:激励还是自利

吴育辉和吴世农(2010)认为高管高薪并未有效降低公司的代理成本,反而提高了代理成本。我国上市公司的高管在其薪酬制定中存在明显的自利行为,且这种自利行为降低或

者消除了薪酬的激励作用。上市公司 CEO 薪酬激励与公司业绩显著正相关,被激励后的 CEO 在外部治理环境监控下会进一步改善公司业绩,产生激励效应(杨青和黄彤,2010)。高管薪酬激励会影响企业价值,无论是以薪酬衡量的显性激励,还是以在职消费衡量的隐性激励,高管激励对企业价值的影响上具有显著的替代关系(姜付秀和黄继承,2011)。经理人"薪酬—业绩"敏感度的提高是经理人自利行为的表现(谢德仁等,2012)。管理者持股比例和在职消费之间存在替代关系,管理者持股比例的增加能够抑制在职消费,从而提高公司绩效(冯根福和赵珏航,2012)。方军雄(2012)发现,上期支付超额薪酬的公司,随后高管解聘和业绩变动的业绩敏感性更高。这意味着有效契约观具有很强的适用性以及中国上市公司高管薪酬契约具有一定程度的有效性。技术创新动态能力由技术创新投入能力、技术创新产出能力、技术创新转化能力三个维度构成。徐宁和徐向艺(2012)对控制权激励双重性与技术创新动态能力进行实证研究,认为保持适度的控制权激励力度、并对显性激励与隐性激励进行合理配置是提升上市公司技术创新动态能力的理性选择。薪酬外部公平性是影响公司管理层管理行为的重要因素。吴联生等(2010)以我国上市公司强制披露管理层薪酬为背景,研究了薪酬外部公平性对公司业绩的影响,研究发现正向额外薪酬的激励作用仅在非国有企业成立,因为国有企业的管理层更注重自身的政治前途;负向额外薪酬的"惩戒"作用并没有在现实中得到体现。

四、股票期权激励

股权激励被称为留住核心人才的"金手铐"。股权分置改革后,许多上市公司推出股权激励计划,这些公司普遍出现了股价的大幅度上涨,股权激励的动机、约束因素以及激励的效果,引起学界的关注。张治理和肖星(2012)研究认为,实施以股票期权为标的物的股权激励计划的企业存在择时机会主义行为,它们倾向于在公司股价较低时推出激励计划,以增加管理层利益。吕长江等(2011)研究上市公司选择股权激励计划的动机时,发现对人力资本的需求是上市公司选择股权激励的动机;不完善的治理结构、严重的代理问题也是公司选择股权激励的动机。但是,部分上市公司选择股权激励的动机是出于福利目的,股权激励没有作为代理成本的替代反而提高了代理成本。同时,处于市场化程度较高地区的上市公司越有动机选择股权激励。股权激励计划中隐含着高管自利行为(吴育辉和吴世农,2010)。拟实施股权激励的公司,其股权激励方案的绩效考核指标设计异常宽松,这有助于高管获得和行使股票期权。在股权激励计划中,管理层权力越大所设定的初始行权价格相对越低;相对于非国资控股公司,国资控股公司推出的股权激励计划所设定的行权价格更低(王烨等,2012)。盛明泉等(2016)从资本结构动态调整的角度研究高管股权激励,发现股权激励的强度与资本结构调整速度显著正相关,这一关系在非国有企业更为显著。

在股票期权激励契约的合理性及其约束性因素的研究上,徐宁和徐向艺(2010)通过实证研究发现,激励期限与绩效条件是体现股票期权契约合理性的关键要素,除外部法律与监管约束之外,大股东、债务融资与独立董事等内生性因素对激励期限与绩效条件具有显著的约束作用。在实施管理层持股激励的同时,还应重视相关制度环境的改善,使管理层持股发挥应有的激励效应。沈红波等(2012)实证研究表明制度环境是管理层持股激励发挥作用的重要前提。在业绩经理人股权激励计划能否增加股东财富方面的研究上,谢德仁和陈运森(2010)研究提出,业绩型经理人股权激励计划能够增加股东财富,且行权业绩条件要求越高,越有助于股东财富增长。高管薪酬、股权激励均有助于实现CEO激励相容,但股权激励的效果更为突出。对民营企业而言,股权激励的效果优于薪酬激励;而对国有企业而言,薪酬激励的效果更佳,股权激励尚未发挥应有的作用(宋渊洋和李元旭,2010)。

五、国有企业高管薪酬激励的借鉴

近些年来,国有企业上市公司的经理人薪酬一直是社会各界关注的话题。学术界对于国有企业高管薪酬制度的改革路径呈现出两类观点:一类认为,国有企业从属于国家或地方政府,其高管的职能和地位等同于公务员,应实行类似于公务员的薪酬制度;而另一类则主张应加快推进国有企业股份制改革和市场化进程,以使国有企业能够在竞争中求生存,向市场要效率,其高管应实行市场化薪酬制度。逯东等(2014)研究发现,国有上市公司CEO的行政任命制度扭曲了市场化的薪酬激励机制,削弱了国有企业内部控制的有效性。

基于国有企业"二重性"理论,宋晶和孟德芳(2012)将国有企业高管依据不同的选用方式划分为"行政高管"和"市场高管"两类,并主张对组织任命、上级委派或调任等行政任命方式选拔的高管参照实行与公务员工资制度;而对竞争上岗、公开招聘等非行政任命方式选拔的高管则实行市场化薪酬制度。我国国企高管是否通过其权力影响而获取私有收益,权小锋等(2010)研究发现国有企业高管的权力越大其获取的私有收益越高,但中央政府控制的国有企业高管偏好隐性的非货币性私有收益,而地方政府控制的国有企业高管更偏好显性的货币性私有收益。黎文靖和胡玉明(2012)对国企内部薪酬差距进行研究,发现国企内部薪酬差距较小时更多地激励了职工,薪酬差距较大时对职工无正向激励效应。内部薪酬差距在一定程度上反映了管理层权力,对高管的激励效果不明显。辛宇和吕长江(2012)以泸州老窖为案例,对薪酬管制背景下国有企业股权激励的定位困境问题进行研究,发现泸州老窖的股权激励兼具激励、福利和奖励三种性质,而这种性质的混杂性最终会导致国有企业的股权激励陷入定位困境,无法发挥其应有的激励效果。

在国有企业高管激励方面,股权激励是国企分类改革中提出的一种激励方式,然而介于国有资产流失的担忧,国企高管股权激励一直颇受争议。在近年的研究文献中,多数学者的实证研究结论认为在国企高管激励中,股权激励更多地体现为高管的福利,对国企高管股权激励方式持保守的态度。肖淑芳等(2013)研究股票期权激励与高管盈余管理行为的关系,发现股权激励方案的设置缺少激励性,受到盈余管理行为的影响。肖淑芳等(2016)进一步研究股权激励偏好,指出公司高管作为股权激励对象的比重越大,公司越倾向于选择获利空间大、权利和义务对等的限制性股票,管理层权力越大的公司这一现象更为明显。在我国,国有企业的所有者普遍缺位导致国有企业实质为内部人控制,对管理层权力缺少监管和有效控制情况下,推行股权激励难免存在机会主义行为,势必影响股权激励的效果。因此,国有企业实行分类制改革,对国企高管实施选聘制、委任制等多种形式,国企高管的薪酬激励也应该呈现出一定的差异。市场选聘的职业经理人应该采用市场化薪酬,行政任命的国企高管采用与其身份适宜的薪酬制度。

主要参考文献

[1]步丹璐,蔡春,叶建明.高管薪酬公平性问题研究——基于综合理论分析的量化方法思考[J].会计研究,2010(5):39-46.

[2]陈冬华,陈富生,沈永建,尤海峰.高管继任、职工薪酬与隐性契约——基于中国上市公司的经验证据[J].经济研究,2011(S):100-111.

[3]陈骏,徐玉德.高管薪酬激励会关注债权人利益吗?——基于我国上市公司债务期限约束视角的经验证据[J].会计研究,2012(9):73-81.

[4]陈胜蓝,卢锐.股权分置改革、盈余管理与高管薪酬业绩敏感性[J].金融研究,2012(10):180-190.

[5]陈震,丁忠明.基于管理层权力理论的垄断企业高管薪酬研究[J].中国工业经济,2011(9):119-129.

[6]方军雄.高管权力与企业薪酬变动的非对称性[J].经济研究,2011(4):107-120.

[7]江伟.行业薪酬基准与管理者薪酬增长——基于中国上市公司的实证分析[J].金融研究,2010(4):107-120.

[8]姜付秀,黄继承.经理激励、负债与企业价值[J].经济研究,2011(5):46-60.

[9]李维安,刘绪光,陈靖涵.经理才能、公司治理与契约参照点——中国上市公司高管薪酬决定因素的理论与实证分析[J].南开管理评论.2010(2):4-15.

[10]吕长江,严明珠,郑慧莲,许静静.为什么上市公司选择股权激励计划?[J].会计研究,2011(1):68-75.

[11]黎文靖,胡玉明.国企内部薪酬差距激励了谁?[J].经济研究.2012(12):125-136.

[12]权小锋,吴世农,文芳.管理层权力、私有收益与薪酬操纵[J].经济研究,2010(11):73-87.

[13]宋晶,孟德芳.国有企业高管薪酬制度改革路径研究[J].管理世界.2012(2):181-182.

[14]王雄元,何捷.行政垄断、公司规模与CEO权力薪酬[J].会计研究,2012(11):33-38.

[15]吴育辉,吴世农.高管薪酬:激励还是自利?——来自中国上市公司的证据[J].会计研究,2010(11):40-48.

[16]肖淑芳,石琦,王婷,易肃.上市公司股权激励方式选择偏好——基于激励对象视角的研究[J].会计研究,2016(6):55-62.

[17]辛宇,吕长江.激励、福利还是奖励:薪酬管制背景下国有企业股权激励的定位困境——基于泸州老窖的案例分析[J].会计研究,2012(6):67-75.

[18]张治理,肖星.我国上市公司股权激励计划择时问题研究,管理世界.2012(7):180-181.

[19]郑志刚,孙娟娟,Rui Oliver.任人唯亲的董事会文化和经理人超额薪酬问题[J].经济研究,2012(12):111-124.

SWOT 分析法在重庆某国有建筑施工企业中的运用

郑尚会

重庆城建控股(集团)有限责任公司

在经济下行的大环境下,建筑企业受到挤压,市场竞争加剧,行业总产值增速放缓。自 2011 年以来,重庆市建筑业总产值增速放缓,增幅呈下降趋势。一方面受房地产市场大环境的影响,另一方面反映出建筑业市场趋于疲软,建筑业信心不足。2015 年,重庆市建筑业总产值为 6 256.94 亿元,同比增长 12.7%,增幅比上年减少 4.7 个百分点;同年重庆市建筑企业新签合同额 5 176.70 亿元,比 2014 年减少 24.57 万元,增幅为 −0.5%,出现负增长,反映出新项目补充不足,建筑业总产值增长乏力。伴随近年来建筑企业资金回笼较慢、垫资情况严重、银行贷款难等资金问题,建筑企业大多数慎接新项目,新开工意愿减弱,新签合同额下降,行业生产缺乏后劲。因此,当前十分有必要对重庆建筑业进行客观而准确的分析,本文以重庆市某国有建筑施工企业为例,利用 SWOT 分析法对该企业目前的优势、劣势、机会、威胁四个方面进行客观分析,将各种环境因素相互匹配起来加以组合,提出合理化建议,得出一系列公司未来发展的可选择对策。

一、SWOT 分析法的基本介绍

SWOT 分析法又称为态势分析法,是旧金山大学的管理学教授于 20 世纪 80 年代初提出的一种能够较客观而准确地分析和研究一个单位实际情况的方法。"SWOT"四个英文字母分别代表:优势(Strength)、劣势(Weakness)、机会(Opportunity)、威胁(Threat)。从整体上看,SWOT 可以分为两部分:第一部分为 SW,主要用来分析内部条件;第二部分为 OT,主要用来分析外部条件。利用这种方法可以从中找出对自己有利的、值得发扬的因素,以及对自己不利的、要避开的东西,发现存在的问题,找出解决办法,并明确以后的发展方向。根据这个分析,可以将问题按轻重缓急分类,明确哪些是目前急需解决的问题,哪些是可以稍微拖后一点儿的事情,哪些属于战略目标上的障碍,哪些属于战术上的问题,并将这些研究对象列举出来,依照矩阵形式排列,然后用系统分析的思想,把各种因素相互匹配起来加以分析,从中得出一系列相应的结论,而结论通常带有一定的决策性,有利于领导者和管理者做出较正确的决策和规划。SWOT 分析法常常被用于制定集团发展战略和分析竞争对手情况,在战略分析中,它是最常用的方法之一。进行 SWOT 分析时,主要有以下几个方面的内容。

（一）分析环境因素

运用各种调查研究方法,分析出公司所处的各种环境因素,即外部环境因素和内部能力因素。外部环境因素包括机会因素和威胁因素,它们是外部环境对公司的发展直接有影响的有利和不利因素,属于客观因素。内部环境因素包括优势因素和弱势因素,它们是公司在其发展中自身存在的积极和消极因素,属主动因素,在调查分析这些因素时,不仅要考虑到历史与现状,而且更要考虑未来发展问题。优势,是组织机构的内部因素,具体包括:有利的竞争态势、充足的资金来源、良好的企业形象、技术力量、规模经济、产品质量、市场份额、成本优势、广告攻势等。劣势,也是组织机构的内部因素,具体包括:设备老化、管理混乱、缺少关键技术、研究开发落后、资金短缺、经营不善、产品积压、竞争力差等。机会,是组织机构的外部因素,具体包括:新产品、新市场、新需求、外国市场壁垒解除、竞争对手失误等。威胁,也是组织机构的外部因素,具体包括:新的竞争对手、替代产品增多、市场紧缩、行业政策变化、经济衰退、客户偏好改变、突发事件等。SWOT方法的优点在于考虑问题全面,是一种系统思维,可以把"诊断"和"开处方"紧密结合在一起,条理清楚,便于检验。

（二）构造 SWOT 矩阵

将调查得出的各种因素根据轻重缓急或影响程度等排序方式,构造 SWOT 矩阵。在此过程中,将那些对公司发展有直接的、重要的、大量的、迫切的、久远的影响因素优先排列出来,而将那些间接的、次要的、少许的、不急的、短暂的影响因素排列在后面。

（三）制定行动计划

在完成环境因素分析和 SWOT 矩阵的构造后,便可以制定出相应的行动计划。制定计划的基本思路是:发挥优势因素,克服弱点因素,利用机会因素,化解威胁因素;考虑过去,立足当前,着眼未来。运用系统分析的综合分析方法,将排列与考虑的各种环境因素相互匹配起来加以组合,得出一系列公司未来发展的可选择对策。

二、重庆某国有公司基本概况

重庆某控股(集团)有限责任公司(以下简称"公司")成立于 2001 年 9 月,注册资本金30 185万元,于 2005 年 1 月 1 日被重庆市列为市属重点企业。截至 2015 年末,公司资产总额为 71.87 亿元,完成营业收入 55 亿元,实现利润总额 6 500 万元。公司目前共有正式职工1 338 人,其中年龄在 45 岁以下的青年员工 884 人(占比 66%),拥有本科以上学历人员441 人,高级职称人员 152 人,一级建造师 146 人。

公司拥有市政公用工程施工总承包、房屋建筑工程施工总承包、桥梁工程专业承包、隧道工程专业承包、爆破与拆除工程专业承包、土石方工程专业承包、建筑装修装饰工程专业承包 7 个壹级资质,公路工程施工总承包、公路路面工程专业承包、公路路基工程专业承包、机电安装工程施工总承包、钢结构工程专业承包、港口与航道工程施工总承包、预拌商品混凝土专业承包、起重设备安装工程专业承包 8 个贰级资质和地质灾害治理工程、代理业主 2 个甲级资质,叁级资质若干。公司施工范围涵盖了市政公用基础设施、房屋建筑、公路、轨道交通、水利、给排水、环保工程、园林景观工程、爆破工程和钢结构加工等多个领域。项目遍及重庆、四川、云南、贵州、内蒙古、安徽、福建、新疆等地。近年来,公司先后承建了重庆石门嘉陵江大桥、重庆双碑嘉陵江大桥、重庆鹅公岩长江大桥等二十余座跨江大桥,以及其他房建、道路、立交、隧道、爆破等工程,同时公司在重庆率先采取 BT 模式承建了世界同类型桥梁单跨最大跨度(330 米)的重庆长江大桥复线桥和重庆长寿长江公路大桥,在重庆率先采用 EPC 总承包模式承建黄泥塝立交桥工程建设,取得了良好的经济效益和社会效益。

公司设有省部级技术中心 2 个,与科研院校建立了产学研战略合作关系。目前拥有 5 项国家级工法、27 部省部级工法、15 项发明专利,形成了特大桥梁、复杂隧道、爆破、道路等自主创新的核心技术体系。承接的工程项目先后荣获中国建筑工程鲁班奖、中国土木工程詹天佑奖、国家科技进步一等奖、中国市政金杯示范工程奖、国家银质奖、中国爆破协会科技进步一等奖、改革开放三十五年百项经典精品工程奖、重庆市科技进步二等奖、重庆市市政工程金杯奖、巴渝杯优质工程奖、天府杯金奖、美国节段桥梁学会优异奖等。

多年来,公司一直注重品牌建设,为社会和市民提供了大量的优质产品与精品服务,受到各级部门的高度评价,被人社部、国家发改委、解放军总政治部授予"汶川地震灾后重建先进集体",获得"重庆市重合同守信用企业""重庆市建筑业先进企业""重庆市优秀市政施工企业""重庆市迎接直辖十周年系列重点工程先进集体""重庆市国企贡献奖""抗震救灾先进集体""重庆市为国建功立业功勋企业""重庆市对口支援四川崇州灾后恢复重建工作先进集体""重庆市最具影响力企业""重庆市企业文化建设示范基地"等荣誉称号,树立起了企业良好社会形象。

公司坚持以科学发展观统领全局,以"团结、自信、拼搏、奉献"为企业精神,以"诚信至上、质量第一、科学发展、造福社会"为企业经营理念,积极拓展市场,创造良好的企业品牌,强化内部管理,竭诚为社会各界提供优质服务,企业综合实力不断增强,力争成为技术领先、管理高效、客户青睐、国内优秀的市政公用工程总承包商。

三、SWOT 分析法在该企业的运用

近些年来,面对当前的重庆建筑市场环境,该公司的业务承接量、营业收入、利润总额及资金回收均有所影响。结合公司的内部资源状况和外部环境,运用 SWOT 分析法进行全面、系统的分析,总结出公司的优势、劣势、机遇和挑战。

表1　重庆某控股（集团）有限责任公司SWOT分析表

	优势——S 品牌形象好； 制度体系健全； 资质水平高，体系较完备； 融资渠道多样化； 施工经验丰富； 工程质量较好； 良好的社会公共关系	劣势——W 内部管控模式不够清晰； 部门职责划分不明确； 制度执行刚度有待提升； 待岗员工多，人才流失严重，人才培养力度有待加强； 企业文化建设有待完善； 市场开拓能力不足； 自主创新能力有待加强； 信息化建设有待完善； 项目精细化水平不高，成本管控力度不够； 风险防控能力不足
机会——O 中小城镇建设和中西部城镇化市场广阔； 国家力推PPP模式； 国家推动建设“一带一路”“长江经济带”“成渝经济带”等； 西南地区综合交通枢纽建设、海绵城市建设、装配式建筑、钢结构建筑等的推进； 中央全面推行“营改增”； 新一轮国资国企改革； 重庆市“五大功能区域”建设加快	SO战略——增长型战略（发挥优势，利用机会） 把握机会，利用品牌、质量、资质以及经验优势，打造企业核心竞争力，立足重庆，进一步拓展市内和市外市场，提升行业竞争地位； 利用良好的企业制度，优化内部管控模式，推进科学化、精细化、信息化建设，进一步提升企业整体竞争力； 利用良好的社会公共关系，融资渠道多样化的优势，努力开拓大项目、大客户	WO战略——扭转型战略（克服劣势，利用机会） 完善内部管控模式，集中决策、分散经营，强化管理； 调整业务结构，形成新的利润点，提高公司整体利润率； 加强人才引进与培养力度，优化企业人力资源； 加大科技创新力度，加强科技成果推广应用，提高信息化水平，完成市政特级资质的申报； 加强成本控制，强化项目精细化管理，提高公司利润率； 完善风险防控体系，杜绝法律诉讼事件，提升风险防控能力

续表

威胁——T	ST 战略——混合型（发挥优势，回避威胁）	WT 战略——防御型战略——（克服劣势，回避威胁）
国内经济和固定资产投资增速趋缓； 建筑业总产值增速放缓，房建市场正逐步萎缩； 地方国企受到央企、外企和民企的多重挤压； 劳动力短缺、劳动成本上升； 新技术、新工艺和新材料等冲击	利用品牌影响力和丰富的行业经验，进一步加强与客户的合作关系，保证订单质量，保持业务量稳定增长； 努力提升技术和经济实力，加快资质升级，进一步提高公司的项目管理能力，提高企业整体竞争优势； 利用丰富的施工经验，未来几年使产品的质量水平再上一个新台阶； 发挥企业良好的社会公共关系优势，引进并推广新技术、新工艺和新材料等，增强企业的科技实力和竞争力	强化企业的营销能力，加快市政特级、公路一级资质的申报步伐，大力开拓市场，抢占市场份额； 改善集团管控模式，整合内部资源，强化人、财、物等资源管理，努力解决发展瓶颈问题； 强化公司的成本控制能力，加强科学化、精细化、信息化管理，提高利润率，从而增强企业的盈利能力

四、总结

在经济发展新常态下，建筑业的发展潜力仍较大，对于该公司仍有较强的吸引力，并且依托"一带一路"战略和长江经济带建设的推进，将助力重庆市经济持续发展，进而拉动建筑业持续发展。综合考虑，公司应选择 SO 战略和 WO 战略，走纵横一体化的发展道路。在保持市政工程行业核心竞争优势的基础上，优化产业结构，同时抓住外部机遇，充分发挥企业优势，优化内部资源配置，依托公司现有核心业务，立足重庆，辐射市外区域，着力提高市场占有率，克服企业发展瓶颈，精耕细作业务，全面提升精细化、信息化水平，做专、做精、做强市政业务，继续探索道路、轨道交通等业务，做优投资业务，质量优先，打造精品工程，强化公司品牌形象，以提升公司的竞争能力。

主要参考文献

[1]张沁园.SWOT 分析法在战略管理中的应用[J].企业改革与管理,2006(2):62-63.

[2]唐有明.基于 SWOT 分析法的经营战略选择[J]长江大学学报:社会科学版,2007(3):86-88.

会计服务与金融市场

kuaijifuwu yu jinrongshichang

重庆中小型会计师事务所发展战略探讨

吴　洁　王显斌　袁道平　石小平　唐　明

中审众环会计师事务所(特殊普通合伙)重庆分所　重庆中甲会计师事务所
上会会计师事务所(特殊普通合伙)重庆分所　重庆银河会计师事务所
天健会计师事务所(特殊普通合伙)重庆分所

一、绪论

(一)课题研究背景

我国作为新兴市场国家,自改革开放以来,经济发展总体处于上升状态,在国家经济发展中,各类型企业不断涌现,不仅存在国际化或者全国化的大型企业,也存在大量的中小型企业。

中国的注册会计师发端于民国,因建国初期的计划经济体制而停滞。目前中国的注册会计师行业是随着改革发展起来的,期间经历了恢复重建、规范发展、体制创新、国际发展四个阶段。在当前这个阶段,中国注册会计师行业正面临业务逐渐转型、参与国际化竞争的阶段。如何在这个阶段抓住机遇,迎接挑战,不仅是大型事务所所面临的问题,更是众多中小型会计师事务所所面临的问题。

重庆作为西部地区唯一的直辖市,也是长江上游的经济中心,其经济也是随着国家经济发展在不断发展,大力发展本土的注册会计师行业对于经济发展也有较大的促进作用。本土事务所中绝大部分为中小型会计师事务所,重庆本土的中小型会计师事务所如何在整个注册会计师行业当前的形势中站稳脚跟,发展壮大,关系到本土注册会计师行业的未来。

(二)课题研究的目的和意义

中小型会计师事务所已经成为我国乃至事务所行业的主力军。从某种程度来说,我国的注册会计师行业要想与国际先进水平一争高下,中小型会计师事务所的发展至关重要。但广大中小型会计师事务所的发展也并非一帆风顺,面临着许多问题和挑战。如果不进行全局性和长远性的谋划,那么很可能在当前这种复杂的经济形势中失败甚至消失。因此立志在这个行业立足和发展的中小型会计师事务所都应当考虑相应的发展战略,并采取措施落实相关战略,才能得到良好的发展。如果不能采取正确的发展战略,中小型会计师事务所很有可能无法面对整体经济形势和行业的变化,最终失败。

中小型会计师事务所能否在充分分析企业内外部环境的基础上,确定和选择达到企业目标的有效发展战略,将战略加以实施,并能对此进行控制和评价,从而促发展战略的落实,在中小型会计师事务所发展过程中显得尤为重要。

因此在本文中,笔者希望能够通过重庆当前经济形势对中小型会计师事务所有利和不利情况进行分析,并结合当前本土注册会计师行业的发展现状以及部分中小型会计师事务所的实际情况,研究中小型会计师事务所的发展战略,为重庆中小型会计师事务所发展找到正确的道路提供有益的探索。

(三)论文架构简述

本文共分为八个部分。

第一部分是绪论,主要介绍本文的研究背景、研究目的和意义。

第二部分是对于本文研究涉及的中小型会计师事务所定义、企业战略管理理论。

第三部分是对重庆注册会计师行业的总体收入以及现状进行分析。

第四部分是对根据战略管理理论对重庆中小型会计师事务所所面临的外部环境进行分析,主要包括宏观环境分析和行业环境分析。宏观环境分析主要从政治和法律环境因素(P)、经济环境因素(E)、社会与文化环境因素(S)、技术环境因素(T)几方面进行分析。行业环境主要运用波特五力模型对竞争者、行业壁垒、替代者、客户的讨价还价能力、员工的讨价还价能力进行了分析,并总结出现在行业所面临的部分困境。

第五部分对重庆中小会计师事务所内部存在的普遍问题进行描述和分析。

第六部分利用优势劣势(SWOT)理论对重庆中小型会计师事务所目前的优势劣势进行分析。

第七部分是案例研究。以一家较为典型的重庆中小型会计师事务所 ZY 会计师事务所为代表,分析如何进行公司战略和经营战略的选择,着重阐述在当前复杂的经济环境中,重庆中小会计师事务所如何对自身情况进行分析。文章结合战略管理理论对 ZY 会计师事务所可以实施的战略进行分析,并结合 ZY 会计师事务所近年所采取的战略实施措施进行说明,并指明了下一步 ZY 事务所可以发展的方向,希望通过相关分析研究,为 ZY 会计师事务所的生存和发展提供借鉴和参考。

文章最后是结语和体会,主要对本文的研究结论进行总结阐述,并且指出本文研究中存在的不足之处。

二、本文理论与内容简述

(一)中小型会计师事务所定义以及标准

1.行业划分标准

关于会计师事务所的划型标准,理论界争论不一,如一些学者提出按照是否能够承接上市公司审计业务为标准划分中小所和大型所(许家林、林振中,2013),也有学者将会计师事务所前百强所划为大型所,其他归入中小所(褚建国,2013),诸如此类,不一而足。总体而言会计师事务所的划分主要有三类标准:一是按照事务所经营要素多寡进行划分,如注册会计师人数、合伙人人数、从业者人数、资产规模、客户数量等;二是按照事务所营业收入多寡进行划分;三是综合前两者并结合其他评价指标对事务所发展综合情况进行划分(詹必杰、周永芳,2013)。

2009 年,《国务院办公厅转发财政部关于加快发展我国注册会计师行业若干意见的通知》(国办发〔2009〕56 号)中对会计师事务所的划型做出相关规定,明确提出:"大型会计师事务所是在人才、品牌、规模、技术标准、执业质量和管理水平等方面居于行业领先地位,能够为我国企业'走出去'提供国际化综合服务的会计师事务所;中型会计师事务所是在人才、品牌、规模、技术标准、执业质量和管理水平等方面具有较高水准,能够为大中型企事业单位、上市公司提供专业或综合服务的会计师事务所;小型会计师事务所是规模较小,主要提供相关专项服务的会计师事务所",对三类会计师事务所的划型标准和要求作了相关描述和界定。

而在《关于推动大中型会计师事务所采用特殊普通合伙组织形式的暂行规定》中,则依据国办 56 号文件对会计师事务所的划型给出了更加具体可量化的标准,规定"大型会计师事务所是指行业排名前 10 位左右的会计师事务所;中型会计师事务所是指行业排名前 200 位左右的会计师事务所(不含大型会计师事务所)",其他则为小型会计师事务所。

2.本文划分标准

如果以财会〔2010〕12 号文件中对事务所的划型标准为依据(即会计师事务所前 10 名为大型所,其他则为中小所)来研究,不太符合重庆的实际情况,会导致本文的研究失去意义。因此笔者认为按照从事业务的类型来分类,把从事证券业务的会计师事务所作为大型所,把从事非证券业务的会计师事务所作为中小所的提法是较为合理的。

从目前的状况看,在重庆从事证券业务的会计师事务所都是外地证券会计师事务所的分所,在发展战略和方向上都是行业协会提倡做大做强的会计师事务所,他们可以为公众的资本市场、金融市场服务,社会和行业对他们的要求更严格。而从事非证券业务的会计师事务所从事的业务类型、外部环境、内部环境都基本同质,因为规模相对较小,在发展战略和方向上都是要求做专做精的会计师事务所。

(二)相关理论简述

本文主要从企业战略以及战略管理理论出发,对重庆中小型会计师事务所所处的外部环境以及内部环境进行分析,研究中小型会计师事务所的战略选择、战略行动和战略控制。

1.企业战略理论

"战略"一词来源于军事,但逐渐被引申至政治和经济领域,其含义演变为泛指统领性、全局性、影响胜败的谋略、方案和对策。企业战略是战略在企业这一特定领域的具体应用。企业战略是指企业为了实现长期的生存和发展,在综合分析企业内部条件和外部环境基础上做出的一系列带有全局性和长远性的谋划。企业战略从战略管理层次上,又可分为公司战略、经营战略以及职能战略。

公司战略处于最广泛的层面,有的可以称为企业总体战略。一般公司的战略由董事会制定,但是对于事务所来说,根据事务所组织形式以及决策机构不同,可能会由合伙人会议制定或者由董事会制定。公司战略一般分为成长型战略、稳定性战略和收缩性战略。

经营战略,也称业务单位战略、竞争战略、事业部战略,是指在公司战略指导下,各战略业务单位所指定的部门战略,包括对特定产品、市场、客户或地理区域做出战略决策,经营战略通常包括成本领先战略、差异化战略和集中化战略等。

职能战略,是指为了实施和支持公司战略以及经营战略,企业根据特定管理职能制定的战略。对于会计师事务所而言,包括组织架构战略、企业文化战略、人力资源战略、知识管理战略、市场营销战略、技术支持战略等。

2.战略管理理论

企业战略管理是在分析企业内外部环境基础上,确定和选择达到企业目标的有效战略,并将战略付诸实施、进行控制和评价的一个动态管理过程。

战略管理过程由战略分析、战略选择、战略实施和战略控制环节组成。

战略分析是整个战略管理过程的起点,对于企业制定何种战略具有至关重要的作用。战略分析包括外部环境分析和内部环境分析。外部环境又可分为宏观环境分析、行业环境分析等,内部环境分析包括企业资源分析、企业能力分析以及核心竞争力分析。

战略选择就是根据企业不同类型的战略特点,结合事务所战略管理要素进行的选择。

战略实施是指将战略规划和计划转换为战略实践的过程,战略实施具有不同的模式。战略实施过程中的组织结构、企业文化、人力资源管理和信息沟通等因素构成了战略实施支持系统。

战略控制是指将预定的战略目标与实际效果进行比较,检测偏差程度,评价其是否符合预期目标要求,发现问题并及时采取措施,借以实现企业战略目标的动态调节过程。

3.波特五力分析模型

波特五力模型是迈克尔·波特(Michael Porter)于 20 世纪 80 年代初提出,它认为行业中存在着决定竞争规模和程度的五种力量,这五种力量综合起来影响着产业的吸引力。五种力量分别为进入壁垒、替代品威胁、买方议价能力、卖方议价能力以及现存竞争者之间的竞争。

波特五力模型将大量不同的因素汇集在一个简便的模型中,以此分析一个行业的基本竞争态势。五种力量模型确定了竞争的五种主要来源,即供应商和购买者的讨价还价能力,潜在进入者的威胁,替代品的威胁,以及来自在同一行业的公司间的竞争。

竞争战略从一定意义上讲是源于企业对决定产业吸引力的竞争规律的深刻理解。任何产业,无论是国内的或国际的,无论生产产品的或提供服务的,竞争规律都将体现在这五种竞争的作用力上。因此,波特五力模型是企业制定竞争战略时经常利用的战略分析工具。

4.SWOT 理论

SWOT 理论是一种战略分析方法,通过分析对象自身内部所具有的优势、劣势、外部的机会和威胁进行综合的分析和评估得出一定的结论,通过内部资源和外部环境的有机结合确定被分析对象所具有的优势和缺陷,深入了解对象面临的机遇和挑战,从而在战术和战略上不同层面上进行调整资源和方法以保障分析企业能够达到预定的目标。

SWOT 分析方法又叫态势分析法,在 20 世纪 70 年代由哈佛商学院的安德鲁斯教授所提出并应用在企业战略分析中,是一种能够比较客观和准确地分析和研究一个单位实际情况的方法。SWOT 分别代表着四种不同的含义:S(Strength)——优势、W(Weakness)——劣势、O(Opportunity)——机遇、T(Threat)——威胁。

SWOT 分析是通过对企业内部的面临的优势和劣势、外部面临的机会以及威胁的综合评估与分析得出的最终结论,然后再调整企业的策略和配置企业的资源,从而达到企业的目标。SWOT 分析已经逐渐被广泛地运用到企业管理中的各个方面,包括:企业的管理、人力资源管理、产品研发等各个方面。

三、重庆注册会计师行业规模与收入现状

(一)我国目前注册会计师行业的规模以及收入分布

我国三十来年经济的高速发展和经济全球化的不断发展,也带来了近三十年国内会计师事务所的蓬勃发展。截至 2013 年底,全国会计师事务所的数量已经达到 8 000 所,行业总收入已经达到 500 亿元左右,其中排名前一百名的事务所收入大约为 300 亿元。从中可以看出,不到 2% 数量的事务所占领了行业 60% 的收入,剩余的 98% 的事务所收入仅为行业收入的 40%。

(二)重庆注册会计师行业的规模以及收入分布

重庆作为西部地区唯一的直辖市,长江上游的经济中心之一,自从改革开放和 1997 年直辖以来,经济也处于不断发展的状态中。在此过程中,注册会计师行业起到了重要的作用,也得到了很大的发展。

截至 2013 年末,重庆市会计师事务所数量已经达到 100 多家,业务总收入达 12.44 亿元。2006 年以来,重庆市注册会计师行业业务收入呈现出稳步上涨的趋势,行业规模也逐渐扩大。

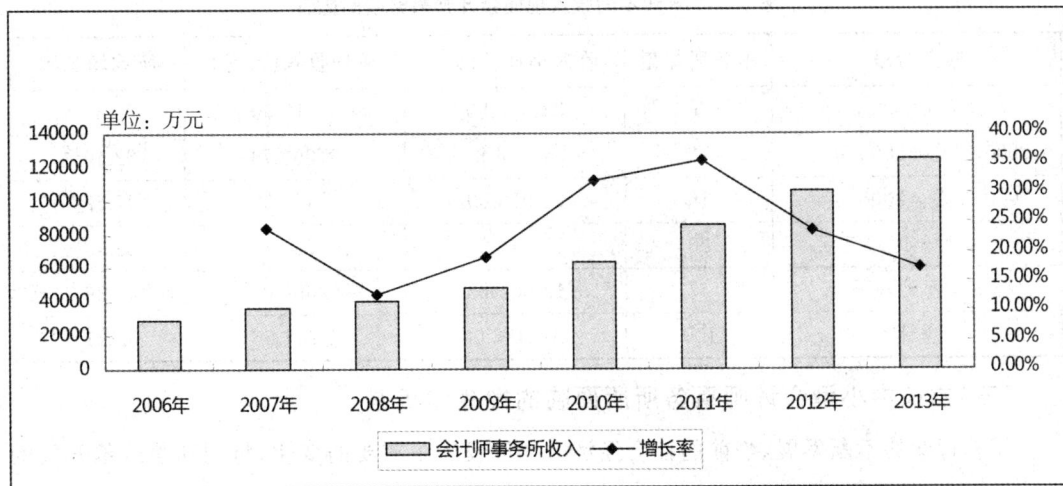

图 1　2006～2013 年会计师事务所收入趋势图

从收入分布来看,行业收入仍然较为集中,但总体行业集中度是在逐年下降中。由于笔者未能取得 2013 年审计收入排名情况,因此以 2012 年审计收入排名来看,2013 年行业收入集中程度进一步下降,收入排名前十的事务所占总收入比为 46.22%,排名前二十的占比为 64.31%。收入集中度连续 6 年下降。这也与收入较低的事务所收入增幅更快的趋势相对应。

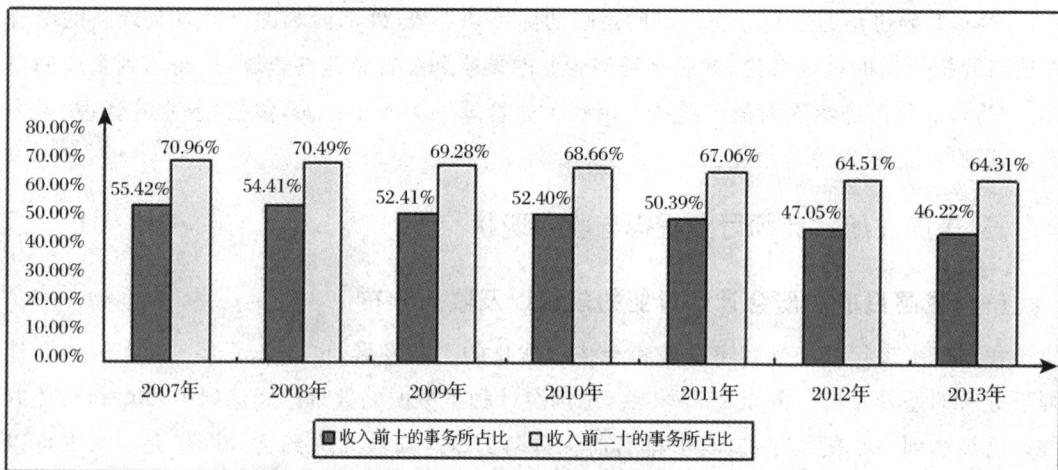

图2 2007~2013年行业收入集中度趋势图

其中排名前十的会计师事务所中大部分为全国性大所在重庆的分所,例如天健会计师事务所重庆分所、中瑞岳华会计师事务所重庆分所、立信会计师事务所重庆分所等,因此可以看出收入仍然集中在全国性大所中,中小型会计师事务所数量虽多,但收入规模较小。不过随着经济发展,中小型会计师事务所的收入也一直在稳步增长中。

2013年会计师事务所收入呈金字塔状,收入5 000万元以上的会计师事务所5家,2000万元至5 000万元的12家,1 000万元至2 000万元的16家,500万元至1 000万元的20家,500万元以下的47家。收入增长率则相反,收入较低的会计师事务所收入增长率更快。

表1 2013年不同收入规模会计师事务所对比表

收入分段	事务所数量	收入小计(万元)	所均收入(万元)	所均增长率
5000万元以上	5	37 552.50	7 510.50	20.33%
2000万元—5000万元	12	36,836.88	3,069.74	22.10%
1000万元—2000万元	16	21 978.09	1 373.63	27.69%
500万元—1000万元	20	15 446.28	772.31	38.48%
500万元以下	47	12 652.25	269.20	42.36%
合计	100	124 466.00	1 244.66	35.71%

(三)重庆中小型会计师事务所所面临的挑战和机遇

随着行业的不断发展,当前的社会经济大环境发生了重要的变化,特别随着改革开放的进一步深入,注册会计师行业面临着更大的变革。如果说大型事务所能够凭着其雄厚的技术和人才优势,凭借在行业中已经存在的优势,将做大做强以及国际化作为自己的发展方向,那么中小型会计师事务所如何在这样的变革中,在本已不多的市场份额中,如何生存和发展呢?

1.传统鉴证业务的衰退

随着改革开放的不断深入,行业监管不断地加强,原有的中小型会计师事务所面临着更严峻的挑战。由于行政审批手续的不断简化,成立公司不再需要验资报告,工商年检不再需要审计报告。这类业务原本是广大会计师事务所尤其是中小型事务所主要的业务来源。因此随着这一变化中小型会计师事务所的业务量也出现了明显的衰退。以 2015 年 1 月重庆市注册会计师协会(以下简称"注协")公告的数据看:2015 年 1 月全行业累计收入 10 014.81 万元,同比下降 11.87%。其中:会计收入 59 27.76 万元,同比下降 23.01%;会计师事务所收入中,除管理咨询、会计服务收入较上年同期增加外,财务报表、专项审计等收入均呈下降趋势。其中:财务报表审计收入 1 891.03 万元,同比下降 27.64%;专项审计收入 1 395.53 万元,同比下降 21.28%;其他鉴证业务收入 277.99 万元(含基本工程决算审核收入 266.66 万元),同比下降 66.13%;验资收入 109.18 万元,同比下降 75.15%。

2.咨询服务类上升

虽然传统鉴证业务收入出现衰退,但随着经济的发展,企业也对注册会计师行业提出了新的要求。由于新兴行业不断涌现,会计师基于自身的现代管理专业知识,能够给企业提供相关增值服务,因此相应服务的收入也在不断增长中。

以 2015 年重庆市注协公布的行业数据来看,虽然传统财务报表审计和专项审计收入在下降,但是管理服务类收入有大幅度的提高。2015 年重庆注册会计师行业管理咨询收入 335.97 万元,同比增长 85.13%;会计服务收入 7.86 万元,同比增长 439.36%。

该数据反映出两个现象:

第一,重庆注册会计师行业的管理服务类业务提升幅度较大;第二,相关市场还未得到开发,总体金额较小。

3.从行业收入数据所反映出重庆注册会计师行业存在的危机

传统的法定业务在逐步衰退,管理咨询、会计服务等业务则呈上升趋势。但在管理咨询方面,重庆本土的中小型事务所由于自身专业条件和技术支持的限制,很难与大型会计师事务所尤其是全国性大型会计师事务所进行竞争。在这样的状况下,中小型会计师事务所如果不及时进行应对,就很有可能在这样的变革中被淘汰。

四、重庆中小会型计师事务所外部环境分析

从目前的局面来看,中小型会计师事务所面临严峻的挑战,各家事务所的情况也各不相同。如何结合目前经济和市场态势,发挥优势,避免劣势,成为中小型会计师事务所必须考虑的问题,因此要从宏观环境、行业环境以及经营环境进行分析。

(一)宏观环境分析

根据企业战略理论,宏观环境分析中的关键要素包括:政治和法律环境因素(P)、经济环境因素(E)、社会与文化环境因素(S)、技术环境因素(T)。

注册会计师行业是一个不提供有形产品只提供服务的特殊行业,因而宏观上主要受到政治和法律环境、经济环境的影响,社会文化环境因素主要是对注册会计师执业环境有所影响,

1.政治和法律环境因素

从目前的政治和法律环境因素看,对注册会计师行业总体是积极向上的。我国国内政治局势稳定,各种专业服务正值大力发展之时。目前国家大力倡导依法治国,各项法律法规将得以逐步完善。随着市场经济的不断发展,行业协会的不断发展,对会计师事务所行业的监管将会加强,相应的监管法律也会更加完备。一方面会促进中小型会计师事务所的不断发展,另一方面也对中小型会计师事务所加强内部建设提出了更高的要求。

但是目前会计师事务所仍面临着多头监管等现实情况。同时我国相关法律责任体系的不完善特别是对于非证券类业务责任规定的不完善,中小型会计师事务所面临的监管环境相对宽松,这也是中小型会计师事务所和注册会计师出具虚假报告和不正当竞争等现象不断出现的原因之一。

2.经济环境因素

自改革开放以来,我国经济总体处于上升时期。目前正处于稳增长调结构的关键时期,经济转型和提升需要更多的注册会计师专业服务。

随着国家对个人创业的支持,不论是从全国来看,还是从重庆市范围来看,中小企业数量及规模都在迅速增加,但这些企业存在财务水平相对较低的问题,存在专业提升的市场需求。各类中小型企业在发展到一定阶段后,会有更多财务方面的需求,例如融资、并购等,在相关过程中必然产生相关业务。

但由于我国的市场经济发展水平还存在一定的局限性,加上我国的注册会计师行业并非是像西方那样在市场经济发展到一定水平之后,所有权与经营权分离的基础上自然发展起来的。我国的注册会计师行业最初并非因为市场的需求而形成,可以说,在目前来讲绝大多数企业聘请注册会计师审计不是出自自觉自愿,而是为了应对政府部门和相关法规的。因此,在目前简政放权的宏观环境下,部分传统的鉴证业务衰退也是不可避免的现象,给注册会计师行业带来了较大的冲击。

3.社会和文化环境因素

社会文化环境包括人们的文化传统、文化水平、价值观念、教育程度、社会思潮等,它直接影响着审计市场活动相关群体的价值取向、道德规范和行为方式等,对审计组织和相应的审计人员均有着潜在的深刻影响。从国际注册会计师行业的发展历史可以看出,注册会计师行业是随着资本市场的发展而逐渐发展起来的。在西方发达国家,注册会计师在国家经济中发挥的作用已经为大众所熟知。

随着我国经济的发展,随着民众参与资本市场程度的深入,注册会计师行业将更多地为民众所熟知,这也是注册会计师发展的一大有利因素。

《中国注册会计师职业道德规范指导意见》的颁布实施,对诚信的关注,注册会计师个人信用档案的建立,都标志着注册会计师行业的社会文化氛围得到不断提升,将为注册会计师行业的发展提供强大的精神支柱和智力支持。

综上所述,当前的社会环境和文化环境是有利于注册会计师行业发展的。

4.技术环境因素

当前信息化的迅猛发展,注册会计师行业也必须跟上相应发展。从目前状况看会计信息化审计将成为主流。会计信息化审计是指利用现代信息技术(计算机、网络和通讯等),对传统审计模式进行重构,并在重构的现代审计模式上评价控制会计信息化信息系统。计算机、网络时代的来临,对审计领域的信息化提出了新的要求。

随着信息化审计的逐步推广,一方面使得审计不再局限于财务数据的审计,在审计过程中也可以大量应用信息化的手段提高审计效率,减少因人为误判导致审计失败的机率;另一方面也对会计师事务所提出了更高的人员素质要求,更高的硬件设备和软件设备要求。在这种情况下,中小型会计师事务所如何抓住信息化审计的机遇,通过审计软件的应用,提高审计效率,降低审计成本,就显得尤为关键。

(二)行业环境分析

当前注册会计师行业总体处于上升趋势,市场不断扩大,从业人员日益增加,这和我国当前经济发展的宏观状况是符合的,因此行业环境总体是向上的。国家也出台了相应的政策促进注册会计师行业向上发展,但是由于在行业中也存在着较明显的问题,中小型会计师事务所发展仍面临着重重困难。

1.中小型会计师事务所的行业政策分析

2008年,中国注册会计师协会就发布了《关于规范和发展中小会计师事务所的意见》,该意见从人才培养、扩大市场、建立标准、改善执业环境以及争取中小企业发展基金支持等多方面对中小型会计师事务所发展进行了规划。

2009年10月,《国务院办公厅转发财政部关于加快发展我国注册会计师行业若干意见的通知》(国办发〔2009〕56号)中,虽然着重提到了注册会计师行业做大做强的指导方针,但也明确指出了应当科学指导小型会计师事务所在规范管理、规范运作、严格控制质量的基础上,创新服务方式、发展模式和技术手段,不断深入挖掘市场需求,深化专项服务领域,促使小型会计师事务所成为面向小规模企事业单位和广大农村提供优质服务的主要力量,支持小型事务所扩大代理记账、外包业务、税务代理、个人理财、IT支持、社区实业等咨询服务领域,积极承办我国社会主义新农村建设中的"村账乡管"代理记账业务。

2013年,财政部印发了《关于加强和改进基层会计管理工作的指导意见》(财会〔2013〕12号),提出要规范代理记账行为,更好地服务小微企业发展。《指导意见》明确,在政策层面,将积极探索对代理记账机构的政策扶持。采取多种形式宣传代理记账工作,推动小规模企业、个体工商户及其他小型经济组织选择代理记账服务,积极引导代理记账机构面向乡镇开展服务。协调相关部门,对代理记账机构给予一定的政策扶持。探索建立政府购买代理记账服务制度。这为中小会计师事务所的发展提供了机遇。

上述政策说明国家虽然着重关注本土大所做大做强的发展,但同时也并未忽略中小型会计师事务所的发展。这也说明中小型会计师事务所在整个注册会计师行业的重要性,说明中小型会计师事务所在整个国民经济中的重要性。根据上述政策,国家总体来看是鼓励中小型会计师事务所发展的。若相关政策能够得到逐项实施,那么中小型会计师事务所必能从中受益。

上述政策发布已经有一些年头,不论是全国的中小型会计师事务所还是重庆的中小型会计师事务所,从上述政策中受益的同时,也面临着诸多困难,大部分的中小型会计师事务所仍然面临生存和发展的困境。

2.事务所两极分化严重

据中国注协《中国会计服务贸易发展报告》数据显示,2013 年我国共有会计师事务所(不含分所)7 236 家,分所 892 家,合计 8 128 家,中小所占总数的 99.87%;注册会计师共计 99 085 人,其中中小型会计师事务所拥有注册会计师 88 213 人,占比 89.03%。可以看出,无论是在事务所数量还是注册会计师人数上,中小型会计师事务所都处于绝对的优势,群体庞大。

同时,报告中显示 2012 年我国注册会计师行业实现业务总收入 509.65 亿元,同比增长 15.91%。其中大所实现业务总收入 193.74 亿元,同比增长 18.48%,占比 38.01%;中小型会计师事务所实现业务总收入 315.91 亿元,同比增长 14.26%,占比 61.99%。可以看出,大所无论是在业务收入还是增长速度上,都要明显优于中小所。再进行平均值比较,大所的平均业务收入为 19.37 亿元,中小所的平均业务收入为 0.04 亿元,两者相差 484 倍,这就是当前注册会计师行业的残酷现状。

大所垄断着上市公司、大中型国有企业、优秀民营企业等优质资源,而中小型会计师事务所量多而不精,由于资格条件、业务能力、客户资源、信用等因素限制,仅能承接一些小单子,许多小所收入只够维持基本运转,有的甚至出现亏损。而且一些大所在开展高端业务的同时,也在向中低端客户发力,挤占中小所本已不多的资源,造成对中小所的进一步倾轧。

3.行业竞争激烈

《国务院办公厅转发财政部关于加快发展我国注册会计师行业若干意见的通知》(国办发〔2009〕556 号)中,明确提出重点扶持大型会计师事务所加快发展,提出要在未来 5 年,重点扶持 10 家左右具有核心竞争力、能够跨国经营并提供综合服务的大型会计师事务所。在财政部制定颁布的《会计改革与发展"十二五"规划纲要》中,也提到"继续采取多种切实有效的政策措施,重点扶持 10 家左右大型会计师事务所加快发展,推进会计师事务所优化重组、强强联合,积极稳妥开展大型会计师事务所业务范围多元化、产业集群集团化发展试点,有效发挥从事 H 股审计业务的大型会计师事务所在重组联合中的引领积聚作用",这些都意味着,当前会计行业的发展重点在于大型会计师事务所做大做强,而为了促使这一目标的达成,国家资源(包括地方行政资源)必将优先向大型会计师事务所倾斜。而中小型会计师事务所则仅能获得一些保障性资源,杯水车薪。

同时,由于大所自身的条件、能力和品牌效应,使得大所具备资源集聚效应,如企业更愿意向大所购买审计、咨询等服务,其他社会资源也同样如此,这就加剧了本就存在于注册会计师行业中的"马太效应",两极分化更加严重。同时,中小型会计师事务所由于自身业务能力、资格条件、创新意识等原因,扎堆于企业审计、验资等业务,行业同质化竞争严重,甚至出现压价等恶性竞争。2014年3月1日,国家工商总局停止对领取营业执照的企业年检,并实行注册资本认缴登记制,企业登记注册不再提交验资报告。这一规定的出台对业务范围本就狭窄的中小所更是雪上加霜,有数据显示,某些地方在新政施行以后,中小所业务量锐减三成,而大所所受影响则微乎其微。

重庆本土注册会计师行业传统业务收入的减少和收入的集中化也体现了相同的态势。

4.行业监管导向模糊

重庆大部分的中小型会计师事务所仍然采用的是有限责任制,这使出资人或者说会计师事务所所有者对会计师事务所承担有限责任,即使发生了审计失败,其净资产的有限责任承担成本也比较低,这点从根本上导致了不仅是执业人员的风险意识比较低,对于进行决策的出资人或者所有人而言,由于违规成本较低,因此很可能导致对风险不重视。增加了在审计过程中的审计失败风险和失信风险,这样也影响了会计师事务所的长期发展。按照期望值理论进行分析,当失败的风险值低于成功时获得的收益时,大部分人会选择相信风险偏好,因为即使失败了,成本也比较低。这样会导致出资人为了追求利益的最大化,忽略内部质量管理,只重视业务数量而忽略业务质量。对内部业务人员的考核也会强调业务的数量,而且影响审计人员的工作积极性。

5.外来威胁加剧

国家统计局数据显示,2013年我国GDP达到56.88万亿元,经济总量连续三年成为世界第二;在世界经济因次贷危机陷入低速增长时,中国仍能保持8%左右的高增长率,中国经济奇迹在赢得世界关注和赞美的同时,也让许多国外企业嗅到了机会,一些国外会计机构纷纷来华设立分所。另一方面,会计师事务所是为企业提供注册会计师服务的机构,因此其发展繁荣是与市场经济的发展繁荣相生的,而中国这些年经济的高速发展使得企业对于注册会计师服务需求大增,一些国际会计机构抓住机遇"抢滩"中国,期望在中国市场攫取更多的利润。《中国会计服务贸易发展报告》中提及,2013年有17家国际会计网络在中国以不同形式发展了18家会计成员所,新一轮的"跑马圈地"拉开序幕。而且,这些国际会计机构自身的实力、高期望、高要求使得其更加青睐于同大所合作。而大所为了提高自身管理水平、知名度等,也盼望同国际会计机构合作,两者一拍即合,这种"强强联合"的模式虽然在客观上促进了大所做强做大,却对中小型会计师事务所的发展造成更加严峻的挑战和威胁。

6.重庆中小型会计师事务所的行业困境

从目前大部分重庆中小型会计师事务所现状来看,普遍存在业务范围狭窄,外部竞争环境严峻的困境。中小型会计师事务所为了生存,保住原有的市场,常以低价竞争作为争抢客户的手段,对于风险也无足够的意识。2014年重庆市注协就约谈了部分涉嫌以低价竞标、低价"接下家"、平均收费严重低于同行等不正当手段承接业务的会计师事务所。

由于中小型会计师事务所面对的客户并非公众公司,检查风险较小,因此在风险控制与经济利益的选择上,可能更愿意趋向经济利益而忽视风险控制,审计质量无法保证,从而导致市场的不信任,进一步降低了中小事务所的市场份额。

(三)运用波特五力模型对重庆中小型会计师事务所行业竞争分析

1.竞争者

中小型会计师事务事务所面临两类竞争者,一是大型事务所。如笔者前文所述,国际大所对中国注册会计师行业威胁加大。但从重庆注册会计师行业市场来看,中小型事务所面临的主要不是国际四大会计师事务所(以下简称"四大")的威胁,目前四大仅有普华永道以及德勤在重庆设立了分支机构,所承接的业务也主要是重庆企业在港上市或国际资本市场上市以及相关上市公司年审等业务,由于资质的限制,这类业务本来也是重庆中小型会计师事务所无法涉及的。

但以天健会计师事务所重庆分所为首的本土大型事务所,由于其自身较为雄厚的实力和前期开拓出的较好平台,在面对中小型会计师事务所的竞争上,存在较大的优势。但对于非特别资质(例如证券资格等)的业务,并非具有绝对优势,例如从 2014 年重庆市会计师事务所排名看,前三十名事务所业务总收入为 8.99 亿元,占整体收入的 72%,排名前三十名的事务所不乏一些在本土较为出名的中型会计师事务所。

但随着重庆经济的不断发展,四大将会进一步在重庆开疆扩土,原有本土大型事务所的市场也面临着被挤压,从而进一步挤压中小会计师事务所的市场。

大量同质的中小型会计师事务所:从事务所数量来看,重庆中小事务所的数量占事务所总量的 90% 左右,这些中小事务所之间的竞争才是最大的竞争,尤其是在大部分中小事务所提供的服务较为同质化的情况下,竞争较为激烈,且往往是采用价格竞争的方式进行。这种竞争不论是对事务所本身还是对于注册会计师行业,伤害都是较大的。

2.行业壁垒

根据《中华人民共和国注册会计师法》规定:五名以上具有注册会计师从业资格的发起人,注册资本达 30 万元即可成立有限责任的会计师事务所公司。从中可以看出,中小型会计师事务所成立是件非常容易的事情,可以说该行业已经不存在进入障碍,加之从业门槛较低,除人力资源外,很少其他投入,几乎没有退出障碍,因此潜在竞争者很多。

3.替代者

从注册会计师整体行业看,法定业务的行业替代者很少,因为大部分法定业务必须要有一定的资格,非其他机构可以轻易替代的,但这一优势很容易因政策的变化而变化。

对于单个的中小型会计师事务所,因为市场同质化竞争较多,因此只进行一般法定业务,未能建立起相对稳定客户群,无自身服务特色的中小事务所是很容易被替代的。

可能随着经济的发展,互联网大数据时代的到来,在某些原来需要专业服务的地方不再需要相关专业服务,或者原来不具有提供专业服务的机构通过数据分析统计的方法从而能够提供相关服务了。从这个角度来看,可替代性较强。

4.购买者讨价还价的能力

由于进入门槛低,会计师事务所数量众多,且行业从客观来讲还存在大量低价竞争的现象,客户讨价还价能力较强。

从整体经济发展来看,无论是全国还是重庆市均产生了大量的中小型甚至微型企业。由于规模小,一般都是因为某些融资或者其他经营需求才会产生与会计师事务所的业务,因此其与事务所讨价还价的能力较低。

5.供应者讨价还价的能力(想要进入行业的工作人员)

从行业来看,注册会计师(CPA)人数逐年增加,而且由于注册会计师行业的特点,每年也能吸引大量的应届毕业生投入到这个行业中来,因此一般供应者讨价还价能力较低。

随着整体经济的发展,注册会计师尤其是有经验的注册会计师择业范围拓宽,但这部分也是目前注册会计师行业,尤其是中小型会计师事务所所欠缺的人才。2013年底重庆共有100家会计师事务所,注册会计师人数合计1 721人。其中有66家注册会计师人数是在10人以上,规模最大的是天健会计师事务所重庆分所,有123人,大部分中小事务所注册会计师人数较少,具有较高专业素养的注册会计师在薪水定位上有较大的发言权,如何稳定骨干、吸引人才,也是成为中小事务所战略考虑中重要的一环。

6.波特五力模型分析结论

从上述分析可以看出,总体来看,重庆市中小型会计师事务所所面临的行业环境虽然严峻,竞争激烈,但由于重庆市整体经济仍处于上升阶段,新兴企业不断增加,大型事务所在重庆注册会计师行业中并非占有绝对优势,中小型事务所在议价上也具有一定的话语权。因此中小型事务所如果能选对战略,加强自身的内部建设,发挥优势,还是有较大的发展空间的。

五、重庆中小型会计师事务所内部环境分析

(一)重庆中小型会计师事务所内部环境中存在的普遍问题

从现在大部分的中小型会计师事务所的治理情况来看,存在以下的一些问题:

1.组织机构以及内控机制问题

组织结构不合理、人员职业水平参差不齐和内部质量控制机制不健全。到目前为止,重庆绝大多数会计师事务所特别是中小型会计师事务所实行的是有限责任公司制,实行合伙制的中小型事务所较少。有限责任的组织形式弱化了事务所和注册会计师的执业风险意识,审计失败的成本低,潜在收益却很高,其执业质量短期来看对经营业务收入影响较小,因此执业质量难以提升。

2.人员问题

由于中小型会计师事务所收费相对较低,为了控制成本,大量从业人员普遍存在年龄结构不合理、知识结构陈旧等问题,同时为了控制成本,也可能存在不注重职业培训等问题,很多事务所仅是为了符合注协对于后续教育要求完成最基本的培训,缺乏针对其自身业务的相关培训,从业人员的胜任能力无法满足业务发展的要求。

3.规章制度流于形式

中小型会计师事务所的规章制度大部分都是为了满足行业监管需要而非是业务发展所

建立的,因此很多规章制度,尤其是有关执业质量的相关规章制度很大程度流于形式,并未在事务所的管理中起到应有的作用。例如在 2014 年重庆市注协在对事务所执业质量检查时就提到了以下问题。

(1)业务质量领导方面的问题:业务报告无主任会计师或其授权的副主任会计师签字;主任会计师从不在业务报告上签字;未设专门的质控部门或指派专人进行质量控制,或者质控部门的人员配置无法满足业务要求。

(2)客户关系和具体业务的接受和保持:不重视执业质量的前段控制,在业务承接环节缺乏控制;承接业务未经事务所负责人统一批准;业务承接及委派不考虑执业人员的专业胜任能力;初步业务活动无记录。

(3)业务执行层面:项目负责人(签字注册会计师)对业务参与程度不够;未建立业务指导制度;质量复核职责不清,复核流于形式。

因此从内部环境看,重庆大部分中小型会计师事务所是存在较多问题的,在面临竞争和风险时处于不利的地位,但是内部环境并非是不可改善的。在竞争中,通过分析自身的竞争优势和劣势,合理进行资源配置,中小事务所可以通过改善内部环境,避免风险。

六、以案例说明重庆中小型会计师事务所可以采用的发展战略

(一)案例说明

以重庆某中小会计师事务所 ZY 为例,结合前述的宏观环境、行业环境、重庆中小型会计师事务所普遍内部环境分析,说明在当前宏观环境以及行业环境中,中小事务所如果要发展,需要做出应对策略。该事务所是以某一典型中小事务所为原型,综合较多中小事务所的典型情况为一体。

ZY 会计师事务所作为一家中小型会计师事务所,位于重庆市江北区,目前在重庆注册会计师行业排名在 30 名之后,年收入 1 000 万元左右,自成立以来到 2014 年,收入一直呈增长趋势。组织形式仍然为有限责任公司,已经拥有一批固定的客户资源,服务范围已经逐步发展到会计审计、司法鉴证、税务鉴证与咨询、绩效评价及管理咨询等业务,除此之外还有资产评估和工程造价等业务。

ZY 成立于 20 世纪末,成立之初仅有 5 名执业人员,年收入不到百万元,经过十几年的发展,目前专职执业人员有 30~35 名之间,注册会计师 6 名左右,注册税务师 5 名,平均年龄 41 岁,本科及以上学历 9 名,大专学历 15 名左右,中专学历 6 名。

ZY 会计师事务所虽然目前为有限责任公司,但事务所管理层已经意识到了原来的单层治理结构存在很多缺陷,因此正在尝试进行治理结构的调整,努力向合伙制的治理结构(利用合伙人会议,主任、副主任会计师及职业质量标准委员会来协助及监督所长对会计师事务所的治理)过渡,体现人合的特点,以此来解决监管独立、激励机制的问题。

ZY 会计师事务所是重庆众多中小型会计师事务所的缩影,虽然目前业务范围已经有所拓展,但仍然以传统的审计鉴证类业务为主,当前审计传统业务收入虽然并未下降,但增速

已经大大放缓。2014 年以前占所内重要收入来源的验资业务目前已基本无收入可言,但相关咨询服务类业务由于各种原因,并无显著提升,因此 ZY 会计师事务所面临着生存和发展的危机。必须对自身的生存发展情况进行分析,选择正确的发展战略,并采取必要的战略保障措施,方能继续发展壮大,否则,就很有可能陷入激烈的价格竞争中,导致审计质量下降,事务所声誉受损,最终被淘汰。

　　ZY 事务所意识到了自身的生存和发展危机,也努力地想要进行转型,包括调整治理结构等,但是如何进行具体的战略选择,如何采取相应措施进行保障,仍在摸索中。

(二)会计师事务所作为本土典型中小型会计师事务所的 SWOT 分析

　　ZY 会计师事务所作为重庆的中小型会计师事务所的一个缩影,如何在经济发展与行业竞争中生存并壮大,应当采取何种战略,应当先就重庆各类中小型会计师事务所在发展中的优势劣势进行相关分析,并考虑如何结合自身所处的市场态势,发挥优势、消除劣势、抓住机会、抵御威胁,形成自己的市场战略,从而更好地发展。

　　1.重庆本土中小型会计师事务所的优势(S)

　　(1)地域优势

　　从全国来看,虽然注册会计师是一个没有地域限制的行业,但是本土的会计师事务所对本地情况的了解,以及相关的业务经营网络,是外来的事务所无法比拟的。

　　2013 年重庆市有外地会计师事务所设立的分所 12 家,实现收入 44 491.87 万元,占行业收入的 35.75%,所均收入 3 707.66 万元;88 家本地事务所实现收入 79 974.13 万元,占 64.25%,所均收入 908.80 万元。本地所与其他公司在渝分所收入差距明显,但差距逐年缩小。

　　一般而言,在渝设立分所的外地会计师事务所都是全国乃至国际性的大所,其综合实力是远高于重庆本土会计师事务所的,其所均收入也确实远高于本土所,但本土所的收入份额逐年上升,说明本土所在承接本地业务时仍然存在一定的优势。

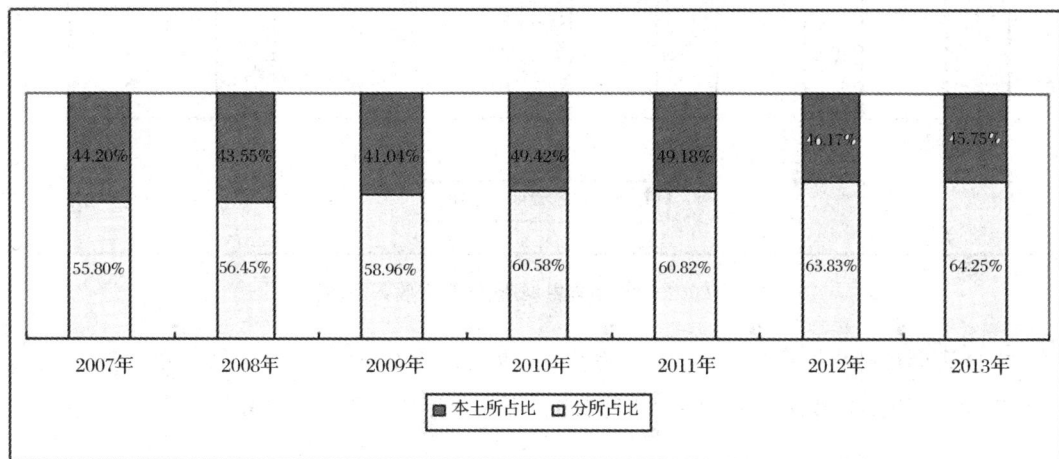

图 3　2007～2013 年本土所、其他公司在渝分所收入趋势图

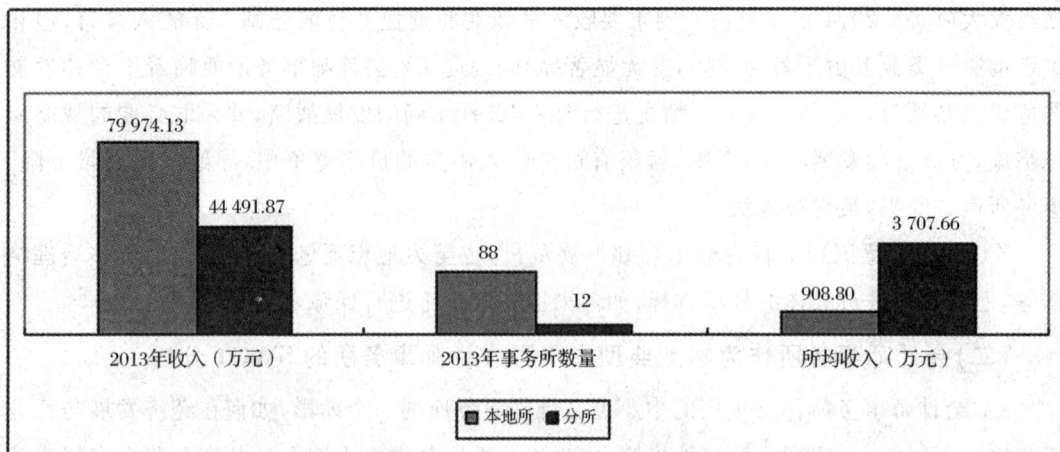

图 4　2013 年本地所、分所收入对比图

重庆还有大量的中小型会计师事务所分布在重庆的各地区县,这些特定区域的相关业务和机会可能是一些大型事务所不能及时得知的,虽然各区县事务所由于技术力量薄弱,但可以通过主城区会计师事务所与区县事务所进行联合分享区县相关的业务。

2013 年重庆市主城区会计师事务所共 80 家,实现收入 116 638.16 万元,占行业收入的 93.71％,所均收入 14 57.98 万元;20 家区县事务所实现收入 7 827.84 万元,占 6.29％,所均收入 391.39 万元,收入超过千万元的事务所仅有 1 家。区县所与主城所收入差距明显,并呈逐年加大的趋势。

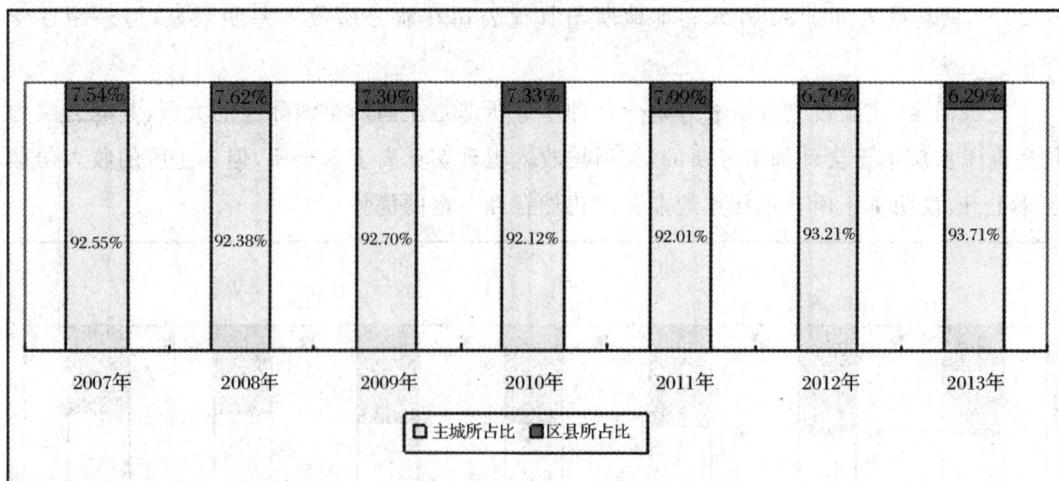

图 5　2007～2013 年主城所、区县所收入趋势图

主城区会计师事务所中,30 家位于渝中区,收入合计 43 888.82 万元;21 家位于江北区,收入合计 27 992.33 万元;11 家位于北部新区,收入合计 27 721.83 万元。

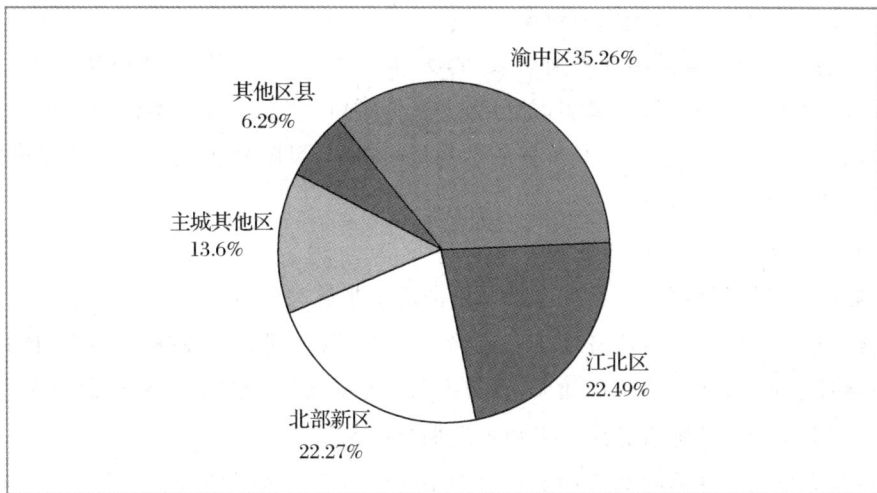

图 6　2013 年各区会计事务所收入占比图

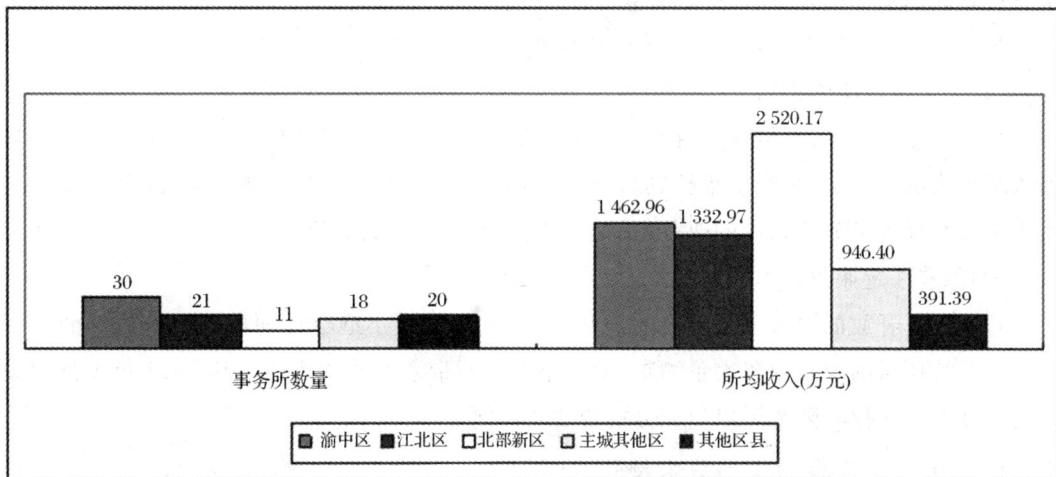

图 7　2013 年各区县会计师事务所数量、所均收入对比图

（2）收费优势

虽然低价竞争可能会对行业带来一定的威胁，但是不可否认，中小型会计师事务所由于本身经营成本较低，以及对本地相关情况的了解，可以对一些业务采取较低的收费，而且由于其规模较小，收费计算方式也较为灵活，对于大量的新兴中小型企业来说，中小型会计师事务所较低的收费，更容易接受。

2.中小会计师事务所的劣势（W）

（1）规模小，技术力量相对薄弱，业务范围狭窄

由于国内注册会计师事务所起步较国外晚，中小型会计师事务所一般在国内也是较晚起步或者未得到充分发展的会计师事务所，因此无论是从人员规模、业务规模以及业务范围来讲，都相对较小。同时受人员素质和业务范围的限制，技术力量相对薄弱。由于技术力量相对薄弱，又导致了无法拓展业务范围，形成一个恶性循环。

（2）风险意识较差，抗风险能力较弱

由于以前国内对非证券类业务监管较弱，大部分中小型会计师事务所从事的也是非证券类业务，因此原有风险意识较薄弱，部分事务所为了留住客户，甚至不惜牺牲审计原则，出具不恰当的审计报告。但由于这类事务所本身规模有限，风险累积到一定程度如果爆发，就可能给事务所带来灭顶之灾。

3.中小型会计师事务所的机遇（O）

（1）本地经济的发展将给中小型会计师事务所带来最大的机遇

随着经济的不断发展，重庆各地工业园区的开发，以及国家政策扶持，大量中小型甚至微型企业增长加快，行业整体蛋糕加大，且其中部分是属于国际或者是本土大型事务所所不关注的市场，中小型会计师事务所可以从中发掘自己的市场。

（2）不断完善的会计准则和审计准则给中小会计师事务所提供执业依据

虽然不断完善的会计准则和审计准则让部分事务所觉得监管加强，但是可以让更多的事务所找到执业依据，随意性降低。

4.本土中小型会计师事务所所面临的威胁（T）

（1）大型事务所的扩张

从行业竞争看，大型事务所有着本土中小型事务所无法比拟的优势，而且由于大型事务所人员规模的不断扩大，为了维持其自身生存和发展，必然会不断拓展业务，部分原来更多由中小型会计师事务所承接的业务也面临着同大型事务所的竞争。

（2）原有法定业务的不断缩减

随着改革开放的深入以及政府的简政放权，大部分中小型会计师事务所所依赖的验资和工商年检所需的审计业务大量缩减，给中小事务所带来严峻的挑战。从 2015 年 1 月相关传统审计业务同比下降也可以很充分的说明该问题。

（三）事务所自身的优势与劣势

本文已经在前文中对重庆中小型会计师事务所的优势劣势进行了较为详细的分析，ZY事务所的优势主要集中在地域优势、价格优势，但其有自身较为突出的问题。

1.事务所的劣势

（1）业务较为单一集中，行业竞争激烈

由于 ZY 事务所主要业务仍然集中在传统的审计鉴证业务，客户主要集中在重庆主城区，这恰恰是目前行业中竞争最激烈的业务。这部分业务很大程度上是出于行政性要求或者是企业融资需要，由于 ZY 资质的限制，对于上市公司或者部分国有大型企业是无法承接的。在这种情况下，往往企业接受审计服务的目的并不是为了改善自身的经营状况或者是发现本企业存在的潜在问题，事务所审计质量并不是企业关心的重点。只要事务所能够以较低的价格出具满意的审计报告就可，更加导致注册会计师行业的无序竞争。在这种情况下，往往需要以低价进行竞争，且由于并非出于自身原因聘请事务所，导致后续业务也较少，不利于长远发展。

由于进行了低价竞争,在承接业务之后,为了保证利润,只能通过压缩审计时间、减少审计程序来完成相应的审计工作,由于未能获取足够的审计证据,导致审计质量无法保证,给事务所埋下风险隐患。ZY事务所由于人员较少,仅有一个兼职的质量复核人员,对于审计质量主要是靠现场执业人员进行把握,导致审计质量极不稳定,也给事务所声誉带来一定影响。

同时由于行业竞争激烈,难免出现购买审计意见的情况,在明知道有问题的情况下仍然出具标准无保留意见的审计报告,更是给事务所带来巨大的风险。

(2)内部治理机构不完善

ZY事务所处于单层治理结构向合伙制治理结构转换中,在原来的单层治理结构中主要是所长"一言堂",这样的权利集中违背了发展理念。在单层治理结构中,往往是一个人或者很少数几个人说了算,虽然提高了处理的效率,但就很难保证决策的客观性和正确性,容易造成失误。权利过度集中在几个人手中,往往会产生很多的矛盾,导致事务所整体的凝聚力下降。

同时由于ZY事务所规模较小,在以往的管理中,均以业务拓展为主,导致内部管理机制相对不够全面,相应的各项管理存在不到位之处,缺乏必要的内部考核机制以及内部的激励机制,导致员工工作和学习进取的积极性就不高,会大大影响办事效率。

(3)人才结构不合理,知识结构单一

注册会计师行业是智力服务行业,人才是会计师事务所的核心竞争力,知识是会计师事务所前进的主要动力。优秀的从业人员需要掌握深厚的理论知识和丰富的从业经验,并及时更新掌握新的知识。然而,从ZY事务所执业人员的现状来看,存在年龄偏大、学历结构较低、注册会计师比例较小、知识结构单一等问题。

由于从业人员年龄偏大,对于知识的更新较慢,但在当前的形势下,注册会计师需要不断地学习新的法律法规,例如最近2014年颁布了相关会计准则,国家的"营改增"新政,都是需要不断学习的。同样由于从业人员年龄偏大,对利用计算机信息系统处理会计业务的能力较差,无法做到数据处理过程自动化、内部控制程序化等,对新兴的信息化审计技术无法掌握,导致审计效率较低,审计质量难以保证,无法适应经济的迅速发展。

ZY事务所从业人员学历结构偏低,其中大多都是会计、审计专业出身,金融、投资、管理等方面知识偏少,不能熟练运用计算机操作系统,不利于开展非审计业务。

(4)人员流动较大,人员结构不稳定

由于业务的限制和资金方面的限制,不能有效地吸收人才和留住人才。很多年轻的执业人员来到事务所,在积累了一定的审计经验或取得执业资格之后,往往会选择跳槽,以谋求长远发展。从某种程度上事务所变成了员工培训的基地,到最后留在会计师事务所的只是还需要进一步培养的员工,不仅浪费了事务所的资源,而且不利于业务的有效开展,从而使得中小所严重缺乏开展业务所需要的资源。另一方面,由于资金缺乏,事务所难以吸引经验丰富、知识全面的注册会计师。开展新业务时往往由于知识的匮乏望而却步。ZY事务所每年执业人员离职率都在15%左右,如此高的离职率导致骨干力量少,许多业务的开展缺乏连续性,也不利于新业务的开拓。

（5）缺乏学习和培养机制

除了注册会计师协会要求强制进行的后续教育外，大部分中小型会计师事务所为了节省开支，一般很少对员工再进行其他的培训。ZY事务所也不例外，这也是事务所执业人员知识结构单一，经验无法得到充分交流的原因之一，久而久之容易导致所内从业人员不能适应经济的快速发展和注册会计师行业的激烈竞争。由于缺乏这方面意识，所内执业人员很少进行培训，特别是对于新准则新法规的培训。由于缺乏相应的机制，所内注册会计师在接受了行业协会的后续教育培训后，也很少在所内对全体执业人员进行培训，导致执业人员对于新准则新法规认知较差，在执业过程中专业性和胜任能力可能面临不足。

（6）分配机制不利于新业务的开拓

ZY事务所一直采用与业绩挂钩的薪酬和分配制度，人员的收入与直接从事的项目直接相关，虽然有利于促进业务量的发展，但是长期下来，导致执业人员习惯于传统审计类业务。对于新兴的咨询服务类业务，由于预期收入较低，且需要投入的时间精力较多，执业人员对此积极性较低。

2.ZY事务所的优势

（1）一批相对稳定的客户

ZY事务所成立十几年来以重庆市主城各区为主要服务市场，其主要客户分布在重庆市主城区。通过多年的合作、沟通、磨合，ZY事务所现已经和部分企业建立了深入、持久、相互信赖的服务关系，这些客户对事务所的信赖与依赖程度逐年加深，客户更换会计师事务所的转换成本较高，这为ZY事务所未来稳定的发展奠定了基础。

（2）和区县所良好的合作关系

ZY事务所虽然位于重庆主城区，但是部分执业人员来源于区县所，因此在开展部分业务时，可以与位于区县的会计师事务所进行合作，拓展业务。经过几年的磨合，双方已经建立起较好的合作关系，人员也可以互相调用，有效地拓展了区县业务，也从一定程度上缓解执业人员的不足。

（四）ZY事务所的公司战略

在对ZY事务所进行了充分分析后，我们进一步对ZY事务所的公司战略进行探讨。

1.公司战略简述

企业战略管理体系是由公司战略、经营战略和职能战略所构成。其中公司战略是指为了实现企业总体目标，对企业未来基本发展方向所做出的长期性、总体性谋划。公司战略决定了企业各项业务在战略谋划期间的资源分配和发展方向。公司战略的目标是确定企业未来一段时间的总体发展方向，合理配置企业资源，培育企业核心能力，实现企业目标。

对于ZY事务所来说，在当前经济转型和经济发展过程中，如何在重庆站稳脚跟，逐步发展，并为员工提供更好的发展平台，提升自身在行业中的声誉，是在现阶段该所需要达到的企业目标。

继续发展，避免在行业竞争中被淘汰是 ZY 事务所的首要目标，为了达成这个目标，我们需要对公司战略进行一定的分析和确认。

为了实现公司战略目标，公司战略通常可以分为三种类型：成长型战略、稳定型战略、收缩型战略。

其中成长型战略是企业发展壮大为基本导向的公司战略，ZY 事务所目前最关注的就是事务所如何继续发展，因此成长型战略是 ZY 事务所应当选择的公司战略。

成长型战略主要包括三种基本类型：密集型战略、一体化战略和多元化战略。

2.事务所适用的公司战略

就 ZY 事务所目前的战略目标和发展阶段来看，三种成长型战略都是 ZY 事务所可以选择的战略，并需要进行组合实施。

(1)密集型战略之产品开发战略和市场开发战略

密集型战略，是指企业充分利用现有产品和服务的潜力，强化现有产品或服务竞争地位的战略。密集型成长战略主要包括三种类型：市场渗透战略、市场开发战略和产品开发战略。

对于 ZY 事务所来讲，拥有一批较为稳定的长期客户是实施密集型战略中的产品开发战略的重要基础。

根据战略管理理论，实施产品开发战略的适用情况很重要的一点就是：企业产品具有较高的市场信誉度和顾客满意度。ZY 事务所经过十几年的发展，有一批相对稳定的客户。在这部分客户中，ZY 事务所的信誉度和顾客满意度是很不错的。由于长期合作，ZY 事务所对这部分客户也比较了解。这批客户中的部分客户也有一定的发展历史，在发展到一定阶段后，客户的需求也不仅仅限于传统的审计业务。因此对这部分客户需要进行定向的服务提升，是 ZY 事务所在当前的一个重要战略。

ZY 事务所除了实施产品开发战略外，还可以采用的一大战略即为市场开发战略。实施市场开发战略的主要途径包括开辟其他区域市场和其他细分市场。对于 ZY 事务所来讲，原来主要市场是在重庆市主城区，但是随着重庆区县经济的发展，ZY 事务所可以将区县市场作为新市场进行开拓。重庆作为西部地区唯一的直辖市，共有 38 个区县。都市区包括 9 个区，为一般意义所称的主城区，是重庆市经济较为发达的地区。其余 29 个区县属于非都市区，一般称为区县。截至 2014 年，主城区与其他区县 GDP 分布情况如下：

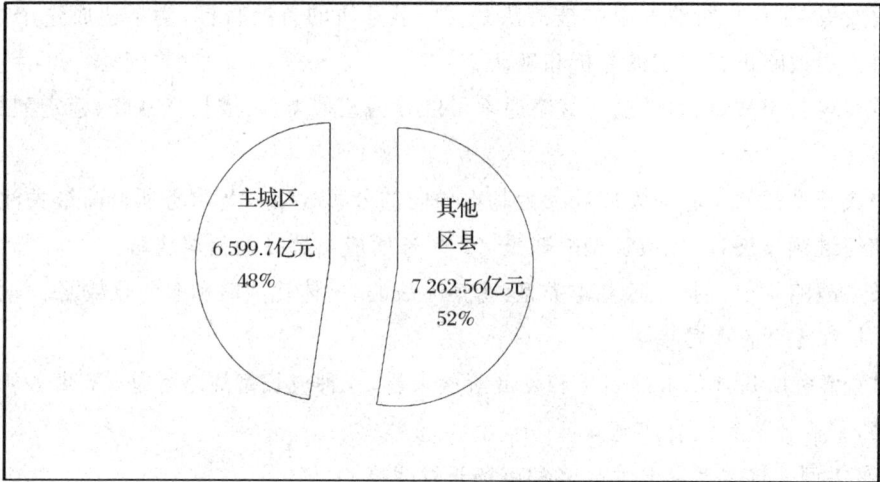

图 8　重庆市 GDP 分布示意图

由此可见,区县经济已经占据重庆经济半壁以上江山。但是区县的会计师事务所数量少,执业较差,收入较低。2013 年重庆市主城区会计师事务所 80 家,实现收入 116 638.16 万元,占行业收入的 93.71%,所均收入 1 457.98 万元;20 家区县事务所实现收入 7 827.84 万元,占 6.29%,所均收入 391.39 万元,收入超过千万元的事务所仅有 1 家。区县所与主城所收入差距明显,并呈逐年加大的趋势。

截至 2014 年 12 月 31 日,重庆市除重庆高新技术产业开发区和重庆经济技术开发区 2 个国家级开发区外,现有 46 个市级特色工业园区。未来这 48 个工业园将承载更多的企业,其中大部分工业园区处于区县,在主城区的优质客户面临着来自大型事务所的竞争优势时,ZY 事务所完全可以将眼光放到区县这个广阔的市场中。

ZY 事务所在过去的几年里,已经意识到区县市场的重要性,并展开了与万州区、忠县、开州区、武隆县等区县事务所的合作,争取区县的市场,并取得了一定的成绩。但区县业务也存在一定的问题,包括成本较高、收费较低、客户质量较差等问题,需要 ZY 事务所采取一定战略保障措施予以解决。

(2)一体化战略之横向一体化战略

一体化战略是指企业对具有优势和增长潜力的产品和业务,沿其经营链条的纵向或横向扩大业务的深度和广度,以扩大经营规模,实现企业增长。一体化战略按照业务拓展的方向可以分为横向一体化和纵向一体化。

由于纵向一体化指的是企业向原生产活动的上游和下游生产阶段扩展,但由于事务所行业与一般企业行业环境具有较大差异,事务所的上游和下游并不适宜事务所进行扩张,因此事务所在进行一体化战略时一般采用的是横向一体化战略。

横向一体化战略是指企业收购、兼并或联合竞争企业的战略。对于 ZY 事务所来说,自身规模较小,市场开拓能力有限,人员力量也有所不足,实施横向一体化可以达到减少竞争压力、扩大业务规模、弥补人员不足等目的。

考虑到注册会计师行业的特点和 ZY 事务所的实际情况,横向一体化战略可以采用两种实施方式,一种是被更大的事务所收购或兼并,另一种是通过与其他事务所特别是区县事务所联合,扩大市场。但对于事务所来说,第一种并不符合 ZY 事务所目前的战略目标,因此主要应当考虑与其他事务所进行联合,实现优势互补,提升竞争能力,实现市场的扩大。《国务院办公厅转发财政部关于加快发展我国注册会计师行业若干意见的通知》中也明确指出鼓励信誉良好、成长快速的小型会计师事务所重组联合,成为中型会计师事务所或其分所,提高为市场服务的能力和水平。

(3)多元化战略之相关多元化战略

①实施相关多元化战略

多元化战略是指在现在业务领域基础上增加新的业务领域的经营战略。根据现有业务领域与新的业务领域之间的关联程度,可将多元化战略分为相关多元化和不相关多元化。从注册会计师行业本身出发,不相关多元化战略不适合行业特点,注册会计师行业的多元化业务,一般都是基于鉴证服务这个基本业务逐步开展的,属于相关多元化,ZY 事务所也不例外。

战略管理理论中多元化战略可以减少风险获得竞争优势。从欧美等发达国家看,会计师事务所最大的一个特点就是服务品种门类齐全,可以同时提供财务审计、资产评估、税务代理、融资担保、资产抵押、资产鉴定、策划咨询等数十项服务,例如美国、其税务代理、资产鉴定是美国中小会计师事务所非常重要的一部分业务。在欧美国家诸多颁奖典礼都离不开注册会计师的身影,2014 年普华永道就担任了美国奥斯卡金像奖颁奖典礼的独立计票人。从国际四大会计师事务所在我国的经营战略也可以看出业务多元化的影子,国际四大会计事务所的咨询类业务总体来讲走在中国同行的前列。这方面中国的注册会计师行业也可以予以借鉴,从行业角度对业务进行多元化的拓展,在鉴证业务、咨询业务、代理业务等方面展开。

中国注册会计师事务所经常采取的多元化业务有咨询业务、税收筹划、资产鉴定、提供一定的增信服务等等。

ZY 事务所在过去的发展中也逐步开展了多元化的业务,就目前来讲,其税收筹划以及资产评估等业务开展情况较好,已经逐渐积累起一批相对稳定的客户。

咨询业务收入既没有风险,收费水平又往往超过审计业务。但是对于我国中小型会计师事务所来说咨询业务还处于起步阶段,并非是目前收入的主要来源。但从未来发展趋势看咨询业务市场广阔,因为不同企业有不同的需求,所需要的咨询服务也千差万别,拥有很大的市场份额,是中小型会计师事务所可以发展的蓝海领域,因为咨询类业务属于定制业务,各个企业所面临情况不同,所需要的咨询服务也不同,对于咨询类业务可以进行进一步的拓展、细分。ZY 事务所在传统审计市场出现减退时,也应当积极考虑实施多元化战略。

②实施多元化战略的难点

对于中小型会计师事务所来说,多元化战略发展的主要瓶颈为人才。与传统的审计业务相比,咨询等业务对从业人员的要求条件更高。如果要实施多元化战略,必须实施配套的人才战略,采取相应的战略保障措施。

对于中小型会计师事务所来讲，多元化战略发展也不能操之过急，需要找准定位，稳步推进，在做好正如《探索多元化经营体制机制助力会计师事务所做强做大——中注协会计师事务所多元化经营座谈会纪要》所提出的那样，会计师事务所多元化经营可以拓展业务领域，规避行业风险，是注册会计师行业未来发展的必然走向。但多元化经营也会造成会计师事务所人、财、智等资源的分散，尤其是一些中小所的盲目多元化扩张，则可能对其生存带来危机，使其得不偿失。

除了考虑多元化战略实施的难度外，作为注册会计师行业在实施多元化战略过程中还应该注意的一点是保持独立性。注册会计师行业，独立客观公正是行业的灵魂所在，如果因为多元化发展导致事务所独立性丧失，最后给事务所带来的不是发展而是灾难，这是事务所在实施多元化战略是所必须时刻警惕的一点。

(五)ZY 事务所的经营战略

企业战略管理体系是由公司战略、业务层战略和职能战略所构成。其中业务层战略也称为竞争战略或经营战略，是指在给定的一个业务或行业内，企业用以区分自己和竞争对手业务的方式，或者说企业在特定的市场环境中如何营造、获得竞争优势的途径和方法。对于ZY 这样的中小型会计师事务所来说，确定经营战略并保障其具体实施是非常重要的。

根据战略管理理论来看，经营战略主要分为以下几种：

成本领先战略，指企业通过在内部加强成本控制，在研究开发、生产、销售、服务和广告等领域里把成本降到最低限度，成为行业中的成本领先者的战略。

差异化战略，指企业产品与竞争对手产品有明显差异的区别，形成与众不同的特点而采取的一种策略。指企业把经营战略的重点放在一个特定目标市场上，为特定的地区或特定的购买者集团提供特殊的产品和服务的战略。同时根据目标不同，可以细分为集中差异化与集中成本领先。

集中化战略是针对某一特定购买群、产品细分市场或区域市场，采用成本领先或差异化以获取竞争优势的战略。采用集中化战略的企业，由于受自身资源和能力的限制，无法在整个产业实现成本领先或者差异化，故而将资源和能力集中与目前细分市场，实现成本领先或差异化。

根据战略管理理论，经营战略选择的重要影响因素来自企业面临的市场竞争范围和企业竞争的优势来源。

ZY 事务所所在的注册会计师行业是竞争较为激烈的行业，特别是非证券类的传统鉴证业务，面临着竞争同质化、低价竞争的现状。ZY 事务所所依赖的优势一方面是收费相较于大事务所比较低廉，另一方面是通过多年的发展积累有一批相对稳定的客户。从 ZY 事务所现状和前述在公司战略方面应该采取的综合战略来看，经营战略的三种基本战略类型都是 ZY 事务所可以采用，且最好进行综合采用的经营战略，但具体战略实施的方式和阶段应当有所不同。

1.成本领先战略

根据我们前述对宏观环境和行业环境分析可以看出 ZY 事务所开展的传统鉴证业务面

临的是一个竞争激烈的市场,在鉴证业务方面,ZY 事务所可以采取成本领先的战略。由于鉴证业务在我国发展得已经比较成熟,各个会计师事务所所出具的各种类型的审计报告都具有标准的文本格式,ZY 事务所在这方面很难有所创新;由于注册会计师行业的激烈竞争,ZY 事务所也可能会采取低价竞争的方式,低价竞争导致事务所的利润空间下降,为了保证事务所的发展,低价竞争时采用成本领先战略是必要的。

但是成本领先战略并非单纯的压缩审计人员和审计时间,这样会导致审计质量下降,极有可能导致审计失败。ZY 事务所实施的成本领先战略应当是在进行价值分析之后的成本领先战略。

在一个供销关系中,买方的价值是以较低的价格获得较高的效用,卖方的价值是以较低的成本获得较高的收益,买方关心的是价格和效用,卖方关心的是价格和成本。ZY 事务所在面对需要以低价争取的客户时,客户的需求很可能并非对自己管理或价值的提升,而仅仅只是需要一份审计报告,因此他们关心的首先是价格,对于这部分客户,部分中小型会计师事务所惯用的竞争手法也可能是价格,但价格的降低导致事务所利润变薄,事务所为了保障自己的利益,需要降低成本。但如果以为是采用压缩审计人员数量和压缩审计时间来降低成本,不仅不能促进事务所的发展,反而会给事务所的发展带来危害。ZY 采用的成本领先战略就不能是单纯的压缩成本,而应当创造自己的成本优势。

成本优势的来源因事务所结构不同而异,它们可以包括:追求规模经济、低成本设计、低管理费用、低审计作业成本、相对较低的人力资本成本。考虑到 ZY 事务所的实际情况,实施成本优势打造主要来自于以下几方面努力:

(1)低成本设计

由于 ZY 事务所规模较小,首先需要对客户进行较为充分的了解,在了解客户需求之后,确定工作人员、工作内容。因为不同的工作人员服务效果会有一些区别,在保证工作质量,客户的效果的基础上,尽量减少不必要的工作内容、工作程序,从而降低成本。这样,在报价时就可以考虑以较低的价格获得竞争优势,拓展业务。

(2)低管理费用

ZY 事务所由于规模较小,人员较少,因此纯粹的管理人员较少,这点是 ZY 事务所在进行成本领先战略时的一大优势。但由于以往未对管理费用进行分析和控制,导致在管理中时有一些非必需的花费,例如办公用品的消耗较大、水电费用的浪费等。虽然这些消耗单项金额较小,但为了实施成本领先战略进一步降低管理费这些消耗是可以通过控制进行降低的。在实施成本领先战略中,ZY 事务所的管理者需要对事务所的管理费用构成进行梳理和分析,逐步降低相应的管理费用。

(3)低审计作业成本

优化审计程序,改造审计作业链,进行审计作业链重构,省略或者跨越一些高成本的作业链活动,从而降低审计作业成本。因此 ZY 事务所也尝试通过分析审计作业链,降低审计作业成本。

在实施优化审计程序过程中非常重要的一点是,必须把成本领先战略与差异化和集中化战略集合起来,因为对于 ZY 这样规模的事务所来说,在目前是没有能力在所有方面对审计程序进行优化的。因此要有的放矢,针对自己的目标客户和目标市场进行优化。优化审计程序的过程不能在陌生的领域进行,而必须在熟悉和了解的业务中进行。

经过最近两年的实践,ZY事务所已经尝试了一些优化审计程序的方法,例如:剔除不必要的或者无目的的上门拜访,将此类活动集中在事务所长年客户或者已经有初步合作意向的客户中;审计前期准备工作尽量在事务所完成,而非到了客户审计现场再着手进行;部分审计前沟通工作尽量通过电话或者网络完成,不需要上门进行沟通;减少亲自送报告服务,尽量由客户自取或者通过快递发送;减少不必要的当面沟通活动,尽量通过网络或者电话进行。

当然上述优化审计作业流程的工作,由于与以往做法不同,可能会引起部分客户的不满。为了保证实施效果,应当做好与客户的沟通,同时也可增加有价值的咨询或者服务,比如提供有利于客户的最新信息咨询,增加电话网络咨询的次数或时间,增加电话和网络的回访次数,从而增加与客户的交流,保障业务不至于流失。

(4)相对较低的人力资本成本

人力成本是事务所最大的成本,人才又是事务所最大的财富,如何在留住人才的同时又能实现相对较低的人力资本成本所需要克服的难题。

结合ZY事务所的实际情况,ZY事务所针对降低人力成本所采用的措施主要是:骨干员工较高薪酬与新进员工较低薪酬结合,较高项目绩效薪酬和较低固定薪酬相结合等方式,并同时通过拓展业务规模,降低单位项目的人力资本成本方式来实现相对较低的人力资本成本。但在实施的过程中,也存在一些问题,比如由于审计并非一个标准作业,容易出现苦乐不均的情况。

总体来讲,成本领先战略是在目前状况下,ZY事务所必须实施的战略,通过实施成本领先战略,可以实现市场占有率的提高,提高收益率。通过收益率的提高,可以对业务进行进一步的拓展,实现业务规模的提升。在事务所整体得到提升的情况下,可以进一步促进事务所的发展。

但是在实施成本领先的战略中,需要特别注意的一点是,会计师事务所不能以牺牲审计质量为代价来实施成本领先战略。这样给事务所带来的不会是发展,而很有可能是灭顶之灾。

当然在审计成本和审计质量方面,虽然存在着必然的矛盾,但审计质量是决定审计信息需要者对审计产品选择、评价的主要因素,在稳定提高审计产品质量的同时来降低审计作业成本,是成本领先战略管理必须遵循的原则。

但低成本战略对于中小型会计师事务所并非长期战略之选,因为无论从流程优化以及管理费用优化来看,中小事务所均非大型事务所的对手,低成本战略只能作为一时之选。

2.差异化战略

差异化战略是指企业向市场提供与众不同的产品或服务,用以满足顾客特殊的需要,从而形成竞争优势的一种战略。因而,差异化战略的存在是建立在顾客的不同需求上的。因此实施差异化战略的前提就是进行市场细分。由于会计师事务所与一般的企业一样都处于激烈的市场竞争中,同样面临市场细分问题。市场细分有助于事务所发现潜在的会计服务需求者,制定合理的市场进入策略,提高事务所竞争能力。

实行差异化战略就要对市场进行研究。要研究不同需求群体的需求差异,再针对其需求不同采取不同的市场进入策略,有针对性地提供服务。

注册会计师行业由于其行业的特殊性,在提供传统鉴证服务的情况下,是很难实施差异化战略的。如果要实施差异化战略,那么事务所必须有一定积累,有某一方向的侧重。同时,由于实施差异化战略的成本较高,对于 ZY 事务所来讲,实施差异化战略存在一定的风险。例如:会导致总体运营成本升高,但即便是客户了解了事务所独特的优点,也并不是所有客户都将愿意或者有能力支付这部分差异化服务所对应的价格;差异化战略很难带来市场份额的增加,而且单个客户特色服务收费的增加并非是立竿见影的。

但是如果不实施差异化的战略,面临着传统鉴证业务的衰退,ZY 事务所不能无限制的以低价争夺市场份额。

另外从客户的角度出发,一个企业就是从开始成立到终结的整个生命周期,企业对事务所的服务需求的多样性随着时间的发展阶段变化也会出现。企业存续期间对于会计师事务所的需求可以分为很多种,例如设立阶段的需求、发展阶段的需求、终结阶段需求。即使是一个企业同一阶段,随着发展阶段法规的变化和企业的具体情况,其需要的服务也是不一样的。

因此从这两方面看,差异化战略也是 ZY 事务所为了实现战略目标可以实施的经营战略。结合 ZY 事务所实际情况,在实施差异化战略过程中可以从以下方面着手。

根据自己的服务领域确定自己的业务覆盖的区域,提供满足自己经济区域的和地方发展区域,在本区域打造自身的品牌优势,ZY 事务所应该根据自己区域的特点,实现自己区域的差异化。鉴于 ZY 事务所已经与区县部分会计师事务所建立起一定的合作关系,因此可以将差异化战略在区县业务中实施,例如由于相关企业位于区县,相对的信息较为闭塞,部分企业的管理者观念也较为落后。ZY 事务所针对这部分客户,可通过定期发送行业法规或相关信息并通过定期举办客户交流活动来提供增值服务。

(1)进行客户市场定位

细分客户市场并进行客户的市场定位,差异化战略要求中小会计师事务所从不同客户的喜好出发,同时利用自身的优势和条件,将经营的业务进行定位。这样可以获取一定的竞争优势。

ZY 事务所在最近几年逐步对自己客户建立业务档案,对客户的行业和类型进行划分,力争将自己的重点放在少数行业中,加深对行业的了解,并进行充分分析。对于非重点的行业,可以采用合作的方式与其他也需要实施差异化战略的中小会计师事务所联合,达到事务所的共赢局面。当然就目前来看,ZY 事务所的实践尚在进行之中,由于原有固定客户较多为制造行业和建筑行业,ZY 事务所拟以这两个行业作为差异化战略的重点突破方向,目前初步取得一定的成效。在审计过程中,不仅能提供固定模式的审计报告,还通过和企业充分地沟通,了解企业的处境,结合以往积累的经验,给企业提出管理建议,也取得了一定的效果。部分最初以低价进入的企业,在初次接受服务之后,会进行再次合作,后续业务收费也有所提升。差异化战略不仅带来了收费的提高,也进一步稳定了客户。

提倡中小会计师事务所实行差异化的战略,就是要会计师事务所多将自己主要的精力都集中在几个行业领域,了解一个行业或者是几个行业的市场的需求情况以及客户需求的种类,通过实现自己的优势,提供一些具有差异化的产品,节约成本,行业关键的指标等统计数据,更好地实施差异化的战略。

如能做到对行业的充分了解,对客户的需求进行详细的分析,中小会计师事务所实施差异化战略的同时还能从一定程度上实现成本的降低,进一步推动成本领先战略的实施,从而更好地实现战略目标。

(2)根据自身特点拓展业务

差异化战略要求会计师事务所不能以一个标准来提供服务,事务所根据自身各方面的优势,找到适合自己的优势和特长的领域和市场,发挥自己的优势和特长进行服务,这就是以自己的服务特长为主的进行的类别的定位。一个会计师事务所由于现实的资源的限制不可能满足所有客户的需要,所以中小型会计师事务所应该遵循自己的不求最大但求最佳的生存之道,细分自己的客户市场后,经自己的主要的资源集中在一个领域,实现自己在某方面的专长。

例如 ZY 事务所相较于其他中小型会计师事务所的有一个较明显的优势,即其中一位合伙人原来是一位执业律师,对法律方面的了解较其他会计师事务所更为充分,可以给客户一定的法律服务支持;另外由于另一位合伙人是注册税务师,在税务鉴证与税收筹划方面有丰富的经验,在他的倡导下,所内执业人员也积极参加税务师的考试,税务方面知识储备较为充分,不但可以提供税务鉴证和税收筹划的专项服务,也可以在审计过程中对税务问题给客户以较为充分的解答。通过这两方面特长,也有不少客户在初次接受服务后,愿意和 ZY 事务所建立长期的合作关系。

当然差异化战略的实施,对于 ZY 事务所这样的中小型会计师事务所来说是一个较为艰难的过程,但只要找准定位,就可以提升竞争力,避免陷入低价竞争的泥沼中,从而更好地发展,也能够给所里的执业人员更好的平台,实现共赢。

3.集中化战略

集中化战略是指企业某个特殊的顾客群,某产品线的一份区段或某一个地区市场为主攻目标的战略。这一战略整体是围绕这为某一特殊目的服务,通过满足特殊对象的需要而实现差别化或低成本。

集中化战略并非是一个基本经营战略。根据战略管理理论,采用集中化战略的企业往往不能同时进行差别化和成本领先的方法。但从注册会计师行业的特点和中小会计师的特点,笔者认为,对于 ZY 这样的中小会计师事务所,恰恰需要针对竞争激烈程度不同的市场,在公司战略采用多元化战略的情况下,分别采用低成本集中化和差异化集中化。

在中小型会计师事务所实施成本领先战略和差异化战略时,必须考虑的是集中化,因为对于中小型会计师事务所来讲,规模有限、人员有限、资金有限,如果不考虑集中战略,成本领先战略将可能导致审计质量下降，给事务所带来灭顶之灾，而差异化战略很可能导致事务所成本上升，反而起不到应有的作用，让事务所利润下降。

2009年颁布的《国务院办公厅转发财政部关于加快发展我国注册会计师行业若干意见的通知》（国办发〔2009〕56号）中不但提到了大型事务所的做大做强，也提到了中小型会计师事务所的做精做专。2010年，中注协"五代会"进一步确立"五大战略"，行业发展"五大战略"之一的做强做大战略作为一个体系，包含三方面：即大型事务所做强做大、中小事务所做精做专以及事务所走出去。近年来，中注协在大力推动大型事务所做强做大和事务所走出去的同时，为推动和指导中小所做精做专，从方向指引、业务拓展、政策扶持、人才培养、技术支持和宣传推广等方面推动、引导和帮助，与此同时，指导协同地方注协具体开展工作，特别是新业务拓展战略实施以来，中小所已成为拓展新业务领域的生力军，一批中小所做精做专蔚为热潮。

做精做专从发展战略的眼光来看，就是做好集中化战略。结合本文前述成本领先战略和差异化战略中的分析和研究，对于ZY事务所来说，集中化战略的实施，关键在对以往客户的分析和梳理，根据自己的优势和累计的经验，做好区域定位和行业定位，在确定的区域和行业集中力量发展，在此也可以借鉴一些其他地区中小型会计师事务所做精做专的成功经验。

笔者从《财会信报》（2013年6月）一则公开报道中看到的北京中小型会计师事务所集中化战略的成功经验，其中提到的五个中小型事务所，基本上都进行了较为准确的定位。其中特别提到的润鹏冀能事务所，就明确将中小企业作为主要客户定位，除了传统的鉴证审计业务外，还以财税咨询作为业务定位。

从长远来看，做精做专的差异化战略与集中化战略才是中小型会计师事务所应该选择的战略，只有做精做专，才能做到长远发展。

（六）战略保障

上述分析的各项公司战略与经营战略的实施，都不是一蹴而就的，在上述战略实施之前和实施过程中，都可能面临很多问题。如前文所述，ZY事务所内部也存在较多的问题。为了战略的顺利实施，ZY事务所需要进一步采取战略保障措施。

相关的战略保障措施主要包括以下内容：

1.加强公司内部核心管理层的战略意识

公司内部核心管理层的战略意识对战略的理解是各项战略有效制定和实施的前提，也是完善公司战略体系的基础。对于ZY事务所而言，首先要统一认识，明确战略目标，通过对内部核心管理层陈述战略的重要性，让内部核心管理层意识到战略建设对于事务所发展的好处，让内部核心管理层带头采取有效措施切实落实各项制度。对于那些不肯改变的管理人员，应该要打破头脑里注重短期利益的观念以及懒惰的心理，形成一套从所长到基层执业人员的完善的战略制度。

2.改进合伙制机制

合伙制在如下三方面具有较大优势：一是对公司发展壮大后进行有效的控制。合伙人制度的核心是企业管理权由选举出来的合伙人掌控而非资本层面的大股东（同股不同权），其目的是为了公司发展需要，持股比例不高的优秀管理层仍然能很好地管理公司，将公司控制权掌握在优秀的管理团队手中。二是能对管理团队进行更有效的激励。职业经理人制度下，职业经理人和股东是合同契约关系，依靠职业精神对股东负责，而合伙人制度可能是一种更好的利益共享机制，通过持有一定的股权并参与公司经营管理，对股东负责就是对自己负责。三是可以更好地传承企业的文化、使命和愿景。在企业管理团队内部试运行"合伙人"制度，每一年选拔新合伙人加入，合伙人作为公司的运营者，业务的建设者，文化的传承者，同时又是股东，最有可能坚持公司的使命和长期利益，为客户、员工和股东创造长期价值，从而建立长青基业。

合伙人制度中合伙人是平等的，合伙人之间愿意摈弃官僚作风和等级制度，而通过合作解决问题。以前的股权制度已经不再适应社会的发展需求，如今的公司发展既要有核心团队的支持同时也需要有资金的支持，这样的结构才能保证业务质量同时还能够保证公司的快速发展。公司股东的进入和退出也能够加速公司的新陈代谢，是健康持续发展的必要条件。合伙人不仅仅是管理者，他们同时也是企业的拥有者，有着极强的责任感。合伙人制度通过每年接纳新的合伙人，注入新鲜血液，不断焕发活力。通过这个机制，可以保持公司持续的创新动力。在合伙制中，对现有合伙人的考核方面，要设定标准，如果超出了标准那么就要面临淘汰，这样也会使得现有的合伙人积极上进，尽可能多地为了公司的发展而努力。同时对于那些表现优秀的员工，允许他们成为公司合伙制的一员，这样既能够保证优秀员工的继续上进，同时也可以留住骨干人员。在资本市场方面，也可以积极的引入新的资本进来，做到扩大公司的资金来源。

3.制定合适的分配制度

在公平的基础上，首先将员工的基本奖金和公司整体的绩效挂钩。这样会激励公司的成员更加关注公司整体绩效的提升。通过一定的比例来确定各个层级员工的奖金水平，当绩效达到某个程度的时候员工可以清楚地了解自己的奖金水平，这样也有利于团队的建设。然后就是针对某些员工"搭便车"的心理，将个人绩效和业务质量、业务数量相结合。通过在业务质量和数量之间设置权重，形成一个考核方式，当个人在整体绩效达标的情况下可以参与额外的奖金分配，这样就可以增加员工发挥出个人的积极性。

4.加强公司文化建设

智业型和"人合"的行业对于内部工作气氛很重要，各个级别的员工和领导要与所长"心合"，这样的公司才能够做到效率和效益的并重发展。笔者建议在公司中推行一种积极向上的企业文化，让公司的成员能够有共同的价值观念和理念，彼此互相尊重，这个过程也是一个长期的过程，也是一个战略性的方向。在平时空闲的时候组织大家观看一些优秀的电影或者是在培训的过程中穿插一些正能量的企业文化案例，让大家不自觉中就融入于这个集体中。可以定期举办一些仪式，让这个仪式成为公司的一个重要事件，通过这个重要事件让所有员工参与，可以增强员工共同参与共同经历的感觉，让他们牢记这一天的仪式，认同这样的一种企业生活方式。

在企业管理团队内部试运行"合伙人"制度,通过建立标准,每一年选拔新合伙人加入,新的合伙人既作为公司的运营者、业务的建设者、文化的传承者,同时又是股东,最有可能坚持公司的使命和长期利益,从而能够更加坚持本公司的理念。

5.完善内部控制执行力度

根据公司的内部质量控制体系,并结合自身的特点,修改现有的规章制度,建立严格的战略制度,并且按照制度严格执行。同时加强执业人员素质建设,在复核人员审核报告的时候,要坚持独立性原则,恪守职业道德,面对外来诱惑能够站在公正的角度进行报告复核。在项目中,将责任逐级分解,层层定位,让每个人都能够有具体的任务的同时承担具体的责任,要落实到实处,对于关键环节必须通过纸质的书面协议来进行这种责任的承担。

6.形成"新常态"下的战略思维

互联网2.0时代,突出的是"互联网+"的逻辑,简单表达就是"互联互通,分享共享"。以互联网思想进行战略发展,也是做专做精的一个很好体现。互联网思想下的"共生"与"共享"是至关重要的,因为这意味着可持续的选择。在生存竞争中,仅仅凭着预见的能力出众并不足以支撑一个公司持续成功。必须能够在预见的基础上,能够构建出持续发展新事业的能力并使之转换为市场成功的行动。尤其是在互联网时代,商业机会犹如雨后春笋般萌生,新的中小企业层出不穷,创业及创新如大潮般蓬勃雀跃。中国中小企业在压缩式发展进程中,几度经历了深陷竞争僵局的困惑,作为突破竞争僵局的着力点,协同营销、共生营销成了新的发展方向,而中小企业公司在实践中也经历了纵横协同的尝试。

"新常态"下,"互联网+"对中小型会计师事务所提供了更加无限的协同可能,但是与之前明显不同的是,原来的协同营销本质上还是一种竞争关系的变体。互联网思维下的共生经营,则是远离竞争的价值创新。而互联网科技带来的这场社会变革,也使得企业"超越竞争"的夙愿更加成为可能。为了能够更好地为互联网下的中小企业客户提供增值服务,成立专门的课题组,就互联网经济责任审计、网上平台建设项目审计、内部控制与风险管理、全面预算管理、项目后评价、财务能力评价等课题进行了长期深入研究,形成了自己的理论体系、操作规范和应用指南,更好地满足互联网时代的需求。

七、总结

(一)结论

在当前的经济转型期和简政放权的大环境下,面对国际大所和本土大型会计师事务所的步步紧逼,注册会计师行业的中小型会计师事务所面临着极大地挑战;同时,经济的发展、国家法令法规的完善、监管部门监管力度的加强,国外先进管理经验和服务理念的引入、中小型企业的大力发展、潜在市场的挖掘等,又给了中小型会计师事务所极大的机遇和发展空间。通过对重庆注册会计师行业分析,并结合案例,说明中小事务所只要做好战略分析,选对竞争战略,是可以在这种环境中突围而出,从而得到更好的发展,但必须不断付出努力,方可能实现自身的生存和发展。

(二)研究的局限和展望

但是在很多条件的限制下本文中也存在着一定的局限性。

1.本文在分析中小型会计师事务所的环境时,运用了 SWOT 分析和波特五力分析模型,模型分析本身有一定的局限性,所以分析的中小型会计师事务所存在的问题以及机会可能存在着一定的偏差。

2.本文所描述的发展战略的分析和实施,并未经过实践的严格考验,部分措施尚在实施中,其具体效果如何,还有待时间的证明。

3.由于战略管理是一个系统工程,不能一蹴而就,也不能说一抓战略就灵,需要相关事务所予以贯彻和实施,但笔者希望通过本次课题的研究,能够给重庆中小型会计师事务所以参考,以便未来更好地发展。

主要参考文献

[1]冯凌.经济发展——会计师事务所及其品牌建设[J].中国会计视野,2013.

[2]陈毓圭.我国注册会计师行业发展的四个阶段[J].中国注册会计师,2008(11):12-17.

[3]徐二明.企业战略管理[M].中国经济出版社,1998.

[4]迈克尔·波特.竞争战略[M].华夏出版社,1997.

[5]于滨.会计师事务所的发展战略[J].中国审计,2002(10):71-72.

[6]曾以舜.对会计师事务所内部管理的一些思考[J].中国注册会计师,2005(6):53-54.

[7]刘晓光.会计师事务所内部治理问题探讨[J].上海立信会计学院学报,2006(1):88-91.

[8]袁晨.会计师事务所内部治理完善的建议[J].财会通讯(综合版),2007(9):55-56.

[9]陈建明.注册会计师行业质量控制体系研究[J].会计研究,2004(3):35-39.

[10]刘爱东,邓诚.会计师事务所审计质量控制体系研究[J].会计师,2007(8):26-32.

[11]许家林,林振中.我国中小型会计师事务所的发展现状与思考——以武汉市为例的分析[J].绿色财会,2013(9):30-33.

[12]褚建国.我国现阶段中小型会计师事务所竞争状况分析[J].中国注册会计师,2013(8):60-5.

[13]詹必杰,周永芳.我国中小型会计师事务所发展的思考及对策[J].华中师范大学学报(人文社会科学版),2013(S6):14-16.

[14]许家林,林振中.我国中小会计师事务所的发展现状与思考——以武汉市为例的分析[J].绿色财会,2013(9):30-33.

[15]褚建国.我国现阶段中小会计师事务所竞争状况分析[J].中国注册会计师,2013(8):4-10.

[16]吕先锫.论会计师事务所发展的成本战略[J].会计之友,2010(8):4-10.

[17]翟丽华.关于我国会计师事务所业务多元化发展的思考[J].当代经济.2014(3):48-49.

完善流动性管理工具研究

施雁飞

中国银行股份有限公司重庆市分行

一、我国流动性水平测度:基于总量与结构的双重视角

(一)流动性内涵及基础层次划分

金融体系运行机制的重要作用就在于创造并供给合理适度的流动性,以维持价格稳定和金融市场稳定,防范系统性经济金融风险,确保经济稳健增长。对于流动性基本概念及层次划分,学术界从不同的研究视角进行了充分探讨,赋予了不同的定义和理解。

1.国外学者对流动性概念定义及流动性基础层次划分

Keynes(1936)最早在《就业利息和货币通论》中提出了流动性偏好,表现为人们对货币资产的偏好,从该角度可理解为流动性即为货币。

Hicks(1967)对流动性的内涵做出三类界定:一是为交易活动而保持的灵活性资产,二是为防止意外冲击而保持的储备性资产,三是为获得资产性收益而持有的投资性资产。

权威的《新帕尔格雷夫货币金融大辞典》主要从三个方面对流动性进行解释。第一是分析金融资产的到期日,金融资产的期限越短,就越容易变现,并且不会有重大资本损失的风险,因此便越具有流动性。货币被视为一种到期日为零的资产而最具有流动性。第二是从便通性的角度进行定义,承认货币具有的这种关键性的中介作用,将流动性定义为货币余额存量与产出流量的比率,即 M/Y。第三种是把流动性定义为金融力,从个体角度出发的金融力是指持有的政府发行的负债和其他部门发行的负债减去超出一定收入水平的自身负债,从整体角度出发是指政府发行负债总量加上一定收入支持的私人部门负债水平。

欧洲中央银行 ECB(2006)则将国家层面的流动性定义为流通中的货币及半货币资产。

IMF(2008)认为流动性主要包括三个方面的内容:(1)在没有损失的情况下,金融资产的价值转换成货币的难易程度;(2)市场流动性,在不显著影响其价格的情况下,一定规模的资产的交易能力;(3)货币流动性,即货币供给量的多少是超额供给还是供给不足。

2.国内学者对流动性概念定义及流动性基础层次划分

中国人民银行在《2006 年第三季度货币政策执行报告》指出流动性的本意是指某种资产转换为支付清偿手段的难易程度,由于现金不用转换为别的资产就可直接用于购买,因此被认为是流动性最强的资产。同时,将流动性分为市场流动性和宏观流动性两个层次。市场流动性是指金融市场达成交易的便利性以及不受损失的程度,而宏观流动性则可直接理

解为不同统计口径的货币信贷总量。中央银行流动性管理所涉及的流动性主要为宏观流动性,通常情况下是指银行体系流动性,即存款性金融机构在中央银行的存款,主要包括法定存款准备金和超额准备金。

夏彬、陈道富(2007)将流动性界定为三个层次:一是商业银行超额储备金;二是不同统计口径的货币供应量(M1、M2);三是整个社会的金融资产。

彭兴韵(2007)对流动性层次进行了划分。市场流动性是指市场参与者能够迅速进行大量金融交易,并且不会导致资金价格发生显著波动的情况,市场流动性侧重于刻画金融市场的运行状态。银行体系的流动性应当独立研究,因为商业银行作为一个特殊的金融部门,在中央银行的货币政策传导中具有特殊的定和作用。宏观流动性则指整个社会合并资产负债表的到期日结构。

许涤龙、叶少波(2008)提出的流动性总量过剩系数和流动性增量过剩系数,以真实货币缺口作为衡量流动性状况的标准。

北京大学中国经济研究中心宏观组(2008)将流动性划分为三个层次,一是货币流动性,即宏观流动性,二是银行系统流动性,即金融机构流动性,三是市场流动性,即金融市场的微观流动性。在流动性层次划分中各学者对市场流动性的界定较为一致,但是对宏观流动性的界定却有不同的解释,有必要进一步加以梳理。

吴晓灵(2009)对宏观流动性的各层面含义进行了全面的划分,认为在宏观层面上,流动性的定义可以分三个层次:一是商业银行超额准备金;二是广义货币(M2);三是整个社会的金融资产。

盛松成(2011)从更广义的角度来定义宏观流动性,认为社会融资总量指标是统计监测和宏观调控的需要,将社会融资总量公式定义为:社会融资总量＝人民币各项贷款＋外币各项贷款＋委托贷款＋信托贷款＋银行承兑汇票＋企业债券＋非金融企业股票＋保险公司赔偿＋保险公司投资性房地产＋其他。

3.本文研究视角

综合现有文献来看,流动性的内涵与层次划分仍不确切,本课题着眼于流动性管理工具的研究,主要讨论宏观层面的货币流动性。从流动性测度方法和指标选取上看,笔者认为现有文献主要集中在以下两个方面:一是从总量视角即绝对量的层面进行流动性测度。比如选取货币供应量(M1.M2)、信贷规模、外汇储备、商业银行超额准备金、社会融资规模、金融机构存贷差等。二是从结构视角即相对量的层面进行流动性测度。比如选取代表金融深化程度的货币收入比(M2/GDP)、金融机构贷存比、信贷占比(Credit/GDP)、真实货币缺口系数、超额货币增长率等指标来进行刻度。

不同测度指标反映了对流动性研究的不同层次,本文结合现有流动性测度的方法,沿用时间序列的数据从总量和结构两个维度,选择了货币供应量(M1、M2、M2-M1)、社会融资规模、货币收入比(M2/GDP)、真实货币缺口系数四个最具代表性也是学者普遍采用的指标来测度我国流动性水平。本文所需数据均为中国人民银行、国家统计局、中国金融市场发展报告等相关数据整理而得,详见文后附表。

(二)从总量和结构视角测度我国流动性水平

1.总量视角的测度

(1)货币供应量(M1、M2、M2-M1)

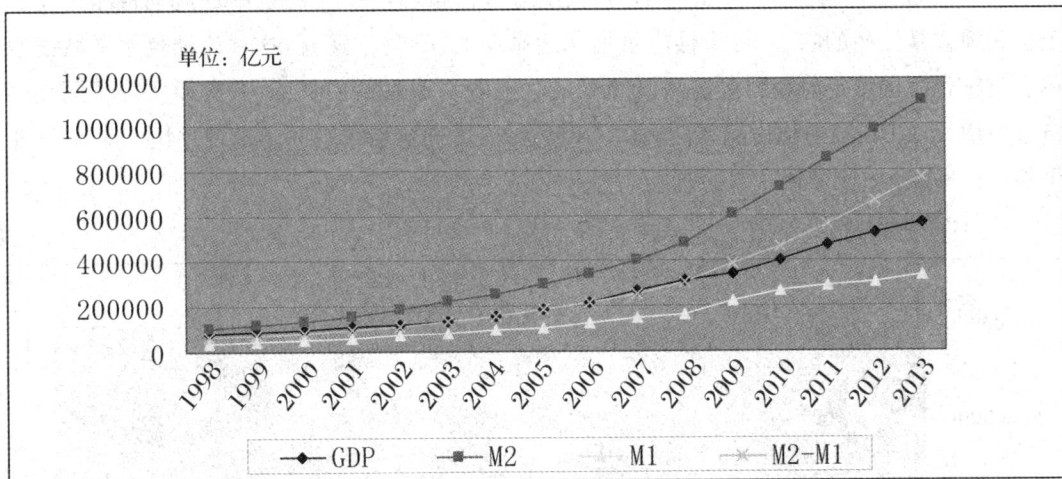

图1　1998~2013年我国GDP及货币供应量变化趋势图(单位:亿元)

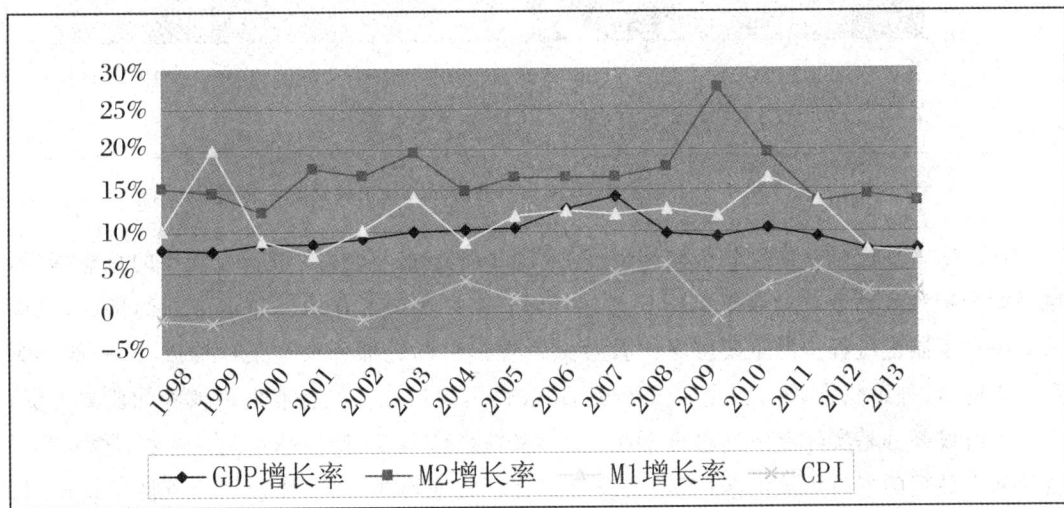

图2　1998~2013年我国GDP、M2、M1、CPI的增长率变化趋势图

　　传统的货币政策一般是通过调节货币供应量来调控宏观流动性,因此货币供应量可视作是反映流动性水平的重要指标。按照货币供应量层次的划分,学者一般运用狭义货币供应量(M1)、广义货币供应量(M2)以及准货币(M2-M1)来测度一国或地区的流动性水平。

　　从总量上看,我国M1.M2以及(M2-M1)分别从1998年的38 953亿元、104 499亿元和66 546亿元,上升到了2013年的337 261亿元、1 106 509亿元和769 248亿元,从1998年到2013年这16年期间的绝对额同比分别增长了8.6倍、10.6倍和11.7倍,远远高于同期GDP绝对额增长的6.7倍。M1和M2的16年期间年平均增长率为11.6%和16.7%,而同期

GDP 年平均增长率仅为 9.5%。从图 1、图 2 可看到,十六年期间 M2 绝对额增长曲线一直是高于同期 GDP 曲线,M1 绝对额增长曲线自 2008 年以来也高于同期 GDP 曲线;M1、M2 的增长率曲线也是明显高于同期 GDP 曲线。

我们认为在 1998 年到 2013 年期间,从绝对量衡量经济社会总量中的流动性水平是趋于扩张抑或是充裕的状态,货币供应量增速远高于 GDP 的增速,但这种流动性水平状态总体上是符合我国特定时期的经济增长路径的。随着货币供给的扩张,一方面实现了同期经济较快增长,GDP 年平均增长率达到了 9.5%;另一方面价格水平并未出现过快上涨,CPI 年平均增长率仅为 1.9%。

(2)社会融资规模

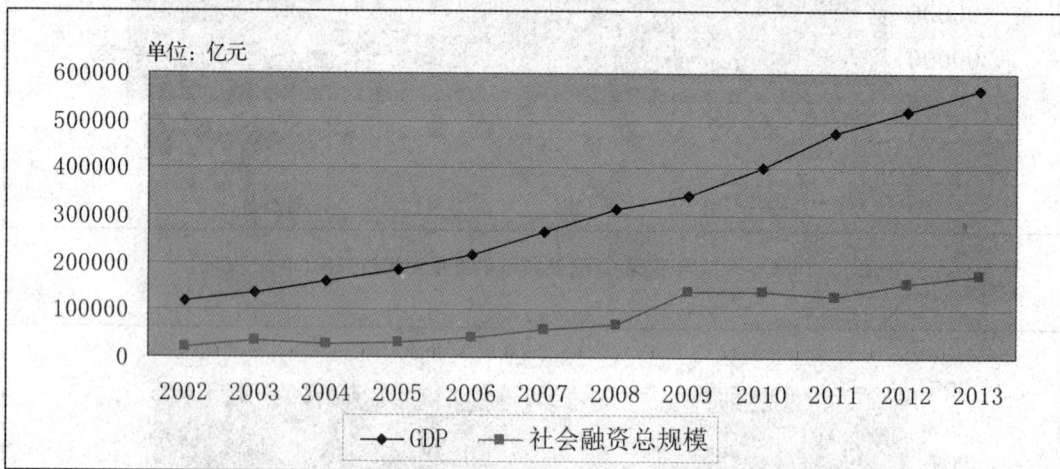

图 3 2002 年~2013 年我国 GDP 与社会融资总量的变量的变化情况

社会融资规模是全面反映金融与经济关系,以及金融对实体经济资金支持的总量指标,也是衡量宏观流动性总量水平的重要指标,2011 年中国央行开始公布这个新的指标,也成为货币政策制定过程中的重要参考。社会融资规模由四大部分十个子项构成:第一部分为金融机构本、外币贷款;第二大组成部分是直接融资,包括非金融企业境内债券和股票融资;第三大组成部分是实体经济通过金融机构表外的融资,主要有三项,这就是委托贷款、信托贷款和未贴现的银行承兑汇票;第四大组成部分是其他类融资,主要包括投资性房地产、保险赔偿和小贷公司贷款。

从绝对量上看,我国社会融资规模从 2002 年的 20 112 亿元上升到 2013 年的 172 900 亿元,十二年里绝对量增长了 8.6 倍,高于同期 GDP 绝对额增长的 4.7 倍。社会融资规模的快速增长可以反映出金融较好支持了国民经济平稳健康发展和结构调整。从中央银行的角度看,从调控货币供应量转变到控制社会融资总量是进行宏观流动性管理的发展趋势。

2.结构视角的测度

(1)真实货币缺口系数

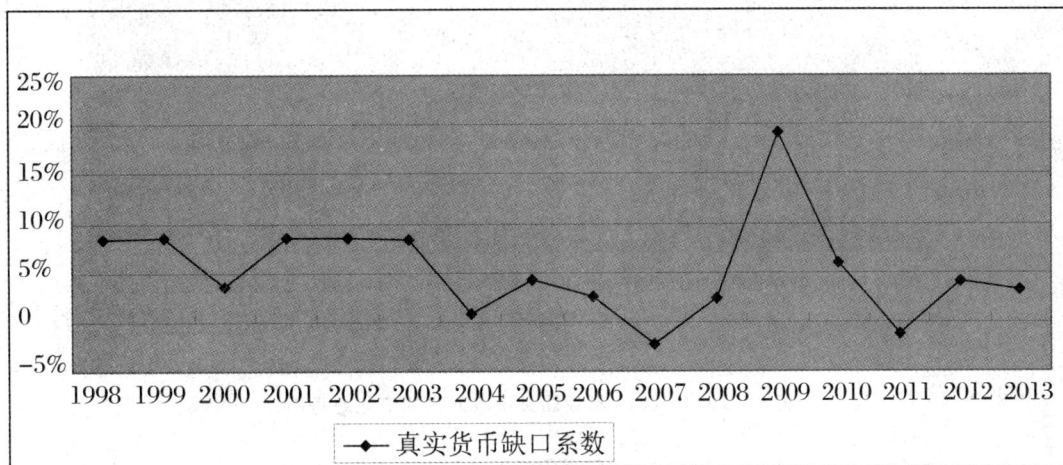

图4 1998～2013年我国真实货币缺口系数变图

表1 1998～2013年我国真实货币缺口系数（CRMGt）

年份	1998年	1999年	2000年	2001年	2002年	2003年	2004年	2005年
CRMGt	8.3	8.5	3.5	8.6	8.6	8.4	0.9	4.3
年份	2006年	2007年	2008年	2009年	2010年	2011年	2012年	2013年
CRMGt	2.5	−2.3	2.3	19.1	6	−1.2	4.1	3.3

真实货币缺口系数是从相对量的角度,反映了货币供应量增长率与实际货币需求量增长率之间的缺口,可以作为测度流动性的重要参考指标。其公式表述为 :CRMGt＝M2 增长率－GDP 增长率－CPI 变化率＋货币流通速度增长率。CRMGt 大于 0,则意味着流动性处于充裕或者是过剩的状态,CRMGt 小于 0,则意味着流动性处于紧张或者是短缺的状态。

从计算的 1998 年至 2013 年我国的真实货币缺口系数来看,除了在 2007 年和 2011 年为负值外,其余均为正值;最高值出现在 2009 年达到了 19.1,最低值出现在 2007 年为－2.3,年均值为 5.3。因此,可以看出过去的十六年里,我国货币供应量总体上是高于实际货币需求量的,流动性总体呈现出充裕状态。

（2）货币收入比

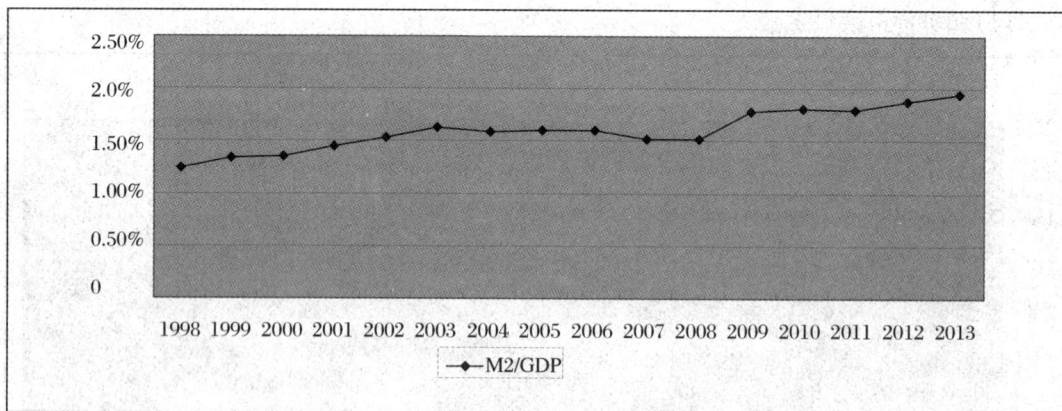

图5　1998～2013年我国货币收入比的变化趋势图

表2　1998～2013年我国货币收入比（M2/GDP）

年份	1998年	1999年	2000年	2001年	2002年	2003年	2004年	2005年
M2/GDP	1.24	1.34	1.36	1.44	1.54	1.63	1.59	1.60
年份	2006年	2007年	2008年	2009年	2010年	2011年	2012年	2013年
M2/GDP	1.60	1.52	1.51	1.78	1.81	1.80	1.88	1.95

货币收入比是指货币供应量与名义产出之比,也被称为马歇尔K值,其计算公式为M2/GDP,欧洲央行最早用其测度流动性过剩,目前学界测度流动性状况使用较多的指标。M2/GDP大于0,意味着货币供给超过的实体经济需求;如小于0,则意味着货币供给不能满足实体经济发展需求。

从计算结果看,我国1998年至2013年我国货币收入比(M2/GDP)均大于0,并且呈现出不断扩大的态势,反映出我国货币供给超过了实体经济需求,存在货币超发的现象。根据世界银行提供M2/GDP的2011年各国数据比较来看,全球平均为126%,美国、俄罗斯、巴西、印度的M2/GDP均低于1,我国排名第10位,流动性总体呈现出充裕状况。

（三）我国流动性水平的总体评价

1.从本文的定量分析结果来看,1998年至2013年期间我国流动性水平总体呈现出充裕甚至是过剩的情况,具体表现为货币供应量、社会融资规模均高于同期GDP的增长速度,引起了货币供给超过了实体经济需求。

2.我国流动性总体水平相对过剩并未引致国内经济大幅波动,得益于央行的货币政策的适时修正,反而实现了经济较快平稳增长和价格水平总体稳定,GDP年平均增长率达到了9.5%,CPI年平均增长率仅为1.9%。

3.中国经济的结构性矛盾导致了我国流动性总体处于较高水平。从中国经济增长因素的动能来看,投资驱动仍然是主要因素,高投资率引起产能过剩和房地产过度扩张,以及我国经济中积累与消费结构以及分配结构长期失衡的情况等,都是造成我国流动性总体处于较高水平的因素。

4.宏观流动性管理的目标不能仅盯住货币供应量、社会融资规模等货币供给指标,更要在价格稳定、经济增长、充分就业、国际收支平衡等经济发展的终极目标基础上,增强宏观视角下的流动性管理能力。

二、我国流动性管理工具运用实践

(一)我国主要流动性管理工具及操作实践

近年来我国央行综合运用数量型、价格型等各种政策工具,优化政策组合,进行流动性管理,引导货币供应、信贷及社会融资规模平稳增长,助推了国民经济稳步发展。本文梳理了2004～2014年我国流动性管理工具操作实践,流动性管理工具针对流动过剩性、流动性适度、流动性短缺的不同货币环境发挥着不同作用,近年来中央银行市场操作工具显出分化态势,呈现出创新的趋势。

表3　2004～2014年我国货币政策及主要经济指标

年份	货币政策基调	GDP 增速	M2 增速	CPI
2004 年	稳健货币政策	10.10%	14.90%	3.90%
2005 年	稳健货币政策	10.40%	16.50%	1.80%
2006 年	稳健货币政策	12.70%	16.70%	1.50%
2007 年	货币政策逐步从"稳健"转为"从紧"	14.20%	16.70%	4.80%
2008 年	从紧货币政策	9.60%	17.80%	5.90%
2009 年	适度宽松	9.20%	27.60%	−0.70%
2010 年	适度宽松货币政策	10.40%	19.70%	3.30%
2011 年	实施稳健货币政策,适时适度进行预调微调	9.30%	13.50%	5.40%
2012 年	稳健货币政策	7.70%	14.40%	2.60%
2013 年	稳健货币政策	7.70%	13.60%	2.60%
2014 年	稳健货币政策	7.5%	14.7%	2.3

注:资料经中国人民银行货币政策执行报告(2004～2014年第二季度)整理而得,2014年为半年数据。

表4 2004～2014年我国流动性管理主要操作

年份	公开市场操作	法定存款准备金	再贷款利率与再贴现利率	利率
2004年	1.外汇公开市场操作投放基础货币16 098亿元,人民币公开市场操作回笼基础货币6 690亿元; 2.发行央行票据15 072亿元。	1.1次提高金融机构存款准备金率0.5个百分点; 2.实行差别存款准备金率制度。	1次上调金融机构头寸调节和短期流动性支持的再贷款利率和再贴现利率。	1次上调人民币存贷款基准利率
2005年	1.正回购操作7 380亿元,逆回购操作368亿元; 2.累计发行央行票据27 882亿元; 3.中央国库现金管理操作规模共计4 300亿元,	金融机构超额存款准备金利率下调到0.99%		5次上调外币存款利率
2006年	1.累计发行央行票据3.65万亿元,余额3.03万亿元,1年期央行票据发行利率稳定在2.80%	3次上调金融机构存款准备金率计1.5个百分点;提高外汇存款准备金率1个百分点		2次上调金融机构贷款基准利率
2007年	1.累计开展正回购操作1.27万亿元	10次上调金融机构人民币存款准备金率共5.5个百分点		6次上调金融机构人民币存贷款基准利率; 上海银行间同业拆利率(Shibor)在货币市场的基准利率地位初步确立
2008年	1.短期正回购操作3.3万亿元,余额为3 622亿元; 2.中央国库现金管理累计操作1 700亿元。	5次上调金融机构人民币存款准备金率共3个百分点;4次实施定向降准累计约4个百分点	1.增加再贴现额度共256亿元; 2.两次下调再贴现利率共2.52个百分点	先后5次下调金融机构存贷款基准利率

续表

年份	公开市场操作	法定存款准备金	再贷款利率与再贴现利率	利率
2009年	1.正回购操作4.2万亿元； 2.全年累计发行中央银行票据4万亿元； 3.开展中央国库现金管理操作规模共计3 100亿元。			
2010年	1.正回购操作2.1万亿元； 2.累计发行中央银行票据4.2万亿元,余额约为4万亿元； 3.重启3年期央行票据发行； 4.中央国库现金管理操作规模共计4 000亿元	6次上调存款类金融机构人民币存款准备金率,累计上调3个百分点	1次上调中国人民银行对金融机构贷款利率和再贴现利率	2次上调金融机构人民币存贷款基准利率
2011年	1.开展正回购操作约2.5万亿元； 2.中央银行票据约1.4万亿元； 3.央国库现金管理商操作规模共计4 500亿元,	6次上调存款准备金率共3个百分点。下调1次下调存款准备金率0.5个百分点		3次上调存贷款基准利率共0.75个百分点
2012年	1.正回购操作9 440亿元,逆回购操作60 380亿元； 2.中央国库现金管理商操作规模共计6 900亿元	2次下调存款准备金率共计1个百分点	流动性再贷款和再贴现余额共计2 367亿元,比上年末增加1 909亿元	2次下调金融机构人民币存贷款基准利率
2013年	全年累计开展正回购操作7 650亿元,逆回购操作约2.2万亿元,发行央行票据5 362亿元	继续运用差别准备金动态调整机制加强宏观审慎管理		
2014年6月	上半年,逆回购操作5 250亿元,正回购操作约2.33万亿元	两次实施定向降准		

注:资料经中国人民银行货币政策执行报告(2004～2014年第二季度)整理而得,2014年为半年数据。

1.公开市场操作

公开市场操作是中央银行通过与市场交易对手进行有价证券和外汇交易,而调节基础货币和货币供应量的一种手段。其应对流动性管理的操作实质就是通过增加或减少基础货币的供应量来调节银行体系的准备金数量和水平,最终控制银行体系的信用创造能力,从而达到调节货币供应量的目的。从交易品种看,中国人民银行公开市场业务债券交易主要包括回购交易、现券交易和发行中央银行票据。

2004～2014年上半年,我国央行正回购累计操作18.07万亿元,年均1.6万亿元,我国大多数年份里整体流动性处于过剩状态,正回购作为公开市场操作成了回收流动性的主要工具。同期逆回购额累计操作8.8万亿元,在2006～2011年期间未实施逆回购操作,但从2012～2014年上半年逆回购额累计操作8.76万亿元,反映出近年来央行已开始缓解流动性短缺下货币供应量趋紧的局面。

2004～2014年上半年,央行总共发行了中央银行票据约18万亿元,央行票据作为锁定中长期流动性的重要工具,吸收了大量的流动性,有力支撑了我国货币政策的宏观调控。但在2012至2014年期间,央行票据仅发行了5 362亿元,也反映出央行开始着手释放流动性。

2013年末,央行推出了公开市场短期流动性调节工具(Short-term Liquidity Operations,SLO),从实施至今,以利率招标方式开展了12次操作,总计投放流动性7 020亿元,回笼流动性3 500亿元,净投放3 520亿元,该工具已经成为对常规公开市场操作的有益补充,尤其是调节短期流动性效果明显。

2.存款准备金

存款准备金是指金融机构为保证客户提取存款和资金清算需要而准备的资金,金融机构按规定向中央银行缴纳的存款准备金占其存款总额的比例就是存款准备金率。其流动性管理的真实效用体现在它对商业银行的信用扩张能力、对货币乘数的调节。由于商业银行的信用扩张能力与中央银行投放的基础货币量存在着乘数关系,而乘数的大小则与存款准备金率成反比。因此,若中央银行采取紧缩政策,可提高法定存款准备金率,从而限制商业银行的信用扩张能力、降低货币乘数,最终起到收缩货币量和信贷量的效果,反之亦然。

2004～2014年上半年,我国央行累计调整存款准备金率40次,其中上调存款准备金率32次,下调存款准备金率8次。尤其是在应对美国次贷危机、欧债危机等外部冲击,以及国内经济面临过热或下行的特殊时期,存款准备金工具是我国央行货币政调控的重要工具,其中2007年、2008年、2011年分别上调10次、5次和6次,从而进一步收缩流动性,有效对冲外汇占款,控制信贷规模,避免价格过快上涨。

但从2013年以来,尽管我国经济增速出现放缓,但为解决产能过剩,实现经济结构有序调整,面临复杂的经济形势,我国由直接调整存款准备金率转向实施定向降准,从而降低实体融资成本,有力支持"三农"和小微企业等重点领域的快速发展,

3.再贴现与中央银行再贷款

再贴现是中央银行对金融机构持有的未到期已贴现商业汇票予以贴现的行为,是中央银行向商业银行提供资金的一种方式。它不仅影响商业银行筹资成本,限制商业银行的信用扩张,控制货币供应总量,而且可以按国家产业政策的要求,有选择地对不同种类的票据进行融资,促进结构调整。中央银行贷款指中央银行对金融机构的贷款,简称再贷款,是中央银行调控基础货币的渠道之一。中央银行通过适时调整再贷款的总量及利率,吞吐基础货币,促进实现货币信贷总量调控目标,合理引导资金流向和信贷投向。

2004～2014年上半年,再贴现和再贷款工具主要发挥其引导信贷资金投向和促进信贷结构调整功能,但总体规模仍然较小,仅在5个年度运用,其中,2012年流动性再贷款和再贴现余额达到了2 367亿元,较以往有大幅提升,重点是为一些地方法人金融机构提供了流动性支持。

4.中央国库现金管理

中央国库现金管理,是在确保国库资金安全完整和财政支出需要的前提下,对国库现金进行有效的运作管理,实现国库闲置现金余额最小化、投资收益最大化的一系列财政资金管理活动。

2004～2014年上半年,中央国库现金管理商业银行定期存款操作的总规模约2.5万亿元,逐渐成为央行又一重要的资金投放工具。

5.利率工具

利率政策是我国货币政策的重要组成部分。中国人民银行根据货币政策实施的需要,适时的运用利率工具,对利率水平和利率结构进行调整,进而影响社会资金供求状况,实现货币政策的既定目标。目前,中国人民银行采用的利率工具主要有:(1)调整中央银行基准利率,包括:再贷款利率,再贴现利率,存款准备金利率,超额存款准备金利率。(2)调整金融机构法定存贷款利率。(3)制定金融机构存贷款利率的浮动范围。(4)制定相关政策对各类利率结构和档次进行调整等。

2004～2014年上半年,我国央行累计调整利率25次,其中上调利率18次,下调利率7次,也反映出在该时期内中国经济总体过热,流动性较为宽松,但2012年以来两次下调利率,表明中国经济在经历长期的高增长后有放缓的趋势,流动性显现出短缺的态势。随着利率市场化改革的逐步推进,作为货币政策主要手段之一的利率政策将逐步从对利率的直接调控向间接调控转化。

6.创新型政策工具的运用

(1)常备借贷便利(SLF):主要功能是满足金融机构期限较长的大额流动性需求,期限为1～3个月,对象主要为政策性银行和全国性商业银行,以抵押方式发放,合格抵押品包括高信用评级的债券类资产及优质信贷资产等。SLF是中国人民银行2013年推出的创新型流动性管理工具,为金融机构提供正常的流动性供给渠道。

该工具有两大突出特点。一是其由金融机构根据自身流动性需求主动发起、自主申请,金融机构具有主动权,在操作中,央行与金融机构"一对一"交易,针对性强。二是交易对手覆盖面更广,对象主要为政策性银行和全国性商业银行,更多用于化解存款机构的流动性危机。

从2013年中国人民银行开始实施常备借贷便利以来,2013年6月末余额达到4 160亿元,2013年末余额为1 000亿元,而2014年随着金融机构流动性显著改善,其余额为0。

(2)补充抵押贷款(PSL):是中央银行以抵押方式向商业银行发放贷款,合格抵押品可能包括高信用评级的债券类资产及优质信贷资产等,其亦是一种基础货币投放的价格型创新货币政策工具。

中国人民银行于2014年7月向国开行投放了补充抵押贷款,主要用于棚户区改造等保障性安居工程。

(二)世界主要发达经济体创新型流动性管理工具

1.美国

美国创新型政策工具主要是在传统货币政策工具,如利用公开市场操作买卖有价证券,降低再贴现率以及联邦基金利率,难以满足宏观调控、化解次贷危机的内生需要时,转向量化宽松货币政策,向市场注入流动性,遏制危机发展,推动美国经济企稳回升。

Bernanke(2009)指出美联储创新性货币政策主要分为三类:第一类为针对更为广泛的金融机构发挥最后贷款人作用,提供短期流动性的货币政策工具,包括短期招标工具(TAF)、一级交易商信贷工具(PDCF)、定期证券借贷工具(TSLF);第二类为信用市场提供短期流动性,缓解信贷收缩的货币政策工具,包括资产支持商业票据货币市场共同基金流动性工具(AMLF)、商业票据融资工具(CPFF)、货币市场投资者融资工具(MMIFF);第三类为扩展中长期信用的货币政策工具,包括定期资产支持证券信贷工具(TALF)和中长期证券购买计划。

表5　美联储非常规货币政策工具

目标类别	政策工具	创立时间	参与者	借贷工具	担保	期限
第一类	TAF	2007-12-12	存款性金融机构	资金	贴现窗接受的抵押资产	28～84天
第二类	PDCF	2008-03-16	一级交易商	资金	三方回购市场的抵押品	隔夜～14天
	TSLF	2008-03-11	主要交易商	美国国债	美国国债以及地方政府债等	28天
	AMLF	2008-9-19	储蓄机构、银行控股公司、外国银行在美国的分支机构	资金	高质量的ABCP	ABCP到期日(最大270日)
	CPEF	2008-10-7	合格的美国商业票据行者	资金	新发行的3个月无担保和资产支持商业票据	3个月
	MMIFF	2008-10-21	合格的货币市场共同基金、其他货币市场投资者	资金、次级债	美元存款凭证商业票据	无
第三类	TALF	2008-11-25	所有拥有合格抵押的个人、法人	资金	近期发行的美元计价的高等级ABS	大于1年

注:资料根据美联储网站上的信息整理完成。

2.欧盟

在欧洲主权债务危机爆发以来,欧洲中央银行开始实施量化宽松政策,重点是增加市场流动性,提振金融市场信心,维持欧洲银行业金融稳定性,实现欧元区经济的复苏。在传统的政策工具基础上,近年来欧央行实施了一揽子货币宽松政策,包括实行负利率、长期再融资计划(LTRO)、定向长期再融资操作(TLTRO)、资产抵押证券(ABS)购买计划、延长固定利率全额配给主要再融资操作(MRO)、欧洲金融稳定工具 EFSF 杠杆化、特殊项目的投资工具(SPIV)以及向欧洲银行业直接注入流动性,提升核心资本充足率等。

3.新西兰

新西兰央行为弥补银行体系流动性管理薄弱环节,从宏观审慎角度加强流动性管理,实施了以核心融资率为中心的流动性管理新政策,成为继通货膨胀目标制后,新西兰央行推出的又一项货币政策管理新工具,其核心就是规定最低融资比率,包括:最低周错配率、最低月错配率和最低年核心融资率。

从各发达国家创新型工具推出的情况来看,在面临经济金融危机时,以存款准备金、利率、国债为主的传统型管理工具效果甚微,难以解决短期市场流动性紧张问题,而运用创新思维使用一系列非常规的货币政策工具,效果确实更为明显。如美联储、欧盟的发达经济体的次贷危机和欧债危机时采用的一些针对短期流动性、中长期信用市场的政策工具,以及新西兰央行在银行体系流动性管理方面的尝试,都可为我国央行所学习和借鉴。

三、我国流动性管理工具效用的实证研究——基于向量自回归模型(VAR)的计量分析

流动性管理基础理论前文已详述,这里不再赘述。目前我国中央银行主要还是通过货币政策进行宏观流动性管理,就金融工具而言,大致可分为价格型、数量型、结构型三大类。流动性管理工具的有效运用能够对宏观流动性水平产生正向影响,从而确保经济的平稳增长。例如,提高存款准备金率将冻结一部分基础货币并降低货币乘数,从而减缓货币供应速度,实现收缩宏观流动性的政策目标;通过降低存贷款基准利率,有助于降低储蓄率和贷款成本,刺激信贷需求,从而对银行信贷和货币创造发挥重要作用,实现扩张宏观流动性的政策目标。根据戈德史密斯的金融结构理论,金融发展实质是金融结构变化,他把各种金融现象归纳为三个基本方面:金融工具、金融机构和金融结构。因而金融的结构性因素在一定程度上也会对一国货币流动性产生影响,直接融资为主的结构和间接融资为主的结构,都会对流动性产生不同的影响。那么,这些不同类型流动性管理工具对我国宏观流动性调控的效用程度如何,其具体路径、影响程度以及相互关系是如何实现的,将是本章节研究重点。

(一)计量模型的选取

向量自回归模型(VAR)方法目前是广泛用于衡量宏观经济变量之间关系的计量经济方法。该模型相对于传统模型而言的优越点在于,不需要预先假定各类经济变量之间存在着理论上的经济关系,这也是该模型得到广泛应用的原因之一。在这个模型中包括许多经济方程,在这些方程中,每一个变量都被用于决定模型中的其他变量,而每个变量不仅取决于它自己的过去的数值,而且取决于其他变量的过去数值。VAR 模型可以提供给我们响应函数和方差分解方面的有用信息。脉冲响应函数解释了冲击对某个变量在不同时期的影响效果或如何对各种冲击做出反应。对解释变量的方差进行分解,它提供的是在每一个解释变量的方差中,其他解释变量所占的所能解释的比例或者份额,能够看出某个变量的所有影响因素的重要性。

本文分析的对象是流动性管理工具效用,需运用时间序列数据来放在一个较长期的周期中去观察和验证,并且流动性水平变量、价格型变量、数量型变量、金融业结构变量是存在着一定联系的经济变量。本文以宏观流动性指标为因变量,其余流动性管理工具指标为自变量来构建 VAR 模型。通过 VAR 的脉冲响应函数图和方差分解图,可以看出价格型数量型变量、数量型变量、金融业结构变量在一段较长时间内对流动性水平变量的动态影响、影响的强度、方向和重要性程度,因此选取 VAR 模型能够对流动性管理工具进行有效的评价。

(二)指标选取与数据处理

1.指标选取

宏观流动性的指标:前面章节已对不同定义下流动性衡测度以及解释进行了比较全面的分析,综合优劣而言,这里我们选择被欧洲央行等机构广为采用的测度指标货币收入比,即 M2/GDP 来衡量宏观流动性。

价格型管理工具指标:货币管理当局主要是通过利率政策和汇率政策管控流动性,因此选择人民币实际利率 X1,名义有效汇率 X2 作为价格型管理工具指标。

数量型管理工具指标:公开市场的正回购、逆回购,法定存款准备金,超额存款准备金率、人民币贷款增量等均是货币管理当局重要的数量型调控工具。本文从指标代表性和可获取性出发,选择了法定存款准备金,人民币贷款增量两个指标,计为 X3 和 X4。

表6　主要指标与数据来源

指标类型	指标名称	指标计算方式	数据来源
宏观流动性水平	M2/GDP	季度 M2 与季度 GDP	人民银行网站 国家统计局
价格型管理工具	1.实际利率 X1; 2.名义有效汇率 X2	剔除了通货膨胀后的利率 一美元折合人民币(平均数)	WIND 人民银行网站
数量型管理工具	3.存款准备金率 X3; 4.人民币贷款增量 X4	取季度内不同时点平均得到 季度新增贷款量	WIND 人民银行网站
结构型管理工具	5.债券与股票成交额之比 X5; 6.贷款余额与股票成交额之比 X6	交易所季度政府债券交易额与股票季度交易额之比 季度贷款余额与季度股票余额之比	人民银行网站 人民银行网站

结构型管理工具指标:我们主要以直接和间接两种融资渠道,从金融业内部结构的角度来分析结构型管理工具。选择了债券与股票成交额之比来反映债券市场与股票市场发展的均衡程度,计为 X5;用贷款余额与股票成交额之来反映银行信贷与股票市场发展的均衡程度,计为 X6。

2.变量数据的处理说明

从数据可得性和完整性角度,本文选择了 2003 年第一季度到 2013 年第二季度数据进行分析。在该时间区间内,我国经历了入世后对外开放程度加大、亚洲金融危机、宏观经济增速放缓等经济顺逆周期,能够较好反映我国流动性情况及观察央行流动性管理工具的有效性。

本文研究数据均为季度数据，为消除季节性影响，首先对变量进行季节性调整。采用X12法对变量数据进行季节调整，调整后的变量分别记为MX2/GDP _SA、X1_SA、X2_SA、X3_SA、X3_SA、X4_SA、X5_SA、X6_SA。应用软件为Eviews7.0。

(三)计量分析过程

1.序列的平稳性检验

时间序列其统计规律不随时间推移而发生相应的变化就是时间序列的平稳性，但经济时间序列经常是非平稳。序列不平稳，而直接用OLS方法建模，很有可能造成虚假回归，即模型的拟和度很高，但却是非常不稳定的。为了检验的有效性，本文采用拓展的DF检验，即ADF检验，来对数据进行平稳性检验，在检验类型(C,T,K)中按照SC准则选择最优滞后期，结果见表7。

表7　数据平稳性检验结果

变量	检验类型(C,T,K)	ADF值	5%临界值	P值
M2/GDP	(C,T,1)	−0.302851	−2.935	0.9157
D(M2/GDP)	(N,N,1)	−6.390067	−1.949319	0.0000
X1	(C,T,1)	−2.037264	−2.935001	0.2704
DX1	(N,N,1)	−7.437718	−1.949319	0.0000
X2	(C,T,0)	−1.788816	−3.523623	0.6919
DX2	(C,N,0)	−5.416561	−2.936942	0.0001
X3	(C,N,2)	−1.070291	−2.938987	0.7178
DX3	(N,N,2)	−2.525316	−1.949319	0.0129
X4	(C,N,2)	−1.550427	−1.550427	0.4984
DX4	(N,N,0)	−8.951778	−1.949319	0.0000
X5	(C,N0)	−0.444273	−2.935001	0.8917
DX5	(N,N,0)	−2.343144	−1.949609	0.0203
X6	(C,N0)	−1.609485	−2.935001	0.4688
DX6	(N,N0)	−5.804673	−1.949319	0.0000

注:D为一阶差分;在(C,T,K)中,C表示有截距项,T为有趋势项,K为滞后阶数,N为不含截距项或不含趋势项

从表7可知，原序列M2/GDP _SA、X1_SA、X2_SA、X3_SA、X3_SA、X4_SA、X5_SA、X6_SA的平稳性检验在5%显著性水平下的ADF值大于相应临界值，没通过检验，表明序列M2/GDP _SA、X1_SA、X2_SA、X3_SA、X3_SA、X4_SA、X5_SA、X6_SA存在单位根，是非平稳序列。这种情况之下，为了达到平稳，要对原始的序列进行一阶差分。这时，序列DM2/GDP _SA、DX1_SA、DX2_SA、DX3_SA、DX3_SA、DX4_SA、DX5_SA、DX6_SA进行一阶差分后其平稳性检验在5%显著性水平下的ADF值小于相应的临界值，都通过检验，因此得出结论:原序列都为一阶单整序列I(1),差分后则是I(0),平稳的序列。

2.协整检验(JJ 检验)及向量自回归方程

协整检验是指原序列虽是非平稳序列,但多个非平稳变量的某种线性组合是平稳的,它表达了变量间的长期均衡关系,协整检验要求变量的单整阶数相同。原序列都为一阶单整序列 I(1),能够进行变量间的协整性检验。对 M2/GDP _SA、X1_SA、X2_SA、X3_SA、X3_SA、X4_SA、X5_SA、X6_SA 建立向量自回归 VAR(1)模型后,对协整检验进行最优滞后期的选择,如图 6 所示。根据图 6 的结果,LR、FPE、AIC、SC、HQ 我们选取进行协整检验的最优滞后期为 1 期(指内生变量差分项个数),建立的 VAR(1)模型。

```
VAR Lag Order Selection Criteria
Endogenous variables: X4_SA M2_GDP_SA X1_SA X2_SA X3_SA X5_SA X6_SA
Exogenous variables: C
Date: 10/13/14   Time: 09:16
Sample: 2003M01 2013M02
Included observations: 41
```

Lag	LogL	LR	FPE	AIC	SC	HQ
0	268.4708	NA	6.81e-15	-12.75467	-12.46211	-12.64814
1	520.0596	404.9967*	3.61e-19*	-22.63705*	-20.29657*	-21.78478*

```
* indicates lag order selected by the criterion
LR: sequential modified LR test statistic (each test at 5% level)
FPE: Final prediction error
AIC: Akaike information criterion
SC: Schwarz information criterion
HQ: Hannan-Quinn information criterion
```

图 6　协整性检验进行的最优滞后阶数选择

为了更深入地表现变量之间这种长期均衡的协整关系,我们在 VAR(1)基础之上,通过选取数据中截距项和趋势项的信息,对比 LR、FPE、AIC、SC、HQ 的检验结果以及结合实践中情况,对于选择"数据中无趋势项,协整方程中有截距项"是合理的。

从向量自回归方程,我们可以看出经季节调整的 M2_GDP 和自身的滞后一阶变量及与其他的经季节调整的滞后一阶的 X1、X2、X3、X4、X5、X6 变量之间的关系,并且 R-squared 为 0.919098,Adj.R-squared 为 0.901937,显示出用 VAR(1)拟合,拟合度较好,得到 VAR 模型的估计式为:

M2_GDP_SA = 0.55 * M2_GDP_SA(−1) − 14.48X1_SA(−1) − 0.43 * X2_SA(−1) − 1.04 * X3_SA(−1) +0.69 * X4_SA(−1) + 0.10 * X5_SA(−1) − 0.16 * X6_SA(−1) + 7.06

也就是说滞后一期的实际利率 X1 提高 1 个百分点 M2_GDP 平均下降 14.48,滞后一期的汇率 X21 美元折合人民币上升 1 元,(人民币贬值)M2_GDP 下降 0.43,滞后一期的存款资本金率 X3 提高 1 个百分点 M2_GDP 平均下降 1.04,滞后一期的人民币贷款增量 X4 上升 1 万亿元,M2_GDP 上升 0.69,滞后一期的债券与股票成交额之比 X5 提高 1,M2_GDP 提高 0.1,滞后一期的贷款余额与股票成交额之比 X6 提高 1,M2_GDP 下降 0.16。从中可以看出相对于存款准备金来说,利率工具对控制流动性效果更好,从金融业结构指标来说,发展债券市场相对于发展银行信贷,债券市场对控制流动性的效果更好。

表8　VAR(1)模型

	M2_GDP_SA	X1_SA	X2_SA	X3_SA	X4_SA	X5_SA	X6_SA
M2_GDP_SA(−1)	0.552745	−0.002832	−0.022418	0.004205	−0.019950	−0.042744	−0.131477
	(0.15532)	(0.00317)	(0.04749)	(0.00382)	(0.01332)	(0.19876)	(0.08678)
	[3.55864]	[−0.89420]	[−0.47201]	[1.10055]	[−1.49724]	[−0.21505]	[−1.51503]
X1_SA(−1)	−14.47852	0.608099	−4.534810	0.328230	−0.592465	−1.633490	−3.007036
	(9.07309)	(0.18502)	(2.77429)	(0.22318)	(0.77832)	(11.6105)	(5.06927)
	[−1.59576]	[3.28659]	[−1.63458]	[1.47071]	[−0.76121]	[−0.14069]	[−0.59319]
X2_SA(−1)	−0.433084	0.009098	1.033605	0.004199	−0.044929	1.075145	−0.128192
	(0.42218)	(0.00861)	(0.12909)	(0.01038)	(0.03622)	(0.54025)	(0.23588)
	[−1.02582]	[1.05672]	[8.00676]	[0.40432]	[−1.24056]	[1.99007]	[−0.54346]
X3_SA(−1)	−1.037103	0.166176	0.779269	0.977726	−0.326518	18.15897	−0.088440
	(6.57038)	(0.13399)	(2.00904)	(0.16162)	(0.56363)	(8.40790)	(3.67097)
	[−0.15785]	[1.24023]	[0.38788]	[6.04967]	[−0.57931]	[2.15975]	[−0.02409]
X4_SA(−1)	0.692162	−0.006870	0.929764	0.068097	−0.072559	4.628352	0.749357
	(2.13714)	(0.04358)	(0.65348)	(0.05257)	(0.18333)	(2.73482)	(1.19405)
	[0.32387]	[−0.15763]	[1.42280]	[1.29539]	[−0.39578]	[1.69238]	[0.62758]
X5_SA(−1)	0.104800	−0.000754	0.026164	−0.003116	−0.000506	0.962745	−0.052372
	(0.04704)	(0.00096)	(0.01438)	(0.00116)	(0.00404)	(0.06020)	(0.02628)
	[2.22777]	[−0.78617]	[1.81890]	[−2.69268]	[−0.12546]	[15.9927]	[−1.99258]
X6_SA(−1)	−0.160093	0.002223	−0.006962	0.006545	−0.010637	0.092337	0.331363
	(0.29999)	(0.00612)	(0.09173)	(0.00738)	(0.02573)	(0.38388)	(0.16761)
	[−0.53367]	[0.36344]	[−0.07590]	[0.88698]	[−0.41336]	[0.24053]	[1.97703]
C	7.055119	−0.046800	−0.056197	−0.072619	0.583572	−10.03288	2.140008
	(3.98335)	(0.08123)	(1.21799)	(0.09798)	(0.34171)	(5.09736)	(2.22555)
	[1.77115]	[−0.57614]	[−0.04614]	[−0.74116]	[1.70781]	[−1.96825]	[0.96156]
R−squared	0.919098	0.709444	0.996319	0.994334	0.340425	0.949265	0.723979
Adj. R-squared	0.901937	0.647811	0.995538	0.993132	0.200516	0.938502	0.665429
Sum sq. resids	0.924257	0.000384	0.086414	0.000559	0.006801	1.513516	0.288518
S.E. equation	0.167355	0.003413	0.051172	0.004117	0.014356	0.214159	0.093504
F-statistic	53.55757	11.51079	1275.908	827.2604	2.433179	88.20469	12.36513
Log likelihood	19.56644	179.1623	68.14805	171.4756	120.2593	9.455827	43.43323
Akaike AIC	−0.564216	−8.349379	−2.934051	−7.974421	−5.476066	−0.071016	−1.728450
Schwarz SC	−0.229861	−8.015023	−2.599696	−7.640066	−5.141710	0.263340	−1.394095
Mean dependent	6.510190	0.057416	7.266159	0.132588	0.043517	0.802422	0.237229
S.D. dependent	0.534426	0.005751	0.766065	0.049672	0.016056	0.863590	0.161653

注:表格中的数据"()"为标准差,"[]"为 t 值。

Unrestricted Cointegration Rank Test (Maximum Eigenvalue)

Hypothesized No. of CE(s)	Eigenvalue	Max-Eigen Statistic	0.05 Critical Value	Prob.**
None *	0.814560	67.40090	46.23142	0.0001
At most 1	0.627456	39.49606	40.07757	0.0580
At most 2	0.503411	27.99969	33.87687	0.2135
At most 3	0.343912	16.85842	27.58434	0.5921
At most 4	0.212772	9.569517	21.13162	0.7840
At most 5	0.136997	5.893498	14.26460	0.6269
At most 6	0.000631	0.025257	3.841466	0.8737

Max-eigenvalue test indicates 1 cointegrating eqn(s) at the 0.05 level
* denotes rejection of the hypothesis at the 0.05 level
**MacKinnon-Haug-Michelis (1999) p-values

图 7　协整向量检验

3.脉冲响应函数

脉冲响应(Impulse Response)函数描述了来自随机扰动项的一个标准差大小的新息冲击对变量当前和未来取值的影响,它能够形象地刻画出变量之间动态作用的路径变化。模型根的倒数值没有全部落在单位圆之内,表明此模型是不稳定的,非稳定的 VAR 模型不可以做脉冲响应函数分析。如下图 8.图 9 表明 VAR(1)模型是平稳的,模型根的倒数值没有全部落在单位圆之内,因此可以作脉冲响应。

Roots of Characteristic Polynomial
Endogenous variables: X4_SA M2_GDP_SA X1_SA ...
Exogenous variables: C
Lag specification: 1 1
Date: 10/13/14　Time: 11:17

Root	Modulus
0.975355 - 0.132491i	0.984312
0.975355 + 0.132491i	0.984312
0.947455	0.947455
0.651367 - 0.118964i	0.662141
0.651367 + 0.118964i	0.662141
0.038554 - 0.133189i	0.138657
0.038554 + 0.133189i	0.138657

No root lies outside the unit circle.
VAR satisfies the stability condition.

图 8　VAR(1)模型的平稳性检验表

Inverse Roots of AR Characteristic Polynomia

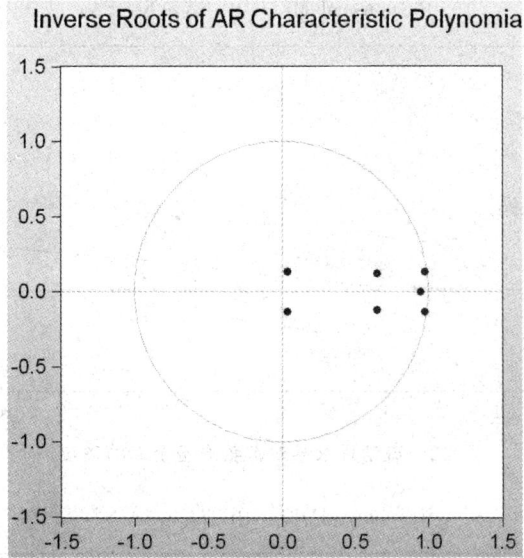

图 9　VAR(1)模型的平稳性检验单位圆图

Response of M2_GDP_SA to X1_SA

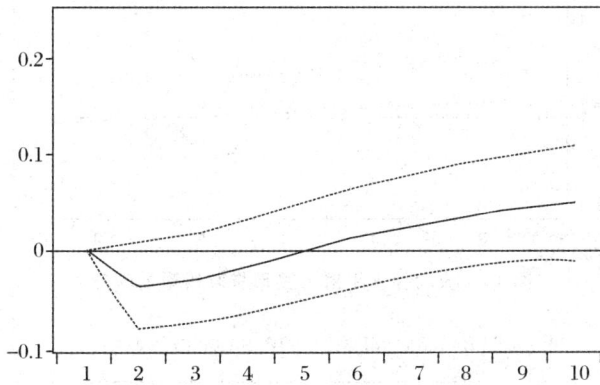

图 10　流动性水平对实际利率的响应

Response of M2_GDP_SA to X2_SA

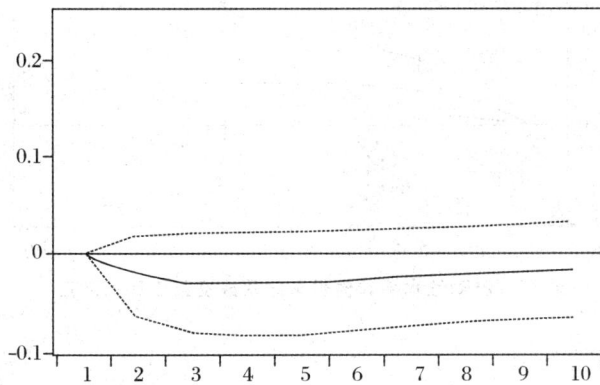

图 11　流动性水平对汇率的响应

Response of M2_GDP_SA to X3_SA

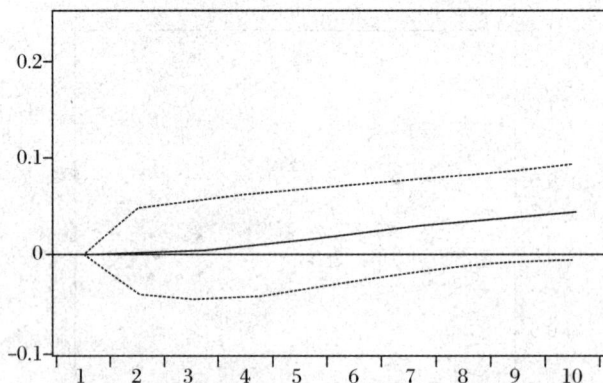

图 12　流动性水平对存款准备金率的响应

Response of M2_GDP_SA to X4_SA

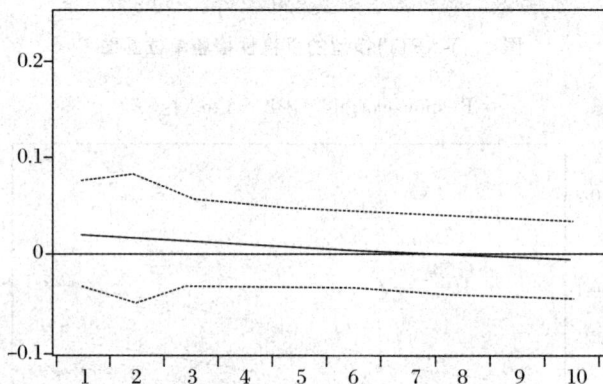

图 13　流动性水平对人民币贷款增量的响应

Response of M2_GDP_SA to X5_SA

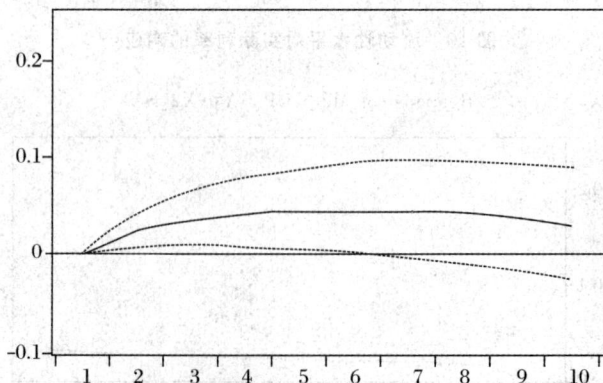

图 14　流动性水平对债券与股票成交额之比的响应

Response of M2_GDP_SA to X6_SA

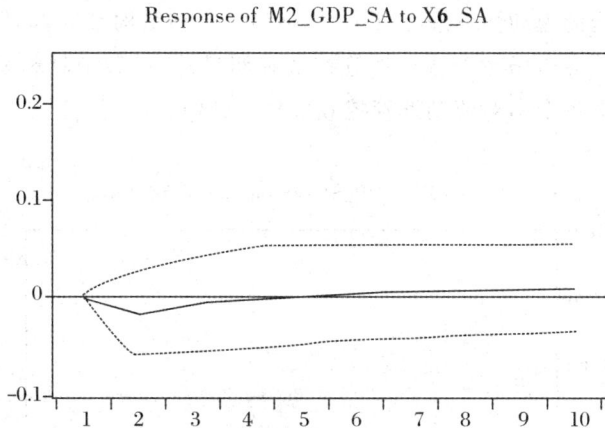

图 15　流动性水平对贷款余额与股票成交额之比的响应

(1)从价格型管理工具来看:利率和流动性水平开始成反向关系,第 5 期后成正向关系,提高利率刚开始实施时能够显著降低流动性,到第二期达到最大,达-0.036,到第 5 期慢慢减弱趋于 0,第 5 期后提高利率能够不断提高流动性水平。这表明提高利率从短期来看可能改善流动性过剩,但长期看来,却可能导致流动性过剩加剧,对利率工具要谨慎使用。这个结论在实践上与央行的过去操作行为相吻合,央行并不频繁使用利率工具。这反映了利率对流动性的影响非单一方向,可能性的解释为最初提高利率可以显著减低流动水平,但也提高了我国与国外的利差水平,有可能导致国际资本流入,不仅不能降低流动性水平,反而诱发由外部冲击引起的流动性过剩。

汇率和流动性水平一直呈反方向关系,并且在较长时间内这种作用是缓慢衰减,在第 3 期达到最大-0.031,缓慢衰减到第 10 期-0.016。显示汇率和流动性的关系比较稳定。本文中,汇率用一美元折合人民币的方式表示,因此提高汇率表示美元升值即人民币贬值,就是说提高人民币贬值能够改善流动性过剩状况。

(2)从数量型工具来看:存款资本金率 X3,能够显著影响流动性水平,影响呈现出先弱后强的特点,并随着时间推移影响程度加大。前三期很微弱,从第三期开始影响不断递增,到第 10 期达到 0.0403。人民币贷款增量 X4,刚开始和流动性呈正方向且幅度大,到第 7 期后呈反方向且幅度微弱。第 1 期达到峰值 0.020,此后缓慢衰减到第 7 期的 0。

(3)从金融业结构来看,债券与股票成交额之比 X5 在较长时间内和流动性水平一直呈稳定正向关系,响应数由第 1 期逐步提升到第 6 期的峰值,此后缓慢降低,可以看出中国债券市场对流动性影响较大,可以将其培育成调控流动性的重要工具。贷款余额与股票成交额之比 X6 只对流动性水平短期内产生影响,长期趋向于 0。按照中国金融结构的实际情况,直接融资占较大比重,银行贷款对流动性应该马上产生正向的影响,但分析显示只产生负向的短期影响,可能性的解释有两个:一种解释是反映了中国金融结构中的问题,融资向房地产、国有企业、地方融资平台倾斜,这些都是属于中长期的容易沉淀资金的领域,资金回流能力不强,而急需获得资金的创新性小企业、服务业、三农、电商等类型企业却融资困难;另一种解释就是股票市场相对于银行信贷市场发展更快,中国金融业直接融资快速发展对流动性的影响正在增强。

综上所述,在我国的流动性管理工具中,价格型工具和结构型工具对我国流动性影响力在增强,利率、汇率、债券市场对于流动性管控效果明显;数量型工具影响有弱化的趋势,人民币贷款增量,存款准备金率对流动性管控效果日益减弱。

4.方差分解分析

Percent M2_GDP_SA variance due to X1_SA

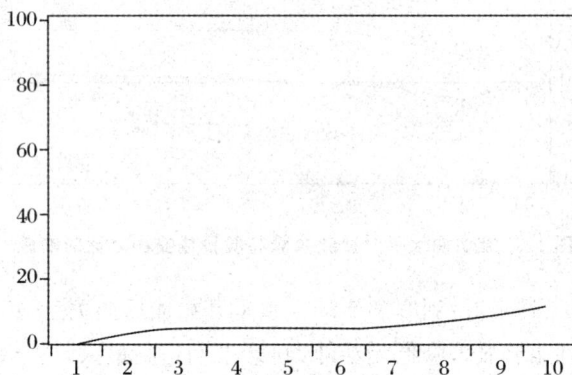

图 16 实际利率对 M2/GDP 的贡献度

Percent M2_GDP_SA variance due to X2_SA

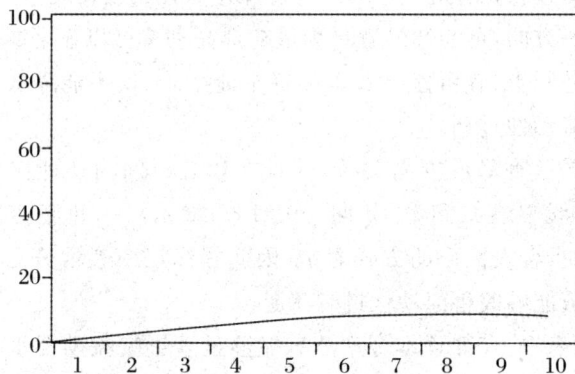

图 17 汇率对 M2/GDP 的贡献度

Percent M2_GDP_SA variance due to X3_SA

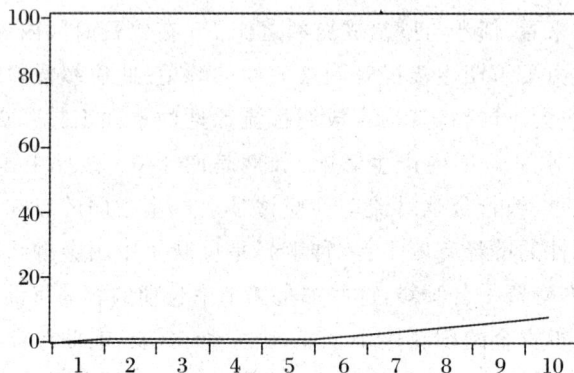

图 18 存款准备金率对 M2/GDP 的贡献度

Percent M2_GDP_SA variance due to X4_SA

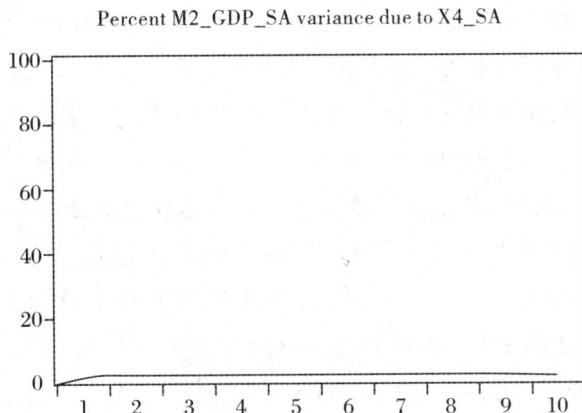

图 19　人民币贷款增量对 M2/GDP 的贡献度

Percent M2_GDP_SA variance due to X5_SA

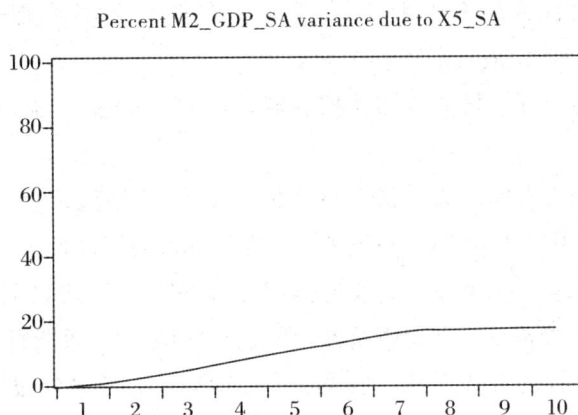

图 20　债券与股票成交额之比对 M2/GDP 的贡献度

Percent M2_GDP_SA variance due to X6_SA

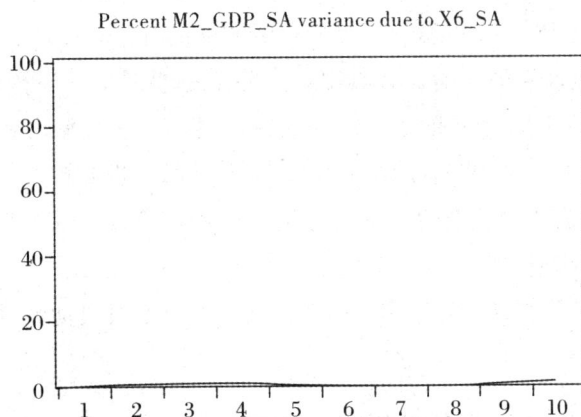

图 21　贷款余额与股票成交额比对 M2/GDP 的贡献度

　　方差分解能够给出随机新息的相对重要性信息,能够看出对 M2/GDP 变化的贡献度。从以上各图来看:债券与股票成交额之比、实际利率、汇率对 M2/GDP 变化的贡献度较大,实际利率长期来看解释了将近 20％M2/GDP 的变动,汇率长期来看解释了 15％左右的 M2/GDP 的变动,债券与股票成交额之比解释了超过 20％的 M2/GDP 的变动。这表明,随着金融改革的深入推进,特别是利率市场化进程的提速,我国价格型的流动性工具对流动性水平的影响正在增强,取得较好的效果。随着我国近几年来债券市场的飞速发展,债券市场对流动性的影响越来越强,长期来看它解释了超过 20％M2/GDP 的变动。WIND 数据库显示,2011～2013 年债券融资占直接融资的比重从 53％上升到 74％,截至 2014 年 6 月中国债券各期限存量 23.4 万亿人民币,可以预见债券市场将成为反映资金市场供求关系的晴雨表。因为债券市场是央行公开市场业务操作控制流动性的主要途径,这也从侧面说明央行的公开市场操作控制流动性的效果较好。存款准备金率的调整对 M2/GDP 变动的影响经历了前 5 期很小,第 5 期后才快速上升的过程,从长期来看解释了将近 10％的 M2/GDP 变动,而人民币贷款增量只解释了 10％以下的 M2/GDP 的变动。

(四)实证分析的主要结论

1.从我国现有流动性管理工具对流动性影响强弱程度看,首先是债券市场和利率、汇率,其次是人民币贷款增量,最后是存款准备金率。

2.债券市场是央行公开市场业务操作控制流动性的主要途径,央行的公开市场操作控制流动性的效果较好。

3.调整基准利率是有效的政策工具。能够快速有效控制流动性水平,迅速缓解流动性过剩,但它存在长短期不同的效应,从短期来看可能迅速改善流动性过剩,长期看来,有可能使流动性过剩进一步加剧。对利率工具要谨慎,要注意它的长短期效应的不一致问题,使用时要特别注意评估宏观经济形势和经济条件,要充分权衡它的长短期影响。

4.汇率是控制流动性的有效工具。人民币贬值能够改善流动性过剩,人民币升值有可能加剧流动性过剩,实证表明它对流动性的影响的长短期效应比较稳定、长短期影响的方向都一致。这说明在当前我国双顺差的背景下,我们要合理管控人民币升值预期带来的流动性过剩问题。随着我国开放程度的提高,我们要更加重视内外部政策工具的协同一致。

5.人民币贷款对流动性的影响比较有限。这并不是说信贷不是有效的流动性工具,这一观点与我国的实际中想象的不完全一致,可能的解释为:这映射出我国金融结构中的问题,信贷支持实体经济发展中,出现了结构性问题,人民币信贷向房地产、国有企业、地方融资平台倾斜,这些都是属于中长期的容易沉淀资金的领域,资金回流能力不强。我们应该警惕经济下行期诱发的流动性风险。

6.存款准备金率只是较有效的工具。调整存款准备金率对流动性具体影响需要一段时间才能显现。

四、完善我国流动性管理工具的对策建议

(一)建立流动性动态监测指数

在宏观审慎政策框架下,央行要进一步明确流动性管理的中介目标以及最终目标,为流动性管理工具组合运用提供决策参考。流动性动态监测指数可作为流动性总量管理的参照指标。流动性监测指数可探索构建一个包含经济景气、生产者信心、消费者信心、货币供应

量、社会融资规模、物价指数等多项指标组成的综合指数。监管机构可依据该指数变动情况相机行事，实施流动性管理工具组合运用，降低流动性的周期性波动和结构性矛盾对经济金融运行的影响。

(二)进一步完善差异化的存款准备金调节机制

前文研究表明，调整法定存款准备金率对宏观流动性管控作用不明显，且当前我国存款准备金率调整空间已非常有限。但该工具对于金融机构尤其是中小商业银行流动性影响又很显著。这就需要进一步创造出有利于宏观经济增长、货币金融稳定的差异化的存款准备金制度，从而实现存款准备金动态调整机制。具体而言，要优化存款准备金动态调整参数设置，从资本监管、核心资本率、贷存比、偏离度、拨备率等指标出发，根据不同类型不同区域机构在金融系统性稳定及流动性管理中的不同作用，实施差异化的准备金调节，平滑流动性波动，减少法定存款准备金率对经济的冲击。

(三)加快推进人民币利率市场化

利率作为重要的价格型管理工具，对经济主体和金融机构的行为产生会长期引导，从而有效调节流动性。利率市场化将更加发挥市场在利率定价上的基础性作用，有利于疏通利率传导机制。利率市场化的推进来看，首先是要加快银行间同业拆借市场、票据贴现市场、短期国债市场等各类利率市场的建设，推动以 Shibor 为代表的货币市场利率作为货币市场的价格基础。同时，通过利率衍生产品价格发现机制，形成市场认可的、充分反映货币供求关系的市场化均衡利率水平，最后逐步实现存贷款基础利率定价的市场化。逐步改变目前以货币供应量为中介目标的数量型调控模式，充分发挥利率作为核心价格型调控工具在流动性管理种的重要作用。

(四)完善汇率形成机制抵御外部流动性冲击

随着人民币国际化的进程推进，我国将充分融入全球的开放经济之中，而世界各国尤其是发达国家货币政策将直接影响我国宏观流动性水平，比如某经济体采取货币宽松政策将直接导致该国资本外流，从而增强我国的流动性压力。完善汇率形成机制提高我国货币政策操作的弹性空间，一方面央行应考虑适度调整人民币汇率的货币篮子，扩大人民币汇率浮动区间，加大汇率形成机制中的市场化成分；另一方面，我国要妥善处理好人民币国际化和资本项目开放的关系，充分运用货币互换、掉期等政策工具，加强利率和汇率两个价格工具配合，协同抵御可能面对的外部流动性冲击。

(五)充分发挥传统型政策工具在流动性管理中的基础作用

公开市场操作工具作为传统型货币政策工具，对于长短期流动性管控效果显著，例如中长期央票可中长期内冻结流动性，逆回购对于短期内流动性收缩效果也非常显著。另外，再贷款、再贴现作为流动性供给的新渠道，在优化产业结构和定向信贷政策方面，流动性供给作用非常突出。

(六)将创新型流动性管理工具作为调节流动性的重要补充

近年来，央行所运用的短期流动性调节工具(SLO)及常设借贷便利(SLF)有效缓解了短期性波动造成的临时性流动性短缺,在缓解银行业压力,保持流动性规模适度,维持金融市场稳定等方面起到了重要作用。同时,央行还应该探索 TAF、PDCF、TSLF、AMLF 等工具在我国实际运用,进一步丰富创新型流动性管理工具种类,通过不同工具的有效组合运用提升调节流动性管理效率。

表9　1998~2013 年宏观经济金融指标　　　　　　　　　　单位:亿元、%

年份	1998 年	1999 年	2000 年	2001 年	2002 年	2003 年	2004 年	2005 年	2006 年	2007 年	2008 年	2009 年	2010 年	2011 年	2012 年	2013 年
GDP	84402	89677	99215	109665	120333	135823	159878	184937	216314	265810	314045	340903	401513	473104	519470	566845
GDP 增长率	7.8	7.6	8.4	8.3	9.1	10	10.1	10.4	12.7	14.2	9.6	9.2	10.4	9.3	7.7	7.7
M2	104499	119898	134610	158301	185007	221222	254107	296040	345577	403401	475166	606223	725851	851590	974148	1106509
M2 增长率	15.3	14.7	12.3	17.6	16.9	19.6	14.9	16.5	16.7	16.7	17.8	27.6	19.7	13.5	14.4	13.6
M1	38953	45837	53147	59871	70822	84118	95969	107280	126028	403401	475167	606223	725852	851591	974149	1106509
M1 增长率	10.1	20.1	8.9	7.1	10.1	14.3	8.7	11.9	12.6	12	12.8	11.8	16.7	13.8	7.7	7.1
金融机构各项存款	95698	108779	123804	143617	170917	208056	241424	300208	348016	401051	478444	612005	733382	826701	943102	1070587
增长率	16.1	13.7	13.8	16	19	21.7	16	24.3	15.9	15.2	19.3	27.9	19.8	12.7	14.1	13.5
金融机构各项贷款	86524	93734	99371	112314	131293	158996	178197	206839	238280	277747	320049	425623	509226	581893	672875	766327
增长率	15.5	8.3	6	13	16.9	21.1	12.1	16.1	15.2	16.6	15.2	33	19.6	14.3	15.6	13.9
CPI	−0.8	−1.4	0.4	0.7	−0.8	1.2	3.9	1.8	1.5	4.8	5.9	−0.7	3.3	5.4	2.6	2.6
社会融资总规模					20112	34113	28629	30008	42696	59663	69802	139104	140191	128300	157600	172900

注:数据依据国家统计局、中国人民银行、财政部、中国金融市场发展报告等相关数据,整理而得。

主要参考文献

[1]彭方平,展凯,李琴.流动性过剩与央行货币政策有效性[J].管理世界,2008(5):30-37.

[2]杨子强.宏观流动性管理与金融资源均衡配置——金融服务实体经济的困境与出路[J].金融理论与实践,2012(11).

[3]陈建斌.我国中央银行管理流动性的有效性研究[J].当代财经,2011(6):43-54.

[4]付俊文.新西兰央行的核心融资率流动性管理及启示[J].金融教学与研究,2012(4):21-24.

[5]许涤龙,叶少波.流动性过剩的测度方法与实证分析[J].数量经济技术经济研究,2008(3):3-16.

[6]盛松成.社会融资规模概念的理论基础与国际经验[J].中国金融,2011(8):41-43.

[7]岳娟丽.后危机时代中国人民银行货币政策工具箱的优化.河北经贸大学学报,2014(1):85-91.

[8]北京大学中国经济研究中心宏观组.流动性的度量及其与资产价格的关系[J].金融研究,2008(9):44-45.

[9]中国人民银行营业管理部课题组.宏观审慎视角下的流动性管理研究[J].北京金融评论,2012(2).

[10]中国人民银行南京分行货币信贷管理处课题组.结构性流动性缺口背景下中央银行货币政策操作工具选择[J].金融纵横,2014(3):13-21.

[11]刘卫东.中央银行流动性管理[D].2010年湖南大学博士学位论文,2011.

浅析中小企业新三板挂牌过程中的财务规范

唐 明

天健会计师事务所(特殊普通合伙)重庆分所

随着国民经济的迅速发展,中小企业逐步成为我国社会经济发展中不可缺少的组成部分。同时,随着我国改革开放的进一步深入,我国经济进一步融入了全球经济,作为我国经济建设基石的中小企业,在面临机遇的同时,也面临激烈竞争。随着我国资本市场的改革和发展,2012年新三板的出现以及2013年底的扩容,特别是2016年3月国家十三五规划纲要的发布,纲要进一步明确了加快金融体制改革,发展多层次股权融资市场,深化创业板、新三板改革,规范发展区域性股权市场,建立健全转板机制和退出机制,为中小企业参与资本市场提供了广阔的前景。但中小企业在新三板挂牌过程中在财务规范方面存在一些问题和不足,这是中小企业能否在新三板成功挂牌的关键,故本文针对中小企业在新三板挂牌过程中财务规范的现状进行总结,从而进一步针对存在的不足和问题提出解决建议。

一、新三板及新三板挂牌的挂牌条件

(一)"新三板"

"新三板"市场原指中关村科技园区非上市股份有限公司进入代办股份系统进行转让试点,因挂牌企业均为高科技企业而不同于原转让系统内的退市企业及原STAQ、NET系统挂牌公司,故形象地称为"新三板"。目前,新三板不再局限于中关村科技园区非上市股份有限公司,也不局限于天津滨海、武汉东湖以及上海张江等试点地的非上市股份有限公司,而是全国性的非上市股份有限公司股权交易平台,主要针对的是中小微型企业。截至2016年9月14日成功在新三板挂牌的企业已达到9 025家,其中基础层8 072家,创新层为953家。

(二)"新三板"挂牌的条件

1.依法设立且存续(存在并持续)满两年。有限责任公司按原账面净资产值折股整体变更为股份有限公司的,存续时间可以从有限责任公司成立之日起计算;

2.业务明确,具有持续经营能力;

3.公司治理机制健全,合法规范经营;

4.股权明晰,股票发行和转让行为合法合规;

5.主办券商推荐并持续督导;

6.全国股份转让系统公司要求的其他条件。

二、中小企业在财务规范的现状及问题

(一)会计基础工作重视不够

主要表现在有规不依：记录、凭证、报表的处理不够规范，甚至错误，内容上无法衔接或不够全面；内外不一，在融资和税务的诸多方面要求，通常存在几套账的情况。

(二)财务人员素质不高

大部分企业的财务人员主要分为三种类型，一类是行政兼管型（即由办公室主任等行政人员代为处理日常账目）；二类是亲信操作型（即由企业老板的亲属和关系方担任财务人员）；三类是简单执行型（即虽由专业人员担任，但实际财务决策均由老板掌握），这里面有重经营轻管理的思想在作怪，更有老板紧抓财权和人权的意识在起作用，从某种意义上，这些想法都无可厚非，但如果长此以往，专业意识、现代意识、独立意识这三个财务工作的命脉将荡然无存，诸多财务问题将逐渐显现，因此，要真正解决财务的规划问题，还是要从财务人员的素质抓起，从老板的意识培养起。

(三)会计政策适用不当

主要体现在：一方面是错误和不当适用，譬如收入确认方法模糊、资产减值准备计提不合规、长短期投资收益确认方法不合规、在建工程结转固定资产时点滞后、借款费用资本化；无形资产长期待摊费用年限、合并会计报表中特殊事项处理不当等。另一方面是适用会计政策没有保持一贯性，譬如随意变更会计估计；随意变更固定资产折旧年限；随意变更坏账准备计提比例；随意变更收入确认方法；随意变更存货成本结转方法等。

(四)内部控制有待提升

中小企业很难建立内部控制制度，即使建立了内部控制制度，但在操作过程中也无法真正执行，只能流于形式。加上财务基础薄弱，公司缺乏相关的控制流程，即使有也没有保存相关的资料。

(五)税收问题突出

对于大多数中小企业来说，多采取采用内外账方式，利润并未完全显现，挂牌前则需要面对税务处罚和调账的影响。主要涉及的有土地增值税、固定资产购置税、营业收入增值税、企业所得税、股东个人所得税等项目。

(六)独立性不够，关联交易普遍，资金占用非常严重

中小企业普遍存在业务部独立、人员不独立、机构部独立的情况；为了规避税收问题存在大量的交易价格不公允的关联交易。由于内外账的存在，中小企业存在大量股东占用资金的情况。

(七)股东出资不规范

股东出资不规范主要体现在普遍存在用职务成果和职务发明用于出资，实物出资无相关的评估报告以及公司在股改过程中用盈余公积、未分配利润转增股本，未按照规定缴纳个人所得税。

三、中小企业财务规范的建议

(一)财务基础薄弱,核算不规范、不准确的建议

对于拟申请挂牌的企业,其最近两年一期的财务报告应经具有证券期货从业资格的会计师事务所审计,对财务规范性提出一定要求。《企业登记管理条例》要求公司每年1月1日至6月30日要通过企业信息系统将年度财务报告向社会共识,因此建议会计基础薄弱的企业先规范一段时间,可以考虑聘请财务顾问、税务顾问先进行规范处理,再进行上市申报。对于内外账的事项则需要把真实的收入、利润释放出来,因此要将内账、外账合并,同时补缴有关税金。申报期内,必须严格完税。严格执行有关准则、充分认识到规范不是成本而是收益,养成将所有经济业务事项纳入统一的一套报表体系的意识和习惯。

(二)提高财务人员素质

招聘专职财务人员,强化财务人员自身素质的提高,公司老板也需要提高重视财务的意识。

(三)采用合适的会计政策

"新三板"挂牌条件中明确规定了,公司应按照《企业会计准则》的规定编制并披露报告期内的财务报表,公司不存在《中国注册会计师审计准则第1324号——持续经营》中列举的影响其持续经营能力的相关事项,并由具有证券期货相关业务资格的会计师事务所出具标准无保留意见的审计报告。对于会计差错问题务必纠正和调整,对于会计政策的一贯性则要注重选择和坚持。同时对于收入确认不规范、不及时的以及成本、费用不匹配、不完整的情况需要严格按照会计准则进行核算,采用权责发生制,真实、完整反映公司业务收入,按照配比原则,确认与收入相对应的成本、费用。

(四)提升内部控制

从内部控制的范围来看,包括融资控制、投资控制、费用控制、盈利控制、资金控制、分配控制、风险控制等;从内部控制的途径来看,包括公司治理机制、职责授权控制、预算控制制度、业务程序控制、道德风险控制、不相容职务分离控制等。一般来说,内部控制的类型分为约束型控制(或集权型控制)和激励型控制(或分权性控制)。通常情况下中小型企业以前者为主,规模型企业可采取后者。另外,内部控制不仅要有制度,而且要有执行和监督,并且有记录和反馈,否则仍然会流于形式,影响企业发展。

(五)提前进行税收筹划

税收问题需提前考虑和规划,与税务代理沟通提前筹划,并及时与会计师沟通。一般来讲,如果补税金额不大,可以全部补税如实反映,时间尽量在每年税务汇算清缴前(5月30日);如果补税金额过大,可以考虑把上市时间后延,让补税年度不在申报报表的期间内。即申报期必须严格完税,申报期以前的可以适当简化处理。

(六)加强公司独立性、规范关联交易,并解决股东资金占用

中小企业在规范过程中,要严格按照股转中心的"三分开,五独立"的原则进行。对于关联交易则需要关联交易,应按照《企业所得税法》以及《特别纳税调整实施办法》的规定,提交留存相关资料,以证明定价的合理性。对于资金占用一般要求改制前全部清理完成,最迟在申报时必须解决占款。

(七)规范出资

对于无形资产出资如果职务成果或者职务发明已经评估、验资并过户至公司,此处情况下,一般的做法是通过减资程序规范,财务上将已经减掉的无形资产做专项处理,并将通过减资置换出来的无形资产无偿赠送给公司使用。如公司系实物资产出资,则产权需要过户到公司,同时尽量要求具有证券资格的会计师事务所出具验资复核报告,对当时的非货币资产出资进行专项复核(重新证明出资实际到位)。如公司存在盈余公积、未分配利润转增股本则需要按照税法规定,该情形下应视同进行利润分配,需要按照 20% 的税率缴纳个人所得税。

主要参考文献

[1]李娜.企业挂牌新三板的主要财务问题[J].企业改革与关联,2016(1):152-153.

[2]彭丽荟.论企业新三板上市关注的财务问题[J].财经界,2016(2):141.

[3]贺曾梅.浅议新三板企业挂牌过程中的财务规范[J].现代经济信息,2015(1).

促进重庆会计师事务所发展，实现供给侧结构性改革

王显斌

重庆中甲会计师事务所

一、供给侧结构性改革对会计师事务所的新要求

目前中央正在全面进行"供给侧"结构性改革，这对于注册会计师行业发展来说是一次很好的契机。供给侧结构性改革旨在调整经济结构，使要素实现最优配置，提升经济增长的质量和数量。其核心是市场供应方的创新，放松供给约束，解除供给抑制，提高供给效率，刺激新供给，创造新需求。

供给侧结构性改革要求"去产能、去库存、去杠杆、降成本、补短板"。在此过程中，社会资源会不断从供给产能过剩行业向新供给形成或扩张行业转移，新旧动能转换、新旧模式转型、新旧路径接续，无疑将给会计师事务所带来发展的机遇与挑战。结合经济体制改革的深入、政府职能的进一步转变、行业协会脱钩改制的推进，作为会计审计服务组织的会计师事务所，必将在市场资源配置、参与政府购买服务、维护社会公众利益中发挥越来越重要的作用。同时在深化财政改革、全面提升财政科学化精细化管理水平的需要下，对会计审计专业服务也提出了巨大的新需求。

对于目前的注册会计师行业，应抢抓新机遇，与时俱进，提供新服务，满足新需求，充分利用注册会计师的专业优势，提高业务技能、拓宽服务领域。利用在长期的执业过程中积累的经验，建立一支业务技能精、思想品德硬、社会信誉好的专业服务机构，通过良性循环，为供给侧结构性改革提供全方位、多元化的综合配套服务。特别是在"大众创业、万众创新"的政策支持下，通过创新，特别是大力发展包括中小会计师事务所在内的注册会计师行业，为重庆企业服务，这对维护重庆经济持续、健康、稳定发展，对落实中共重庆市委市政府提出的在西部率先全面实现小康，实现共同富裕，将尤为重要。

二、重庆注册会计师行业现状分析

（一）业务仍以传统的鉴证类为主，业务结构不合理

截至 2015 年 12 月 31 日，重庆市共有执业注册会计师 1 929 人，非执业会员 1 781 人，事务所 102 家（含分所 14 家）。由于重庆地处内陆，从历史环境角度看，当前的会计审计服务市场仍然处于买方市场，管理当局选择注册会计师和决定审计收费的力量较大，注册会计师目前还是以传统的审计鉴证业务为主，加上事务所执业范围相对集中在会计报表审计

等传统领域,这也导致市场的供需失衡以及买卖方地位不对等;从收费服务方面来看,与国内其他高端商品和高端服务相比较,会计师事务所业务收费水平太低,行业不正当低价竞争问题仍然突出,长此以往,不利于行业的持续健康发展;从收入方面看,全市 102 家会计师事务所全年实现业务收入 138 330.09 万元,同比增长 5.67%,其中:鉴证类收入(含财务报表审计、专项审计、其他鉴证业务、验资)84 893.83 万元,占 61.37%;其他类收入(含工程造价和税务类收入)43 030.05 万元,占 31.11%;管理咨询收入 9 902.86 万元,占 7.16%;会计服务收入 503.35 万元,同比增长 0.36%。

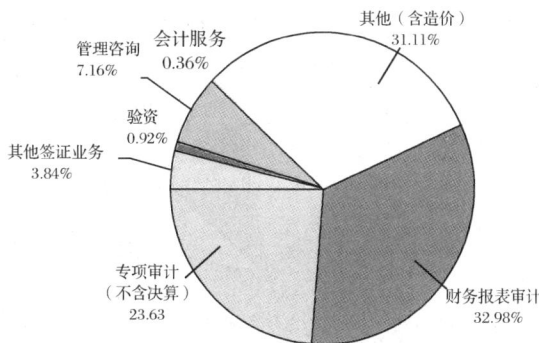

图1 2015 年事务所收入结构(按业务类型分)

从上图显性数据看出,相对简单的会计报表审计等传统鉴证类业务占据了最大的市场份额,咨询类服务较少,业务结构不合理。与《重庆市注册会计师行业发展规划(2016—2020 年)》提出的"高端业务稳步提升,非鉴证业务占行业总体业务量达到 30%,新业务领域收入年增长不低于 15%"还有很大的差距,且任重道远。

(二)市场未完全体现真实需求,市场机制不健全

会计审计作为一种责任商品,是以知识、智力的形式提供服务。在会计审计服务市场上,有众多不同的消费群体,如跨国公司、国有大型企业、各类中小企业以及私营和个体企业等。成熟的市场细分也是在一定规则的市场机制中形成。事务所需要追求的市场,必然需要有市场定位,以何种客户群为对象,这直接关系到后期的营业收入以及市场规模。事务所在成立初期就应该有发展战略,在各个阶段如何定位,服务领域有所侧重,能深耕细分市场,在某些领域具有相对优势,形成特色。而执行是否到位取决于事务所业务能力和服务水平,业务能力和服务水平直接影响收费,进而反映出经营成果和事务所发展速度。收费问题表面上是会计师事务所与客户之间的关系问题,本质上属于注册会计师专业服务能力的问题。究其原因主要是当前的会计师事务所提供的专业服务同质化程度高,相互没有多大差异,没有明显特色,就只能拼价格,收费水平上不去。

从需求方面来说,有些部门政府、受政府影响的单位和大众型中小企业客户不认为高质量审计有助于提高企业价值,仅仅把注册会计师审计作为企业的一个法定要求,不在乎审计质量的高低,而只在乎收费高低,搞"价低者得";不认同注册会计师在教育培训投入、社会责任担当、诚信道德坚守等方面的巨大投入,给出的价格不合理。

从交易机制方面讲,在重庆市场会计审计服务招投标中,往往没有考虑专业服务的特点,把技术因素和价格因素隔离开来评价,客观上使价格成为评标的主要因素,导致"最低价中标"。笔者认为,包括会计审计服务在内的专业服务是不适合搞"价低者得"的,对于低于成本的投标价格,应当动用反不正当竞争手段,目前重庆在这方面的监管尚未形成有效机制。

(三)行业集中度较低,市场定位不明确

重庆市 2015 年收入排名前十的会计师事务所收入 64 537.42 万元,占 46.65%;收入排名前二十的会计师事务所收入 93 773.09 万元,占 67.79%。且会计师事务所规模普遍偏低,5 000 万元以上的会计事务所只有 36 家。不同收入规模的会计师事务所结构如下图:

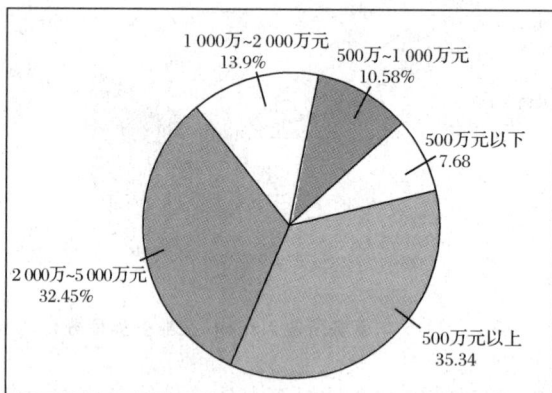

图 2　2015 年不同收入规模事务所对比图

从 2008 年至 2015 年的数据统计可以看出,收入排名前十的会计师事务所占比在 46.22% 至 54.41%之间;收入排名前二十的会计师事务所占比在 64.31%至 70.49%之间。以上指标均呈平缓的 U 型趋势,且呈胶着状态。没有明显的细分市场优势和明确的市场业务分层。

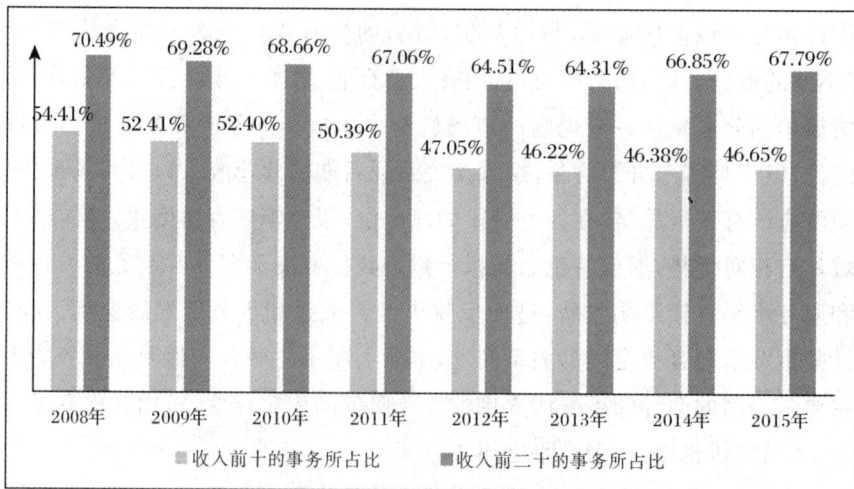

图 3　2008～2015 年行业收入集中度趋势图

分析原因,2008 年至 2013 年行业收入集中度连续下降,与行业出台的一系列发展政策,使收入较低的会计师事务所收入增幅更快的趋势相对应,但随着 2014 年出台的一系列

国家政策，导致以年报、验资业务为主的中小事务所发展受到阻碍。可以预见，如果不加快供给侧结构性改革，在可预见的将来市场格局仍将延续现状。

(四)会计师事务所质量风险意识还不强，未有良好的社会信誉度

注册会计师行业背后既有政府"这只看不见的手"助推作用，也有市场自身"有形的手"的刚性需求作用。在国家实施"走出去"的经济战略方针指导下，要求行业"做大做强"服务国家经济，部分大型会计师事务所之间的合并扩大背后掺杂着一定的行政色彩。合并只是为了获取相应资格、参与政府项目竞标的主要手段，非完全市场行为下做出合并、整合策略。大型会计师事务所在政策引导的整合、合并之后，由于业务类型没有较大变化，质量控制体系缺失，审计质量没有得到提高，反而带来更大的风险，违背了行业整合的初衷。另外，在利润的考核机制面前，会计师事务所可能更多地考虑的资格获取、市场占有等因素。

由于会计师事务所执业风险意识不强，以及经营业绩的原因，审计失败风险加大。我国当前还处于市场经济发展的初级阶段，社会尚未建立良好的信用体系，外部环境较差，还需要个人、企事业、政府部门共同推动建设良好的市场环境。由于社会和政府各职能部门对注册会计师的期望很高，故在以往的事件处理中往往会加重处罚会计师事务所，会计责任往往逃避了处罚，使注册会计师行业陷入了"深口袋"漩涡之中。审计纠纷和处罚带来的不仅仅只是会计师事务所声誉的下降，罚款的负担，更有甚者是毁灭性的后果。这对于整个注册会计师行业信誉造成了很大的负面影响，社会信誉饱受责疑。

三、会计师事务所实现供应侧结构性改革的对策

促进重庆会计师事务所的发展，实现供应侧结构性改革的对策研究，需要从"供需双视角""全链条视野"去解析发展思路，依靠政府引导做起来、市场主导做下去、事务所创新做出色的路径，使注册会计师行业能够助推市场经济供给侧改革发展，捍卫市场主体权益，维护市场经济秩序。注册会计师行业实现供给侧结构性改革，需要解决注册会计师行业服务市场涉及供需双方的三个因素，一是市场对会计师事务所专业服务的需求和价值的认知，二是会计师事务所专业服务的质量和能力，三是联结供需双方的交易机制。

(一)打破政策性障碍的交易机制是基础

实现会计师事务所供给侧结构性改革首先需要解决交易机制的政策性障碍问题，供需双方能不能以市场方式自由实现交易，以及能以怎样的方式、方法和途径实现交易的目标，并使之形成理论化、系统化的规则和制度，并能长期有效地指导、激励和监督实践工作。根据国务院办公厅《关于加快发展我国注册会计师行业的若干意见》和重庆市人民政府办公厅《关于加快我市注册会计师行业发展的意见》精神，要鼓励大所做大做强与中小所做精做专相协调，推动行业发展与经济社会发展相匹配。现阶段有很多政策是在人为地保护大所有稳定的业务来源渠道，但行业集中度效果却不明显。普遍施行的会计审计服务业采购入围供应商制度，对于规范需求方规范化运作起了一定的作用，但并不符合《中华人民共和国政府采购法》及其《实施条例》精神，所以应逐步取消定点采购入围供应商的方式，尽量实行单

项服务协议供货采购或分散采购。另外社会盲目对综合排名指标的滥用,也极大地阻碍了中小会计师事务所的创新发展动力。假设如果有公平的政策环境,大所和中小所的区别主要是承接大项目的规模能力,而非业务质量差异。

在供给侧结构性改革下,需要政府将能够用市场手段调整的事情交还市场,给市场一个公开、公平、公正的机会和"法无禁则许"的宽松外部环境,政府通过监督实现会计师事务所的管理。比如缩小定点采购入围供应商的业务采购类型、实行会计师事务所重点业务领域的单项排名、重点宣传行业业务专家和新业务突出的会计师事务所等措施,引导大、中、小型会计师事务所市场定位各有特色,服务领域各有侧重。推进招投标制度改革,运用法律手段解决不正当低价竞争问题。

(二)创造市场真实的需求是目的

1.建立市场对注册会计师专业服务真实需求的环境

在市场经济中,任何产品或服务市场,如果不以消费者需求为导向的产品供应都将面临失败的结局,会计审计服务也不例外。市场经济的发展,是以信用关系的日益透明和不断扩大为基础的,诚信是现代市场经济的基石,是政府取信于民的基础,是企业发展的生命,是注册会计师立身的根本。没有诚信就没有良好的社会经济秩序。近期颁布的《资产评估法》赋予了评估行政管理部门会同有关部门处罚委托人的职权,所以在同一事件中如果会计责任没有受到处罚,审计责任可以免受处罚,这样可以给会计师事务所营造良好的社会外部环境,也体现了公平公正。

2.加强市场的政策引导功能

政府及相关部门应加强对会计师事务所的市场化引导,出台一系列政策措施,通过专项资金奖励,鼓励会计师事务所创新业务发展,开展业务试点,将行政事业单位非重点业务外更多的外包给会计师事务所,以不断深化和多样化的市场需求推动会计师事务所为市场供给侧结构性改革服务,响应李克强总理提出"大众创业、万众创新"的号召,也有利于发挥会计师事务所的专业优势,在新领域、新问题的探索中先行先试,相比采取其他形式的试点成功的概率更高。

3.提高市场对专业服务价值的认识

现阶段政府已把会计师事务所业务收费标准交给了市场,这既是政府转变职能、发挥市场在资源配置中的决定性作用的重大举措,也是注册会计师专业服务市场建设的必由之路。放开了收费标准,会计师事务所收费少了一个凭据,可能会削弱其价格谈判地位,但是长远看,这是完善注册会计师专业服务市场机制的动力,只要经过一段时间的市场实践和供需磨合,通过市场"试错机制",就能找到注册会计师专业服务的"公允价格"。但是长期下去没有一个行业指导价格也不行,这需要行业协会制定指导价格并能适时更新,以满足市场环境的变化、新业务类型创新的需要,给市场提供合理的定价参考,明确行业专业服务的标准值。

4.建立对会计师事务所的宽容、包容和纠错机制

会计师事务所本身是一个高风险行业,特别需要对会计师事务所有宽容、包容和纠错机制。习总书记提出"有多大的担当才能干多大事业,尽多大的责任才能有多大成就"。这是对会计师事务所主动担当职责、贡献社会的要求,同时会计师事务所也会承担更大的风险。特别是作为中小会计师事务所,在为中小微企业服务过程中会遇到很多困难和困惑。由于一些准则建设的滞后,需要注册会计师充分运用职业判断进行工作,而注册会计师对同一事项所采取的职业判断与政府职能部门的认识有所不同,由于地位不对等的原因,往往会出现行政、经济责任等风险。所以需要社会多包容,多批评教育,少处罚,不能一棍子打死,不要在舆论宣传上歧视、入围资格上设置限制条件等,合理界定责任,促进行业持续有序规范发展。

(三)会计师事务所内部创新是保障

会计师事务所供给侧结构性改革,就是要提高会计审计专业服务的质量和能力,要优化服务的产品结构和质量,提升专业服务的市场价值。会计师事务所要以"人合"为基础,坚持以人为本,注重人才建设;以执业质量为生命线,增加全体执业人员的主体责任和进取精神,坚守职业道德,增强风险意识。所以应从完善治理结构、内部管理和质量保障机制、战略规划、强化提升专业服务质量的内部流程再造、加强人才和文化品牌建设等方面进行创新,加强对外联合联盟,整合资源。

1.完善治理结构

完善会计师事务所章程,明确合伙人权利义务划分,对表决权、执行权、合伙人加入和退出、股权转让、利益分配、风险责任和责任等问题进行事先约定。实行所有权与经营权适当分离,授予首度合伙人享有较大的经营决策权。会计师事务所可以实行合伙人、授薪合伙人、预备授薪合伙人等分级晋升机制,明确各层级合伙人的管理职责。纵观重庆市会计师事务所组织形式的发展历程可以看到,在政府政策的引导作用下,会计师事务所组织形式的变革对审计质量的内在推动性作用不言而喻。

2.完善内部管理和质量保障机制

加强和完善制度建设,规范薪酬分配体系,健全质量控制体系和风险防范机制,提高经营管理和重大决策的透明度。

完善的内部管理包括风险管理、财务管理、人事管理、内部约束、质量监控、组织决策、员工培训、业务考核、客户管理制度等。加强风险管理,提高全体执业人员的风险意识。加强风险意识,可以在内设立风险保证金制度或强制保险制度。在合伙人有退伙或员工离职前发生经济赔偿责任时,可以先通过风险保证金进行赔偿,但有权对责任人进行追偿。

建立以质量控制为目标的薪酬体系建设,建立有效的分配激励机制,用薪酬、晋升、激励等机制培养业务骨干团队。要完善收入分配制度,把收入分配建立在正确认识注册会计师专业劳动价值的基础上,吸引人才,留住人才,以人才的集聚、专业服务能力的提升带动供给能力的提升。

3.调整适应市场供给侧结构性改革的战略规划

会计师事务所供给侧结构性改革,就是要帮助市场经济在去产能、促创新、降成本和产业升级方面发挥作用。在规模、人才、标准、质量等方面形成与市场需求相适应的服务能力,提升专业服务的核心竞争力。实现大型会计师事务所提升服务品质、中小型会计师事务所强化服务特色、满足客户的多元化服务需求的战略规划。

紧密围绕经济结构调整、产业转型升级、大众创业万众创新、政府职能转变、国有企业改革、资本市场改革等改革发展主题,推动服务结构调整优化,创新服务品种、服务内容、服务方式,提升服务质量和服务水平。以市场需求为导向,积极开发市场调查、低碳减排、破产管理、司法鉴定、投资绩效、市场监督、体制改革等新兴鉴证业务领域。积极拓展企事业单位内部控制、战略管理、并购重组、资信调查、业绩评价、投资决策等咨询服务。

4.强化提升专业服务质量的内部流程再造

内部流程再造,就是要梳理价值链过程,明确业务的基本活动和辅助活动以及重塑业务流程(如图4),明确价值创造的"二八定律",找出影响核心竞争力的因素、流程和关键岗位,重构组织架构,重设业务程序,提高供给质量与效率,改善供给结构,提高全要素生产率。在各个流程阶段,严格执行审计方案所确定的工时、成本预算和审计程序,以降低成本、保证质量、提高效率为目标,提高项目效益。

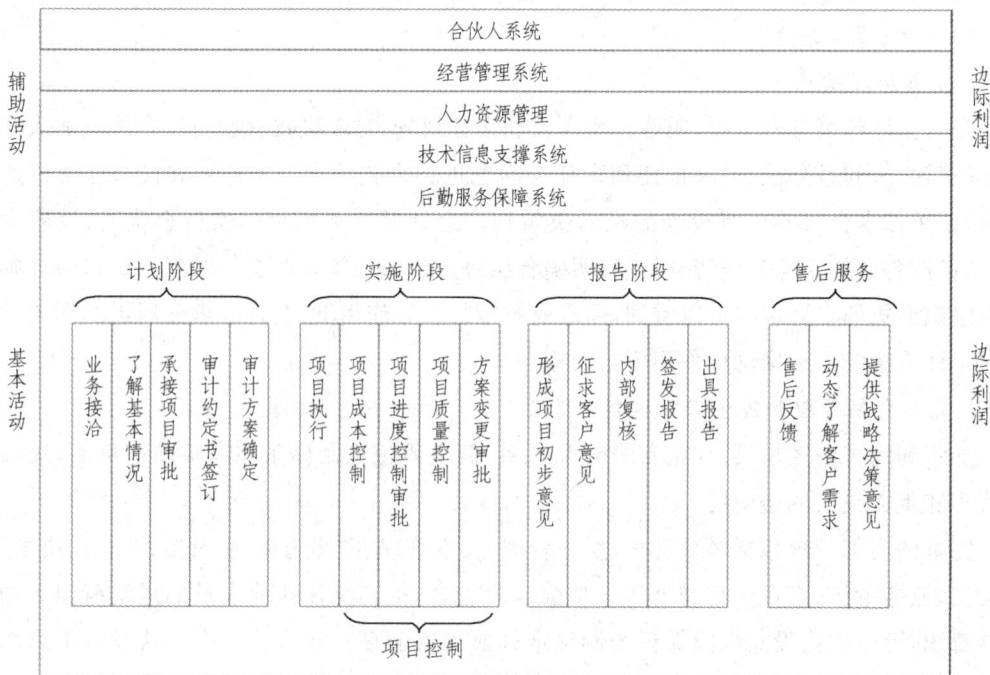

辅助活动	合伙人系统	边际利润
	经营管理系统	
	人力资源管理	
	技术信息支撑系统	
	后勤服务保障系统	

基本活动	计划阶段				实施阶段				报告阶段				售后服务			边际利润
	业务接洽	了解基本情况	承接项目审批	审计约定书签订	审计方案确定	项目执行	项目成本控制	项目进度控制审批	项目质量控制	方案变更审批	形成项目初步意见	征求客户意见	内部复核	签发报告	出具报告	售后反馈	动态了解客户需求	提供战略决策意见	

项目控制

图4　内部流程再造

5.加强人才和文化品牌建设

注册会计师和从业人员是会计师事务所发展的主体力量,要以发扬注册会计师职业精神为基础,激发广大注册会计师的创新热情、发展意愿和责任意识,建立能使注册会计师和从业人员参与管理、参与决策,共享会计师事务所发展成果的治理机制。

为保证质量,要合理确定合伙人与注册会计师的比例、注册会计师与助理人员的比例。实行项目组师带徒的"传、帮、带"制度,提升团队知识、技能和学习力,从而从整体上提高业务团队的专业胜任能力,最终目的在于有能力控制风险,有能力提升与客户的谈判能力。

树立会计师事务所诚信为本、操守为重、开拓进取、勇于创新的精神,着力优化创业环境、成长环境和服务环境,建设自身文化和品牌形象。通过品牌建设,打造软实力,提升事务所的核心竞争力;通过品牌建设突破行业发展的瓶颈,完善内部治理环境、加强人才培养、建立适合的组织文化;通过品牌建设,寻求市场差异化发展战略,拓展非审计业务,为发展注入新的活力。

6.加强对外联合联盟,整合资源

会计师事务所要加快发展,必然要实现规模化。通过直接或间接的方法促成联合联盟等外生发展模式,开展业务合作、联合发展、融合发展。通过联合联盟前双方对经营环境、文化背景、组织结构、风险控制程序、客户群、利益分配等的了解和交流,确定会计师事务所的价值文化和未来发展的方向。抓好联合联盟后组织结构整合、人力资源管理整合,推动文化融合等方面来确保成果的实现,增强联合联盟后会计师事务所的凝集力和竞争力,创造规模经济效益,实现资源优化配置。另外还可推动专业服务行业间的相互融通,实行多元化发展。

主要参考文献

[1]重庆市注册会计师协会.重庆市注册会计师行业发展规划(2016-2020年)[S].2016.

[2]侯萌.审计供给侧改革背景下的审计成果利用探析[J].审计,2016(13):79-81.

[3]王洪军.刍议国家审计的供给侧结构性改革[J].审计月刊,2016(3):16-17.

[4]王少钦.供给侧改革:会计师事务所应由哪些作为[J].财会信报,2016,3(21).

[5]乔久华.供给侧结构性改革是注会行业发展的新机遇[J].企业家日报,2016,6(2).

[6]晏维龙,韩峰,汤二子.新常态下的国家审计变革与发展[J].审计与经济研究,2016(2):3-13.

浅谈如何开展"一条龙"式造假会计报表审计

石小平

重庆银河会计师事务所有限公司

近年来,随着中国资本市场的火爆,部分企业为了在资本市场上实现暴利套现,或者向银行等金融机构贷款骗取资金等非法的特殊目的需要,已不再满足于对企业会计报表进行小敲小打式的作假,如建立内账、外账,而是进行"一条龙"式造假,给社会公众、银行等金融机构带来巨大的损失,既不利于社会诚信体系的建设,更危害社会经济的健康发展。由于是进行"一条龙"式造假,数据间的逻辑、钩稽关系也合理,也给注册会计师带来巨大的审计风险,稍不注意还会造成审计失败,给注册会计师带来法律风险。本文着重从审计方法的角度,就如何发现舞弊,揭穿造假,防控注册会计师的审计风险、审计失败进行一些审计方法的探讨。

一、"一条龙"式造假会计报表的特征

笔者见到的"一条龙"式造假会计报表,主要是由企业的决策层、管理层,加上部分业务部门主管人员,建立一个专门且较专业的舞弊团队。其舞弊的方式,一是在原企业真实会计报表的基础上,通过刻制假公章而自制部分原始凭证,或向社会专业造假机构购买特制原始凭据,建立一套真假共存的账务体系;二是整个原始凭证的造假,形成单独一套凭证、财务账簿、会计报表。两种方式,基本模式都是通过增大企业产品购、销数据,加快企业的营运周转速度,"实现"会计报表超过正常水平的盈利,致使报表使用者做出错误的判断,从而实现企业决策层特殊的舞弊目的。这类公司会计报表及相关数据或信息,从财务分析,也即审计的角度看,呈现以下一些特征:

1.现场了解企业,生产经营情况一般均正常;

2.资产负债表数据结构分析合理,不合理或问题事项较少或不存在;

3.资产负债表各科目年末余额账实一致;

4.利润表各项数据在年度内变化平缓,或根据行业情况呈规律性变化。收入则在年度间保持适度的持续增长;

5.企业能实现超过行业内其他企业的一般盈利水平,投资回报率较高;

6.采用一般方法对银行存款、往来款进行函证,能够收到数据正确的回函;

7.存货盘点一般账实一致,或差异较小;

8.重要的文件资料应有尽有,或能及时提供;

9.财务档案整理规范,给人第一印象是"赏心悦目"。

二、审计方法探讨

(一)宏观层面的了解与分析

审计前期对宏观层面的了解与分析,与注册会计师审计直接相关的因素,首先是经济层面,国家宏观经济发展的变化,间接影响到企业的生产经营情况,即盈利水平的变化。如当发现国家宏观经济形势呈下行走向时,而企业盈利仍呈高水平发展,或是上升式变化,则应提醒我们保持职业怀疑态度;其次是企业直接相关的政策和法律的变化,是否会影响企业的营运模式及盈利能力;最后,在当前社会诚信度较差的现实情况下,企业决策与管理层能否保持较高的职业操守。特别是对企业综合情况分析经初步判断属纯洁无瑕的,我们应首先想到,我们国家的领导人也在提醒"不做假账"的现实诚信环境。

(二)行业层面的了解与分析

与审计对象业务相同或类似的企业,在同一个宏观经济环境下,一般情况下盈利会保持在相对一致的水平上下。如与相同或类似上市公司同一时期数据对比,我们审计的企业盈利超过正常水平,则提醒我们保持对会计报表数据合理性的职业怀疑。

(三)针对企业具体情况的审计方法

通过宏观层面、行业层面的分析,对"一条龙"式造假公司的会计报表,正常情况下我们已应对企业决策与管理层的诚信保持怀疑,对企业报表数据保持怀疑。在这种情况下,从审计证据有效性的角度,我们应更多地从外部取得第三方数据,或者通过审计人员现场察看取得第一手资料,来核实企业数据的真实性与合理性。

1.核实银行存款数据的真实性

资金流是企业一切数据的核心,也是审计查找舞弊问题的突破口。

首先是审计人员应亲自取得银行打印的对账单原件。联想到企业可能存在"一条龙"式造假,通过函证存款余额对发现问题无任何作用(因为余额账实相等),我们也不能相信企业提供的银行对账单,哪怕是盖有银行鲜章的原件。这时,作为审计项目负责人,应亲自或委派据有丰富审计经验的团队成员,在企业相关人员的陪同下,去开户银行打印重要账户,比如基本户、收入户一个年度的银行对账单。审计人员在过程中必须保持高度的警惕,确保我们取得的是银行工作人员打印并盖章的对账单原件。

其次是逐笔核对重要账户的发生额。对企业主要使用的银行基本户、收入户,根据情况抽取几个月的对账单,逐笔核对到企业提供的银行收支原始凭证,当月的未达账项也应追查到实际发生的原始凭据。根据核实结果决定是否追加审计程序。实施该审计程序,能够防止企业在保证存款余额账实一致的情况下,通过造假增大部分资金流数据,提高企业资产周转速度,提高盈利水平。

2.对应收应付类科目实施特别的函证程序

一般情况下,我们对应收应付类科目余额的审计,均会采用向客户或供应商发询证函的程序。如企业通过提高资产营运周转速度而又保持期末余额与实际余额一致时,仅函证期末余额对发现审计舞弊,降低审计风险不会起到任何作用。在函证期末应收应付余额时,可选择一部分当年销售金额、采购金额较大的客户、供应商,一并函证当年的发生额。只要余额、发生额数据均取得第三方确认,则可直接降低通过提高资产营运周转速度来提高盈利水平的风险。

在此情况下,由于涉及的采购、销售数据信息不真实,客户、供应商不会回函。此时,注册会计师不能通过简单的替代测试进行发生额和余额的核实,而应通过了解到客户、供应商的信息,由审计人员亲自向客户、供应商现场核实了解情况,核实数据的真实性。

3.实地察看并统计采购、销售情况,分析采购、销售数据的合理性

企业的采购与销售数据,直接影响到收入、成本的准确性。审计时,可先向采购、销售部门了解企业采购、销售的规律,如无季节性波动,集中在月末或月初,随天气变化等不同情况,结合财务数据分析,选择在适当的时候,在仓库实地观察并统计物流车辆出入、运载情况。通过现场取得的一段期间的数据分析测算报表数据的合理性。

4.税收申报情况核实到系统,并检查实际缴税情况

一般情况下,企业销售开具的增值税发票多入账需要缴税,可通过实缴税款予以核实;少入账则不能提高盈利水平,一般不能实现“一条龙”式造假的特殊目的。采购收到的增值税专用发票,则需要由税务局认证通过,通过进、销项税额数据抵销后向税务局申报应纳税额,从而保证了系统数据的真实性。对应缴税费的审计,我们不能只检查企业提供的增值税申报表(包括有税务局盖章的原件)。而应将申报表数据,逐项核实到金税系统,通过分析,从而可以推算并保证采购(成本)金额、销售金额的真实性。

5.核实利润分配数据的真实性

对“一条龙”式造假企业,其目的之一是提高会计报表的盈利水平。数据编出来后,有两种处理方式,一是累积摆在账上,不作分配,此时可通过核实资产负债表其他数据核实未分配利润余额是否真实;二是将实现的利润作分配处理,将造假形成的增加利润部分转移出资产负债表,这样,既达到从表上看企业盈利能力强的目的,又不影响资产负债表数据的合理性。在第二种情况下,由于相关的分配文件、银行转账数据通过造假均能提供,仅通过检查公司提供的资料是不能发现利润分配是否真实的。此时,可亲自去银行打印银行对账单对存款支出发生额进行检查,核对到企业利润分配的银行转账原始单据,可核实利润分配数据的真实性。这样,就可以通过后端防止企业通过提高资产周转率虚增利润。

以上审计方法中,对银行存款发生额的核实,对应收应付发生额的函证,对税金进销数据的核实,是从第三方取得证据,核实过程数据的真实性、合理性。通过实地观察与分析购销数据,是从审计人员取得第一手资料核实过程数据的真实性、合理性。对利润分配数据的审计,则是通过第三方数据,揭穿造假数据形成的结果。从过程、结果两个方面揭露“一条龙”式造假会计报表数据的本质,降低注册会计师的审计风险,杜绝审计失败。

主要参考文献

[1]财政部.中国注册会计师审计准则[S].2010.

[2]中国注册会计师协会.中国注册会计师职业道德守则[S].2009.

浅论互联网金融对传统银行业的影响

熊爱渝

重庆富民银行有限责任公司

互联网金融是通过互联网、移动互联网等工具,介入传统金融业务过程的一种混合金融。包括第三方支付、在线理财产品的销售、信用评价审核、金融中介、金融电子商务等模式。是金融行业与互联网精神相结合的新兴领域。2013年之前,互联网金融这个名词对于普通大众而言还是如此陌生。但从2013年开始,互联网金融就迅速而又深刻地改变着我们的生活。

一、互联网金融发展现状

2013年6月,支付宝推出账户增值服务"余额宝",开启了小额零散资金的理财之门,短短1年之后,天弘基金凭借"余额宝"一跃成为业内最大的基金公司,互联网金融的威力可见一斑。2013年8月腾讯公司"微信支付"功能发布;2013年11月,国内首家互联网保险公司众安在线开业;2013年12月,网信征信成立,成为获得第一张互联网征信牌照的企业。2013年是互联网金融元年,其后的两年里,互联网金融更是飞速发展。浙江网商银行和腾讯微众银行成立,京东白条功能推出,阿里巴巴成立蚂蚁金服,多家互联网公司涉足众筹,P2P模式在全国四处开花。

截至2015年,从第三方支付来看,央行共发放了九批共计270家第三方支付牌照,累计发生网络支付业务821.45亿笔,交易规模达到金额49.48万亿元,支付笔数占当年电子支付笔数43.8%。从P2P网络借贷来看,全国P2P平台达2 750家,累计成交金额突破万亿元。从众筹来看,全国众筹平台达到365家,产品众筹累计筹款金额达到30.7亿元,股权众筹筹款金额达45亿元。从互联网理财来看,规模已经突破2万亿。

二、互联网金融的特点

互联网金融是互联网精神与金融功能的结合,互联网精神的精髓在于"开放、平等、协作、分享",互联网金融与传统银行相比,充分体现了这样的特点。

1.从客户群体来看,传统商业银行服务大都针对那些中高端收入群体或大型企业,而互联网金融则聚焦于数量众多但金额零散的长尾客户,如小微企业、普通城市居民等。海量、小微、草根、低端,是互联网金融客户群体的特点,互联网金融利用互联网信息技术革命带来的规模效应和较低的边际成本,能够使长尾客户在小额交易、细分市场等领域也能够获得有效的金融服务。使得金融不再是精英阶层的专属,而让草根阶层也能投身到金融活动中来。

2.从服务方式来看,互联网金融服务本着"直接、高效"的理念,以客户体验为产品设计的出发点。互联网技术的发展,使得获取各类商业信息难度降低,互联网商务企业可以利用大数据、电子商务生态等手段,非常便利地实现金融资源的配合,极大程度地降低了金融服务的门槛,让互联网金融服务可以体现出便捷高效的特征。传统银行业由于其对金融环节的统治地位,很难从客户体验出发设计产品,更多的是让客户去适应银行的产品和服务流程,这样就在传统的金融服务上产生痛点。而互联网金融则在直接融资的创新层出不穷,比如负债端的P2P,权益端的众筹等,完成了传统银行、证券公司和证券市场应该提供的金融服务功能。再比如互联网金融实现了"一部手机走天下"的梦想,移动终端完成了传统银行柜台绝大部分的服务功能,体现出了极强的便捷性。

3.从发展环境来看,互联网金融发展的环境是与电子商务的生态发展密切相关。互联网金融和电子商务的发展是相辅相成的,正是电子商务的迅速发展催生了互联网金融,比如支付宝的初期功能是为了解决网上购物双方的信任问题。然而当电子商务发展到一定阶段后,互联网金融作为融资手段和盈利点作用就显现出来。随着互联网金融的发展壮大,也将会对电子商务的发展起到极大的支持和推动。而传统银行的发展环境是建立在古老的信息收集处理模式下的,其存在的必要条件就是现有商业信息获取方式的不对称。进入互联网时代后,原有商业信息获取方式发生了革命性的变化,因此传统金融的发展环境也发生了根本性的变化。"互联网+"是电子商务的延续,代表了未来商务活动发展的方向,因此可以说互联网金融也将是未来金融行业发展的路径。

三、互联网金融对传统金融业的影响

(一)互联网金融将改变传统的银行经营模式和经营战略

面对互联网金融的冲击,传统银行业在核心客户群体、产品服务、风险管理等多个方面面临挑战。传统银行必须要顺应互联网时代发展趋势,重新审视自己的市场地位和发展方向,做好自己的经营战略。要以客户需求为导向重构业务流程和经营模式,发展商业银行电子商务,提高互联网金融市场竞争力。在经营理念方面,要转变经营模式,逐渐从过去的"以产品为中心"向"以客户需求为中心"转变。努力提高满足客户个性化需求的经营能力。要紧跟客户需求变化,全面把握客户需求发展趋势,以客户需求为出发点设计。

(二)互联网金融弱化传统银行的支付功能

传统银行存在的基础就是建立在支付结算的基础之上的,不夸张地说,没有支付结算,就没有传统的商业银行。然而互联网金融迈出的第一步,就是突破了传统银行对支付结算的垄断。特别是第三方支付打破了时间和空间的限制,相当程度上影响商业银行的支付中介地位。目前,支付宝、财付通和快钱等能够为客户提供转账汇款、代购机票与火车票、信用卡还款,代缴燃气、水、电费与保险等结算和支付业务,并已经占有相当的份额,对商业银行形成了明显的替代效应。随着互联网和电子商务的发展,第三方支付平台交易量和流通量越来越大,涉的用户越来越多,第三方支付俨然成为一个庞大的金融产业,商业银行的支付功能被进一步弱化,传统商业银行业务的基础面临被动摇的危险。

(三)互联网金融将加速传统银行的金融脱媒趋势

金融脱媒是未来金融发展的趋势。2005年银行间接融资比例占到社会融资总额比例95％以上,而2015年,银行信贷占社会融资总额下降到61.8％,互联网金融的出现更是加剧了这个趋势。金融脱媒是指资金供给者不通过商业银行体系,直接输送给需求方和融资者。在传统金融业务往来中,主要由银行充当资金中介。而在互联网金融模式下,互联网信息的透明与技术升级,在便捷性、成本、收益三大方面均表现出明显的优势。基于互联网技术,互联网金融实现资金供需匹配的方法极其便利。互联网企业为资金供需双方提供了金融搜索平台,代替了传统银行充当资金信息中介的角色,同时将部分传统金融中介获取的收益归还给供需双方,融资者获得了更低的成本,而资金出借方获得更高的收益。这就将加速传统金融脱媒,使商业银行的资金中介功能边缘化。

(四)互联网金融将深刻改变传统银行信贷业务和风险管理方式

传统银行的信贷业务是通过传统信贷人员对贷款客户实施贷前调查、贷时审查、贷后检查来完成的,是将信贷人员作为获取客户信息的渠道。这样的方式受制于信贷人员的责任心、知识水平、从业经验和业务能力,信贷人员本身的信息获取渠道也决定其难以完全对贷款客户的信用情况进行全面了解。同时大量的信息错综交织,也使信贷人员难以对信息加工应用。这些都成为传统银行信贷和风险管理的难点。而在互联网金融的运行过程中,情况有所变化。互联网金融往往产生于电子商务平台,这样就有可能形成供应链的闭环模式,对其中的各个参与企业实施金融服务,其信贷管理的能力大为提高。同时互联网金融可以就其占有的海量大数据,辅以云计算等互联网技术,可以获取客户更为真实的商业行为或信用行为,可以编制各类风险分析模型,更为准确地对客户风险进行甄别和分类,更为精确地指导信贷行为和风险管理,甚至可以实现无人工参与。比如专注于小微企业融资服务的阿里小贷,开发了订单贷款、信用贷款等微贷产品,客户从申请贷款到贷款审批、获贷、支用以及还贷,整个环节完全在线上完成,零人工参与。商户申请时间只要3分钟,贷款到账只要1秒钟,获取贷款的便捷度大大高于传统商业银行。截至2014年10月,已累计为超过80万家的中小企业提供融资服务,贷款总额超过2 000亿元。与此同时,受益于对消费者行为与偏好的精确把握,阿里小贷的不良率也低于商业银行的平均水平,在收益和风险上取得了一个更好的平衡。

(五)互联网金融将促进传统银行的产业创新

互联网与金融的融合,带来了金融的民生化和个性化,互联网金融的不断创新也将迫使传统商业银行更加致力于产业创新,以产品驱动的销售型向以客户需求为中心的资产配置、风险收益配比的服务型转变,从传统的代销角色向资产管理的集成转变。互联网金融利用互联网技术,将金融产品"关注用户体验""致力界面友好"等设计理念发挥得淋漓尽致。商业银行在产品不断推陈出新的过程中,也将更加注重客户体验,"以客户为中心"的理念不再是一句空洞的口号。商业银行为应对"余额宝"纷纷推出银行系宝宝类余额理财产品;为应对"P2P网贷",商业银行也低调试水网络信贷,多家银行推出自己的P2P平台;为应对第三方支付,商业银行更是推出银行系电商平台,依托自身强大的信用体系,融资金流、信息流和物流为一体,为客户提供信息发布、交易撮合,形成从支付、托管、担保到融资的全链条服务。正是互联网企业对商业银行的"搅局",使得商业银行被迫"触网",寻找自己在互联网金融形势下新的坐标,促进产业的升级和创新。

随着互联网时代的到来,互联网技术深刻地改变着商业信息传递的方式,商业信息获取模式的变化必然导致新的商业模式的产生。互联网金融就是这个大背景下的产物,它是互联网思维与金融活动的融合,虽然它并没有改变金融的实质,但它却革命性地改变了金融实现的方式,对传统的金融企业尤其是银行业产生深远的影响。传统银行业面对这样的挑战,必须要适应互联网环境下的发展节奏,彻底改变自身的经营思维模式,利用互联网技术工具,真正从客户体验出发,创新风险管理方式,勇敢地接受互联网大潮的洗礼,从而推动我国金融行业更好地向前发展。

主要参考文献

[1]中国人民银行.2015年支付体系总体运行情况[R].2016.

[2]网贷路眼.2015年P2P平台发展状况一览.[EB/OL].2015-12-10.http://www.wangdailuyan.com/article-185-1.html.

[3]零壹研究院.2015年中国互联网众筹年度报告.[EB/OL].2016-03-07.http://www.askci.com/news/chanye/2016/03/07/165438hy4x.shtml.

基于资产负债表观的投资并购分析

——以宝能收购万科股权为例

冯兴琨

重庆力帆控股有限公司

2015 年中国的资本市场发生了两件大事,一是年度中期开始的 A 股灾难性的下跌,二是在股灾危机下一家不知名的地产企业上演对中国房企大鳄万科的收购大战。并购策略是国际、国内企业实现快速增长普遍采用的重要手段之一,但是大型优质上市公司成为并购追逐目标还是近年来才盛行,以往均是参股或二级市场购买持有,达到举牌的并不多,谁也没想到的是地产龙头万科遇上了宝能。从宝能第一次举牌一年多来,关于万宝股权之争引起的业界众多的说法从未停息,也给广大投资者普及了公司治理、《公司法》《证券法》、资本运作等常识,当然还有王石的企业家精神和情怀不一而足。以至于《哈佛商业评论》中文版也发表评论:围绕万科股权变化而上演的一幕幕大戏,绝对是新时期中国上市公司治理结构优化的标杆性案例,万科的股权之争,是中国市场经济改革的"善之花"。至今万宝股权之争仍然没有定论,我想从财务工作者的侧面,基于资产负债表观对宝能并购万科的动因进行分析。

一、资产负债表观概要分析

20 世纪 70 年代,美国财务会计准则委员会(FASB)将资产负债表观作为财务会计报告的逻辑和概念基础。2006 年,我国发布的新会计准则体系基本实现了与国际会计准则体系趋同。在目前的财务会计概念框架体系中,资产负债表已经成为会计报告的基石。

资产负债表观是指会计准则制定者在制定规范某类交易或事项的会计准则时,应首先定义并规范由此类交易产生的资产或负债的计量;然后,再根据所定义的资产和负债的变化来确认收益。资产负债表观下,利润表成为资产负债表的附属产物。传统的会计六要素(资产、负债、所有者权益、收入、费用、利润)中资产负债表和利润表各占一半,不过利润表最终所体现的结果仅反映在资产负债表中的盈余公积与未分配利润两个项目,只有以"资产=负债+股东(或所有者)权益"为平衡关系的资产负债表能直观地反映了企业的投入从哪里来,又投向哪里。如何取得收益的内在逻辑关系,这也正是资产负债表观的核心观点,因此,资产负债表的核心地位使得任何其他报表都只能是对资产负债表的某个或某几个主要项目的补充说明。

资产负债表观认为,企业的收益是企业期末净资产比期初净资产的净增长额,而净资产又是由资产减去负债计算得到的;在分析企业的财务状况、考核业绩时,关键是看净资产是否增加,即股东财富是否增加,这是资产负债表观的本质。因此,在资本市场越来越发达的今天,投资者的眼睛盯着的不再是企业今天的利润多寡,而是转向对未来预期的判断,企业未来的价值创造才是吸引投资者的所在,从会计信息的相关性层面讲,资产负债表观理念的确立要求企业管理层更加关注企业未来的发展。随着"价值"理念的普及,企业价值的变化尤其是净资产价值增加成为管理者和投资者关注的重点。

二、战略资产负债表重构与并购动因

在新会计准则体系中,资产负债表观的理念得到了充分的体现和运用,随着企业多元化进程及资本市场的发达,为了更加清晰地展现企业价值,我们又将企业的活动又分为经营活动和金融活动。经营活动分为销售商品或提供劳务等营业活动与营业活动有关的生产性投资活动,经营活动是在企业产品和生产要素上进行的,也是我们通常称为实体经济,以资产运营为主。金融活动主要功能是企业的筹资活动以及多余的资金在资本市场上套利。为了区分两类活动的资源分配,我们在标准资产负债表的基础上,将此类活动引起的非付息负债移动到资产负债表的左边,形成经营性净资产;同时将资产负债表左边包括现金在内的投资性资产所占用的资源,反映在交易性金融资产、可供出售金融资产、持有至到期投等项目移到标准资产负债表的右边,与有息负债冲抵形成金融负债,总体结构为:净经营性资产=净金融负债+股东权益。

表1 战略资产负债表构架

资产(资源配置)	负债与股东权益(资源利用)
经营资产	金融负债
减:经营负债	减:金融资产
(净投资性资产)	净金融负债
	普通股东权益
净经营性资产	总权益

新的资产负债表结构打破了原有会计意义上的资产负债表框架,形成管理用资产负债表,学术界通常称为"战略资产负债表"。左边"净经营性资产"表示企业的投入资本,右边总权益则告诉我们资源配置来源于金融负债及股东的投入。因此战略资产负债表为企业利益相关者提供了各自利益最大化动因和行动指南。首先,对企业管理者而言,通过战略资产负债表可以清晰地反映企业运作商业模式和战略意图,并为执行战略进行有效的资源配置。其次,对于投资者而言,通过资产负债表可以预测企业的发展方向和利益分配意图,有利于更好地选择适合自身投资企业进行投资。最后,对于债权人而言,对资产负债表的战略解读可以获取企业现有经营活动对于未来发展的战略支撑能力,从而保证借贷资金的安全。

站在投资者角度来看,从战略资产负债表展现的信息,如何来实现净经营性资产的增长及净资产的增加呢?当然是企业活动。我们进一步把战略资产负债表左边要素展开分析,当企业初创时期,主要表现为经营资产活动形成的净经营性资产,但当企业发展到一定阶段和竞争加剧的时候,靠自身发展已不足以维持可持续增长和竞争优势,我们要将一部分自有资源从纯资产经营中分离出来投向外部,因此以并购为主的成长策略就成为企业拓展经营,实现生产与资本集中以达到企业外部增长的重要方式。当企业形成重要参股或控股性的对外投资条件下,其原有的经营性资产可以分为新的经营性资产和投资性资产。按照企业新经营性资产与投资性资产各自在资产总规模中的规模比重,可以确定该企业是以经营主导型、投资主导型或较均衡并重的企业类型,表现在资产负债表中的投资性资产增加,并购动因得到了充分的体现。经营主导型与内增、投资主导型与并购是一脉相承,有其很强的内在逻辑关系,但往往并购在短期增长幅度快于内增,成为大多数投资者的首先。劳伦斯·凯普伦教授与威尔·米切尔教授在《企业成长的动力:内增、外借还是并购》一书中提到:如何推动企业成长,是每位企业家最关心的问题,有人主张利用现有资源实现内部增长,有人主张借助外力或并购,对于如何选择最合适的增长途径以保存企业的竞争力,还没有明确的准则。但两位教授通过十五年的实证研究对这三种途径都提供了适合任何情境下的方法。在此我们也为宝能系重拳收购万科股权作为增强企业竞争力及可持续增长最合适的途径找到了理论依据。

三、宝能系收购万科动因分析

作为收购方的宝能系在深圳起家,由潮汕人姚振华掌舵。在收购万科股权之前在业界籍籍无名,通过旗下钜盛华、前海人寿"一致行动人",从 2015 年开始持续收购万科 A 股票,成为万科第一大股东,轰动了中国整个资本市场。并购效应使得姚振华频繁出现在公众视野,尽管万科掌门人王石公开叫板不欢迎"野蛮人",称其出身低下,业界对收购资金来源的合法性及风险担忧不已,但此举不影响姚振华名望的彰显和宝能系企业市场价值的提升。

从公开资料显示,前海人寿于 2015 年 1 月开始有交易,到 2015 年 7 月第一次构成举牌。我们从万科权益变动说明书中摘录了前海人寿的主要财务指标:

表 2　前海人寿主要财务指标

项目	2014 年 12 月 31 日	2013 年 12 月 31 日	2012 年 12 月 31 日
总资产	56 008 778 332.86	17 039 193 691.80	1 730 360 461.93
总负债	50 099 955 364.07	14 589 242 759.14	866 417 287.82
所有者权益	5 908 822 958.79	2 449 950 932.66	863 943 174.11
归属于母公司所有者权益	5 908 822 958.79	2 449 950 932.66	863 943 174.11
资产负债率	89.45%	85.62%	50.07%
项目	2014 年度	2013 年度	2012 年度
营业收入	8 735 181 852.71	1 471 366 259.13	317 864 738.49
利润总额	671 089 237.83	−376 024 880.76	−134 849 796.79
归属于母公司所有者净利润	132 939 500.00	9 556 871.67	−136 318 353.89
净资产收益率	2.25%	0.39%	−15.78%

表3 钜盛华主要财务指标

项目	2015年10月31日	2014年12月31日	2013年12月31日	2012年12月31日
总资产	52 362 952 101.60	28 313 029 348.73	8 743 718 601.66	8 596 160 318.95
总负债	30 744 234 959.76	9 637 182 935.38	5 444 626 052.90	5 870 832 674.79
所有者权益	21 618 717 141.84	18 675 846 413.35	3 299 092 548.76	2 725 327 644.16
归属于母公司所有者权益	18 809 955 335.44	16 051 826 872.52	2 832 957 786.10	2 312 150 223.38
资产负债率	58.71%	34.04%	62.27%	68.30%
项目	2015年1~10月	2014年度	2013年度	2012年度
营业收入	420 249 808.45	440 716 630.19	423 997 921.31	226 668 859.44
利润总额	1 616 898 360.85	366 534 229.72	270 640 723.86	264 867 707.79
归属于母公司所有者净利润	1 113 703 501.88	261 647 312.35	171 759 190.00	150 211 808.65

从以上主要财务指标中不难看出,三、四年间前海人寿、钜盛华的资产规模、净资产、营收及净利润均逐年成倍增长,前海人寿从2014年开始扭亏为盈。尽管各项指标增长幅度巨大,但企业规模在保险行业仍是很小的体量。从披露的简要表上无法看到公司金融资产及长期股权投资规模,但根据行业和近几年经济景气程度来看,公司业绩的爆发式增长,不可能来源于自有经营资产的内生性增长,只能借助于外部并购途径,从下图股权结构看出前海人寿投资加剧。与此同时前海人寿作为钜盛华的子公司,因前海人寿的巨幅增长也带动了母公司巨幅的增长,体现了并购效应,可见企业并购是公司快速增长的有效途径。

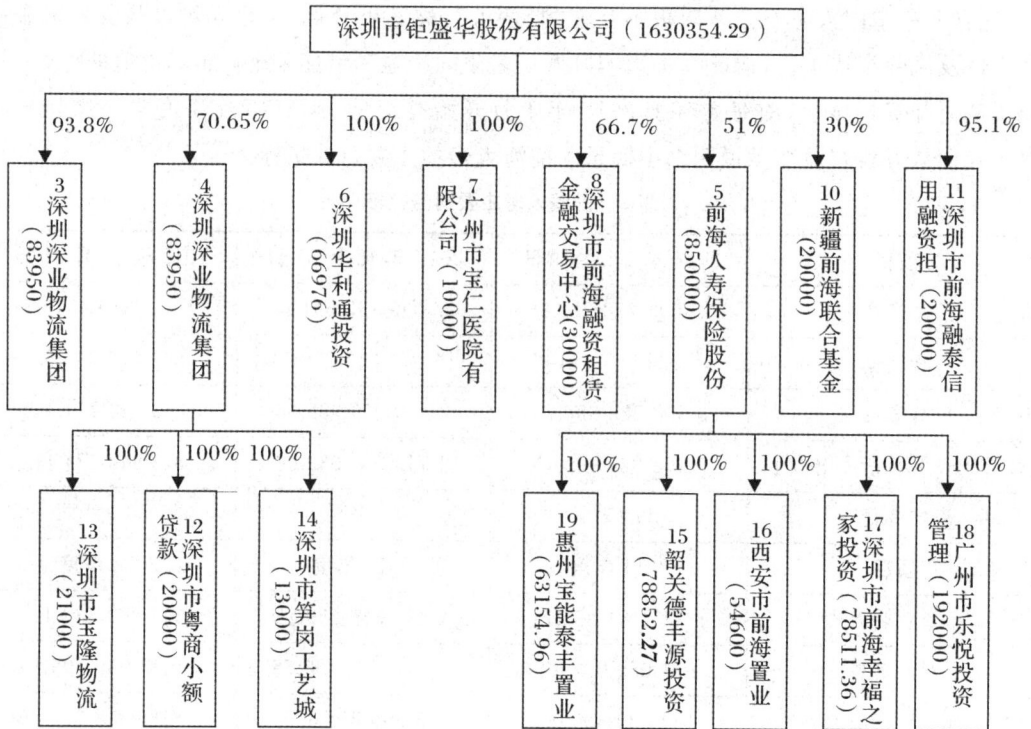

图1 收购方宝能系股权结构图

我们再来看看万科的基本情况,万科从 2000 年营业收入不到 40 亿元,至 2015 年近 2 000 亿元,在十五年的时间里营业收入增长了约 50 倍。在 2015 年住宅市场分化及宏观调控的背景下,万科 A 营业收入高达 1 955.5 亿元,同比增长 33.58%,增速明显高于其他三大地产公司。不过我们从财务报告中看出 2015 年万科投入 57 亿元并购 39 家相关企业,尽管占总资产比重不大,但同比增长近 1 倍,可见在房产市场下行的趋势下,像万科这类地产龙头内生性增长也不足以支撑自身的增长速度。万科仍旧是以资产经营为主导的地产企业。

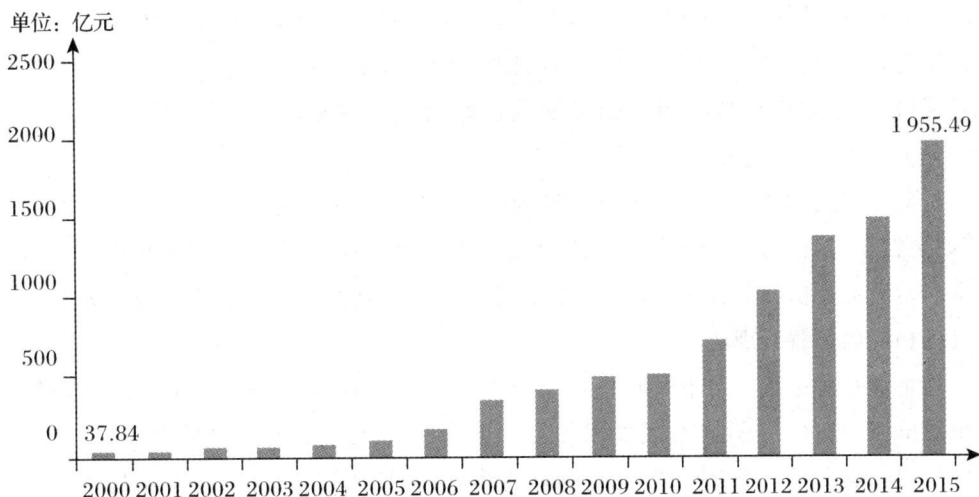

注:数据来源于 Wind 资讯微信公众号 windzxsh。

图 2　万科近十五年营收趋势图

万科这种内生性增长的企业是很容易被资本盯上的,以至于宝能系姚振华在内部会议上多次提及对万科管理模式和业务拓展能力的羡慕,也仅在 2015 年投入约 57 亿元大举收购 39 家公司,截至 2015 年末长期股权投资 240 亿元占总资产 6 113 亿元不足 4% 的比例。万科在资产营运业绩上面是模范企业,自上市 25 年以来,万科仅定增融资过 2 次,配股融资 2 次。因此万科在资本投资运营方面并没有绝对优势。一位分析师对《中国经济周刊》记者表示,宝能系非常善于选择值得投资的企业,收购时前海人寿及钜盛华资产规模合计 1 000 亿元出头,公开收购万科 25% 的股份,足以显示宝能的运作能力和胆识。

中国花闻投资控股公司副董事长王铁峰在首届"中国首席财务官(CFO)峰会——企业并购与价值创造"论坛上有个观点,他认为资金流的流速越来越快,加速了资产和金融危机的频率。当我们有了新技术和新的创意的时候要找到新技术和资金变成市场份额。我们要将资金迅速变成产品和占领市场份额,制造市场的游戏规则和标准,把潜在的竞争对手用庞大的现金流去收购,兼并才可以维持这个企业的长期持续地扩张和并购。暂不评价宝能收购万科股权的风险有多大,杠杆有多高,但从资产负债表观的实践运用,保证企业扩张和可持续增长不失为一个好的途径。

四、结论及启示

从以上基于资产负债表的原理运用及案例分析,我们还不能完全肯定一味地采取并购策略带来的扩张效应,同时也引发更多的思考和启示。

一是企业集团基于资产负债表观去认识资本营运快于资产营运给企业带来的快速增长,但如果我们的净金融负债过高,高杠杆、高风险的特性下不一定会保证高收益的实现,外部市场环境变化,被投资企业经营恶化,也容易引发投资企业资金链的断裂和分散主要经营资产的正常运营,最后变为吞噬净资产,短期内的股权投资(或金融投机)获益并不意味着可以永远保持,所以健康的资产负债表靠的是良好的经营现金流和实体产业的可持续发展能力。

二是资产营运和资本运营有不同的管理模式,营运资本管理构成了企业持续发展的基础,不论是自主经营还是扩张以后形成的子公司的经营活动,并购后的资源整合、匹配,又会回到资产运营业务层面的管理活动中。因此企业高管们在做出收购选择时要做好充分的准备和具备相应的运营管理能力。

三是企业并购尽量立足于横向并购,业态相似或者能够融合。研究发现约40%的公司极度依赖单一的途径,当这些公司要增加另一个途径时,他们往往选择收购策略,以补充内部开发。但并购又是一个双刃剑,无论你做得多好,一旦选错了方向,结果还是有可能一败涂地,对于那些社会属性强、政策门槛高、除了获取投资收益而对产业助益不大的投资业务,应尽量规避,切忌因短视的行为妨碍了企业认识到自己的核心资源不足以应付眼前的竞争需要。

四是企业并购需要加强顶层设计与提前规划。股权结构、股东范围、资本规模与公司治理都是很重要的因素。不同的股权结构设计、股东范围的选择以及资本规模的安排均具有极强的战略内涵,都必须紧紧围绕以实现企业目标利润最大化为原则,只有这样,并购才显得有价值、有意义。

五是我们认为基于资产负债表观下企业成长并购战略能使企业价值增加,股东财富增长,但并购策略只是在企业一定时期协助扩张执行经营策略的一个工具,不是最终目的,也不具有持续性,要避免形成路径依赖。

主要参考文献

[1]张新民.资产负债表:从要素到战略[J].会计研究,2014(5):19-28.

[2]王治安,吴娜.管理资产负债表视角下营运资本管理与企业价值的相关性研究[J].财会月刊,2007(11):3-5.

[3]劳伦斯·卡普伦,威尔·米切尔.企业成长的动力:内增、外借还是并购[M].机械工业出版社,2014.